ANÁLISIS DE LA RETROALIMENTACIÓN DEL CICLO NORMATIVO

De la evaluación *ex post* a la planificación normativa

ANÁLISIS DE LA RETROALIMENTACIÓN DEL CICLO NORMATIVO

De la evaluación *ex post* a la planificación normativa

Darío Badules Iglesias

COLEX 2024

ORCID: https://orcid.org/0000-0003-4907-5911

© Editorial Colex, S.L.
Calle Costa Rica, número 5, 3.º B (local comercial)
A Coruña, 15004, A Coruña (Galicia)
info@colex.es
www.colex.es

I.S.B.N.: 978-84-1194-709-1
Depósito legal: C 1622-2024

A mis padres.

SUMARIO

ABREVIATURAS, SIGLAS Y ACRÓNIMOS

PRELIMINAR

AGRADECIMIENTOS

INTRODUCCIÓN
UNA TEORÍA DEL CICLO NORMATIVO

I.
JUSTIFICACIÓN Y RELEVANCIA DEL ESTUDIO: EL PROBLEMA DE LA (¿MALA?) CALIDAD DEL DERECHO

II.
UNA TEORÍA DEL CICLO NORMATIVO

III.
METODOLOGÍA Y ESTRUCTURA DE LA INVESTIGACIÓN

PRIMERA PARTE
LA PLANIFICACIÓN NORMATIVA

I.
CARACTERIZACIÓN DE LA PLANIFICACIÓN NORMATIVA

II.
RÉGIMEN JURÍDICO DE LA PLANIFICACIÓN NORMATIVA EN ESPAÑA

III.
JURISPRUDENCIA SOBRE LA PLANIFICACIÓN NORMATIVA

IV.
EXPERIENCIAS PRÁCTICAS DE PLANIFICACIÓN NORMATIVA

V.

ASPECTOS DESTACABLES DE SU ACTUAL CONFIGURACIÓN

VI.
CONSIDERACIONES FINALES: UN INSTRUMENTO CON POTENCIAL PERO ESCASAMENTE OPERATIVO

SEGUNDA PARTE
LA EVALUACIÓN *EX POST*

I.
CARACTERIZACIÓN DE LA EVALUACIÓN NORMATIVA *EX POST*

II.
RÉGIMEN JURÍDICO DE LA EVALUACIÓN NORMATIVA *EX POST* EN ESPAÑA

III.
JURISPRUDENCIA SOBRE LA EVALUACIÓN NORMATIVA *EX POST*

IV.
EXPERIENCIAS PRÁCTICAS DE EVALUACIÓN NORMATIVA *EX POST*

V.
ASPECTOS DESTACABLES DE SU ACTUAL CONFIGURACIÓN

VI.
CONSIDERACIONES FINALES: UNA INCIPIENTE (AUNQUE MÍNIMA) REVISIÓN NORMATIVA

CONCLUSIONES

SOBRE LA PLANIFICACIÓN NORMATIVA

SOBRE LA EVALUACIÓN NORMATIVA *EX POST*

DISCUSIÓN: LA RETROALIMENTACIÓN DEL SISTEMA DE PRODUCCIÓN NORMATIVA

REFERENCIAS

REFERENCIAS BIBLIOGRÁFICAS

RELACIÓN DE JURISPRUDENCIA CITADA

RELACIÓN DE DICTÁMENES CITADOS

ANEXOS

ANEXO I.
ENLACES A LOS BUSCADORES DE DICTÁMENES DE LOS CONSEJOS CONSULTIVOS ESPAÑOLES

ANEXO II.
ENLACES A LOS PLANES NORMATIVOS EN LOS PORTALES DE TRANSPARENCIA

ANEXO III.
CUESTIONARIO TIPO DE SOLICITUD DE INFORMACIÓN SOBRE PLANIFICACIÓN NORMATIVA

ANEXO IV.
ESTADÍSTICAS DE LOS PLANES NORMATIVOS

ABREVIATURAS, SIGLAS Y ACRÓNIMOS

§	Párrafo
a.i.	Ambos inclusive
AAI	Autoridad(es) Administrativa(s) Independiente(s)
AED	Análisis Económico del Derecho
AEVAL	Agencia Estatal de Evaluación de las Políticas Públicas y la Calidad de los Servicios
AGE	Administración General del Estado
AIReF	Autoridad Independiente de Responsabilidad Fiscal
AN	Audiencia Nacional
AP/AA. PP.	Administración Pública / Administraciones Públicas
Art./Arts.	Artículo / Artículos
BdE	Banco de España
BOA	Boletín Oficial de Aragón
BOE	Boletín Oficial del Estado
BOJA	Boletín Oficial de la Junta de Andalucía
BOPA	Boletín Oficial del Principado de Asturias
CA/CC. AA.	Comunidad(es) Autónoma(s)
CC	Código Civil español de 1889
CE	Constitución española de 1978
CENDOJ	Centro de Documentación Judicial
CEOE	Confederación Española de Organizaciones Empresariales
CFR	Code of Federal Regulations
Cfr.	Confere (véase)
CGC	Comisión General de Codificación
CiU	Convergència i Unió

CNC	Comisión Nacional de la Competencia
CNMC	Comisión Nacional de los Mercados y de la Competencia
CNMV	Comisión Nacional del Mercado de Valores
CP	Código Penal español de 1995
CWP	Commission's Working Programme
DA	Disposición Adicional
DD	Disposición Derogatoria
DF	Disposición Final
DG	Dirección General
DLE	Diccionario de la Lengua Española
DOUE	Diario Oficial de la Unión Europea
DPEJ	Diccionario Panhispánico del Español Jurídico
DT	Disposición Transitoria
EA/EE. AA.	Estatuto de Autonomía / Estatutos de Autonomía
EAAnd	Ley Orgánica 2/2007, de 19 de marzo, de reforma del Estatuto de Autonomía para Andalucía
EAAr	Ley Orgánica 5/2007, de 20 de abril, de reforma del Estatuto de Autonomía de Aragón
EACat	Ley Orgánica 6/2006, de 19 de julio, de reforma del Estatuto de Autonomía de Cataluña
EE. LL.	Entes locales
EE. UU.	Estados Unidos
ELI	European Legislation Identifier
EO	Executive Order(s)
EPEs	Entidades Públicas Empresariales
Et al.	Et alii (Y otros)
FECYT	Fundación Española para la Ciencia y la Tecnología
FEMP	Federación Española de Municipios y Provincias
FJ	Fundamento Jurídico / Fundamento de Derecho
FR	Federal Register
GRETEL	Grupo de Técnica Legislativa
Ib.	Ibidem
IEAN	Informe Anual de Evaluación Normativa
IEN	Informe de Evaluación Normativa
IEPP	Instituto para la Evaluación de Políticas Públicas

ISO	International Organization for Standardization
JPEN	Junta de Planificación y Evaluación Normativa
LAE	Ley 28/2006, de 18 de julio, de Agencias Estatales para la mejora de los servicios públicos
LBRL	Ley 7/1985, de 2 de abril, Reguladora de las Bases del Régimen Local.
LES	Ley 2/2011, de 4 de marzo, de Economía Sostenible
LGob	Ley 50/1997, de 27 de noviembre, del Gobierno
LGP	Ley 47/2003, de 26 de noviembre, General Presupuestaria
LGSub	Ley 38/2003, de 17 de noviembre, General de Subvenciones
LGUM	Ley 20/2013, de 9 de diciembre, de garantía de la unidad de mercado
LJCA	Ley 29/1998, de 13 de julio, reguladora de la Jurisdicción Contencioso-administrativa
LOEPSF	Ley Orgánica 2/2012, de 27 de abril, de Estabilidad Presupuestaria y Sostenibilidad Financiera
LOIMH	Ley Orgánica 3/2007, de 22 de marzo, para la igualdad efectiva de mujeres y hombres
LPA	Ley de 17 de julio de 1958 sobre Procedimiento Administrativo
LPAC	Ley 39/2015, de 1 de octubre, del Procedimiento Administrativo Común de las Administraciones Públicas
LRJPAC	Ley 30/1992, de 26 de noviembre, de Régimen Jurídico de las Administraciones Públicas y del Procedimiento Administrativo Común
LRJSP	Ley 40/2015, de 1 de octubre, del Régimen Jurídico del Sector Público
LTAIBG	Ley 19/2013, de 9 de diciembre, de transparencia, acceso a la información pública y buen gobierno
MAIN	Memoria de Análisis de Impacto Normativo
n.º/núm.	Número
OCCN	Oficina de Coordinación y Calidad Normativa
OCDE	Organización para la Cooperación y el Desarrollo Económicos
OIRA	Office of Information and Regulatory Affairs
OMB	Office of Management and Budget
OO. AA.	Organismos autónomos
OO. II.	Organismos/Organizaciones Internacionales
P.ej.	Por ejemplo
PAN	Plan Anual Normativo
PP	Partido Popular

PSOE	Partido Socialista Obrero Española
RD	Real Decreto
RDLeg	Real Decreto legislativo
ROM	Reglamento Orgánico Municipal
s.e.u.o.	Salvo error u omisión
Sec.	Sección
SGT	Secretaría General Técnica
STC	Sentencia del Tribunal Constitucional
STS	Sentencia del Tribunal Supremo
TC	Tribunal Constitucional
TFUE	Tratado de Funcionamiento de la Unión Europea
TIC	Tecnologías de la Información y la Comunicación
TRLHL	Real Decreto Legislativo 2/2004, de 5 de marzo, por el que se aprueba el texto refundido de la Ley Reguladora de las Haciendas Locales
TS	Tribunal Supremo
TSJ	Tribunal Superior de Justicia
TUE	Tratado de la Unión Europea
UE	Unión Europea
USC	United States Code
Vol.	Volumen

PRELIMINAR

Esta monografía trae causa de la tesis doctoral leída en la Facultad de Derecho de la Universidad de Zaragoza, ante un tribunal compuesto por los doctores Velasco Caballero, Díez Sastre y Colom Piazuelo, y bajo la dirección del doctor Embid Irujo, y que obtuvo la máxima calificación. Quiero agradecer a todos ellos las pertinentes observaciones realizadas. En todo caso, los eventuales errores son exclusivamente míos.

El autor obtuvo financiación para la realización de esta investigación, por concurrencia competitiva, del programa nacional de Formación del Profesorado Universitario del Ministerio de Universidades del Gobierno de España, en la convocatoria del año 2017 (número de referencia FPU17/02385, desde septiembre de 2018). Previamente, se había obtenido igual financiación de parte del Gobierno de Aragón en el marco de su propia convocatoria de ayudas para contratos predoctorales (solo disfrutada durante los meses de agosto y septiembre de 2018, por haberse obtenido la primeramente mencionada).

Esta investigación tiene por objeto el estudio del proceso de retroalimentación del ciclo normativo, compuesto esencialmente por dos instituciones que han recibido escasa atención por la doctrina hasta la fecha: la planificación normativa y la evaluación *ex post*. El cierre del ciclo se considera una etapa fundamental de naturaleza jurídica y política, sin la cual el resto del proceso no puede ser plenamente entendido. Además, ambos instrumentos son también elemento esencial de la mejora de la calidad del Derecho, tanto desde un punto de vista cuantitativo y cualitativo como también formal y material.

Además, debe tenerse en cuenta que algunas consideraciones previas, de interés para el objeto de esta monografía, podrán hallarse en Badules Iglesias (2020 y 2022). En todo caso, se advierte que con carácter general las referencias normativas y jurisprudenciales concluyen con el año 2022, no dándose cuenta general de eventuales cambios posteriores.

La publicación de esta monografía se enmarca dentro de las actividades del grupo de investigación AGUDEMA (Agua, Derecho y Medio Ambiente), reconocido por el Gobierno de Aragón como grupo de referencia (código S21_23R, Boletín Oficial de Aragón de 28 de abril de 2023) y del Instituto Universitario de Investigación en Ciencias Ambientales de Aragón (IUCA).

AGRADECIMIENTOS

Esta investigación no habría sido posible sin el apoyo de muchas personas.

En primer lugar, del profesor Antonio EMBID IRUJO, quien tuvo la generosidad de acoger a un desconocido recién graduado, apenas aterrizado de otros lares.

En segundo, de mis padres, Darío BADULES BUENO y Antonia IGLESIAS ROQUE, por ser la principal razón de mis eventuales éxitos.

En tercero, de mis colegas Beatriz SETUÁIN, Lucía MOLINOS, Raquel LACAMBRA, María MARTÍNEZ y Andrea CASTILLO, compañeras de este viaje universitario y apoyo en todo momento, en especial, en las zozobras de la travesía doctoral. Y de Mila BADULES y María G. ANTÚNEZ, por ayudarme con tantas cuestiones técnicas y de estilo.

En cuarto, de todos los compañeros del grupo de investigación AGUDEMA – Agua, Derecho y Medio Ambiente. Y también del personal de la Facultad de Derecho y, en general, de la Universidad de Zaragoza, por facilitar no pocas cosas.

En quinto lugar, de mis compañeros y amigos del colectivo predoctoral PIF Unizar, con quienes he compartido bonitos momentos de reivindicación y he aprendido cómo funciona la Universidad en sus entrañas. Hemos demostrado que ser universitario va mucho más allá de la docencia y la investigación, y que trabajar por dejar unas condiciones mejores y más derechos a quienes nos sigan es un imperativo moral.

Y con el apoyo de otras tantas… A todos, gracias de corazón.

No hagas muchas pragmáticas, y si las hicieres, procura que sean buenas, y sobre todo que se guarden y cumplan, que las pragmáticas que no se guardan lo mismo es que si no lo fuesen, antes dan a entender que el príncipe que tuvo discreción y autoridad para hacerlas no tuvo valor para hacer que se guardasen; y las leyes que atemorizan y no se ejecutan vienen a ser como la viga, rey de las ranas, que al principio las espantó, y con el tiempo la menospreciaron y se subieron sobre ella.

Miguel de CERVANTES SAAVEDRA
Don Quijote de La Mancha
(segunda parte, capítulo LI)

Solo una insignificante minoría de hombres sabe una parte,
y no grande, de las leyes vigentes en un momento dado.

Joaquín COSTA MARTÍNEZ
La ignorancia del Derecho

INTRODUCCIÓN

UNA TEORÍA DEL CICLO NORMATIVO

I.

JUSTIFICACIÓN Y RELEVANCIA DEL ESTUDIO: EL PROBLEMA DE LA (¿MALA?) CALIDAD DEL DERECHO

1. Sobre la inflación normativa y el peor Derecho de la historia

De un repaso a los principales trabajos que han analizado el ordenamiento jurídico español en su conjunto podría deducirse que nos hallamos ante *el peor Derecho de la historia* si no de la humanidad, sí al menos de la historia de España. No faltan las críticas por doquier, ya sea por su contenido, su forma, su número, su interrelación.

Así, por ejemplo, VILLAR PALASÍ y VILLAR EZCURRA (1993, 94) se han referido a una aparente «entropía creciente en nuestro Derecho», quejosos del incremento del número de normas en nuestro sistema. Mientras que para GARCÉS SANAGUSTÍN (2015, 222), «hoy (...) nuestras leyes parecen un amasijo de contradicciones, retorcidas por la participación de muchos y la ausencia de verdaderos coordinadores». O, lo que sería más grave, podría estar produciéndose una pérdida de la «densidad simbólica» de la Ley (BOIX PALOP 2007, 129).

En opinión de GRAEBER (2015, 202), «han creado una situación en la que la búsqueda de la libertad con respecto al poder arbitrario simplemente acaba produciendo más poder arbitrario y, en consecuencia, las regulaciones asfixian la existencia». Estaríamos viviendo, cree este autor, en una «era de la "burocratización total"» (*ib.*, 21). Mientras que para FLÜCKIGER (2010, 214) nos hallaríamos en presencia de un Derecho «enfermo, patológico, en crisis, en desorden» *(«sick, pathological, in crisis and disarray»)*.

Un ámbito en que parece que hay cierta unanimidad es en la *inflación normativa* que se viene produciendo desde hace ya algunas décadas. CARNELUTTI (1994, 52) se ha referido —en una curiosa expresión— a la «multiplicación de las leyes [como] fenómeno fisiológico». Es clásica ya, y por todos conocida, la alusión de GARCÍA DE ENTERRÍA Y MARTÍNEZ-CARANDE (1984, 37) a «la ininterrumpida e impresionante salida diaria del *Boletín Oficial del Estado*».

Por ello, no resultan extrañas otras metáforas sobre este asunto. Mientras que SANTAMARÍA PASTOR (2004.1, 384) habla de una «hiperinflación normativa», MUÑOZ MACHADO (2015, 45) se refiere a la «absoluta incontinencia» del Derecho actual —siguiendo con el símil fisiológico— «con recetas normativas, siempre efímeras, que se suceden en el tiempo a un ritmo vertiginoso». BERMEJO VERA (2005, 79), por su parte, considera que «el Derecho es una ciencia esotérica que constituye un magma de normas y técnicas de aplicación con su raciocinio interno». Todas ellas son deudoras —no podía ser de otro modo— de la feliz expresión de SCHMITT de la *motorización del Derecho*. Y eso que, como advierte GAMERO CASADO (2015, 114), esta constatación se produjo «en un momento en que [su *movimiento*] no alcanzaba ni la centésima parte de su nivel actual».

Quizás la propuesta más imaginativa e irreal, y precisamente por ello interesante como *experimento mental*, ha sido ofrecida por PALMA FERNÁNDEZ (1997, 15). Este autor habla de la existencia de una «muchedumbre normativa», de un «Derecho en estado gaseoso». E imagina —aquí lo curioso—, no sin cierta sorna, «una sola norma que, aprobada por el procedimiento legislativo más reforzado que cupiera imaginar, declarase, con un solo artículo (en un claro ejemplo a seguir de sencillez) (...): "Queda derogado todo el ordenamiento jurídico"». ¡Bum! La solución más fácil a todos los problemas del Derecho sería esta bomba atómica. ¿Y el sueño, quizás, del anarquismo (incluido el anarcocapitalismo)?

Lo cierto es, en cualquier caso, que el Derecho es un *epifenómeno social*, como suele decir MARTÍN REBOLLO. En opinión de este autor, «el Derecho (...) es hoy ya (...) una técnica compleja, porque cada vez es más compleja la realidad a la que sirve» (MARTÍN REBOLLO 2017, 105). Lo confirma MONTORO CHINER (2001.1, 43): «El Derecho es, esencialmente, un fenómeno cultural, no un producto técnico». Pero es que, como recuerda DE LA TORRE MARTÍNEZ (2020, 90), «el Derecho (...) no puede quedar al margen de los cambios que experimenta la realidad, y ahí está el reto».

Las causas son variadas. Como ha mantenido MARTÍN-RETORTILLO BAQUER (2004, 60), «la interconexión de ordenamientos jurídicos puede producirse, en efecto, en el seno de un Estado, una vez que diversos ordenamientos territoriales adquieren fuerza y presencia». Lo que BERMEJO VERA (2005, 14) denominó «ordenamiento jurídico plural» es quizás uno de los motivos de esta multiplicación de normas, milagro del Estado de Derecho contemporáneo. Milagro o «contaminación legislativa» (MONTORO CHINER 2001.1, 76), como la que —en opinión de esta autora— padecerían «los países miembros de la Unión Europea, [y que] procede directamente de la proliferación de fuentes a nivel comunitario».

Pero es que muchos de los problemas de las leyes actuales no son tanto de constitucionalidad como de calidad normativa (Martín Rebollo 2017, 315). Y las soluciones a estos problemas son variadas. Martín-Retortillo Baquer (1998, 37) propone asumir lo que ha venido llamando «cura dietética del Estado»; proceso, eso sí, complejo, difícil y arriesgado, sobre todo en lo que respecta a «discernir qué es lo que debe cancelarse de aquello otro que debe permanecer».

En cualquier caso, yo me pregunto si de verdad estamos en presencia de un *Derecho enfermo*, si de verdad la situación actual es peor que ninguna otra anterior. Lo cierto es que se suelen aplaudir por su calidad técnica algunas leyes franquistas «explícitamente reconocidas por el legislador postconstitucional» (Santamaría Pastor 1999, 539). Pero soy del parecer, como dice Pendás García (2014, 66), de que «tampoco es buena la añoranza de épocas pretéritas, no necesariamente idílicas, cuando las camarillas de notables hacían y deshacían a su antojo». Al menos ahora los estándares son otros.

Creo que es imprescindible desmitificar el pasado. O, cuanto menos, evaluarlo y analizarlo desde un punto de vista racional y desapasionado. No puedo decir que las anteriores críticas vertidas sobre la calidad de los productos normativos sean desacertadas. Pero tampoco lo contrario. Algunas de ellas están basadas en evidencias objetivas —como las relativas a la cuantificación de las normas, sobre eso hay pocas dudas—. Pero otras, aunque seguramente certeras, solo tienen apoyatura en la constatación y en el juicio de expertos (que no es poca cosa) pero bien merecerían, en el futuro, un estudio serio para su adecuado contraste y falsación. En caso contrario, no dejaremos de movernos en presuposiciones, en prejuicios. Y que el *Derecho actual es el peor Derecho de la historia* no deja de ser eso, una presuposición, quizás acertada, o no.

2. Sobre el concepto de la *calidad del Derecho*

Se han repasado hasta el momento algunas de las *opiniones* de la doctrina más autorizada sobre el eventual problema de la falta de calidad que se achaca a nuestro Derecho. Pero ¿cuáles son, entonces, los principales elementos que determinarían **la (ausencia de) calidad del Derecho?** Al menos serían tres los motivos de la inseguridad jurídica en nuestro país, a juicio del Consejo de Estado: la proliferación de normas, la inestabilidad del ordenamiento y la degradación de la Ley[1].

El primer aspecto de interés viene determinado por el conjunto, por el nivel cuantitativo que representa el ordenamiento jurídico holísticamente. La doctrina jurídica se ha (pre)ocupado por este asunto desde hace tiempo. Por

1 Así lo sintetiza Martín Oviedo (2010, 118). Para un estudio del concepto de «calidad normativa», me remito, por todos, a Ponce Solé (2015, 79 y ss.).

todos, SANTAMARÍA PASTOR (1999, 548-549 y 552; y 2004.1, 379 y 387) ha estudiado repetidamente la producción normativa en España en términos estadístico-descriptivos. Desde un punto de vista histórico, SANTAOLALLA LÓPEZ (2018, 3432) ha analizado la producción *legislativa* de los dos últimos siglos, desde la década de 1830.

También algunas organizaciones como la Confederación Española de Organizaciones Empresariales (CEOE) vienen desarrollando desde el año 2015 un interesante informe, bajo el título *La producción normativa en [año correspondiente]*, que hace un repaso por los datos cuantitativos de producción legal y reglamentaria para España en los ámbitos estatal y autonómico (véanse los informes de la CEOE de los años 2015 a 2022)[2].

Pero quien más y mejor lo está estudiando —y digo *lo está* porque su producción científica es continua y actual— es MORA-SANGUINETTI. Este autor —jurista *y economista* de formación— ha analizado con profusión y en distintas ocasiones la complejidad del ordenamiento español. Ha constatado lo que ya se venía conociendo de manera aislada y parcial: lo abultado de nuestro ordenamiento. Así, da cuenta de que «la producción normativa total [en España] se habría multiplicado por alrededor de cuatro veces entre 1978 y 2018» (MORA-SANGUINETTI 2019, 160). Ahora bien, constata que este incremento va de la mano, esencialmente, del ámbito autonómico, pues «la producción normativa estatal se habría mantenido, sin embargo, relativamente estable en los últimos 50 años y tendría hoy un peso del 15 % sobre el total» (*ib.*, 160)[3].

Y esto tendrá consecuencias, obviamente. Señala DE BENEDETTO (en PONCE SOLÉ y CERRILLO I MARTÍNEZ 2017, 74) que «los estudiosos están de acuerdo con la idea de que existe una proporcionalidad directa entre la *inflación legislativa* y la *corrupción*: más regulación significa más oportunidades para la violación». Pero estas consecuencias no solo importan desde un punto de vista *patológico*. También desde uno *práctico*. Así, MARTÍN REBOLLO (2017, 172) recuerda, a la vista de la realidad cuantitativa, que «se comprende mejor que se haya afirmado que ser jurista hoy consiste no en *saber las normas*, sino en *saber moverse entre las normas*» (la cursiva es mía). Esta cuestión interesa a los efectos de este estudio y sobre ella habrá ocasión de volver.

Pero la calidad del Derecho no solo viene determinada, es obvio, por el componente externo, cuantitativo. Está especialmente relacionada con el componente interno, cualitativo, con el contenido de la propia Ley. Mas este

2 Lo cierto es que podría parecer que su interés es manifiestamente desregulador, dado que también ha desarrollado otras propuestas claramente en este sentido (CEOE 2015) o para mejorar la Administración de Justicia (CEOE 2016.2).

3 Plantearé, no obstante, y en el lugar oportuno, algunas consideraciones sobre si el mero hecho de *medir el Derecho* de manera global tiene sentido si no se hace con adecuados términos de comparación. Pues, siguiendo precisamente con las ideas anteriores, si el Derecho es un epifenómeno social, cuando la realidad social es más compleja tiene sentido que el Derecho también lo sea.

ámbito interno de las propiedades de la Ley tiene, a su vez, dos vertientes: la formal y la material. Mientras que la formal se referiría al uso del lenguaje, a la técnica normativa, la material iría más en la línea de la adecuación de la norma a la realidad que debe servir, regular y hasta transformar[4]. Veamos.

El Derecho es un producto cuya materia prima es el lenguaje. Y de eso, en esencia, se ocupa la *técnica normativa* como disciplina. Son distintos los autores que, entre nosotros, han estudiado la técnica normativa (que algunos denominan *legislativa* cuando se quiere hacer énfasis en ese rango concreto), como por ejemplo SÁINZ MORENO (2018) o SEGOVIA MARCO (2015). Pero quien creo que más ampliamente lo ha hecho ha sido GARCÍA-ESCUDERO MÁRQUEZ. Esta autora, a pesar de constatar la importancia del aspecto formal de las normas, ha señalado que el Tribunal Constitucional español (TC) habría mostrado, hasta la fecha, «una actitud un tanto minusvaloradora respecto de la técnica legislativa» (GARCÍA-ESCUDERO MÁRQUEZ 2010, 199).

Achaca esta realidad al hecho de que «es posible que el ambiente jurídico no esté todavía maduro para que se realice un control constitucional de la calidad de la ley y de la coherencia del ordenamiento» (*ib.*, 202). Lo cierto es que se trata de una cuestión no exenta de problemas. También ÁLVAREZ VÉLEZ (2017, 57-60), entre otros, se ha referido a las posibilidades de control por parte del TC. Esta problemática, sin embargo, escapa del objeto de este estudio, aunque su mención es necesaria y su posible reaparición en algún punto del desarrollo del trabajo es posible.

Y ligado al componente lingüístico del Derecho, deben hacerse algunas consideraciones adicionales. Los principales debates existentes en relación con el *lenguaje jurídico* han sido sintetizados perfectamente por MOREU CARBONELL, a cuyo trabajo me remito. Esta autora ha apuntado que, «si nos tomamos en serio el lenguaje, podemos conseguir una mayor racionalidad jurídica» (MOREU CARBONELL 2020, 355). Y ello es así porque «mejorar el lenguaje jurídico es mejorar el Derecho» (CARRETERO GONZÁLEZ 2019, 56)[5].

La simplificación jurídica debe incluir, necesariamente y en opinión de CONDE ANTEQUERA (2009, 80), la simplificación del lenguaje jurídico. Porque, como apunta CAZORLA PRIETO (2007, 60), «la transparencia produce efectos benéficos para el desarrollo de la función jurídica», y un lenguaje claro y accesible contribuye de manera decisiva a esa transparencia. Pero es que, además, la complejidad cualitativa, *lingüística* y relacional tendrían, a juicio de DE LUCIO FERNÁNDEZ y MORA-SANGUINETTI (2021), importantes efectos negativos sobre la productividad y los costes de la litigación, de acuerdo con los resultados de su estudio empírico.

4 Para una distinción entre los conceptos de *calidad formal* y *calidad material* del Derecho, véase, por todos, DE BENEDETTO, MARTELLI y RANGONE (2011, 47 y ss.).

5 Sobre la importancia del lenguaje jurídico claro, véase también otro trabajo de esta autora: CARRETERO GONZÁLEZ (2018).

No es fácil, en todo caso, mesurar lingüísticamente el lenguaje. Recientemente, BETHENCOURT RODRÍGUEZ (2019) ha esbozado una propuesta metodológica sobre la *medición del lenguaje de la Ley*. En fin, insisto en que esta cuestión no va a ser tratada en profundidad en este trabajo, pero su mención se hace imprescindible por cuanto sí afectará, tangencialmente, a sus contenidos.

El último de los elementos que compondría esa tríada vendría ligado a la calidad *material* de las normas. Lo que MONTORO CHINER denominó ya en 1989 la *factibilidad* de la Ley (de hecho, es de esa fecha su clásico estudio primigenio —al menos en la literatura jurídica española— titulado *Adecuación al ordenamiento y factibilidad: Presupuestos de calidad de las normas*).

No voy a extenderme sobre una cuestión que va a ser ampliamente tratada en el trabajo desde diferentes puntos de vista. Pero lo cierto es que, si el Derecho es un medio para la consecución de un fin, la garantía de los principios constitucionales de *eficacia* y *eficiencia* (art. 103 de la Constitución española de 1978, CE) se convierte en un imperativo jurídico, pero también lógico.

La *factibilidad de las normas* se refiere a la medida en la cual el Derecho, como instrumento, es hábil para producir los efectos deseados en la realidad. El Derecho, como instrumento de transformación social, puede tener mejores o peores resultados. Y a ello puede contribuir, sin duda, un mejor o peor diseño. Lo cual puede conducir, en algunas ocasiones y en detrimento de otros aspectos de la calidad formal, a una «preocupación casi obsesiva del regulador de asegurar que la norma será siempre efectiva, es decir, por hablar claro, que se aplicará sin ambages» (PASCUA MATEO en GARCÍA MEXÍA y RODRÍGUEZ-ARANA, 2010, 108).

El componente imprescindible de la calidad material de las normas es la *racionalidad*. Que el Derecho esté basado en *razones* y no en *pasiones*. Que exista un componente esencial unido a la realidad, que quede adecuadamente justificada una elección normativa frente a otra(s). Y para ello, «es preciso dictar reglas que disciplinen la producción normativa, sistematizando y racionalizando los procedimientos de aprobación de las normas» (GAMERO CASADO 2015, 114). De esto es de lo que se viene a hablar aquí.

Debo concluir con dos apreciaciones relevantes. Por un lado, que la *calidad del Derecho*, en tanto que concepto (jurídico) indeterminado, precisa de una adecuada delimitación de sus contornos, de sus zonas de incertidumbre y de certeza. Habrá ocasiones en las que un determinado aspecto pueda contribuir, decididamente, a un *mejor Derecho*; pero también otras en las que nos asolen las dudas. En segundo lugar, y como la propia palabra «mejor» indica, hablar de *calidad del Derecho* es hacerlo de un eventual *mandato de optimización*, quizás de un objetivo ficticio o inalcanzable, pero deseable y al que debe tenderse.

Y ello porque la *calidad de la normativa*, en tanto que parte imprescindible de *la calidad institucional* (JIMÉNEZ SÁNCHEZ 2020, 70), es condición necesaria para «el buen gobierno y la buena administración» (PONCE SOLÉ 2016, 67). No solo eso, sino que es evidente que «no existe un derecho a hacer un Derecho sin calidad» (CRUZ VILLALÓN 2003, 152). Aunque lo cierto es que, como apunta PENDÁS GARCÍA (1990, 81), «se legisla mal porque no se puede hacer mejor; o, acaso, porque no se sabe hacer mejor». Habrá que aprender, ¿no?

3. Sobre la cultura y el movimiento de la mejora de la regulación

El título de este apartado contiene una expresión («mejora de la *regulación*») que merece un matiz preliminar. En este trabajo se va a hablar del término *regulación* como sinónimo de *normativa* o *Derecho*. El concepto técnico-jurídico específico de *regulación* hace referencia, en esencia y simplificando bastante, a la normativa aplicable a determinados sectores económicos. Estos sectores otrora pudieron ser propios del ámbito público, pero en la actualidad están a la libre disposición del mercado con la excepción de determinadas *regulaciones* que, precisamente, tratan de solventar los fallos de ese mercado. Esos fallos, a su vez, pueden producir externalidades negativas indeseables socialmente[6]. Insisto: aquí ambos términos serán intercambiados de manera indiferente dada su naturaleza de palabras sinónimas. Solo cuando quiera referirme al concepto estricto de *regulación* indicaré que se trata de una *regulación económica*. También es posible que se utilice en ocasiones —dado su origen— el término inglés «*better regulation*» como equivalente de los anteriores.

Pero es que, si se habla de «mejora de la regulación» para referirse, en términos más amplios, a la «mejora del Derecho» es porque, en parte, su origen está ligado precisamente a la *mejora de la regulación económica*. Mas las técnicas y las preocupaciones que nacieron para una *mejor regulación económica* pronto se tornaron esenciales (o retornaron al origen) para la *mejora de la regulación* en términos más amplios. De hecho, el Consejo de Estado, expresivamente en su dictamen 215/2010, sobre la Ley de Economía Sostenible (LES), señaló lo siguiente:

> Los cauces dirigidos, primero, a preparar con el máximo cuidado y reflexión las regulaciones administrativas y, posteriormente, a evaluarlas y revisarlas son (...) técnicas que no se circunscriben a un determinado campo de la actuación administrativa de índole reguladora. Se trata, en efecto, de instrumentos que [se] han de aplicar a todos los campos para los que las Administraciones Públicas preparen y aprueben regulaciones. (...) Esos cauces no son exclusivos de la actuación pública en el ámbito de la economía (...). [No se] apreci[a]n razones que justifiquen que se pongan en práctica en ese y no en otros campos de la acción administrativa.

---

6 Para una explicación del concepto de *regulación* véase, por todos, BETANCOR RODRÍGUEZ (2010). Otro concepto de interés relacionado con el anterior, y que está en la fundamentación del mismo, es el de «Estado garante» (frente al «Estado prestador»). Sobre ello, véanse los trabajos de ESTEVE PARDO (2007, 2012, 2015.1 y 2015.2) o PAREJO ALFONSO (2015).

Dicen DAHLSTRÖM y LAPUENTE GINÉ (2018, 176) que «la clase de tradición legal de un país afecta a un gran número de instituciones deseables, como (...) las leyes de calidad». Así, el papel que ha jugado la Unión Europea (UE) para España y el resto de los Estados miembros en este ámbito ha sido esencial. Pero no solo la UE, también otras tradiciones como la americana y la británica han influido decisivamente[7].

De hecho, «en el caso español, el movimiento por la calidad de la regulación está siguiendo de cerca los desarrollos comunitarios y ha dado lugar a la asunción de compromisos políticos al máximo nivel» (SÁNCHEZ GRAELLS en MINISTERIO DE JUSTICIA 2009, 59). Hasta el punto de que en fechas recientes (en 2015) fueron objeto de aprobación sendas leyes administrativas para acoger estos postulados (a las que me referiré después), normas que han supuesto, de algún modo, la culminación del proceso de mejora de la regulación o, en expresión de Arenilla Sáez (2018, 3725), un «colofón reformador». Volveré enseguida a ello.

Pero estas influencias han ido aparejadas, como la doctrina bien ha señalado, a problemas derivados de una pretendida *desregulación* —cuestión esta que irá apareciendo repetidamente a lo largo del trabajo—. ELIANTONIO y SPENDZHAROVA (2017, 5) indican que, a pesar de presentarse como una iniciativa políticamente neutra, lo cierto es que se han producido no pocas críticas. Pues, como advierte VAQUER CABALLERÍA (en PONCE SOLÉ y CERRILLO I MARTÍNEZ 2017, 168), «tras la afirmación de la mejora de la regulación

7 No está en el propósito de este trabajo el realizar un repaso por toda la historia de la mejora de la regulación. Para ello, me remito a los trabajos de AUBY y PERROUD (2013, 40 y ss.) o de BETANCOR RODRÍGUEZ (2009, 107 y ss.), por todos. Por su parte, ÁLVAREZ SUÁREZ (2017) ha estudiado la evolución histórica de la política pública de mejora de la regulación en España, desde sus inicios en los años 90 —al margen de otros precedentes— hasta la actualidad. El Ministerio de la Presidencia del Gobierno de España tiene una página *web* sobre esta política pública: https://www.mpr.gob.es/mpr/subse/occn/Paginas/politicaue.aspx (Consultado: 2022-06-11).
De aplicarse a un ámbito concreto del ordenamiento jurídico, esta política puede tener claro interés sectorial. Por ejemplo, para un estudio de los instrumentos de la mejora de la regulación aplicados a la contratación pública y a la promoción de la competencia en España, véase GÓMEZ ASENSIO (2013).
Para una perspectiva comparada, véase RADAELLI y DE FRANCESCO (2007, 78 y ss.). En concreto, estos autores analizan los casos de EE. UU., Australia, Canadá, Países Bajos, Bélgica, Dinamarca, Suecia y Reino Unido, además de la UE (p. 129 y ss.). La información de la UE sobre la materia está disponible en: https://ec.europa.eu/info/law/law-making-process/planning-and-proposing-law/better-regulation-why-and-how_es (Consultado: 2022-06-11).
También desde la década de 1990 la Organización para la Cooperación y el Desarrollo Económicos (OCDE) viene preocupándose por la promoción de la mejora de la calidad regulatoria de sus Estados miembros. Me remito a las abundantes informaciones que aparecen en su sitio *web*: https://www.oecd.org/en/topics/regulatory-reform.html (Consultado: 2024-10-17). En esta línea, la OCDE (2015, 139) ha manifestado que la mejora de la regulación puede ser un «instrumento para incrementar la productividad española». Pueden verse los informes correspondientes a cada país.

puede existir una intención de desregulación». Pero lo cierto es que «esta preocupación no es de derechas ni de izquierdas» (PONCE SOLÉ en PONCE SOLÉ y CERRILLO I MARTÍNEZ 2017, 89), ya que disponer de un *mejor Derecho* —que no, necesariamente, de *menos Derecho*— es un objetivo común de cualquier persona o institución comprometida con el Estado de Derecho y la democracia.

Emerge aquí, precisamente, la cuestión subjetiva. Ha dicho BALAN (2013, 28) que la «regulatory quality must be, for the leadership of public entities, a fundamental concern and must contribute to building a genuine culture in this regard» («la calidad de la regulación debe ser, para el liderazgo de las entidades públicas, una preocupación fundamental y debe contribuir a la construcción de una genuina cultura en este sentido»). Como ha manifestado BETANCOR RODRÍGUEZ (2009, 215), la política de mejora de la regulación «necesita un "activista"».

GRAEBER (2015, 35) ha advertido de que «la burocratización de la vida cotidiana implica la imposición de normas y regulaciones impersonales; (...) que, a su vez, solo pueden funcionar si están respaldadas por la amenaza de la fuerza». En el caso de la mejora de la calidad del Derecho, se verá a lo largo de todo el trabajo que he hecho no poco hincapié en un elemento que, a mi juicio, goza de especial relevancia. Me refiero a la *cultura* política, jurídica y administrativa que está llamada a dotar de sentido y hacer efectiva este movimiento a favor de un mejor Derecho. Ello, en contraposición a la aplicación obligatoria de estas instituciones y a la sanción frente a su desconocimiento.

Lo cierto es, en cualquier caso, que «la utilización de la evaluación de impacto [y del resto de herramientas de la mejora de la regulación] no sigue[n] una tendencia lineal ascendente, sino que, de hecho, describe[n] una curva en forma de U» (DONELAN en AUBY y PERROUD 2013, 176). Esto quiere decir, continúan estos autores, que «a medida que (...) se ha[n] integrado en los procesos generales de toma de decisiones, ha[n] sido llevad[os] a cabo por un cada vez mayor grupo de gente con menor preparación». Lo que en un principio reduciría la utilidad y la calidad de estas herramientas, progresivamente se recuperaría y alcanzaría un punto óptimo. Esta idea recuerda a la necesaria consideración del principio de mejora de la calidad del Derecho como un mandato de optimización, que cité más arriba.

Acabo de referirme, habrá advertido el lector, a la «evaluación de impacto» como una de las *herramientas* o *instrumentos* que permiten promover esa mejora regulatoria. En efecto, la materialización de esa política de mejora de la regulación debe articularse a través de distintas técnicas, algunas de mayor recorrido que otras. En breve pasaré precisamente a explicarlas.

Antes, una última consideración sobre la *better regulation* en su conjunto. Disponer de un Derecho de mala calidad tiene consecuencias negativas no solo para la democracia y el Estado de Derecho, sino también para la economía. A modo de ejemplo y para el caso español, véase el trabajo de ZÁRA-

TE-MARCO y VALLÉS-GIMÉNEZ (2012, 199) sobre el impacto económico de la (excesiva) regulación autonómica. También ÁLVAREZ SUÁREZ (2019, 83) se ha referido al impacto económico de la mejora de la regulación en España. Y advierte de que el «déficit de implementación» observado podría restar oportunidades de mejora a la economía española.

Pero sucede también —como señalan PARKER y KIRKPATRICK (2012, 8) tras distintos estudios empíricos de los efectos de la regulación en el ámbito de la OCDE— que existen serias dificultades de índole metodológico y de obtención de datos para un análisis adecuado de los impactos de la regulación en la economía. O, como pone de manifiesto RADAELLI (2007, 204), que «*the long-term impact of better regulation is difficult to appraise*» («el impacto en el largo plazo de la mejora de la regulación es difícil de evaluar»).

En definitiva, las evidencias parecen indicar que se trata de herramientas útiles para la sociedad, pero cuyos efectos no están suficientemente cuantificados ni contrastados. Queda bastante trabajo también por hacer en ese ámbito, que en cualquier caso es más propio de los economistas.

4. La mejora del Derecho por diseño o sobre cómo garantizarla desde el proceso normativo

Nadie podrá objetar que es preferible tener un *Derecho de calidad* —tanto leyes concretas como un ordenamiento jurídico en su conjunto—. ¿Alguien podría desear un sistema que no lo fuera? (Aparte, quizás, de los delincuentes, en particular, los corruptos). La cuestión que emerge ahora es, precisamente, cómo conseguir que un Derecho particular sea de calidad. Y ello conduce inexorablemente al proceso de producción normativa. Porque de la constatación de que un Derecho (una norma) adolece de su falta, se derivará la necesidad de su modificación y para ello será menester seguir los pasos que se hayan establecido en el proceso normativo de que se trate.

Este estudio se centra en el ámbito español, por lo que las menciones que se hagan al proceso de producción normativa se constreñirán a tal sistema. Y se trata de un estudio desde el punto de vista del Derecho Administrativo, por lo que interesará más la producción de normas de rango reglamentario que legal. Aunque estas últimas serán consideradas en buena medida dado que en España la iniciativa legislativa corresponde, entre otros, al Gobierno.

Pero explicar —siquiera sea a grandes rasgos— el proceso normativo es un esfuerzo vano, pues son numerosos los trabajos que la doctrina nos viene ofreciendo desde hace décadas. Cuestión distinta es que haya que revisitar algunos de ellos de cara a la explicación que aquí se podrá ofrecer.

Desde un punto de vista histórico, para un estudio del proceso normativo con la Ley del Procedimiento Administrativo (LPA) de 1958, véase por todos GONZÁLEZ PÉREZ (1963). Con posterioridad, y teniendo en consideración la regulación del proceso normativo durante la vigencia de la Ley 30/1992, de 26 de noviembre, de Régimen Jurídico de las Administraciones Públicas y del Procedimiento Administrativo Común (LRJPAC), véase ABAJO QUINTANA (en FIGUEROA LARAUDOGOITIA 1995), SANTAMARÍA PASTOR (2004.2), MELERO ALONSO (2005), RAZQUIN LIZARRAGA (2007), BERMEJO LATRE (2004) o LAVILLA RUBIRA (2009). Este último tuvo especialmente en cuenta las regulaciones —más novedosas— contenidas en la Ley 50/1997, de 27 de noviembre, del Gobierno (LGob). Para una profundización, en aquel momento, en el régimen jurídico de los proyectos de Ley me remito a JIMÉNEZ APARICIO (en MENÉNDEZ MENÉNDEZ y PAU PEDRÓN 2004) o a GARCÍA-ESCUDERO MÁRQUEZ (2000).

En lo que atañe a la regulación actualmente vigente[8] han sido también numerosos los autores que se han ocupado de su estudio. Para un comentario global sobre la normativa en vigor, son de interés —sin ánimo de exhaustividad— los trabajos de BOIX PALOP (2017), CAMPOS ACUÑA (2016), FORTES GONZÁLEZ (2016), GARCÍA RUBIO (2017), GARCÍA-ESCUDERO MÁRQUEZ (2016), HUERGO LORA (2016), MESEGUER YEBRA (2016), MIR PUIGPELAT (2012), MORA RUIZ (2016), NABASKUES MARTÍNEZ DE EULATE (2017), PAREJO ALFONSO (2016), PÉREZ GARCÍA (2020), PONCE SOLÉ (2017), PRIETO ROMERO (2016). El proceso normativo aplicable a los entes locales (EE. LL.) ha sido explicado por este mismo autor (PRIETO ROMERO 2019.1 y 2019.2). Y en lo que se refiere al estudio de los principios de la buena regulación que se incluyen en la LPAC, me remito por todos a GONZÁLEZ BUSTOS (2017).

Entre los autores más críticos destacan SÁNCHEZ MORÓN (2015), SANTAMARÍA PASTOR (2015 y 2016.1 y 2016.2) o FERNÁNDEZ FARRERES (2016). Para este último, por ejemplo, las nuevas leyes estarían a medio camino «entre la cosmética y el enredo», y señala que la iniciativa normativa no habría hecho más que copiar los principios de la LES en una solución muy poco imaginativa (*ib.*, 73). A mi juicio, entre las mejores explicaciones se encontraría la de MORENO MOLINA (2020), trabajo que incluye además una perspectiva comparada e histórica.

Muy esquemáticamente, podría decirse que el Título VI de la LPAC viene a configurar tanto unos principios de mejora de la calidad del Derecho como una serie de trámites (básicos) aplicables al proceso de producción normativa, mientras que la LGob regularía los trámites propiamente del ámbito estatal. Debe tenerse en cuenta que el Tribunal Constitucional, mediante la Sentencia (STC) 55/2018, declaró distintos preceptos de la LPAC inconstitu-

8 Esta la contienen esencialmente la Ley 39/2015, de 1 de octubre, del Procedimiento Administrativo Común de las Administraciones Públicas (LPAC), la Ley 40/2015, de 1 de octubre, de Régimen Jurídico del Sector Público (LRJSP), y la LGob. Al menos en lo que respecta al ámbito estatal. En el estudio de cada institución habrá ocasión de mencionar todo el régimen jurídico vigente y aplicable, en particular, a las comunidades autónomas (CC. AA.). Aunque en realidad, como ha apuntado ARAGUÀS GALCERÀ (2016.2, 47), existe un alto grado de uniformidad, a pesar de las distintas competencias autonómicas.

cionales e inaplicables al ámbito autonómico por invadir sus competencias. Esta resolución, en opinión de GIMENO FERNÁNDEZ (2018, 28-29), en lugar de suponer un debilitamiento de los esfuerzos por la mejora de la calidad del Derecho supone un reconocimiento del poder de autoorganización de los distintos ámbitos territoriales[9]. Habrá ocasión de volver, en profundidad, sobre esta cuestión.

Lo cierto es que, en lo que aquí interesa, la doctrina ha sido más bien crítica. Para FERNÁNDEZ SALMERÓN (2017) la LPAC no articularía un verdadero procedimiento básico de elaboración de normas. Mientras que, según ARAGUÀS GALCERÀ (2016.2, 40), se trataría de una regulación con un «nivel exagerado de esquematismo»; y concuerda con el anterior autor en que la LPAC no ordena propiamente el procedimiento normativo (*ib.*, 42). FERNÁNDEZ FERRARONS (2020, 47) indica que la LPAC «no predisposa una "ordenació seqüencial" bàsica dels tràmits del procediment» («no predispone una "ordenación secuencial" básica de los trámites del procedimiento»).

De cualquier modo, se trataría de una serie de reglas de carácter *metarreferencial* o *metajurídico*. O sea, sería «el mismo Derecho el que regula su propia mejora» (BETANCOR RODRÍGUEZ 2009, 20). Y aunque acabo de expresar que su naturaleza lineal ha sido discutida, lo cierto es que suele hablarse de «ciclo normativo». Profundizaré enseguida sobre este aspecto.

Pero ¿cuáles son las principales herramientas, instrumentos o instituciones que configuran estas normas de cara al aseguramiento, la búsqueda o la producción de un Derecho de mejor calidad? Puede decirse que son esencialmente cuatro: la planificación normativa, la evaluación *ex ante*, la participación pública y la evaluación *ex post*. Tres de ellas previstas en la LPAC y una (la evaluación *ex ante*), en la LGob.

Aunque lo explicaré después, adelanto ya en este punto que el objeto de esta investigación lo constituye exclusivamente el análisis de dos de los anteriores instrumentos: la planificación normativa y la evaluación normativa *ex post*. Desde un punto de vista cíclico, estos dos elementos serían el principio y final de un proceso continuo. La sucesión de una y otra, sus interrelaciones y el hecho de que constituyen el engarce o retroalimentación del proceso justifican un tratamiento específico, que es el que aquí se va a ofrecer. Pero es que además se trata de las dos instituciones del ciclo normativo que menos atención han tenido por parte de la doctrina. No existe, hasta donde tengo conocimiento, ningún estudio sistemático y global sobre ellas.

9 Algunos autores habrían señalado hace ya tiempo el origen de estos problemas. CAZORLA PRIETO (1999, 113) opina que debería existir una regla «de rango suficiente» que permitiera la aplicación de unas mismas técnicas normativas en el ámbito ejecutivo y legislativo. Pero también podrían incluso constitucionalizarse algunos aspectos para garantizar un régimen mínimo semejante. Son cuestiones que escapan del objeto de este estudio.

Por eso me voy a limitar a ofrecer aquí unas pinceladas de la configuración de las dos instituciones no tratadas. Ello sin perjuicio de que en el estudio de la planificación y la evaluación normativa *ex post* emergerán recurrentemente relaciones con la evaluación *ex ante* y, singularmente, con la participación pública. Así, se podrán considerar aspectos no tratados convenientemente por la doctrina.

Téngase presente, de entrada y a grandes rasgos, que el art. 130 LPAC vendría a desarrollar la evaluación normativa *ex post*; el art. 132, la planificación normativa; el art. 133, la participación pública previa en las normas; y el art. 26 LGob, la evaluación *ex ante*. Estas son las cuatro piezas fundamentales del puzle, a las que habría que añadir el art. 129 LPAC, que establece los *principios de la buena regulación*. Veamos, ahora, algunas ideas generales sobre las evaluaciones de impacto y las consultas públicas que, como ha dicho PÉREZ DE LAS HERAS (2019, 5), son «instrumentos clave de una nueva cultura legislativa» que se pretende implantar.

a) Algunas consideraciones sobre la evaluación normativa *ex ante*: el análisis de impacto normativo

La evaluación *ex ante* de una norma sería el instrumento que permitiría analizar su oportunidad, su legalidad y/o constitucionalidad y su futura (o prevista) eficacia y eficiencia. Señalan AUBY y PERROUD (2013, 28) que «el interés público ya no es algo que la voluntad de la Administración pueda declarar unilateralmente, por puro decisionismo, sino que tiene que justificarse, que construirse»[10]. A ello me refería antes al hablar de la racionalidad de las normas.

Pero ya en la década de 1980, SÁINZ MORENO (1989) estudiaba entre nosotros, y para el caso español, los «antecedentes necesarios» de los proyectos de Ley que, por mandato constitucional (art. 88 CE), debían (y deben) acompañar a las iniciativas legislativas del Gobierno. Si alguien estudió sobresalientemente las técnicas de evaluación *ex ante*, ligadas a los postulados de la evaluación de la calidad, fue MONTORO CHINER (1985 y 1989, 96 y ss.).

Esta última autora tuvo como punto esencial de referencia la Orden de la Presidencia del Gobierno de 4 de febrero de 1980 sobre normas para la elaboración de la Memoria económica justificativa de los proyectos de leyes y disposiciones administrativas, instrumento que regulaba, en España, esta memoria *ex ante*. Esta Orden fue derogada por el Real Decreto (RD)

10 En el año 2008, la OCDE elaboró un documento de orientación sobre la elaboración de la evaluación *ex ante* titulado *Building an Institutional Framework for Regulatory Impact Analysis (RIA). Guidance for Policy Makers*. En este documento se define el análisis de impacto normativo como una «herramienta esencial de ayuda a los decisores públicos» (p. 7).

1083/2009, de 3 de julio, por el que se regula la memoria del análisis de impacto normativo. Dicha norma vino a consolidar una serie de informes y memorias contenidos en la LGob[11] en un único documento: la Memoria de Análisis de Impacto Normativo (MAIN).

En la actualidad, la LGob contiene una nueva regulación del procedimiento de elaboración de normas con rango de Ley y reglamentos en su art. 26, de acuerdo con la redacción dada a este por la LRJSP de 2015. Además, el RD 1083/2009 recién mencionado ha sido sustituido por el RD 931/2017, de 27 de octubre, por el que se regula la MAIN, actualmente en vigor. Esta es, en términos resumidos, la normativa vigente (para el caso estatal) de la regulación sobre evaluación normativa *ex ante*. Regulación que en modo alguno tiene carácter básico, pues se refiere al ejercicio y a la autoorganización de las potestades normativas de cada Gobierno y, por lo tanto, no puede tenerlo.

La doctrina ha estudiado las distintas aristas y problemáticas que pueden derivarse de la configuración actual de este instrumento. Por ejemplo, Marcos Fernández (2009, 353), que ha analizado la implantación del análisis de impacto normativo en España, señala como principales dificultades la resistencia cultural y las trabas burocráticas, pero también la falta de recursos y de coordinación.

Por su parte, Fernández Díez-Picazo y Mateo Feito (2012) proponen una serie de reformas como la mejora de las capacidades técnicas de los responsables, el aprovechamiento de sinergias de otro tipo de evaluaciones (singularmente, en mi opinión, las elaboradas *a posteriori*), la mejora del procedimiento de consulta y su incardinación en este instrumento, o la adopción de mecanismos de seguimiento e impulso de los contenidos del análisis preliminar. Todos ellos son también factores relevantes, como se verá, de cara a la evaluación *ex post*.

O también Pinilla Pallejà (2008, 34), que ha recordado que la evaluación *ex ante*, a pesar de favorecer una toma de decisiones más racionales e informadas, no está llamada a sustituir a los políticos. Y, además, apostaría por una implantación gradual —en línea con el resto de los instrumentos de mejora de la calidad del Derecho— pues los responsables de la evaluación necesitan formación. Finalmente, dado su carácter no básico, apuesta por extender a las CC. AA. la aplicación de una técnica similar, señalando también la necesidad de fomentar la transparencia de sus resultados (*ib.*, 36)[12].

---

11 Singularmente, el análisis de impacto de género, introducido por la Ley 30/2003, de 13 de octubre, sobre medidas para incorporar la valoración del impacto de género en las disposiciones normativas que elabore el Gobierno

12 Pero hay muchos otros aspectos que han sido tratados en la literatura jurídica. A modo meramente enunciativo: sobre los contenidos de la MAIN, véase García Llovet (2017, 180-182); sobre el impacto normativo desde la perspectiva del análisis económico del Derecho, me remito a Mercado Pacheco (2013); en relación con el impacto de género, es de imprescindible consulta la reciente monografía dirigida por Canals i Ametller (2020); y para el análisis de impacto sobre la familia, véase Sieira Mucientes (2019).

Pero si hay una cuestión que ha recibido bastante interés han sido los efectos jurídicos de estos informes. Han dicho AUBY y PERROUD (2013, 19) que la evaluación normativa —que, en su opinión, tendría por finalidad «obtener la información necesaria para los políticos que han de decidir, y cuyos resultados pueden hacerse públicos»— y en concreto su materialización no tiene efectos jurídicos (*ib.*, 22). Pero lo cierto es que hay que estar a lo que disponga cada ordenamiento.

De hecho, para el caso español no puede predicarse lo mismo, pues los tribunales vienen diciendo —casuísticamente— que el análisis *ex ante* debe ser suficiente y adecuado, no meramente rutinario. Me remito a las consideraciones que sobre este particular han hecho, entre otros, PONCE SOLÉ (2009, 235-237) y REVUELTA PÉREZ (2014). Aunque, como señala POPELIER (2018, 127-128) para el ámbito europeo, «nous ne devrions pas surestimer l'impact du contrôle juridictionnel (...) [car] quand il s'agit de la confection des lois proprement dites, les tribunaux adoptent une attitude prudente que protège le législateur d'une captation technocratique de la réglementation comme d'une rigidification de la procédure de décision»[13].

b) Algunas consideraciones sobre la participación pública en la elaboración de disposiciones generales

La segunda de las instituciones, todavía de mayor raigambre, es la participación pública en la elaboración de normas, que tiene su fundamento en los arts. 9.2, 23.1 y, singularmente, 105.a) de la CE. En esencia, puede decirse que la regulación de este instrumento se contiene en la LGob, que disciplina desde 1997 la *audiencia* y la *información públicas*, y en el art. 133 LPAC, que introduce la figura de la *consulta pública previa* (trámite confirmado como básico y aplicable también a las CC. AA. por virtud de la STC 55/2018, aunque solo en su mera existencia, no en su concreta configuración).

Pero, como decía, se trata de un ámbito con solera. Afirmaba ya hace más de cuatro décadas SÁNCHEZ MORÓN (1980, 270) que «es necesario ahondar en la necesidad de un control social ampliado a la esfera administrativa, diversificado, pluralista y democrático»; por lo que «quizás una estrategia institucional tendente a abrir la Administración al ciudadano por medio de la información y sin intermediarios organizacionales puede ser un primer paso para la reforma imprescindible de las instituciones públicas» (*ib.*, 271)[14].

13 «No deberíamos subestimar el impacto del control judicial (...) ya que, cuando se trata de la elaboración de leyes propiamente dichas, los tribunales adoptan una actitud prudente que protege al legislador tanto de una captura tecnocrática como de la petrificación del proceso decisorio».

14 Para una síntesis histórica de las «técnicas de integración de intereses supraindividuales en el procedimiento administrativo», singularmente las consultas públicas y la

Recientemente, la cuestión de la participación pública en la elaboración de normas ha sido estudiada por bastantes autores, no solo en estudios parciales, sino también en monografías totalizadoras de la cuestión.

Sierra Rodríguez (2019) ha analizado desde un punto de vista empírico los tipos y el número de trámites de participación, consulta y audiencias públicas desarrollados por la Administración General del Estado (AGE). Su trabajo se centra en cuestiones metodológicas sobre las formas de medición de la participación ciudadana, en la realidad de los distintos mecanismos de participación (con datos empíricos) y en la propuesta de distintas alternativas. Entre estas últimas, destacan una sugerencia de centralización de los procesos participativos (en cada uno de los ámbitos competenciales), el establecimiento de sistemas de retorno o el fomento de la cultura de la participación.

Pero quizás quien la ha estudiado desde un punto de vista más sistemático ha sido Castellanos Claramunt (2020), no solo desde el punto de vista normativo (con aproximación al régimen jurídico en todas las CC. AA.), sino también práctico. El enfoque de la presente investigación es similar a la aproximación de dicho autor a la participación pública. En su opinión, «una mejor democracia, para alcanzar un buen gobierno democrático, pasa por una mayor participación ciudadana».

Por su parte, García García (2019.1 y 2019.2) ha hecho también un amplio repaso por la participación ciudadana en el ámbito europeo de producción normativa. Esta autora no solo advierte de las ventajas, sino también de algunos de los peligros de dicha participación ciudadana (García García 2019.1, 179).

Por otro lado, y ya con respecto al precepto básico del art. 133 LPAC, destacan algunos trabajos que apuntan a los asuntos más problemáticos.

Destacan notablemente los trabajos de Araguàs Galcerà (2016.1). Como algunas de las mejoras necesarias, esta autora propugna la incorporación en su régimen jurídico de cuestiones como las tecnologías de la comunicación, la necesidad de contar con plazos adecuados para su desarrollo, la oportunidad de favorecer medidas de estímulo a la participación[15], la exigencia de proceder a una valoración adecuada de las aportaciones y la necesaria regulación de las intervenciones de grupos de interés.

---

audiencia pública, véase Míguez Macho (2021, 43-68). También García de Enterría y Martínez Carande (1989), Rebollo Puig (1988) o Rodríguez Pontón (1996) estudiaron esta cuestión.

15 Con respecto a la cuestión temporal, Backes, Eliantonio y Jansen (2016, 172) han constatado, en un estudio empírico comparado, que son no pocas las ocasiones en que se han reducido los tiempos de participación, en aras a una pretendida (y posiblemente real) mayor agilidad de los trámites. Circunstancia esta, no obstante, que habría ido en detrimento de las posibilidades reales de participación.

Sobre las limitaciones de la participación, han dicho BOIX PALOP y GIMENO FERNÁNDEZ (2020, 26) que «la participación ciudadana en todo el procedimiento ha de ser una "participación buscada" y no meramente facilitada». Pero sostiene MONTORO CHINER (2017, 37) que «la consulta es efectiva si la base de la información está completa y el ciudadano se deja seducir por la información que se le ofrece y se siente inclinado a intervenir en el proceso». Sin embargo, para sentirse inclinado hacen falta no pocos estímulos e intereses presentes.

Finalmente, PONCE SOLÉ (2015) ha estudiado detenidamente lo que podría denominarse como el más alto grado posible de participación en el proceso normativo: la *negociación de normas*, institución no presente como tal en nuestro sistema. Así, ha dicho que «la negociación de normas por el poder ejecutivo conlleva posibilidades de mejor servicio al interés general, [aunque] también riesgos» (PONCE SOLÉ 2015, 38). Lo que sí es cierto es que la negociación, la participación *privilegiada*, en ocasiones se produce de manera informal, en la sombra. De ahí que la transparencia sea un elemento esencial de toda esta institución[16].

La doctrina se ha detenido en aspectos muy variados sobre la participación pública[17]. Pero interesan particularmente —como en el caso anterior— los efectos jurídicos de los procesos participativos. ARAGUÀS GALCERÀ (2017) ha apuntado a la posibilidad de que se produzca una declaración de nulidad de los reglamentos adoptados sin los preceptivos trámites participativos (en la misma línea, véase ARAGUÀS GALCERÀ 2019.1). Lo cierto es que la jurisprudencia parece no otorgar la misma importancia a todos los trámites participativos (siendo, a juicio de los tribunales, menos importante la consulta pública previa, algo en lo que esta autora y yo discrepamos). Puede verse un estudio reciente y completo de los pronunciamientos sobre la consulta pública previa en CASADO CASADO (2020).

En cualquier caso, BRUGUÉ TORRUELLA (2018, 3710) considera que la expansión de la participación como instrumento de mejora de la calidad democrática fomentaría también el incremento de la legitimidad de los productos normativos. Algo sobre lo que no puedo estar más de acuerdo, aunque arrancar de la ciudadanía tal compromiso no resulte sencillo. Eso sí, a juicio

16 Porque, como singularmente recuerda BOBBIO (2011, 5), *«la democrazia è idealmente il governo del potere visibile»* («la democracia es idealmente el gobierno del poder visible»).

17 A título meramente enunciativo, CIERCO SIERRA y ROPERO VILARÓ (2018) han analizado la consulta pública previa y concuerdan en señalar algunos de los problemas *electrónicos* de su configuración ya advertidos. Precisamente sobre la participación en la UE y los EE. UU. por medios electrónicos, véase ARROYO JIMÉNEZ (2017). BOUAZZA ARIÑO (2018, 258) achaca una escasa participación (en el ámbito de las ciudades), en parte, a la escasa información y a la ausencia de promoción, en línea con lo señalado. También MARTÍNEZ PUJALTE (2010) ha estudiado esta institución, que liga las consultas en fase *extraparlamentaria* con las que se producen en el parlamento.

de MOREIRA NETO (2012, 70), la participación se habría visto beneficiada y favorecida por la regulación económica, y el papel de los grupos de interés o de presión habría sido también importante.

Pero el escepticismo también existe en esta materia. Por ejemplo, CALVO-SOTELO IBÁÑEZ-MARTÍN (en GARCÍA MEXÍA y RODRÍGUEZ-ARANA MUÑOZ 2010, 296) ha señalado que «el auténtico procedimiento legislativo es el diálogo sobre un anteproyecto de ley que tiene lugar entre las Secretarías Generales Técnicas de los Ministerios y termina en la Comisión General de Secretarios de Estado y Subsecretarios».

¿Habrá cambiado algo desde ese pasado *idílico* que recorrimos un poco antes?

II.

UNA TEORÍA DEL CICLO NORMATIVO

1. Influencias desde el ámbito de las Ciencias Sociales

Llegados a este punto, creo que ofrecer (o intentarlo) una teoría de la producción normativa, del ciclo normativo, servirá para comprender mejor el objeto y el interés del análisis de la cuestión aquí estudiada.

El Derecho —como he recordado ya— no es un fin en sí mismo, sino un medio para la consecución de fines públicos socialmente deseables. Y esto es predicable tanto de las normas con rango de Ley como de las reglamentarias. Para ello, para la resolución de los problemas públicos que las normas están llamadas a reglamentar, algunas teorías que consideran esta cuestión como un fenómeno cíclico, en permanente retroalimentación, ofrecen una explicación bastante adecuada (un *tipo ideal* en términos *weberianos*) de cómo debería desenvolverse el ciclo normativo. Y estas teorías han bebido, de manera bastante natural, de distintos postulados propios de las Ciencias Sociales.

Desde el punto de vista de la Ciencia Política, EASTON (1967, 29) identificaba muy simplificadamente el proceso político —en el cual se enmarca, en última instancia, este ciclo de producción de normas— como ese «continuous and interlinked flow of behavior» («flujo de comportamientos continuo e interrelacionado») en el que ciertos *inputs* (entradas) —en forma de apoyos o demandas— entran en el sistema político. Este sistema produce, a su vez, *outputs* (salidas) en forma de acciones y decisiones. Todo ello viene, obviamente, influido y enmarcado en lo que este autor denomina el *environment* (el medio). Es conveniente también advertir la diferencia que existe entre los *outputs*, o meros efectos, y los *outcomes*, o resultados deseados.

Desde una vertiente puramente empresarial de mejora continua, DEMING (2006, 94-95) propone un ciclo «para aprender y mejorar» denominado en ocasiones como «ciclo PDCA» (del inglés *Plan-Do-Check-Act*) o, simplemente, «Ciclo de Deming». El primer paso de este círculo, la planificación, constituye, a su juicio, «el fundamento de todo». Señala, no obstante, que «las personas tienen predisposición a cortocircuitar este paso; no pueden esperar a ponerse en marcha, estar activas». Esta afirmación es muy relevante. La segunda etapa sería, para él, una experimentación, la realización de un ensayo, «preferiblemente a pequeña escala». En la tercera fase se deberían «estudiar los resultados», para concluir ya con una adopción del cambio o su abandono... o, incluso, «volver a pasar por todo el ciclo otra vez, posiblemente en condiciones ambientales diferentes».

Las limitaciones de estos modelos para el caso de la producción normativa son evidentes, pues algunas de las etapas que propone —como la *experimentación* y el *ensayo-error*— no siempre son posibles en el ámbito de la acción pública que aquí interesa, el normativo. No obstante, la idea de una mejora continua de los procesos sí parecería plenamente aplicable.

La configuración en cada sistema jurídico del proceso normativo —o sea, la determinación de cuáles deben ser los requisitos, las etapas, los actores... que intervienen en la adopción de normas— puede ser considerada como una *política pública* en sí misma[18].

Por ello, es interesante considerar el *public policy cicle* (ciclo de las políticas públicas) para su aplicación al estudio del *ciclo normativo*. Fue formulado por diversos especialistas, como JONES, MENY o THOENING, partiendo, todos ellos, del clásico de LASSWELL. Las etapas de este ciclo englobarían desde el establecimiento de la agenda pública *(agenda setting)* hasta la evaluación y análisis de la política en cuestión, pasando por las etapas de formulación, legitimación, adopción (los ya mencionados *outputs*) e implementación *(outcome)*.

Así las cosas, y a la vista del funcionamiento de estos *sistemas*, solo resta por explicar cómo funcionará —o debería funcionar, al menos teóricamente— la producción de normas en los sistemas democráticos.

2. El funcionamiento ideal del ciclo de producción de normas en el ámbito de las Administraciones públicas

Todo debe partir de un punto determinado. Y en este caso creo conveniente situarnos —principalmente, aunque no solo, para los sistemas parlamentarios— en el inicio de una legislatura.

---

18 De hecho, ÁLVAREZ SUÁREZ (2017), para un estudio sistemático de la *política de la mejora de la regulación*, emplea este enfoque: el de considerar la *política normativa* como una política pública más. Sobre el concepto de evaluación de políticas públicas y sus relaciones con la evaluación normativa, me remito al apartado correspondiente.
También me remito al trabajo de GARCÍA INDA (2020) para una propuesta metodológica similar a la aquí adoptada.

Una vez celebradas las elecciones, debe conformarse un nuevo Gobierno. Dicho Gobierno podrá ser monocolor o de coalición y tener, en su caso, apoyo parlamentario de uno o varios partidos. La persona candidata a la presidencia —insisto, en el caso de los sistemas parlamentarios— debe presentar un *programa político* al parlamento, del que debe obtener su apoyo. Dicho programa puede tener una estructura más o menos definida: o bien puede consistir en un verdadero acuerdo programático organizado y ampliamente desarrollado, con medidas concretas, objetivos, plazos... o bien puede simplemente ser una descripción cualitativa del programa *electoral* (ahora convertido en programa *de gobierno*).

Resulta evidente que, en esta fase de la teoría, el componente político e ideológico es fundamental. Pero no olvidemos que las ideologías no dejan de ser unas lentes con las que mirar la realidad. Por lo tanto, a pesar de existir ese claro aspecto político, no puede estar del todo desapegado de lo que de verdad suceda en el mundo. En cualquier caso, y con mayor o menor soporte o evidencia, estos programas de acción del gobierno constituyen ya una verdadera *evaluación ex ante* —de carácter (muy) preliminar, eso sí— de los asuntos públicos sobre los que es preciso y/o *se desea* actuar.

Conformado el ejecutivo, el modelo teórico esperaría una adecuada concreción, de no haberse hecho ya, de dicho programa de gobierno. Al inicio de cada legislatura, cada departamento del Gobierno realizaría un análisis de las necesidades de actuación, incluso con una programación. Y, para ello, tendría en cuenta también la opinión, el parecer del público y de los afectados en general, no solo de grupos de interés, sino de cualquier interesado en dar su punto de vista.

Lo cierto es que, según la teoría, aquí deberían ofrecerse dos soluciones alternativas: o bien se constata —tras el análisis preliminar y la participación pública articulada hasta el momento— que no es necesario implementar ninguna acción pública (la alternativa cero), o bien se considera que es necesaria una acción pública. Dicha acción podrá ser directa, lo que se puede denominar una «política pública»; o podrá tomar la forma de un elemento jurídico, de una norma.

En uno y otro caso, la maquinaria interna de la Administración y del Gobierno se pondrá a trabajar para ofrecer propuestas concretas. Se elaborarán los informes oportunos, desde diversos y variados puntos de vista, de forma que la elección escogida cuente con apoyatura suficiente para su justificación de viabilidad (jurídica, económica, política, social, ambiental...). En este punto se articularían también distintas formas de participación pública. Finalmente, solo una opción será la elegida, la que adoptará la forma de propuesta.

Después, entrará en juego el ámbito competencial. Si se trata de una política pública, será la Administración la que la desarrolle, apruebe e implemente. Si se trata de una norma, el procedimiento dependerá de su rango.

En el caso de los reglamentos, tanto la propuesta como la aprobación corresponden al ámbito administrativo. Sin embargo, si se trata de leyes (con la excepción de la legislación temporal), el ejecutivo es solo un actor más —aunque privilegiado— de los que disponen de la posibilidad de proponer este tipo de normas (iniciativa legislativa).

Por ello, los reglamentos serían directamente adoptados por el órgano legitimado para ello (el Gobierno), mientras que el acuerdo de adopción en el caso de las leyes se limita a la adopción de un *proyecto de Ley*, que después debe ser aprobado, en su caso, por el parlamento.

Supongamos que la norma ha sido aprobada (en uno u otro supuesto). Sucede lo mismo con las políticas públicas que no precisan de un acto normativo. A partir de entonces, empiezan a desplegar sus efectos, a ser implementadas, ejecutadas... y es el momento en que pueden verse sus resultados: si se alcanzan determinados objetivos deseados, si surgen problemas no previstos o, en fin, si todo funciona perfectamente.

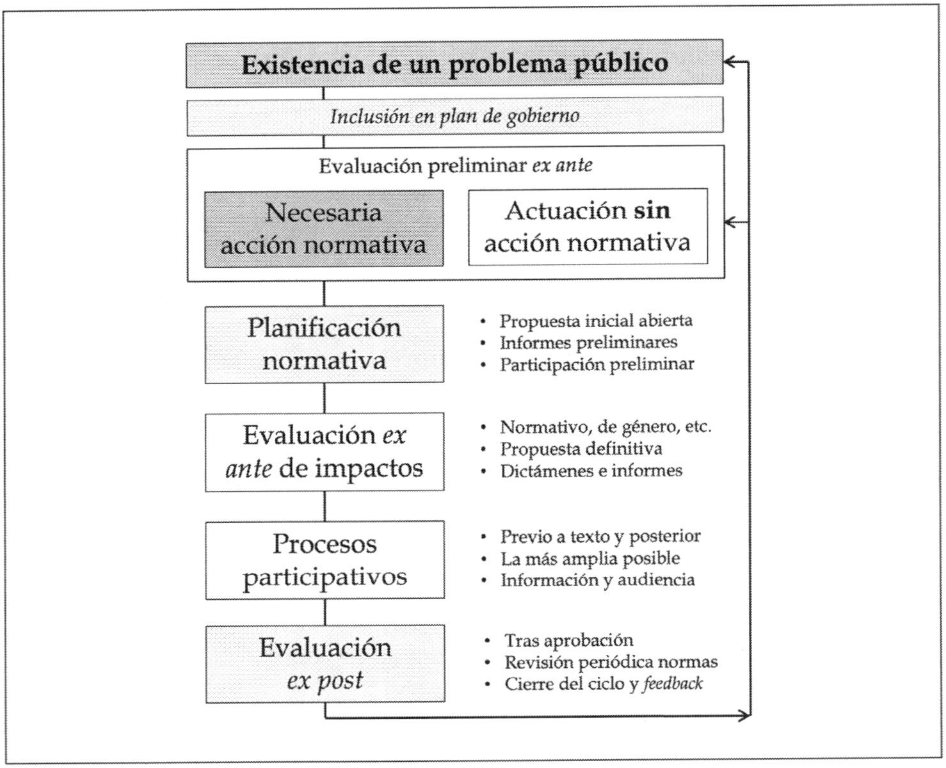

Imagen 1. Esquema de la teoría del ciclo normativo. Fuente: elaboración propia.

La teoría indica que, en este punto, el ejecutivo (aunque también el parlamento) debe observar cuidadosamente —*seguir*— la aplicación de las normas. Y evaluar los resultados de manera constante, periódica, sin fin. De forma que, advertidos nuevos problemas, se retornará al momento inicial, se retroalimentará el ciclo. Se volverá al punto de inicio, ya sea con la constatación de un nuevo problema público, ya sea directamente con la advertencia de la necesidad de modificar una acción pública no tanto para hacer una nueva, sino para ajustar una ya existente. De esta manera, la mencionada evaluación *a posteriori* se convierte en una evaluación preliminar *ex ante* del problema advertido.

Esta teoría no es más que una simplificación al máximo de la realidad. Pero creo que da buena cuenta de los principales elementos que componen el *ciclo normativo*. Y se aprecia de manera evidente que lo que sucede en los puntos inicial y final es más que relevante, diría yo determinante, para lo que puede finalmente suceder. Dichas fases, además, se confunden hasta el punto de que una depende de la otra, pero también se mezclan sus elementos. Es el punto esencial tratado en este trabajo: la *retroalimentación del ciclo normativo*, el *feedback*. Una fase en la que la planificación y programación normativas, por un lado, y la evaluación *ex post,* por otro, conforman un *continuum* que está en la explicación, en buena medida, de todo lo demás.

3. Objetivos de la investigación: estudio de la retroalimentación del ciclo normativo

Aunque se ha ido adelantando ya, solo resta por concretar específicamente el objeto de este estudio, que lo constituye el *análisis de la retroalimentación del ciclo normativo*, fase del proceso de creación de normas que está constituido, esencialmente, por dos elementos básicos: la *planificación* y la *evaluación normativa ex post*.

Debe señalarse, en primer lugar, que esta es una investigación desde el punto de vista del Derecho Administrativo. Así, solo serán de interés aquellas cuestiones puramente administrativas, por lo que no se van a analizar —al menos no con detalle, sí tangencialmente— elementos propios de otras disciplinas como el Derecho Constitucional o la Ciencia Política. No interesarán, en particular, las fases parlamentarias de aprobación de las normas.

En segundo lugar, en lo que se refiere al aspecto temporal y de ubicación, el objeto de interés de esta investigación se circunscribe al ámbito español y a la regulación actualmente vigente. Interesa conocer cómo se configura la retroalimentación del ciclo en nuestro sistema y en el momento presente.

Pero ¿por qué tratar este aspecto concreto de la producción normativa? ¿Por qué estudiar «solo» la planificación y la evaluación *ex post*? Como he adelantado en otro lugar, el resto de los instrumentos orientados a la mejora de la calidad del Derecho han recibido, a mi juicio, sobrada atención por parte de la doctrina. Por ejemplo, el pionero trabajo —ya citado— de MONTORO CHINER (1989, 107-110) estudió con detalle la evaluación *ex ante*, pero, dando cuenta de su dificultad, apenas si se refiere al control *ex post* de las normas.

Además, ha criticado PONCE SOLÉ (en PONCE SOLÉ y CERRILLO I MARTÍNEZ 2017, 140) que «no se ha previsto directamente la propia evaluación *ex post* de las previsiones» de la LPAC y LRJSP. Por ello, creo que este estudio puede contribuir a dicho análisis *ex post* —al menos parcialmente— de las previsiones del ciclo, en lo que se refiere a esta retroalimentación.

Y la importancia de esta fase de *feedback* ha sido resaltada por distintos autores. Por ejemplo, BETANCOR RODRÍGUEZ (2009, 274) indica que «al ser un proceso circular (circuito), la revisión provee de información a la siguiente fase de un proceso que está condenado a no finalizar nunca, puesto que esta información servirá de base a las futuras consideraciones que los reguladores deberán hacer de cara a la eventual modificación de la regulación aprobada». O como ha manifestado PRIETO ROMERO (2019.2, 134):

> La función de planificación normativa conecta con el principio de seguridad jurídica (artículo 9.3 CE) y hace que el ordenamiento jurídico sea predecible y facilite su coordinación; por su parte, la función de evaluación se fundamenta en el principio de eficacia administrativa (artículo 103.1 CE) y trata de analizar la consecución de los objetivos previstos por las normas evaluadas, proponiendo, en su caso, las modificaciones necesarias o incluso su derogación.

Pero me quedo con las palabras, muy acertadas, del dictamen del Consejo Consultivo de Aragón núm. 2/2012 (Fundamento Jurídico [FJ] IV.C), que dicen así:

> Para lograr este mejoramiento continuo, pueden y han de ser utilizadas técnicas como son las que prevén la evaluación a posteriori de los contenidos normativos, estableciendo los correspondientes sistemas de información, seguimiento y evaluación de tales contenidos con la finalidad de poder perfeccionarlos en un momento temporal posterior.
>
> [La] denomina[da] técnica de retroalimentación o feedback, que dispone de una amplia tracición en los ámbitos político, económico, social, científico y tecnológico, a los que ha venido a sumarse hoy el ámbito jurídico (...); implica insertar el Derecho (las normas) y el comportamiento de los individuos que han de cumplirlas en un complejo sistema dinámico de interacción constante. Sin retroalimentación, el sistema se desordena y pierde coherencia. Con retroalimentación se compara constantemente el objetivo perseguido por la norma y los resultados que se están obteniendo con su aplicación, de modo que, a tenor del nivel o del grado de cumplimiento y satisfacción obtenido, puede ser modificada la norma en la dirección de obtener los objetivos inicialmente deseados u otros distintos y que se consideren de interés prevalente.

El objetivo último de esta investigación es, de algún modo, comprobar la adecuación del modelo español de producción normativa a los postulados teóricos que han sido enunciados como *tipo ideal*. Para ello se estudiarán las dos instituciones, los dos instrumentos que configuran el inicio y fin del ciclo, los elementos de engarce. Derivado de lo anterior, la principal hipótesis que se pretende falsar es que *la configuración actual del ciclo normativo no se corresponde perfectamente con el modelo teórico de producción normativa*, antes bien al contrario, existirían numerosas deficiencias que habrían de ser solventadas.

En definitiva, y en mi opinión, los instrumentos que se van a analizar —amén de los que escapan del objeto de este trabajo— más que para garantizar un «Derecho de calidad», como fin utópico de los mismos, lo más que pueden lograr es aproximar los productos jurídicos a un «Derecho racional», que obedezca a razones y no a suposiciones apriorísticas. Lo que no es poco, desde luego, pues ello puede redundar en la garantía de los principios constitucionales de seguridad jurídica, responsabilidad e interdicción de la arbitrariedad a que se deben también las normas.

III.

METODOLOGÍA Y ESTRUCTURA DE LA INVESTIGACIÓN

Entiendo la investigación jurídica desde un punto de vista necesariamente propositivo. El análisis de las instituciones del Derecho debe basarse, sin duda, en una atenta observación y en su adecuada descripción. Pero cobra solo su pleno sentido una vez superados aquellos, cuando del estudio sistemático de un asunto emergen cuestiones problemáticas, resueltas inadecuadamente o que merecen alguna *revisión*. La labor del jurista no puede ser de mera aplicación —cual autómata— o de comentario acrítico de la Ley. Al contrario, debe consistir en la profundización en el objeto de estudio en vistas a la mejora de lo ya existente. Esa es la esencia del enfoque adoptado en esta investigación. De ahí que en no pocas ocasiones se podrán apreciar en las siguientes páginas propuestas *de lege ferenda* que tratarán de ofrecer soluciones alternativas a las ya existentes[19].

Las dos partes que componen esta tesis se basan en un análisis sistemático y holístico de los dos instrumentos de mejora de la calidad del Derecho que se han indicado más arriba. Y para el estudio de cada una de estas dos instituciones se ha utilizado una misma estructura, integrada por los siguientes elementos: i) caracterización del instrumento, ii) antecedentes normativos en España y en términos comparados, iii) análisis del régimen jurídico español vigente (con referencias a todos los niveles competenciales, pero con especial incidencia en el ámbito estatal), iv) relevancia del instrumento correspondiente en la jurisprudencia; v) experiencias de utilización del instrumento correspondiente con análisis de casos reales; vi) aportaciones de la doctrina, en especial, críticas desarrolladas y confrontación de las mismas; vii) propuestas *de lege ferenda*.

---

19 Esta investigación se propone, desde la humildad de lo limitado del objeto y en la medida de las posibilidades de quien escribe, superar el famoso *que innoven ellos* de Doménech Pascual (2016).

i. Con la **caracterización del instrumento** se pretende identificar y situar adecuadamente en su contexto cada una de las dos instituciones estudiadas. Aquí cobra relevancia la comparación con la norma ISO 9001:2015 que se efectuará repetidamente. Dicha norma, sobre *Sistemas de gestión de la calidad*, a pesar de tratarse de un ejemplo de autorregulación vinculado al ámbito —en esencia— privado, constituye un marco metodológico sobre el que comparar cada instrumento, en tanto que se trata de un mecanismo que pretende —igual que estos instrumentos con respecto al ciclo normativo— garantizar la calidad de las organizaciones, en particular, sus procesos[20]. Lo mismo sucederá con algunas menciones a conceptos de la Ciencia Política —también el *ciclo de las políticas públicas*—.

ii. El segundo apartado de esta estructura matriz viene determinado por los **antecedentes normativos** de cada instrumento. Además, como no podía ser de otro modo, de los precedentes legislativos (a los que se refiere el art. 3.1 del Código Civil [CC]), se hará referencia a dos sistemas jurídicos: el estadounidense y el europeo. La justificación de la integración de ambos viene de la mano de, al menos, dos aspectos: el primero, que se trata de dos de los sistemas que han desarrollado los instrumentos de la *better regulation* de manera más temprana y sistemática, como habrá ocasión de comprobar; el segundo, porque las propias normas españolas han justificado que la principal *inspiración* para su adopción ha procedido de ellos. Adicionalmente, para el caso de la UE, ha de tenerse presente que se trata, en última instancia, también de Derecho español[21].

La investigación jurídica de Derechos extranjeros ofrece problemas adicionales a los que se plantean con el ordenamiento propio. Y uno de ellos es el lenguaje. Se han incluido, en todos los casos, las correspondientes traducciones —realizadas por el autor— de los preceptos citados, para facilitar su comprensión. Pero también puede ser problemático el intento de *trasplante* de instituciones jurídicas entre distintos ordenamientos[22]. Estos matices han

---

20 Sobre la utilización, en el ámbito legal, de la normativa ISO de calidad, véase Palacín Sáenz (en Pintos Santiago 2017). Esta autora critica que son pocas las AA. PP. «que aplican sistemas de gestión de la calidad» (*ib.*, 46), y afirma también que «cuando nos referimos a la Administración Pública, su procedimiento transciende esta restrictiva idea como instrucción o protocolo, para emparentar con el proceso; (...) la secuencia descrita es equivalente a la lógica interna que presenta el proceso, según la nueva ISO 9001:2015» (*ib.*, 67).

21 Pascua Mateo (2006.1, 25) da cuenta de que «sectores enteros de nuestro ordenamiento son incomprensibles si se prescinde del Derecho comunitario» o de la UE. Este autor ha analizado con detalle la interrelación de este sistema jurídico con el español en lo que atañe a la calidad del Derecho.

22 Aquí entra en juego la cuestión capital, que ha resaltado Velasco Caballero (2018, 812), según el cual «el factor final de la recepción [jurídica de instituciones extranjeras] está en la *idoneidad* de un Derecho positivo para asimilar un Derecho foráneo». Véase, en general, sobre esta institución, el trabajo de Siems (2018, 232-261).

tratado de tenerse en buena cuenta a la hora de proceder a la correspondiente explicación. En todo caso, debe tomarse en consideración que esta no es una investigación de Derecho comparado. Se contemplan *ejemplos de Derecho comparado* para entender mejor los antecedentes de la regulación de la institución en España.

iii. En tercer lugar, se procederá a un completo **análisis del régimen jurídico** español vigente a fecha de cierre de la investigación, junio de 2022. Aunque *a priori* podría parecer que esta labor habría sido ya acometida por la doctrina, lo cierto es que, de un repaso por esta, se podrá llegar a la conclusión de que —en no pocas ocasiones— se ha profundizado más bien escasamente en su estudio y, singularmente, en las eventuales contradicciones y puntos débiles presentes en él. No solo eso, sino que (a diferencia de lo que se ha visto para otros instrumentos, en concreto para el caso de la participación pública) no se tiene conocimiento de estudios globales de todo el régimen de aplicación para la planificación normativa y la evaluación *ex post*, con referencias a todos los niveles competenciales, específicamente las CC. AA. y los EE. LL.

En línea con la prevención metodológica que realizaba sobre los trasplantes jurídicos y su problemática, debe señalarse que la comparación entre regulaciones de entes regionales distintos, pero bastante similares en el fondo, como son las CC. AA. españolas, permite superar algunos de los obstáculos de la comparativa internacional. No solo eso, sino que permitirá —como se comprobará al estudiar la experimentación jurídica como parte de la evaluación *ex post*— que esta comparación opere, prácticamente, como un experimento natural.

iv. Tras el análisis *de lege lata* cobrará relevancia el estudio de la **jurisprudencia** recaída sobre cada una de las instituciones analizadas. Dada la corta vida de estos instrumentos, pero también por sus singulares características en los dinteles del proceso normativo (en los estadios previo y posterior al mismo), los pronunciamientos jurisprudenciales que se podrán analizar serán escasos. La metodología concreta para la búsqueda de resoluciones en cada uno de los instrumentos se explica en el lugar correspondiente, pero se puede adelantar ya que se ha hecho uso del buscador oficial del Poder Judicial, CENDOJ, amén del correspondiente del TC. Para complementar la anterior búsqueda se hará uso del buscador privado de Aranzadi Instituciones, especialmente en lo que se refiere a la aplicación concreta de determinados preceptos[23]. Dado que se trata de un estudio del régimen español de estas dos instituciones, las búsquedas se limitarán a la jurisprudencia patria.

---

23 Aunque existe una opción todavía incipiente en el buscador del CENDOJ, los resultados de Aranzadi Instituciones son más precisos cuando lo que se trata es de conocer las resoluciones que aplican un determinado artículo. Esta opción permite asegurar un refinamiento en la búsqueda, máxime si se tiene en cuenta la escasa trascendencia —cuantitativa y cualitativa— que, como se verá, tienen los pronunciamientos existentes hasta la fecha.

v. Tras el estudio formal será conveniente introducir, aunque con limitaciones, un estudio de las **experiencias de utilización real** del instrumento correspondiente con análisis de casos reales[24]. De nuevo, me remito a las explicaciones metodológicas concretas que se realizarán en cada instrumento. Sin embargo, sí puede mencionarse ya que se trata de un estudio empírico de análisis de los contenidos desde un punto de vista esencialmente descriptivo, aunque se han tratado de dar algunas explicaciones sobre las causas de determinados hechos. En el caso de la planificación normativa, se incluye un estudio cuantitativo de la planificación del último lustro. De cualquier modo, y en tanto que se trata de instituciones de reciente factura, otra de las limitaciones del estudio empírico será precisamente la limitación de la población objeto de tal análisis. Pero es que, además, la dificultad de acceso u obtención de la información será otro óbice con el que nos encontraremos.

vi. Se concluirá el estudio de cada una de las instituciones con el comentario crítico y la discusión sobre los **principales elementos que destacan en su actual configuración**. Aquí cobrarán especial relevancia las aportaciones de la doctrina y las propuestas *de lege ferenda*. Ahora bien, en lo que respecta a estos dos extremos, lo cierto es que no aparecen recogidos como tales en apartados específicos: se irán imbricando a lo largo de la investigación, de forma que impregnen todo el trabajo. Pero cobrarán particular interés en este apartado de síntesis de los principales problemas que, por cierto, se estructurará en tres grandes bloques (con elementos objetivos, subjetivos y formales)[25].

En el análisis doctrinal debe entenderse incluido también el estudio de los pronunciamientos de los diferentes consejos consultivos existentes en España. Se trata de un elemento privilegiado que garantiza una cierta distancia con respecto al órgano proponente de las normas y que, por lo tanto, sirve para comprender los aspectos más problemáticos de tales disposiciones. Desde un punto de vista metodológico, se procederá a la búsqueda de los dictámenes con uso de palabras clave similares —si no coincidentes— a las del análisis jurisprudencial[26].

---

24 Sobre la actividad informal de las AA. PP., me remito al reciente trabajo de Velasco Rico (2022, 49), quien trata de reconstruir esta categoría y recuerda que estas actuaciones no son una cultura, ni representan comportamientos desviados de las normas, ni tampoco implican acuerdos secretos. Ahora bien, es posible, no obstante, que algunos de los comportamientos de los poderes públicos, además de informales, sean también contrarios a lo preceptuado por la norma. Pero se trata de categorías distintas. Aquí interesarán ambas.

25 Lo cierto es que, en cualquier caso, algunos de los aspectos estudiados, al margen de su situación en este análisis, bien podrían haberse transferido a otro de los apartados. Por lo tanto, su posición sistemática en uno u otro bloque vendrá determinada por el interés de resalte de algún aspecto particular sobre el que se quiera incidir.

26 Aunque con bastante más éxito. Puede adelantarse ya que los dictámenes de que se hará uso ascienden casi al centenar, mientras que la jurisprudencia solo supera, escasamente,

Pero debe hacerse una apreciación adicional de índole técnico. No todos los buscadores de doctrina de estos consejos consultivos ofrecen las mismas posibilidades[27]. De hecho, en algunos resulta imposible buscar más allá del contenido del título, por lo que no se ofrecen en este estudio datos completos de todos ellos por esta circunstancia, pues habría resultado inviable comprobar uno por uno todos ellos. Por lo tanto, esto ofrece también una implícita propuesta de mejora.

En lo que se refiere a la literatura jurídica, a lo que se viene también en denominar *doctrina*, se ha procedido a un repaso exhaustivo de las principales revistas jurídicas indexadas en el buscador *Dialnet*[28], pero también a realizar búsquedas con palabras clave en *Google Académico* y —algo que creo que hoy resulta algo contracorriente— a revisar todos los libros disponibles en las bibliotecas de las universidades en que he trabajado en los apartados de interés. Si bien *son todos los que están, no están todos los que son*. En la relación bibliográfica de obras citadas se encontrará eso: exclusivamente la doctrina que ha sido objeto de mención expresa en este trabajo. Ello no significa que, en el desarrollo de esta investigación, no haya sido preciso consultar una selección de obras mucho más amplia que la aquí contenida[29].

En definitiva, ofrecer una estructura semejante para las dos partes de la investigación garantiza que ambos instrumentos son tratados de manera homogénea y con el mismo patrón de análisis. Ello facilitará, también, las eventuales comparaciones entre una institución y otra. Creo, en cualquier

la veintena. Ello no quiere decir que para la concreción de las resoluciones aplicables en uno y otro caso no haya sido necesario estudiar previamente un universo mayor de resoluciones de ambos tipos. Dicho en otros términos, el lector encontrará en las correspondientes relaciones de sentencias y dictámenes incluidas al final de este trabajo exclusivamente los citados en la investigación, no todos aquellos que se han debido consultar y estudiar para poder llegar a las conclusiones indicadas aquí.

27 Los enlaces a los buscadores de los consejos consultivos pueden consultarse en el correspondiente Anexo.

28 Las correspondientes al ámbito del Derecho Administrativo se encuentran disponibles aquí: https://dialnet.unirioja.es/revistas/submateria/1850 (Consultado: 2022-06-09). Ello no obsta, por supuesto, para que la búsqueda de doctrina se haya limitado exclusivamente a dicho ámbito, máxime en un tema en el que el Derecho Constitucional o la Ciencia Política tienen tanto que decir.

29 Ni que no pueda haber doctrina sin citar que verse sobre este tema. De hecho, existe también un problema de índole metodológico asociado a esta cuestión. Como ha señalado con acierto Martín Rebollo (2017, 186), después de la muerte de Franco en España se ha producido una «explosión de publicaciones [en el ámbito] que no tiene parangón con ninguna otra época». Son sobradamente conocidos algunos de los motivos de esta inflación. Hay que apuntar aquí que dicho volumen puede suponer, sin duda, un elemento de dificultad a la hora de acotar no solo el objeto de estudio, sino de proceder a la revisión de la literatura en términos globales. Será complicado decir, pues, *que no falta nada* o que no hay alguna referencia adicional que no pudiera haber estado. Ser conscientes de las limitaciones humanas y asumirlas es algo esencial también en la investigación jurídica.

caso, que los anteriores aspectos cubren la (práctica) totalidad de las posibilidades de análisis desde el punto de vista jurídico. Ello no impide que, por supuesto, hayan quedado cuestiones que merezcan un ulterior análisis. A lo largo de las páginas siguientes se irán encontrando repetidas apelaciones a una profundización futura sobre elementos que, creo, escapan del objeto o de las posibilidades de este estudio, pero que merecerían mayor atención por la literatura. Ello constituye, además, una línea futura de continuidad de este trabajo.

La investigación, como se ha explicado ya, está compuesta de dos grandes bloques; dos partes que analizan, respectivamente, la *planificación normativa* y la *evaluación normativa ex post*: el estadio *pre* y *post* normativo. El trabajo se cerrará con un apartado de conclusiones —estrictamente derivadas de lo mencionado en cada una de dichas partes— y una discusión que tratará de recomponer el *puzle* y de terminar de situar las piezas en su lugar.

PRIMERA PARTE

LA PLANIFICACIÓN NORMATIVA

Como se ha visto en la introducción, en el ciclo de la producción normativa, el primero de los elementos de dicho proceso permanente lo constituye —tras una evaluación *ex ante* de carácter preliminar que entronca con la evaluación *ex post*— la *planificación*, que habrá de servir de base para la actuación posterior y que debería, al menos teóricamente, traer causa de aquella.

A lo largo de este apartado iré respondiendo una serie de preguntas sobre la *planificación normativa* en general, y sobre su aplicación práctica en España en particular; a saber, y entre otras: ¿tiene interés la planificación normativa?, ¿a qué propósitos puede servir?, ¿existen en otros ordenamientos figuras afines con efectos diversos?, ¿cuál es la naturaleza de los planes normativos?, ¿podría ser otra?, en su caso ¿cuál?, ¿qué efectos se desprenden de su actual configuración?, en caso de que sean escasos o nulos ¿deberían ampliarse o ser otros?, ¿deberían articularse sistemas de control?, en su caso ¿cuáles podrían ser y con qué extensión?, etc.

He organizado este primer gran bloque de la investigación comenzando por una caracterización de este instrumento, con detalle de los distintos efectos internos y externos que puede traer consigo. Seguidamente se analiza, desde una perspectiva eminentemente dogmática, el régimen jurídico español (estatal, autonómico y local), con algunas menciones de Derecho comparado, con una imprescindible referencia a la doctrina jurisprudencial sobre la materia. Irán plagando todo el análisis distintas resoluciones de los órganos consultivos. Continúo con un estudio práctico, eminentemente empírico, de la utilización que se ha hecho en España de la planificación normativa (y de otra clase, la *de gobierno*). Y termino con el análisis de aquellas cuestiones más destacables de su configuración que han ido surgiendo a lo largo del repaso precedente.

I.

CARACTERIZACIÓN DE LA PLANIFICACIÓN NORMATIVA

1. Algunas notas introductorias sobre la idea de plan

El objeto de esta parte de la investigación no responde, en absoluto, al estudio de la planificación como técnica jurídica de la acción pública. Pero estas notas introductorias deben servir de base para un adecuado entendimiento del concepto de «planificación normativa» que se analiza aquí.

El DPEJ define el «plan» como un «instrumento jurídico que, tenga o no carácter normativo, establece objetivos públicos y programas de actuaciones públicas y privadas temporalmente». Por su parte, el DLE indica que este constituye un «modelo sistemático de una actuación pública o privada, que se elabora anticipadamente para dirigirla y encauzarla». De las dos acepciones anteriores se desprenden una serie de notas caracterizadoras de los planes en general: i) concreción de objetivos a los que se dirige la actuación, ii) determinación de programas de actuación para alcanzarlos, iii) su organización temporal, iv) su carácter previo a la actuación, y v) su sistematicidad[30]. Adicionalmente, y respecto de los planes de carácter público —y, por lo tanto, de naturaleza jurídica—, puede predicarse también vi) su carácter normativo o la ausencia de este.

La CE de 1978 se refiere a la idea del *plan* solo —o al menos de manera directa— en relación con su vertiente económica. Así se advierte en los arts. 38 (sobre libertad de empresa), 131 (sobre planificación económica general) y 149.1.13.ª (sobre competencia exclusiva del Estado en materia de bases y coordinación de dicha planificación económica general). Esta idea de *plan*

30 Sobre la idea de sistematicidad de la planificación, aunque en ese caso referida a la planificación en materia de aguas, Setuáin Mendía (2020, 83) señala que «hay que evitar (...) plantear las medidas como un mero catálogo de actuaciones de distinta índole, privadas de un componente estratégico que las interrelacione, las incorpore como parte de una programación».

poco o nada tiene que ver con la que aquí se estudia, más allá de compartir (por ser suficientemente genéricos) los rasgos reseñados anteriormente caracterizadores, en general, de (casi) cualquier plan.

Decía que la norma suprema solo contiene *de manera directa* referencias a la planificación en estos tres preceptos. Sin embargo, debe ser en un entendimiento amplio del significado de *dirección política*, que el art. 97 CE atribuye al Gobierno, donde se encuadre, en última instancia, el fundamento de la planificación normativa en términos generales, además de en la mención a la potestad reglamentaria y a la iniciativa legislativa de tal órgano ejecutivo. En dichos preceptos y, como no podía ser de otro modo, también en el binomio seguridad jurídica-interdicción de la arbitrariedad garantizado por el art. 9.3 CE y en los principios de eficacia y servicio con objetividad a los intereses generales propios de la Administración, *ex* art. 103.1.

En un repaso, en absoluto totalizador, por las principales normas jurídico-públicas de nuestro ordenamiento, encontramos distintas menciones a la existencia de diversos planes, cada uno de ellos con unas características y configuración particulares, dependiendo de sus propias normas reguladoras.

Así, por ejemplo, los estatutos de autonomía se refieren (además de a la planificación económica) a la planificación del ejercicio de las competencias de que disponen (en particular, para el caso de Aragón, por ejemplo, a la planificación hidrológica; EAAr *in totum*). La LGob hace lo propio cuando habla de «planes vinculantes para todos los órganos de la Administración General del Estado» (art. 5.1.j). La LRJSP establece una *planificación* de las políticas públicas como principio que respetar por todas las AA. PP. (art. 3.1.g), además de otras menciones a planes de actuación o de empleo en los departamentos funcionales de la AGE, o de los distintos organismos públicos.

En materia económico-presupuestaria, se encuentran distintas referencias a diversos tipos de planificación en la LGP: el Plan General de Contabilidad (de naturaleza normativa y rango reglamentario), los planes de acción y seguimiento (art. 161), o los planes de auditoría (art. 165). Y también en materia de subvenciones se encuentran alusiones y reglas sobre su planificación estratégica (art. 8.1 LGSub), siendo este uno de los planes sobre los que habrán de hacerse algunas consideraciones, en particular de su comparación con la planificación normativa, que es la que aquí interesa. Por no hablar de las diversas y múltiples menciones a distintos planes en la LES: plan de austeridad de la AGE (art. 34), planes energéticos (art. 77), planes de infraestructuras y transportes (art. 97), etc. Sin olvidarse, por supuesto, de los planes económico-financieros y de los de reequilibrio (arts. 21-22) de la LOEPSF.

Incluso en la Ley de Aguas existe, también con una naturaleza vinculante (art. 40), una mención a la planificación, hidrológica en este caso. Además, encontramos una planificación en materia de igualdad en la Ley Orgánica 3/2007, de 22 de marzo, para la igualdad efectiva de mujeres y hombres, con mayor trascendencia en el ámbito privado, aunque no exclusivamente. O, más recientemente en la recién aprobada Ley de Cambio Climático se advierten abundantes —impresionantes— remisiones a la planificación (Embid Irujo 2021, 7 y ss.).

Pero es quizás en la LBRL donde se halla, con mayor nitidez, una alusión a la «potestad de programación o planificación» (art. 4.1.c) correspondiente a una Administración pública, en este caso, a la local. Sin perjuicio de que la concreción posterior, a lo largo del articulado de esta norma —y otras de desarrollo—, se centra en las materias de ordenación del territorio y urbanismo, la genérica atribución de esta potestad a un ente público representa, a mi juicio, un paradigma de lo que podría ser predicable también, en estos términos más abstractos y generales, del resto de entes públicos (ejercida, eso sí, siempre «dentro de la esfera de sus competencias», en palabras de dicho precepto). No es necesario, en fin, recordar la naturaleza jurídica y vinculante de la planificación urbanística (como se encarga de matizar la LJCA en distintos preceptos: arts. 8 y 42; así como de modo reiterado la doctrina y jurisprudencia).

Este breve repaso por la normativa estatal no puede concluir sin una mención, precisamente, a la publicidad de todos estos instrumentos, sobre lo que se volverá más adelante para el caso de la planificación normativa. Dicha publicidad viene garantizada, en el caso estatal, por la vigente LTAIBG, quizás en la única (o principal, junto con la LBRL) mención de nuestro ordenamiento (estatal) al ámbito planificador con carácter general y abstracto —y no sectorizado, como en los ejemplos anteriores— que en su art. 6.2 dispone que serán publicados en los portales de transparencia, junto con análisis del grado de cumplimiento. Se volverá sobre ello.

Finalmente, lo que aquí interesa: la *planificación normativa*, cuyas referencias legales inmediatas y para el ámbito estatal —como es lógico, sobre todo ello se profundizará enseguida— las encontramos tanto en el art. 132 LPAC como en el art. 25 LGob, así como en la principal norma de desarrollo, el RD 286/2017, de 24 de marzo, por el que se regulan el Plan Anual Normativo y el Informe Anual de Evaluación Normativa de la Administración General del Estado y se crea la Junta de Planificación y Evaluación Normativa. Todo ello sin perjuicio de la normativa autonómica a la que me referiré después.

La doctrina lleva tiempo estudiando la figura de la planificación en nuestro sistema. Así, Sebastián Martín-Retortillo Baquer, en fecha tan temprana como 1966 (43-46), ya señalaba hasta tres posibles clasificaciones o tipos de plan: por un lado, aquellos que «facilita[n] a la Administración el conocimiento de una determinada realidad (...) [a] fin de que (...) pueda luego la Administración orientar su comportamiento posterior»; por otro, los planes para la «ordenación de conductas futuras que se imponen y que se establecen con carácter obligatorio, tanto para las Administraciones públicas como para los administrados»; y, finalmente, el plan «con efectos habilitantes para que la Administración pueda actuar».

Se trata de un instrumento al servicio de los poderes públicos que permite su actuación para la consecución de los fines que les son propios. En palabras de EMBID IRUJO, «en un plano puramente abstracto, la acción administrativa y la misma idea de Administración Pública no se conciben sino unidas a la existencia del Plan administrativo» (1991, 16). O, como sostiene otro de los autores que ha estudiado ampliamente la planificación, el plan sería simultáneamente un proceso y un resultado, un instituto jurídico autónomo, un *tertium genus* (entre acto y norma) no configurado, hasta la fecha, de manera unívoca en la legislación (PAREJO ALFONSO 2020.2, *in totum*). De cualquier forma, su indeterminación y pluralidad de configuraciones posibles ha llevado también a que se critique la oportunidad perdida por la LPAC para definir los planes como categoría jurídica distinta del acto y de las disposiciones de carácter general (BAÑO LEÓN 2015.2).

En definitiva, todos los ejemplos traídos a colación demuestran —sin necesidad de entrar en el detalle de cada uno de ellos— que la figura del *plan* y esa potestad de planificación (reconocida expresamente o no) se encuentran ampliamente extendidos en nuestro ordenamiento, con distintos caracteres, sobre todo en lo relativo a su naturaleza jurídica. Y es cierto que hasta se ha llegado a categorizar esta potestad como un *tertium genus* distinto de las potestades normativa y ejecutiva —materializadas en normas y actos, respectivamente—, y cuya función principal sería, precisamente, la de dotar a aquellas de orden y concierto en su desarrollo.

2. La planificación como racionalización de las potestades normativas

Todo lo anterior debe servir para situar adecuadamente este último tipo de planificación, la normativa, que es la que aquí se va a analizar.

Siguiendo con la última idea planteada, debe tenerse en cuenta que las potestades normativas, y muy en especial en un Estado compuesto como España —donde, además, existen relaciones entre los distintos poderes y en particular entre el legislativo y el ejecutivo— no están en absoluto restringidas al ámbito del poder legislativo, sino que, como se sabe perfectamente, también están a disposición del ejecutivo a través de la potestad reglamentaria.

La enumeración previa —no exhaustiva— de las referencias legales a la planificación y a los distintos tipos de planes que nuestro ordenamiento ha regulado no solamente tenía un fin ilustrativo sobre lo que se ha venido a denominar *plan*. Existe una diferencia cualitativa evidente entre la planificación normativa y el resto de los planes reseñados anteriormente. Se habrá advertido que los tipos de planes de los que he dado cuenta se corresponden con materias concretas (organización administrativa, económico-financiera, territorial, urbanística y ambiental, entre otras). No sucede lo mismo con la *planificación normativa*, que no hace alusión tanto a materias, digamos, sustantivas, sino más bien a otras de carácter formal o adjetivo. En concreto, a esas *potestades normativas* a las que me acabo de referir.

Como tuve ocasión de perfilar ya en un inicio, esta investigación en absoluto tiene por objeto el análisis de toda la actividad normativa del Estado (entendiendo Estado como el conjunto de la organización jurídico-política, no solo la *Administración del Estado*), sino solo y exclusivamente la procedente de uno de los poderes, el ejecutivo (los ejecutivos), y en particular de las AA. PP. como organizaciones al servicio de aquellos. La planificación normativa, a mi juicio, puede abarcar, como concepto, una esfera de hechos más amplia de la que aquí va a estudiarse, pues cabría también hablar de una planificación normativa (o legislativa) en el ámbito de ese otro poder cuya principal —que no única— función es precisamente esa, la de dictar normas abstractas y generales para el ordenamiento de la vida social: el parlamento[31].

Por consiguiente, es preciso volver a acotar el objeto de estudio: la planificación aquí analizada se refiere, fundamentalmente, a la desarrollada en el marco de las potestades normativas que corresponden a *los* gobiernos. Y no solamente en el ejercicio de la potestad reglamentaria, sino también en cuanto a que aquellos disponen de la importante legitimación para ejercer la iniciativa legislativa, y pueden dictar, como es sobradamente conocido,

---

31 Es precisamente en este terreno de arenas movedizas —en el que se mezclan sin distinguirse bien los contornos del Derecho y de la Política— donde encontramos el origen de todo. El Reglamento del Congreso de los Diputados atribuye a la Mesa la facultad de «programar las líneas generales de actuación de la Cámara» (art. 31.1.6.º), programación que no afecta, como es natural, al contenido último de las propuestas y debates.

Pero sí que se encuentran en este reglamento otras referencias a los *programas* políticos del Gobierno: el art. 171.2, en el Título VIII relativo al otorgamiento y retirada de la confianza, hace mención a ese programa de gobierno que la persona candidata a la presidencia (del Gobierno de la Nación) debe presentar ante la Cámara; mención semejante se encuentra en el art. 173, sobre la cuestión de confianza, o en el art. 177.1, al hablar de la moción de censura (el Título XI *Del examen y debate de comunicaciones, programas o planes del Gobierno y otros informes* tiene un carácter más genérico y por lo tanto interesa aquí menos).

Pues bien, de este programa de Gobierno —que en la XIV Legislatura se ha materializado también en un acuerdo de la coalición gobernante, quizás como paradigma del programa político *positivado*, si se me permite la expresión—, podría decirse que nace, de alguna manera, todo el proceso posterior de planificación normativa, como concreción, en definitiva, de esas propuestas generales de dirección política.

Ese programa político es la base, en fin, de la acción del Gobierno —independientemente de su ulterior cumplimiento o no— y, de algún modo, sirve como programación para toda la legislatura frente a la planificación que, después veremos, se ha configurado en la normativa estatal sobre esta cuestión. Se detallará más adelante cómo alguna comunidad autónoma incluso ha establecido reglas sobre dichos programas de gobierno.

normas con rango de Ley ya sea por delegación legislativa o por razón de extraordinaria y urgente necesidad (atribuciones, todas ellas, constitucional y estatutariamente garantizadas)[32].

No es predicable esta planificación de la potestad legislativa de los parlamentos, sin perjuicio de que pudiese, sin duda, ser de interés también el establecimiento de reglas que disciplinasen y otorgasen sentido y orden al ejercicio de su soberana función legislativa[33]. Pero su estudio no me corresponde a mí.

Pues bien, la planificación de las potestades normativas en manos de los ejecutivos y sus AA. PP. tiene como finalidad última la de dotar de racionalidad, sentido, orden, concierto... (y cuantos adjetivos sinónimos pudiesen ocurrírsenos) a una acción del Gobierno que —al parecer— en algún momento dejó de tener todos esos atributos. Todo ello con el propósito, como no podía ser de otro modo, de garantizar una serie de principios, posiblemente con la *seguridad jurídica* como paradigmático, que ya han sido estudiados al hablar de la *calidad del Derecho* (y la *better* y *smarter regulation*).

Es necesario, además, distinguir entre la técnica de la *planificación* y las concretas herramientas en que esta se materializa. Dicho de otro modo, los ejemplos que vamos a ver a continuación, así como algunas de las alternativas que se propondrán o los casos de Derecho comparado que expondré, en absoluto agotan las posibilidades de regulación de tal planificación. Máxime si tenemos en cuenta un aspecto capital y relevante: en esta técnica de la planificación normativa se mezcla un instrumento jurídico —el plan— con una serie de objetivos y fines de naturaleza política. Pues normar no es otra cosa que cristalizar una serie de preferencias políticas, de acuerdo con la configuración coyuntural del poder, en reglas obligatorias para todos.

---

32 Es completamente cierto que el uso y abuso del Decreto-Ley por los distintos ejecutivos, en particular el estatal, y su aceptación por el Tribunal Constitucional pone en duda la eficacia de instrumentos como el aquí explicado (por todos, véanse los clásicos estudios de Martín Rebollo [2016] y sus constantes actualizaciones en cada edición de sus *Leyes administrativas*, o Aragón Reyes 2016, *in totum*). Véase en Sanz Gómez y Sanz Gómez (2020) un interesante estudio cuantitativo sobre el uso de este instrumento en España de 1978 a 2018.
Aunque esta práctica habitual podría estar cambiando —como ha dado cuenta recientemente García-Escudero Márquez (2018, 210)— no es menos cierto que la CEOE (2021, 6) ha demostrado el incremento considerable del uso de este instrumento sobre el total de normas con rango de Ley en periodos de inestabilidad política (de 2015 a 2020), así como en el año de la pandemia (alcanzando un 70 % del total de normas de dicho rango). Por no hablar de las circunstancias excepcionales (para las que está pensado dicho instituto del Decreto-Ley), que pueden llevar al traste todas las previsiones que se hagan, por buenas y por firme que sea el propósito inicial de su cumplimiento. Ahora bien, todo ello no son más que excepciones que podrían confirmar, de algún modo, la regla que aquí se trata de explicar.

33 Para el caso italiano, y ya en los años 90 del siglo XX, Cassese mencionaba una posible planificación de la actividad legislativa (en de Benedetto, Martelli y Rangone 2011, 113).

La planificación puede, por lo tanto, materializarse en distintas técnicas. Y, de alguna manera, las más usuales vienen relacionadas con los distintos rangos temporales para su aplicación o vigencia. Aunque habrá ocasión de volver y profundizar sobre ello, podrían distinguirse ya tres clases distintas de institutos: los planes (o programas) de gobierno, los planes normativos y los calendarios normativos, que se identificarían con una programación a más largo plazo o a corto, respectivamente.

Y decía más arriba que esta planificación, a diferencia de las otras, por decirlo así, *temáticas* de cada ámbito material de actuación, tiene la particularidad de que las comprende todas. No, desde luego, hasta el punto de abarcarlas, de agotar con ella su regulación. Pero sí en tanto que la planificación normativa pretende disciplinar de algún modo el ejercicio de un poder público que, a su vez, tiene la posibilidad de actuar sobre otros sectores concretos.

En esta línea puede decirse, siguiendo a ARNÁEZ ARCE (2013, 125), que «la planificación, a través de sus específicas expresiones instrumentales, favorece la sistematización y la ordenación de la actuación pública mediante la determinación de las pautas y directrices que deben regirla, haciendo abstracción, en la medida de lo posible, de valoraciones políticas de cualquier signo». Aunque ese sesgo peyorativo que esta autora atribuye al adjetivo *político* no lo comparto necesariamente. Pues una cosa es que las decisiones estén basadas en una determinada ideología y otra que no obedezcan a razones. Son dos aspectos distintos y, en cualquier caso, no se puede prescindir del componente político en esta etapa prenormativa (y, diría más, ni siquiera en las siguientes).

Estamos en presencia, en definitiva, de un instrumento jurídico metarreferencial *del* o *para el* propio Derecho. De una técnica que trata —al menos en teoría, ya veremos qué sucede en la práctica— de establecer metarregulaciones —o sea, normas sobre las propias normas; de regular el propio proceso regulador— hasta el punto de legitimar, o no, el inicio de cualquier proceso normativo condicionado a su inclusión en estos planes.

3. Algunas influencias sobre las técnicas planificadoras

Expondré enseguida algunos de los precedentes comparados que han servido de base, de alguna manera, para la adopción en nuestro sistema de esta técnica —todavía, creo yo, escasamente desarrollada en el ámbito jurídico y de escaso recorrido—. Sin embargo, debe advertirse ya la evidente influencia economicista de estos instrumentos.

Resulta a todas luces evidente que la acción pública —y la privada, por qué no—, para que sea garantía de éxito, debe(ría) obedecer a razones (y no a pasiones). En el caso de la actuación de los poderes públicos, como se ha dicho en repetidas ocasiones, más que una posibilidad es una auténtica obligación, incluso constitucionalmente exigida.

La técnica planificadora tiene sus evidentes orígenes en el ámbito económico y empresarial[34]. Después trasladado, de alguna manera, al sector público a través de la gestión, análisis y evaluación de las políticas públicas y, en último término, al ámbito general de la acción normativa, al considerar las potestades normativas como una política pública más. Esta planificación —denominada en el ámbito empresarial de manera habitual como *estratégica*— se identifica con los caracteres extraídos de las dos acepciones citadas al principio. Y pretende garantizar, sobre todo, la eficacia y la eficiencia en la actuación (en este caso pública).

De hecho, y se tuvo ocasión ya de analizar en la primera parte de esta investigación al tratar todo el proceso de producción normativa como un ciclo continuado, las influencias de determinadas *normas* privadas del ámbito de la estandarización de procesos son más que evidentes en la regulación de este tipo de instrumentos. Me refiero, en particular, a la ISO 9001:2015 sobre *Sistemas de gestión de la calidad* que, si bien es posterior —o coetánea, cuanto menos— a la adopción de algunas de las normas que aquí se analizan, sus versiones anteriores ya ofrecían una misma idea o tónica general sobre lo que aquí interesa: la planificación.

De este modo, en el ciclo propuesto por estos instrumentos de autorregulación, la *planificación* ocupa un lugar esencial: el primero (el nombre del ciclo, según el parágrafo 0.3.2. de dicha norma, es «Ciclo Planificar-Hacer-Verificar-Actuar»). Todo el apartado 6.º de la ISO se refiere a este primer proceso de planificación. En particular, resultan especialmente interesantes las previsiones del apartado 6.2.2, según las cuales: «Al planificar cómo lograr sus objetivos (...), la organización debe determinar: a) qué se va a hacer, b) qué recursos se requerirán, c) quién será responsable, d) cuándo se finalizará, e) cómo se evaluarán los resultados». Más adelante, cuando se analicen algunos de los elementos configuradores de la vigente regulación de la planificación normativa en el ámbito estatal, deberán recordarse estos elementos de la planificación según el organismo estandarizador internacional. Resulta, en definitiva, sumamente interesante la aplicación al ámbito público de elemen-

34 Ámbito que, aunque no siempre, sí está influido en ocasiones por ideologías como el neoliberalismo. En este sentido, por ejemplo, véase la «Teoría de las 3S: suprimir, sustituir y simplificar» ideada por García Inda (2020, 362). En particular, se advierte esta influencia de manera clara cuando se considera, en el seno de sus explicaciones, que la acción pública debe restringirse lo más posible y que solo está legitimada como *última ratio* —como propugna, por ejemplo, el autor anterior y también Betancor Rodríguez (2009, *in totum*), por citar solo dos ejemplos próximos— cuando el mercado no puede responder por sí mismo a los problemas sociales que la potestad normativa pretende reglamentar, y dado que ello atenta contra el derecho a la libertad (individual y económica), el conocimiento por parte de los sectores económicos afectados de cuantas restricciones puedan imponerse en un futuro más o menos próximo resulta capital y de gran interés para ir modulando su acción. Sobre esto se volverá.

tos de gestión empresarial[35] que garanticen, de alguna manera, la adecuada gestión de los (siempre escasos) recursos públicos.

Pues bien, igual que pueden alabarse algunos de los aspectos derivados de su origen economicista —sin ir más lejos, el propio *porqué* de cualquier actuación—, también pueden existir críticas razonables como la de que no todo en la vida es planificable. Pero debe ser el instrumento planificador —y, en particular, la configuración que de él se haga— el que permita dar respuesta a objeciones como la señalada[36]. En todo caso, parece evidente que, más allá de algunos problemas de esta técnica, la planificación puede ser un elemento esencial para el desarrollo de cualquier tipo de acción pública —ingente, por otra parte, en los estados actuales—.

Por otro lado, ya en 1989, el GRETEL en su *Curso de técnica legislativa* (Martín Casals en GRETEL 1989, 233) hablaba de la «planificación de la intervención legislativa» como esa «rama de la doctrina de la legislación [que] se ha desarrollado a partir de las teorías de la toma de decisiones de las ciencias sociales». Y continuaba diciendo que «la planificación de la intervención legislativa tiene como punto de partida la existencia de un estado de hecho ("ser") y su discrepancia con un estado que debe alcanzarse ("deber ser")». Aunque estas notas resultaban aplicables, fundamentalmente, al proceso legislativo, podrían también predicarse del proceso normativo (o incluso de iniciativa legislativa) en sede gubernamental. En todo caso, y aunque no se perfilaba entonces una solución al modo de la planificación normativa en su configuración actual, como se verá después, sí es cierto que ya desde la perspectiva de la mejora de la calidad técnica de las normas existía una preocupación por la planificación.

Pero no solo responde a una mejora en la racionalidad y eficiencia de la acción normativa. También resulta de gran interés —y muestra evidentes influencias— desde el punto de vista de la transparencia y el buen gobierno. Como se ha dicho en alguna ocasión ya, en Ciencia Política se conoce con el término «caja negra» al conjunto de actuaciones de carácter político o burocrático que acontecen en el seno de las organizaciones públicas y que explicarían —de conocerse— el funcionamiento de la toma de decisiones.

35 Del mismo modo que se ha indicado que existen influencias neoliberales que deben ser convenientemente identificadas, también debe advertirse, frente a las críticas que puedan surgir sobre la utilización de métodos empresariales para el ámbito público, que el uso de una metodología u otra, por sí mismo, no puede ser tachado como contrario a los intereses públicos. Todo depende de cómo se usan tales herramientas.

36 Al analizar tanto la normativa reguladora del PAN como los distintos estudios de caso de la aplicación de la planificación normativa en nuestro país, veremos cómo una circunstancia como la pandemia del coronavirus que ha cambiado tanto nuestras vidas desde el año 2020, ha tenido su influencia sobre esta técnica. Pero es que, de hecho, cualquier imprevisto puede tener repercusiones en su uso. Y no por ello pierde su sentido, pues la incertidumbre forma parte consustancial de la existencia humana.

Es negra —en términos figurados— porque es opaca, inaccesible para la ciudadanía, e incluso para la ciencia. O al menos lo ha sido tradicionalmente.

Así, y más recientemente, otra de las claras y evidentes influencias de esta técnica jurídica es todo el movimiento por el gobierno abierto que, de unos años a esta parte, viene inspirando reformas y cambios normativos, nuevas dinámicas e instituciones emergentes, como la que nos ocupa. Aquí, el trasplante jurídico, como se verá, ha sido evidente. De cualquier modo, entre las principales ventajas o beneficios de la planificación alabados por la doctrina, la transparencia es quizás el principal, máxime si no se dota —adelanto ya—, como sucede en el caso español, de un verdadero valor jurídico que lo haga auténticamente vinculante.

4. Elementos positivos y algunos inconvenientes de esta técnica de la planificación normativa advertidos por la doctrina jurídica

El plan es sinónimo de orden. El desorden y la improvisación, lo contrario de la seguridad jurídica. Como ya indiqué en la parte introductoria, es posible que todas estas técnicas, entre las que se incluye la planificación normativa, no contribuyan, necesariamente, a un *mejor* Derecho. Pero, sin duda, sí lo harán a un Derecho más racional —basado en razones—, más ordenado —y, por lo tanto, sí podría decirse que algo *mejor*—. Como ha dicho la doctrina, «es un signo de nuestro tiempo la necesaria racionalización que acontece con la proliferación de normas jurídicas a la que asistimos desde hace años producto de múltiples razones» (Castillo Blanco 2017, 189). Y la planificación normativa puede contribuir a ello, siempre que, en feliz expresión de Chaves García (2017), «no se pierd[a] en el mundo de la papiroflexia burocrática».

De un repaso por la doctrina sobre esta materia (tampoco en exceso abundante, si se compara con otros de los instrumentos aquí analizados), pueden sistematizarse sus efectos, dependiendo de su vertiente *ad intra* o *ad extra*, en las siguientes manifestaciones.

a) Efectos *ad intra* de la planificación normativa

Son quizás cuatro, principalmente, los beneficios que para la propia Administración tiene el uso de esta técnica planificadora sobre la actividad normativa: el incremento de la racionalidad de su actuación, una mejor evaluación de los costes financieros de sus actuaciones y una mejor evaluación y diseño de sus actuaciones que redundará, en todo caso, en un mejor empleo de sus propios recursos, así como en la coordinación de la acción de los poderes públicos. De todos modos, aunque se habla de efectos *ad intra*, en realidad, la principal beneficiada de estos efectos positivos lo es la propia ciudadanía, pues no debe olvidarse nunca de la posición vicaria de la AP respecto del interés general, al que sirve (o debe servir). Por lo tanto, estas mejoras no son sino instrumentales para ese supremo fin.

En cuanto a la **racionalidad**, García de Enterría y Martínez-Carande (1999, 80) decía hace ya tiempo sobre la legislación anexa a la LPGE que «resulta completamente insoportable esta técnica de legislar en bloque, asistemáticamente, sin motivación alguna visible (...) simple fruto aparente del arbitrio y no de la razón legislativa», lo cual sería también predicable, obviamente, de una legislación no planificada. Además, «resulta normalmente inextricable para el lector incluso más despierto, que necesitará un esfuerzo excepcional para llegar a hacerse cargo del efecto innovativo global que tan expeditivamente se ha introducido en el ordenamiento». Y habla, de hecho, de un «verdadero tifón legislativo» a finales de año (*ib.*, 88). Pues bien, esta planificación normativa podría ayudar —de hecho, lo hace— a conocer mejor cuáles van a ser los sectores de la vida social sobre los que se va a realizar algún tipo de intervención normativa, para acabar con lo que este mismo autor describía «como si la Administración viviese más comodamente en un mundo de incertidumbre normativa» *(ib.)*[37].

Con esta planificación normativa, se pretendería evitar lo que T.R. Fernández Rodríguez (2008, 40) definió en los siguientes términos: «La Ley es una respuesta, a falta de ser una solución. Se legisla primero y después, si no hay algo mejor que hacer, se reflexiona». Se pretende, así, un mayor rigor de la actividad normativa evitando el carácter «reactivo», dando «pausa al ímpetu regulador» (Araguàs Galcerà 2016.2, 49). O, como dice Nabaskues Martínez de Eulate (2017, 408-409), el PAN claramente «conlleva efectos positivos» tales como otorgar «un mayor rigor a la planificación de la actividad normativa, propiciando una mayor congruencia y coherencia», así como un freno a la «"impulsividad" que en ocasiones lleva a aquella [a las AA. PP.] a aprobar reglamentos *ad hoc* y con una base fáctica inconsistente». Pues, según Núñez Lozano (2017, 435), el PAN sirve para «la reflexión sobre la acción de gobierno y el establecimiento de prioridades».

---

37 A mediados del siglo XX, el maestro García de Enterría y Martínez-Carande (1962, 196) llamaba la atención sobre la dificultad de las AA. PP. para desarrollar una adecuada normación de la realidad social: «La Administración, sin embargo, y este es un hecho de elemental constatación, es un pésimo legislador. La Administración es una organización constituida para el tratamiento de lo inmediato, implicada además en mil gestiones concretas. Le falta esa serenidad de juicio, esa superioridad de posición que se requiere para poder acometer la definición abstracta de un orden justo. (...) El estilo normativo de la Administración se polariza por eso en la atención de urgencias inmediatas».
Son muchas las circunstancias que han cambiado desde que se escribieran esas líneas. Quiero pensar que este proceso de producción normativa y todos sus instrumentos (incluidos los informes, dictámenes, trámites planificadores o participativos) sí pueden contribuir a una mayor serenidad en el juicio, así como a una mejora del producto normativo de origen gubernamental.

En definitiva, como vengo diciendo, otorgar razones (y no pasiones) al ejercicio de la acción normativa del Estado, en una priorización y coordinación de la producción normativa, como mecanismo de racionalización, «constata[ndo] un amplio margen de mejora en la programación de las iniciativas y, en especial, respecto a la función que está llamada a ejercer de racionalización normativa» (ORTÍ FERRER 2020, 219-220) y también reduciendo la «improvisación y la ocurrencia normativa» (CHAVES GARCÍA 2017).

En segundo lugar, en lo que respecta a **la evaluación y diseño de las políticas**, entre las principales funciones de la planificación normativa estaría, según ORTÍ FERRER (2020, 219), la de «facilitar la tarea técnica de evaluación, diseño e implementación» de las políticas desarrolladas por los poderes públicos, en especial de aquellas que requieren de la acción normativa.

Y ello daría lugar, sin duda, a una mejora de los propios procesos internos de trabajo y organización administrativa. Esta planificación «mette in condizione l´apparato tecnico a cui si chiede di formulare e implementare gli interventi, di espletare queste attività a partire da informazioni iniziali di base, non equivoche e utili alla decisione, costringendo a organizzare una serie di dati e notizie relative agli ambiti di regolazione interessati»[38] (DE BENEDETTO, MARTELLI Y RANGONE 2011, 113). O, lo que es lo mismo, interesa también a los propios técnicos de la Administración, pues les sirve de conocimiento de la programación del trabajo del departamento de que se trate, así como para desplegar sus esfuerzos en un determinado sentido. En palabras de CHAVES GARCÍA (2017), los PAN «facilitarán la realización de informes, memorias, alegaciones y trámites que permitan fundamentar la reglamentación y depurarla de errores no solo de legalidad sino de oportunidad».

El tercer elemento positivo de esta planificación (aunque sobre esto habrá que hablar más adelante) se refiere a la necesaria **coordinación** que requiere o predispone este instrumento. Como señala JOVER GÓMEZ-FERRER (2020, 84), la planificación normativa «obliga a las Administraciones a las que va dirigida a realizar una planificación racional previa, (...) coordinando de esta forma el necesario impulso político con el análisis técnico más sosegado, y facilitando la acción coordinada de todos los departamentos». Efectivamente, al centralizarse (al menos por cada AP) en un único instrumento todas las normas que aprobar —incluso con encargo a entes concretos la materialización de esta coordinación— la actuación administrativa responderá, al menos mejor que si no existiese nada, a una actuación más racional.

Finalmente, el cuarto de los elementos positivos de carácter interno que se han identificado correspondería a la **mejor previsión y cumplimiento de**

38 «Sitúa el aparato técnico al que se le solicita formular e implementar las intervenciones públicas, para realizar estas actividades a partir de información básica inicial, inequívoca y útil para la decisión, obligando a organizar una serie de datos y noticias relativas a las áreas de regulación afectada».

los compromisos fiscales y en materia presupuestaria. Así, para Orduña Prada (2016, 155): «La obligación descrita en el citado artículo 132 [de la LPAC] institucionaliza un modelo de trabajo que persigue la racionalización de la política (...) en tiempos de contención fiscal en los que los principios de sostenibilidad financiera y estabilidad presupuestaria se han convertido en clave de bóveda de la actuación de todos los poderes públicos. Pero no solo eso, a través de la elaboración de este tipo de planes puede evitarse una visión coyuntural y oportunista de la acción pública, que parece admitir únicamente acciones inmediatas y cortoplacistas, en definitiva, de normar a golpe de periódico, de grupos de interés, etc.».

Si bien, como se verá, la planificación normativa no incluye, por su carácter bastante escueto, elementos de juicio suficientes como para considerar que este propósito se cumple, no es menos cierto que bien podría ayudar a ello el tener una panorámica de todos los objetivos y los medios —en particular los normativos— en que van a situarse los esfuerzos de los poderes públicos en el futuro más o menos próximo.

b) Efectos *ad extra* de la planificación normativa

Pero si decía antes que no debe olvidarse nunca que la Administración es un instrumento al servicio del interés general, tampoco puede perderse de vista el carácter instrumental de la normativa (de la legislación y de los reglamentos): en ningún caso *normar* es un fin en sí mismo. Es un simple medio para la consecución de fines públicos.

La doctrina ha identificado una serie de beneficios de la planificación normativa para la sociedad: por un lado, para las empresas y particulares, pues saben hacia dónde se dirigirán los esfuerzos de los poderes públicos en el futuro próximo para adecuar, en su caso, sus comportamientos o bien para tratar de influir sobre dichas cuestiones; en segundo término, desde un punto de vista ciudadano, para comprobar la adecuación de la acción del gobierno a su programa político; en tercer lugar, para favorecer la tan recurrente publicidad y transparencia de la acción ejecutiva; y, finalmente, aunque no menos importante, para una mejor acción política en sede parlamentaria. Veámoslos.

En lo que se refiere a empresas y particulares, la planificación normativa permite anticiparse al legislador —de algún modo— y al poder reglamentario. Este instrumento tiene un gran interés **desde el punto de vista económico** para los distintos actores que operan en los mercados, pues les permite conocer de antemano qué está en la *mente* del poder normativo antes de su efectiva materialización.

Es evidente que la planificación no predispone el resultado, pero puede servir para coadyuvar incluso cumplimientos deseables antes de la propia adopción de una norma (lo que ahora se ha dado en llamar el *nudge*). Sin ir más lejos, en el caso español, la propia organización que defiende los intereses empresariales ha dicho que «la labor regulatoria en el futuro debe ser ordenada, rigurosa y debe procurar garantizar la competitividad de nuestras empresas» (CEOE 2016.2, 5). Pues, como se ha afirmado, «la sucesión temporal precipitada de disciplinas normativas aplicables a concretos ámbitos constituye una praxis nefasta que nunca será suficientemente criticada; (...) [existe una] necesidad de que las potestades normativas sean ejercitadas con rigor y sin sobresaltos» (Díaz González 2017, 76). ¿Qué hay más inseguro que no saber a qué régimen jurídico va a someterse una determinada actividad?[39] De hecho, algunos índices de calidad internacionales incluyen la seguridad jurídica como uno de sus parámetros. En fin, una adecuada planificación puede servir también para reducir el riesgo regulatorio (al que se refiere Arana García 2015). Ello, no obstante, sin generar expectativas legítimas de aprobación de ninguna norma. Y esto es muy importante.

Pero la planificación no solo puede dar lugar a una adaptación a tales cambios, sino que, como señala Ortí Ferrer (2020, 219), este mecanismo sirve también para «informar de forma anticipada a los ciudadanos y a los agentes económicos y sociales sobre las propuestas normativas que se prevén adoptar y su calendario de tramitación, de manera que puedan preparar su participación en los procesos de consulta». Son no pocas las empresas —más o menos grandes— que cuentan con departamentos regulatorios y que prestan una gran atención a la política normativa de los distintos reguladores (poderes normativos) de cara a poder influir en el proceso de adopción de normas, de manera legítima, a través de las actividades de influencia (*lobby*).

Continuando por el segundo de los beneficios externos, el referente a la ciudadanía y al **cumplimiento de los compromisos democráticos**, la planificación normativa, en palabras del profesor Palomar Olmeda, es «un instrumento de ordenación y compromiso frente a la sociedad» (en Casado Casado 2017, 121). En efecto, y como señala Núñez Lozano (2017, 435), el PAN «permite que la ciudadanía atenta a la producción normativa pueda calibrar la eficacia del desempeño de la competencia y, también, valorar tanto el grado de interés que las diferentes materias merecen como, incluso, la propia seriedad de los compromisos que se asumen».

Creo, no obstante, que se es muy optimista si se piensa que algo más que una minoría de esa sociedad va a estar atenta a este tipo de instrumentos. En cualquier caso, ello no resta credibilidad a un beneficio que, en otras palabras, pretende que «se genere confianza sobre lo que el derecho positivo "dice" y también sobre lo que "va a decir", de forma que pueda predecirse razonablemente el sentido de la evolución del ordenamiento jurídico» (Araguàs Galcerà 2016.2, 202).

39 A este propósito responde, por ejemplo, la previsión contenida en el art. 23 LGob que preceptúa una ordenada entrada en vigor de las normas en que intervenga el Gobierno, el 2 de enero o el 1 de julio. Previsión que rigurosamente se incumple de manera sistemática.

Estos dos elementos están íntimamente relacionados con la **publicidad y transparencia** de los instrumentos planificatorios de la acción normativa. Para Nabaskues Martínez de Eulate (2017, 408-409), «dar a conocer a los ciudadanos las normas que se aprobarán en un determinado lapso (...) redunda en beneficio de la seguridad jurídica». No solo eso. Como he dicho, conocer las razones, los motivos que dan lugar al ejercicio de una potestad pública como es la normativa no solo es necesario, sino que puede decirse que se ha tornado en imprescindible dadas las grandes posibilidades que las TIC ofrecen.

Conocer el porqué de dicha actuación es un elemento indispensable para controlar la acción gubernamental y, así, reducir las inmunidades del poder. Pues, como dice Del Guayo Castiella (2018, 1513), «la *sola* apelación a la discrecionalidad para justificar una decisión esconde siempre una arbitrariedad» (el énfasis es mío). Sucedería así también en el caso del ejercicio de las potestades normativas, quizás uno de los máximos exponentes de tal discrecionalidad. De ahí que la planificación sea el primer paso para ir reduciéndola y aumentando los elementos de las normas no necesariamente reglados, pero sí plenamente justificados.

Finalmente, una cuestión que me parece también relevante y que, hasta donde tengo conocimiento, no ha sido puesta en relevancia por la doctrina es la importancia que tiene también este instrumento para el **ejercicio de la función legislativa por los parlamentos y, en especial (aunque no solo), de la oposición**. Con la planificación normativa se puede favorecer una mejor preparación del trabajo parlamentario: se conocen de antemano los asuntos sobre los que el Gobierno prevé hacer uso de su iniciativa legislativa y, con ello, especialmente para la oposición parlamentaria, se posibilita una mejor preparación de tales iniciativas (véase, en este sentido, la oficina de colaboración que la FECYT ha establecido, para el caso español, con el Congreso de los Diputados; Baamonde Gómez 2022).

c) Críticas y escepticismo sobre la planificación normativa

Pero no todo iban a ser halagos. Al poco de la aprobación de la LPAC que, como veremos, configura este instrumento a nivel estatal, la doctrina acogió la planificación normativa con cierto desdén. Así, Santamaría Pastor (2016.2, 38) habla de un «sano escepticismo», aunque «la pretensión de fondo (...) es formalmente impecable, y como aspiración no merece más que elogios». Aunque comprendo (y hasta comparto en parte) su escepticismo, con lo que no estoy del todo de acuerdo es con el hecho de que formalmente result(as)e impecable la configuración del PAN en la LPAC.

Su escepticismo viene más de la mano de las situaciones urgentes o las ocurrencias impulsivas en que suelen ver la luz las normas, así como la realidad de que otras no llegan a término por resistencia u oposición social o política. En definitiva, «la producción normativa es, pues, un fenómeno difícilmente racionalizable en la mayor parte de sus manifestaciones concretas, por lo que su planificación anticipada solo puede abarcar un número de disposiciones bastante limitado» (*ib.*, 39).

Pero es que, además, puede pecarse de cierta falta de realismo (Núñez Lozano 2017, 435). O, como dice Boix Palop (2017, 802), aunque esta técnica tiene interés e importancia, y es necesario implante una «cultura de la planificación», será complejo «que cale y sea tomada en serio». Tenía no poca razón, y a las pruebas me remito (véase el estudio empírico más abajo). Mientras que para Reinoso Carriedo (2016) «se trata de buenas palabras, de principios con los que es difícil estar en desacuerdo, pero de los que es también difícil verificar su aplicación [pues] si ya es difícil a principios de año saber las normas (Reglamentos y Ordenanzas) que se van a aprobar o se van a modificar; si muchas de ellas, casi el 90 %, vienen impuestas por necesidades que surgen en un momento determinado, etc.; resultará verdaderamente complicado su cumplimiento».

Pero quizás la crítica más agria, y con no poco sentido, viene del profesor Moreno Molina (2020, 115-116), y que merece su reproducción:

> La utilidad o razonabilidad de este instrumento, más allá de la función de informar al público de los proyectos legislativos o reglamentos que el Gobierno pretende proponer o aprobar, es muy discutible, sobre todo porque incide en uno de los aspectos más importantes de la potestad reglamentaria como es su discrecionalidad, de ahí que el propio diseño legal de este instrumento sea naturalmente feble: por un lado, el Gobierno no tiene una obligación perfecta de aprobar todos los reglamentos que se incluyan en el PAN, ni hay mecanismo procesal ni sujetos legitimados que puedan exigir dicha aprobación. Por otro, es perfectamente posible para el Gobierno aprobar un reglamento que no esté incluido en dicho plan, bastando su motivación en la memoria de análisis de impacto normativo (art. 25.3). Y es que la complejidad y mutabilidad de la vida moderna y el amplio radio de las responsabilidades públicas impiden por su propia naturaleza que se pueda amonedar en un instrumento rígido nada menos que la programación de configuración normativa de la sociedad, siempre feraz en el planteamiento de nuevos e inopinados problemas y cuestiones.

Ahora bien, no puedo compartir plenamente sus palabras. Palabras, por cierto, que, aunque referidas al caso español, bien valdrían para otros sistemas. Los distintos beneficios (más o menos concretos) que se han ido identificando y numerando, teniendo en cuenta el escaso coste de esta técnica planificadora para los poderes normativos, creo que justifica sobradamente (en un simple cálculo de coste-beneficio) su mantenimiento. Es cierto, como tendré ocasión de detallar en otro momento, que los efectos jurídicos de este instrumento son limitados. Pero en esta etapa prenormativa quizás importan más otra serie de efectos.

5. Su situación en el ciclo normativo y un esbozo de definición

En último término, se debe concretar la posición sistemática en el ciclo normativo de esta técnica, pues es más que relevante: se encuentra en un estadio inmediatamente posterior al de la evaluación *ex ante* de carácter preliminar —distinta a la evaluación *ex ante* de carácter concreto y que, caso a caso, se materializa en la MAIN— y determina la posibilidad de iniciar los procesos particulares de producción normativa, que son el paso posterior.

Estamos, por lo tanto, en una fase que se ha dado en llamar, en ocasiones, *prenormativa*. Como dice PRIETO ROMERO (2018, 5): «La función de planificación se sitúa con anterioridad al inicio del procedimiento de tramitación y aprobación de la norma». Para JOVER GÓMEZ-FERRER (2020, 84), este instrumento prenormativo da muestra de cómo «la tarea normativa (...) comprende todo el ciclo político, y no (...) empieza con la resolución que inicia la tramitación y finaliza con la publicación de la norma en el correspondiente periódico oficial».

En ocasiones, suele hablarse de «planificación *ex ante*» de la actividad normativa (p.ej., BURGAR ARQUIMBAU 2016, 14). En mi opinión, no es más que un pleonasmo —por repetitivo y evidente— calificar la planificación como *previa*. ¿Qué sentido tendría una planificación posterior que no se refiriese al futuro? De hecho, las palabras de ALEGRE ÁVILA (2017, 15) son esclarecedoras: «La de *plan* es una idea, una noción mítica. El plan es un mito. (...) Como noción mítica abraza una pretensión universal, totalizadora, la aspiración a diseñar el mundo según un modelo idealizado, de acuerdo con unas pautas transidas de racionalidad, dotadas de una fuerza ordenadora global y omnicomprensiva». Pero ojo, «planificar requiere prospección, (...) no futurología» (SETUÁIN MENDÍA 2020, 118). No se puede planificar lo irreal, sino lo factible, lo plausible, lo posible.

La planificación, al menos en teoría, debería ser consecuencia de un análisis exhaustivo, coherente y lógico de las necesidades advertidas en el proceso anterior de ese ciclo, en esa evaluación de las necesidades —sociales, económicas, políticas...— que requieren de una actuación por parte de los poderes públicos. Y también traer causa de una retroalimentación del sistema tras el último paso del ciclo, la evaluación *ex post*. Como dice ORTÍ FERRER (2020, 220), «la inclusión de una propuesta en el Plan normativo exigiría disponer de un mínimo análisis o borrador de su evaluación preliminar, lo que permitiría plantear en un momento muy inicial las diversas alternativas y serviría de base para la validación política de la decisión». Pero también considero que la planificación, como tal, no debería dar lugar siempre a la acción normativa, pues no todos los problemas requieren de una norma para su solución. Creo, como se verá después, que la realidad dista bastante de parecerse a esta teoría.

Así las cosas, podría realizarse un esbozo de definición —necesariamente incompleto e imperfecto— de la planificación normativa como *aquella actividad prospectiva de los poderes públicos sobre las acciones normativas (y aun no normativas) que deberán desarrollarse en el futuro (más o menos próximo) para cumplir los objetivos y los fines de su acción pública de acuerdo con las directrices de su propio mandato democrático, y cuya concreción puede realizarse en diversos instrumentos planificatorios.*

Los siguientes apartados ocuparán esta preocupación, ese intento de sistematización de la realidad jurídica y fáctica para el caso español de la planificación normativa, no solo a nivel estatal sino particularmente autonómico, con especial énfasis en la opinión doctrinal de los consejos consultivos respectivos, así como de los tribunales de Justicia. Y todo con el objetivo de conocer esas posibles materializaciones de esa actividad planificadora de los poderes públicos en materia normativa. Procedamos.

II.

RÉGIMEN JURÍDICO DE LA PLANIFICACIÓN NORMATIVA EN ESPAÑA

1. Antecedentes y ejemplos de Derecho comparado de la planificación normativa para el caso español

Siguiendo los criterios interpretativos del art. 3.1 CC, debe hacerse una mención, siquiera sea somera, tanto a los ejemplos de Derecho comparado que hayan podido servir de ejemplo para el caso español como a la tramitación parlamentaria —que se verá después— de la norma que va a ser objeto de análisis, en tanto que representan sus *antecedentes legislativos*.

Para el caso español no se encuentran más precedentes normativos (aparte de los ejemplos autonómicos sobre programación legislativa anteriores a la LPAC, lo cual por otra parte no es desdeñable) que el art. 7.1 LES (Ley, recordemos, del año 2011). En su redacción original, este precepto decía así: «Con la periodicidad que se acuerde en la Conferencia Sectorial de Administración Pública, la Administración General del Estado y las Administraciones Autonómicas publicarán (...) *el programa de trabajo en materia de mejora regulatoria para el período siguiente*» (la cursiva es mía). De algún modo, estos programas de trabajo podrían considerarse los antecedentes de los planes normativos aquí estudiados, aunque no limitados a las normas a aprobar, sino con un carácter más amplio y relacionado con otros aspectos de la mejora de la calidad del Derecho.

En cualquier caso, en el año 1990 el GRETEL daba ya cuenta de la práctica del Reino Unido de organizar una «programación del calendario de elaboración y presentación de los proyectos de ley» bastante detallado y de cuyo cumplimiento deben responder los *draftsmen*[40] (MARTÍN CASALS y VIVER PI SUNYER 1990, 13). Ahora bien, según estos autores, «resulta(ba) difícil determinar con precisión cómo se produce realmente esta programación, cómo se resuelven en la práctica las tensiones entre los distintos departamentos a la hora de concretar el programa legislativo» *(ib.)*. O, lo que es lo mismo, no se sabe muy bien cómo se determinaba la agenda de la política normativa, pues no es fácil desentrañar la caja negra de la acción del Gobierno y la Administración.

Para este caso, he decidido centrarme en los dos ejemplos más amplios de planificación de la acción normativa de los que se tiene constancia: el de los EE. UU. y el de la UE. Procedamos.

a) La planificación normativa en los Estados Unidos de América

Como se vio en el análisis introductorio, los EE. UU. son uno de los países donde antes y con mayor fuerza surgieron los esfuerzos por garantizar una *better regulation*, aunque con una orientación eminentemente desreguladora[41]. Entre los instrumentos más destacados está, sin duda, la *regulatory agenda* (*agenda regulatoria* o *normativa*), cuya vigente regulación se encuentra en la *Regulatory Flexibility Act* (en su traducción literal, *Ley de Flexibilidad Regulatoria*) y aparece codificada en el § 602 (Título VI) del *Code of Federal Regulations* (en inglés, *Código de Regulaciones Federales*). Pero, al margen de este precepto, se hallan también distintas *Executive Orders (Órdenes Ejecutivas)* dictadas por varios presidentes y que tratan de implementar, en el marco de la Administración Federal, este tipo de herramientas de planificación. Veámoslas.

Al margen de las órdenes ejecutivas que se verán después, y cuya eficacia queda restringida, fundamentalmente, al ámbito interno de la Administración —como, por cierto, se desprende de una de sus provisiones— el principal

40 La traducción literal del término sería «hombres del borrador». Resumidamente, en el sistema anglosajón, el inicio de la producción normativa —en especial, la elaboración de los proyectos, *borradores* de normas— se atribuye a organismos especializados al frente de los cuales están estas personas con una cualificación técnica destacada.

41 Para una sucinta pero esclarecedora explicación de la normativa sobre *better regulation* en el caso americano, véase DE FALCO (2019, 200-201). También BETANCOR RODRÍGUEZ (2009, 109 y ss.) analiza la *better regulation* en los EE. UU. en general. Pero, en lo que respecta a la planificación normativa, quizás si no las únicas sí las principales referencias —al menos, en la doctrina española— se encuentran en ARAGUÀS GALCERÀ (2016.2 y 2021) y FERNÁNDEZ FERRARONS (2020).

precepto contenido en una norma con rango de Ley es el § 602 del CFR, aprobado en fecha tan temprana como septiembre de 1980, y cuyo tenor dice así:

602. Regulatory agenda

(a) During the months of October and April of each year, each agency shall publish in the Federal Register a regulatory flexibility agenda which shall contain—

(1) a brief description of the subject area of any rule which the agency expects to propose or promulgate which is likely to have a significant economic impact on a substantial number of small entities;

(2) a summary of the nature of any such rule under consideration for each subject area listed in the agenda pursuant to paragraph (1), the objectives and legal basis for the issuance of the rule, and an approximate schedule for completing action on any rule for which the agency has issued a general notice of proposed rulemaking; and

(3) the name and telephone number of an agency official knowledgeable concerning the items listed in paragraph (1).

(b) Each regulatory flexibility agenda shall be transmitted to the Chief Counsel for Advocacy of the Small Business Administration for comment, if any.

(c) Each agency shall endeavor to provide notice of each regulatory flexibility agenda to small entities or their representatives through direct notification or publication of the agenda in publications likely to be obtained by such small entities and shall invite comments upon each subject area on the agenda.

(d) Nothing in this section precludes an agency from considering or acting on any matter not included in a regulatory flexibility agenda, or requires an agency to consider or act on any matter listed in such agenda[42].

---

42 «602. Agenda regulatoria.

(a) Durante los meses de octubre y abril de cada año, cada agencia publicará en el Registro Federal una agenda de flexibilidad regulatoria que contendrá:

(1) una breve descripción de las áreas de cualquier norma que la agencia vaya a proponer o promulgar y que tenga un impacto económico significativo sobre un número considerable de pequeñas entidades;

(2) un sumario de la naturaleza de cada una de dichas normas considerando, para cada área incluida en la agenda referida en el parágrafo (1), los objetivos y fundamentos jurídicos para la dicción de dicha norma, y un cronograma aproximado sobre el tiempo estimado para completar la acción de cualquier norma que la agencia haya dado noticia general de una propuesta normativa;

(3) el nombre y el número de teléfono de un oficial de la agencia experto en los asuntos listados en el parágrafo (1).

(b) Cada agenda de flexibilidad regulatoria será enviada al Consejero en Jefe de la Oficina de Defensa de la Administración de Pequeñas Empresas de EE. UU. para comentario, en su caso.

(c) Cada agencia se esforzará en dar noticia de cada agenda de flexibilidad regulatoria a las pequeñas entidades o sus representantes a través de una notificación directa o publicación de la agenda en publicaciones que presumiblemente puedan ser consultadas por tales entidades e invitará a que realicen comentarios sobre cada área de la agenda.

Como se puede observar, se trata de una agenda de carácter semestral aprobada por las agencias federales (las distintas ramas del ejecutivo) pero fundamentalmente referida a aquellas posibles regulaciones que puedan tener un impacto económico significativo sobre lo que se denominan *small entities (pequeñas entidades)* y que el propio CFR define como pymes, pequeñas organizaciones (oenegés, cooperativas...) y pequeñas entidades gubernamentales (de menos de cincuenta mil habitantes, y no solo locales, sino también, por ejemplo, educativas). Iría, por lo tanto y de alguna manera, en la línea de una especie de *test pyme* (aunque más que análisis *ex ante*, planificación) ampliado a otras entidades menores de carácter no empresarial.

Por lo tanto, la que exige esta norma no se trata de una planificación general de la actividad normativa de las agencias. Es, más bien, un aviso de las normas con impacto significativo sobre esas entidades que se prevé, en su caso, estudiar, de forma que puedan tener la posibilidad de participar después en su iniciativa. Es una participación preliminar, solo sobre la idea misma de la necesidad de regular determinada área de actividad.

Esta agenda regulatoria debe ser comunicada a tales entidades, así como publicada en medios de difusión que puedan ser alcanzados por aquellas de ordinario. La última de las previsiones resulta muy relevante e irá en la línea de lo que se verá enseguida —y solucionaría, para el caso español, problemas interpretativos de incluirse una previsión semejante—: la inclusión de determinadas materias en la norma no exige su aprobación; y, a la inversa, la consideración o aprobación de cuestiones no incluidas en la agenda tampoco impide a la agencia de la que se trate de considerar otras cuestiones.

Pero creo que las previsiones contenidas en distintas órdenes ejecutivas del presidente de los EE. UU. tienen más interés. Los instrumentos que se van a analizar enseguida son, en cualquier caso, complementarios del anterior.

Aunque ya revocadas, merecen una mención, por ser los instrumentos seminales en materia de planificación normativa, la EO 12044, de 23 de marzo de 1978, del presidente Carter (revocada por la EO 12291), la EO 12291, de 17 de febrero de 1981, y la EO 12498, de 4 de enero de 1985, ambas del presidente Reagan (y las dos revocadas por la EO 12866).

La EO 12044 —cuyo título era «Improving Government Regulations» («Mejorando las regulaciones gubernamentales»)—, que es anterior a la aprobación del § 602 del CFR, dispone en su sección 2. (a) la obligación de cada agencia de publicar, al menos semestralmente, la *Semiannual Agenda of Regulations (Agenda Regulatoria Semianual)*, cuya previsión aparecerá en el FR y, sin per-

(d) Ninguna de las previsiones de esta sección impide a cualquier agencia de considerar o actuar en cualquier materia no incluida en una agenda de flexibilidad regulatoria, o requiere a ninguna agencia a considerar o actuar en cualquier materia de las incluidas en tales agendas.

juicio de admitir su modificación, debía ser cuanto más completa mejor. El contenido de esta planificación venía determinado por las regulaciones que se estuvieran considerando, su necesidad y fundamento jurídico, y el estado de tramitación de las iniciativas previamente incluidas. Es un claro antecedente de la agenda de flexibilidad regulatoria vista arriba y primer ejemplo de planificación normativa general (no limitada a pequeñas entidades) en este país.

Por su parte, la EO 12291 —titulada «Federal regulation» *(«Regulación federal»)* y que, como he dicho, derogó la anterior— preveía, en su sec. 5, la incorporación a la agenda prevista en el CFR de sendos instrumentos planificatorios, conocidos también como *Regulatory Agendas*, que debían contener un sumario «of the nature of each major rule being considered» («de la naturaleza de cada normativa de carácter principal considerada»), sus objetivos y fundamento jurídico, y un cronograma aproximado de la adopción de tal regulación. Simplemente, viene a extender la planificación normativa ya con carácter general a la agenda regulatoria prevista en el CFR, disponiendo su publicidad conjunta.

Es ya la EO 12498 —cuyo título es bastante indicativo de su contenido: «Regulatory planning process» *(«Proceso de planificación regulatoria»)*— la que organiza de manera más amplia y completa la planificación normativa en los EE. UU. con los objetivos, entre otros, de crear un proceso coordinado, incrementar la rendición de cuentas y otorgar al presidente una visión del proceso regulatorio.

Esta orden establece, con carácter formal, dicho proceso por el que se aprobará, anualmente, un *Regulatory Program (Programa Regulatorio)*. Para ello, cada agencia remitirá a la dirección de la *Office of Management and Budget, OMB (Oficina de Gestión y Presupuesto)* sus objetivos y políticas para el próximo año e información sobre todas las acciones regulatorias *significativas* en curso o planeadas. Se comprobará, en fin, la adecuación de tales propuestas con los objetivos de la Administración en una especie de coordinación de dicha planificación. Finalmente, la sec. 3.(d) contenía una previsión interesante sobre estas propuestas. El director de la OMB podía devolver, para su reconsideración, cualquier proyecto remitido que no hubiera sido previamente incluido en el Programa Regulatorio, siempre que no existieran circunstancias extraordinarias.

Como he dicho, estas dos órdenes ejecutivas fueron revocadas por la posterior EO 12866, todavía vigente y principal instrumento de organización de esta planificación normativa. Entre los principios de la regulación contenidos en su sec. 1.(a).4 se establece ya la necesidad de establecer *prioridades* regulatorias, teniendo muy presentes los eventuales riesgos. Pero es la sec. 4 la que reglamenta con detalle el *Planning Mechanism* (Mecanismo planificador).

En primer lugar, son de destacar los objetivos perseguidos, según la EO, con esta planificación: coordinar las regulaciones, maximizar las consultas, evitar conflictos en un estadio inicial, implicar al público y garantizar la promoción de las prioridades presidenciales (del programa de gobierno). De los propósitos de esta planificación resultan sumamente ilustrativos el interés por la participación temprana en la adopción de decisiones —situación que no se verá para el caso español en este estadio del proceso normativo—, así como una materialización de la agenda presidencial a través ya de un instrumento técnico. Más adelante comentaré las relaciones entre ambos tipos de programas.

Esta EO prevé hasta cinco mecanismos planificadores. Por un lado, la *Agencies' Policy Meeting (Reunión de Políticas de las Agencias)*, en la que, cada año al inicio del ciclo normativo, el presidente tratará de coordinar los esfuerzos regulatorios en un determinado sentido. Por otro lado, se prevé la *Unified Regulatory Agenda (Agenda Regulatoria Unificada)*, que contendrá la relación de regulaciones en revisión o desarrollo con un identificador único de cada propuesta, una pequeña descripción de objetivos y fundamentos jurídicos y la fecha máxima de adopción; además, deberá contener las propuestas del § 602 CFR. En tercer lugar, el *Regulatory Plan (Plan Regulatorio)*, que se referirá a las «most *important significant regulatory actions that the agency reasonably expects to issue in proposed or final form in that fiscal year or thereafter*»[43]. Este plan contendrá los objetivos y prioridades, un sumario individualizado de las principales acciones y el cronograma de acción. Antes del 1 de junio, se remitirán los planes a la *Office of Information and Regulatory Affairs*, OIRA (Oficina de Información y Asuntos Regulatorios). En cuarto término, se establece un *Regulatory Working Group* (Grupo de Trabajo sobre política regulatoria) con funciones de asesoramiento. Y, finalmente, se establecen conferencias entre los distintos niveles de gobierno (estatal, local y tribal) y la OIRA con el propósito de identificar regulaciones que puedan afectar a tales ámbitos.

Por lo tanto, se cuenta con dos clases de mecanismos de planificación: por un lado, la *Agenda Unificada*, que debe contener los distintos *planes regulatorios* de cada agencia, así como las *agendas de flexibilidad regulatoria* que afectasen a pequeñas entidades; por otro, las reuniones de coordinación ya sean al máximo nivel (con la persona titular de la Vicepresidencia), a nivel administrativo o territorial. Se verá después que, en el ejemplo español, lo más parecido al PAN sería la Agenda Unificada[44] (pues, para el caso americano, no se puede hablar del mismo grado de independencia de cada agencia, independencia con la que no cuentan los departamentos ministeriales españoles o las consejerías autonómicas).

---

43 «Las acciones regulatorias más importantes que la agencia espera razonablemente emitir como propuesta o directamente como anteproyecto en el año fiscal o con posterioridad».

44 Contrariamente a lo que dicen Araguàs Galcerà (2016 y 2021) o Fernández Ferrarons (2020), creo que esta Agenda cumple las mismas funciones de coordinación que, en nuestro caso, desempeña el PAN. Sobre esto habrá ocasión de volver. Para un estudio de la Agenda Unificada desde el punto de vista de los EE. UU., véase Copeland (2009).

Debe destacarse que todas estas órdenes cuentan con una previsión semejante en ellas —sec. 7 de la EO 12044, sec. 9 de la EO 12291, sec. 5 de la EO 12498, y en especial la sec. 10 de la vigente EO 12866— que excluye cualquier posibilidad de extender el control judicial sobre esta materia, señalando que los efectos de dichas órdenes deben entenderse exclusivamente referidos a la mejora de la gestión interna, sin crear derechos frente a terceros. Se verá que no existe ninguna previsión semejante en el ordenamiento español.

También me parece relevante la previsión, contenida en el precepto del CFR arriba transcrito y que demuestra la práctica: los planes regulatorios son publicados (al menos un extracto) en el *Federal Register* (FR), el diario oficial del nivel federal de gobierno en los EE. UU. Ello sin perjuicio de otros medios de publicidad también previstos, lo que dota de gran transparencia a estos instrumentos sin perder un ápice de seguridad jurídica.

Por último, y aunque menos importantes al objeto del estudio de la planificación normativa, también son de destacar: la EO 13579, de 11 de julio de 2011, del presidente Obama, cuya sec. 2 prevé la planificación de la evaluación de las normas vigentes; la EO 13771, de 30 de enero de 2017, del presidente Trump, que recupera en su sec. 3 la previsión mencionada en la EO 12498 según la cual las agencias no aprobarán regulaciones no incluidas en la Agenda Unificada salvo que se cuente con la aprobación de la dirección de la OMB; y la EO 13777, de 24 de febrero de 2014, también de Trump, que establece unos *Regulatory Reform Task Forces* (Grupos de trabajo para la Reforma regulatoria). Todas estas previsiones se encuentran en la actualidad vigentes. De ellas, destacaría esa previsión de que no se puedan aprobar normas por las agencias no incluidas en el plan sin la autorización de la oficina central de coordinación. Sin duda, se trata de un filtro más que potente para garantizar que toda la acción normativa del gobierno federal obedece a la programación establecida.

b) La planificación normativa en la Unión Europea

La Unión Europea puede entenderse como un ente burocrático cuya inmensa producción normativa y de *literatura gris* o de *soft law* se ha tornado de muy difícil conocimiento y comprensión incluso por los más avezados juristas. Una muestra de ello la representan las diversas y múltiples iniciativas para una mejora del Derecho y, en particular, en lo que respecta a la planificación normativa, la dispersión y pluralidad de instrumentos y documentos.

En todo caso, el fundamento de la planificación normativa para el caso europeo debe buscarse en el Derecho originario, en los tratados constitutivos. Así, el art. 17.1 TUE dispone que la Comisión Europea —esa especie de *ejecutivo* que dispone, a su vez, de la iniciativa normativa— «adoptará las iniciativas de la programación anual y plurianual de la Unión con el fin de alcanzar acuerdos interinstitucionales». Por su parte, el art. 249.2 TFUE determina la obligación de que la Comisión establezca un reglamento interno de actuación.

Hasta la fecha, han sido diversos los reglamentos aprobados, partiendo de uno «provisional» de 1967 —que mantuvo su vigencia hasta 1993— hasta el actual, del año 2000. Se han sucedido un total de cuatro. Menos el primero de ellos, el resto contienen una previsión sobre el conocido como *Programa de Trabajo de la Comisión* (en inglés, *Commission's Work Programme*, o sus siglas CWP). Así, el reglamento de 1993 disponía, en su art. 4, que «cada año la Comisión aprobará su programa de trabajo anual»; mientras que el de 1999, en su art. 2, establecía que «la Comisión fijará sus prioridades y adoptará cada año su programa de trabajo dentro del respeto de las orientaciones políticas definidas por su presidente»[45]. El vigente reglamento del año 2000 reproduce el contenido de este último.

Estos son (s.e.u.o.) los únicos instrumentos jurídicos obligatorios que reglamentan la actividad planificadora de la regulación por parte de las instituciones de la Unión. En ella se aprecia claramente una subordinación de dicho programa de trabajo a la programación política, algo sobre lo que se volverá en su momento. De cualquier forma, como dice Pascua Mateo (2006.2, 130-131): «Han surgido diferentes iniciativas con el fin de someter la tarea legislativa a una previa planificación que asegure la necesidad real de toda nueva iniciativa, así como de simplificar en algún grado las disposiciones ya vigentes». Cree, en fin, que esta planificación elaborada por la Comisión y remitida al Parlamento puede resultar útil[46]. Y es que son muchos los documentos sobre mejora de la calidad del Derecho promovidos por las diversas instituciones de la UE los que contienen referencias a la planificación, aunque, a diferencia del caso americano, no existe un único instrumento comprehensivo de toda la regulación sobre tal herramienta, lo cual resultaría deseable.

El *Informe Mandelkern sobre Mejora de la Regulación*, de 13 de noviembre de 2001, es uno de los documentos seminales en esta cuestión y se refiere exclusivamente a la planificación anual de las labores de simplificación y codi-

45 Como señalan Boix Palop y Gimeno Fernández (2020,145), «en su programa de trabajo anual, la Comisión asume el compromiso político de sacar adelante una serie de prioridades durante el año correspondiente, recurriendo a hojas de ruta para determinar el alcance de la nueva legislación y las nuevas políticas y a las evaluaciones de la legislación y las políticas vigentes». Se trata, pues, de una planificación amplia que se materializa luego individualmente.

46 No es el único tipo de planificación que puede resultar de interés. Alemanno (2015, 349) cita también los planes de actuación para actos no legislativos: *«In addition to the automated alert system, the Commission plans to publish an indicative list online of draft non legislative acts' so stakeholders can plan to attend»* («además del Sistema de alerta automática, la Comisión planea publicar un listado indicativo de los borradores de actos no legislativos de forma que los grupos de interés puedan planear su participación»).

ficación del Derecho vigente. Habla también de los programas de mejora de la regulación. No establece, pues, indicaciones respecto de la planificación normativa general. Cita, eso sí, la existencia del CWP y lo define así: «El programa de trabajo anual de la Comisión europea expone las prioridades políticas e indica las áreas donde la Comisión pretende realizar consultas» (p. 84).

Ese mismo año, en la Comunicación *La Gobernanza Europea – Un Libro Blanco* (COM[2001] 428 final) se habla de la necesidad de que las instituciones establezcan prioridades a corto y largo plazo (p. 24), así como de la «estrategia política anual de la Comisión» que debía publicar a principios de cada año con las prioridades estratégicas de los 2-3 años siguientes. Un año después, la Comunicación de la Comisión, estableciendo el Plan de acción «Simplificar y mejorar el marco regulador» (COM[2002] 278 final), también habla de la necesidad de que la «Comisión [siga] informando al legislador sobre la elección de los instrumentos que propugna en el marco del Programa de trabajo anual o de los procedimientos de diálogo con el legislador ya existentes» (p. 12).

No es quizás hasta el año 2003 cuando, en el marco del Acuerdo interinstitucional entre el Parlamento Europeo, el Consejo y la Comisión titulado «Legislar mejor» (2003/C 321/01), se establecen algunas líneas más definidas sobre este tipo de instrumentos. El apartado dedicado a una «Mejor coordinación del proceso legislativo» dispone lo siguiente:

> 4. Las tres Instituciones acuerdan coordinar mejor sus trabajos preparatorios y legislativos en el marco del procedimiento de codecisión y darles una publicidad adecuada.
>
> El Consejo informará con la debida antelación al Parlamento Europeo sobre el proyecto de programa estratégico plurianual cuya adopción recomiende al Consejo Europeo. Las tres Instituciones se comunicarán sus respectivos calendarios legislativos anuales con el fin de acordar una programación anual común.
>
> En particular, el Parlamento Europeo y el Consejo se esforzarán por establecer, en cada propuesta legislativa, un calendario indicativo de las diferentes fases que conduzcan a su aprobación final.
>
> Siempre que la programación plurianual tenga repercusiones interinstitucionales, las tres Instituciones iniciarán una cooperación a través de las vías adecuadas.
>
> El programa legislativo y de trabajo anual de la Comisión contendrá, en la medida de lo posible, indicaciones sobre la elección de los instrumentos legislativos y la base jurídica prevista para cada propuesta.

Se trata, por lo tanto, de una apuesta por la coordinación en la que este programa de trabajo y los calendarios legislativos tienen un papel fundamental. Y, además, son instrumentos al servicio de la transparencia. Volveré sobre esto último enseguida, al final de este epígrafe.

Más recientemente, en el Documento de trabajo de la Comisión sobre *Better Regulation Guidelines* (COM[2015] 215 final, y SWD [2017] 350), se hacen también consideraciones sobre la planificación. Se demuestra la importancia de la planificación por cuanto reconoce que «good regulation starts with good planning» («la buena regulación comienza con una buena planificación», p. 6). De cualquier modo, reconoce este documento que el trabajo de planificación no puede ser exclusivamente técnico, puesto que requiere de una validación política y de que sea coherente con las prioridades políticas de la presidencia de la Comisión. Pero esta validación inicial, como parte de la programación, no debe entenderse tampoco como un prejuicio sobre el resultado de todos los trámites posteriores (p. 11):

> New initiatives including evaluation work must receive political validation before concrete work can start and resources are allocated. Policy planning and implementation are always steered by the political level. The political validation must be understood as giving the green light to proceed with further preparatory work. It should not be interpreted as a decision on a particular initiative or course of action that prejudges the outcome of any impact assessment process or later political discussion in the College[47].

En un ámbito tan cuestionado como el europeo, en el que la burocracia y el tecnicismo (por no decir *tecnocracia*) son objeto de habitual crítica, esta previsión demuestra que, en cualquier caso, las decisiones sobre adopción de normativas deben tener un sustrato político ineludible. No pueden ser (ni deben ser) exclusivamente los técnicos quienes decidan.

Pero el definitivo establecimiento de unas previsiones concretas sobre planificación normativa viene de la mano del Acuerdo Interinstitucional entre el Parlamento, el Consejo y la Comisión sobre la mejora de la legislación, de 13 de abril de 2016 (DOUE del 12 de mayo de 2016).

El apartado II, sobre la *programación*, contiene una serie de previsiones sobre la plurianual y la anual. En cuanto a la primera, las instituciones acuerdan, tras la elección de cada nueva Comisión, establecer una planificación a más largo plazo[48], con un calendario orientativo. Respecto de la segunda, aporta una novedad relevante: se mantendrá un diálogo con el Parlamento y el Consejo con carácter previo a la adopción del programa anual de trabajo de la Comisión. Estamos en presencia de un elemento participativo dada la particular estructura institucional de la UE y que, por ejemplo, en España no existe (ni creo que tuviese sentido).

---

47 «Las nuevas iniciativas que incluyan trabajos de evaluación deben recibir una validación política antes de que ningún trabajo concreto se inicie o se le destinen recursos. La planificación de políticas y su implementación están siempre dirigidas por el nivel político. La validación política debe entenderse como una luz verde para proceder con ulteriores trabajos preparatorios. No debe interpretarse como una decisión sobre una iniciativa particular o acción concreta que prejuzgue el resultado de cualquier análisis de impacto o discusión política posterior en el Colegio (de Comisarios)».

48 Estos *roadmaps* habrían venido a sustituir, como señala Torriti (2007, 254) a los *preliminary impact assessmets*.

El apartado 8 de este Acuerdo es el que establece, por fin, algunas previsiones sobre la planificación:

> El Programa de Trabajo de la Comisión incluirá las principales propuestas legislativas y no legislativas para el año siguiente, incluidas las derogaciones, las refundiciones, las simplificaciones y las retiradas. Para cada punto, el Programa de Trabajo de la Comisión indicará, siempre que estén disponibles, los siguientes datos: las bases jurídicas previstas; el tipo de acto jurídico; un calendario orientativo para la adopción por la Comisión; y cualquier otra información pertinente de procedimiento, incluida la relativa a la evaluación de impacto y al trabajo de evaluación.

Queda perfilado así el contenido de estos planes[49]. Además de ello, se dispone también la obligatoriedad de justificar las retiradas de iniciativas, o el pronto estudio de las propuestas de las otras dos instituciones (apartados 9 y 10). También es relevante la actualización periódica que debe realizarse a lo largo del año, motivando los retrasos (apartado 11). En esta línea, resulta cuanto menos curioso el programa informático interactivo realizado por el Parlamento Europeo y denominado «Legislative Train Schedule»[50] *(«Horario de trenes legislativos»)*, que contiene distintas infografías como la de la Imagen 2 y que, muy gráficamente, ilustra el estado de consecución de las iniciativas legislativas.

En definitiva, la UE ha ido adoptando una serie de medidas en aras de una mejor planificación de su actuación, que otorgue más transparencia al proceso decisorio y coordine mejor los esfuerzos con las otras dos instancias colegisladoras.

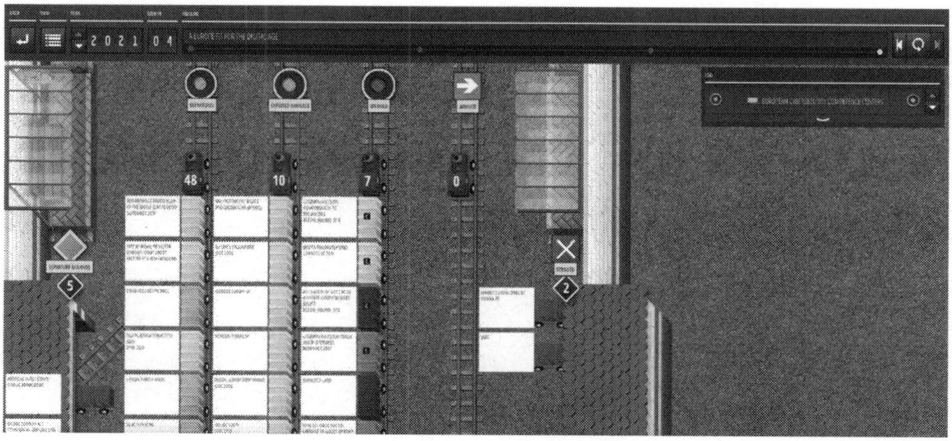

Imagen 2. Infografía interactiva del Parlamento Europeo con el Legislative Train Schedule. Fuente: Parlamento Europeo.

49 Aunque me remito a la herramienta número 6 de la *Better Regulation Toolbox* de la UE del año 2021, que versa, precisamente, sobre la «planificación y validación de las iniciativas».

50 *Legislative Train Schedule*, disponible en: https://www.europarl.europa.eu/legislative-train/ (Consultado: 2021-05-31).

c) Tramitación parlamentaria en las Cortes Generales de la normativa de 2015 referente al plan normativo del Estado

En el año 2015, cuando fueron debatidos los Proyectos de la LPAC y la LRJSP, fueron variadas —aunque no muy numerosas— las referencias en el debate parlamentario al PAN que se acababa de proponer para su inclusión en el art. 132 LPAC y correspondientes de la LGob.

Los diarios de sesiones del Congreso y del Senado dan cuenta del debate. En defensa de esta nueva institución, el entonces ministro de Hacienda y AA. PP., Montoro Romero, manifestó que esta institución se proponía «para mejorar la seguridad jurídica y la transparencia» (*Diario de Sesiones del Congreso de los Diputados* núm. 293, pleno de 25 de junio de 2015, p. 38). Por su parte, la diputada del PP Romero Rodríguez defendía que «aquí se habla de hacer un plan anual y no de que el plan anual esté cerrado (...); no se trata de afectar a la libre competencia normativa de cada Administración, sino de que los ciudadanos conozcan cuándo, cómo y cuáles son las normas [que van a aprobarse]» (*Diario de Sesiones del Congreso de los Diputados* núm. 870, Comisión de Hacienda y AA. PP. de 21 de julio de 2015, p. 25).

No consta que ningún otro grupo parlamentario se posicionase tan decididamente a favor de este plan, con la excepción de CiU, cuya diputada Sayós i Motilla manifestó que «podemos estar de acuerdo en la planificación normativa *ex ante*, mediante la opinión de los ciudadanos y empresas acerca de los problemas que se pretenden solucionar, la necesidad de la norma y su aprobación», aunque criticó el hecho de que se configurase mediante una «recentralización normativa y procedimental» (*ib.*, p. 19).

Las críticas principales procedieron del grupo parlamentario del PSOE y fueron, por cierto, bastante ácidas.

El diputado socialista Serrano Martínez, en hasta tres intervenciones distintas tanto en pleno como en comisión, criticó la aplicación de esta norma a las CC. AA. («¿Qué decir de la imposición de estas específicas obligaciones a las comunidades autónomas?», *Diario de Sesiones del Congreso de los Diputados* núm. 293, pleno de 25 de junio de 2015, p. 47), pero, sobre todo, llamó la atención sobre el hecho de que el gobierno que realiza esta iniciativa parlamentaria —en su opinión— ha venido aprobando de manera más o menos descontrolada normas durante aquella legislatura que le llevan a hablar de «leyes río que se van multiplicando» *(ib.)* o de un «derecho de la emergencia» (*Diario de Sesiones del Congreso de los Diputados* núm. 870, Comisión de Hacienda y AA. PP. de 21 de julio de 2015, p. 10); además, esta circunstancia le lleva a pensar que incrementará el uso del decreto-ley por cuanto se hará imposible planificar todo *(ib.)*.

Por su parte, el diputado (también socialista) De la Rocha Rubí también criticó que la iniciativa procediese de dicho gobierno: «Resulta, si me lo permiten y con todo respeto, bochornoso cuando no grotesco, viendo la catarata de normas legales que se están modificando no ya en estos cuatro años (...) sino en este final de legislatura. (...) ¿A qué plan normativo responde toda esta catarata de normas legales que plantea el Gobierno de España en la actualidad? A ninguno. Se trata por tanto de imponer a otras administraciones lo que uno no es capaz de hacer. Sin duda este artículo debe ser derogado» (*ib.*, pp. 22-23).

El diputado SERRANO MARTÍNEZ incluso cuestionó el hipotético control judicial a que podrían someterse las propuestas normativas aprobadas a pesar de no estar incluidas en el PAN: «Si [el Gobierno] decide adoptar una norma no incluida en él, se verá obligado a justificar con carácter previo el porqué y para qué de su decisión; justificación que ya alguno sostiene que puede ser objeto no solo de control político sino también judicial» (*Diario de Sesiones del Congreso de los Diputados* núm. 309, pleno de 1 de octubre de 2015, p. 92). Parece que los hechos le desmentirán —como se verá al analizar la jurisprudencia sobre el PAN—, pero no comparto la preocupación; más bien al contrario, parecería sensato establecer algún tipo de control judicial.

Este mismo parlamentario también llamó la atención sobre la exclusión de los decretos-leyes de dicha planificación —lo cual resulta evidente (más allá del abuso de este tipo de instrumento, que es algo distinto)—: «¿Por qué y para qué esta norma, qué ganamos, qué riesgos corremos, a quién beneficia? Porque desde luego el objetivo de este calendario normativo no es la planificación. No lo es porque el plan tiene una cautela, que en su caso es una trampa: quedan excluidos del plan normativo los decretos leyes» *(ib.)*.

Pero fue en el Senado donde, a mi parecer, algunas de las críticas alcanzaron un mayor grado y profundidad. El senador DÍAZ TEJERA (PSOE) llamó la atención sobre el hecho de que —a su juicio— «es algo que aquí no se ha hecho de ninguna manera, pero sí se quiere obligar a los futuros gobiernos a que lo hagan» (*Diario de Sesiones del Senado* núm. 515, Comisión de Hacienda y Administraciones Públicas de 26 de agosto de 2015, p. 19). Este parlamentario, sin embargo, creo que confunde de algún modo los términos de la propuesta puesto que dice lo siguiente:

> Al comenzar cada legislatura el Gobierno de la nación tendrá que decirle a las Cortes cuál es su plan legislativo de futuro. Uno lee esto y le produce cierta ternura, porque al final qué sentido tiene decirle a quien es el recipiendario de la soberanía de todos los españoles y todas las españolas eso de usted tiene que decirnos con antelación cuál es el plan legislativo que tiene y, si quiere usted cambiar de plan legislativo y quiere poner alguna otra norma, tendrá que razonar, motivar y explicar por qué razón quiere hacer eso. (...) Pero ¿qué ha dicho el Tribunal Constitucional (...)? Que la más genuina expresión de la autonomía es la capacidad política para establecer sus instituciones, para autogobernarse y para autoorganizarse. Si de entrada ya, desde instancias ajenas a esa autonomía política, se establece cómo tiene que plantearse su capacidad legislativa o su capacidad reglamentaria no solo al Gobierno de la nación sino también a las comunidades autónomas, yo creo que ahí sí que hay una vulneración flagrante del Estado autonómico.

Este senador, como decía, confunde la iniciativa del PAN contenida en el art. 132 LPAC con una especie de obligación —en absoluto contenida en la norma— de calendario legislativo impuesto al parlamento. Si bien no puede desconocerse que, constitucionalmente, el Gobierno también dispone de iniciativa legislativa. En todo caso, la última de las críticas sí tiene sentido, como después se demostró en sede del TC —y que tendré ocasión de analizar— y va en la línea de la referida más arriba y expresada por la diputada de CiU.

Este senador también manifestó que «da igual que al comienzo establezcan un plan en un sentido u otro, porque la Cámara siempre tomará libérrimamente la decisión que estime oportuna» (*Diario de Sesiones del Senado* núm. 171, pleno del 9 de septiembre de 2015, p. 16889). Está en lo cierto. Pero lo que se viene a reglamentar no es la decisión de aprobar o no, sino la de iniciar los trámites para su aprobación (o no), que es cosa distinta. Apunta, además, a una cuestión capital: la del control de su cumplimiento. Y lo hace con una dura crítica al personal técnico de la AGE *(ib.)*:

> Lo que resulta ridículo es proponer que uno haga un plan y que no se preocupe, porque, si luego no lo respeta, lo único que tiene que hacer es explicar por qué. Entonces, ¿cuál es el sentido de plantear eso? Los propios abogados del Estado y los propios interventores, que son los autores materiales de esto, en el fondo lo que se plantean es algo así: no permitamos que los políticos, que al fin y al cabo no forman parte de un cuerpo de élite del Estado, decidan, así como así, qué leyes o qué reglamentos hacer y a qué ritmo; no: establezcamos que tienen que someterse a un calendario determinado. Si esto se hubiese aplicado en esta legislatura, imagínense ustedes las posibilidades que habríamos tenido.

La crítica al componente tecnocrático de la norma resulta pertinente, aunque quizás exagerada. Al menos, sirve para poner el foco de atención en un elemento que, de otro modo, ha pasado desapercibido y apenas sí se ha tratado por la doctrina: ¿quién determina (realmente) el contenido del PAN? ¿Quién decide (realmente) qué iniciativas deben ser objeto de aprobación y quién no? ¿Qué influencia (real) tiene el personal técnico frente al político en la toma de decisiones?

En cualquier caso, creo que esta concreta institución, que fue rechazada por el principal partido —entonces— de la oposición, lo fue más por el hecho de proceder del Gobierno que por cualquier otro motivo. Algunas de las críticas son acertadas y, sobre todo, pertinentes. Pero otras han demostrado que, en todo caso, mal no hace esta herramienta de planificación.

En fin, se verá a continuación cuál es la vigente configuración del régimen jurídico de la planificación normativa en España, en los tres niveles principales de gobierno (o de estructuración territorial del poder).

2. La planificación normativa para el caso español a nivel estatal

Como se acaba de ver, la planificación normativa en España no goza, a diferencia de otros de los instrumentos analizados en esta investigación, de antecedentes directos —con o sin aplicación práctica real o de éxito— en nuestro propio ordenamiento (más allá del ejemplo citado de la LES). No existía previsión alguna sobre los planes normativos con carácter previo a su adopción en la vigente LPAC. En concreto, esta dedica tan solo un artículo (el 132) dentro del Título VI *De la iniciativa legislativa y de la potestad para dictar reglamentos y otras disposiciones*. Además de ello, la LRJSP incluyó alguna previsión adicional sobre este instrumento en la LGob (en concreto los arts. 25 y 28), que ha de servir de base para la materialización de este instrumento en la AGE.

El art. 132 LPAC, que establece (establecía) la obligatoriedad de que todas las AA. PP. aprobasen un plan normativo, ha sido declarado inconstitucional por la STC 55/2018, de 24 de mayo de 2018, y solo será aplicable —sin perjuicio de lo que se dirá después para los EE. LL.— en el ámbito estatal. Analizaré en detalle la parte correspondiente de esta sentencia en el siguiente apartado[51], referido a las CC. AA., pero su mención aquí resultaba obligatoria por cuanto restringe el ámbito de aplicación de tal precepto. Reproduzco el tenor de tal artículo:

> 1. Anualmente, las Administraciones Públicas harán público un Plan Normativo que contendrá las iniciativas legales o reglamentarias que vayan a ser elevadas para su aprobación en el año siguiente.
>
> 2. Una vez aprobado, el Plan Anual Normativo se publicará en el Portal de la Transparencia de la Administración Pública correspondiente.

Este precepto, escueto[52] en su redacción por su pretendido carácter básico —desmentido, al menos para el ámbito autonómico, por la STC anterior—, solo ofrece unas pinceladas sobre la configuración de dicho instrumento[53].

51 Para un comentario general, me remito a Triana Reyes (2018) y a Díaz González (2018).

52 De hecho, antes de la declaración de su inconstitucionalidad/carácter no básico (que se estudiará enseguida), algunos autores como Mora Ruiz (2016, 538) ya destacaban el «alcance tan limitado de las previsiones del art. 132» y abogaban por incluir «algunos mandatos relativos a la racionalización y mejora técnica». Por su parte, Parejo Alfonso (2020.1, 159) también señala que el PAN «apenas se encuentra apuntado en su objeto y desarrollo» en la LPAC.

53 La MAIN de esta norma decía sobre el PAN que con la nueva regulación contenida en el art. 132 LPAC «se da un mayor peso a la planificación previa de las normas estableciendo con carácter básico la obligación» de su aprobación por todas las AA. PP. (p. 10). Se demuestra así que dicha planificación ya existía con carácter previo (se da *un mayor peso* a algo que ya lo tenía), pero de manera informal. Por otro lado, continuaba la MAIN

Establece una periodicidad anual, su carácter público (y el medio de difusión, que será el Portal de Transparencia), así como su contenido (mínimo, se entiende: las iniciativas que se pretenden aprobar, sin exigir nada más, ni siquiera su justificación). El objetivo último de esta planificación vendría a ser, según el propio preámbulo de la norma, garantizar una «mayor seguridad y predictibilidad del ordenamiento» (apartado V, *in fine*).

Resultan esclarecedoras las palabras de la SGT del Ministerio de la Presidencia recogidas en el dictamen 46/2017, del Consejo de Estado, sobre el proyecto de RD por el que se regula el PAN (al que haré alusión muy pronto), sobre la motivación del legislador para con este precepto: «[Se] ha pretendido favorecer un mayor sosiego y perspectiva en el proceso de elaboración de normas (de tal modo que el PAN ha de incluir) proyectos en su fase inicial de elaboración y consistiría, a diferencia de los calendarios normativos, en una suerte de programa a medio plazo (...) que funcionará como guía para las decisiones de política normativa que se irán adoptando a lo largo del año». Y continúa diciendo que «una vez finalizada la vigencia de un plan el 31 de diciembre y a la vista de los resultados obtenidos, los ministerios dispondrán de unos meses para planificar su política normativa de cara al ejercicio siguiente».

Como he dicho, este precepto —que en origen se pretendía básico y por lo tanto aplicable a todas las AA. PP.— ha quedado restringido a la AGE. Así, debe entenderse de alguna manera como pórtico de la regulación más detallada contenida en los mencionados artículos de la LGob. Sin embargo, el anteproyecto de la LPAC elevado al Consejo de Estado para su dictamen al parecer incluía las previsiones que después acabaron en la LGob como parte de esa regulación propia de la ley procedimental. De hecho, el supremo órgano consultivo del Gobierno en sus Dictámenes 274 y 275[54] del año 2015, además de criticar con profusión la reforma del régimen administrativo llevada a cabo por las siamesas LPAC y LRJSP —como se analizó en la primera parte de esta investigación al hablar del ciclo de producción normativa— criticó tal inicial inclusión de las normas sobre planificación en dicha ley procedimental, cuando, en su opinión, debían ser redirigidas a la LGob —circunstancia que acabó produciéndose—.

diciendo que «los principios de buena regulación y las fases comunes en el proceso de elaboración de normas podrían no haber tenido carácter básico» (p. 13), aunque descarta esta opción por diversos motivos económicos, políticos y jurídicos (algo inespecíficos). Por lo demás, este documento no incluye ninguna referencia adicional al respecto sobre el PAN (ni, en realidad, profundiza en prácticamente nada).

54 En concreto, este segundo dictamen relativo al anteproyecto de LPAC ya avanzaba en su apartado IV.42, sobre la planificación normativa, que «este precepto ha de considerarse de aplicación exclusiva a la Administración del Estado», postura finalmente acogida por parte del TC en la referida Sentencia 55/2018.

Pues bien, este art. 132 LPAC, como digo, se desarrolla de algún modo en el art. 25 LGob, que dispone lo siguiente:

> 1. El Gobierno aprobará anualmente un Plan Normativo que contendrá las iniciativas legislativas o reglamentarias que vayan a ser elevadas para su aprobación en el año siguiente.
>
> 2. El Plan Anual Normativo identificará, con arreglo a los criterios que se establezcan reglamentariamente, las normas que habrán de someterse a un análisis sobre los resultados de su aplicación, atendiendo fundamentalmente al coste que suponen para la Administración o los destinatarios y las cargas administrativas impuestas a estos últimos.
>
> 3. Cuando se eleve para su aprobación por el órgano competente una propuesta normativa que no figurara en el Plan Anual Normativo al que se refiere el presente artículo será necesario justificar este hecho en la correspondiente Memoria del Análisis de Impacto Normativo.
>
> 4. El Plan Anual Normativo estará coordinado por el Ministerio de la Presidencia, con el objeto de asegurar la congruencia de todas las iniciativas que se tramiten y de evitar sucesivas modificaciones del régimen legal aplicable a un determinado sector o área de actividad en un corto espacio de tiempo. El Ministro de la Presidencia elevará el Plan al Consejo de Ministros para su aprobación antes del 30 de abril.
>
> Por orden del Ministerio de la Presidencia se aprobarán los modelos que contengan la información a remitir sobre cada iniciativa normativa para su inclusión en el Plan.

No merece mayor comentario el primero de los apartados por cuanto que reproduce, prácticamente igual, el primero del art. 132 LPAC[55].

El segundo apartado tiene una íntima relación con otro de los instrumentos que se estudian en esta investigación: la evaluación normativa (*ex ante* y *ex post*). En concreto, se parte del propio momento de la planificación para determinar, de todas las normas en su caso planificadas, cuáles deberían ser objeto de posterior evaluación, según se detalle reglamentariamente. Dicha concreción reglamentaria se ha visto materializada en el RD 286/2017, de 24 de marzo, *por el que se regulan el Plan Anual Normativo y el Informe Anual de Evaluación Normativa de la Administración General del Estado y se crea la Junta de Planificación y Evaluación Normativa*, norma sobre la que se volverá enseguida.

---

55 Ahora bien, para garantizar una adecuada técnica normativa y una vez acotado el carácter no básico de este precepto por parte del TC, bien debería el legislador suprimir cualquier referencia a dicho Plan Anual normativo de la LPAC, sin perjuicio de lo que se dirá después (sobre la eventual conveniencia de un instrumento básico al respecto o bien un acuerdo para que se siga realizando), restringiéndolo a la LGob, tal como proponía oportunamente en su dictamen el Consejo de Estado.

En tercer lugar, se configura el régimen excepcional para la aprobación, en su caso, de normas no previstas en el plan. Se exige, como requisito insoslayable, que se incluya una justificación en la MAIN. Este requerimiento formal tiene su importancia (o debería tenerla, pues, como se verá al analizar la jurisprudencia, las escasas resoluciones recaídas en esta materia han sido más bien laxas).

En último término, se establecen una serie de cuestiones procedimentales y de competencia, atribuyendo esta al Ministerio de la Presidencia como departamento coordinador (que además debe velar por la congruencia de las propuestas en relación con otras incluidas en el PAN, *ex* art. 26.9.b) LGob)[56]; debiéndose elevar la propuesta del PAN antes del 30 de abril de cada año —en consonancia con la aprobación del informe anual de evaluación del anterior PAN prevista en el art. 28 LGob, también exigible en dicha fecha—. Y determina, a su vez, que se establecerán reglamentariamente los modelos para la inclusión de propuestas en dicho plan por los distintos departamentos. Esta previsión se ha concretado en la Orden PRA/286/2017, de 28 de marzo, *por la que se aprueba el modelo de documento de información de las iniciativas normativas para su inclusión en el Plan Anual Normativo de la Administración General del Estado*, y que también comentaré enseguida.

El RD 286/2017 antes mencionado tiene por objeto, entre otras cosas, la regulación del PAN en la AGE. En particular interesa su art. 2, que establece, fundamentalmente, que se elaborará a partir de las iniciativas departamentales, por la Junta de Planificación y Evaluación Normativa que esta misma norma crea, antes del 30 de abril[57] del año anterior al de su *vigencia*[58]. Según

56 Esta previsión ha sido criticada por Díaz González (2017, 76-77) por considerar que «puede contribuir a causar un comprensible tedio en los responsables de las (...) labores de evaluación», pues se establece un nuevo deber de aseguramiento de la congruencia (en la fase final de la aprobación gubernamental) de las iniciativas con el PAN vigente. Para este autor, dicha congruencia debería limitarse a los «aspectos no valorados previamente o (...) a los supuestos de tramitación de iniciativas bien no previstas en el PAN, bien efectivamente incluidas en el mismo, pero que, una vez celebrados los demás trámites, se hubieran apartado notoriamente de su proyección inicial». Comparto esta crítica. No obstante, no se tiene constancia de la práctica al respecto, por lo que aventurar un juicio más allá de la incongruencia de la norma sería osado.

57 Sobre este plazo, el Consejo de Estado dio cuenta, en su dictamen 46/2017, de 9 de marzo (apartado IV), de que «la fijación de este plazo ha(bía) sido cuestionada por algunos de los órganos que ha(bía)n intervenido en la tramitación del proceso». Si bien no cabía otra opción en el reglamento, por cuanto que se trata de una opción del propio legislador.

58 La cursiva con la que he resaltado esta palabra, extraída del tenor literal de tal precepto, tiene su importancia. Este reglamento que regula el PAN habla de «vigencia» del mismo. Recuérdese que, según el DLE, la vigencia sería la «cualidad del vigente», significando este último adjetivo «que está en vigor y observancia». El valor jurídico del PAN es más que discutido, como se verá en otro punto de esta parte de la investigación, pero creo que, independientemente de dicho valor, lo que resulta indudable es que despliega algunos efectos jurídicos, siquiera sean *ad intra* o de carácter adjetivo, y prueba de ello es este precepto.

el modelo aprobado por la Orden PRA/286/2017, la remisión por los ministerios de las propuestas de inclusión en el futuro PAN debe efectuarse antes del 1 de marzo de cada año.

Se repite también aquí la previsión legal de publicación en el Portal de Transparencia, así como el régimen de aprobación de normas no incluidas en el PAN y la determinación de si se someterá a evaluación *ex post*. Previsiones que, en términos generales, resultan innecesarias por repetitivas (de lo dispuesto en la LGob) y que manifiestan una mala técnica normativa (paradoja, en las normas que pretenden su garantía).

Sí que resulta más interesante el último de los apartados de dicho artículo, sobre la posibilidad de modificar el PAN una vez aprobado, que reproduzco:

> 6. Solo en circunstancias especiales, que afecten a una multiplicidad de proyectos normativos impulsados por distintos Ministerios, o en el caso de la formación de un nuevo Gobierno, los Departamentos ministeriales podrán solicitar a la persona titular del Ministerio de la Presidencia y para las Administraciones Territoriales que proponga al Consejo de Ministros la modificación del Plan Anual Normativo, previa valoración por la Junta de Planificación y Evaluación Normativa.

Se trata de una circunstancia relevante, no tanto por la modificación *ordinaria*, si se me permite la expresión, sino por la segunda de ellas, la que se refiere a la formación de un nuevo Gobierno. La norma no aclara si por «nuevo Gobierno» deben entenderse solo aquellos cambios en los que hay una sustitución de la persona titular de la presidencia, o bien aquellas denominadas «crisis de Gobierno» que dan lugar a distintos gabinetes (nuevos *gobiernos* en el uso doctrinal habitual). En mi opinión, debe optarse por la segunda opción, más amplia, por cuanto este PAN no es más que, como se dijo, una concreción de los programas de gobierno y, por lo tanto, nuevas personas titulares de algún ministerio (sobre todo si son de varios) pueden tener o querer dotar de nuevas preferencias a la acción política de su departamento. En cualquier caso, volveré sobre esta cuestión al hablar de la periodicidad del plan y sobre la problemática derivada, precisamente, de los cambios de gobierno y, en general, de los años electorales.

Asimismo, y aunque se estudia con más detalle en el lugar correspondiente, debe indicarse que el art. 3 de este RD conecta, igual que la LGob, el PAN con la evaluación *ex post*.

En último término, la Orden ministerial de Presidencia, citada un poco más arriba, establece el modelo para la inclusión en el PAN de distintas iniciativas. En particular, este formulario determina como obligatorios los siguientes datos: i) título de la iniciativa; ii) ministerios proponentes; iii) centro directivo (ya sea una secretaría de Estado, subsecretaría, dirección general u otros); iv) rango normativo (ley orgánica, ley, RDLeg o RD); v) su justificación (trasposición de directiva, por iniciativa propia u otros); vi) objetivo general de la iniciativa; vii) derogación normativa (con indicación de las que deban ser derogadas); viii) necesidad de evaluación (justificada); ix) fechas previstas para la tramitación (y, en concreto, de la consulta pública, de los informes de la SGT, de Coordinación y Calidad Normativa[59], de otros departamentos, la audiencia e información públicas, la consulta a CC. AA. y EE. LL., el informe de órganos consultivos, así como otros informes o trámites, que deben especificarse, y las fechas estimadas de aprobación previa y dictamen del Consejo de Estado); y x) la fecha estimada de aprobación por el Consejo de Ministros.

La mayor parte de los contenidos resultan más que obvios y coherentes con el resto de las exigencias de las normas comentadas con anterioridad. Es destacable, no obstante, la mención a las derogaciones que implicarían cada una de las propuestas normativas sugeridas para su inclusión en el PAN, no solo por el lógico interés a la hora de planificar la marcha futura del ordenamiento jurídico —objetivo último de este instrumento— y su necesaria coordinación con el resto de las iniciativas, sino por lo que, en una perspectiva histórica, supone la reviviscencia de las tablas de vigencias del antiguo art. 129.3 de la LPA de 1958 y que, sin perjuicio de que formarán también parte del análisis de impacto normativo (sobre lo que se volverá en su momento), se deben reseñar ya en este estadio inicial de la producción normativa por mandato de esta Orden ministerial[60].

Si se recuerda, decía más arriba que el apartado 6.2.2 de la ISO 9001:2015 establecía una serie de objetivos de esta planificación *[a) qué se va a hacer, b) qué recursos se requerirán, c) quién será responsable, d) cuándo se finalizará, e) cómo se evaluarán los resultados]*. Como en la mayor parte de los instrumentos analizados en este estudio, aquí se percibe la influencia clara y determinante de este tipo de normas de *soft law* o de autorregulación. Y muestra de ello es que el formulario apenas descrito viene a colmar en gran parte los requisitos de esa planificación según la ISO, sin perjuicio de su mayor concreción en otros trámites posteriores.

---

59 El dictamen 47/2017, de 9 de marzo, del Consejo de Estado que analizó —en tanto que reglamento ejecutivo— esta disposición general, hizo una serie de observaciones de tipo estilístico y formal (hasta el punto de recomendar alineaciones y la inclusión de *dos puntos* en un alarde de perfeccionismo de este supremo órgano consultivo). Entre ellas, destacaba la necesidad de reformular el nombre del informe de la Oficina de Coordinación y Calidad Normativa —que se ha analizado en otra parte de esta investigación—, por cuanto entonces no estaba todavía constituida y podría haber recibido otra denominación. Finalmente fue esta la que se le dio, pero el formulario aprobado por la Orden aquí explicada suprimió el sustantivo «Oficina» y calificó dicho informe en los mismos términos que ahora aparecen aquí.

60 Esta norma establecía en dicho artículo lo siguiente: «No podrá formularse ninguna propuesta de nueva disposición sin acompañar al proyecto la tabla de vigencias de disposiciones anteriores sobre la misma materia, y sin que en la nueva disposición se consignen expresamente las anteriores que han de quedar total o parcialmente derogadas». Esta disposición mantuvo su vigencia hasta el año 1992, cuando se aprobó la LRJPAC, aunque con escasísima (o nula) aplicación práctica, como ha señalado reiteradamente la doctrina.

Finalmente[61], y en lo que atañe a la publicidad de estos instrumentos planificadores para el ámbito de la AGE —aunque debe tenerse en cuenta su carácter básico *ex* DF 8.ª LTAIBG—, el ya citado (al principio) art. 6.2 LTAIBG exige su publicidad activa en el correspondiente Portal de Transparencia, como también lo establece el propio art. 132 LPAC o el RD 286/2017. En concreto, el art. 6.2 mencionado dispone que:

> Las Administraciones Públicas publicarán los planes y programas anuales y plurianuales en los que se fijen objetivos concretos, así como las actividades, medios y tiempo previsto para su consecución. Su grado de cumplimiento y resultados deberán ser objeto de evaluación y publicación periódica junto con los indicadores de medida y valoración, en la forma en que se determine por cada Administración competente.

Como se tuvo ocasión de indicar, este precepto alude a todos los instrumentos planificadores en general y no solo al PAN. Por lo que, incluso sin la mención expresa del art. 132 LPAC (ni, por supuesto, la innecesaria repetición reglamentaria), este habría debido ser también objeto de publicación. Sobre el tema de su publicidad se volverá después. Y también exige, aunque eso se estudiará en otra parte, una evaluación sobre su grado de cumplimiento.

3. La planificación normativa en las comunidades autónomas

a) Situación tras la declaración de inconstitucionalidad por la STC 55/2018 del art. 132 LPAC y su inaplicación a las CC. AA.

.Desde la entrada en vigor de la regulación de la LPAC sobre planificación normativa (2 de octubre de 2016) y hasta el día siguiente de la publicación de la STC 55/2018, de 24 de mayo (BOE del 22 de junio de 2018; por lo tanto, hasta el 23 de junio) las previsiones en esta materia fueron también aplicables —independientemente del efecto *ex tunc* de la declaración de incons-

61 No entra dentro del ámbito de la planificación normativa estatal, pero tiene suma importancia, la previsión contenida en el art. 90.7 LJCA, según la cual, «Con periodicidad semestral, [la] Sala de lo Contencioso-administrativo [del TS] hará público, en la mencionada página *web* y en el Boletín Oficial del Estado, el listado de recursos de casación admitidos a trámite, con *mención sucinta de la norma o normas que serán objeto de interpretación y de la programación para su resolución*» (la cursiva es mía).
Stricto sensu, la jurisprudencia del TS no tiene la condición de fuente del Derecho (art. 1.6 CC), pero no es menos cierto que la interpretación que hace en los recursos de casación para unificación de doctrina no deja de consistir en concreción de normas vigentes y, por lo tanto, esta programación de la que habla la Ley jurisdiccional tiene importancia por cuanto puede suponer verdaderos cambios en los contenidos normativos (y gozar, así, de un carácter de *cuasi* fuente del Derecho). De ahí que la haya traído a colación en este punto.

titucionalidad— a las CC. AA. dado su pretendido carácter básico, desmentido, como se verá enseguida, por dicha sentencia del alto intérprete de la Constitución. En este ínterin, la norma fue aplicada por la mayoría de ellas, tal y como se expondrá después en el estudio práctico sobre esta institución.

Ahora bien, la STC 55/2018 vino a declarar la inconstitucionalidad del art. 132 LPAC en los términos establecidos en el FJ 7.b) y c) de dicha resolución, al menos en lo que atañe a las CC. AA. Desde entonces, la situación ha tomado distintos derroteros, como señalaré enseguida, dependiendo de la comunidad de que se trate.

Este pronunciamiento del TC[62] —sobre el que necesariamente deberá volverse en otras partes de esta investigación— trae causa de una impugnación de la norma básica estatal realizada por la Generalidad de Cataluña que, entre otros preceptos de la LPAC[63], cuestiona la adecuación al sistema constitucional de reparto de competencias entre el Estado y las CC. AA. del título VI (arts. 127 a 133; por lo tanto, el que aquí interesa: art. 132, sobre

62 No ha sido el único pronunciamiento del TC sobre la LPAC. Así, la STC 110/2018 resuelve un recurso del presidente de Canarias contra distintos preceptos de esta (no se entra en el art. 132 LPAC, aquí estudiado). En este sentido, el dictamen 266/2016 del Consejo Consultivo de Canarias hace un análisis del recurso de inconstitucionalidad resuelto por tal STC y, en particular, estima contrario a la autonomía de las CC. AA. el art. 132 LPAC, por considerar que «la previsión misma de una planificación normativa imperativa supone una incidencia directa en la autonomía política de la Comunidad Autónoma de Canarias, que en este caso alcanza el grado más elevado puesto que exige no solo la previsión de disposiciones reglamentarias, sino la previsión de las iniciativas legislativas que el Gobierno ha de presentar ante el Parlamento, mandato que supone indudablemente condicionar la política del Gobierno de Canarias en el ejercicio de la tarea de impulso legislativo, de su exclusiva incumbencia». Este seguramente haya sido uno de los motivos por los que esta Comunidad Autónoma, como se verá en su momento, nunca aprobó ningún PAN.

63 Esta cuestión fue analizada por el dictamen 23/2015 del Consejo de Garantías Estatutarias de Cataluña, previo a la interposición del recurso del que trae causa esta STC. Este órgano consultivo comparte la opinión del Gobierno de la Generalidad de que este instrumento «condiciona la iniciativa legislativa del Gobierno y la potestad reglamentaria» y, por lo tanto, «la propia previsión de una planificación normativa supone una afectación directa a la autonomía política que alcanza su nivel máximo, ya que se exige, no solamente la previsión de disposiciones reglamentarias, sino también y sobre todo la previsión de las iniciativas legislativas que el Gobierno debe presentar ante el Parlament, aspecto que supone condicionar la política del Gobierno en el ejercicio de su tarea de impulso legislativo» (pp. 61 y 65-66).
Es cierto que el TC se ha pronunciado ya, pero este argumento no deja de parecerme, en alguna medida, endeble. La previsión de que el Gobierno deba aprobar y dar publicidad a un plan de acción normativa —llámese como se quiera— no creo que afecte de la manera pretendida a la autonomía política: nadie exige la forma particular, el contenido concreto, el plazo... lo que se hace es establecer un concreto trámite procedimental en aras de una mayor seguridad jurídica y transparencia, principios estos que sí tienen encaje constitucional, a mi entender, en lo básico (por muy reducido que tenga que ser su ámbito). Se ha interpretado en la STC aquí comentada —como expondré enseguida— que dicho instrumento, el PAN, no cabe en el concepto de lo básico, pero creo que bien podría haberse interpretado en sentido contrario sin mayores problemas.

planificación normativa) por considerar que desbordaría el contenido del art. 149.1.18.ª CE (sobre «bases del régimen jurídico de las administraciones públicas» y sobre «procedimiento administrativo común»), al vulnerar «la autonomía política y las competencias de la Generalitat» —y, por extensión, de todas las CC. AA.[64]— en materia de autoorganización (antecedente 2.b).

Por su parte, el abogado del Estado considera, sobre la planificación normativa, que «cada administración preserva su plena autonomía para decidir qué iniciativas llevar a cabo cada año; la previsión se limitaría a garantizar los principios de seguridad jurídica y trasparencia y el derecho de participación en la elaboración de disposiciones de modo tal que los ciudadanos y las empresas sepan a qué atenerse» (antecedente 7.b).

Las dos partes en este litigio, el Estado y la Comunidad Autónoma de Cataluña, enmarcan el conflicto exclusivamente en el art. 149.1.18.ª CE. Sin embargo, la LPAC disponía que el Título VI LPAC (en que se enmarca el art. 132 ahora analizado) se dictaba al amparo también de las letras 13.ª y 14.ª (planificación y hacienda general). Pues bien, el TC en el FJ 3.º de esta sentencia descarta que dichos preceptos puedan dar cobertura a tales artículos por no entrar dentro del ámbito competencial del Estado en dichas materias

64 Pero no todas lo cuestionaron. Así, por ejemplo, el dictamen del Consejo Consultivo de las Illes Balears 19/2017 consideraba, respecto del art. 132 LPAC, que dicha regulación estatal era —al menos en su opinión— respetuosa con el orden de distribución de competencias por cuanto «se trata de un aspecto organizativo de la comunidad autónoma (...) [mientras] no establezca cómo se aprobará este plan normativo ni a qué concreto órgano de la comunidad autónoma corresponde dicha potestad» (Consideración jurídica II.C). Además, este mismo dictamen es de la opinión de que «este Plan permitirá canalizar de forma eficiente el gasto público puesto que servirá de herramienta al servicio del Gobierno para conocer, de antemano, el impacto presupuestario que las diferentes iniciativas normativas tendrán, en caso de aprobarse, sobre las arcas de la Hacienda autonómica» (Consideración jurídica II.C). Y lo hace sobre la base de dos argumentos: por una parte, el título competencial (pretendido, luego desmentido por la STC 55/2018) de Hacienda General, y por otra, la regulación del PAN en la LGob (aunque, en realidad, esta norma se refiere a la identificación de costes de las normas que hayan de ser objeto de evaluación, de entre todas las incluidas en el PAN).
El dictamen 40/2018, sobre el anteproyecto de Ley del Gobierno de las Illes Balears apunta también en esta dirección, pues critica de tal propuesta —que incluía, aunque después no llegó a materializarse, una previsión sobre el PAN similar a la del Estado— que en el PAN de las Islas no se haya hecho mención a los costes de las normas incluidas en él; con ello, según este órgano, «se pierde la oportunidad de contar con una herramienta que habría de permitir el conocimiento del coste social y económico de la norma que se pretende aprobar y ello antes de iniciar el procedimiento mismo de elaboración de la misma» (Consideración Jurídica IX.7).
Finalmente, el dictamen 54/2018 se hace eco de la STC 55/2018 y manifiesta que «tal como advirtió este órgano de consulta en sus anteriores dictámenes 19/2017 y 40/2018» la LPAC no encontraría engarce suficiente en las letras 13.ª y 14.ª del art. 149.1 CE. Si bien es cierto que en sendos dictámenes plantean algunas dudas al respecto, no lo es menos que también avaló claramente la constitucionalidad del PAN del Estado en el primero de los aquí comentados. Por ello, esta tajante afirmación del último de los dictámenes resulta algo forzada.

(según la abundante doctrina jurisprudencial que cita), por lo que declara inconstitucional tal previsión de la DF 1.ª, apartado 2. Esta declaración tiene su importancia, como se verá más adelante, a la hora de comparar esta resolución con la STC 130/2013 en lo que se refiere a la planificación estratégica de subvenciones.

Teniendo en cuenta que la producción normativa autonómica incluye tanto normas con rango de ley como reglamentarias, el TC distingue entre unas y otras en el FJ 7. Mientras que la iniciativa legislativa de los gobiernos autonómicos (FJ 7.b) disfrutaría de un amplio margen de libertad propio de la autonomía política de las CC. AA., la potestad reglamentaria (FJ 7.c) de estas sí puede ser objeto de alguna modulación por el legislador básico estatal.

Así, respecto de la primera, considera el supremo intérprete constitucional que se «invaden por ello las competencias que tienen [las CC. AA.] estatutariamente atribuidas en orden a organizarse y regular la elaboración de sus leyes» y, por consiguiente, procede declarar inconstitucional el art. 132 LPAC en lo atinente a la iniciativa legislativa autonómica[65].

En lo que se refiere a la segunda cuestión, y a pesar de que, como acabo de decir, sí entra dentro del ámbito del art. 149.1.18.ª CE la regulación de la producción reglamentaria autonómica, el TC considera que el art. 132 LPAC tampoco es aplicable, por inconstitucional, al ejercicio de esta, pues «se trata de una regulación [la del precepto de la ley estatal] de carácter marcadamente formal o procedimental que desciende a cuestiones de detalle (periodicidad, contenido y lugar de publicación del plan normativo). De acuerdo con la STC 91/2017, FJ 6, esta previsión no puede entenderse amparada en el título de bases del régimen jurídico de las administraciones públicas (149.1.18 CE), por lo que invade las competencias estatutarias de las comunidades autónomas». Y, en consecuencia, se declara inconstitucional e inaplicable para estas, pero manteniendo su vigencia para el Estado («habida cuenta de que los preceptos se aplican en el ámbito estatal»)[66].

En consecuencia, a partir de la publicación de esta STC no resulta en modo alguno aplicable a las CC. AA. la regulación sobre planificación normativa contenida en el art. 132 LPAC (salvo por el juego, eventual, del art. 149.3 CE, como se verá; aunque su aplicabilidad no resulte del todo satisfactoria). Y, por ello, como he señalado más arriba, considero oportuna la supresión de

---

65 Díaz González (2018, 92-94) hace una crítica a esta resolución, considerando, en particular, que «omite el Tribunal Constitucional toda referencia a la posible existencia de valores o intereses superiores que habiliten al Estado a condicionar, con carácter básico, el ejercicio de la iniciativa legislativa autonómica»; la diferencia de sentido con la disciplina de la potestad reglamentaria es, a juicio de este autor, «sumamente discutible». De nuevo, me parecen acertadas sus apreciaciones.

66 Sin embargo, y como se verá en otra parte de esta investigación al hablar de la evaluación *ex post*, sí mantiene el carácter básico la previsión del art. 130 LPAC sobre revisión periódica de la normativa autonómica —pero solo de rango reglamentario, pues la legal queda excluida por interpretación de esta misma sentencia—.

tal precepto en la ley básica estatal —al menos en sus actuales términos— por hallarse ya recogida en la LGob. Todo ello sin perjuicio de lo que se dirá al final, sobre algunas posibilidades de reforma. Se confirma así no solo la opinión manifestada inicialmente por el Consejo de Estado, sino también por la doctrina, que fue tajante: «No parece bajo ningún concepto conforme al orden constitucional de competencias» (SÁNCHEZ MORÓN 2015, 18).

Ahora bien, no está de más recordar en este punto la relevante apreciación de FERNÁNDEZ FERRARONS (2020, 39): «L'enfocament del TC per a *resoldre la qüestió no té com a punt de controvèrsia l'esclariment del caràcter bàsic sobre la potestat reglamentària respecte les demés disposicions generals com puguin ser les ordenances locals (...) sinó en deixar patent la seva inaplicació per a les iniciatives legislatives autonòmiques*»[67]. Y esto será importante a la hora de apreciar la posibilidad de aplicación a los EE. LL., sobre lo que volveré después del análisis detallado de la normativa a nivel autonómico.

b) La actual configuración de la planificación normativa en las CC. AA.

Hasta junio de 2018, como he dicho, la LPAC fue aplicable y aplicada, en lo referente a la planificación normativa, también a las CC. AA. A partir de su declaración de inconstitucionalidad (y, por lo tanto, de no aplicabilidad) a estos entes territoriales, las autonomías tuvieron que reconfigurar, en su caso, las normas de aplicación en esta materia (poco importan los efectos previos una vez dictada la STC, puesto que de haberse realizado el PAN tal hecho no podrá ser alterado, pues es pasado). Veamos a continuación, cuando existe, la normativa en que se amparan para desarrollar este tipo de planificación. El orden seguido para el análisis responde exclusivamente al criterio alfabético; tanto aquí como en el apartado de experiencias prácticas.

i. La planificación normativa en Andalucía

En Andalucía —que, como se verá después, dejó de aprobar en 2018 su PAN— solo se encuentra una referencia a la competencia acerca de la aprobación de planes, en general, en el art. 27.13 de la Ley 6/2006, de 24 de octubre, del Gobierno de la Comunidad Autónoma de Andalucía, en el que se dispone que corresponde al Consejo de Gobierno la aprobación de «programas, planes y directrices vinculantes para todos o varios órganos de la Administración de la Junta de Andalucía y sus organismos autónomos»[68].

---

67 «El enfoque del TC para resolver la cuestión no tiene como punto de controversia el esclarecimiento del carácter básico sobre la potestad reglamentaria respecto de las demás disposiciones generales como pueden ser las ordenanzas locales (...) sino dejar patente su inaplicación a las iniciativas legislativas autonómicas».

68 Aquí intervendría una cuestión de técnica normativa: ¿el adjetivo «vinculantes» se refiere solo a las directrices o también a los planes y programas? La redacción es deficiente.

También existen genéricas referencias a la planificación de la actuación administrativa Ley 9/2007, de 22 de octubre, de la Administración de la Junta de Andalucía (arts. 3 y 4), pero que no resultan de especial interés para la planificación normativa. La doctrina andaluza ya comentó en el propio año 2017 (primero en que se aprobó el PAN en esta comunidad) la «ausencia de un marco normativo en el Derecho propio de la Comunidad Autónoma» que regulase esta planificación (NÚÑEZ LOZANO 2017, 427). Aunque es cierto que el art. 12 de la Ley 1/2014, de 24 de junio, de Transparencia Pública de Andalucía, sí preceptúa —en caso de aprobarse— la necesaria publicidad de tales planes o programas y, además, el art 13.b) de la Ley 7/2017, de 27 de diciembre, de participación pública de Andalucía, determina la posibilidad de participar en tales planes, de existir. Pero, efectivamente, no parece que haya una obligación como tal de aprobar planes normativos en esta comunidad.

ii. La planificación normativa en Aragón

La comunidad aragonesa no disponía hasta fecha reciente de una norma que regulase el PAN. La Ley 4/2021, de 29 de junio, de modificación de la Ley 2/2009, de 11 de mayo, del Presidente y del Gobierno de Aragón introduce una referencia al PAN en el art. 44, que viene a ser una reproducción, casi idéntica, del art. 25 LGob, con la única particularidad de que se exige la elevación antes del 30 de abril del ejercicio siguiente de un informe sobre el grado de cumplimiento de dicho PAN. Adicionalmente, el nuevo art. 45 también incluye una mención a que en dicho plan se señalarán las normas que habrán de ser objeto de evaluación *ex post*, en idénticos términos a la regulación estatal. Nada aporta pues de novedoso esta reforma, sino que viene simplemente a suplir la laguna (más bien, la ausencia de este instrumento) causada con ocasión de la STC 55/2018 (lo que no es poco, pues no todas las CC. AA. lo han hecho).

Pero el ejemplo de esta comunidad es destacable por cuanto ofrece en su Ley 8/2015, de 25 de marzo, de Transparencia de la Actividad Pública y Participación Ciudadana de Aragón, una serie de notas sobre la planificación de las políticas públicas que pueden ser de interés, así como la regulación del conocido como Plan de Gobierno. Vayamos por partes.

En primer lugar, esta Ley garantiza el derecho a la participación «en la planificación, elaboración y evaluación de las políticas públicas del Gobierno de Aragón, a través de mecanismos que promuevan un diálogo abierto, transparente y regular, y de participación en la toma de decisiones en los asuntos que incidan directa o indirectamente en el interés público» (art. 1.2.c); define, después, la planificación como ese «proceso por el que se determina un conjunto de acciones estructuradas y coherentes dirigidas a satisfacer un fin u objetivo previamente definido, así como la ordenación de los medios o estrategias para lograr tal fin» (art. 3.c). Se establece también una previsión sobre la publicación de los planes y programas anuales (art. 14.1), «en el plazo máximo de un mes desde su aprobación y durante toda su vigencia», precepto que también exige su evaluación anual. En fin, estamos ante previsiones genéricas que pueden, sin duda, ser aplicables a la planificación normativa, pero que no lo son exclusivamente de ella. Algunas de estas previsiones se asemejan también a las vistas en la norma estatal de transparencia.

Interesa más, por su novedad y escaso predicamento en otros ámbitos, la previsión contenida en el art. 14.2, que me permito reproducir por su interés:

> El Gobierno de Aragón aprobará en los primeros seis meses de cada legislatura un Plan de Gobierno con contenido abierto, en el que se identificarán los objetivos estratégicos perseguidos, las actividades y medios necesarios para alcanzarlos, incluidos los recursos humanos y los costes económicos que previsiblemente serán necesarios para conseguirlos, una estimación temporal para su consecución, la identificación de los órganos responsables de su ejecución, así como los indicadores que permitirán su seguimiento y evaluación. En el mismo deberán identificarse los proyectos de ley, los principales planes y programas sectoriales y las actuaciones más significativas.

Estamos, por lo tanto, ante un instrumento de gobierno, de legislatura (del que, por cierto, debe realizarse un seguimiento anual[69] según el apartado siguiente del mismo artículo), en el que se muestra claramente la interrelación entre la política y la planificación normativa (y que se asemeja bastante a la que existe también en el País Vasco). Llega hasta el punto de exigir la inclusión, en su caso, de los «proyectos de ley» que sean necesarios para la consecución de los objetivos propuestos. Analizaré los ejemplos de los que se dispone hasta la fecha de este tipo de planes en el apartado correspondiente a las experiencias prácticas, junto con los PAN de esta comunidad, y haré las correspondientes críticas al mismo en otra parte de este apartado.

Por otro lado, el art. 21 *bis*, apartado 3.g), sobre el traspaso de poderes, de la Ley 2/2009, dispone que en la documentación que debe aportarse al gobierno entrante cuando exista un relevo en la figura de su presidente/a debe incluir «información del grado de cumplimiento y resultados de los planes y programas a que se refiere el art. 14 de la Ley 8/2015 (...) incluyendo los indicadores establecidos para el seguimiento y evaluación del plan de gobierno». Ya se ha hecho algún comentario al respecto sobre los cambios de gobierno, a los que me remito.

En último término, debe destacarse también que, simultáneamente a la aprobación del Plan de Gobierno, la reciente Ley 1/2021, de 11 de febrero, de simplificación administrativa de esta comunidad, exige en su art. 5 la elaboración de un Plan de Simplificación Administrativa, que deberá ser también objeto de seguimiento con el correspondiente PAN.

69 Sobre el seguimiento del Plan de Gobierno, en tanto que documento «abierto», debe verse la Orden (aragonesa) CDS/740/2018, de 26 de abril, por la que se dispone la publicación del Acuerdo de 24 de abril de 2018, del Gobierno de Aragón, sobre el seguimiento del Plan de Gobierno, que crea una herramienta informática (PLGO) para su seguimiento continuo; este instrumento pretende tener actualizados de forma permanente los objetivos del plan.

iii. La planificación normativa en el Principado de Asturias

Ninguna de las principales leyes asturianas en materia administrativa contiene previsión alguna acerca de la planificación normativa: ni la Ley 6/1984, de 5 de julio, del Presidente y del Consejo de Gobierno del Principado de Asturias, ni la Ley 2/1995, de 13 de marzo, sobre régimen jurídico de la Administración del Principado de Asturias. Solo se encuentran algunas alusiones al respecto en la Ley 8/2018, de 14 de septiembre, de Transparencia, Buen Gobierno y Grupos de Interés. En concreto, su art. 6 se refiere al correlativo de la ley estatal de transparencia, citado más arriba, en cuanto a la obligación de publicar los instrumentos de planificación, entre los que se encuentran, evidentemente y de existir, los PAN. Pero la previsión más novedosa e interesante es la contenida en el art. 54, sobre el «expediente de huella en la actuación pública», que reza así:

> 1. Todos los cambios introducidos en la elaboración de una norma, plan o programa de actuación, o diseño de una política pública, como consecuencia de la intervención de grupos de interés, integrarán un expediente de huella en la actuación pública.
> 2. El citado expediente recogerá todas las versiones del texto a que se refiera, desde el primer borrador, e incluirá todas las modificaciones identificando al grupo de interés proponente, el motivo de la inclusión, la referencia a la reunión o reuniones en que fue acordado y los informes y documentos relacionados con los cambios introducidos.
> 3. Los expedientes de huella en la actuación pública serán accesibles desde el Portal de Transparencia de la Administración del Principado de Asturias con respeto, en su caso, de los límites que el Título I establece para el derecho de acceso a la información pública.

Aparte de las implicaciones que este precepto puede tener sobre otros instrumentos, resulta especialmente interesante a los efectos de la planificación normativa la inclusión de la participación de distintos actores en su elaboración o modificación. Hasta donde yo sé, sin embargo, no hay constancia alguna de que esta *huella normativa* se haya manifestado en la práctica de manera adecuada. Pero, como se verá más adelante, esa publicidad y transparencia en la propia elaboración del PAN también es importante.

En último término, se debe señalar la existencia de un *Protocolo para la elaboración y mejora de la calidad de las disposiciones de carácter general en el Principado de Asturias*, aprobado por Acuerdo de 28 de diciembre de 2017, del Consejo de Gobierno (BOPA de 5 de enero de 2018). Dicho protocolo contiene una previsión sobre la planificación normativa, con alusión a la normativa estatal —antes de su declaración de inconstitucionalidad—. En él se indica que cada centro directivo remitirá a la SGT de cada departamento las propuestas de inclusión en el PAN, cuáles son los propósitos de este instrumento (semejantes a la normativa estatal: identificación de normas propuestas, coherencia y congruencia, predictibilidad y mejora de calidad técnica), que la competencia para su aprobación corresponde al Consejo de Gobierno y que si se debe aprobar alguna norma no contenida en el PAN se debe elevar propuesta razonada, sin perjuicio de lo que cada PAN determine.

Nótese que este protocolo en absoluto goza de la condición de norma jurídica de carácter reglamentario. Como mucho estaríamos en presencia de una instrucción interna que puede servir para determinar el comportamiento esperable de la AP asturiana. En cualquier caso, tras la declaración de inconstitucionalidad del art. 132 LPAC, los distintos PAN aprobados con posterioridad —como se verá después— se hacen eco de este protocolo asumiendo, de algún modo, su eficacia *ad intra*.

iv. La planificación normativa en Canarias

La Ley 1/1983, de 14 de abril, del Gobierno y de la Administración Pública de la Comunidad Autónoma de Canarias, dispone en su art. 19.b) que corresponde al Gobierno autonómico la «planificación y desarrollo de la política regional», siendo quizás la principal mención a la planificación en la normativa con rango legal de esta autonomía. No existen menciones al PAN en ninguna ley canaria, sino que se debe acudir al Decreto 15/2016, de 11 de marzo, del Presidente, *por el que se establecen las normas internas para la elaboración y tramitación de las iniciativas normativas del Gobierno y se aprueban las directrices sobre su forma y estructura*, para encontrar una referencia clara a la planificación normativa. En esta norma[70] se dispone en su directriz decimosexta lo siguiente:

> 1. El Gobierno de Canarias hará público y mantendrá actualizado anualmente su programa legislativo, así como las previsiones de su desarrollo reglamentario, indicando las iniciativas normativas cuya elaboración, tramitación y aprobación estén previstas de acuerdo con el programa de gobierno. A estos efectos, la Presidencia del Gobierno publicará en su sede electrónica un informe semestral de seguimiento del mencionado programa y de las modificaciones que, en su caso, se hayan acordado por el Gobierno.
>
> 2. La Presidencia del Gobierno creará un grupo técnico de trabajo, coordinado por el centro directivo que determine su reglamento orgánico, que asumirá, entre otras, las siguientes funciones: a) Realizar el seguimiento del programa legislativo aprobado por el Consejo de Gobierno. (...)

70 Y digo *norma* porque, aparte de revestir la forma de decreto autonómico, dispone en su apartado primero que «la tramitación de las iniciativas normativas del Gobierno y su forma y estructura se ajustarán a las normas y directrices que figuran a continuación», sin perjuicio de que los efectos se produzcan fundamentalmente *ad intra*.

Por lo tanto, se identifica claramente un programa de gobierno, un programa legislativo asociado a él, así como una actualización anual de este último. Además, se prevé la materialización de previsiones de desarrollo reglamentario y un informe semestral sobre el programa, aunque no queda claro si se refiere al de gobierno o al legislativo. También se prevé la creación de un grupo técnico de trabajo.

Por su parte, la Ley 12/2014, de 26 de diciembre, de transparencia y de acceso a la información pública de Canarias, establece en su art. 22.1, sobre información en materia normativa, la exigencia de que tal programa legislativo sea publicado, así como su informe semestral de seguimiento y sus modificaciones. Como se verá en el apartado correspondiente, estas previsiones no han sido materializadas en la práctica más allá de la aprobación del programa legislativo.

v. La planificación normativa en Cantabria

La realidad jurídica de Cantabria resulta algo paradójica. Entre el año 2016 y 2018, de «vigencia» del art. 132 LPAC con el pretendido carácter básico previo a su declaración de inconstitucionalidad, esta Comunidad no disponía de ninguna norma específica sobre la planificación normativa.

Sin embargo, la Ley 5/2018, de 22 de noviembre, de Régimen Jurídico del Gobierno, de la Administración y del Sector Público Institucional de la Comunidad Autónoma de Cantabria, estableció (como se ve, en fecha posterior a la STC 55/2018), en su art. 49.2, que: «En el último trimestre de cada año, a propuesta de la Consejería de Presidencia y previa comunicación del resto de Consejerías, el Gobierno aprobará el Plan Normativo a que se refiere la legislación básica del Procedimiento Administrativo Común».

Resulta patente que este precepto quedó desfasado desde antes incluso de su aprobación, y quizás este fue el motivo por el que la Ley 5/2019, de 23 de diciembre, de Medidas Fiscales y Administrativas, suprimió dicho párrafo por virtud de su art. 5; también el correlativo de la Ley 12/2020, de 28 de diciembre, de Medidas Fiscales y Administrativas hizo lo propio con el precepto correspondiente de la Ley 1/2018, de 21 de marzo, de Transparencia en la Actividad Pública de Cantabria, que exigía la publicidad activa del PAN en su art. 32.1.i); quedando, de este modo, la normativa cántabra huérfana de cualquier regulación sobre planificación normativa[71].

71 Sin embargo, y aparentemente, la explicación que se dio en sede parlamentaria para proceder a la supresión del PAN fue para «evitar duplicidades». Esta supresión fue criticada exclusivamente por el grupo del PP en el Parlamento de La Rioja, como se desprende de los diarios de sesiones de dicha cámara (Serie A, núm. 44, de 25 de noviembre de 2020, p. 2493; Serie B, núm. 98 [fascículo 3], de 17 de diciembre de 2020, p. 3138; y Serie A, núm. 49 [fascículo 2], de 22 de diciembre de 2020, p. 2519). Ahora bien, estas críticas solo se produjeron con la supresión de la previsión de publicidad en la ley de transparencia, no

Es de destacar que la aprobación con carácter posterior del precepto sobre el PAN, a pesar de su mención a una norma declarada inconstitucional, bien podría haber servido de sustento para este instrumento, por otra parte, de fácil realización, escaso coste y algún beneficio.

vi. La planificación normativa en Castilla y León

La normativa administrativa castellanoleonesa no recoge, en principio, menciones al PAN. Por un lado, en términos genéricos, la Ley 3/2001, de 3 de julio, del Gobierno y de la Administración de la Comunidad de Castilla y León, en su art. 16.j) atribuye a la Junta la potestad para aprobar planes y programas; por otro, Ley 3/2015, de 4 de marzo, de Transparencia y Participación Ciudadana de Castilla y León, también en su art. 16, se refiere a la obligación de «someter a participación ciudadana a través del Portal de Gobierno Abierto (...) los planes y los programas» (potestativamente también otras decisiones que afecten al interés general), en la misma línea que el art. 28.2 de la Ley 2/2010, de 11 de marzo, de Derechos de los Ciudadanos en sus relaciones con la Administración de la Comunidad de Castilla y León y de Gestión Pública. No se tiene constancia, sin embargo, de que esta última previsión se haya hecho efectiva en lo que atañe al PAN.

Hace ya más de una década se aprobó en esta comunidad el Decreto 43/2010, de 7 de octubre, por el que se aprueban determinadas medidas de mejora en la calidad normativa de la Administración de la Comunidad de Castilla y León que, por su fecha, constituye una de las más tempranas manifestaciones en nuestro país del interés por la calidad del Derecho. Sin embargo, ni este Decreto ni la Orden (castellanoleonesa) ADM/1835/2010, de 15 de diciembre, por la que se aprueba la *Guía metodológica de mejora de la calidad normativa*, en aplicación del anterior, contienen previsión alguna sobre la planificación normativa.

Pero esta autonomía sí ha aprobado en fecha más reciente una disposición que prevé un instrumento de planificación: el Calendario Anual Normativo. Se trata del Acuerdo 190/2019, de 12 de diciembre, de la Junta de Castilla y León, por el que se aprueban medidas de mejora de la regulación en el ordenamiento jurídico autonómico de Castilla y León para el período 2019 a 2023. Nos encontramos, como en otras ocasiones, ante un instrumento jurídico de difícil delimitación, pues no parece que este Acuerdo tenga la condición de norma, pero sí podría implicar obligaciones *ad intra*, en especial teniendo en cuenta que «producirá efectos», según el propio acuerdo, y no se aplicará a los trámites ya iniciados, por lo que, *sensu contrario*, sí lo será para los que se inicien a partir de ahora. No obstante, la contravención de estas instruc-

con la supresión de la exigencia de su aprobación, lo que resulta curioso (más bien representativo de que no se sabe bien lo que se hace). No se han encontrado menciones en el diario de sesiones a la conveniencia de su inclusión inicial en la Ley cántabra.

ciones será de difícil control, más allá de que se encargue su seguimiento a una consejería. Cabe preguntarse también si este instrumento seguirá siendo utilizado a partir del año 2023, dado el periodo temporal al que se refiere el Acuerdo.

Dentro de las medidas contenidas en este Acuerdo y, en concreto, del primer objetivo que se refiere a la simplificación y mejora del ordenamiento jurídico, aquí interesa la 1.D, sobre el Calendario Anual Normativo, a la que me refería antes. Según estas instrucciones, dicho calendario, que debe ser aprobado por la Junta (en concreto por la DG de Transparencia y Buen Gobierno) antes de la finalización de cada año para el siguiente, se basa en los principios de accesibilidad y coherencia. En realidad, al definir la accesibilidad como la posibilidad de «conocer no solo las normas existentes sino, sobre todo, las intenciones futuras del legislador», lo que hace más bien es referirse a otros dos principios que también cita: la *predictibilidad* y la *seguridad jurídica*. Incluye también una mención a las normas inicialmente no previstas, por su urgencia o posterior emergencia. En este caso, se exige la justificación de necesidad y oportunidad en la memoria correspondiente, así como la comunicación a la DG de Transparencia, aunque también se prevé la no paralización de la iniciativa por estas actuaciones. Por ello, parece que, incluso con la limitada eficacia de esta instrucción, quedarían los efectos del incumplimiento todavía más cuestionados.

vii. La planificación normativa en Castilla-La Mancha

La Ley 11/2003, de 25 de septiembre, del Gobierno y del Consejo Consultivo de Castilla-La Mancha, no incluye ninguna referencia a la planificación normativa en los preceptos correspondientes al régimen de elaboración de las disposiciones generales por parte del gobierno autonómico. Tampoco se encuentra como tal ninguna referencia especial al PAN en la Ley 4/2016, de 15 de diciembre, de Transparencia y Buen Gobierno de Castilla-La Mancha. Sin embargo, en esta última, merecen ser destacados algunos aspectos predicables de todos los planes y, por ende, (¿quizás?) también del PAN.

Por ejemplo, el art. 11 se refiere a la información sobre tal planificación, que deberá ser pública durante la vigencia de este, con indicación de objetivos, medios y plazos; así como memorias, estudios e informes justificativos que sean oportunos. También se mencionan los medios necesarios para su evaluación. Por otro lado, el art. 41.1.a) exige la promoción de la participación en la definición de planes (ojo, no la participación en sí, sino, como digo, su *promoción*).

No existen, hasta donde alcanza mi conocimiento, más normas o instrucciones que reglamenten esta planificación normativa. No obstante, como se verá después, ello no ha impedido a esta comunidad elaborar los planes normativos de todos los años hasta la fecha —lo que demuestra de alguna manera que existen opciones no regulatorias sobre esta cuestión que garanticen un mismo resultado—.

viii. La planificación normativa en Cataluña

De acuerdo con el art. 12.j) de la Ley 13/2008, de 5 de noviembre, de la presidencia de la Generalidad y del Gobierno, corresponde al presidente/a «impulsar y coordinar la actividad de los departamentos para la aplicación de las directrices generales de la acción de gobierno y establecer, siempre que sea preciso, estrategias de planificación y de acción conjunta». Esta norma, que regula el ejercicio de la iniciativa legislativa por parte del Gobierno de la Generalidad, no hace ninguna alusión adicional a la planificación.

Por su parte, la Ley 26/2010, de 3 de agosto, de régimen jurídico y de procedimiento de las administraciones públicas de Cataluña, regula en su Título IV (arts. 59 a 70) el procedimiento de elaboración de disposiciones reglamentarias. Sin embargo, tampoco esta norma recoge previsión alguna sobre el PAN.

Solo va a ser en la Ley 19/2014, de 29 de diciembre, de transparencia, acceso a la información pública y buen gobierno, donde hallemos algunas pistas sobre la regulación de este tipo de instrumentos planificadores en el ámbito catalán. En concreto, esta Ley dispone en sus arts. 8 y 12, en consonancia con la Ley estatal, la obligación de que los planes, programas y memorias sean objeto de publicidad. Así mismo, dispone en su art. 67.2 la necesidad —como se ha visto que sucede también en otras CC. AA.— de garantizar la participación ciudadana también en la elaboración de planes y programas de carácter general.

No se encuentra tampoco aquí una mención expresa al PAN como instrumento de planificación normativa. Sin embargo, la doctrina administrativa ha querido ver en el art. 62.1 de esta norma una justificación de la obligación de la aprobación del PAN por parte de la Generalidad de Cataluña. El tenor de este precepto reza así: «La Administración pública debe ejercer la iniciativa normativa de forma que el marco normativo resultante sea previsible, lo más estable posible y fácil de conocer y comprender para los ciudadanos y los agentes sociales».

En este punto, me permito realizar una digresión, a mi juicio, relevante. La abundantísima doctrina de la Comisión Jurídica Asesora sobre las distintas herramientas de mejora de la calidad normativa —por cierto, quizás de todos los órganos consultivos, el que más se cree, en mi opinión, la cultura de la mejora de la calidad del Derecho— se concreta, para el caso del PAN, en dos etapas claramente diferenciadas, con un giro intermedio. En un primer momento, y hasta la comentada STC 55/2018, este órgano consultivo considera de plena aplicación este tipo de plan, exigiendo la justificación de aquellas normas no contenidas en él. A partir del fallo del Tribunal de garantías, se transita hacia una aplicación de la ley de transparencia de esta comunidad autónoma, que prevé el ejercicio de la actividad normativa de manera *previsible*, pasando por el reconocimiento del carácter supletorio del art. 132 LPAC mientras no se regule específicamente por esta autonomía, así como un breve periodo en el que la considera una buena práctica, pero no aplicable directamente.

La primera etapa mencionada la inaugura (salvo error) el dictamen 115/2017 de la Comisión Jurídica Asesora de Cataluña, que se ocupa de la cuestión de la planificación normativa y de uno de los clásicos en cuanto a su cita. En él, al analizar la aprobación de una norma no incluida previamente en el PAN, concluye que «en la *hipòtesi que un projecte de disposició reglamentària no es contingui en el pla normatiu esmentat, l'Administració corresponent tindrà l'obligació de justificar la necessitat de l'aprovació de la norma i, a més, l'obligació d'explicitar els motius pels quals aquesta iniciativa normativa no es troba prevista en el pla anual. La memòria d'avaluació d'impacte normatiu es configura com un lloc idoni per a contenir aquesta motivació*»[72] (FJ VII.4.d.2). Por lo tanto, y a falta de regulación de esta institución de manera expresa en esta comunidad, su órgano consultivo proponía, *de facto*, una aplicación analógica (o supletoria) de la normativa estatal.

En la misma línea, otros dictámenes posteriores (por todos, el 150, 151 o 152/2017) consideran que, de no estar incluida la norma en el PAN y aunque exista en la MAIN justificación sobre su necesidad, cuando «no *s'expliciten, com hauria estat adient, els motius pels quals la iniciativa normativa no es troba prevista en el pla anual (...) aquesta Comissió consider[a] que en la memòria s'ha[uria] d'indicar quins són aquests motius*»[73] (FJ V.4.c.2). O, incluso, llega a criticar en el dictamen 6/2018 que no se haya incluido dicha motivación en el lugar idóneo (la MAIN), sino en otros puntos del expediente de producción normativa (FJ V.7).

En un segundo momento, este órgano consultivo, a partir del dictamen 149/2018 y tras la meritada STC que declara la inconstitucionalidad del art. 132 LPAC por exceder lo básico, concluye lo siguiente:

> Aquest pronunciament d'inconstitucionalitat ha afectat també la doctrina prèvia d'aquest òrgan consultiu sobre l'article 132 de l'LPAC. (...) La STC 55/2018, en declarar no aplicable el precepte de l'article 132 LPAC, determina la referència necessària a la regulació dels instruments de planificació normativa de què es doti, si escau, la Generalitat. En aquest sentit, l'article 62.1 de la Llei 19/2014, de 29 de desembre, ja preveu que la iniciativa normativa s'ha d'exercir «de manera que

72 «En la hipótesis de que un proyecto de disposición reglamentaria no se contenga en el plan normativo mencionado, la Administración correspondiente tendrá la obligación de justificar la necesidad de la aprobación de la norma y, además, la obligación de explicitar los motivos por los cuales esta iniciativa normativa no se encuentra prevista en el plan anual. La memoria de evaluación de impacto normativo se configura como un lugar idóneo para contener esta motivación».

73 «No se explicitan, como habría sido adecuado, los motivos por los cuales la iniciativa normativa no se encuentra prevista en el plan anual (...) esta Comisión considera que en la memoria se habrían de indicar cuáles son estos motivos».

el marc normatiu resultant sigui previsible, tan estable com sigui possible i fàcil de conèixer i comprendre per als ciutadans i els agents socials», i, en general, la planificació normativa s'ha de considerar un instrument al servei de la seguretat jurídica, tal com recullen les millors pràctiques en aquesta matèria presents en l'ordenament europeu i el dret comparat[74].

Abre, así, la puerta a un cambio interpretativo: la no obligatoriedad, pero su carácter de buena práctica. Las apelaciones a la continuación en la elaboración de este instrumento continúan en dictámenes posteriores con una cuidada argumentación. Por ejemplo, el dictamen 151/2018 señala que:

> Atenent l'anterior, si bé no existeix, en vista del pronunciament judicial citat, cap obligació en matèria de planificació normativa, aquesta Comissió vol indicar que s'està davant una bona praxi que, desenvolupada en la majoria d'ordenaments jurídics, està lligada a la millora de la regulació i la bona tècnica normativa. En aquest sentit, a nivell europeu, la Comissió Europea publica anualment els programes de treball (Work programme), en els quals s'inclouen les principals modificacions legislatives que es duran a terme des de la plataforma de la Comissió Europea REFIT (Regulatory Fitness and Preformance Programme), la llista d'esborranys que passaran a ser propostes normatives, i, fins i tot, la normativa que la Comissió pretén derogar. D'altra banda, als Estats Units, la Regulatory Flexibility Act és la norma que preveu que les agències federals amb potestats normatives elaborin una agenda regulatòria que inclogui la planificació relativa a actuacions vinculades a l'elaboració i aprovació de normes, la qual té caràcter públic i és accessible per a tots els ciutadans.
>
> I és que la planificació de la potestat normativa és un instrument al servei de la seguretat jurídica, principi que no solament implica generar confiança sobre el que diu la normativa vigent, sinó també sobre l'evolució raonable de l'ordenament jurídic, tal com es reconeix d'una manera expressa en l'article 62 de la Llei catalana 19/2014, que preveu la necessitat que la iniciativa normativa s'exerceixi de tal manera que el marc normatiu resultant sigui previsible. Addicionalment, aquest instrument contribueix d'una manera significativa a racionalitzar la producció de normes, evitar aquelles que resulten innecessàries, i tot això amb la flexibilitat suficient perquè en supòsits d'urgència (com és el cas que s'examina) o quan concorrin circumstàncies que no s'havien previst, es puguin aprovar normes que no s'havien planificat[75].

74 «Este pronunciamiento de inconstitucionalidad ha afectado también a la doctrina previa de este órgano consultivo sobre el artículo 132 de la LPAC. (...) La STC 55/2018, al declarar no aplicable el precepto del artículo 132 LPAC, determina la referencia necesaria a la regulación de los instrumentos de planificación normativa de que se dote, en su caso, la Generalidad. En este sentido, el artículo 62.1 de la Ley 19/2014, de 29 de diciembre, ya prevé que la iniciativa normativa se ha de ejercer "de manera que el marco normativo resultante sea previsible, tan estable como sea posible y fácil de conocer y comprender para los ciudadanos y los agentes sociales y, en general, la planificación normativa se ha de considerar un instrumento al servicio de la seguridad jurídica, tal como recogen las mejores prácticas en esta materia presentes en el ordenamiento europeo y el derecho comparado».

75 «Atendido lo anterior, si bien no existe, en vista del pronunciamiento judicial, ninguna obligación en materia de planificación normativa, esta Comisión quiere indicar que se está

Esta breve etapa (desde julio de 2018) da un pequeño giro (en el mes de septiembre de ese mismo año) con el dictamen 178/2018, que vuelve a considerar aplicable el art. 132 LPAC, pero esta vez con carácter supletorio (FJ V.8.b).

> Atès que, segons la doctrina constitucional, és una competència autonòmica, s'ha de tenir en compte la normativa de la Generalitat, en què l'article 62.1 de la Llei 19/2014, de 29 de desembre, preveu que la iniciativa normativa s'ha d'exercir «de manera que el marc normatiu resultant sigui previsible, tan estable com sigui possible i fàcil de conèixer i comprendre per als ciutadans i els agents socials».
>
> D'aquesta normativa autonòmica ja es dedueix que la planificació normativa s'ha de considerar un instrument al servei de la seguretat jurídica, tal com, d'altra banda, recullen les millors pràctiques en aquesta matèria presents en l'ordenament europeu i el dret comparat. D'aquí que, fins que la Generalitat no desenvolupi com s'articula el mandat establert en l'article 62.1 de la Llei 19/2014, la Comissió consideri que la planificació normativa prevista en l'article 132 de l'LPAC continua sent un instrument adequat per a complir la seva finalitat, i, per tant, cal portar a col·lació la doctrina d'aquesta Comissió emesa respecte a l'article 132 de l'LPAC abans de la STC 55/2018 (...).
>
> En el cas sobre el qual ara es dictamina, la Comissió constata que la disposició normativa no està inclosa en el pla normatiu anual corresponent, cosa que, en aplicació supletòria de l'article 132 de l'LPAC, considera que l'ens impulsor ha de justificar. De fet, aquest és el criteri que ja es manté en l'informe jurídic preliminar, de data 3 d'abril de 2018, en el qual es posa de manifest que aquesta justificació rau en el fet que no s'ha aprovat el pla normatiu corresponent, de tal manera que, davant aquesta circumstància tan objectiva i evident, basta que en la memòria

delante de una buena práctica que, desarrollada en la mayoría de los ordenamientos jurídicos, está ligada a la mejora de la regulación y la buena técnica normativa. En este sentido, a nivel europeo, la Comisión Europea publica anualmente los programas de trabajo *(Work programme)* en los cuales se incluyen las principales modificaciones legislativas que se llevarán a cabo desde la plataforma de la Comisión Europea REFIT *(Regulatory Fitness and Performance Programme)*, la lista de borradores que pasarán a ser propuestas normativas e, incluso, la normativa que la Comisión pretende derogar. Por otra parte, en los Estados Unidos, la *Regulatory Flexibility Act* es la norma que prevé que las agencias federales con potestades normativas elaboren una agenda regulatoria que incluya la planificación relativa a actuaciones vinculadas a la elaboración y aprobación de normas, la cual tiene carácter público y es accesible para todos los ciudadanos.

Y es que la planificación de la potestad normativa es un instrumento al servicio de la seguridad jurídica, principio que no solamente implica generar confianza sobre lo que dice la normativa vigente, sino también sobre la evolución razonable del ordenamiento jurídico, tal como se reconoce de una manera expresa en el artículo 62 de la Ley catalana 19/2014, que prevé la necesidad de que la iniciativa normativa se ejercite de tal manera que el marco normativo resultante sea previsible. Adicionalmente, este instrumento contribuye de una manera significativa a racionalizar la producción de normas, evitar aquellas que resulten innecesarias, y todo ello con la flexibilidad suficiente porque en supuestos de urgencia (como es el caso que se examina) o cuando concurran circunstancias que se hubieran previsto, se puedan aprobar normas que no se hubieran planificado».

d'impacte normatiu s'indiqui que si no s'ha posat la disposició normativa iniciada el 2018 en el pla normatiu anual és per la senzilla raó que en el 2018 no hi ha cap pla normatiu[76].

Se trata de un dictamen aislado, cuyo ponente es el profesor Pagès i Galtés (con la excepción del 365/2019, del mismo ponente), que reconoce la aplicación supletoria de la Ley estatal. Aunque no se vuelva a mencionar, de los dictámenes posteriores se desprende que esta interpretación sigue siendo la asumida por este órgano consultivo sin perjuicio de que, a partir de ese momento, se haga más énfasis en una pretendida obligación de aprobación del PAN surgida de la ley catalana de transparencia que en el carácter supletorio de la Ley estatal. Digo pretendida porque, como se ha visto, el art. 62.1 de la Ley de transparencia catalana no es en absoluto claro sobre la obligatoriedad de uso de un instrumento semejante. Sea como fuere, este órgano consultivo sigue dedicando, para cada proyecto normativo sobre el que emite dictamen, un importante apartado sobre su inclusión o no en la planificación correspondiente, alabando, en todo caso y cuando se ha producido, la aprobación de este instrumento por el Gobierno de la Generalidad.

Finalmente, debe hacerse una referencia al Anteproyecto de Ley del procedimiento de elaboración de normas de esta comunidad, en cuya tramitación no parece haberse avanzado[77]. En cualquier caso, la memoria preliminar de

76 «Dado que, según la doctrina constitucional, es una competencia autonómica, se ha de tener en cuenta la normativa de la Generalidad, en la que el artículo 62.1 de la Ley 19/2014, de 29 de diciembre, prevé que la iniciativa normativa se ha de ejercer "de manera que el marco normativo resultante sea previsible, tan establece como sea posible y fácil de conocer y comprender por los ciudadanos y los agentes sociales".
De esta normativa autonómica ya se deduce que la planificación normativa se ha de considerar un instrumento al servicio de la seguridad jurídica, tal y como, por otro lado, recogen las mejores prácticas en esta materia presentes en el ordenamiento europeo y el derecho comparado. De aquí que, hasta que la Generalidad no determine cómo se articula el mandato que establece el artículo 62.1 de la Ley 19/2014, la Comisión considere que la planificación normativa prevista en el artículo 132 de la LPAC continúa siendo un instrumento adecuado para cumplir su finalidad, y, por lo tanto, hay que traer a colación la doctrina de esta Comisión emitida respecto del artículo 132 de la LPAC antes de la STC 55/2018 (...).
En el caso sobre el que ahora se dictamina, la Comisión constata que la disposición normativa no está incluida en el plan normativo anual correspondiente, cosa que, en aplicación supletoria del artículo 132 de la LPAC, considera que el ente impulsor ha de justificar. De hecho, este es el criterio que ya se mantiene en el informe jurídico preliminar, de fecha de 3 de abril de 2018, en el cual se pone de manifiesto que esta justificación radica en el hecho de que no se ha aprobado el plan normativo correspondiente, de tal manera que, ante esta circunstancia tan objetiva y evidente, basta que en la memoria de impacto normativo se indique que si no se ha incluido la disposición normativa iniciada en 2018 en el plan normativo es por la sencilla razón de que en el 2018 no hubo ningún plan normativo».

77 Dicha memoria del *Anteproyecto de Ley del procedimiento de elaboración de normas*, que se encuentra en fase de consulta pública previa al escribir estas líneas y, por lo tanto, no se conoce aún su articulado, se encuentra disponible en: https://presidencia.gencat.cat/ca/el_departament/transparencia/normativa-i-organitzacio/

este anteproyecto hace referencia a algunas cuestiones de sumo interés y que, de llegar a buen puerto, constituirán la futura regulación del PAN en Cataluña (el resalte es mío):

> Efectuar una bona planificació afavoreix que es pugui dur a terme una avaluació de l'impacte de les opcions de forma rigorosa abans de l'elaboració del text de la proposta. En aquest sentit, cal assenyalar que **la planificació ha d'anar més enllà del que tradicionalment han estat les agendes legislatives com una llista de futures normes a aprovar**. Una veritable planificació implica determinar en un moment inicial el grau d'avaluació que cal realitzar en relació amb les diferents alternatives i preveure la participació ciutadana en la resolució del problema de política pública, **sense que la inclusió a la planificació suposi un compromís d'aprovació de la norma, sinó un compromís de retre comptes sobre les raons per les quals s'aproven determinades normes o es decideix no aprovar-ne d'altres**[78].

Habrá que ver cuál es el desarrollo de estas previsiones en el futuro texto articulado, si es que llega a materializarse de alguna forma, pero los principios que parecen regir esta iniciativa son sumamente interesantes y completamente únicos en todo el país: sería la primera norma que daría cuenta de esta planificación como un instrumento no determinante, de manera necesaria, de la aprobación posterior de las iniciativas incluidas en él. Esto es muy relevante.

En la actualidad y, en resumen, sin otra norma que regule directamente la planificación normativa, se ha querido entender aplicable de manera supletoria la previsión sobre planificación contenida en el art. 132 LPAC, en relación con el mencionado art. 62.1 de la ley catalana de transparencia (en la línea de lo que viene sosteniendo Velasco Caballero [2019.2, 323-324], y a lo que me referiré después), sin existir, como tal, ninguna referencia expresa al PAN en el ordenamiento de esta comunidad. Resulta curioso que esta interpretación —no desarrollada, en absoluto, por la mayoría de CC. AA.— proceda de la que, en su momento, impugnó la norma estatal por invadir competencias autonómicas en lugar de desarrollar, inicialmente, la institución de la planificación normativa.

---

normativa/projectes-normatius/detalls/Avantprojecte-de-llei-del-procediment-delaboracio-de-normes (Consultado: 2021-04-19).

78 «Efectuar una buena planificación favorece que se pueda llevar a término una evaluación del impacto de las opciones de forma rigurosa antes de la elaboración del texto de la propuesta. En este sentido, hay que señalar que la planificación debe ir más allá de lo que tradicionalmente han sido las agendas legislativas, como una lista de futuras normas que aprobar. Una verdadera planificación implica determinar en un momento inicial el grado de evaluación que hay que realizar en relación con las diferentes alternativas y prever la participación ciudadana en la resolución del problema de política pública, sin que la inclusión en la planificación suponga un compromiso de aprobación de la norma, sino un compromiso de rendir cuentas sobre las razones por las cuales se aprueban determinadas normas o dejan de aprobarse otras».

ix. La planificación normativa en la Comunitat Valenciana

Como es habitual en todas las CC. AA., también sucede en la Comunitat Valenciana que la ley del gobierno correspondiente, en este caso la Ley 5/1983, de 30 de diciembre, del Consell, atribuye al consejo de gobierno autonómico la competencia sobre planificación política (en este supuesto, el art. 16.b, *planificación y desarrollo de la política valenciana*). Así mismo, esta Ley desarrolla el ejercicio de la iniciativa legislativa y de la potestad reglamentaria por parte de este ejecutivo autonómico. El desarrollo de esta norma fue aprobado en el Decreto 24/2009, de 13 de febrero, del Consell, sobre la forma, la estructura y el procedimiento de elaboración de los proyectos normativos de la Generalitat. Este reglamento no contiene previsión alguna sobre la planificación normativa.

Por su parte, la Ley 2/2015, de 2 de abril, de la Generalitat, de Transparencia, Buen Gobierno y Participación Ciudadana de la Comunitat Valenciana, sí contiene algunos preceptos relativos a esta actividad de planificación: en cuanto a la información de relevancia jurídica que debe ser publicada por los obligados a la publicidad activa, se incluyen «las normas u *otros instrumentos de planificación o programación cuando se sometan a información pública durante su tramitación*» (art. 9.2.2.b, la cursiva es mía)[79].

Además, el art. 9.3.2.j) prevé también, esta vez sí en consonancia con la obligación básica, la publicación de:

> Los planes y programas anuales y plurianuales en los que se fijen los objetivos concretos, las actividades, los medios necesarios para ejecutarlos, y el tiempo previsto para su consecución. El grado de cumplimiento en el tiempo previsto y los resultados deberán ser objeto de evaluación y publicación periódica, con los indicadores de medida y valoración.

Esta previsión, de la que parece desprenderse la necesidad de que todo plan sea evaluado, no parece que haya sido cumplida en la práctica. Como tampoco parece que se atienda al derecho a participar en su elaboración, prevista en el art. 44.1.b) (se reconoce el derecho a «participar de manera real y efectiva en la elaboración, modificación y revisión de anteproyectos de ley, así como en las normas, planes, programas, procedimientos y otros instrumentos de planificación»). Este derecho aparece concretado, de algún modo,

---

79 Aunque parecería que se está limitando la publicidad de estas normas e instrumentos a aquellos que se sometan a trámite de información pública (lo que no sería congruente, pues el resto también deben ser publicados al amparo de la Ley estatal básica, y por pura lógica), lo cierto es que estamos ante una deficiente redacción, pues de la lectura del art. 26 del Decreto 105/2017, al que me referiré enseguida, se desprende que estas normas o planes que deban ser sometidos a información pública serán objeto también de publicidad *durante su tramitación* (indicando «claramente que el texto publicado se encuentra sometido a un período de información pública así como el plazo habilitado para ello»). O sea, o falta una coma, o se debería cambiar de posición ese inciso.

en el art. 47 de la misma norma, sobre *Participación ciudadana en la elaboración de normas, planes, procedimientos y otros instrumentos de planificación*, que desarrolla el procedimiento para canalizar dicha participación, aunque aquí parece hacerlo potestativo *(podrá...)*. No se prevé ninguna excepción para el PAN, por lo que se entiende aplicable también a esta materia.

El art. 24 del Decreto 105/2017, de 28 de julio, del Consell, de desarrollo de la Ley 2/2015, dispone la publicidad obligatoria del PAN —aunque con mención al art. 132 LPAC—. En la misma línea de desarrollo del art. 9 de la Ley, se encuentra el art. 33 de este reglamento, que contiene una previsión importante en materia de publicidad y transparencia: deberá existir «un histórico en el que se podrán consultar los planes que no se encuentren en vigor». Esta previsión, sin ser óptima —pues aquí abogaré, más adelante, por su publicidad en el diario oficial correspondiente— sí ofrece también ciertas garantías de permanencia en la disponibilidad de dichos instrumentos.

Existe un borrador de anteproyecto de Ley, de la Generalitat, de Gobierno Abierto de la Comunitat Valenciana (del año 2019) que prevé expresamente tanto un plan de gobierno (art. 55) como una planificación normativa (art. 60) en el ámbito de la Generalitat. No se aprecian novedades sustanciales con respecto a otros ejemplos ya vigentes.

Merece, en fin, una mención el dictamen 815/2018, del Consejo Jurídico Consultivo de la Comunitat Valenciana que analiza la adecuación a Derecho del proyecto de Decreto, del Consell, por el que se regulan el Plan Normativo y el Informe de Evaluación Normativa de la Administración de la Generalitat, que viene a dar respuesta a la STC 55/2018 y a los distintos vacíos producidos por esta. El Consejo, aunque acepta como válida la opción de aprobar un nuevo decreto, cuestiona que no incluyan estas previsiones en el ya existente Decreto 24/2009, mencionado arriba, aunque sugiere que lo conveniente sea la modificación e incorporación de estas novedades a la Ley del Consell.

Este proyecto de decreto que, sin embargo, no ha sido hasta la fecha aprobado, en palabras del órgano consultivo, «detalla con cuidadosa precisión, y (...) no se limita a la exigencia de la aprobación de un plan normativo que se tiene que publicar, (...) el procedimiento para su elaboración y la manera en la que tiene que resultar propuesto, redactado, aprobado y evaluado su cumplimiento» (Consideración V).

Se trata de un proyecto de decreto de 2 artículos, el primero dedicado a la planificación y el segundo a la evaluación. En cuanto a lo que aquí interesa, más allá de la indicación de que debe ser aprobado por el consejo de gobierno antes del 1 de enero del año en cuestión, de la indicación de si están incluidas las normas o no en el plan en cada preámbulo, o del hecho de que en enero del año siguiente deba ser aprobada una memoria de evaluación sobre el grado de cumplimiento, este proyecto no ofrece ninguna novedad relevante.

De aprobarse algunas de estas propuestas, serían el instrumento normativo que obligaría al gobierno autonómico a la aprobación del PAN y el plan de gobierno. Habrá que seguir con atención la eventual tramitación —que creo paralizada—.

x. La planificación normativa en Extremadura

La Comunidad Autónoma de Extremadura no dispone de ninguna previsión propia relevante en su ordenamiento sobre la planificación normativa: ni en la Ley 1/2002, de 28 de febrero, del Gobierno y de la Administración de la Comunidad Autónoma de Extremadura, donde solo se establece la necesidad de ejecutar anualmente, por consejerías, un «plan anual de racionalización e inventario de procedimientos administrativos y calidad en la prestación de servicios» (art. 81.5), ni en la Ley 4/2013, de 21 de mayo, del Gobierno Abierto de Extremadura, donde solo se habla de la publicidad de planes y programas y su evaluación (art. 6) y de la aprobación de un Plan de Simplificación Administrativa (DA 1.ª). Es, de hecho, de las pocas CC. AA. que nunca han aprobado, como se verá en el apartado correspondiente, este tipo de planes (ni siquiera antes de la STC 55/2018).

xi. La planificación normativa en Galicia

La Ley 1/1983, de 22 de febrero, reguladora de la Xunta y de su presidencia, no prevé ninguna previsión en materia de planificación (de ninguna clase), pero sí que establece en su art. 4.1 que corresponde a la Junta: «Establecer las directrices y desarrollar el Programa de gobierno». Por lo demás, esta norma establece una serie de reglas en materia de producción normativa, pero ninguna relacionada con la institución que aquí interesa. Lo mismo sucede con la Ley 16/2010, de 17 de diciembre, de organización y funcionamiento de la Administración general y del sector público autonómico de Galicia, que incluye preceptos relativos a la aprobación de disposiciones de carácter general, pero no sobre planificación.

En el caso de la Ley 1/2016, de 18 de enero, de transparencia y buen gobierno, su art. 7.h) sí hace referencia a la obligación de publicar «el plan estratégico o de gobierno». Hasta donde tengo conocimiento —y como se ha confirmado mediante una solicitud de acceso a información pública— no se ha cumplido esta obligación, quizás por no haberse aprobado nunca (y lo que ordena la norma es su publicidad, no su aprobación). Tampoco parece que se haya cumplido lo preceptuado en la DA 7.ª, que dispone que «en un plazo de ocho meses desde la entrada en vigor de la presente ley, la Xunta de Galicia regulará los mecanismos *de planificación y evaluación normativa* derivados del contenido de las recomendaciones europeas sobre *better regulation*» (la primera cursiva es mía). Esta Ley entró en vigor el 6 de marzo de 2016, sin embargo, hasta la fecha no ha habido desarrollo alguno.

xii. La planificación normativa en las Illes Balears

En el caso de esta comunidad autónoma, su Ley 1/2019, de 31 de enero, del Gobierno de las Illes Balears, hace referencia en el art. 49 a los principios de buena regulación en el ejercicio de las potestades normativas por parte del ejecutivo; en particular, de la seguridad jurídica. Además, el art. 64.a) de dicha norma dispone también la exigencia de que el gobierno autonómico informe de forma clara de los planes y programas que desarrollen. Y, aunque regula (arts. 53 y ss.) un procedimiento de elaboración normativa, no establece previsión alguna sobre la planificación[80]. Tampoco se halla ninguna referencia a este instrumento en la Ley 3/2003, de 26 de marzo, de Régimen Jurídico de la Administración de la Comunidad Autónoma de las Illes Balears.

Esta autonomía no dispone como tal de una Ley de transparencia propia —que ya se ha visto que suele regular algunos aspectos de la planificación normativa, siquiera sea de modo incidental—, pero sí cuenta con la Ley 4/2011, de 31 de marzo, de la buena administración y del buen gobierno de las Illes Balears que tiene algunas previsiones de cierto interés. Además de otras cuestiones sobre la buena regulación (arts. 13 y ss.), también prevé la implantación de sistemas de aseguramiento de la calidad que incluyan una «planificación estratégica y operativa e identificación de prioridades» (art. 23.1.b) y una evaluación de políticas públicas, incluidos los planes (arts. 44 y ss., sobre lo que se volverá en el apartado correspondiente a evaluación). Pero, en definitiva, tampoco exige esta ley la aprobación del PAN u otros instrumentos planificadores.

xiii. La planificación normativa en La Rioja

En el ámbito riojano, ni la Ley 3/2003, de 3 de marzo, de Organización del Sector Público de la Comunidad Autónoma de La Rioja, ni la Ley 8/2003, de 28 de octubre, del Gobierno e Incompatibilidades de sus miembros establecen previsión alguna sobre la planificación normativa[81].

La Ley 3/2014, de 11 de septiembre, de Transparencia y Buen Gobierno de La Rioja sí contiene alguna previsión al respecto. El art. 8 prevé la publicidad de los planes y programas, así como el análisis de su cumplimiento, en la línea de la legislación básica. El art. 17.3.b) reconoce el derecho al

---

80 Se desprende del dictamen 40/2018, del Consejo Consultivo de las Illes Balears, de 9 de mayo de 2018, sobre el Anteproyecto de la Ley del Gobierno mencionada, la existencia, en tal texto preliminar, de previsiones sobre la planificación normativa que, sin embargo, no llegaron después a materializarse en el proyecto de Ley por haber mediado la STC 55/2018.

81 Como detalla la respuesta a una información solicitada por transparencia, en esta comunidad autónoma no existe previsión normativa alguna que obligue a la aprobación de planes o programas de gobierno o legislatura.

acceso a la «información relevante relativa a los planes y programas previstos en esta ley» y la letra c) a la «formulación de alegaciones y observaciones en los trámites de exposición pública que se abran para ello y antes de que se adopte la decisión sobre planes, programas o disposiciones de carácter general previstos en esta ley». Mientras que el art. 18 contiene una serie de garantías específicas de tales derechos, con una limitación relevante respecto de la planificación normativa: quedan excluidos los planes o programas tramitados por el procedimiento de urgencia, «los que tengan exclusivamente un carácter organizativo, procedimental o análogo» o los de «carácter general que se rijan por una normativa específica de elaboración y aprobación en la que ya existan actos o trámites de audiencia o información pública».

Podría argumentarse que la planificación normativa tiene un carácter organizativo en el sentido de que reglamenta el ejercicio de la potestad normativa (e iniciativa legislativa) del propio ejecutivo, por lo que quedaría excluido de estos trámites participativos. Por otro lado, el PAN podría considerarse también un tipo de planificación prevista en una norma específica (en este caso la ley estatal, pues no hay previsión autonómica equivalente) y, en tanto que primera etapa del ciclo normativo, podría entenderse que sí existen mecanismos de participación posteriores. No compartiría esta argumentación, como indicaré más adelante, pero, en cualquier caso, la práctica parece indicar que se va en esta línea.

Ahora bien, en el ámbito riojano, la norma que exige la aprobación del PAN es la Ley 4/2005, de 1 de junio, de funcionamiento y régimen jurídico de la Administración de la Comunidad Autónoma de La Rioja, cuyo art. 28 *bis* —en redacción dada por la Ley 2/2018, de 30 de enero, de Medidas Fiscales y Administrativas para el año 2018— así lo prevé:

> El Gobierno de La Rioja aprobará anualmente mediante acuerdo un plan normativo que contendrá las iniciativas legales y reglamentarias que vayan a ser elevadas para su aprobación el año siguiente, y que será publicado en el Portal de la Transparencia.
>
> El contenido, procedimiento y alcance de esta planificación se establecerá reglamentariamente.

Este precepto, que no aporta ninguna novedad en el primer párrafo —más allá de la obligación de aprobar el PAN por la comunidad autónoma—, sí contiene una previsión no apreciada en ninguna otra norma de todo el país, como es la apelación a la colaboración reglamentaria para determinar los extremos de este PAN. Sin embargo, y hasta donde tengo conocimiento, este artículo no ha sido, hasta la fecha, desarrollado. Como se ha visto, se trata en todo caso de una previsión aprobada antes incluso de la declaración de inconstitucionalidad del art. 132 LPAC, lo que resulta relevante, pues no se trata de una reacción a la misma. Ahora bien, en el proceso de aprobación parlamentaria de esta Ley no hubo en los diarios de sesiones mención alguna a dicho precepto[82]. Solo la Memoria Final de la SGT de la Consejería de Administración Pública y Hacienda contiene una breve alusión al respecto (p. 8):

> Este cambio profundo [de la Ley riojana 4/2015 mencionada que se proponía] obedece a la necesidad de incorporar a nuestro procedimiento de elaboración de disposiciones generales todas las novedades referentes a la participación de los interesados y a la fase de evaluación de las normas, así como a aclarar competencias en algunas fases, cuya regulación en algunos casos, o su falta de regulación en otras, había llevado a algunos órganos a elaborar interpretaciones excesivamente alambicadas para conseguir soluciones simples.
>
> En primer lugar, se ha incorporado el plan normativo anual como instrumento adecuado para asegurar una notable previsibilidad en la actividad regulatoria de la Administración, y que se ha de publicar en el portal de la transparencia en aplicación de la normativa sectorial en la materia.

No existe, pues, explicación ulterior sobre la inclusión del PAN en esta norma antes de la STC 55/2018, más allá de la posibilidad que brinda el precepto de su desarrollo reglamentario, sin el cual quizás habrían podido considerar desde esta comunidad que no podría producirse —aunque, como se verá en el siguiente caso, hay CC. AA. que no han tenido tal problema, por lo que esta idea se reduce a una mera hipótesis—. Ahora bien, y visto en perspectiva, el haberse adelantado a la mencionada STC fue, quizás, un acierto del destino[83].

xiv. La planificación normativa en la Comunidad de Madrid

La Comunidad de Madrid, como se va a ver a continuación, dispone de normas propias sobre el ciclo normativo con algunas previsiones de interés sobre la planificación que aquí interesa.

En primer lugar, debe destacarse que la Ley 1/1983, de 13 de diciembre, del Gobierno y Administración de la Comunidad de Madrid, hablaba ya, en

---

82 En concreto, los Diarios de Sesiones del Parlamento de La Rioja de 21 de diciembre de 2017, núm. 54 y de 26 de enero de 2018, núm. 55. Toda la documentación de la tramitación se encuentra aquí: https://www.parlamento-larioja.org/conoce-el-parlamento/legislaturas-anteriores/legislatura-9/iniciativas/pl/9l-pl-0015

83 Por otro lado, merece mención el dictamen 82/2018, del Consejo Consultivo de La Rioja, el cual enjuicia el Anteproyecto de Ley de Participación Ciudadana y Colaboración Social, actualmente caducado en su tramitación parlamentaria, que incluía una coordinación (en su art. 31) entre el PAN de esta comunidad y el programa anual de participación que se propone. Aunque esta propuesta ha quedado en suspenso, como se ha dicho, y solo prosperará de retomarse su tramitación, sí me parece interesante por cuanto pone el foco de atención en un aspecto fundamental de este tipo de planes: la participación. Deben ser un punto de partida para favorecer la implicación ciudadana: no tienen que ser tanto, como tendré ocasión de decir después, una previsión de las normas *que aprobar*, como de los *problemas o cuestiones sociales* que tratar y, eventualmente, que reglamentar.

esa temprana fecha, de la competencia de la persona titular de la presidencia del gobierno autonómico de «coordinar el *programa legislativo* del Consejo de Gobierno *y la elaboración de normas de carácter general* y dar cumplimiento a aquel» (art. 9.g, la cursiva es mía). Se trata de una previsión sobre una actividad eminentemente informal, sin perjuicio de que pudiese constar en documentación interna, pero a la que no se le ha dado tradicionalmente publicidad (en la línea de lo señalado por Araguàs Galcerà [2016.2, 48] y ya comentado).

En fecha más reciente se ha dictado el Acuerdo de 5 de marzo de 2019, del Consejo de Gobierno, por el que se aprueban las instrucciones generales para la aplicación del procedimiento para el ejercicio de la iniciativa legislativa y de la potestad reglamentaria del Consejo de Gobierno (que deja sin efecto el Acuerdo de 31 de octubre de 2016, del Consejo de Gobierno, con el mismo objeto). Tanto este Acuerdo como el que viene a sustituir dan cuenta de la aplicación, con carácter supletorio, de la normativa estatal en materia de producción normativa, al amparo del art. 149.3 CE y 33 del EA de Madrid. Resulta llamativa la apelación a la legislación del Estado en esta cuestión, cuando lo habitual suele ser —en este Estado autonómico en que vivimos— tratar de evitar por cualquier medio la aplicación de las leyes estatales cuando es posible, desplazándolas con normas autonómicas.

Mientras que el Acuerdo de 2016 no se refiere a la planificación normativa, el de 2019 sí lo hace, en especial, habida cuenta de la STC 55/2018, que podría dar lugar a la interpretación de que la planificación del art. 132 LPAC no podría ser ya aplicable a las CC. AA., ni siquiera con carácter supletorio. Sin embargo, la Comunidad de Madrid salva esta coyuntura con dicha actualización de las instrucciones (por cierto, instrumento este que tiene efectos *ad intra*, pero no la consideración de norma). Dichas instrucciones aluden al PAN, determinando que la normativa de aplicación al respecto en la Comunidad de Madrid será el ya analizado RD 286/2017, del Estado. Este acuerdo también se refiere al PAN cuando indica que las normas que no se hubieran incluido inicialmente en este deberán justificar tal extremo en su MAIN —en la línea de la norma básica—.

Por su parte, ya en el año 2017 el Decreto 130/2017, de 31 de octubre, del Consejo de Gobierno, por el que se establece la estructura orgánica de la Consejería de Presidencia, Justicia y Portavocía del Gobierno[84], también en la línea de la norma estatal, y tras atribuir a esta consejería la competencia sobre «coordinación y calidad normativa», en general, y planificación normativa, en particular, determinaba que la mayoría de ellas correspondía a la SGT del ramo. En concreto, el art. 25.3 disponía que debía: coordinar y elaborar el proyecto de PAN «que habrá de someterse a un análisis de los

84 Hago referencia a dicho Decreto, y no al vigente Decreto 191/2021, porque es —s.e.u.o.— el primero que atribuía estas competencias en materia planificatoria.

resultados de su aplicación, así como [a] la formulación de las propuestas de normativas necesarias para dicho análisis», aprobar modelos de remisión para su inclusión en dicho plan, la valoración de modificaciones del mismo y una propuesta de informe sobre su grado de cumplimiento (letras b, c, d y f, respectivamente).

Debe tenerse en cuenta que este decreto organizativo de la Consejería de Presidencia varía de manera más o menos habitual, en especial con cada renovación del gobierno de la comunidad. Por ello, sería recomendable que estas previsiones sobre la planificación normativa se contuviesen en una norma como la que se comentará a continuación[85].

Me refiero al Decreto 52/2021, de 24 de marzo, del Consejo de Gobierno, por el que se regula y simplifica el procedimiento de elaboración de las disposiciones normativas de carácter general en la Comunidad de Madrid. Esta norma deja constancia de la inexistencia, como tal y hasta ese momento, de un instrumento jurídico de carácter obligatorio que reglamentase todo el proceso de producción normativa, constatando la existencia de un «corpus heterogéneo que lleva a la necesidad de disponer de un régimen propio». En él, y al margen de menciones al PAN en los contenidos justificativos de la MAIN de normas no incluidas en aquel (art. 6), se establece un completa regulación de tal planificación en su art. 3, según la cual esta planificación pasa a tener el carácter de plurianual, deberá aprobarse durante el primer año de cada legislatura y se actualizará anualmente por la Comisión Interdepartamental para la reducción de Cargas Administrativas y de Simplificación Normativa de la Comunidad de Madrid por «circunstancias sobrevenidas o de oportunidad que lo justifiquen». Además, se atribuye la elaboración y coordinación del plan a la consejería competente en materia de coordinación normativa —recogiendo, solo en parte, la necesidad de una regulación general que he comentado antes y no su inclusión en una norma organizativa—.

En último término, se debe tener también en cuenta que la Ley 10/2019, de 10 de abril, de Transparencia y de Participación de la Comunidad de Madrid, también se refiere a la planificación en diversos de sus preceptos. Por ejemplo, el art. 6.g) establece el principio de participación ciudadana en la planificación de políticas, el art. 20, en línea como siempre con la norma básica, determina las obligaciones de transparencia en relación con los planes —por lo tanto, también en relación con la planificación normativa—, el art. 51 preceptúa la promoción de la participación ciudadana en los proyectos normativos, planes y programas, pero, a la vez, dispone en el art. 58.3 que se excluirán de tal participación los planes o programas, entre otros, «de carác-

85 En cualquier caso, y en aplicación del precepto señalado, por Resolución de 28 de febrero de 2018, del SGT de la Consejería de Presidencia, Justicia y Portavocía del Gobierno, se aprobó el *Modelo de documento de información de las iniciativas normativas para su inclusión en el Plan Anual Normativo de la Comunidad de Madrid*, prácticamente idéntico al del Estado en cuanto a contenido y estructura, por lo que me remito a la explicación de este.

ter organizativo, procedimental o análogo», o bien los que «se rijan por una normativa específica de elaboración y aprobación en la que ya existan actos o trámites de audiencia o información pública», como se vio que sucedía en el caso de La Rioja, por lo que me remito a las consideraciones que hice en ese lugar.

xv. La planificación normativa en la Región de Murcia

La Región de Murcia, como se verá en el apartado práctico, no ha continuado con la aprobación del PAN tras la STC 55/2018, posiblemente por la ausencia de una normativa propia en esta materia.

La Ley 6/2004, de 28 de diciembre, del Estatuto del Presidente y del Consejo de Gobierno de la Región de Murcia, solo se refiere a la competencia de dicho Consejo para «aprobar programas, planes y directrices vinculantes para todos los órganos de la Administración regional y de sus organismos públicos» (art. 22.13), mientras que atribuye al presidente regional el establecimiento de «directrices generales de la acción del Gobierno regional, con arreglo a su programa político», así como el impulso de «los proyectos de ley incluidos en el *programa legislativo* del Gobierno» (arts. 5.1 y 5.9). Las mismas consideraciones realizadas sobre este instrumento de carácter más o menos informal para el caso de la Comunidad de Madrid serían aplicables en este caso. En lo que atañe a la Ley 7/2004, de 28 de diciembre, de organización y régimen jurídico de la Administración Pública de la Comunidad Autónoma de la Región de Murcia, ninguna previsión en esta norma sería de aplicación al PAN.

Como siempre, la norma de transparencia sí que recoge algunos preceptos sobre la planificación que serían aplicables al PAN. En concreto, la Ley 12/2014, de 16 de diciembre, de Transparencia y Participación Ciudadana de la Comunidad Autónoma de la Región de Murcia, dispone que se debe fomentar la participación en la planificación (art. 1.1.d), que incluso se eleva a derecho en el art. 30.2.a) y b); la publicidad de la planificación estratégica (art. 14.4.b); así como, en materia de revisión y simplificación administrativa, la obligación de elaboración de un «plan de calidad y simplificación normativa» (DA 2.ª).

En definitiva, no existe ninguna previsión relevante sobre planificación normativa en esta comunidad autónoma.

xvi. La planificación normativa en la Comunidad Foral de Navarra

En el caso de la Comunidad Foral de Navarra, su Ley Foral 14/2004, de 3 de diciembre, del Gobierno de Navarra y de su presidenta o presidente, solo hace las clásicas referencias incidentales de toda ley del gobierno al «programa político» de este, sin hallar mención específica a la planificación normativa.

Como es habitual en la legislación autonómica de transparencia, también en el caso navarro su Ley Foral 5/2018, de 17 de mayo, de Transparencia, acceso a la información pública y buen gobierno, establece una serie de disposiciones sobre la planificación en general y sobre la normativa en particular. Esta norma reconoce el derecho a participar en la elaboración de planes (art. 13.1.j), a la publicidad de todo tipo de planificación (art. 18.1.a y 19.2.m-o), la publicidad de «plan o acuerdo que determine su programa de actuación [el de la Administración de la Comunidad Foral de Navarra] durante la correspondiente legislatura. Semestralmente se informará del grado de cumplimiento de los compromisos» (art. 21.2.b), así como el PAN (art. 21.2.c). Por lo tanto, se dispone expresamente la publicación de los planes normativos, pero también de los programas de actuación de legislatura. Pero claro, de existir estos. No es la norma de transparencia la que exige su aprobación (solo su eventual publicidad).

Pero el caso navarro es paradigmático por cuanto en su Ley Foral 11/2019, de 11 de marzo, de la Administración de la Comunidad Foral de Navarra y del Sector Público Institucional Foral, se dedica el Capítulo I de su Título VII —sobre la «Elaboración de normas con rango de ley foral y reglamentos»— a la «Planificación y mejora del marco normativo». En concreto, el art. 128 viene a sustituir al declarado no básico 132 LPAC, con un contenido bastante semejante[86]. En este precepto se regula, imperativamente, la aprobación anual del PAN, su publicación en el Portal del Gobierno Abierto autonómico, así como la dación pública de información de su grado de cumplimiento una vez expirado «el plazo para el que se elaboró» —nótese que no habla de «expirada su vigencia»—. Como en todos los demás casos, en particular el estatal, no se determina la naturaleza jurídica de este instrumento ni los efectos de su incumplimiento.

xvii. La planificación normativa en el País Vasco

La Ley 7/1981, de 30 de junio, del Gobierno de la Comunidad Autónoma vasca, no hace previsión alguna —como resulta normal por la temprana fecha de esta norma— sobre la planificación normativa, a pesar de regular algunos aspectos de la producción normativa legal y reglamentaria. Sí hace referencia a los programas de gobierno; en particular, atribuye la competencia para su aprobación al presidente (art. 8.a), a quien también encarga la coordinación del «programa legislativo del Gobierno» (art. 8.i), instrumento

86 El dictamen 37/2018 del Consejo de Navarra tiene por objeto el análisis del (entonces) Anteproyecto de Ley Foral de la Administración de la Comunidad Foral de Navarra y del Sector Público Institucional Foral, cuyo art. 128, como se acaba de ver, regula la planificación normativa. Al respecto, no hace más comentario este dictamen que un lacónico: «Consideramos que este título es conforme al ordenamiento jurídico». Qué haríamos sin estos dictámenes tan esclarecedores de los consejos consultivos.

este que, como se verá al analizar la aplicación práctica del PAN, ha venido a utilizarse como una especie de plan semejante, aunque limitado a las iniciativas de rango legal.

Por otro lado, esta comunidad ha aprobado una ley específica reguladora de la elaboración de normas. Se trata de la Ley 8/2003, de 22 de diciembre, del Procedimiento de elaboración de las disposiciones de carácter general. Esta disposición tampoco se refiere a la planificación normativa. Las únicas menciones a algún tipo de planificación contenidas en ella aparecen en el preámbulo (incorrectamente denominado «exposición de motivos»). En particular, son las siguientes (el resalte es mío):

> Una vez aprobada, **la orden de iniciación se constituye en el plan al que ha de ajustarse toda la tarea de elaboración normativa** y en referencia necesaria para su valoración jurídica a través de los informes que se emitan acerca del proyecto normativo a que dé lugar. (...)
>
> Dada la especial relevancia de las leyes, se ha previsto con respecto a ellas un trámite específico de **toma en consideración** por el Consejo de Gobierno de los anteproyectos de ley. Su finalidad es que el órgano que ha de ejercer la iniciativa legislativa asuma y oriente la **planificación ulterior del procedimiento de** elaboración a la vista de un texto ya articulado y sin perjuicio de las modificaciones que resulten de los trámites de audiencia, consulta e informes posteriores.

Por lo tanto, la norma vasca no se orienta tanto a la planificación general de la política normativa, sino que considera que el instrumento de iniciación de cada propuesta sirve, a su vez, de herramienta de planificación de todo el proceso de elaboración de cada disposición general en concreto. Así, resulta patente que esta Ley, del año 2003, todavía no había recibido las influencias más recientes de la política de mejora de la calidad del Derecho, por cuanto no prevé una planificación global de la acción política y jurídica de carácter normativo, sino que se centra en el caso a caso —tal y como hace el Modelo de tramitación de disposiciones de carácter general con rango de Decretos del mismo gobierno vasco—.

Sin embargo, y tras la aprobación de la LPAC, el Acuerdo de 12 de diciembre de 2017, adoptado por el Consejo de Gobierno, por el que se aprueban Instrucciones sobre la aplicación del Procedimiento de Elaboración de las Disposiciones de Carácter General (publicado por Resolución 132/2017, de 12 de diciembre, del Director de la Secretaría del Gobierno y de Relaciones con el Parlamento) prevé —esta vez ya sí— la figura del plan normativo con el propósito de incluir las previsiones de la LPAC —aunque no ha sido modificada ni suprimida la mención a dicho PAN con la declaración de inconstitucionalidad por la STC 55/2018—. Y, aunque se trata de una instrucción *ad intra*, de efectos de carácter «ejecutivo e interpretativo» (como la misma indica), sí ofrece unas notas interesantes sobre la institución aquí analizada. En concreto, su apartado 8 dice lo siguiente, que se reproduce por su interés (de nuevo, la negrita es mía):

> En cuanto a la planificación normativa del Gobierno Vasco, se mantiene en sus estrictos términos lo dispuesto en el Acuerdo de Consejo de Gobierno, de 9 de

mayo de 2017, sobre la aprobación del Plan Anual Normativo correspondiente al año 2017. A tales efectos, se interpretará que lo dispuesto en el artículo 132 de la Ley 39/2015, de 1 de octubre, del Procedimiento Administrativo Común de las Administraciones Públicas, constituye un **trámite de publicidad activa sobre las previsiones de aprobación normativa para el año en curso que se agota con la adopción del Acuerdo correspondiente y el reflejo expreso de las iniciativas normativas que consideren los departamentos de la Administración General de la Comunidad Autónoma en una fecha de referencia en los primeros meses de cada año**. Tal divulgación pública responde a las exigencias del principio de transparencia, de modo que **aquellos procedimientos que deban iniciarse sin haber contado con su inclusión previa en el Plan del año en curso deberán justificar tal circunstancia en las memorias correspondientes.**

Por consiguiente, se entiende que el PAN no es más que un instrumento de publicidad cuyos efectos «se agotan» con su mera aprobación, sin perjuicio de que deba ser justificada en la correspondiente memoria la aprobación de normas no incluidas inicialmente en él. Creo que esta interpretación es, posiblemente, la que más se asemeja a la realidad de la actual configuración de esta herramienta. Y así lo han interpretado los tribunales, como se tendrá ocasión de comprobar.

En último término, debe indicarse que la comunidad vasca no ha aprobado hasta la fecha una ley de transparencia, pero sí cuenta con una regulación aplicable para los entes locales contenida en la Ley 2/2016, de 7 de abril, de Instituciones Locales de Euskadi. En concreto, y aunque se refiere al ámbito local, corresponde mencionar en este punto la obligación impuesta por esta ley autonómica a los EE. LL. de publicitar su «plan de gobierno, plan de mandato o plan de actuación municipal, cuando existiera, y de forma periódica su grado de realización» (art. 52.1.c), así como el derecho de la ciudadanía a participar de su elaboración (arts. 67.1 y 69.1). Instrumentos, por lo tanto, cuya aprobación no viene determinada por esta norma.

Finalmente, merece una mención el dictamen 186/2018, de la Comisión Jurídica Asesora del País Vasco, respecto del Anteproyecto de Ley del procedimiento de elaboración de las disposiciones de carácter general, que señala que la previsión contenida en él respecto de la planificación normativa —así como la evaluación— «se compadece mal con los principios de buena regulación» (§ 277) dado que se estaba tramitando —todavía sigue— una proposición de Ley de transparencia que también incluía previsiones al respecto[87].

87 Ha sido aprobado y enviado al Parlamento Vasco el Proyecto de Ley de transparencia, participación ciudadana y buen gobierno del sector público vasco que, en caso de superar su tramitación parlamentaria en los términos de dicha iniciativa —u otros semejantes—, será una norma tremendamente completa en lo que se refiere a planificación de la acción del Gobierno vasco. Esta propuesta normativa dedica todo su Título II a la «Planificación y evaluación de políticas públicas», con expresa mención a un «Plan de Gobierno» (art. 5) al estilo del ya vigente en Aragón, con actualizaciones y seguimientos periódicos y para toda la legislatura.

Se equivocaba la Comisión previendo una aprobación de la proposición de Ley de transparencia anterior al anteproyecto de Ley objeto de dictamen. En cualquier caso, sugirió, como efectivamente sucedió, que las normas correspondientes a la planificación y evaluación se insertasen en la Ley de transparencia antes que en la del procedimiento normativo, pues «ya que la evaluación conceptualmente se considera uno de los vértices, junto a la transparencia y la participación, del triángulo de la buena gobernanza, parece que la norma que se ocupe de dichas cuestiones es la sede natural de la normativa sobre evaluación» (§ 283).

No creo que esta decisión fuera la más adecuada. Como vengo diciendo —y aunque tampoco es descabellada la opción planteada por la Comisión, que por otra parte viene siguiendo no pocas leyes—, creo que las normas propias de la planificación y de la evaluación (*ex ante* y *ex post*) forman parte del ciclo o proceso de producción normativa, siquiera sea en su fase prenormativa. Por ello, sin perjuicio de que la norma de transparencia exija su publicidad, creo que la sede adecuada para reglamentar y, en su caso, exigir su aprobación es la Ley que regule tal proceso normativo: la ley del Gobierno, de la Administración o una *ad hoc*, como en este caso.

4. La planificación normativa en los entes locales

A la vista de la STC 55/2018, las dudas sobre la aplicabilidad de la planificación normativa del art. 132 LPAC están servidas. El pronunciamiento de dicha sentencia se limita a lo atinente a las CC. AA., como se vio más arriba, pero determina, y esto lo hace de manera bastante inequívoca, la ausencia de un carácter básico de tal regulación, lo que implicaría su no aplicabilidad a los EE. LL. Ahora bien, con carácter previo, es conveniente repasar las opiniones doctrinales vertidas tanto antes de dicho pronunciamiento como con posterioridad al mismo. Los problemas no se limitan, como se va a ver, a su aplicabilidad o no, pues, determinada esta, surgen otros, como el alcance de su contenido o la competencia para su aprobación dentro de los propios entes.

a) La situación para los entes locales previa a la STC 55/2018

Pues bien, la institución de la planificación normativa en el ámbito local fue acogida, inicialmente, con variadas opiniones. Así, p.ej., MESEGUER YEBRA (2016, 145) decía que «este tipo de iniciativas es totalmente inédito en el

El art. 6 del anteproyecto de Ley del procedimiento de elaboración de las disposiciones de carácter general, del año 2019, también se refiere a la planificación normativa. De aprobarse, tampoco habrá ninguna novedad sustancial con respecto a otros ejemplos vigentes en la actualidad.

ámbito local». Aunque para ORDUÑA PRADA (2016, 155) «lo cierto es que en el ámbito local se trata de una novedad parcial, en tanto y cuanto no son escasos los ayuntamientos que organizan su trabajo a través de los denominados Plan de Gobierno, Plan de Actuación Municipal o Plan de Mandato (...) del que forman parte, entre otras cuestiones, las previsiones normativas a elaborar en el correspondiente mandato». Se ve, pues, que sí existían algunos precedentes.

Sobre lo que hubo bastante acuerdo fue sobre el hecho de que las previsiones de la ley estatal (entonces pretendidamente básica) no se ajustaban demasiado bien a la estructura local española. En esta línea, para CAMPOS ACUÑA (2016), el art. 132 LPAC «no parece encajar demasiado bien con la heterogeneidad de la planta local y el dimensionamiento que el ejercicio de la potestad reglamentaria local puede necesitar a lo largo el periodo de un año» (...) lo cual, en opinión de esta autora, «aconsejaría modular estas previsiones para un fragmentado ámbito local». Aunque se verá después lo que dice la jurisprudencia sobre este particular (que, de algún modo, va en esta línea), yo creo que el PAN —de considerarse aplicable, sea por la LPAC, sea por cualquier otra norma estatal o autonómica— debería ser la norma que module tal obligación para los EE. LL. y no los tribunales.

También CASADO CASADO (2017, 129) señaló que «no puede obviarse que las condiciones de partida, las características, las problemáticas y la disponibilidad de recursos que presentan las administraciones locales son muy diferentes a las de la administración estatal y autonómica, circunstancias que hacen muy difícil un traslado pacífico y sin problemas de este mecanismo al ámbito local. De ahí que sería aconsejable modular las previsiones de la LPAC en este punto para el ámbito local». Pero yo me pregunto: ¿de verdad va a ser más difícil para un municipio pequeño cumplir esta obligación? ¿Acaso regulan tanto? A mi modo de ver, la planificación normativa será relativamente sencilla para los EE. LL. Además, por parte de entes de colaboración como la FEMP, se podrían promover guías y plantillas para la elaboración de este instrumento, que facilitarían sustancialmente su aplicación.

Otros autores son más críticos. MENÉNDEZ ALONSO (2016, 5) dice que «esta nueva previsión, de difícil cumplimiento, genera una carga administrativa innecesaria, que no aporta nada nuevo en materia de seguridad jurídica o transparencia». No estoy, sin embargo, de acuerdo en nada de lo que dice: sí aporta seguridad jurídica y transparencia a la acción de los gobiernos locales (quizás no tanta como se pretende por algunos, pero algo sí) y no es en absoluto difícil de cumplir, pues se configura como un mero listado, si se quiere con una mínima explicación y un cronograma.

Este sector doctrinal concluye, como ejemplifican las palabras de REINOSO CARRIEDO (2016), que «no se puede legislar pensando en la Administración General del Estado y queriendo que sus postulados se trasladen pacíficamente y sin problemas a la Administración Local, pues son muy distintas su problemática, su gestión diaria y su disponibilidad de recursos». Estoy de acuerdo con que el legislador estatal podría haber tenido más sensibilidad, pero no que lo previsto en el escueto art. 132 LPAC suponga (supusiera) un verdadero problema.

En último término, ANTELO MARTÍNEZ (2016, 111) plantea una serie de problemas de índole práctico. En particular y de sumo interés, el de la coordinación de estos planes con los de otras instancias (autonómica y estatal) con las que pueda haber alguna interferencia normativa en virtud de competencias compartidas. De este modo, propone que el PAN local se aprobase después de los del Estado y la CA, «para una verdadera efectividad del mismo»; más que por la efectividad, por la coordinación, diría yo. Ahora bien, dadas las limitadas potestades normativas de los EE. LL., salvo que alguna norma de las previstas en los PAN de las CC. AA. o del Estado afectase a las materias competencia de este nivel del poder, no creo que implicase demasiados problemas que esa aprobación se solapase con las otras.

En cuanto a su contenido, han sido diversos los aspectos señalados por la doctrina. Recuérdese que «respecto a su aplicación concreta a las Entidades Locales, debemos señalar que el Plan versará sobre los Reglamentos y Ordenanzas» (PENSADO SEIJAS 2017.1). Los problemas surgen respecto de su aplicación a determinados tipos de instrumentos aprobados por tales entes, en particular los planes de urbanismo o las ordenanzas fiscales.

Respecto de estas últimas, hay bastante consenso en concluir que deben ser incorporadas a dicha planificación. Así, p.ej., PENSADO SEIJAS *(ib.)* sostiene sin ambages que «dentro de las figuras señaladas tendrán cabida también, cómo no, las Ordenanzas fiscales». Las únicas dudas surgen respecto a su aplicabilidad teniendo en cuenta las excepciones que el art. 133 LPAC, sobre la consulta pública previa, incorpora[88]. Ahora bien, para VELASCO CABALLERO (2019.1) «algunos tipos de ordenanzas o reglamentos municipales pueden quedar expresamente fuera de la planificación normativa: bien porque esa programación es ya intrínseca a determinadas normas (como los presupuestos anuales), bien cuando se trate de normas directamente relacionadas con el presupuesto anual (como las ordenanzas fiscales o la plantilla anexa al presupuesto)». No estoy del todo de acuerdo. Creo que nada impide interpretar que las excepciones antes mencionadas no se deben referir al PAN, puesto que obedece a principios y fines distintos que los de la participación pública. Nada impide, tampoco, al gobierno local correspondiente aprobar, o pretender hacerlo, las normas fiscales que estime oportunas dentro de su margen de actuación —con o sin plan—. Pero, de considerarse aplicable el PAN a los EE. LL. (y este es el presupuesto imprescindible), nada obstaría para que se incluyeran (aunque tampoco resultaría objetable que la regulación de este instrumento excluyese este tipo de normas, como *de facto* parece suceder en el Estado y nada se dice al respecto).

88 Para un análisis de las limitaciones de participación en las normas fiscales, véanse el editorial de WOLTERS KLUWER (2017) y CASADO CASADO (2018 y 2020).

En cuanto al plan urbanístico, este mismo autor sostiene que «también se puede plantear la exclusión de parte del planeamiento urbanístico; por su trascendencia, tiene sentido incluir en el posible PAN municipal la revisión del planeamiento general, pero no el planeamiento de desarrollo» *(ib.)*. Otras opiniones apuestan, directamente, por su exclusión: «Los instrumentos de planeamiento no se deban incluir en el plan anual normativo de las entidades locales, limitando este a las disposiciones reglamentarias constituidas por reglamentos y ordenanzas a aprobar en el año siguiente (...), no parece que este haya sido el sentido del legislador» (editorial de WOLTERS KLUWER 2017). Me inclinaría, de nuevo, por apostar por su inclusión, pareciéndome prudente el matiz de VELASCO CABALLERO.

En lo que respecta a la competencia para su aprobación, algunas voces, como la de GALLEGO ALCALÁ (2018, 80), sostienen que «el Plan Anual Normativo es un acto administrativo [y] nos inclinamos por defender que [es] competencia de Alcaldía Presidencia fruto de la cláusula residual del art. 21 de la Ley 7/85, de 2 de abril, de Bases de Régimen Local». Otras no lo tienen tan claro. Así, BEJARANO LUCAS (2016) afirma que podría entenderse atribuible tanto al pleno como al alcalde, mientras que, en los municipios de gran población, también cabría atribuirla a la Junta de Gobierno Local. O lo que es lo mismo: no se posiciona por una opción ni por la contraria.

Aquí, la voz más autorizada y la explicación más plausible creo que viene de la mano del interesante dictamen 752/2017 del Consejo Jurídico Consultivo de la Comunitat Valenciana, que —en respuesta a una pregunta de un alcalde— manifiesta que la competencia para la aprobación del PAN en los municipios de gran población se estima propia de la Junta de Gobierno Local «como expresión de la culminación de la iniciativa reglamentaria», mientras que sería del pleno en los ayuntamientos de régimen común, no siendo aplicable —a juicio de este órgano— la cláusula residual a favor del alcalde en ninguno de los dos supuestos. Esta posición coincidiría con la de CASADO CASADO (2017, 125), según la cual, aunque «nada dice la LPAC en este punto, (...) a pesar de no tener naturaleza normativa el Plan, teniendo en cuenta que guarda una estrecha relación con la normativa local, el criterio seguido en el ámbito de la administración estatal por la LG, y las propias previsiones inicialmente contenidas en el Anteproyecto de Ley del procedimiento administrativo común de las administraciones públicas, la competencia debería atribuirse al pleno y no al alcalde».

En todo caso, y, en resumen, ya incluso antes de la STC 55/2018 se abogaba, dada su *parquedad* (BURGAR ARQUIMBAU 2016, 15), por la reglamentación del PAN en una ordenanza local, que incidiese en «aquellos aspectos necesitados de concreción [tales como la determinación del] órgano competente para la aprobación del Plan normativo» (CASADO CASADO 2017, 125).

b) La situación para los entes locales con posterioridad a la STC 55/2018: la tesis de su no aplicabilidad

Llegados a este punto conviene analizar la recepción por la doctrina de la STC 55/2018, ya comentada, y de sus implicaciones para los EE. LL. En 2018, tras la publicación de este pronunciamiento, algunos autores sostenían que «*siendo palmaria la obligación para las Entidades Locales de aprobar anualmente el Plan* antes del día 31 de diciembre del año, no es menos cierto que el legislador no ha previsto la sanción, efectos o consecuencias legales respecto del incumplimiento del plazo» (GALLEGO ALCALÁ [2018, 80], la cursiva es mía). Por lo que se seguía, inequívocamente, considerando aplicable.

Bien entrado 2019 (por lo tanto, con la posibilidad de haber llegado a alguna conclusión más certera sobre la extensión de dicha sentencia constitucional al ámbito local), una parte de la doctrina seguía estimando aplicable la planificación normativa a los EE. LL. Así, por ejemplo, DE PRADO FERNÁNDEZ-CANTELI (2019) considera que el Título VI y en particular el art. 132 LPAC «despliega sus efectos sobre la esfera y potestad normativa de las entidades locales». DE PRADO FERNÁNDEZ-CANTELI (2019) da a entender, aunque de nuevo sin mayor explicación, que se aprobaría este PAN por un «acuerdo plenario aprobatorio de su contenido», volviendo aquí sobre la cuestión de la competencia.

Sin embargo, creo que la argumentación dada por VELASCO CABALLERO (2019.2, 323-325) no solo es la más convincente, sino la más certera: «Una cosa es la *existencia* de un deber de elaborar el PAN, que no puede derivar de la aplicación supletoria del art. 132 LPAC (porque la ausencia de tal deber no es una laguna, sino la simple ausencia de un mandato legal), y otra cosa es la *regulación* de un deber efectivamente existente (impuesto expresamente en una ley autonómica o una norma local) que cuando es insuficiente sí activa la cláusula de supletoriedad del Derecho estatal (art. 149.3 CE) y por tanto la aplicación del Real Decreto 286/2017»; a pesar de ello, según este autor «se puede valorar positivamente la regulación voluntaria del plan anual normativo por cada entidad local».

Pues bien, creo que está en lo cierto al afirmar que no es que haya una laguna que haya que colmar con una aplicación analógica o supletoria, sino que, sencillamente, se ha omitido este trámite en el procedimiento normativo local. Lo que no impide, en mi opinión, que fuese recomendable que la LBRL incluyese esta institución como estadio prenormativo para los EE. LL. Pero me sigo preguntando si de verdad está en lo cierto el TC al considerar que el art. 132 LPAC desborda lo básico, muy en particular en relación con los gobiernos locales, que no gozan de una autonomía política sino administrativa y cuya potestad reglamentaria sí está sometida a los principios y a las reglas contenidas en el Título VI de la LPAC.

En cualquier caso, según este autor, «la planificación normativa es una actividad ontológicamente política, [por lo que] una regulación muy estricta puede contradecir, precisamente, la naturaleza política del poder normativo local. De aquí resulta la conveniencia de que el reglamento orgánico municipal (o las instrucciones internas) establezcan únicamente los elementos esenciales del PAN; y que no otorguen protagonismo, en la elaboración, aprobación o vigilancia del PAN, a órganos administrativos distintos de los órganos locales de gobierno (alcaldía, junta de gobierno, pleno)». Y, por otro lado, afirma que «el pleno, a través del reglamento orgánico municipal, no puede dictar reglas sobre la planificación normativa que encorseten indebidamente la iniciativa política del alcalde o alcaldesa y de la junta de gobierno. A diferencia de lo que ocurre con los reglamentos estatales o autonómicos, la iniciativa normativa local puede estar en los concejales o diputados provinciales del pleno. Y esto plantea la posible inclusión en el PAN local de proposiciones normativas de concejales o grupos municipales del pleno» *(ib.)*.

Estamos aquí en presencia de la habitual y típica crítica tecnocrática contra los instrumentos de la *better regulation*, por otra parte, y de algún modo, compartida. Pero claro, hablar de que la potestad normativa (reglamentaria) local —más allá del principio de vinculación negativa que en ocasiones se le quiera reconocer— es *ontológicamente* política no sé si sería lo más acertado. De ahí que tenga mis serias dudas sobre el hecho de que el art. 132 LPAC no pudiese ser, efectivamente, básico. Pero ya se sabe lo que ha dicho el TC. Por lo que, en efecto, comparto la opinión del profesor.

En todo caso, planteo yo —y creo que no se ha dicho por la doctrina hasta la fecha— que de aprobarse este tipo de planes en el ámbito local, y teniendo en cuenta la situación del conocido como *inframunicipalismo* en países como España, la publicidad no debería solo darse en el portal de transparencia (si es que existe tal cosa en la mayor parte de ayuntamientos), sino posiblemente también mediante otros instrumentos aptos para llegar a toda la población (en especial los tablones municipales y el bando). Solo así se garantizaría una adecuada publicidad del PAN.

En definitiva, y aunque como señala García Matíes (2020, 92) «no está muy arraigada en los entes locales, sobre todo en los de menor tamaño, la planificación y evaluación de las políticas públicas», sí creo que sería más que conveniente la aplicación del PAN en el ámbito local, aunque no sea obligatorio por virtud del art. 132 LPAC. Puede ser una reforma de la LBRL la que lo exija, o bien, como propone Fernández Ferrarons (2020, 48), mediante su inclusión en el ROM. Tampoco nada obstaría a que una ley autonómica lo previese. O, como dice Velasco Caballero (2019.2, 325), «dada la sencillez del modelo reglamentario estatal [sobre el PAN], resulta recomendable su traslación al ámbito local». Se ganaría así en predictibilidad, transparencia y hasta participación en la producción normativa en este ámbito tan cercano a la ciudadanía.

c) Un ejemplo de planificación normativa local: las directrices sobre el PAN del Ayuntamiento de Madrid

Resulta completamente inviable realizar un repaso por las eventuales prácticas locales sobre la planificación normativa, ni siquiera desde una perspectiva jurídica (menos, desde la vertiente práctica, que se verá después). FERNÁNDEZ FERRARONS (2020, 116 y ss., *passim*) cita distintos ejemplos, sobre todo catalanes, de localidades con y sin previsiones de planificación normativa. Voy a citar aquí, solo a modo ilustrativo, el caso de la capital de España.

El Ayuntamiento de Madrid, por Acuerdo de la Junta de Gobierno de 15 de junio de 2017, aprobó las *Directrices sobre el Plan Anual Normativo del Ayuntamiento de Madrid*, que vienen a adaptar, en palabras del propio acuerdo, los procedimientos normativos de este Ayuntamiento a las previsiones del Título VI de la LPAC. Estas directrices[89] indican que se incluirán en el PAN municipal todas las ordenanzas, reglamentos, reglamentos orgánicos y estatutos de los organismos públicos municipales cuya iniciativa provenga de los concejales o grupos representados en la Junta de Gobierno, o de esta colectivamente. No serán objeto de inclusión, sin embargo, ni los presupuestos, ni las ordenanzas fiscales, ni los acuerdos de aprobación de precios públicos, ni los planes urbanísticos; pero tampoco las iniciativas ciudadanas o de grupos o concejales de la oposición (directriz 2).

Si bien las últimas tienen todo el sentido, la justificación de las primeras es diversa: será o bien por «su contenido eminentemente financiero y periodicidad anual predeterminada» o bien, para los planes urbanísticos, por su «procedimiento de elaboración y aprobación especial, llegando en determinados casos a estar atribuida su aprobación definitiva a la Comunidad de Madrid».

Antes de comentar esto último, debe tenerse en cuenta que el PAN del Ayuntamiento de Madrid deberá incluir, entre otros extremos (título, promotor, disposiciones afectadas, necesidad de consulta previa o trimestre estimado de aprobación), los objetivos de la propuesta incluida en el plan. Pues bien, teniendo en cuenta esto, y a pesar de que el argumento de la periodicidad anual y el automatismo son potentes, creo que nada obstaría a su inclusión en el PAN, a efectos de publicidad, no tanto de su aprobación futura, esperable y hasta exigible, sino de los objetivos, de las líneas orientadoras de este tipo de normas. Dicho en otros términos, gracias a su publicidad, fomentaría un mejor conocimiento de lo que el Ayuntamiento y su gobierno pretenden para el año próximo. Y no veo, por lo demás, razones de peso para no ser incluidas.

89 Recuérdese que el art. 17.1.b) de la Ley 22/2006, de 4 de julio, de Capitalidad y de Régimen Especial de Madrid, determina que tales directrices tendrán el carácter de vinculantes.

En último lugar, respecto precisamente de la publicidad, este PAN, además de en el portal de transparencia del Ayuntamiento, deberá ser publicado en el diario oficial de dicho municipio (directriz 6), lo cual no puede sino ser aplaudido a los efectos de su permanencia, algo sobre lo que volveré más tarde.

Desde entonces, este Ayuntamiento ha venido aprobando el PAN ininterrumpidamente, incluso ha publicado también algunos de los informes de evaluación de tal plan[90]. En definitiva, una buena práctica que bien harían en imitar, en especial, los grandes municipios españoles.

5. La aplicabilidad de la planificación normativa a otra serie de entes

En este punto, y para terminar con el análisis dogmático de la regulación sobre la planificación normativa *de lege lata*, resulta conveniente analizar la eventual aplicabilidad de las previsiones contenidas en la LPAC a otra serie de entes. Si se recuerda, el art. 132.1 LPAC —que por virtud de la STC 55/2018 sería de exclusiva aplicación al Estado— dispone que, «anualmente, *las Administraciones públicas* harán público un Plan Normativo…» (la cursiva es mía), lo que remite, necesariamente, al concepto de AA. PP. que el propio texto de la LPAC ofrece en su art. 2.3. Son AA. PP., entre otras, la AGE y «cualesquiera organismos públicos y entidades de derecho público vinculados o dependientes de las Administraciones Públicas», aquí, por lo tanto, de la AGE. No lo son las Universidades públicas, aunque esta cuestión ha sido ampliamente discutida.

Parecería, pues, que cualquier organismo de los citados anteriormente y con potestades normativas tendría la obligación de aprobar un PAN[91]. Y, entre dichos organismos se encuentran, fundamentalmente, las AAI con ciertas potestades reglamentarias. Por lo tanto, y en mi opinión, las AAI y otros entes que sin entrar estrictamente en dicha categoría sí lo hacen en el de Administraciones independientes deben adecuar sus procesos normativos a las previsiones contenidas en este precepto[92]. Ahora bien, esta inter-

90 El enlace a tal información aparece en el Anexo correspondiente, en el que se incluyen las direcciones de los PAN autonómicos.

91 No creo que el Consejo General del Poder Judicial, a pesar de disponer de potestad reglamentaria —como recuerda Bacigalupo Saggese (2003, 32)—, deba ser incluido entre los entes a los que les sería de aplicación esta regulación. Ello no obsta para que, en la medida de lo posible, fuera recomendable que este órgano de gobierno del Poder Judicial hiciese uso de las técnicas de mejora de la calidad del Derecho.

92 Señala Tornos Mas (2003, 491) que «la realidad nos demuestra que, en la práctica, las leyes de creación de las diversas AAI, cuando les han atribuido potestad normativa, han establecido el cauce procedimental para la elaboración de la norma. Los problemas pueden surgir cuando esta regulación se muestre incompleta y se trate de identificar la ley de aplicación supletoria».

pretación ha sido puesta en duda, en lo que respecta en concreto al PAN, por Jover Gómez-Ferrer (2020, 84), para quien «resulta cuestionable que este precepto sea aplicable a los órganos de la denominada Administración independiente, aun cuando hay buenas razones para considerar que ello debiera ser así», aunque no explica las razones que le llevan a pensar en dicha no aplicabilidad.

El dictamen 197/2018 del Consejo de Estado, referido a la modificación del Reglamento Interno del BdE (aprobado por Resolución de 28 de marzo de 2000 y modificado en lo que aquí respecta por Resolución de 24 de abril de 2018), evalúa su adecuación a las leyes 39 y 40 de 2015. El art. 7.4 de este Reglamento, en su nueva redacción, prevé la aprobación anual de un PAN de dicho banco central, así como su publicación en el portal de transparencia de este, en los siguientes términos:

> El Banco de España aprobará anualmente un plan normativo que contendrá las iniciativas normativas externas que vayan a ser elevadas para su aprobación en el año siguiente. Una vez aprobado, el plan anual normativo se publicará en el Portal de Transparencia del Banco de España.

El dictamen referido no incluye ningún comentario al respecto más allá de constatar la aplicabilidad de las previsiones de la LPAC en materia de mejora de la calidad del Derecho al BdE. Pero lo cierto es que, de ser directamente aplicables en este caso las previsiones sobre planificación normativa del art. 132 LPAC —como se desprende del dictamen anterior—, no habría resultado, en absoluto, necesaria su incorporación al Reglamento del BdE. Sin embargo, esta incorporación, aunque pueda tener su sentido también desde el punto de vista de técnica normativa, no deja de ser un indicio de las dudas que puede plantear la aplicabilidad inmediata de la LPAC a entes como este.

En términos similares, el art. 38 del Reglamento de Régimen Interior de la CNMV (aprobado por Resolución de 19 de diciembre de 2019, del Consejo de dicha Comisión), prevé la aprobación anual del PAN para tal entidad, así como su publicación. Por su parte, la CNMC ha aprobado un «Calendario de Circulares», muy parecido al instrumento planificador aquí estudiado. Esta institución cuenta con una previsión semejante al PAN, en lo relativo al ámbito de la energía, por aplicación del art. 1.3 del RD-Ley 1/2019, de 11 de enero[93]. Téngase presente, además, que el art. 37.1.g) de la Ley 3/2013, de

Sobre la aplicabilidad supletoria de la LPAC al caso concreto de la CNMC, véase el trabajo de Martínez Calvo y Ester Casas (2020, 562-563), quienes explican algunos de los problemas que plantea esta nueva regulación. Y, en general, sobre tales circulares, Morales Plaza (2020).

93 El tenor literal de este precepto, de adaptación de la regulación de la CNMC a las últimas directivas europeas en la materia, dice así: «*El plan de actuación* previsto en el artículo 39 de la Ley 3/2013, de 4 de junio, de creación de la Comisión Nacional de los Mercados y la Competencia, *incluirá una previsión de las circulares de carácter normativo en materia de*

4 de junio, de creación de la Comisión Nacional de los Mercados y la Competencia, determina que será objeto de difusión «el plan de actuación de la Comisión para el año siguiente». De todos modos, se trata de una obligación de transparencia más que otra cosa. En cualquier caso, y dada la posibilidad de estas entidades de dictar normas (con una u otra denominación), la práctica de la planificación normativa es completamente recomendable.

Lo mismo podría decirse, aunque ahí ya sin ninguna duda sobre la no aplicabilidad, a las Universidades públicas, cuya normativa interna puede adquirir una entidad considerable y sobre la que una aplicación de los principios de buena regulación resultaría más que deseable[94]. De ahí el cierto lamento de Lladó Martínez (2017, 388-389), según el cual «es una lástima que un articulado que se revela tan adecuado para solucionar los problemas expuestos de las normas reglamentarias elaboradas por las universidades no sea de aplicación a estas instituciones», a lo que añade que «ordenar mínimamente la potestad reglamentaria como lo hace la LPAC representa un activo jurídico que las universidades no pueden dejar perder».

6. Algunas conclusiones sobre la configuración jurídica actual en España de la planificación normativa

A lo largo de los epígrafes anteriores, se ha visto que, para el caso español, la planificación normativa en su actual configuración no tiene un carácter básico, de acuerdo con la interpretación que ha hecho el TC del art. 132 LPAC, por lo que estas previsiones solo serán aplicables al Estado y, subsidia-

---

energía cuya tramitación tenga previsto iniciar dicho organismo durante el año siguiente, indicando la fecha prevista para el inicio de su tramitación, los objetivos que se pretenden alcanzar en cada una de ellas y la fecha prevista para su adopción. Dicha previsión será comunicada al Ministerio para la Transición Ecológica antes del 1 de octubre de cada año» (la cursiva es mía).

94 Respecto de la aplicabilidad de las Leyes 39 y 40 de 2015 a las Universidades públicas, véase Silva López (2020), Rivero Ortega (2016) y el propio Lladó Martínez (2017). Cueto Pérez (2018, 542) y Aguirre i Font (2018, 741) apuestan por una aplicación supletoria de las disposiciones del Título VI a las Universidades públicas, criticando el caos normativo de estos entes, además de su exclusión del concepto de AA. PP.
Para Rivero Ortega (2016, 300), «todo el Título VI de la Ley 39/2015 (...) presenta escasas proyecciones sobre las universidades públicas, lo que no significa que no puedan aprovecharse algunas de las mejoras que incorpora para incrementar la calidad de los procesos de elaboración, aprobación y publicación de normas en el ámbito universitario», haciendo uso de su autonomía universitaria constitucionalmente garantizada.
Solo conozco, de manera completamente aislada en el espacio y el tiempo, alguna Universidad que haya aprobado el PAN en algún momento (me refiero, a la de Málaga y para el año 2018); disponible aquí: https://www.uma.es/secretariageneral/normativa/propia/consejo/febrero_2018_2/Anexo04.pdf (Consultado: 2021-05-27).

riamente por la vía de la supletoriedad, a las CC. AA. o EE. LL. cuando otras normas exijan la aprobación de un plan normativo y no se hayan concretado, en tales ordenamientos, los elementos configuradores para desarrollar esas previsiones.

A pesar de ello, decía Santamaría Pastor (2016.2, 39) que «no cab[ía] duda [de] que ser[ía] acogida [una regulación semejante a la del precepto estatal sobre planificación normativa] por las futuras leyes autonómicas; no solo en virtud de la analogía, sino del sentido común». La realidad es, sin embargo, la contraria: no parece que la mayoría de CC. AA. lo haya hecho. Incluso, al contrario, son no pocas las que han dejado de realizar, aunque sea sin regulación, este tipo de planificación, como se verá después.

Solo unas pocas CC. AA. (Aragón, La Rioja, Navarra...) cuentan en estos momentos con un precepto legal que reglamente la planificación normativa. Otras pocas están tramitando disposiciones con dicho rango en el mismo sentido. Finalmente, algunas (también pocas) han optado por su regulación en instrumentos jurídicos de marcado carácter interno, como son instrucciones o circulares. Se identifican hasta 8 de 17 CC. AA. (casi la mitad) que no cuentan con ninguna previsión al respecto, ni siquiera en trámite. Ello no ha impedido que, como se verá pronto, la gran mayoría sí haya hecho uso de esta técnica planificadora en un sentido u otro. Por otro lado, suele haber hasta cierta confusión entre la obligación de aprobarlo y la de publicarlo, producida por la inclusión en las leyes de transparencia menciones a la planificación, en general, y a la planificación normativa, en particular. Además, algunas normas parecen dejar intuir la posibilidad de abrir a la participación pública este tipo de planes, pero se queda en una genérica apelación a dicha participación. La mayoría suele prever la evaluación de los instrumentos planificadores, aunque habitualmente también en términos demasiado amplios. Solo unas pocas autonomías concretan estos aspectos respecto al PAN.

Es destacable también el hecho de que algunas CC. AA. prevean instrumentos jurídicos semejantes, aunque no iguales, como los planes o programas de gobierno o legislatura. Ahora bien, la normativa autonómica considera dichos programas de gobierno de una manera genérica en la mayor parte, no estructurada ni con contenidos concretos, salvo en unos pocos casos (singularmente, Aragón y País Vasco). Estos instrumentos, como se concretará más adelante, suponen una planificación a más largo plazo que, a mi juicio, tiene gran interés porque no predispone una solución de naturaleza normativa a los problemas públicos, en la línea de lo que realmente *debería ser* esta planificación.

Aunque se verán distintas posibilidades para el ámbito autonómico (y local), algunos autores, como Alonso Timón (2020), defienden que, dado que «la planificación *ex ante* ha mejorado de manera significativa en la nueva regulación de 2015», habría que llevar al extremo la competencia estatal para homogeneizar los instrumentos de *better regulation*, siendo muy crítico con la STC 55/2018. Creo que hay soluciones intermedias, que se propondrán al final.

En última instancia, respecto de los EE. LL., no se puede considerar que la planificación normativa del art. 132 LPAC les sea aplicable mientras no exista una norma que expresamente lo prevea para tal nivel (sea la LBRL, alguna ley autonómica, una ordenanza o reglamento municipal).

Para terminar de estudiar la configuración jurídico-dogmática de la planificación normativa, debe analizarse la interpretación doctrinal que de esta institución han hecho los tribunales en sus (no muy abundantes) resoluciones. Vayamos a ello.

III.

JURISPRUDENCIA SOBRE LA PLANIFICACIÓN NORMATIVA

1. Análisis de las resoluciones recaídas sobre planes normativos

Como siempre, la vertiente jurisprudencial de una materia resulta de interés por cuanto puede arrojar algo de luz en aquellas cuestiones que, por razón de su regulación, no sean suficientemente claras o presenten algunos contornos difusos o de difícil determinación. Y, como se ha visto para el caso de la planificación normativa, este instrumento entra claramente dentro de dicho ámbito. Sin embargo, y como se va a ver enseguida, el PAN —cuyas previsiones entraron en vigor el 2 de octubre de 2016, por virtud de la DF 7.ª de la LPAC— tiene apenas una vida de poco más de cinco años a sus espaldas[95]. Es por ello, junto con su escasa trascendencia práctica, por lo que los pronunciamientos judiciales que se han dado sobre esta institución son escasos y, me atrevería a decir, poco sustanciales. Todo ello sin perjuicio, no obstante, de la principal sentencia acaecida hasta la fecha, la ya comentada STC 55/2018.

Pues bien, al margen de dicha resolución del alto intérprete de la Constitución, hallaríamos una veintena de sentencias de los distintos tribunales ordinarios y, en particular, del TS y de diversos TSJ[96].

---

95 Por lo que, con la excepción de algún comentario parcial contenido en Chinchilla Peinado y De Marcos Fernández (2021), quizás sea este el primer análisis sistemático de jurisprudencia sobre esta institución.

96 La metodología empleada para este análisis jurisprudencial se centra en el uso de la principal base de datos de jurisprudencia española, CENDOJ, del buscador de jurisprudencia del TC, así como de los motores de búsqueda y los repertorios de Aranzadi Instituciones. En concreto, además de una búsqueda por términos exactos («Plan Anual Normativo», «plan normativo», «planificación normativa», y sus correspondientes plurales y formas derivadas), se ha utilizado también la opción de búsqueda de resoluciones en que se aplican los preceptos normativos que regulan esta institución. El periodo de búsqueda, sin fecha inicial concreta, cubre el periodo comprendido hasta marzo de 2021.

El Tribunal Supremo, en realidad (y s.e.u.o.), solo se ha pronunciado en una ocasión sobre esta institución[97], en su STS de 5 de noviembre de 2020 (ECLI: ES:TS:2020:3563). En este pronunciamiento —en el que se impugnaba un RD entre otros, por cuestiones de forma asociadas al procedimiento normativo— se concluye que «al margen de que no se engarzan con el resto del fundamento (...) las objeciones que formula la parte en ningún caso poseen relevancia invalidatoria» (FJ 3.º). Entre otras, se alegaba la no inclusión de la norma aprobada en ningún plan normativo (del Estado, en este caso, por ser un reglamento aprobado por el Gobierno). Y sigue la STS diciendo que «no puede hablarse de ausencia total del procedimiento (...) por no estar incluida la disposición impugnada en los planes normativos» *(ib.)*. No se especifica en la sentencia si en la MAIN de dicha disposición aparecía suficientemente justificada la aprobación de tal RD al margen del PAN, como exige la normativa. Y, a mi juicio, este elemento sí habría sido interesante y determinante a la hora de analizar la respuesta dada por el Alto Tribunal.

En cualquier caso, parece bastante laxo a la hora de analizar los requisitos de forma sobre el procedimiento normativo, puesto que incluso llega a justificar la ausencia del trámite de consulta pública previa, sin más, por el mero hecho de haber existido información y audiencia públicas. Creo que el TS confunde los trámites, pero sobre este particular y esta misma sentencia se volverá con ocasión del análisis de esta otra institución. En definitiva, no existen pronunciamientos (más allá de este, hasta cierto punto irrelevante) del Alto Tribunal que permita una mejor interpretación del PAN.

Aunque no mucho más, sí han sido más prolijos los TSJ de diversas CC. AA. Todos ellos, y aunque con distintos pronunciamientos, traen causa de impugnaciones de ordenanzas municipales que, presuntamente, habrían sido aprobadas o bien fuera del PAN, o bien directamente sin que dicho instrumento hubiera sido aprobado. Con la excepción del TSJ de Andalucía, el resto sí consideran aplicable este instrumento al ámbito local, aunque sin excesiva explicación, y contrariamente a la conclusión a la que se ha llegado en el punto anterior. Adolecen la mayor parte de las (pocas) sentencias existentes sobre la planificación normativa de una levedad e indeterminación palpables y criticables, cuando no de auténticos malentendidos. Pasemos a verlas.

El TSJ de Andalucía, en sentencia de 9 de diciembre de 2020 (ECLI: ES:TSJAND:2020:15311), es de los pocos que se hace eco ya de la STC 55/2018. Se

97 Y digo *en realidad* porque en la STS de 3 de junio de 2008 (ECLI: ES:TS:2008:2710) se habla sobre la utilización del procedimiento de urgencia para la aprobación de un RD, de la «prioridad [de dicha norma, se entiende] en la *planificación normativa* del departamento» (la cursiva es mía), a la sazón un ministerio, como justificadora de la utilización de dicho trámite urgente. Este *obiter dicta* demuestra lo ya apuntado por Araguàs Galcerá (2016.2, 48), según la cual es evidente que la técnica de la planificación ya existía, solo que ahora se le ha dado publicidad.

interesa la nulidad de una ordenanza de un municipio andaluz, se entiende, por no estar prevista en el PAN de tal entidad (o bien porque dicho instrumento no había sido aprobado, pues no se especifica en la resolución...). Concluye el TSJ diciendo que, «en efecto, el art. 132 LPAC impone el deber de programar anualmente la actividad reglamentaria de cada Administración pública. Se trata de un deber propio del "ciclo" reglamentario, y por tanto previo al inicio de un concreto procedimiento normativo. Pero tras la STC 55/2018, este deber del art. 132 LPAC solo obliga a la Administración General del Estado y no, por tanto, a las entidades locales. Destacamos la fundamentación jurídica de la sentencia citada al respecto» (FJ 2.º). Y lo hace con una extensa cita de los fundamentos de tal pronunciamiento.

En fin, más allá de la interpretación extensiva del juicio de (in)constitucionalidad de la LPAC, sobre la que ya tuve ocasión de pronunciarme, creo que el TSJ de Andalucía ha perdido una buena ocasión para, precisamente, pronunciarse sobre este particular y aclarar (al menos a juicio de los tribunales) la (no) aplicabilidad de estos preceptos en el ámbito local. Es, en todo caso, reprochable —pero frecuente— que los tribunales opten por el mero «copia y pega» en la argumentación de sus resoluciones.

Pero, como he dicho (y a pesar de que todas las sentencias aquí analizadas son posteriores a la STC 55/2018, publicada en el BOE de 22 de junio y, por lo tanto, exigibles frente a todos desde el día siguiente, *ex* art. 164.1 CE), solo el TSJ de Andalucía se ha pronunciado en el sentido de que el PAN no sea aplicable a los entes locales (como pretendida, y discutida, legislación básica). Así, los siguientes ejemplos vendrían a demostrar esta afirmación.

El TSJ de Aragón dictó una sentencia de 9 de julio de 2018 (ECLI: ES:TSJAR:2018:951), a mi juicio algo problemática. En el caso de autos, se alega la nulidad de una ordenanza de aprovechamiento de pastos titularidad de una entidad local menor por haber prescindido total y absolutamente del procedimiento por infracción del art. 132 LPAC.

Esta resolución me parece problemática por, al menos, dos motivos. Por un lado, habla de la existencia de un procedimiento impugnatorio previo de una liquidación de pastos, temporalmente anterior a la aprobación de la ordenanza. A juicio del tribunal, «cabe suponer que había justificación suficiente *ex ante* para abordar directamente [la aprobación de la ordenanza] (...) sin necesidad inexcusable de una previa planificación normativa» (FJ 1.º). La justificación para aprobar la ordenanza que permitiera cobrar por el uso de los pastos de titularidad pública vendría a ser, según esta interpretación, la propia inexistencia de la norma. Me parece una argumentación muy poco sólida.

El segundo de los argumentos que digo que me parecen problemáticos sería el siguiente: sería admisible la aprobación de una ordenanza sin planificación «por el tamaño de la Entidad Local —de 51 habitantes censados—» *(ib.)*. La aplicabilidad o no (aunque aquí el TSJ no deje clara su postura) como norma básica de la LPAC a los EE. LL. no puede depender, si la norma no dice lo contrario, del tamaño del ente local *(ubi lex non distinguit...)*. Es cierto y comprensible que la situación del inframunicipalismo en España esté presente también, como término de equidad, a la hora de resolver los distintos conflictos planteados ante los tribunales, y así se ha visto que lo ha propuesto la doctrina[98]. Y también es cierto que, en su actual configuración —en la que este plan parece más bien un trámite burocrático—, se pretenda no sobrecargar a las AA. PP. con procesos innecesarios (al margen de mi opinión manifestada más arriba sobre el particular). Pero creo que el TSJ no estuvo acertado al ligar la aplicación de esta norma al rango poblacional del ente en cuestión.

Sí tienen más sentido los siguientes argumentos: primero, «la proximidad de fechas a la entrada en vigor de la Ley 39/2015» *(ib.)*, que ha sido acogido por pronunciamientos de otros tribunales[99] (se trata de una cuestión de derecho transitorio que, no obstante, pudo tener su importancia en los años 2016-2018); segundo, la amplitud de los trámites de información pública que garantizaron la no indefensión.

En otros términos, se ha pronunciado el TSJ de Illes Balears en su sentencia de 30 de noviembre de 2020 (ECLI: ES:TSJBAL:2020:1069) que, aunque parece que no discute la aplicabilidad de la norma a los entes locales (de nuevo, ante una impugnación de una ordenanza que no habría sido incluida en el PAN), determina que «no ha de aceptarse que, por no haber efectuado dicha previsión anual, o simplemente por no haber incluido una determinada materia en ese plan anual, quede un Ayuntamiento impedido de regular durante esa anualidad cualquier materia» (FJ 4.º). Resulta obvia esta conclusión.

Como en el caso de la STS comentada arriba, lo relevante no habría sido —más allá del debate sobre la aplicabilidad de la norma al ámbito local— la no inclusión en el PAN, sino su adecuada justificación. Pero, en este caso, sí existe tal justificación (como se desprende de la propia resolución judicial). Y, a juicio del tribunal, dicha justificación es suficiente. Nada que objetar, pues entra dentro del ámbito de la discrecionalidad judicial el determinar si las explicaciones dadas por el ente local son o no razonables y están suficientemente justificadas. En cualquier caso, reconoce esta STSJ que «la previsión normativa de iniciativas reglamentarias prevista en el artículo 132 constituye un avance importante en el proceso de modernización y racionalización de la actividad administrativa normativa» *(ib.)*. No puedo estar más de acuerdo.

98 Incluso un conocido magistrado (aunque también asiduo escritor), Chaves García (2017), dijo que no había que «olvidar la distinta capacidad y voluntad de la administración local para acometer su plan normativo anual».

99 En concreto, el TSJ de Castilla y León toma en consideración lo dicho por esta sentencia en las suyas de 12 y 15 de abril y 13 de septiembre de 2019 (ECLI: ES:TSJCL:2019:2002, ES:TSJCL:2019:1977 y ES:TSJCL:2019:3653, respectivamente).

El TSJ de Cataluña también se ha pronunciado en, al menos, dos ocasiones[100] sobre el PAN. En la primera sentencia, de 16 de septiembre de 2019 (ECLI: ES:TSJCAT:2019:9162), de nuevo contra una ordenanza municipal —ahora, fiscal—, se evalúa la aprobación y publicación extemporánea de dicho PAN. En este caso sí se había aprobado este instrumento, y también incluía la previsión de la modificación de la norma objeto del litigio, pero se hizo el mismo año que debía planificar —y no en el año precedente, como dispone la norma estatal—. Pues bien, a juicio del tribunal, «el defecto apreciado no ha de comportar la nulidad de pleno derecho que se pretende» (FJ 3.º).

Estoy de acuerdo, y más teniendo en cuenta que se aprobó en el mes de febrero. En tanto que instrumento planificador, lo que pretende es dar a conocer con anterioridad a su aprobación las normas que vayan a ser objeto de modificación (o de nueva aprobación). Por lo tanto, su publicación extemporánea y, sobre todo, a principios del año no creo que suponga indefensión alguna para la ciudadanía (sin perjuicio de que siempre sea conveniente su aprobación en plazo y con la mayor antelación posible). Y es que, además, como bien recuerda este pronunciamiento: «El precepto no exige un determinado lapso temporal entre la publicación del plan y la elevación de la iniciativa a su aprobación»; en fin, «se ha realizado una actuación fuera del plazo establecido, que no ha causado indefensión alguna y sin que tal irregularidad afecte a su validez» *(ib.)*. También comparto esta conclusión.

Lo que no termino de ver correcto, al menos en la actual configuración de la norma, es lo siguiente, que también se afirma en dicho fundamento: «Lo prescrito en dicho artículo 132 [LPAC se refiere] (...) a la planificación normativa, *al ámbito interno de la Administración, aunque se prevea su publicación en aras de la transparencia y no sea tampoco desdeñable su contribución a una mayor seguridad jurídica en la medida que da a conocer la posibilidad de un cambio normativo, para que pueda ser tenido en cuenta por las personas y empresas para su actuación y toma de decisiones*» (la cursiva es mía) y, por todo ello, «no se habría omitido un trámite esencial». Pues bien, siendo cierto que la planificación normativa tiene efectos *ad intra*, no lo es menos que también los tiene *ad extra*[101]. Comparto, como dije, la modulación del requisito de su aprobación y publicación en la anualidad anterior, que no debe ser determinante de su nulidad y menos demostrada la no indefensión.

100 En realidad, también lo hace en su sentencia de 28 de junio de 2019 (ECLI: ES:TSJCAT:2019:4110), pero sin entrar a valorar esta supuesta causa de nulidad de un reglamento autonómico, porque lo anula por otro motivo con carácter previo: la ausencia de trámites participativos, singularmente el previsto en el art. 133 LPAC. No creo, no obstante, que hubiese prosperado por ser plenamente aplicable la STC 55/2018, al tratarse de una norma autonómica, a pesar de la doctrina de la Comisión Jurídica Asesora de Cataluña en este sentido, explicada más arriba.

101 Al menos en su configuración para la AGE. Pues, no se olvide, los requisitos temporales de aprobación del PAN vienen determinados en una norma con rango de Ley, no en una instrucción interna para la actuación administrativa.

Por lo tanto, determinada la aplicabilidad (o no, eso no se ha discutido en este caso) de la norma estatal al ámbito local, como parece ser, y sin perjuicio de las modulaciones necesarias para flexibilizar el ejercicio de la potestad normativa reglamentaria por un ente democrático, ello no obsta para afirmar también su vertiente *ad extra,* así como la exigibilidad de la aprobación del plan.

La segunda de las sentencias de este tribunal, de 16 de julio de 2020 (ECLI: ES:TSJCAT:2020:6356), va en la línea de las ya mencionadas sobre la ausencia de inclusión en el PAN de una ordenanza que finalmente fue aprobada. Ahora bien, dicha ausencia tendría justificación por cuanto no se trataría del «devenir natural, voluntario y futurible de iniciativas reglamentarias de la administración sino antes bien en la vía de tratar de reconducir a la legalidad supuestos en que existe una formalizada y previa controversia competencial entre administraciones» (FJ 3.º). Por ello, y estoy de acuerdo, podría considerarse que existe justificación suficiente como para no esperar a su aprobación con inclusión en el siguiente PAN. Dice, en fin, esta sentencia que «por más esfuerzos que se hagan, inclusive desde una perspectiva formalista, no se alcanza la relevancia de la nulidad que se sostiene» *(ib.)*.

Esta STSJ resulta llamativa porque, a pesar de citar la STC 55/2018, no hace mención alguna al juicio sobre la aplicabilidad de la LPAC al ámbito local, sino que parece dar por sentada su vigencia para los EE. LL. Pierde también este TSJ una oportunidad para pronunciarse sobre el particular.

Del TSJ de Castilla y León se debe destacar la sentencia de 13 de julio de 2020 (ECLI: ES:TSJCL:2020:2659) que se refiere, nuevamente, a una ordenanza fiscal. Resulta de interés por cuanto, recordando una sentencia del mismo tribunal, considera no aplicables las previsiones del art. 132 LPAC (igual que las del art. 133) a las ordenanzas fiscales —nada dice, en un sentido u otro, de su aplicación general a los entes locales de la normativa estatal—. Pues bien, cree este tribunal que sería de aplicación la norma especial por virtud de la remisión de la DA 1.ª LPAC. Y el TRLHL tampoco hace mención alguna al respecto en materia de aprobación de ordenanzas fiscales. Sobre este asunto ya me he pronunciado más arriba. La cuestión no creo que radique en la posibilidad de excluir las ordenanzas fiscales del PAN (cosa que no sucede, por ejemplo, en el PAN del Estado), sino en si este art. 132 LPAC debe aplicarse a los EE. LL. o no. Pues, de aplicarse, yo sí creo que deberían incluirse tales ordenanzas fiscales.

Otra sentencia, en este caso del TSJ de la Comunitat Valenciana, de 10 de septiembre de 2020 (ECLI: ES:TSJCV:2020:4732), analiza la presunta nulidad de una ordenanza fiscal, de nuevo, por su aprobación sin haber sido incluida en el PAN correspondiente. Se desprende del contenido de la sentencia que tal ausencia de inclusión —como se ha visto ya en otras anteriores— estaría suficientemente justificada, en este caso concreto, por venir determinada por pronunciamientos judiciales del TS. Así pues, y a pesar de que, en palabras de este tribunal, la no inclusión en el PAN sería «un vicio no invalidante» (FJ 4.º), en mi opinión, si existe tal justificación —aunque no directamente manifestada sino expresada o derivada de la argumentación del poder normativo correspondiente— no estaríamos, en ningún caso, ante un vicio sino, precisamente, ante la excepción amparada por la norma.

El TSJ de Extremadura, en su sentencia de 24 de enero de 2019 (ECLI: ES:TSJEXT:2019:73), analiza nuevamente la impugnación de una ordenanza fiscal por parte de una compañía eléctrica[102] —de hecho, no todas pero sí una mayoría de las sentencias aquí comentadas tienen como parte recurrente a la misma mercantil— por la «ausencia de informe de planificación normativa» *(sic)*. Ciertamente, no sé a qué informe se refiere, pues creo que en ningún lugar del ordenamiento se menciona tal supuesto *informe*.

El FJ 3.º se ocupa de las alegaciones formales contra tal ordenanza. Pues bien, este fundamento, de difícil lectura, tras citar la STC 55/2018 y mencionar la eventual aplicación de la DA 1.ª LPAC, concluye que nos encontramos ante «principios deseables no desarrollados de manera concreta en el supuesto que examinamos y, por tanto, del tenor del artículo en materia del plan *se interpreta el carácter obligatorio de su redacción*, aunque de forma indirecta e implícita, ya que expresa "harán público"» (la cursiva es mía). Bueno, en realidad el segundo apartado del art. 132 LPAC sí se refiere a la «aprobación», pero da igual, pues la consecuencia es la misma.

Sigue este fundamento indicando que «no se establecen las posibles consecuencias de su no elaboración o de su no publicación». Es así. Y continúa: «Respecto de su aplicación concreta a las Entidades Locales, debemos señalar que el Plan versará sobre los Reglamentos y Ordenanzas (...); dentro de las figuras señaladas tendrán cabida también, cómo no, las Ordenanzas fiscales». Estoy de acuerdo con esta conclusión: si es de aplicación para los EE. LL., debe serlo para todo tipo de normas, también las fiscales, puesto que la potestad normativa no entraría dentro del ámbito de la especialidad prevista en la DA 1.ª LPAC, como ya dije más arriba.

Con fundamento en no se sabe qué disposición, sostiene en ese mismo punto este tribunal que «las *webs* municipales deberán crear un acceso actualizado a este Plan Normativo —hasta aquí no veo problema— e indicar en todo momento el estado de las actuaciones y su fase de desarrollo». Más allá de que esta previsión pueda ser deseable y compartida, no alcanzo a comprender cómo de la legislación estatal en materia de planificación normativa se puede alcanzar esta conclusión para los EE. LL.

102 Esta sentencia es reproducida, en sus mismos términos (al menos en lo que aquí interesa), por las siguientes del mismo tribunal: de 13 y 14 de febrero de 2020, dos pronunciamientos de 14 de julio de 2020 y otra de 28 de julio del mismo año (respectivamente: ECLI: ES:TSJEXT:2020:282, ES:TSJEXT:2020:285, ES:TSJEXT:2020:542, ES:TSJEXT:2020:544, ES:TSJEXT:2020:553). Se omite, por motivos obvios, su reproducción.

Como tampoco entiendo la cita, subsiguiente, a la Orden PRE/1590/2016, de 3 de octubre, por la que se publica el Acuerdo del Consejo de Ministros de 30 de septiembre de 2016, por el que se dictan instrucciones para habilitar la participación pública en el proceso de elaboración normativa a través de los portales *web* de los departamentos ministeriales. Norma esta que no solo no incluye ninguna mención a la planificación normativa, sino que se refiere a un trámite completamente distinto.

Reproduzco, por su interés, la parte final de este FJ 3.º:

> No son disposiciones normativas propiamente dichas **[los planes, se entiende]**, [aunque] sí tienen ciertos efectos. Su publicación obliga a las Administraciones a no conculcarlas, bajo el respeto entre otros, al principio de que nadie puede ir contra sus propios actos o al principio de confianza legítima. Pero su finalidad «ad extra» será fundamentalmente informativa. Como algún autor indica, son regulaciones de la Administración, dirigidas a una pluralidad de destinatarios, que carecen, directamente, de efectos obligatorios y de procedimientos tasados de elaboración. No son objeto de enjuiciamiento, en tanto que no participan propiamente de la naturaleza de los actos ni de los reglamentos administrativos, ni por ello son, en principio, susceptibles de impugnación. Tienen como papel más importante la interpretación de preceptos legales y reglamentarios. En definitiva, entendemos que la ausencia de las formalidades que la recurrente alega no implica ni determina la anulación de lo actuado.

Por lo tanto, en opinión del tribunal, los planes normativos: i) no se podrían conculcar; ii) pero solo tienen finalidad informativa; iii) son *regulaciones* dirigidas a pluralidad de destinatarios; iv) pero sin efectos obligatorios; y v) tendrían un papel interpretativo. Casi nada. Desde mi humilde punto de vista, las conclusiones i) y ii) son contradictorias en sus propios términos; del mismo modo que lo serían las iii) y iv). Por no hablar de que la conclusión v) es completamente descabellada. ¿Cómo va a tener un papel interpretativo un plan normativo? ¿De qué normas? ¿De las no incluidas en tal plan, pero justificada tal ausencia? ¿O de las que se aprueban, pero en términos distintos a los inicialmente previstos? En esta ocasión, como en otras, tengo la impresión de que el tribunal no tiene muy claro qué es eso de la planificación normativa.

El TSJ de Galicia tampoco tendría, a mi parecer, muy clara esta institución. En su sentencia de 30 de abril de 2019 (ECLI: ES:TSJGAL:2019:3177), tras afirmar, aunque con poca firmeza, que el art. 132 LPAC «contiene prescripciones (...) que *parecen* afectar también a la Administración Municipal *en cuanto no la discrimina*» —me pregunto si conocerá la STC 55/2018; las cursivas son mías—, sostiene que «la implementación de dicha exigencia en el ámbito local, desde luego, plantea dificultades y muchos interrogantes, entre los que se encuentra cuál ha de ser la consecuencia de su incumplimiento» (FJ 3.º). Esto es correcto.

Tras no considerar aplicable —qué alivio— la LGob a la planificación normativa de los EE. LL., indica que «habrá de resolverse la cuestión atendiendo a la finalidad que se persigue con el informe —*sic*— de planificación normativa y si tales objetivos se cumplen, no obstante su omisión, a través de otros mecanismos, lo que negaría trascendencia anulatoria a tal vicio, aunque se entendiera que también la Administración Local ha de elaborar un plan normativo anualmente» *(ib.)*. Entonces, a juicio de este tribunal ¿se aplica el art. 132 LPAC a los EE. LL. o no? Desde luego, de la lectura de esta sentencia no queda claro.

A juicio de este tribunal, y esta conclusión sí la comparto, con este tipo de planes se pretenderían fomentar la transparencia y la seguridad jurídica. Ahora bien, no creo que, en el supuesto de que se considerase aplicable el art. 132 LPAC al ámbito local, el desarrollo del proceso de elaboración de ordenanzas y reglamentos municipales previsto en la LBRL pudiese sanar la eventual ausencia de dicho plan —insisto, de considerarse obligatorio—. Por mucho que los trámites previstos en la norma básica local ya garanticen, de alguna manera, la transparencia y la seguridad jurídica.

2. Conclusiones del análisis jurisprudencial: incertidumbre e indeterminación

En definitiva, han sido pocos los años transcurridos desde la entrada en vigor de las previsiones sobre el PAN y la actualidad, por lo que este repaso no deja de ser apriorístico y con el transcurso de los años deberá volverse sobre esta cuestión. Pero, en cualquier caso, del análisis de estas pocas resoluciones judiciales[103] que se han pronunciado hasta la fecha sobre la planificación normativa, se desprenden distintas conclusiones.

En primer lugar, podría hablarse de cierto desconocimiento de los verdaderos contornos de la institución. No todos los tribunales parecen tener muy claro en qué consiste la planificación normativa y en qué punto del ciclo normativo se inserta. Hasta el punto de confundirla en ocasiones con otros

103 En al menos dos más se habría alegado la infracción de la normativa sobre planificación, pero sin resultado satisfactorio en cuanto a un eventual pronunciamiento, por lo que no han sido incluidas en el análisis. En el recurso resuelto por la STSJ de Asturias de 17 de junio de 2020 (ECLI: ES:TSJAS:2020:1361) se alegó por la demandante, la ya citada compañía eléctrica, la ausencia de planificación normativa sobre una ordenanza, pero el TSJ no tuvo ocasión de pronunciarse por pérdida sobrevenida de su objeto (al haberse acordado dejar sin efecto tal ordenanza por defectos en su tramitación, sin que esta hubiera sido nuevamente aprobada). Lo mismo sucedió con la sentencia del TSJ de Castilla y León de 25 de febrero de 2020 (ECLI: ES:TSJCL:2020:504), en la que se alegaba la vulneración de las previsiones de planificación normativa en materia de aprobación de una ordenanza fiscal pero, al final, el tribunal no llega a pronunciarse por admitir la nulidad por otro motivo de impugnación (en particular, la inadecuación de un informe).

instrumentos. En segundo lugar, resulta también llamativa la escasa trascendencia que la jurisdicción ordinaria ha prestado a la STC 55/2018 pues, con la excepción del TSJ de Andalucía, no parecen querer interpretar la extensión de esta al ámbito local, cuando su mera existencia podría servir de base para no entrar siquiera a conocer tales pretensiones sobre la infracción de las previsiones sobre planificación normativa en el ámbito local. Han perdido una buena oportunidad para pronunciarse al respecto.

Sí parecen sensatos los argumentos en torno a la aplicabilidad temporal de la normativa sobre planificación normativa. Téngase en cuenta que el primero de los planes normativos fue exigible para el año 2017, por lo que el lapso temporal entre las primeras aplicaciones de esta norma y su exigibilidad hacen aceptables modulaciones. De hecho, en cuanto a su aprobación extemporánea también han sido flexibles, no admitiendo que su conculcación resulte un vicio invalidante.

Coinciden la mayoría de los pronunciamientos en otorgar una mayor relevancia a este instrumento *ad intra*, menos que *ad extra*. Además, son bastante reacios a aceptar cualquier declaración de nulidad de la norma impugnada por motivos relativos a la planificación normativa, en un entendimiento de esta como trámite no esencial. Existen también discrepancias, en concreto entre el TSJ de Castilla y León y el de Extremadura, sobre la aplicabilidad de las previsiones sobre planificación a las ordenanzas fiscales.

En definitiva, una escasa trascendencia la que los tribunales otorgan a este instrumento, que lo aprecian más como un trámite más o menos innecesario —con alguna excepción— que como un verdadero requisito procedimental esencial para la seguridad jurídica y la racionalidad del ejercicio de las potestades normativas.

IV.

EXPERIENCIAS PRÁCTICAS DE PLANIFICACIÓN NORMATIVA

El PAN dispone, en sí mismo, de un régimen jurídico bastante limitado. Resulta de interés tratar de analizar, desde un punto de vista empírico, cuál ha sido la práctica, en nuestro país, de este instrumento. Dado su carácter amplio y único para cada administración del PAN, es posible evaluar y analizar los planes normativos anuales tanto del Estado como de las comunidades autónomas, por limitarse a un número razonable, lo que no hace necesaria la selección de una muestra del universo poblacional, sino que puede incluso estudiarse este en su conjunto. Se ha optado por no incluir ejemplos de los entes locales o de otros países, sin perjuicio de lo indicado en los apartados correspondientes, en los que se han citado los ejemplos oportunos.

Del mismo modo que, como se dijo para el análisis jurisprudencial anterior, el periodo de análisis no es demasiado amplio —pues los primeros ejemplos no se encontrarán hasta 2016-2017 (con las excepciones que se verán) y se incluyen observaciones hasta el año 2021—, de este análisis inicial de la aplicación práctica de la institución de la planificación normativa podrán extraerse consecuencias interesantes para su mejor comprensión, de ahí el interés de incluir este apartado. En cualquier caso, como dice Velasco Caballero (2019.2, 325) —para el ámbito local, pero fácilmente trasladable al autonómico—, «hay planes normativos de muy *diverso contenido y precisión*». Veámoslos.

1. Análisis de los Planes Anuales Normativos de ámbito estatal

En España, hasta la fecha, solo se ha aprobado en dos ocasiones el PAN por parte del Gobierno de la Nación: uno, el correspondiente al año 2018 y otro para el año 2020. Las fechas de aprobación de ambos por parte del

Consejo de Ministros son relevantes[104]: el primero es de 7 de diciembre de 2017; el segundo, de 8 de septiembre de 2020. La obligación de aprobar el PAN, como ya se dijo, comenzó a ser efectiva en el año 2017 para el 2018 (DF 7.ª LPAC).

Debe recordarse en este punto, y dado que este instrumento está íntimamente ligado con el carácter político de la función normativa y, en particular, con la dirección de los asuntos públicos encomendada al Gobierno que, desde las elecciones generales de 20 de diciembre de 2015 y hasta la investidura del presidente del Gobierno tras la celebración de otras elecciones el 26 de junio de 2016 (por no haberse podido formar gobierno a raíz de las primeras), medió más de un año (pues esta se produjo el 29 de octubre de 2016). Traigo este recordatorio a colación porque, de no haber sido porque todavía no era exigible su aprobación, es bastante posible que esta no se hubiera realizado en dicho periodo de gobierno en funciones.

De hecho, algo parecido sucedió con el PAN para el año 2019, que nunca llegó a ser aprobado. El 1 de junio de 2018 es investido, tras una moción de censura, un presidente del Gobierno el cual, a su vez, convoca elecciones para el 28 de abril de 2019. Tras resultar imposible formar gobierno se celebran otras el 10 de noviembre de 2019. Por lo tanto, podría decirse que la vigencia del PAN 2018, en tanto que manifestación de las preferencias normativas del anterior Gobierno, perdió su sentido con el advenimiento de uno de distinto signo y, además, durante buena parte del 2019 se contó, otra vez, con un gobierno en funciones que tampoco aprobó dicho plan, materializando la hipótesis arriba esbozada de que los años electorales, con cambio de gobierno o con este en funciones, no son momentos idóneos para la aplicación de este instrumento. Sobre esto volveré más adelante.

En lo que respecta a los planes normativos para 2020 y 2021, y teniendo en cuenta que la investidura del presidente del Gobierno se produjo hacia finales de 2019, parecía lógico que este instrumento se hubiera aprobado, a principios del año 2020. Sin embargo, y nuevamente, acontecimientos sobradamente conocidos —una pandemia— hicieron que este plan, que tiene mucho de ordinario por cuanto se refiere a momentos de rutina, se hiciera de imposible materialización hasta casi finales del mismo año. Finalmente, debe decirse que (hasta donde tengo constancia) no se ha aprobado ninguno de los informes de evaluación de dichos planes preceptuados por la normativa. Es más que probable que estos cambios de gobierno hayan influido en dicha

104 Fechas que, sin embargo, han debido ser consultadas en la página *web* de la Presidencia del Gobierno, en concreto, en el apartado de referencias del Consejo de Ministros [Disponible en: https://www.lamoncloa.gob.es/consejodeministros/referencias/Paginas/index.aspx (Consultado: 2021-04-06)], pues al ser publicados los planes normativos en el portal de transparencia no se incluye mención a la fecha del acuerdo de su aprobación. Esta será una de las incidencias que deben ser tenidas en cuenta a la hora de prescribir una publicación fehaciente, como tendré ocasión de volver después.

circunstancia, pues resultaría complicado que un ejecutivo distinto tuviera que dar cuenta de las actuaciones del anterior.

a) Plan Anual Normativo del Estado para 2018

El Plan Anual Normativo del Estado para 2018, primero de estas características en ser aprobado —y que como ya se ha dicho tuvo una vigencia relativa al producirse, a mitad de año, un cambio total en el Gobierno— incluye hasta 278 propuestas normativas (de las cuales, 240 de rango reglamentario y 47 de rango legal) solo para un año. El documento, de 140 páginas, contiene el desglose de todas las normas previstas, ordenadas de manera jerárquica (leyes orgánicas, leyes y reales decretos), por ministerio proponente, detallando los principales fines de cada norma propuesta.

Entre los objetivos manifestados por el propio PAN se destacan: i) evitar la proliferación normativa, ii) incrementar la transparencia, iii) racionalizar, especialmente en lo temporal, la aprobación de normas, y iv) la coordinación con otros instrumentos, en especial el Programa Nacional de Reformas. Señala, además, los tres ejes en torno a los que giran las distintas iniciativas: i') el propio Programa Nacional de Reformas, ii') la trasposición obligatoria de directivas europeas, y iii') medidas de iniciativa propia. Queda patente así, como se analizará más adelante, que el contenido de los planes normativos en ocasiones viene determinado con carácter necesario por las obligaciones del Estado en el plano europeo (o internacional).

Finalmente, y como parte de la propia obligación impuesta por las normas reguladoras de la institución de la planificación normativa, se indican también las disposiciones que habrán de ser objeto de evaluación *ex post*. En concreto, hasta 43 de las 287 propuestas deberían ser evaluadas, siendo «las dos causas más importantes que motivan el análisis posterior las referidas a la incidencia en las cargas administrativas y al impacto sobre la economía en su conjunto o sobre determinados sectores» (p. 13).

b) Plan Anual Normativo del Estado para 2020

En segundo término, el Plan Anual Normativo del Estado para 2020 fue aprobado bien entrado el mismo año en que debía regir. En realidad, y en mi opinión, debería haberse optado por prolongar su vigencia también al año 2021, dada su tardía aprobación por culpa de la pandemia[105]. Este docu-

105 Lo urgente no debe pasar por encima de lo necesario. Así, el propio PAN 2020 señala que «una vez superados los momentos más dramáticos de la emergencia sanitaria (...) *parece oportuno* dar cumplimiento a las previsiones legales» (p. 2, la cursiva es mía). Se dice que «parece oportuno», entiendo, porque a pesar de haberse superado con creces la fecha máxima de aprobación, a juicio del Gobierno sería interesante en cualquier caso la

mento, de 79 páginas, más breve, incluye 172 propuestas, de las cuales 1 lo es de reforma constitucional, 57 leyes y 144 de rango reglamentario. De las 172 propuestas, 48 tienen cierto carácter obligatorio por consistir en trasposiciones de normas europeas y 22 serán objeto de evaluación *ex post*, según la normativa. Nuevamente todas las propuestas de norma aparecen con una pequeña descripción de su objetivo, los ministerios proponentes, así como una somera indicación de los motivos de evaluación.

Este plan incluye, a su vez, dos anexos: el primero, con un listado de las normas que han sido aprobadas por el Consejo de Ministros durante 2020, en especial con ocasión de la crisis del coronavirus; el segundo, con una relación de las normas incluidas en el PAN que traen causa de la trasposición del Derecho europeo.

2. Análisis de la planificación normativa desarrollada por las comunidades autónomas

Merece la pena realizar un repaso por las experiencias prácticas desarrolladas en el último lustro (2016-2021) por las distintas CC. AA. españolas en el ámbito de la planificación normativa[106]. Como he dicho ya en varias ocasiones, la norma estatal solo fue aplicable —independientemente de los efectos *de iure* de la declaración de inconstitucionalidad— para estos entes territoriales entre su entrada en vigor (al año de su publicación, 2 de octubre de 2016) y la declaración de inconstitucionalidad del año 2018. Por lo tanto, tendremos ocasión de comprobar cómo algunas CC. AA. solo lo han aplicado en este periodo, otras siguen haciéndolo y, finalmente, algunas pocas no lo han hecho en ningún momento. De esta práctica podrán extraerse algunas interesantes conclusiones, como referiré al final de este apartado.

Interesa comprobar, en particular, lo que dicen los acuerdos de aprobación de los planes normativos —cuando dicen algo— pues, a falta de una regulación expresa sobre la materia en el ámbito autonómico y ante la parquedad ya señalada de la normativa sobre este instrumento, van a ser estos acuerdos los que aporten algo de luz sobre la configuración jurídica del PAN.

---

aprobación del PAN, como método de publicidad de su labor política y normativa. Aunque no sé si decir que «parece oportuno» cumplir las normas es lo más adecuado.

106 Hasta la fecha, y hasta donde tengo conocimiento, solo Núñez Lozano (2017) ha realizado una aproximación semejante a la que propongo aquí y ahora, aunque muy limitada al referirse solo a un par de anualidades y de manera bastante asistemática y en absoluto referida a todas las CC. AA.
Por su parte, la organización Transparency International España ha publicado en varias ocasiones informes sobre los *Índices de Transparencia* de las CC. AA., entre los cuales se incluye la aprobación, en su caso, del PAN como un elemento positivo que destacar. Disponibles aquí: https://transparencia.org.es/indice-de-las-comunidades-autonomas-incau/. (Consultado: 2021-05-27).

Los enlaces a estos instrumentos y las estadísticas sobre normas contenidas en los PAN (autonómicos y del Estado) pueden consultarse en los anexos correspondientes al final de esta parte de la investigación. Debe hacerse, en este punto, una prevención de corte metodológico: la información de que se dispone para la elaboración del siguiente análisis es suficientemente amplia y completa, pero es posible que en el desarrollo de la obtención de información haya podido quedarse algún documento sin descubrir (y digo descubrir, y no analizar), dado que —como tendré ocasión de señalar— el problema de la publicidad y perdurabilidad de este tipo de documentos es evidente, y en ocasiones han dejado de estar disponibles en línea (o no lo han estado nunca), por lo que ha sido necesario solicitar el acceso a ellos a través de los portales de transparencia. Ello podría dar lugar, aunque no soy consciente de que así haya sido, a que algún documento relevante haya podido pasar desapercibido y consecuentemente no sea incluido en este estudio.

a) Experiencias de planificación normativa en Andalucía

Esta comunidad solo ha aprobado los planes anuales de los años 2017 y 2018, así como un informe del grado de cumplimiento del primero. Se da la circunstancia de que el 2 de diciembre de 2018 se produjeron elecciones al Parlamento de dicha autonomía que conllevaron un cambio en el partido de gobierno. La práctica de la planificación normativa cesó en dicho momento, no habiéndose aprobado más instrumentos de planificación desde entonces[107]. De estos dos casos se pueden destacar algunos aspectos.

Por un lado, fueron publicados en el diario oficial de la Junta[108], además de en el portal de transparencia de dicha Administración. Este extremo constituye, a mi juicio, una buena práctica en materia de transparencia y perdurabilidad de la información, como se comentará más adelante.

En cuanto a su fecha de aprobación, en sendos supuestos esta se produce a principios de año, en el primer trimestre (febrero y marzo, respectivamente), aunque se refieren a la anualidad en curso. Sin embargo, tampoco veo inconveniente en que así sea siempre que se produzca en el primer trimestre o a principios del año correspondiente.

---

107 El consejero de Presidencia de esta comunidad indicó, en declaraciones a los medios de comunicación de 25 de junio de 2019, que no se iba a proceder a la aprobación del PAN de 2019 por no resultar obligatorio y por ser «su único plan "eliminar aquellas leyes creadas de forma superflua"», indicando así mismo que «ojalá el balance de nuevas leyes sea negativo». Se percibe claramente la influencia desreguladora del nuevo gobierno de Andalucía. Disponible en: https://www.europapress.es/andalucia/noticia-junta-no-presentara-plan-normativo-2019-plan-eliminar-leyes-creadas-forma-superflua-20190625180401.html (Consultado: 2021-04-08).

108 El PAN de 2017 fue publicado oficialmente en el BOJA n.° 35, de 21 de febrero de 2017; el de 2018, en el BOJA n.° 65, de 5 de abril de 2018.

En tercer lugar, en una interesante innovación, *de facto*, respecto de la normativa estatal, establece la obligación de realizar un informe sobre su grado de cumplimiento en el primer trimestre del año siguiente al de la anualidad del plan. Como he dicho, este informe solo fue aprobado en el año 2018 respecto del plan para el anterior y, aunque extenso, no contenía más que una relación de normas aprobadas, estado de tramitación de otras y porcentajes de cumplimiento.

Finalmente, en cuanto al contenido, estos planes solo se refieren a los títulos de las propuestas de normas incluidas en la planificación, ordenadas por departamento y rango, respectivamente, pero no incluyeron descripción alguna sobre su eventual objetivo o finalidad (más allá de lo que puede desprenderse del propio título).

b) Experiencias de planificación normativa en Aragón

El caso de Aragón, que como ya se ha visto aprueba también al inicio de cada legislatura un plan de gobierno que, de alguna manera, guía y orienta la planificación normativa de esta comunidad, resulta bastante interesante. A pesar de la «inaplicabilidad de este precepto [el art. 132 LPAC] a las comunidades autónomas tras la publicación de la Sentencia del Tribunal Constitucional n.º 55/2018 (...), por razones de seguridad jurídica, transparencia y técnica normativa, se considera oportuno aprobar un Plan Anual Normativo», reza el Acuerdo de aprobación del PAN de 2020.

Hasta la fecha se cuenta con 4 ejemplos de este instrumento: los relativos a los años 2017, 2018, 2020 y 2021. No se aprobó en 2019 por ser año electoral (en el mes de mayo). Tampoco se publican en el diario oficial de la comunidad, sino exclusivamente en su portal de transparencia; sin embargo, no aparecen disponibles para su consulta todos los PAN aprobados hasta la fecha, sino solo el vigente[109].

En cuanto al contenido, coincide plenamente con lo dicho para el caso de Andalucía: solo se trata de una relación de propuestas, ordenadas por departamento y por rango (legal o reglamentario) sin mayor explicación del posible contenido o alcance.

Me parece destacable una mención que se encuentra en el acuerdo de aprobación del PAN de 2018: «Se incluyen por tanto aquellas iniciativas legales y reglamentarias que está previsto tramitar durante este año 2018, *incluyendo aquellas cuya tramitación formal se inició durante el año 2017*, que serán elevadas para su aprobación durante este 2018» (la cursiva es mía).

109 A través de una búsqueda en internet se pueden obtener el resto de los planes, pero no alojados necesariamente en dicho portal. Además, en este caso, fueron solicitados los acuerdos de aprobación, así como los planes de gobierno, en ejercicio del derecho de acceso a la información.

Deja patente, en fin, que el PAN es un instrumento vivo, cuyo seguimiento se realiza, en realidad, caso a caso y propuesta a propuesta (de ahí que, en realidad, y como se dirá al final, la práctica española actual de los PAN se asemeje más a la de los calendarios legislativos).

En último lugar, en lo que respecta a los planes de gobierno que, como ya se ha visto, deben aprobarse en esta comunidad al inicio de cada legislatura, se puede señalar que estos han sido objeto de aprobación en los años 2016 y 2020 para las legislaturas IX y X. Más allá del contenido concreto —con 157 y 147 objetivos estratégicos cada uno respectivamente y divididos por consejerías, estos planes no contienen como tales previsiones de normas, sino de finalidades públicas perseguidas— es de destacar la íntima interrelación, como ya tuve ocasión de advertir, en este tipo de instrumentos de la política con el Derecho (considerando el plan como un instrumento jurídico). Y prueba de ello es la motivación del Acuerdo de 11 de noviembre de 2020, del Gobierno de Aragón, por el que se aprueba el Plan de Gobierno correspondiente a la X legislatura, en la que se señala que «las 132 medidas del Acuerdo de investidura constituían las bases programáticas de este Plan...».

c) Experiencias de planificación normativa en el Principado de Asturias

En el Principado de Asturias se vienen aprobando desde 2017 y de manera ininterrumpida los PAN correspondientes a cada año en los primeros meses de este (entre enero y abril). Ni la declaración de inconstitucionalidad del año 2018, ni la celebración de elecciones en 2019 han impedido que en esta comunidad autónoma se cumpla con este trámite de planificación normativa, lo cual resulta destacable. Sí es cierto que, en ese segundo caso, la planificación se limitó al primer trimestre (pues las elecciones fueron en el mes de mayo) y las propuestas de normas incluidas en él fueron notablemente inferiores a las de otras ocasiones (apenas 21 frente al centenar aproximado de las otras anualidades, algunas sobre cuestiones inaplazables).

En lo que respecta a la justificación de continuar con esta aprobación del PAN tras la declaración de inconstitucionalidad, se destaca su inclusión en el Protocolo ya mencionado al analizar la normativa y que, aunque no dispone de carácter obligatorio, sí viene a concretar, entre otros, este instrumento de mejora de la calidad del Derecho. Además, es considerado por el ejecutivo asturiano como una «plasmación del principio de transparencia en la actividad pública» (motivación del PAN para 2020); y «constituyen funciones esenciales de este plan, además del incremento de la transparencia, racionalizar la actividad normativa, así como reforzar la seguridad jurídica y la predictibilidad del ordenamiento jurídico» (del PAN para 2021). Se ve que la influencia de la norma estatal es más que evidente, pues este ejecutivo autonómico asume casi con idénticas expresiones la misma justificación del instrumento.

En cuanto a los planes en sí, se incluyen en anexo las normas en su estado de tramitación actual (para cada año, en el seno del gobierno, no en el parlamento), ordenadas por consejerías y rango, y además del nombre contiene una pequeña descripción con el objeto de la norma. La segunda parte de cada PAN incluye las normas previstas para dicha anualidad, cambiando la casilla del estado de tramitación por una previsión de inicio del expediente, indicada por trimestres.

Los acuerdos de aprobación de cada PAN incluyen la indicación de que pueden ser modificados por uno de los consejeros (de hecho, el de 2017 fue modificado en 2 ocasiones; el de 2018, en 3; y el de 2020, en 5). El PAN para 2020 señala que todo plan es, al final, una «herramienta dinámica» que debe ir adaptándose (en una casi premonitoria visión de lo que estaba por suceder ese año). Parece que la previsión de que no podrá aprobarse ninguna norma no contenida en ellos es el motivo por el que se producen estas modificaciones.

Además de lo anterior, en los PAN de 2018, 2020 y 2021 se incluye la exigencia de la elaboración de un informe posterior sobre su grado de cumplimiento. A pesar de no estar previsto, también se elaboró para el año 2017, a lo que hay que sumar, hasta la fecha, los indicados en primer término (salvo 2021, que deberá realizarse en 2022). Dicho informe de evaluación debe aprobarse antes del 31 de marzo del año siguiente, con unos contenidos mínimos determinados que indica el propio acuerdo. Estos informes, según su propia motivación, forman parte «apriorística» de la evaluación *ex post* preceptuada por la norma estatal básica. Por ello serán estudiados en el apartado correspondiente (me remito al apartado de evaluación *ex post* de esta investigación).

En el caso de esta comunidad autónoma, como he dicho, se incluye tanto la previsión de propuestas como las normas en desarrollo. Esto último ofrece una visión interesante y más cercana a la de los calendarios normativos. Sin embargo, a efectos estadísticos solo tienen interés las normas proyectadas, pues representan una previsión de nuevas normas, no así las normas en tramitación, sobre las que puede haber repeticiones. Es de destacar, en fin, que en algunos de los planes (singularmente en el PAN para 2021) existen normas repetidas con respecto a años anteriores, posiblemente porque su tramitación no haya sido iniciada.

Resulta también destacable, como en el caso de Aragón, aunque en términos ligeramente distintos, la aprobación —por primera vez en el año 2020 para la XI Legislatura asturiana— del Plan de Iniciativas Legislativas del Consejo de Gobierno. Se trata de un instrumento adicional a los PAN en el que se recoge el «expreso compromiso del ejecutivo en el impulso de normas con rango de ley, la aprobación de proyectos de ley, en materias prioritarias vinculadas con los objetivos de la legislatura» (de la motivación de tal plan). Incluye hasta 36 propuestas normativas con rango de Ley —primero en una mera relación nominal y, después, individualmente desarrolladas en cuanto a sus objetivos, contenido, actores implicados y fecha estimada de aprobación— que se irán después repartiendo en los distintos planes anuales. Dispone, a su vez, que este plan debe ser evaluado anualmente y al finalizar la legislatura (con expresión del grado de cumplimiento).

Este otro instrumento manifiesta, de alguna manera, cómo en realidad lo que se viene en denominar PAN no deja de ser una materialización de los calendarios normativos (bastante dinámicos), supeditados a un plan superior, como es el aquí comentado. De hecho, las fichas individuales de cada propuesta recuerdan a las del Estado, cuya regulación se explicó antes. Sobre la distinción entre los distintos instrumentos se volverá más adelante en el lugar oportuno.

d) Experiencias de planificación normativa en Canarias

La Comunidad de Canarias no ha aprobado ningún PAN ni antes ni después de la STC 55/2018. Sin embargo, sí ha aprobado y publicado una *Agenda legislativa del Gobierno* para la IX legislatura (Acuerdo de Gobierno de 1 de agosto de 2016), que pasa a denominarse *Programa legislativo del Gobierno de Canarias* en el caso de la X legislatura (Acuerdo de Gobierno de 24 de septiembre de 2020).

Estos documentos, programación de la acción del gobierno en materia exclusivamente de iniciativa legislativa (no reglamentaria, sin perjuicio, como se vio, de que los informes de seguimiento deban contenerlas, aunque tales informes no se han ido aprobando), contienen la previsión de normas que habrán de ser objeto de aprobación como anteproyecto de Ley para su remisión al parlamento canario.

El primero de los ejemplos contiene una relación de 40 propuestas normativas (para el periodo 2016-2019), ordenadas por consejerías proponentes, con una sucinta justificación de la iniciativa, así como con las «claves» de la misma, que incluyen referencias a los objetivos pretendidos. En último término se incluye un cronograma con indicación del calendario de tramitación estimada, indicando si se trata, a su vez, de una modificación de otra norma o de una nueva regulación. El segundo de ellos, en idénticos términos y con 51 propuestas (para la legislatura 2020-2023), sustituye sin embargo el cronograma final por una indicación, en cada propuesta, del calendario aproximado de inicio de tramitación y de fecha prevista de remisión al Consejo de Gobierno. Hasta la fecha, según ha indicado la Administración canaria, no se ha realizado ninguna evaluación de dichos programas.

Por lo tanto, estamos en presencia de un instrumento a mitad de camino entre el programa de gobierno y el calendario normativo. De hecho, el cronograma indicado constituye un ejemplo prototípico de esto último. Por lo demás, la práctica desarrollada por esta comunidad no parece ajustarse, en términos estrictos, a la normativa prevista en las normas internas de elaboración de iniciativas normativas analizada en su momento.

e) Experiencias de planificación normativa en Cantabria

En un primer momento, no resultó posible encontrar los PAN de esta comunidad. Sin embargo, parecía que sí debieron publicarse, como se desprendía de una pregunta parlamentaria con respuesta escrita formulada por el grupo popular en el parlamento autonómico al Gobierno de dicha comunidad y respondida por este el 31 de agosto de 2020 (Boletín Oficial del Parlamento de Cantabria, núm. 117, de 10 de septiembre de 2020, pág. 5708). En ella se cuestionaba «por qué no se ha publicado en el portal de transparencia el plan anual normativo del año 2019», por lo que parece que en algún año anterior a la STC 55/2018 sí que existieron.

En la respuesta del ejecutivo cántabro, además de la referencia a la ya comentada STC, se alude a las modificaciones legislativas ya referidas en el apartado correspondiente, por lo que me remito a lo dicho. Y se concluye: «Ya no existe obligación alguna de elaborar y aprobar plan alguno, de manera que no se puede publicar lo que no existe y no hay obligación legal de elaborar»[110]. Cierto, pero nada impediría que se aprobase aun sin ser obligatorio.

Ello motivó una solicitud de transparencia en abril de 2021 que fue finalmente respondida en diciembre de ese mismo año. Se facilitaron los dos PAN aprobados: los correspondientes al año 2017 y 2018. Por lo demás, no parece que exista ningún instrumento alternativo en esta comunidad.

f) Experiencias de planificación normativa en Castilla y León

Esta comunidad aprobó también entre los años 2016 y 2018 los correspondientes PAN, y lo hizo en dos ocasiones: una para la anualidad 2016-2017 y otra para 2017-2018, en ambos casos de junio de un año a junio del siguiente. Con posterioridad, y como se vio a raíz de la nueva normativa aplicable, se continuó con este tipo de planificación, pero con un nombre distinto: Calendario Anual Normativo; instrumento este que ha sido publicado para los años 2020 y 2021, hasta el momento[111].

---

110 Esta respuesta pone el énfasis en una de las cuestiones sobre las que he advertido que, en ocasiones, hay alguna confusión: nada importa que las leyes de transparencia exijan la publicidad del PAN si la aprobación de dicho plan no es exigida por esta u otra norma.

111 En cuanto a las fechas de aprobación, para los años 2020 y 2021 esta fue realizada en el mes de diciembre. Sin embargo, y ante la no constancia de los acuerdos de aprobación, fue solicitada dicha información a través del portal de transparencia, a lo que se contestó que: «Los calendarios anuales normativos de 2016/2017 y 2017/2018 no se aprobaron por ningún instrumento formal. Su elaboración se coordinó por la entonces Consejería de la Presidencia y una vez recopilada la información suministrada por las Consejerías se

Todos estos ejemplos disponen de una misma estructura: organizadas por consejerías, se incluyen todas las propuestas con su denominación, objetivo perseguido con la nueva norma propuesta, normas afectadas por esta y que modifica o deroga, el rango normativo de la propuesta, los sectores afectados y la temporalidad (con indicación del trimestre, aunque sin indicación en algunos casos de si dicha fecha lo es de inicio o de aprobación). Adicionalmente, en el calendario de 2021 aparece específicamente la fecha prevista *de aprobación* (aunque del Acuerdo de aprobación del calendario del año 2020 también se desprende que dicha fecha es, o debe ser, la de la aprobación prevista, pero este instrumento no aparece publicado), un desglose entre sector prioritario afectado y sectores secundarios, así como un acceso a la huella normativa. Ahora bien, este último extremo solo se incluye en 6 de las 150 propuestas, con un enlace al portal de transparencia.

Según la normativa autonómica citada y el Acuerdo de aprobación del calendario, se ha aprobado —por primera vez respecto del calendario de 2020— un informe sobre su grado de cumplimiento, que incluye información sobre: el nivel de ejecución —meramente porcentual— de normas aprobadas, las normas tramitadas no previstas en el correspondiente calendario —para este caso, además, teniendo en cuenta la crisis del coronavirus— y una serie de conclusiones sobre la ejecución del plan (además de anexos con los listados de iniciativas propuestas, aprobadas y ajenas inicialmente al calendario).

Respecto de este informe, creo conveniente resaltar las críticas conclusiones que plantea. Es cierto que hace referencia, como razón del descargo sobre el incumplimiento, a la crisis del coronavirus; pero este documento no escatima reproches hacia la práctica desarrollada durante dicho año: «Por lo general, no se ha justificado debidamente en las memorias las razones de su no inclusión [de las propuestas nuevas] en el calendario ni se ha dado comunicación a la Dirección General de Transparencia y Buen Gobierno para su adición al documento, conforme determina el Acuerdo 190/2019» (p. 7); «la paralización de los plazos [administrativos durante el confinamiento] no es causa suficiente para la no aprobación de un porcentaje de normas tan elevado (80,2 %)» (p. 8); o que «el desistimiento de la tramitación de un proyecto normativo deberá reflejarse en el calendario anual, señalándose las causas de tal decisión en el mismo lugar donde aparece publicado este» *(ib.)*. En fin, comentarios muy oportunos que, sin embargo, deben matizarse o tomarse con precaución dadas las especiales características del año 2020. Pero, por lo demás, tremendamente interesantes y sugestivos, así como el hecho de que sea un organismo de la propia Administración autonómica la que tan críticamente analice el grado de cumplimiento de este calendario.

publicaron en el portal de gobierno abierto sin otro trámite posterior». Llama la atención la informalidad de la actuación de la Junta en tales anualidades, aunque, como se vio para el caso de Cataluña, no es una circunstancia exclusiva de esta comunidad.

En último término, debe resaltarse el objetivo último de este plan en palabras de los acuerdos de aprobación de los calendarios de 2020 y 2021: se constituye como un «instrumento de racionalización resultado de la reflexión y articulación del conjunto de propuestas normativas y reglamentarias que, de acuerdo con los objetivos y prioridades políticas de las distintas consejerías, pretende [la Junta de Castilla y León] aprobar en el año siguiente». Se ve claramente cómo estamos en presencia de un instrumento donde la política se mimetiza y disuelve con (o en) el Derecho.

Finalmente, debe señalarse también que el portal *web* de esta comunidad autónoma dispone de los discursos de investidura —que contienen, aunque poco estructurado, el plan de gobierno— de los distintos presidentes. Para el caso del último, además de dicho discurso se ha incluido también una referencia a las explicaciones dadas por cada consejero/a, así como una tabla de seguimiento de la acción de gobierno (reutilizable) con hasta 565 medidas y un documento con 100 acuerdos de gobernabilidad. Sin embargo, se trata en general de un plan de gobierno más difuso (en su publicidad y en su necesidad de aprobación) si se compara con otros analizados, como el de Aragón.

g) Experiencias de planificación normativa en Castilla-La Mancha

La Junta de Comunidades de Castilla-La Mancha ha venido publicando desde el año 2017 sin excepción el PAN correspondiente a cada año (hasta el de 2021, por el momento), a pesar de no existir obligación legal alguna en dicho ordenamiento autonómico. La práctica de esta comunidad, sin embargo, consiste simplemente en la incorporación del listado de las normas para aprobar, ordenadas por rango (leyes y reglamentos) y por consejería. En el caso del PAN de 2020 (aprobado el 3 de agosto) se incluye también un anexo con las normas aprobadas con ocasión de la pandemia y que, sin embargo, no han sido tenidas en cuenta a los efectos estadísticos dado que no son normas que *esté previsto aprobar*.

Los Acuerdos de aprobación del PAN de 2020 y el de 2021 hacen algunas alusiones a la STC 55/2018, concluyendo que, a pesar de no ser obligatoria la publicación del PAN, «el objetivo del mandato legal seguía [sigue] estando vigente y de actualidad, esto es, proporcionar una mayor seguridad jurídica al conjunto de la ciudadanía y materializar de una forma sencilla y coherente la predictibilidad del ordenamiento». Dicho acuerdo incluye también una autorización para su modificación mediante resolución motivada, así como la exigencia de que, en el mes siguiente a su aprobación, se determine qué normas de este PAN deberán ser objeto de evaluación. Hasta la fecha, no se tiene constancia de que se hayan materializado estas previsiones, como ha confirmado la propia Administración en respuesta a una solicitud de transparencia.

h) Experiencias de planificación normativa en Cataluña

La Comunidad Autónoma de Cataluña y, en concreto, el Gobierno de su Generalidad ha aprobado en dos ocasiones el PAN para esta autonomía: la primera vez, para el año 2017; la segunda, para los años 2019-2020. Ha de tenerse en cuenta que en los años 2015, 2017 y 2021 se han producido elecciones al Parlamento de dicha comunidad. Además, desde el 27 de octubre de 2017 hasta el 2 de junio de 2018 estuvo vigente en dicho territorio la intervención estatal por parte del Gobierno de España en virtud de la autorización concedida por el Senado en aplicación del art. 155 CE. Estos datos son relevantes en tanto que permiten entender los motivos por los que dicho PAN no fue aprobado[112]. De hecho, a este último extremo se refiere la *Memoria justificativa y de evaluación de impacto de la propuesta de Acuerdo del Gobierno por el que se aprueba el Plan normativo de la Administración de la Generalidad para los años 2019-2020* (esta memoria está disponible en la página correspondiente a dicho PAN, incluida en el anexo).

Mientras que el PAN 2017 solo incluye una relación nominal, ordenada por departamentos y por rango normativo, de las iniciativas que van a ser propuestas y, en su caso, aprobadas en el ámbito catalán, el PAN 2019-2020, incluye, además, una somera referencia a los objetivos perseguidos por la propuesta, así como un calendario orientativo de tramitación, con indicación de fechas previstas (por semestres) de la consulta pública previa, del inicio de la tramitación y de la fecha de eventual aprobación por el Gobierno catalán.

El Acuerdo de aprobación del PAN 2019-2020 incluye, además, la exigencia de que, en el primer trimestre de 2021, se realice un informe de ejecución, que incluya el grado de cumplimiento, justificación de la no aprobación de las no desarrolladas, así como una relación de las aprobadas, pero no previstas. Dado que en 2018 no se aprobó PAN, se estimó conveniente —como han hecho otras CC. AA., incluso aprobando el PAN— incluir las iniciativas en trámite a fecha de su aprobación (segunda parte del anexo).

El informe de ejecución del PAN 2019-2020 fue aprobado en marzo de 2021, conforme a lo preceptuado en el citado Acuerdo del Gobierno catalán. En él se incluye, fundamentalmente, un análisis estadístico sobre el grado de desarrollo de este plan, con posibles hipótesis sobre la no ejecución de determinadas propuestas: por un lado, la crisis del coronavirus; por otro lado, la necesidad de ampliar consensos, la adopción de nueva normativa o la dicción de jurisprudencia que afecte a la propuesta, así como la necesidad

112 En esta línea, Ortí Ferrer (2020, 219) señala que «la intervención de la Generalitat en aplicación del artículo 155 CE comportó que el ejercicio de la potestad normativa del Gobierno [catalán] se viera afectado, de manera que la planificación normativa no tuvo continuidad en el siguiente ejercicio».

de más tiempo para estudiar la propuesta por los centros proponentes (p. 5). Adicionalmente se incluye el desglose del grado de ejecución del PAN, por consejerías y haciendo referencia a las normas novedosas propuestas —a las que se encontraban en trámite de aprobación y, finalmente, a las aprobadas, pero no incluidas en el PAN—. Junto a este informe se incluyen documentos de seguimiento, con enlaces, cuando corresponde, a la iniciativa en cuestión y toda su documentación en el portal de transparencia.

Es sumamente interesante, y así debe destacarse, el contenido de la Memoria sobre el PAN 2019-2020 antes citada. Aparte de analizar cuestiones coyunturales, como las que son objeto de inclusión en el PAN de dicha bianualidad —periodicidad que propone para el PAN «en atención a la coyuntura actual y vista la media [temporal] de tramitación habitual» (p. 5)—, hace una serie de consideraciones generales sumamente oportunas en relación con este instrumento.

En primer lugar, se refiere a los beneficios de este instrumento, a los inconvenientes de su no aprobación (desde el punto de vista interno y externo), así como a la «visión completa y global de la actividad de producción de normas jurídicas» que este instrumento aporta (p. 2); hace después referencia a la STC 55/2018 y a cómo la Comisión Jurídica Asesora, órgano consultivo de la Generalidad, ha interpretado que el art. 132 LPAC es de aplicación supletoria en tanto que no se desarrollen las previsiones de la normativa catalana; continúa con un sucinto análisis de Derecho comparado para concluir con un interesante estudio de opciones alternativas sobre la aprobación (o no) de esta herramienta planificadora. Destaca, en particular, la *opción cero* (no hacer nada), así como distintas propuestas alternativas (entre ellas, la de incluir, o no, las propuestas de órdenes, no solo los decretos, propuesta que se descarta por compleja y rígida, ya que, en opinión del secretario del gobierno autonómico, aportaría pocos beneficios); rechaza, seguidamente, tal opción nula para concluir cuál debe ser el contenido del PAN 2019-2020. En realidad, este informe y, en general, su análisis, más que para el caso concreto de este plan bien podría servir para establecer una regulación general sobre la cuestión en la normativa catalana, que ya se ha estudiado.

Es destacable también que, en dicho informe y en el propio PAN 2019-2020, se hacen no pocas alusiones a la «agenda» normativa, lo que demuestra, de nuevo y también para este caso, que el instrumento utilizado en España está más próximo a las agendas o calendarios normativos que a los planes globales sobre asuntos para tratar y, en su caso, normar.

De hecho, y sobre este particular, es de destacar también que esta comunidad —como han hecho otras como Aragón, aunque esta desde hace menos tiempo— viene desarrollando desde el año 2004 los conocidos como Planes de Gobierno, en tanto que instrumentos de legislatura (de hecho, se ha aprobado para las legislaturas VII a XII, sin excepción), que plasman los programas de gobierno presentados ante el parlamento al objeto de obtener la confianza de la cámara, y sirven de base de toda la acción del gobierno al desarrollar, temática y orgánicamente, los objetivos estratégicos de la legislatura. Estos planes son después concretados de algún modo en el PAN —cuando es necesaria la acción normativa—. No entro en más detalle en el análisis de este tipo de planes por exceder del objeto de esta investigación, pero debe señalarse la estrecha vinculación entre unos y otros. De hecho, según la Memoria ya citada, «aunque se incluyen [en el plan de gobierno] numerosas iniciativas normativas entre las medidas previstas, no está concebido para programa de manera específica y a más corto plazo la producción normativa» (p. 2), aspecto al que estaría llamado el PAN.

i) Experiencias de planificación normativa en la Comunitat Valenciana

La Comunitat Valenciana ha aprobado entre los años 2017 y 2021 el PAN correspondiente a cada anualidad, incluso a pesar de haber mediado un proceso electoral (en abril de 2019). Los PAN de esta comunidad fueron aprobados en el primer trimestre del propio año planificado, con la excepción del PAN de 2019 y 2021, que se aprobaron en diciembre del año anterior.

En lo que respecta al contenido, resulta sumamente escueto, por cuanto solamente incluye una relación de las propuestas para aprobar, ordenadas por departamento y rango (de ley o de reglamento). Debe ser destacada la inclusión de las órdenes, además de los decretos, dentro de las normas reglamentarias, motivo este de abultamiento del número de las propuestas de este rango.

También merece comentario el hecho de que el PAN de 2020 y el de 2021 incluya la indicación de las propuestas de norma que habrán de ser objeto de evaluación (*ex post*, se entiende). Sin embargo, las potencialidades de esta evaluación quedan en entredicho cuando solo se incluyen 4 (aunque, en realidad, solo aparecen 2 en el listado) y 2 normas para evaluar, respectivamente.

Finalmente, puede destacarse el hecho de que esta comunidad haya aprobado, hasta la fecha, dos evaluaciones del grado de cumplimiento de los PAN de 2017 y de 2020. Mientras que el primero incluye una referencia tanto a las normas previstas en el plan inicial y finalmente aprobadas como a las no incluidas, pero sí aprobadas, el segundo solo hace una relación de las normas aprobadas, estuvieran previstas en el plan o no, así como de los procesos participativos previos a la aprobación de proyectos de normas.

j) Experiencias de planificación normativa en Extremadura

Esta comunidad autónoma no ha procedido, en ningún momento, a la aprobación de este tipo de instrumentos, ni antes ni después de la STC 55/2018. Tampoco aparece en el portal de transparencia indicación alguna al respecto. Solicitada una aclaración en ejercicio del derecho de acceso a la información pública, la propia Junta de Extremadura indicó que no se disponía de dicha información, con mención a la referida STC. Por lo tanto, estamos en presencia de una de las pocas CC. AA. que nunca han hecho uso de estos planes ni de otros semejantes (pues ya se vio que Canarias tampoco, pero sí cuenta con un instrumento alternativo).

k) Experiencias de planificación normativa en Galicia

El caso de Galicia parece obedecer al de aquellas CC. AA. que, una vez publicada la STC 55/2018, dejaron de realizar este tipo de planificación normativa. Solo se han aprobado el PAN de 2017 y el de 2018, ambos por acuerdo del Consejo de la Junta de Galicia de mayo y marzo de cada año, respectivamente (por lo tanto, ya entrada la anualidad correspondiente). Estos planes solo disponen, como en otros casos, de un elenco de propuestas de normas para aprobar, ordenadas por consejería y rango de la disposición. No se ofrecen datos adicionales sobre contenido, planificación temporal, etc.

Para el año 2017 se ha aprobado también un informe sobre el grado de cumplimiento del PAN de dicho año. Este (escueto) informe solo hace referencia al porcentaje de cumplimiento de las iniciativas legislativas y reglamentarias, y relaciona todas las disposiciones incluidas en el PAN con su grado de estado de tramitación (sucinto), así como con las normas aprobadas, pero no incluidas inicialmente en el PAN, junto con la justificación dada para tal extremo. No parece, en fin, que esta práctica haya continuado más allá de estas dos anualidades.

l) Experiencias de planificación normativa en las Illes Balears

Esta comunidad autónoma ha aprobado y publicado, como la anterior, solo la planificación previa a la STC 55/2018. En concreto, la relativa a los años 2016, 2017 y 2018 —del primer año solo para los meses de octubre, noviembre y diciembre, como indica la propia información disponible junto a dicho PAN, aun sin ser obligatoria[113]—. Dice el acuerdo por el que se aprueba una modificación del PAN de 2017 que, con este instrumento, «por primera vez, el ejecutivo autonómico alcanza la predictibilidad del ordenamiento, como corolario imprescindible del derecho constitucional a la seguridad jurídica». Creo que es un tanto optimista aventurar semejante conclusión de la publicación de un plan que, además, fue modificado por ese mismo acuerdo. Sí es cierto, no obstante, que apela a la extraordinariedad de sus modificaciones.

113 Por cierto, de igual modo que sucede en otras CC. AA., para el PAN de 2016, según se ha detallado en una respuesta a una solicitud de transparencia, dicho plano «no se aprobó por el Consejo de Gobierno, sino que fue publicado por resolución de la consejera de Presidencia». Por lo que se acercaría, de algún modo, a una actividad más informal.

En cuanto a su contenido, estos PAN incluyen, ordenados como es habitual por consejería y rango normativo, las previsiones de normas para aprobar, con su identificación, objeto, órgano responsable de la tramitación, calendario —con fecha prevista de aprobación— y, para el caso de las iniciativas legislativas, también precepto del Estatuto de Autonomía a que vendría a dar cumplimiento.

En todo caso, esta práctica no ha continuado más allá de este periodo, por lo que no pueden hacerse más comentarios al respecto. Tampoco existen informes de evaluación del grado de cumplimiento o ejecución de los PAN aprobados. Solo recientemente, aunque sin la misma entidad, se ha aprobado un «acuerdo de gobernabilidad» (entre los partidos que apoyan al gobierno) que no tiene la entidad de un verdadero plan o programa de gobierno como se han visto en otras CC. AA.

m) Experiencias de planificación normativa en La Rioja

La Rioja viene aprobando ininterrumpidamente desde el año 2017 todos los PAN correspondientes a cada anualidad y, además, lo hace antes del inicio de cada una, en el mes de noviembre-diciembre anterior[114]. En cuanto a su contenido, solo hace referencia —como otras— al departamento correspondiente, al rango normativo y al contenido de la propuesta, sin mayor explicación, por lo que no se estaría más que ante una lista de propuestas normativas, sin ni siquiera una fecha aproximada de aprobación o de inicio de tramitación y, en definitiva, de limitada utilidad. Tampoco los acuerdos del consejo de gobierno que disponen su aprobación —solicitados por transparencia, pues no se encontraban disponibles en línea— incluyen información adicional.

n) Experiencias de planificación normativa en la Comunidad de Madrid

La Comunidad Autónoma de Madrid ha aprobado[115], hasta la fecha, los PAN de 2018, 2019 y 2020, en los tres casos en la anualidad anterior, incluso con una antelación notable para los dos primeros (en el mes de abril). La

114 El PAN de 2018 fue actualizado hasta en cuatro ocasiones por distintos acuerdos del consejo de gobierno, por lo que a efectos estadísticos solo se han incluido como lo que son, previsiones de posibles normas para aprobar, las nuevas normas proyectadas incluidas en tales modificaciones del plan inicial.

115 Debe señalarse como problema —sobre el que detallaré después mi parecer— habitualmente asociado a la permanencia de la información en los portales de transparencia que varios de los enlaces a los acuerdos de aprobación de los planes estaban rotos y debieron solicitarse tales documentos a través del procedimiento de ejercicio del derecho de acceso a la información. Finalmente, fueron restablecidos, pero este comentario sigue teniendo pleno sentido pues este problema, como se ha visto en otros casos, no es del todo aislado.

periodicidad anual parece que va a sustituirse por una cuatrienal (de legislatura) sin perjuicio de las actualizaciones periódicas anuales, según la normativa vista en el apartado correspondiente. Está todavía por desplegar esta previsión de reciente factura.

Los planes mencionados contienen la previsión de normas para aprobar por el consejo de gobierno (o de la iniciativa legislativa) con una relación de tales propuestas, sin mayor explicación o detalle, ordenadas —como es habitual— por departamento y rango normativo. Se señalan, en cada uno de los PAN, las normas (o mejor, propuestas de normas) que deberán ser también objeto de evaluación *ex post*.

Los acuerdos de aprobación de cada PAN, además de permitir solo en «circunstancias especiales» su modificación, exigen la aprobación posterior de un informe de seguimiento y evaluación de su grado de ejecución antes del 30 de abril del año siguiente. Dicho informe debe incluir, además de dicho grado de cumplimiento, las normas aprobadas, pero no incluidas en el plan, así como las que tengan objetivos plurianuales que deban desplegar efectos en la anualidad objeto de análisis; también se prevé la inclusión de un análisis de la evaluación *ex post* de las normas que se haya determinado que deban ser objeto de este.

Hasta la fecha, solo se ha aprobado el *Informe de evaluación normativa sobre el año 2018*. Se trata, a diferencia de otros ejemplos semejantes que ya han sido analizados, de un documento bastante completo que no se limita a incluir unos meros porcentajes y una relación de normas aprobadas —algo que también hace— sino que incluye un análisis cualitativo, por consejerías, sobre los motivos de la tramitación de normas sí previstas en el PAN o de la aprobación de otras no incluidas inicialmente —cuyos motivos agrupa en tres: como consecuencia o desarrollo de normas o planes posteriores, del consenso alcanzado en órganos de participación o de necesidades coyunturales—. Adicionalmente, y con carácter previo, hace un repaso de gran interés por la naturaleza de este tipo de instrumentos, el objeto de la evaluación y las competencias sobre dicha materia, la jurisprudencia —punto este sí bastante escueto e indeterminado— o la propia oficina de calidad normativa de la Comunidad de Madrid. Se volverá sobre esto en el apartado correspondiente a la evaluación.

o) Experiencias de planificación normativa en la Región de Murcia

El gobierno de la Región de Murcia solo ha aprobado en dos ocasiones el PAN, en concreto para los años 2017 y 2018, por lo que tras la STC 55/2018 se ha decidido no continuar con esta práctica. Sin embargo, en una respuesta a una solicitud de transparencia, se ha indicado que «la elaboración de planes anuales normativos va a ser retomada de nuevo por este departamento, en concreto, por la Inspección General de los Servicios, integrada en la Dirección General de Regeneración y Modernización Administrativa». Habrá que ver cómo se concreta.

Mientras que el PAN de 2017 se limita a establecer una relación nominal de normas para aprobar, ordenadas primero por rango y dentro de cada uno (legal o reglamentario) por consejería, el PAN de 2018 es más completo. La memoria introductoria de este último lo define como «un instrumento de planificación y racionalización resultado de la reflexión y articulación en un calendario normativo del conjunto de propuestas (...) que, de acuerdo con los objetivos y prioridades políticas de las distintas Consejerías, pretende aprobar el Gobierno en el año siguiente a su aprobación». Ya se vio una descripción en los mismos (exactos) términos, pero, por ser este plan anterior, parece que la Comunidad de Castilla y León habría copiado esta misma argumentación. También se hace referencia en estas memorias al régimen supletorio de la legislación estatal (al menos, antes de la STC 55/2018), ante la ausencia de desarrollo por parte de la comunidad. Y, en fin, habla de los objetivos del PAN, de su configuración, de las normas sometidas a evaluación y del informe anual exigido —en consonancia con la norma estatal— para antes del 30 de abril del año consecutivo; así como de la posibilidad de incluir normas no previstas inicialmente.

En concreto, este segundo PAN incluye no solo la relación de propuestas de iniciativas para aprobar durante la anualidad correspondiente, sino también un breve desglose, por consejerías, que incluye una breve justificación de su propuesta (si es a iniciativa propia, depende de otra norma, etc.), el objetivo general de la iniciativa, si va a implicar derogaciones normativas y un calendario aproximado de tramitación. También se indican las normas que deberán ser objeto de evaluación. Como contenido particular, estos planes anexan la relación de «proyectos plurianuales» que se inician en la anualidad correspondiente y deben continuar su tramitación en ejercicios posteriores.

Según respuesta dada por Transparencia, no consta que se hayan elaborado informes de evaluación de estos PAN.

p) Experiencias de planificación normativa en la Comunidad Foral de Navarra

Esta comunidad ha aprobado desde el año 2017 y con la única excepción del 2019 (año electoral) el PAN. El instrumento en esta comunidad autónoma se estructura en torno a las distintas consejerías y por rango normativo, incluyendo exclusivamente la denominación de las normas propuestas, sin más explicación ni calendario aproximado de aprobación. A partir del PAN 2020, los acuerdos de aprobación de estos planes (que tienen lugar durante la anualidad anterior) incluyen también una encomienda de evaluación de tal instrumento para realizar en el primer trimestre del año posterior. Como en otros casos, se ha apreciado también la existencia de enlaces rotos a distintos documentos en el portal de transparencia en que se hallan estos planes.

El informe al que me acabo de referir, del que se dispone —hasta la fecha— del correspondiente al PAN de 2020, y que viene exigido no solo por su propio acuerdo de aprobación sino, como se vio, por la normativa navarra, recoge una evaluación del grado de cumplimiento de dicho plan, con las normas que han sido objeto de aprobación y estaban incluidas en el PAN, las que estando incluidas no lo fueron y las aprobadas pero no incluidas inicialmente.

Este informe, al margen del análisis concreto de dicha anualidad —en la que solo se han cumplido un 16,8 % de las propuestas por razón de la crisis del coronavirus, lo que ha motivado, a su vez, que haya 4 veces más normas aprobadas fuera del propio plan inicial (pp. 60 y 62)—, recoge algunos comentarios sumamente ilustrativos. Por ejemplo, que «desde una perspectiva cronológica, la función de planificación se sitúa con anterioridad al inicio del procedimiento de tramitación y aprobación de la norma, mientras que la función de evaluación se ubica al final del ciclo, es decir, como instrumento para valorar su aplicación efectiva y la consecución de sus objetivos» (p. 7), lo cual demuestra que el poder público navarro es consciente de la importancia de incluir una evaluación del propio PAN, sobre lo que se volverá en el lugar oportuno. Pero también señala que «no es materia de este informe el pronunciamiento sobre cuestiones de calidad normativa, ni la incisión en asuntos de oportunidad política, sino que su objeto es la simple evaluación del grado de cumplimiento de las previsiones del Plan» (p. 8), lo cual, como es por otra parte evidente, resta cierto interés a este tipo de informes, pues no se tratan más que de análisis estadísticos de cumplimiento.

Finalmente, merece una mención el hecho de que en Navarra se haya dado publicidad al acuerdo programático del gobierno de coalición para la legislatura 2019-2023. En todo caso, se trata más bien de un acuerdo interpartidista que de un programa de Gobierno[116]. Al respecto, al solicitar otros programas anteriores por medio del portal de transparencia, la respuesta que se dio fue que «tratándose de una función que no es propia de la Administración, no se dispone ni puede disponerse de esa información». Ciertamente, los programas de coalición entre partidos no son información administrativa ni gubernamental, pero la delgada línea que separa estos programas de los de gobierno bien merecería una institucionalización, al menos, de su publicidad.

116 A pesar de ello, se incluye publicado en la página de la Presidencia del Gobierno de Navarra. Disponible en: https://www.navarra.es/documents/48192/2582389/Acuerdo+Programa+Legislatura+2019_2023.pdf/df725a64-cad2-f323-b474-1a0d4e351a69?t=1564992448505 (Consultado: 2021-05-27).

q) Experiencias de planificación normativa en el País Vasco

Los instrumentos de planificación de esta comunidad autónoma, aunque muy completos, resultan bastante confusos por su dispersión (incluso en páginas distintas, amén del recurrente problema de los enlaces rotos), por la diferenciación entre propuestas normativas por rango (como explicaré enseguida), así como por la multiplicidad de instrumentos utilizados. Lo que en principio parecía una ventaja —el gran volumen de información— se ha tornado en un problema a la hora de proceder a su análisis.

Puede decirse que el gobierno del País Vasco lleva aprobando desde el año 2016 y hasta la actualidad (con la excepción, por el momento, del año 2021) un instrumento denominado PAN, aunque antes de dicha fecha ya publicaba otros que enseguida se verán. Los PAN de 2018, 2019 y 2020 responden a la tónica habitual de este tipo de planes: contienen una previsión de las normas legales y reglamentarias para aprobar (o cuya tramitación debe iniciarse) en el año correspondiente. Con una particularidad, y es que las normas con rango de ley son extraídas de otro instrumento de programación: el programa legislativo. Los planes de 2016 (este de carácter informal) y de 2017 incluyen, fundamentalmente, una previsión de reglamentos, con mención al programa legislativo para las normas previstas con rango de ley, lo que genera cierta confusión al dividir en varios instrumentos una misma previsión normativa. Todos los planes se han aprobado en los primeros meses (de febrero a mayo) del año en cuestión.

En cualquier caso, los PAN del Gobierno vasco incluyen exclusivamente una relación nominal de normas para aprobar, ordenadas por departamento y rango; con la previsión, eso sí, de que al finalizar la anualidad se deberá someter a evaluación su grado de cumplimiento, como así se ha hecho para los años 2017 a 2020, hasta la fecha. Desde el año 2018 se incluye también una previsión de que las normas no incluidas inicialmente en el plan y que deban ser objeto de aprobación deberán justificar —como sucede en otros ámbitos ya analizados— la necesidad en las memorias correspondientes de cada norma. Además, resulta de interés una mención al cambio de legislatura que se contiene en el PAN de 2020: «Sin perjuicio de las modificaciones y adaptaciones que se consideren necesarias como consecuencia de la formación del nuevo gobierno» (p. 3). Esta previsión va en la línea de la norma estatal y en la aragonesa ya vistas en su momento sobre la posibilidad de modificar el PAN en el supuesto del cambio de gobierno.

En cuanto a las memorias de ejecución del PAN, todas las existentes hasta la fecha (de 2017 a 2020, a.i.) se limitan a ofrecer un análisis cuantitativo del grado de ejecución: las normas aprobadas, las que se encuentran en trámite, las no iniciadas, las aprobadas y no incluidas en el PAN, y las que se trasladan de un PAN al de la anualidad siguiente. Este último extremo denota de alguna manera la naturaleza de calendario normativo de este instrumento. En cualquier caso, de nuevo, estamos ante unos informes de escasa utilidad, más allá de conocer la foto fija de la producción normativa en la anualidad en cuestión.

Pero decía que en el País Vasco se cuenta con otros instrumentos de planificación adicionales. He mencionado ya uno: el *programa legislativo*, antes denominado *calendario legislativo*. Se trata de un documento programático que recoge una previsión de normas con rango de ley para aprobar durante toda la legislatura y que viene aprobándose desde la VI legislatura (1999-2002) y hasta la actual, la XII (2020-2024). Por lo tanto, desde hace más de dos décadas esta comunidad autónoma, pionera en esta cuestión, lleva aprobando un instrumento de planificación legislativa (aunque no reglamentaria) que se adelantó al PAN de la LPAC.

Estos calendarios-programas (aunque no así los más antiguos, o al menos en la información facilitada por transparencia) comprenden, a diferencia del PAN, no solo una relación nominal de las normas para aprobar, sino una ficha individualizada por cada una de ellas (elaborada con la información previamente remitida por cada departamento) sobre la base de un cuestionario que comprende los siguientes extremos: denominación, objeto y sectores afectados, incidencia financiera, fecha aproximada de elevación al Consejo de Gobierno y de remisión al Parlamento Vasco (al estilo de las *check lists*). Este extremo constituye una buena práctica que debe ser aplaudida, pues materializa no tanto una vacua voluntad de aprobar normas, sino la transparencia de las razones del ejercicio de las funciones normativas de los poderes públicos.

Los acuerdos de aprobación de estos programas legislativos —sustancialmente idénticos todos ellos— prevén también que estamos en presencia de un documento «dinámico», vivo, que puede y debe ser actualizado periódicamente. Por ello se determina la necesidad de realizar un seguimiento semestral, que viene efectivamente siendo realizado (con indicación del estado de tramitación de cada una de las propuestas iniciales, así como con indicación de las nuevas y de las no seguidas). Por otro lado, los mencionados acuerdos definen estos planes como una «política inspirada en los principios de Gobernanza mediante seguimiento, control y evaluación de esta actividad administrativa» (la iniciativa legislativa del gobierno se entiende). Además, este instrumento debe remitirse al Parlamento Vasco para el seguimiento de la acción del Gobierno. En cualquier caso, a partir del año 2017, la interrelación entre el programa legislativo y el PAN es más que evidente.

Pero es que en esta comunidad no solo existen programas legislativos y planes anuales normativos, sino también otros instrumentos como los programas de gobierno y los planes estratégicos. Tienen menos interés en lo que respecta al objeto de esta investigación por cuanto no se refieren a la previsión, como tal, de aprobación de normas. Pero en tanto que constituyen una programación o planificación de la acción del gobierno, merecen su cita[117]. En el caso del programa de gobierno, este ha sido aprobado y publicado —hasta donde tengo constancia— para las dos últimas legislaturas. Se trata de una previsión de objetivos y medios; que, como es obvio, no siempre requieren de la acción normativa. Por otro lado, y al menos desde el año 2005 (s.e.u.o.), el Gobierno Vasco aprueba también una relación de planes estratégicos que guiarán su acción política.

En definitiva, el caso vasco constituye un ejemplo de buenas prácticas y con abundante información, pero, como dije al principio, quizás no suficientemente bien coordinadas una con otra. El dinamismo de estos instrumentos los hace, como se verá después, especialmente aptos para ser incluidos en portales *web* dinámicos. Por ello, esta información que se ofrece de manera estática en la aprobación de cada instrumento y sus informes de seguimiento se aprecia mucho mejor en toda su extensión y las distintas relaciones entre sí en las páginas *web* en que se incluyen.

3. Algunas conclusiones de las experiencias prácticas estatal y autonómicas sobre planificación normativa en España

De este análisis empírico sobre la aplicación práctica de las previsiones jurídicas sobre planificación normativa se pueden extraer las siguientes conclusiones, sin perjuicio de lo que se dirá en el siguiente epígrafe, sobre los aspectos más destacables en general.

En primer lugar, debe destacarse que **la aplicación de la planificación normativa en España es bastante desigual**, comenzando por el primer nivel, el estatal, del que solo se encuentran 2 ejemplos para un periodo de 5 años. La mayor parte de las CC. AA. aprueban este tipo de planes: en torno a 10 (con algunos matices) lo vienen haciendo desde el año 2017 (aprox.), 5 de ellas lo hicieron hasta 2018 (fecha de la STC repetidamente citada), y solo 2 autonomías no han aprobado una planificación normativa en ningún momento (aunque una de estas dos cuenta con un instrumento parecido).

Se puede afirmar, en definitiva, que la práctica es variada en el ámbito autonómico. No existen, como tales, tipos ideales, sino que cada instrumento, como se ha visto, va tomando elementos de uno y de otro. De este modo, algunas CC. AA. cuentan, además, con otros ejemplos adicionales al

117 De hecho, para la VIII Legislatura de esta comunidad autónoma (2005-2009), se aprobó un único *Documento de planificación de la acción del Gobierno en cumplimiento del programa de la VIII legislatura*, que incluía los proyectos legislativos, los planes y programas y las actuaciones significativas (al estilo del contenido del programa del Gobierno de Aragón). Se muestra cómo se puede integrar, en un único documento, toda la información planificadora de la acción ejecutiva, en aras también de la simplificación.

PAN (los planes o programas de gobierno o de iniciativas legislativas) que se configuran con unas particularidades distintas y que ofrecen matices dignos de mención (como se ha ido haciendo oportunamente). En fin, algunas evaluarían sus planes y otras no.

Se puede decir más: no parecería necesaria una norma imperativa que exija la aprobación de este tipo de planes, sino que, con la mera voluntad de aprobarlos, cumplirlos y evaluarlos, se lograrían los mismos objetivos (por lo que la *alternativa cero* que se rechazaba en el caso catalán no parece tan inviable como se pretendía).

Además, el hecho de que una comunidad no cuente con un PAN no implica que no se pueda hacer un seguimiento de las normas en trámite de aprobación o de elaboración pues, *de facto*, la mayoría cuentan con portales de transparencia en los que se incluyen los listados de tales iniciativas, con abundante información. Se estaría, en definitiva, cumpliendo también uno de los elementos esenciales del PAN (la transparencia), pero más en el momento en que se inicia su tramitación ya como norma (por lo que, a partir de entonces, se cuenta con menor margen de maniobra).

En segundo término, **sobre el contenido de estos planes**, se puede destacar que las explicaciones sobre las propuestas normativas, en general y tanto a nivel autonómico como estatal, son más bien escasas. En el mejor de los casos se cuenta con una sucinta referencia a los objetivos pretendidos con la propuesta de normativa (y algún dato adicional, somero también). Al menos 9 de las 17 CC. AA. solo incluyen, por el contrario, una lista nominativa de las propuestas (6 de esas 9 son autonomías que siguen aprobando el PAN, por lo que solo 3 de todas ellas, de las que continúan con esta práctica, irían más allá de un mero listado). Convendría cierta homogeneidad en el desarrollo práctico de este instrumento y, sobre todo, una mayor concreción en los objetivos pretendidos, en el contenido de esa regulación proyectada.

Recuerdo aquí lo dicho por Setuáin Mendía (*cfr.* nota 1) de que «hay que evitar (...) plantear las medidas como un mero catálogo de actuaciones». ¿Qué sentido tiene eso? ¿Dice algo saber que se pretende aprobar una norma con un título determinado? Puede que sí, pero más bien poco si no se conocen los objetivos. Aprobar y publicar meros listados no me parece lo más oportuno. Eso puede ser un calendario normativo (cuando se incluye), pero los meros listados sin más no dicen (casi) nada.

Queda abierto para futuras investigaciones un análisis más detallado de la casuística de los instrumentos de planificación normativa, en especial que haga un seguimiento —más propio este de la Ciencia Política— de cada una de las propuestas normativas incluidas en él, así como de las distribuciones por materias, en particular teniendo en cuenta las competencias de cada comunidad.

En tercer lugar, si se consideran los **datos cuantitativos extraídos del análisis**, que reflejo en la siguiente Tabla 1, se pueden también realizar algunas consideraciones. Teniendo en cuenta que estos datos deben ir precedidos de algunas reservas metodológicas[118], se puede, en cualquier caso, apreciar que, para el periodo 2016-2021, se han planificado en España más de 7.000 normas, con una media anual de 1.176. Las cifras son abrumadoras. Es cierto, no obstante, que una persona o una entidad no suele estar *sometida* a toda esa regulación, por la aplicación del criterio espacial y material, pero solo los números asustan. Hace tiempo que el profesor MARTÍN REBOLLO dijo, en feliz expresión, que ser jurista hoy implicaba saber moverse como pez en el agua en este mar normativo. Y los datos de las normas *planificadas* son una muestra de ello[119].

No es, en cualquier caso, finalidad de este estudio el realizar un análisis cuantitativo del sistema jurídico español, pero la inclusión de los datos pare-

---

118 Existen algunos problemas en la cuantificación de las normas en los distintos PAN que se ha llevado a cabo. Por una parte, no se cuenta con información de todas las CC. AA. Al menos dos (Extremadura y Canarias) no han aprobado nunca el PAN. Canarias sí ha aprobado y publicado un calendario legislativo para toda la legislatura, por lo que las normas solo se incluyen como planificadas en el primero de los años. Además, no todas las CC. AA. continúan realizando esta planificación.
Por otro lado, en la planificación a nivel reglamentario hay discordancia entre decretos y órdenes (a veces se incluyen incluso resoluciones, aunque esto es menor). Al menos la Comunitat Valenciana y Navarra incluyen las órdenes, lo que hace que su planificación sea más abultada. Pero, sobre todo, hay que advertir el hecho de que algunas incorporan (mantienen) en el plan del año siguiente las normas no aprobadas en el anterior.
En fin, en tanto que documento vivo, puede optarse por incluir unos tipos de normas u otros, así como mantener, o no, las normas del año anterior: lo importante es señalarlo. Eso sí, sería de agradecer cierta homogeneidad de la información que permitiese su tratamiento adecuado. Quizás en su actualización en la página *web* puede incorporarse información periódica, pero creo que lo óptimo sería indicar su inclusión solo una vez (quizás, como hace la Comunidad de Madrid, si hay cambios sustanciales) pero no cada año.

119 Sería interesante —aunque esta tarea sea más propia de la Ciencia Política— comparar estos datos con el total de normas efectivamente existentes y aprobadas cada año. Para ello, resultan de interés los informes que la CEOE publica cada año, desde 2015, bajo el título «La producción normativa en... [año]». En ellos, aunque sin una metodología demasiado sofisticada, se hace un conteo de normas aprobadas por el Estado (de rango legal y reglamentario) y las CC. AA. (solo de rango legal), así como los actos de la UE (reglamentos, directivas y decisiones). Además, estos informes incluyen una cuantificación de las páginas de los diarios oficiales.
Decía que la metodología no es sofisticada por varios motivos: i) no se tienen en cuenta las derogaciones normativas; ii) no se tienen en cuenta, para el nivel autonómico, los reglamentos; iii) no tiene demasiado interés la mera cuenta de páginas de los diarios oficiales, pues en absoluto sirve de algo hacerlo con todas ellas; y iv) tampoco se hacen análisis relativos al PIB u otra variable macro que sirva para equilibrar los datos brutos. No obstante, este análisis de la CEOE creo que es si no el único, sí el más accesible sobre los datos de producción normativa en España.
En cualquier caso, estos informes dan muestra de la producción normativa «en bruto», así como de la preocupación de ciertos sectores por la misma. No obstante, no se puede confundir esta situación con una menor calidad o pérdida de esta. Puede ser un indicio, o incluso una causa, pero no la única. De todos modos, MORA-SANGUINETTI (me remito a sus estudios de 2015, 2020 y 2021, *passim*) ha estudiado en variadas ocasiones la incidencia de la producción normativa elevada sobre distintos elementos económicos como la competitividad.

cía interesante. De todos modos, los datos, desnudos, no ofrecen por sí solos demasiada información. Y pretender que el mero volumen, como quieren algunos, sea sinónimo de falta de calidad, es pretender mucho...

En fin, y para concluir, conviene recordar las palabras de GARCÍA-ESCUDERO MÁRQUEZ (2016, 439), según la cual había que ser «optimistas y pens[ar] que los elementos que empiezan a introducirse para dotar de cierta racionalidad al ordenamiento tal vez hagan germinar la conciencia de su necesidad y de su carácter ordinario, de la que se derive la autodisciplina imprescindible para lograr los objetivos perseguidos, en este caso de planificación normativa». Creo que había que ser bastante optimistas para pensar esto, aunque es cierto que, poco a poco, se van dando pasos en la dirección del establecimiento de una cultura de la mejora de la calidad del Derecho, cuyo primer escalón es, sin duda, esta planificación.

Tabla 1. Resumen cuantitativo de las normas previstas en los PAN del Estado y CC. AA. en España (2016-2021)

Ámbito territorial	2016	2017	2018	2019	2020	2021	Total	Media
Estado			287		172		459	230
Andalucía		164	87				251	126
Aragón		143	217		193	230	783	196
Asturias		109	83	21	103	99	415	83
Canarias	40				51		91	46
Cantabria		123	110				233	117
Castilla y León		95	106		120	150	471	118
Castilla-La Mancha		162	104	39	66	82	453	91
Cataluña		106			198		304	152
Comunitat Valenciana		326	203	216	218	272	1235	247
Extremadura								
Galicia		106	138				244	122
Illes Balears	45	211	244				500	167
La Rioja		105	232	76	79	90	582	116
Madrid			77	41	61		179	60
Murcia		81	25				106	53
Navarra		108	131		95	100	434	109
País Vasco	44	122	120	145	116		547	109
Total	129	1838	2164	538	1472	1023	7287	1215

Fuente: elaboración propia a partir de los PAN de las distintas AA. PP.

V.

ASPECTOS DESTACABLES DE SU ACTUAL CONFIGURACIÓN

Del estudio jurídico-dogmático, doctrinal, jurisprudencial y empírico realizado hasta el momento se desprenden una serie de aspectos de interés sobre la planificación normativa que deben ser no tanto analizados (pues ya se han ido desgranando) como, si se me permite la expresión, «rematados». Otros han quedado ya suficientemente determinados y por eso no vuelvo sobre ellos.

Las siguientes líneas pretenden eso: hacer algunas consideraciones sobre elementos particulares y de especial relevancia sobre los PAN y que han ido surgiendo a lo largo de las páginas precedentes, así como tratar de terminar de dar respuesta a las preguntas que planteaba al inicio de esta parte de la investigación. He organizado estas cuestiones en torno a tres ejes clásicos: los elementos objetivos, los subjetivos y los formales atinentes a la planificación normativa. Vayamos con ellos.

1. Elementos objetivos de la planificación normativa

a) Sobre su diferenciación con figuras afines: planes de gobierno, planes normativos y calendarios normativos

A lo largo de los epígrafes precedentes, se ha venido hablando de distintos instrumentos de planificación de la actividad normativa. Sin embargo, al menos en nuestro sistema jurídico, la principal herramienta y denominación es la de *plan normativo*. Pues bien, es más que conveniente realizar unas matizaciones, en abstracto, de lo que debería entenderse por cada uno de los distintos tipos de planes existentes. Todo ello porque, como recuerda ORTÍ

FERRER (2020, 219), «aunque [desde hace tiempo venía siendo] habitual que el Plan de Gobierno enunci[ase] las iniciativas normativas más relevantes que se prev[eían] impulsar en la legislatura y que algunos departamentos de esta Administración elabor[asen] agendas legislativas internas, la primera experiencia [en España] no se produce hasta la aplicación del artículo 132 [LPAC]».

Debe tenerse también en cuenta lo que sostiene MONTORO CHINER (2001.1, 120): «Los programas electorales, la justificación de las coaliciones y las declaraciones del Gobierno son expresión de los motivos y de la definición de los programas, proyectos y grupos normativos que pretenden llevarse a cabo». La interrelación entre Derecho y Política se torna aquí más que evidente. En todo caso, las siguientes definiciones no son más que tipos ideales, conceptos abstractos que no tienen por qué verse reflejados, en sus mismos términos, en la realidad.

Como decía al principio de todo, el origen de la planificación normativa se puede encontrar en la confianza depositada —en democracias parlamentarias como la española— por el parlamento en la persona candidata a la presidencia del gobierno correspondiente. Ahí se halla un primer **programa de gobierno**, planteado para la obtención de la legislatura, que puede concretarse mejor después y estar más o menos institucionalizado (ya se vieron los ejemplos de Aragón, Cataluña y País Vasco). También cabe la posibilidad de que se formulen *acuerdos programáticos* entre distintos partidos políticos. Esta programación no solamente, en teoría, se refiere a cuestiones normativas. Como he venido repitiendo varias veces, la producción normativa debe ser entendida como un medio más, no el único, de acción pública. Por ello, en teoría, en este momento, lo lógico es enunciar los problemas que se pretenden resolver y esbozar, en su caso, y cuáles de ellos podrían requerir de una acción de índole regulador.

El segundo de los instrumentos, si se pretende, con la denominación ya de **plan normativo**, podría obedecer, de algún modo, a aquellas cuestiones, aquellos problemas o preocupaciones, aquellos sectores de la vida pública sobre los que los gobiernos desean intervenir y consideran, ya con más necesidad, una acción normativa. Sería, sin duda, deseable una adecuada interrelación entre la programación de gobierno y la planificación normativa.

En teoría, en este momento todavía sería posible que la acción pública posterior no se concretase en una norma, dando paso —como comentaré enseguida— a opciones no regulatorias. La práctica nos dice, sin embargo, que cuando una iniciativa se incluye en un plan normativo la intención de aprobarla es más que evidente. Por eso, son tan necesarios matices como el que se vio de la norma proyectada en Cataluña. En realidad, en este estadio de la programación, lo que se debería hacer —en un plano ideal, teórico— es incluir una serie de objetivos y fines y plantear un calendario sobre el primer paso para determinar si hace falta, o no, la acción normativa. O sea, lo ideal sería que consistiese en una programación de las consultas públicas previas (art. 133 LPAC), de las cuales se derivase ya la opción regulatoria o no de actuación pública. Creo que (casi) nada de esto se cumple.

Finalmente, el tercero de los instrumentos con los que se suele confundir o, a veces, identificar, son los **calendarios normativos**. Esta herramienta, a modo de cronograma, establece ya una previsión de las distintas etapas en que se concretará el ciclo normativo de cada una de las propuestas. El momento clave de determinar que la acción pública normativa es necesaria ya ha sido superado. Aquí se da publicidad a la acción normativa y, muy en particular, a su elemento temporal. Creo que lo que en España se denomina *plan normativo* bien podría llamarse *calendario normativo*, pues responde más a esa configuración que a la de una planificación no cerrada ni decidida. Lo que me lleva a la siguiente cuestión.

b) Sobre la alternativa cero y su incongruente configuración en relación con la consulta pública previa

Como recuerda el DPEJ, el concepto de *alternativa cero* tiene, al menos en el sistema jurídico español, su principal manifestación en el contexto ambiental. Se trata de aquellas alternativas consistentes «en no realizar el proyecto o plan» o, también, la situación resultante de *no hacer nada*. Pues bien, y aunque se analizará en el momento oportuno (en especial, al estudiar la MAIN), cada propuesta de acción pública debe(ría) contar con el estudio de su alternativa cero, pero no solo referida a la propia acción, sino también a la necesidad (o no) de que dicha actuación pública se realice con un producto normativo[120].

Vivimos en un sistema *legicéntrico*, en el que se legisla, se regula, aunque dicha norma no funcione. Decía ya CONDORCERT (en ZAPATERO GÓMEZ 1998, 80): «La primera pregunta a la que debía dar respuesta el legislador es la de "si la cuestión debe ser decidida por una ley" (...). Claro está que la respuesta a esta cuestión no era entonces —como no es hoy en día— tan sencilla». Pues bien, «la evaluación de la necesidad de una ley está en relación con la concepción política en torno a las funciones del legislador»

120 Hay, aunque pocos, algunos ejemplos de buenas prácticas (o, al menos, buenas intenciones). El Acuerdo de 28 de mayo de 2019 del Consejo de Gobierno de la Comunidad de Madrid, por el que se aprueba el informe de evaluación normativa sobre el año 2018, señala que «no cabe alegar que "no hay alternativas" o "que no se han analizado alternativas" a la propuesta realizada, ya que dichos comentarios atentan directamente contra la exigencia prevista en el artículo 26.3 LGob» (p. 11). Estoy completamente de acuerdo. Decir, sin más, que no hay alternativas no regulatorias a una acción es, simplemente, una excusa. Lo cual no quiere decir que muchas veces una norma no sea más que necesaria. Son cosas distintas.

(ib.). Pero, en sociedades democráticas avanzadas como la nuestra, la participación pública sobre la propia necesidad de regular una materia se hace imprescindible.

Es necesario, por lo tanto, hacer una reflexión en torno a la compatibilidad de este instrumento, el PAN, al menos en su actual configuración, con otros de los analizados en esta misma investigación. Me refiero a la consulta pública previa —que se trata en un capítulo posterior—. Pues bien, el art. 133.1 LPAC, que también ha sido objeto de declaración de inconstitucionalidad parcial (al menos para las CC. AA., como se podrá ver en su momento), dispone lo siguiente: «Con carácter previo a la elaboración del proyecto o anteproyecto de ley o de reglamento, se sustanciará una consulta pública (...) acerca de: d) Las posibles soluciones alternativas regulatorias y *no regulatorias*» (la cursiva es mía).

La planificación normativa —y la configuración que de ella se ha hecho en nuestro país, que, como se ha visto, son cosas distintas— tiene lugar en un momento temporal previo a dicha consulta pública según el ya explicado ciclo normativo. Teniendo en cuenta que el PAN recoge las iniciativas *legislativas o reglamentarias* —por lo tanto, *normativas o regulatorias* (en un sentido amplio de este término)— resultaría, a mi juicio, incongruente con la previsión contenida en tal art. 133.1 LPAC pues, salvo que el primero se limite a indicar la existencia de un problema sobre el que se quiere actuar —y no parece que este sea su objetivo, sino el de iniciar propiamente el proceso normativo, incluso indicando ya el nombre de la norma para aprobar—, carecería de sentido la consulta previa porque esta debe configurarse, al menos en la teoría, sin pretensiones sobre la solución que adoptar —solo debemos saber la cuestión sobre la que se pretende hacer algo, el *problema que hay que resolver*[121]—.

Ahora bien, tengo la sensación de que al PAN se llega ya, aunque (poco) disimulada, con una solución preferida y que, independientemente del resul-

121 Es cierto, sin embargo, que el apartado Tercero de la Orden PRE/1590/2016, de 3 de octubre, por la que se publica el Acuerdo del Consejo de Ministros de 30 de septiembre de 2016, por el que se dictan instrucciones para habilitar la participación pública en el proceso de elaboración normativa a través de los portales *web* de los departamentos ministeriales, señala que «el trámite de consulta pública previa tiene por objeto recabar la opinión de ciudadanos, organizaciones y asociaciones antes de la elaboración de un proyecto normativo». No dice, pues, «sobre un proyecto normativo», sino «antes de». El matiz es relevante.
Ahora bien, lo cierto es que merecería la pena realizar un análisis empírico —que queda abierto a futuras investigaciones— sobre la realidad de los hechos: ¿cuántas veces en las consultas públicas previas se justifica que no existe una alternativa *no regulatoria*?, ¿cuántas veces acaba publicándose un borrador de norma tras la consulta en cuestión?, ¿cuántas veces, en fin, se acaba aprobando la norma proyectada? O también, ¿han tenido alguna influencia (real) las opiniones manifestadas en la(s) consulta(s)? Todos estos son interrogantes que, como digo, quedan abiertos a futuras investigaciones que den respuesta a hipótesis como las anteriores.

tado de dicha consulta pública previa, acabará prosperando y desarrollándose. Es indiferente que la opción o alternativa *no regulatoria* sea preferida o preferible y así quede manifestado en la consulta, puesto que si los órganos directivos han decidido su inclusión en el PAN no es, precisamente, para elegir tales opciones no regulatorias. Se pregunta WEGRICH (2015, 370) si «*is it also plausible that there was already a preferred option when the initiative was formally launched, based on a long process of support building and compromise seeking?*»[122]. Por eso, en mi opinión, la previsión de la posibilidad de optar por la no regulación no se queda más que en una quimera[123].

Para FERNÁNDEZ FERRARONS (2020, 119), precisamente el hecho de que se acabase optando por una solución no regulatoria implicaría una causa de justificación del incumplimiento del PAN. No obstante, creo que es demasiado optimista por cuanto cree viable que dicha alternativa no regulatoria prosperaría (incluso contra la voluntad del poder normativo). En su opinión, «el incumplimiento del PAN o la retirada de la propuesta normativa prevista es una consecuencia lógica e irremediable que no puede ser objeto de reproche por el incumplimiento de la planificación prevista».

Sin embargo, la contradicción que he alegado hace un momento va más allá de este cumplimiento o no del plan anual *normativo*: lo contradictorio, en términos abstractos, es en sí la existencia de una planificación *normativa* con una evaluación *ex ante* que permita opciones *no normativas*. Esto es lo que denuncio (más allá de que las conclusiones de esta autora sean acertadas). Quizás debería optarse, como he dicho más arriba, por una planificación de cuestiones sobre las que habrá de desarrollarse una consulta pública previa y, después, unos calendarios normativos acerca de cuestiones sobre las que finalmente se decide actuar[124]. En cualquier caso, vista la situación actual, ¿cuál es la naturaleza y los efectos jurídicos del PAN en España?

---

122 «¿Es también plausible que haya ya una opción preferida cuando la iniciativa se lanza formalmente, basado todo ello en un largo proceso de construcción de apoyos y búsqueda de compromisos?».

123 Ello sin perjuicio, eso sí, de que, como no se conoce el borrador, sea posible que los altos burócratas que lo crean tengan en cuenta alguna opción. Sobre todo esto volveré cuando se tenga ocasión de estudiar el trámite procedimental y, en concreto, la participación ciudadana.

124 Sobre este particular, SIERRA RODRÍGUEZ (2019, 215) propone «la apertura de las consultas previas en la fase más inicial posible de la tramitación de la norma para evitar que exista cualquier determinación previa sobre su orientación». Se pregunta MONTORO CHINER (2017, 32) si, «para llegar a la "opción cero", a "posibles alternativas no regulatorias", ¿hace falta realmente iniciar un procedimiento de elaboración de normas? Posiblemente —agrega— existan otros mecanismos de pulsar la opinión pública». Ahora bien, lo cierto es que esta planificación normativa se ha configurado como una fase inicial del ciclo normativo cuando, en realidad, debería configurarse como una fase previa. Ahí está la clave.

c) Sobre la naturaleza, el carácter y los efectos jurídicos del PAN

Ya se sabe que los planes, como instrumento de la actuación administrativa, pueden tener distinta naturaleza, como se indicó al principio. Concretar cuál es la propia de los PAN es un esfuerzo que todavía no había emprendido. De su determinación se derivarán, necesariamente, unas consecuencias u otras. Y aquí el debate doctrinal ha sido más o menos intenso.

Sobre su **naturaleza y carácter**, en primer término, debe recordarse, siguiendo a Canals i Ametller (2016, 46), que la regulación contenida en el art. 132 LPAC manifiesta una «voluntad de obstaculizar la improvisación de normas por los Gobiernos»; voluntad loable, sin duda.

Traigo ahora a colación el dictamen 752/2017 del Consejo Jurídico Consultivo de la Comunitat Valenciana por su interés y síntesis. Esta resolución define el PAN como un:

> Instrumento de carácter programático y sin rango normativo, [lo que] determina que carezca de incidencia directa en la esfera de los potenciales destinatarios de las normas, no creando, de este modo, derechos ni obligaciones para estos. No obstante, sus efectos internos determinan la vinculación para la Corporación municipal [o la Administración de que se trate] en dos sentidos. Por un lado, excluyendo la iniciativa reglamentaria en las materias o supuestos no previstos en el Plan Normativo. Y por otro, estableciendo una específica obligación de modificación del Plan o, en su caso, de motivación de las desviaciones que eventualmente se produzcan respecto de sus previsiones, lo que deberá justificarse en la memoria del análisis de impacto normativo.

Algunos de los aspectos que señala se desgranarán enseguida y serán oportunamente comentados.

Para Chaves García (2020, 178), el PAN «es más bien una recomendación que una norma jurídica perfecta pues su vulneración difícilmente comportará la nulidad del reglamento». En la misma línea, Bejarano Lucas (2016) habla de un «instrumento de carácter programático, pero del que, en modo alguno, a priori, cabría predicar carácter normativo». Yo creo que ni *a priori*, ni *a posteriori*. En ningún caso se puede considerar que el PAN sea una norma.

De este modo, la posición de Prieto Romero (2018, 13) es bastante interesante. Para él, el PAN «ostenta la naturaleza jurídica de acto administrativo de planificación obligatoria y anual, cuya vigencia se extiende a un periodo temporal determinado, es decir, no se trata de una norma puesto que no innova el ordenamiento jurídico y por ello se tramita y aprueba por el procedimiento administrativo correspondiente, no por el procedimiento de elaboración de normas (...) se trata de una función distinta y separada de la potestad normativa y del procedimiento para su ejercicio». Repito: *acto administrativo de planificación obligatoria y anual*. Creo que es una de las posiciones más certeras:

no es un reglamento, eso está claro, sino una actuación administrativa (quizás un *acto administrativo*), de contenido obligatorio en cuanto a su producción (no en cuanto a su materialización posterior) y de índole planificadora.

En fin, mientras que ARAGUÀS GALCERÀ (2016.2, 101) habla del «carácter cuasi vinculante» del PAN, «al prever [la LGob] que su cumplimiento será una de las cuestiones a valorar en el Informe Anual de evaluación al que se refiere el art. 28 LGob y que la Administración debe justificar la aprobación de normas no previstas en el Plan»[125], para CAMPOS ACUÑA (2016, 590) esta circunstancia «no debería tener mayores consecuencias», pues dada su naturaleza «debe admitir variaciones y modificaciones». Me inclino por esta segunda opción: el carácter no vinculante del plan, como también se ha derivado del estudio de la jurisprudencia. Ello sin perjuicio de que, como dice la normativa, haya de justificarse suficientemente (en la MAIN) la necesidad de aprobar una norma fuera del PAN o deban darse motivos para la no aprobación (yo diría, más bien, para la no iniciación de los trámites de consulta pública previa) en la evaluación del PAN de que se trate. O de que, en el futuro, se otorgase a la planificación normativa un carácter distinto.

En segundo lugar, en cuanto a sus **efectos**, hay que preguntarse qué sucede si son aprobadas normas no incluidas en el PAN o, a la inversa, si no se aprueban normas efectivamente previstas. Resulta bastante evidente, de la conclusión anterior, que *no pasará nada* (como de hecho se vio).

Son pocas las voces doctrinales que apuestan, de algún modo, por algunos efectos eventualmente invalidantes si se incumple el PAN. En esta línea, PONCE SOLÉ (2017, 270-271) defiende que, aunque «la no publicación en el Plan de una norma finalmente aprobada o la no aprobación de una inicialmente prevista en el Plan no determinaría la invalidez de la regulación solo por ese motivo, siempre que se justifiquen en ambos casos los fundamentos y razones de la situación (...) podría concluirse por un tribunal que no hubo respeto de las obligaciones de buena administración y de ponderación diligente, lo que podría dar lugar a consecuencias jurídicas».

También ARAGUÀS GALCERÀ (2021, 37) mantiene una postura semejante, afirmando que «la reciente jurisprudencia sobre los trámites participativos en la elaboración de disposiciones generales, que pone el énfasis en que la motivación se ajuste a lo previsto normativamente, puede hacerse extensiva al ámbito de la planificación normativa». Y, por su parte, VELASCO CABALLERO (2019.1) señala que «la regulación del plan anual normativo en reglamentos orgánicos genera efectos vinculantes como los de cualquier norma jurídica, y por tanto exigibles incluso por terceros ante los tribunales. Ello, no obstante,

125 En la misma línea, TRAYTER JIMÉNEZ (en el prólogo de ARAGUÀS GALCERÀ 2016, 16) dice que «el contenido de dicho Plan tiene carácter vinculante para la Administración, en el sentido de que, cuando el órgano competente eleve para su aprobación una propuesta normativa que no figure en el mismo, será necesario justificar este hecho».

una infracción de la regulación orgánica del PAN, dado su carácter extrínseco al procedimiento normativo *stricto sensu*, no afecta por sí a la validez de la ordenanza local resultante».

La interpretación de los tribunales, hasta el momento, ha sido restrictiva y no en esta línea. Es cierto que hay una contravención de la Ley si no se aprueba el PAN y este es exigido. Pero el cumplimiento del mismo, salvo si se da una modificación normativa o un cambio jurisprudencial, no creo que pueda tener efectos invalidantes (si es que tiene alguno), sobre las normas aprobadas. En este sentido, concuerdo con Boix Palop (2017, 803), para quien «pretender que el Plan Normativo hubiera, pues, de ser cumplido sería tanto como negar toda utilidad y sentido a la mayoría de los trámites posteriores destinados a lograr una mayor calidad normativa».

En todo caso, quien ha ofrecido, aunque de manera breve y completamente sucinta, una mejor aproximación a los efectos de esta planificación ha sido Parejo Alfonso (2020.1, 159): «Carec[e] la desviación del mismo de mayores consecuencias, lo que se explica por desplegarse en el ámbito interno (en el que rige la lógica del funcionamiento doméstico) y reservarse cualquier otra dimensión ligada a la eventual transformación en normas de las iniciativas previstas al ulterior procedimiento de aprobación de las mismas (sea el legislativo, sea el de las disposiciones administrativas de carácter general)». Precisamente por situarse en un estadio *prenormativo* no puede tener su incumplimiento consecuencias sobre la validez de la norma aprobada en lo que se refiere a la futura norma, no así cuando se produzca el incumplimiento de los trámites contenidos en el propio procedimiento normativo. En la misma dirección, Prieto Romero (2018, 15) considera que «los incumplimientos de dicha previsión de planificación no constituyen un defecto de procedimiento pues, como se ha dicho, la planificación es una fase anterior, distinta, del procedimiento de elaboración de la norma».

En fin, de lo que no cabe duda es de que «la conseqüència fàctica *més immediata es la percepció frustrada dels ciutadans en la confiança que s'hagi pogut lliurar en un document que albirava una major transparència en el bon fer de l'Administració*»[126] (Fernández Ferrarons (2020, 117). Aunque yo casi negaría la mayor: ¿de verdad conoce la ciudadanía este instrumento (o cualquier otro) de la buena regulación, más allá de una minoría informada? Apostaría que no.

Y, entonces, ¿cabe alguna **sanción o consecuencia jurídica** por su incumplimiento? Podrían identificarse en la doctrina, al menos, cuatro direcciones distintas: aquel sector que defiende la inexistencia de cualquier efecto, aquel que cree que podría haber alguna consecuencia en el ámbito de la inactivi-

126 «La consecuencia fáctica más inmediata es la percepción frustrada de los ciudadanos en la confianza que se haya podido dar a un documento que vislumbraba una mayor transparencia en el buen hacer de la Administración».

dad, aquel otro que apuesta por alguna sanción en materia de transparencia y buen gobierno y, finalmente, alguna opinión sobre la confianza legítima derivada de estos instrumentos.

El primer ámbito doctrinal viene de la mano de autores como PRIETO ROMERO (2018, 13), para quien no cabe consecuencia jurídica alguna del incumplimiento. O GALLEGO ALCALÁ (2018, 80), que abogaba, como después recogió la doctrina jurisprudencial, por la consideración de una «irregularidad no invalidante». Por su parte, ARAGUÀS GALCERÀ (2016.2, 51) matiza que «aun no previéndose sanciones para el caso de que se incumpla, el mismo tampoco se reduce a una mera declaración de intenciones», por lo tanto, para ella «solo colateralmente puede contribuir a poner en marcha ciertos mecanismos de control o rendición de cuentas» (*ib.*, 204).

En cuanto a aquellas posibilidades ofrecidas por el recurso frente a la inacción, conviene señalar el importante matiz aportado por BOIX PALOP (2017, 802): respecto de las normas con rango de Ley, solo se podría (que no ha sido el caso) exigir su propuesta, pues la aprobación no corresponde a quien debe planificar *la iniciativa normativa*. Esto resulta más que evidente. En todo caso, incluso *exigir su propuesta* resultaría complicado, pues ello desdibujaría, de algún modo, las prescripciones de la CE.

De poder exigirse algo, solo se podría, obviamente, pedir a cada ente lo que pueda legalmente hacer. El magistrado CHAVES GARCÍA (2020, 178), por su parte, sostenía que «[podrían] plantearse pretensiones de condena frente a la inactividad ante la jurisdicción contencioso-administrativa para que se cumplimente, pero sin que en ningún caso pueda una sentencia contenciosa sustituir el contenido de esta actividad marcadamente impregnada de la discrecionalidad política». En esta misma línea, PONCE SOLÉ (2017, 270-271) considera que el incumplimiento del PAN «podría dar lugar a consecuencias jurídicas» tales como la condena a su aprobación obligatoria[127].

No lo tiene tan claro VELASCO CABALLERO (2019.1), quien cree que «n[o] podrá dar lugar a una condena de hacer (pues una programación normativa *a posteriori* carece de todo sentido)». Y tiene razón, a la vista de los tiempos judiciales en nuestro país. Ahora bien, en abstracto, una condena para aprobar una planificación normativa sería viable. En la práctica, tengo mis dudas.

Respecto de las opiniones que apuestan por alguna sanción en el ámbito de la transparencia y el buen gobierno, destaca en primer lugar —de nuevo— la opinión (minoritaria) de PONCE SOLÉ (2017, 270-271), quien llega a apostar por la anulación de normas que contravengan las previsiones del PAN «por improvisación y falta de ponderación diligente con vulneración del derecho a una buena administración». No termino de compartir esta interpretación en lo referente a su anulación. La jurisprudencia, hasta la fecha, no aprecia esta posibilidad. Y no creo que deba hacerlo, al menos en su actual configuración.

127 En idénticos términos, reproduce esta idea en PONCE SOLÉ (2017, 136).

De hecho —me remito a lo dicho sobre el estadio prenormativo en que nos encontramos—, sus efectos jurídicos son muy limitados.

Ello no obsta, sin embargo, para que puedan considerarse algunas opciones de sanción en el ámbito de la transparencia y el buen gobierno para aquellas personas que debieran realizar una acción (ya sea su aprobación o su publicación) y no la realicen. Esta es la propuesta (o recordatorio) de ORDUÑA PRADA (2016, 155):

> Al configurar como una obligación legal su inserción en el Portal de la Transparencia, el Plan Anual Normativo se asimila a uno de los «planes y programas anuales y plurianuales en los que se fijen objetivos concretos» cuya publicación es obligatoria según se desprende del art. 6.2 de la LTAIBG, siendo aplicable la previsión del art. 9.3 de la misma Ley referente a que el incumplimiento reiterado de las obligaciones de publicidad activa en relación con tales Planes tendrá la consideración de infracción grave a los efectos de aplicación a sus responsables del régimen disciplinario previsto en la correspondiente normativa reguladora.

Pero no debe olvidarse, en todo caso, lo ya dicho sobre la aparente confusión que se ha apreciado entre las obligaciones de *aprobación* y de *publicación.* Si no existe la primera, la segunda es imposible.

En todo caso, y como expresivamente señala LÓPEZ DONAIRE (2017, 7), parece ser que la única consecuencia que se derivará de la no aprobación del PAN es la posibilidad de «sacar los colores» al responsable político de turno —aunque creo que esto solo sucederá en el mejor de los casos, pues para eso hay que *creerse* la institución—.

En fin, respecto a la **eventual confianza legítima** derivada del PAN, CHAVES GARCÍA (2020, 178) es de la opinión de que, «al menos, estos Planes Normativos cumplirán la misión de evitar lesionar la confianza legítima en la subsistencia indefinida de concretas reglamentaciones». Este es, sin duda, un camino inexplorado —y nunca podría descartarse que la jurisprudencia tomara estos derroteros en algún momento— pero creo que, en el momento actual, no existen elementos que puedan determinar tal vulneración de la confianza legítima por el incumplimiento del PAN. Y, digo más, no creo que deba haberlos. Al menos no más allá del hecho de que puedan cumplirse (o justificarse el incumplimiento) del inicio de los trámites normativos con la consulta pública previa. Pero en ningún caso creo que la no aprobación de una norma o la no continuación con los trámites normativos puedan tener consecuencias en este sentido.

En fin, estamos en presencia, en la actualidad, de un instrumento sin verdaderos efectos *ad extra*, solo algunos, y muy reducidos, *ad intra*. Y cuya virtualidad reside, más, en la transparencia que aporta al proceso normativo que en cualquier otra pretensión. Ello sin perjuicio de que, como ya se dijo, una eventual reforma pudiera alterar esta situación.

d) Sobre su comparación con la planificación estratégica de subvenciones

Como he podido explicar más arriba, la STC 55/2018 vino a declarar el carácter *no básico* de la regulación contenida, entre otros, en el art. 132 LPAC. Y digo *no básico* pues es este precisamente el alcance de la expresión que utiliza el tribunal: «Esta previsión no puede entenderse amparada en el título de bases del régimen jurídico de las administraciones públicas» (FJ 7.c). Pero, como he dado cuenta al hablar de la aplicabilidad del precepto a los EE. LL. y se ha visto en el análisis de la jurisprudencia recaída sobre la cuestión, esta no está en absoluto zanjada, pues este pronunciamiento solo se refiere a las CC. AA. y al Estado, sin mención alguna al ámbito local (aunque todo apunta en la línea de su no aplicabilidad).

Sea como fuere, esta planificación normativa se ha querido comparar, en ocasiones, con otra figura planificadora como son los «planes estratégicos de subvenciones», regulados en el art. 8 LGSub (en particular, Bejarano Lucas 2016 y Casado Casado 2017). No creo que puedan ser comparables, más allá de algunas coincidencias (en tanto que ambos son instrumentos planificadores).

Los planes de subvenciones, aplicables a todas las AA. PP., tratan de reglamentar y, sobre todo, racionalizar el uso de la técnica de fomento consistente en el otorgamiento de subvenciones, exigiendo su aprobación con carácter previo, sus objetivos y efectos esperados, y los costes previsibles y fuentes de financiación. Hasta el punto de que, aparentemente según el tenor de dicho precepto, toda subvención para ser admisible y válida debe estar incluida en dicho plan[128] (aunque esta no es una conclusión unánime)[129]. La DF 1.ª de la LGSub, que declara el carácter básico de dicho artículo, dispone que la norma se dicta al amparo de lo dispuesto en el art. 149.1 CE, letras 13.ª, 14.ª y 18.ª, sin especificación de cuál en concreto vendría a justificar cada precepto —práctica muy criticada habitualmente en tanto que representativa de una deficiente técnica normativa que dificulta el control posterior—.

Esta situación hace necesario traer a colación la STC 130/2013, de 4 de junio, en la que se confirma el carácter básico de los planes estratégicos de subvenciones, y lo hace en los siguientes términos: la planificación estraté-

---

128 Como tiene dicho la jurisprudencia; por todas, véase la STS de 4 de diciembre de 2012, ECLI: ES:TS:2012:8077.

129 De este modo, Collado Beneyto (2009, 245) recuerda, sobre el Plan Estratégico de Subvenciones, la interpretación del Consejo de Estado (dictamen 1756/2003): es el «eslabón a través del cual se produce la unión entre la fase de asignación de recursos públicos y la fase de ejecución de las políticas de fomento»; se concibe no con un carácter rígido sino con «un mero carácter programático» por lo que «no crea derechos (...) ni obligaciones». Continúa diciendo, sobre su naturaleza jurídica, que no son normas (*ib.*, 249-250), aunque puedan publicarse en un diario oficial (cosa que no sucede habitualmente).

gica de subvenciones se dictaría con carácter básico al amparo de las letras 13.ª y 14.ª del art. 149.1 CE, por reconocer al Estado competencia para «la definición (...) de directrices y líneas de actuación de las Administraciones públicas en el ejercicio de su potestad subvencional con la finalidad de alcanzar los objetivos de la política económica general» (FJ 9.E); pero también admite que «la imposición de la elaboración del plan estratégico (...) encuentra asimismo cobertura en la materia de "bases del régimen jurídico de las administraciones públicas" (art. 149.1.18 CE) ya que orienta la actividad *ad extra* de las Administraciones públicas al exigir a estas la exposición a los ciudadanos del marco general de sus políticas públicas subvencionales, y lo hace con un planteamiento genérico que no condiciona su autonomía organizativa y funcional para instrumentarlas» *(ib.)*.

La conclusión principal a la que puede llegarse de la comparación de ambos tipos de planes es que: la planificación normativa solo podría, en su caso (y parece que ni eso, aunque tengo mis dudas respecto del ámbito local), establecerse con carácter básico al amparo de la letra 18.ª del art. 149.1 CE; mientras que la planificación estratégica de subvenciones sí puede hacerse, también, al amparo de las letras 13.ª y 14.ª. Y esta conclusión es lógica por cuanto la primera se refiere a una planificación que afecta a la esencia misma de la autonomía política (la potestad normativa), mientras que la segunda tiene como finalidad la reglamentación de una técnica de fomento unida a la actividad económica. Así se explica, seguramente, el diferente juicio de constitucionalidad y del carácter básico de la segunda, pero no de la primera, desarrollado por el TC. Todo ello incluso teniendo en cuenta que el desarrollo de ambos tipos de planes es bastante parejo en cuanto a profundidad y extensión[130].

Es posible, y esto es más bien una hipótesis (que podría materializarse con un cambio normativo), que una redacción más inespecífica del art. 132 LPAC hubiese conducido a un diferente juicio de constitucionalidad. Y lo sostengo a la vista de lo que el TC determina para el art. 130 sobre evaluación normativa, en el que sí admite —como se estudiará con profundidad en el capítulo correspondiente— una regulación estatal básica, de carácter mínimo, eso sí.

Es cierto, no obstante, que hay puntos de coincidencia. FERNÁNDEZ TORRES (2005, 266), sobre los Planes Estratégicos de Subvenciones, hace una aportación sumamente interesante y plenamente coincidente con la planificación normativa: es necesario «hacer efectivo un cambio sustancial en el tratamiento de la gestión al uso en materia de subvenciones y la superación de la arcaizante concepción de la actividad subvencional como una potestad

130 No se olvide que el desarrollo por el Real Decreto 887/2006, de 21 de julio, por el que se aprueba el Reglamento de la LGSub, no determina el carácter básico de las previsiones sobre planificación de subvenciones, pues ello sí entra dentro del ámbito competencial autonómico. Algo parecido podría haber sucedido en el seno de la planificación normativa.

discrecional y poco menos que libérrima, sujeta tan solo a la libre apreciación de los Poderes públicos. La naturaleza de *ius cogens* de la planificación estratégica se concibe por parte del legislador como la premisa insoslayable del proceso de racionalización de dicha actividad administrativa a cargo de todos los Poderes públicos». Eso sí, a diferencia del carácter de que su inclusión en el Plan Estratégico de Subvenciones es un «presupuesto inexcusable para su otorgamiento», no parece que lo mismo suceda con el PAN (*ib.*, 268). Pero, en todo caso, la regulación de dicho plan de subvenciones, como el PAN, «adolece de cierta indeterminación» *(ib.)*.

En definitiva, las comparaciones entre la planificación normativa y la estratégica de subvenciones, aunque aparentemente acertadas en lo sustancial, adolecen de un detallado análisis sobre el fundamento competencial que es base de una y otra y que lleva a la necesaria conclusión de un diferente tratamiento. Ello no obsta, sin embargo, para que más allá de lo básico, en lo que se refiere a la aplicabilidad de esta identidad en el ámbito estatal —o autonómico, allí donde existe regulación propia— pueda tener algún sentido. Ahora bien, la discrecionalidad de la acción política para la aprobación de normas es mucho mayor que la de otorgar subvenciones —especialmente tras la reforma del art. 135 CE—. Por ello, concluyo, aunque presenten ciertas semejanzas, no creo que se trate de instrumentos análogos ni equiparables, a diferencia de lo que algunos han sugerido.

e) Sobre el contenido de los planes normativos

Antes de analizar el contenido que debería incluirse en los instrumentos de planificación normativa, debe hacerse una pequeña consideración sobre la forma de estos planes[131]. Habitualmente —de lo visto en la práctica— la planificación normativa se suele incluir en un único instrumento, coordinado por el órgano competente en materia de *better regulation*, pero en otras ocasiones sucede que toda la planificación de una misma entidad se recoge en distintos documentos. Concuerdo con Núñez Lozano (2017, 433) en que el PAN debería aprobarse en un documento único (no como hacen algunas CC. AA.), pues ello facilita no solo su consulta, sino también la comunicación pública de sus contenidos.

Entrando ya en el contenido de estos instrumentos, la primera de las ideas destacables es la ya referida por Ortí Ferrer (2020, 220), según la cual «la planificación [debería ir] más allá de la confección de una lista». Ya lo he dicho en otros apartados y lo reitero: la mera indicación de que se pretende aprobar una iniciativa con un determinado nombre, si bien ofrece más información

131 Es obvio que estas matizaciones tendrían mejor acomodo en el apartado subsiguiente sobre los elementos formales, pero es preciso mencionar aquí estas ideas para una mejor comprensión de lo que se dirá inmediatamente después.

que la nada, no es que diga demasiado. Aunque a veces el efecto pretendido es otro. Fernández Rodríguez (2008, 40) dice: «Que la Ley exista es ya suficiente, cualquiera que sea su contenido; a veces basta simplemente con difundir su título, porque lo único que se persigue es un cierto efecto político, que el título asegura por sí solo». Esto demuestra que, para considerar una propuesta normativa como seria y no exclusivamente política, sino basada en alguna razón, no vale con indicar solo el contenido en estos planes.

Debe recordarse lo ya dicho sobre la incongruente configuración actual de estos instrumentos. A mi juicio, el haber decidido su inclusión en el PAN implica una voluntad decidida de aprobar una determinada norma. Pero la pregunta capital es: ¿sobre qué se debe normar? Hay materias sobre las que pesan distintas reservas que solo pueden regularse por ley o reglamento. Pero no todas. No debe olvidarse la necesidad de evaluar tanto la opción cero como distintas alternativas regulatorias y no regulatorias para garantizar también el respeto al derecho a la libertad y a otros principios de carácter metajurídico contenidos en la LGUM, la LES y LPAC. Por ello, si se configurase, en realidad, como una planificación de *temas sobre los que ha de iniciarse un debate para su eventual reglamentación*, más que como una *planificación de las materias sobre las que se va a normar*, esta planificación, aparte de adquirir una verdadera potencia transformadora como estadio prenormativo, sería verdaderamente útil por otro motivo. Y es que, para ello, debería contarse ya con una evaluación *ex ante* de carácter preliminar sobre la existencia de un problema social que resolver.

Sea como fuere, el contenido de esta planificación no es completamente libre o discrecional, pues no todas las iniciativas incluidas en él se derivan de esa decisión política (más o menos) libérrima de regular algo. Surgen aquí una serie de preguntas cuya respuesta se pretende. ¿Existen materias que no deban ser incluidas en la planificación? ¿Y otras obligatorias? ¿Solo decretos o también órdenes? ¿Y las normas organizativas?

Tanto la pertenencia de España a la UE, como a otros OO. II., como los eventuales mandatos constitucionales o legales restringen de algún modo e incluso obligan positivamente a que el PAN (o cualquier otro instrumento de planificación) pueda o deba tener un contenido concreto. En este ámbito, el margen de discrecionalidad es reducido. Ahora bien, aunque su inclusión en el PAN parece imprescindible, su no inclusión no liberaría al ente de la obligación de aprobar la norma de que se trate, ni por no estar incluido se carecería de potestad para su aprobación. Se trata, simplemente, de un contenido esperable de todo PAN en aras de una mayor transparencia. Nada más.

En cuanto a otro tipo de normas, me inclino por la posición de Prieto Romero (2018, 10), según el cual se deberían incorporar todas las propuestas que se tenga previsto realizar. Algunas AA. PP. solo incorporan las que deben ser objeto de aprobación por el consejo de gobierno (decretos), mientras que otras también las que vayan a aprobar por los titulares de los departamentos (órdenes). Cualquiera de las opciones es válida siempre que se indique. Y, aunque el incluir todas podría favorecer la transparencia, no es menos cierto que podría contribuir también a hacer inmanejable el documento planificador.

En el ámbito local se han planteado más excepciones (sobre ordenanzas fiscales, planes de urbanismo, etc.), y me remito a lo dicho para evitar repeticiones innecesarias. Ahí pueden tener más sentido (aunque creo que, de nuevo por transparencia, tampoco está de más su inclusión).

Si un tipo de norma es completamente inapto para su inclusión en el PAN es (o debería ser) el decreto-ley. A todas luces, resultaría arbitraria la inclusión de una previsión al respecto, pues sería más que un indicio una auténtica prueba de cargo de la ausencia de los requisitos para la utilización de esta categoría. Hay también otras circunstancias imprevistas que, como es obvio, no pueden preverse, como por ejemplo algunas sentencias o eventos imprevistos. En estos casos, no son pocos los ejemplos que entre los dictámenes del Consejo de Estado revisados (que no se refieren, pues no incluyen más que una pequeña frase al respecto) cuentan con la justificación dada por la Administración para su no inclusión en el PAN. Se suele indicar que la necesidad ha surgido con posterioridad. Su justificación no es difícil y me parece positivo que exista. Es lógico que el PAN sea un instrumento flexible.

Otro tipo de normas que se ha justificado que no deben ser incluidas son las de carácter organizativo. El dictamen del Consejo de Estado 665/2020 sostenía que: «El proyecto no figura en el Plan Anual Normativo correspondiente al año 2020, dado que la Junta de Planificación y Evaluación Normativa encargada de su elaboración *descartó incorporar proyectos normativos de carácter meramente organizativo*» (apartado V.a; la cursiva es mía). Esta opción, que podría incluso institucionalizarse en las normas reguladoras de la planificación, me parece razonable.

Cabe también preguntarse sobre la idoneidad de la inclusión de los datos actualizados sobre normativa en curso de elaboración. Es cierto que, en mi opinión, esto es casi mejor que aparezca de manera dinámica en línea, aunque tampoco es un inconveniente la publicación de su estado de tramitación en un momento determinado (como se vio que sucede, por ejemplo, en los EE. UU.), a efectos de transparencia y constancia hacia el futuro. Son las dos una opción válida.

En último término, hay que referir las consecuencias de determinados defectos de contenido en estos instrumentos y sus posibles consecuencias. Para ello, además de lo ya visto en el apartado jurisprudencial (que se inclina, con carácter general, por la naturaleza de irregularidad no invalidante), es interesante también traer aquí a colación algunos pronunciamientos de la doctrina administrativa de algunos órganos consultivos.

El Consejo de Estado se ha pronunciado en varias ocasiones al respecto. Así, por ejemplo, en el dictamen 740/2019 se recuerda la importancia no solo de indicar si está o no incorporado al PAN un proyecto normativo, sino también a qué anualidad en concreto pertenece. El 797/2019 recomienda, por su parte, «indicar en la MAIN si el proyecto estaba previsto en el Plan Anual Normativo y, en caso negativo, justificar ese hecho» (en el mismo sentido, el 55/2020).

También los consejos autonómicos se han manifestado en esta línea. El Consejo Jurídico Consultivo de la Comunitat Valenciana, en su dictamen 721/2017, respecto de una norma que pretende aprobarse sin su previa inclusión en el PAN, sostiene que: «En la fórmula de aprobación se halla, al principio, una referencia a que el Plan Normativo de la Generalitat no preveía como iniciativa legislativa la tramitación de este proyecto de Orden modificativo, lo que desde luego es una especificación que no corresponde que deba constar en la fórmula de aprobación, sin perjuicio de que se considere de utilidad que pueda constar en la parte expositiva del mismo proyecto normativo, junto al comentario a los principios de buena regulación» (Consideración IV). No es la fórmula aprobatoria, desde luego, el lugar de la norma oportuno para esta mención. Sí lo es la parte expositiva de la norma, como señala este órgano en su dictamen 180/2018 («debería incluirse en el Preámbulo de la norma proyectada la referencia a su inclusión, o no, en el citado Plan normativo»).

Para concluir, es también destacable el papel que, a juicio del alto órgano consultivo del Gobierno de la Nación, puede desempeñar el PAN. En su dictamen 448/2020 señala lo siguiente:

> Debe llamarse la atención acerca de la necesidad de llevar a cabo una adecuada planificación normativa conforme a lo previsto en el artículo 132 de la [LPAC], lo que hubiera permitido racionalizar los tiempos en la elaboración de las normas (...), evitando que se produzca la aprobación de las normas reglamentarias —la ahora proyectada, pero también los otros dos Reales Decretos ya citados— antes que la Ley modificativa (...), y hubiera facilitado, además, un desarrollo reglamentario más coherente y menos disperso (...).

Esta planificación normativa permite, a juicio de este órgano consultivo, una mejor coordinación entre distintas normas. Ese es, en definitiva, el propósito del PAN, fomentar una utilización racional, ordenada y eficiente de la potestad reglamentaria para evitar situaciones de desorden y desconcierto como la referida.

2. Elementos subjetivos de la planificación normativa

a) Sobre la agenda para la inclusión de propuestas en el PAN

De entrada, podría parecer que la determinación de la agenda, de los temas que van a formar parte de la planificación normativa, entraría dentro de los elementos objetivos de su configuración, como de hecho se acaba de estudiar. Sin embargo, en mi opinión, el componente personal, o sea, subjetivo, de dicha fijación de la agenda (normativa en este caso) es más que relevante y no se le ha prestado en la doctrina jurídica demasiada atención. Sí lo ha hecho la Ciencia Política y, en concreto, los estudios de la *agenda setting*. Es por ello que las siguientes consideraciones tienen una evidente influencia de esta rama del conocimiento.

Me preguntaba, al hablar de los antecedentes legislativos, quién determina *realmente* el contenido del PAN, quién decide *en realidad* qué iniciativas deben ser objeto de aprobación y quién no, qué influencia *real* tiene el personal técnico frente al político en la toma de decisiones... Como resulta evidente, al utilizar el término *real* se quiere destacar que, tras la aparente asepsia de la configuración normativa de este plan, existe una realidad: la íntima interconexión —como vengo señalando desde el principio— de la planificación normativa con la política. Y detrás de las instituciones normativas, en esa *caja negra* del poder, las decisiones son, al final, tomadas por seres humanos por mucho que sus decisiones se imputen a toda la organización por virtud de la teoría del órgano.

Pues bien, sobre la estrecha vinculación entre la *agenda setting* y la planificación normativa, De Benedetto, Martelli y Rangone (2011, 114-115) han afirmado que «la rilevazione empirica ha (...) dimostra(to) che nella più parte *dei casi (il) processo (della regolazione) viene attivato dai regolatori, piuttosto che dai gruppi social interessati alla regolazione*»[132]. Por lo tanto, las aparentes influencias externas en la configuración de la agenda parecían, *a priori*, mayores de lo que en realidad han demostrado distintos estudios citados por estos autores. Ahora bien, añaden que «il regolatore non è, peraltro, pienamente oggettivo e razionale»[133]. Por lo que solo se podría hablar de una racionalidad parcial. En fin, aunque la planificación normativa pretende ofrecer una base para la toma racional de decisiones, la misma configuración de ese plan no obedece siempre a una objetividad absoluta[134].

132 «Las evidencias empíricas han (...) demostrado que en la mayor parte de los casos el proceso de la regulación es activado por los reguladores, más que por grupos sociales o interesados en dicha regulación».

133 «El regulador no es, por otro lado, plenamente objetivo y racional».

134 En realidad, tampoco creo que debiera ser así. La configuración de la agenda normativa como manifestación de la discrecionalidad propia de los gobiernos y expresión privilegiada del pluralismo político debe seguir siendo variada y diferente dependiendo del posicionamiento ideológico del partido en el poder. Lo contrario sería dar carta de naturaleza a la intervención técnica, negando cualquier validez a posicionamientos no estrictamente técnicos. Y ya se vieron, al estudiar la tramitación parlamentaria de la LPAC, algunas de las críticas desde la política a esos «altos burócratas». Aunque autores como Betancor Rodríguez (2016, 566) quizás dirían que eso no es tecnocrático, sino simplemente la necesidad de que las decisiones obedezcan a razones. Defender lo tecnocrático sin ambages resulta también peligroso, pues detrás de la tecnocracia, como se sabe, también hay no pocos intereses (*cfr*. García-Pelayo Alonso 1982).

Entonces, ¿quién interviene en la configuración de la planificación normativa (de los gobiernos, la que aquí nos ocupa)? En términos generales, corresponderá a los políticos titulares de los distintos órganos, a los altos burócratas y personal de confianza asociados a aquellos. También puede venir determinada la inclusión de iniciativas por instancias externas (por ejemplo, ya se vio, la UE u otros organismos internacionales o jurisdiccionales), pero también es posible la intervención de la ciudadanía y los grupos de interés de distintos actores. En fin, en este empeño de desentrañar dicho proceso decisorio —que no puede ocuparme en esta investigación, sino que correspondería a otras— serían de gran utilidad instituciones como la *huella normativa*, que permiten garantizar una cierta trazabilidad en las influencias sobre la toma de decisiones[135].

Esta huella normativa, que algunas normas autonómicas españolas ya prevén, debería, en mi opinión, extenderse a este estadio prenormativo. Debería hacerse referencia, para cada una de las iniciativas incluidas en el mismo, a los informes, opiniones, estudios, reuniones... que hayan podido determinar su inclusión en la agenda. Ello resulta complicado, desde luego, porque necesita de la complicidad de los propios agentes interesados. Por ello se hace precisa una burocracia comprometida con la cultura de la transparencia que incluso en este estado inicial del proceso regulatorio apueste por manifestar, públicamente, los motivos de esas decisiones[136].

En esta línea, ARAGUÀS GALCERÀ (2021, 40-41) sostiene que «es necesario que las actividades de *lobbying* sobre la planificación normativa se den a conocer y puedan ser objeto de control por parte de los órganos administrativos y judiciales competentes, y de la propia ciudadanía», por lo que apuesta por una «Memoria que acompañe [a]l Plan». Estoy completamente de acuerdo. En esa información de índole objetivo, en esa evaluación *ex ante* preliminar que he dicho que debería incluirse, también habría que hacer referencia a estas posibles influencias. Influencias que son legítimas, sin duda, siempre que se respete la Ley, pero que deben ser cuanto más transparentes, mejor[137].

---

135 Véase, por todos, ANDERICA CAFFARENA (2020) o PONCE SOLÉ (2016, 67-69).

136 Aunque, en la práctica, es posible que, por muchas buenas intenciones que los funcionarios tengan al respecto, se vean limitados por distintas rémoras que obstaculicen su independencia e imparcialidad. De ahí la necesidad de contar con una burocracia profesional e independiente (como señalan DAHLSTRÖM y LAPUENTE GINÉ 2018).

137 En esta línea, SUNSTEIN (2013, 146) manifiesta: *«Some of the most important reforms come when someone in the private sector begins with a simple idea or initiative, which in turns attracts the attention of public officials, who in turn promote greater private-sector interest (...), this creating a kind of virtuous circle (...). Of course, the same processes can lead in bad directions as well»*. («Algunas de las reformas más importantes llegan cuando alguien en el sector privado empieza con una simple idea o iniciativa, que, a su vez, atrae la atención de los responsables públicos, quienes, por su lado, estarían promoviendo también el interés privado, creando así una suerte de círculo virtuoso. Aunque, por supuesto, este proceso

Creo que todos estos elementos no solo están relacionados con la transparencia, sino también con el control de la discrecionalidad y de la actuación informal del Gobierno y de la Administración. La informalidad suele ser la gran olvidada del Derecho Administrativo, pero pienso que, en aspectos como estos, la célebre expresión de Hans HUBER de que *la discrecionalidad es el caballo de Troya del Estado de Derecho* podría, sin problemas, ampliarse a esa actividad informal (a ese *Derecho practicado* del que habla NIETO GARCÍA 2019). En definitiva, este es un aspecto del proceso de producción normativa no especialmente estudiado ni que suela preocupar a la doctrina, pero que creo que debe ser estrechamente vigilado.

b) Sobre la participación en los planes normativos

Se acaba de ver que es (o podría ser) posible la participación de terceros (de la ciudadanía no organizada o de grupos de interés de cualquier tipo)[138] en la misma planificación normativa, no solo en instancias posteriores del proceso normativo. Creo que, al menos en nuestro país, no está admitido en la actualidad ningún tipo de participación pública[139]. Pero podría tener gran interés, como recuerda ARNÁEZ ARCE (2013, 140 y ss.), incluso en este estadio planificador.

Como decía, en España no está prevista la participación pública en la planificación normativa[140]. Sin embargo, la doctrina ya ha abogado por la

puede guiar en una mala dirección también»). No olvidemos que, aunque los intereses privados son eso, *privados*, no son por sí mismos negativos o, necesariamente, contrarios al interés público.
Para un análisis de la presencia de *lobbies* en el ciclo regulatorio, véase, por todos, PONCE SOLÉ (2019, *in totum*). Para este autor resulta importante la presencia de una *huella normativa* en la que se incluyan las aportaciones y la identidad de quienes han participado (*ib.*, 118); creo que también correspondería su inclusión en este ámbito planificador.

138 Como demuestra YACKEE (2011) para el caso americano, los lobbies vendrían a influir ya en el estadio prenormativo que aquí se analiza.

139 LÓPEZ DONAIRE (2017, 7), sorprendentemente, señala que el PAN es un ejercicio de «democracia participativa». No alcanzo a comprender dónde se permite la participación ciudadana en este plan.

140 Aunque sí en otros ámbitos, como el europeo. GASCÓN MARCÉN (2019, 44-48) recuerda que, en la UE, la participación empieza en momentos tan tempranos como las hojas de ruta iniciales de las distintas iniciativas. Ahora bien, señala también algunos de los inconvenientes fruto de la experiencia: en particular, el escaso conocimiento de su existencia, así como la utilización de estas herramientas principalmente por grupos de interés y personas especialmente interesadas en los distintos temas.
Sobre la participación en el ámbito de la «negociación de normas», véase PONCE SOLÉ (2015, 125). Ahora bien, yo me interrogo sobre el hecho de si, aun admitiendo la negociación que él propone, cabría entender exigible una efectiva aprobación de la iniciativa pactada. O sea, ¿podría considerarse jurídicamente vinculante la inclusión de una norma en el PAN por el hecho de haberse así acordado *con el público*? Esta es una de las muchas

implantación de elementos participativos en ella. Así, FERNÁNDEZ FERRARONS (2020, 115) apuesta por la participación «*més enllà del mer anunci unilateral de la relació de futurs projectes normatius per a cadascuna de les Administracions* públiques»[141]. Por su parte, BURGAR ARQUIMBAU (2016, 14) sugiere la propia aplicación de los principios de la *better regulation*, y en concreto de la transparencia y la participación al propio plan normativo. Por ello, este autor consideraría positivo permitir «la aportación de propuestas, sugerencias, alternativas e incluso de alternativas no regulatorias». Llega incluso a hablar de que el PAN (en el ámbito local) podría configurarse como un «documento de consenso entre los órganos de gobierno y la sociedad local, resultante de un proceso participativo en una suerte de "Gobierno Abierto Normativo"» (2016, 15).

Recuérdese, en cualquier caso, la importante diferencia y el matiz que destaca GARCÍA GARCÍA (2019.2, 91): el derecho a participar no es el derecho a tomar una decisión (adoptar o derogar una norma, o incluso el derecho a incluirlas en el plan). Y esto es relevante, porque en el sistema español con carácter general, aunque con algunas excepciones, no se reconoce la iniciativa reglamentaria a la ciudadanía. Si se llegase a reconocer tal derecho de iniciativa (o se facilitase la Iniciativa Legislativa Popular), podría entenderse la planificación normativa como una cuestión eminentemente *ad intra*, organizativa. Sin embargo, en el estado actual de las cosas, sí creo que debería fomentarse de algún modo la participación en el PAN.

El ejemplo del Ayuntamiento de Madrid es paradigmático. En esta *corporación* local, como ya se vio, la planificación está limitada a aquellas propuestas que proceden, directamente, del gobierno municipal o de los concejales/grupos que lo sostienen. Expresamente se rechaza la posibilidad de incluir en el PAN de tal ayuntamiento las iniciativas que procedan de los grupos de la oposición o «las iniciativas normativas presentadas por los ciudadanos en el ejercicio de la iniciativa popular» (directriz 2.3.e)[142].

Finalmente, se suelen criticar las herramientas de participación ciudadana por el importante sesgo de selección que resta cierta legitimidad a las aportaciones. Dicho de otro modo: la participación en estas iniciativas suele estar restringida a aquellas personas más políticamente activas e interesadas, así como a los grupos de interés. Estas críticas, razonables, no deben implicar una renuncia a la participación ciudadana o de los *lobbies*. Lo que podrían

cuestiones que sus propuestas plantean. También ha estudiado esta cuestión, aunque en términos abstractos, SALVADOR CODERCH (2004, 12-24).

141 «Más allá del mero anuncio unilateral de la relación de futuros proyectos normativos para cada una de las Administraciones públicas».

142 Aunque dirigidas a la cuestión de la planificación normativa, RIVERO ORTEGA (2020) habla de las «carencias informativas del pequeño grupo de planificadores» y apuesta por la descentralización. Esta idea me parece sumamente interesante como justificación, precisamente, de la participación en la planificación normativa.

determinar, para el caso de la planificación normativa, es simplemente el derecho a ser escuchados, no a que las iniciativas propuestas pudiesen entrar en la agenda de manera automática, como ya se ha dicho.

c) Sobre la competencia para la realización y aprobación de los planes normativos

Aunque en el análisis dogmático se han visto las previsiones normativas sobre la competencia, dentro de cada ámbito territorial, para la aprobación del PAN, esta cuestión merece un ulterior comentario. La norma del Estado, el art. 132 LPAC, habla(ba) de *las Administraciones públicas*, mientras que el art. 25 LGob indica que será *el Gobierno* quien lo apruebe. Para el caso autonómico, las pocas normas que establecen estas previsiones atribuyen su aprobación a los respectivos gobiernos. En el caso local que he puesto de ejemplo, es a la Junta de Gobierno Local —como especie de *ejecutivo* local— a la que se atribuye tal potestad.

Pues bien, es evidente que no es la *Administración* sino los *gobiernos* los que están llamados a aprobar este tipo de planes. No forma parte tanto de la actuación propia de las AA. PP. como de los ejecutivos, de esa cúspide de las administraciones, pero con caracteres singulares, dada la naturaleza (eminentemente discrecional) del PAN. Lo relevante, pues, es que, a pesar de envolver una apariencia de actuación planificadora de carácter administrativo, en realidad se encierra una de carácter fundamentalmente político, de ahí que deba ser el órgano colegiado superior de cada ámbito —quien por cierto es el que ostenta la correspondiente iniciativa normativa— el que deba decidir.

Cuestión distinta es la elaboración como tal. Aquí, las estructuras organizativas para la mejora de la calidad del Derecho devienen fundamentales. Tanto en el ejemplo estatal como en los autonómicos se han visto variados ejemplos de atribución de competencias en materia de elaboración del PAN a órganos especializados. En otras ocasiones, la materia de *mejora de la regulación* o de coordinación normativa se atribuye a los departamentos de la presidencia correspondiente. Es indiferente una u otra opción (pues, aunque podría parecer preferible una separación orgánica, en absoluto está reñida con una gestión eficiente y adecuada si se mantiene en el seno del departamento de gobernación). Lo importante es que sean esas organizaciones especializadas —y a las que me he referido de manera detallada en el primer apartado de esta investigación— quienes coordinen las distintas iniciativas para la integración del PAN y garanticen la congruencia de todas ellas. También están llamadas a realizar el seguimiento, ordenar su publicidad y, aunque de manera informal, deberían estar en pleno contacto unas con otras, sobre todo las organizaciones de las CC. AA. con la del Estado. De este modo, de existir competencias compartidas o concurrentes, el ejercicio de la iniciativa normativa y su programación se realizarán de forma coordinada (principio, recuérdese, constitucionalmente garantizado, *ex* art. 103.1 CE).

d) Sobre su carácter *no* básico y la eventual aplicabilidad general del art. 132 LPAC

Aunque a lo largo de las páginas precedentes he ido apuntando algunas de las opiniones que me suscita la actual interpretación constitucional que se hace de la planificación normativa y del precepto correspondiente de la LPAC, es conveniente realizar algunas consideraciones al respecto con algo más de detalle.

Como he sostenido ya algo más arriba, creo sinceramente que el pronunciamiento de la STC 55/2018, sobre el art. 132 LPAC, siendo plausible, lógico y perfectamente admisible, habría podido tener, sin mayores problemas, un sentido (como mera hipótesis) bien distinto. No estoy de acuerdo, como dije, con que dicha regulación afecte al núcleo esencial de la actividad política, pues no se exige, ni por asomo, que los gobiernos (autonómicos o locales) ejerzan en un determinado sentido su iniciativa. Diré más: no les exige, ni siquiera, ejercerla (como es obvio). Lo que hace es configurar un trámite prenormativo en el ciclo de producción normativa, de obligado cumplimiento (como son otros ya contenidos en la fase puramente normativa). Se dirá que está fuera de dicho ciclo y, por lo tanto, no cabe en la competencia estatal del art. 149.1.18.ª CE. Pero lo cierto es que, si esta planificación se interpreta como un presupuesto para el ejercicio de las potestades normativas de manera más racional y transparente, no veo obstáculo para su admisibilidad dentro de tal competencia básica estatal.

Por otro lado, aun sin estar de acuerdo con el hecho de que la regulación contenida en ese precepto sea en exceso (ni siquiera un poco) detallada —antes bien al contrario, es una regulación extremadamente escueta, vaga y hasta indeterminada (lo que, por otra parte, cabe esperar de una norma pretendidamente básica)—, creo que el legislador estatal podría haber sido, todavía, algo más indeterminado. De haberlo sido, pienso que las dificultades para considerar básico este precepto habrían sido menores. Por ello, a mi juicio, una redacción como la que sigue bien podría ser objeto de un juicio de constitucionalidad distinto.

> 1. **Periódicamente**, las Administraciones públicas harán público un **instrumento de planificación normativa, en las condiciones que ellas determinen**.
> 2. Una vez aprobado, **dicho instrumento** se publicará en el Portal de la Transparencia de la Administración pública correspondiente.

Esta redacción evitaría la mención a la periodicidad, que sí puede considerarse un extremo demasiado concreto, y sustituye las referencias al PAN (que, como se ha visto, es una de las posibles formas que puede revestir esta planificación) por las de *instrumento de planificación*: el que cada AP elija. Se recalca también la configuración ulterior que debe realizar cada entidad en el ámbito de su autonomía. Y, finalmente, se suprime la mención a las iniciativas legales —pues el TC tiene dicho que solo sería aplicable a las reglamentarias— para que cada AP pudiese, en su caso —y como sería previsible—, incluirlas voluntariamente.

Por todo lo dicho, y respetando la actual interpretación, considero que otra solución habría sido posible sin mayores problemas en el ejercicio de las competencias básicas del Estado sobre la producción normativa. Como ya dije, concuerdo con Díaz González (2018, 92-94) en que pueden existir «valores o intereses superiores que habiliten al Estado a condicionar, con carácter básico, el ejercicio de la iniciativa legislativa autonómica». Tengo mis dudas, sin embargo, de la propuesta de Alonso Timón (2020), ya citada, de que habría que llevar al extremo la competencia estatal para homogeneizar los instrumentos de *better regulation* (no sé si refiere a las leyes de armonización del art. 150.3 CE; en todo caso, me parecería discutible)[143].

Queda abierta, por otra parte, la aplicabilidad del precepto a los EE. LL., a falta de un pronunciamiento expreso del TC o de que los tribunales ordinarios considerasen, con carácter general, inaplicable dicho precepto a tal nivel territorial del poder. Esto último no ha sucedido, sino lo contrario: con carácter general (por el momento y aunque en pronunciamientos de discutible entidad, como se vio) se han inclinado por el mantenimiento de su vigencia para los EE. LL. En todo caso, si se acepta la actual interpretación del TC de que excede de lo básico, el art. 132 LPAC no puede considerarse aplicable, *a priori* —sin perjuicio de eventuales juegos de supletoriedad— a las entidades locales. Lo cual lleva a plantearse si sería posible que el Estado incluyese este precepto en la LBRL como elemento configurador del ciclo normativo, como una etapa prenormativa pero, como digo, presupuesto de aquella. Creo que, si en la LPAC algo no es básico a juicio del TC, tampoco puede serlo en la LBRL[144] si lo es sobre la base del mismo precepto habilitador competencial de la CE. Por ello me inclinaría por pensar que no sería admisible incluir, en los mismos términos que el vigente (para el Estado) art. 132 LPAC, un precepto idéntico en la LBRL. Creo que uno semejante al que yo he propuesto aquí sí podría tener, sin embargo, cabida en dicha Ley, pues se garantizaría, por otro lado, la autonomía local (a pesar de no tener carácter político).

En fin, la MAIN de la LPAC abogaba por el carácter básico de los preceptos sobre producción normativa de la LPAC para evitar, precisamente, que la dispersión y la descentralización llevasen a contar (como ha sucedido) con 18 procedimientos de producción normativa distintos (por no hablar de las

143 Este apartado del precepto constitucional, recuérdese, dice así: «El Estado podrá dictar leyes que establezcan los principios necesarios para *armonizar las disposiciones normativas de las comunidades autónomas, aun en el caso de materias atribuidas a la competencia de estas, cuando así lo exija el interés general* (...)» (la cursiva es mía). Aunque discutible, del tenor literal del precepto tampoco parecería descabellada la opción de armonizar los procedimientos de producción normativa, como garantía de la igualdad de los españoles, de distintos principios constitucionales (seguridad jurídica, publicidad o coordinación). Cuestión distinta es que políticamente, en la actualidad, pueda resultar inviable.

144 Por eso no termino de entender que Velasco Caballero (2019.2, 324) diga que «ocurre, simplemente, que la LBRL *no ha impuesto* expresa y válidamente a las entidades locales el deber procedimental de elaborar un plan anual normativo». La pregunta que hay que hacerse es: ¿podría hacerlo a la vista de la STC 55/2018? Yo tengo mis reservas...

concreciones locales). Siendo realistas, y a la vista de la STC 55/2018, ni siquiera creo que prosperase una reforma del precepto de la LPAC como aquí propongo —aunque nunca se sabe—, por lo que, quizás, las únicas opciones que restarían serían o bien una reforma constitucional que incluyese, expresamente, como materia básica de competencia estatal, la regulación del ciclo normativo, o bien la cooperación y coordinación voluntarias, tan importantes como habitualmente desdeñadas.

e) Sobre la coordinación en los planes normativos de distintos ámbitos

Dice ARNÁEZ ARCE (2013, 135) que «cuando se planifica se coordina». Creo que también funciona en el otro sentido: es necesario coordinar lo planificado, sobre todo cuando existen distintas planificaciones. Por su parte, EMBID IRUJO (1991, 19) ya resaltaba los problemas que se producen «cuando dos normativas hacen lo propio [prevén planes]: el conflicto está planteado y necesita una solución»; todo ello es consecuencia de la «multiplicidad de la acción planificatoria sectorial y ausencia de instrumento general de reducción a la unidad de las posibles contraposiciones o, simplemente, ignorancias de los Planes y de las Administraciones entre sí». Ahora bien, ¿podría considerarse este instrumento un *consilium de consilia* (un *plan de planes* al modo de una *norma normarum*)?

Una de las materias sobre las que la doctrina se ha pronunciado ya en varias ocasiones (fundamentalmente, ARAGUÀS GALCERÀ [2016.2 y 2021], *passim*; y también FERNÁNDEZ FERRARONS [2020, 113])[145] es la de la necesidad de que exista una coordinación entre los distintos planes normativos de ámbitos territoriales y competenciales diversos. Esta autora trae a colación el ejemplo de los EE. UU., país en que existe una Agenda Unificada para la planificación normativa de las distintas agencias *federales* y a la que se debe remitir información suficiente para dotarla de contenido que permita, a su vez, tener una visión panorámica y de conjunto sobre las iniciativas y propuestas que serán objeto de próximo desarrollo. He resaltado la palabra *federal* porque se trata de una coordinación propia de un nivel concreto del gobierno de los EE. UU., no de todas las instancias (estatales o locales) pues, me atrevo a aventurar, ello invadiría las competencias de los estados.

En todo caso, no solo ha sido la doctrina la interesada en esta coordinación, también el ámbito empresarial. De esta forma, la CEOE (2016.2, 10) aboga por el establecimiento de mecanismos de coordinación «ya desde el trámite de preparación de una regulación», por lo tanto, desde la propia planificación normativa.

---

145 Esta autora sostiene que *«cal preveure (...) un orde seqüencial dels terminis d'aprovació d'aquests Plans normatius en ares a la seguretat jurídica»* («hay que prever (...) un orden secuencia de los términos de aprobación de estos Planes normativos en aras de la seguridad jurídica»).

Concuerdo con ellos en que un instrumento similar sería deseable para el caso español. Sin embargo, tras la STC 55/2018, al ser competencia de cada gobierno autonómico —y hasta de cada ente local—, el aprobar o no y con qué contenidos este tipo de planificación resultaría asaz complicada —al menos en su configuración actual— una coordinación plenamente operativa de los distintos planes. Sobre todo, a la vista de la experiencia práctica, ya analizada con el máximo detalle, en la que se demuestra que no hay uniformidad en los contenidos, en la periodicidad, en el detalle, en fin, de este instrumento por cada comunidad autónoma. Ahora bien, no es menos cierto que las funciones de coordinación que presenta esa agenda unificada no dejan, de algún modo, de materializarse para nuestro caso en cada uno de los PAN, pues quien sea orgánicamente competente para ello en cada ámbito debe proceder a la unificación en un único plan por cada AP de todas las propuestas de los distintos departamentos. Se podría plantear, eso sí, en el ámbito estatal si cabe una coordinación de la planificación normativa con Administraciones (estatales) independientes de las que tienen competencias normativas (véase Jover Gómez-Ferrer 2020, 104 y ss.).

Además de ello, se estaría en presencia de un problema jurídico de difícil resolución en la actualidad, a la vista de la jurisprudencia del TC: ¿podría el Estado aprobar una norma que exigiese la coordinación de instrumentos que no son obligatorios? Creo que la respuesta sería, sin mayores dudas, que no. Si, según el TC, no tiene competencia para exigir el PAN a todas las AA. PP., ¿cómo va a poder tenerla para coordinar algo que no puede exigir? Pero ello no implica que no pudiesen existir alternativas que, sin ser de carácter obligatorio, sí favoreciesen el mismo resultado (por lo tanto, no de coordinación sino de cooperación o colaboración): por ejemplo, un acuerdo voluntario entre AA. PP., en el seno de la conferencia de presidentes o de la sectorial oportuna[146].

3. Elementos formales de la planificación normativa

a) Sobre el elemento temporal de los planes normativos: periodicidad, aprobación y situación de las propuestas en él incluidas

En cuanto a la periodicidad de estos planes, al analizar las alternativas de configuración de los diversos instrumentos, se ha visto que caben distintas opciones: desde una programación a más largo plazo propia más de los planes o programas de gobierno o legislatura (que no suele superar, por razones obvias sobre las que se volverá pronto, la duración del mandato en concreto)

146 Reitero el comentario ya citado de Rivero Ortega (2020, 4) sobre el «sesgo centralista de la planificación».

a otra más breve, de uno o dos años. El Consejo de Estado, en su dictamen 275/2015, respecto de los instrumentos de planificación y evaluación normativa, concluyó que establecer una periodicidad anual resulta poco realista. Creo que esta afirmación debe ser matizada. En mi opinión sí tiene sentido que anualmente, o incluso semestralmente (como en el caso de los EE. UU.), se publique una actualización del plan normativo o de gobierno.

El problema reside más en pretender que, anualmente, se establezcan (no pocas) prioridades *ex novo* que deban cumplirse en tan breve plazo. Eso es lo que no resulta realista. Pero establecer, al inicio de cada mandato, con la mayor concreción posible, una serie de temas sobre los que se pretende actuar y anualmente indicar el estadio de la tramitación en un documento estático (sin perjuicio del seguimiento continuo en las plataformas en línea correspondientes) es perfectamente plausible y hasta deseable. Y ello cobra particular relevancia en aquellas iniciativas que no concluyen en el periodo de una anualidad determinada[147].

La segunda de las cuestiones de índole temporal que tiene alguna relevancia respecto de la planificación normativa es saber qué implicaciones tiene una aprobación extemporánea: en particular, si la periodicidad es anual, si se aprueba el mismo año que estaría llamado a planificar. En este sentido, Núñez Lozano (2017, 430) daba ya cuenta de una generalizada práctica de aprobar el PAN no tanto en el año anterior con respecto al siguiente, como se desprende del tenor del art. 132 LPAC, sino, en muchas ocasiones, en el propio inicio del año a planificar (o, incluso, no tan al inicio). Ya se ha visto en el análisis empírico que la fecha de aprobación de los PAN varía bastante, entre diciembre y mayo. En todo caso, como ha señalado la jurisprudencia, parece siempre mejor que se apruebe extemporáneamente a que no se apruebe. De todos modos, tampoco puede tener igual consideración una aprobación en los primeros meses del año que a final de este (en cuyo caso no tendría ningún sentido, como también se dijo).

En tercer lugar, resta analizar qué sucedería con las propuestas incluidas en un PAN y no aprobadas a la finalización de su vigencia. Comparto la opinión de Prieto Romero (2018, 16): no pasaría nada. Creo, eso sí, que lo oportuno sería volver a incluirla en el PAN subsiguiente para denotar la voluntad de continuación de los trámites, en su caso, de estudio de dicha cuestión. En este sentido, por ejemplo, el dictamen 27/2019, de la Comisión Jurídica Asesora del País Vasco, sobre la aprobación de una norma incluida en un PAN

147 Lo que lleva, evidentemente, a problemas metodológicos en cuanto a su cuantificación —no solo de interés para este estudio, sino para que el propio gobierno tenga conocimiento del número de propuestas que está gestionando—, circunstancia que parece solventarse en los EE. UU. con un identificador único, el *Regulation Identifier Number* (RIN). En la UE existe, pero para normas ya aprobadas, un identificador semejante: el *European Legislation Identifier* (ELI). Quizás podría ser interesante la adopción de un identificador de las normas en tramitación.

anterior al vigente en ese momento, ha señalado que, «dado que el proyecto de decreto se contempla en el Plan anual normativo correspondiente al año [anterior], hubiera resultado pertinente que la orden de iniciación hubiera incluido una referencia al respecto, en la línea de la observación realizada por el informe jurídico» (§ 39).

En fin, y no menos importante, debe tenerse en cuenta que, en circunstancias excepcionales (como la vivida en 2020 con la pandemia del coronavirus), puede resultar imposible garantizar la predictibilidad de las normas, al situarse en periodos de excepción (Amérigo Alonso 2020) y, con ello, también se verá afectada esta planificación. No pasa nada: se retoma, sin mayores problemas, cuando vuelva la normalidad (como de hecho ha sucedido).

b) Sobre la publicidad de los planes normativos

Se ha visto a lo largo del análisis *de lege lata* que las normas que regulan la planificación normativa —y, podría decirse, la planificación en general— exigen la publicación de estos instrumentos jurídicos en el portal de transparencia correspondiente a la AP de que se trate (con alguna excepción completamente aislada, que también prevé su publicidad oficial). Algunos ejemplos prácticos han demostrado que, además, los PAN se han publicado también en el diario oficial del ámbito oportuno (aunque en pocas ocasiones).

Este tipo de instrumentos, que en algunos casos tienen un carácter bastante dinámico, es materia más que óptima (y apta) para su publicación en internet. De hecho, y en tanto que, con carácter general, las herramientas para la mejora de la calidad del Derecho beben y reciben su influencia de las corrientes sobre el Gobierno Abierto, parece más que necesario que se publiquen en tales portales de transparencia. Y digo más: a mi juicio, estos instrumentos deben también ser publicados atendiendo a los requisitos de todo documento incorporado a ellos: muy en particular, su accesibilidad y la posibilidad de reutilización. Ello no obsta para que, como digo, en tanto que posibles documentos dinámicos, vivos y sometidos a una permanente actualización —por ejemplo, incorporando detalles sobre su estado de tramitación— pueda también ser más que recomendable su inclusión con las más modernas técnicas de gestión de la información. Por ello, la publicación en formatos reutilizables como hoja de cálculo o de texto se considera interesante.

Sin embargo, creo que todavía la Administración electrónica no ha alcanzado en nuestro país un grado suficiente de desarrollo como para garantizar plenamente la permanencia, seguridad, integridad e inalterabilidad de la información publicada en sus portales. Y a las pruebas me remito: he tenido que solicitar expresamente algunas de las informaciones que aquí se han trabajado al no estar ya disponibles en los correspondientes portales o haber cambiado estos de ubicación en internet. Otras veces, las más, he tenido que descargar documentos (a veces en formatos modificables) de las páginas de transparencia, sin firma digital o elemento de verificación alguno que garantice que tal información es la efectivamente aprobada por el gobierno en su momento.

La planificación normativa —quizás en términos abstractos la más amplia (no por cantidad) e importante posible que un ejecutivo pueda aprobar— merece por supuesto su mayor difusión a través de las páginas de transparencia correspondientes. Y posiblemente serán estos portales los que garanticen un mejor conocimiento por la población, sobre todo si se integran gráficos, así como otros elementos visuales y dinámicos (como infografías). Ahora bien, creo también que bien merecen ser publicados en un diario oficial[148]. Instrumento este que, por su configuración jurídica, sí garantiza en el momento actual la perdurabilidad e inalterabilidad del contenido en cuestión. No veo inconveniente a su publicación, toda vez que se trata de un documento no demasiado extenso y de publicación anual (a salvo de posibles modificaciones); y máxime si se tiene en cuenta que los diarios oficiales se publican de manera electrónica. Se evitarían, así, circunstancias como las que he señalado: que cambien de ubicación, que puedan alterarse, que se confunda el estado de tramitación con lo efectivamente aprobado con carácter inicial por el Gobierno, etc.

En definitiva, las normas reguladoras del PAN, a cualquier nivel, deberían prever su publicación en los diarios oficiales correspondientes, de manera adicional a otros medios de publicidad. O, incluso sin modificación normativa alguna, puede ordenarse su publicación para una mayor seguridad jurídica —ejemplo este de una alternativa *no regulatoria* que cumpliría la misma función—. Ya se vio, en cualquier caso, que la normativa de la Comunitat Valenciana prevé ya esta circunstancia, como lo hace también la estadounidense a través del *Federal Register*.

c) Sobre el seguimiento de la planificación normativa

Otro de los elementos formales de cierto interés que se ha ido dibujando al analizar la realidad empírica en España ha sido el del seguimiento que se puede realizar de la planificación normativa. Esta realidad está muy poco institucionalizada en nuestro país, con prácticamente ninguna concreción normativa al respecto, más allá de las eventuales regulaciones sobre la eva-

148 Pensado Seijas (2017.1 y 2017.2) ya abogaba por la publicación en el diario oficial, pero con un fin distinto: «No estaría de más su publicación en los Boletines Oficiales respectivos y en otros medios complementarios (portal *web*) para que su difusión sea la mayor posible, ya que de lo que se trata es de informar a toda la población». En mi opinión, la publicidad en los diarios oficiales desde luego no lo es tanto para mejor conocimiento de la ciudadanía, cuya lectura suele resultarle complicada, sino para un adecuado aseguramiento de su publicidad, integridad y permanencia.

luación de los PAN. Creo que toda normativa sobre estos planes debería contener una previsión al respecto.

Todo plan o programa, incluso al amparo del genérico art. 6.2 LTAIBG (que tiene carácter básico), debe ser evaluado y periódicamente publicada tal información (sobre la evaluación de planes y programas, véase Paja Fano [2017, 11]). Pero claro, la aplicabilidad de este precepto al PAN puede resultar limitada por cuanto se exige —para que sea objeto de esta obligación— que incluya «objetivos concretos». Tengo dudas de que pueda considerarse que un plan normativo incluya tales objetivos, pero no me cabe duda de la conveniencia de realizar un informe sobre el mismo (y son muchas las AA. PP. que lo realizan). De cualquier modo, y a la vista de lo que se analiza en esos informes de seguimiento, me pregunto si tiene sentido medir solo el grado de cumplimiento como un mero porcentaje de normas aprobadas frente a las planificadas. Soy de la opinión de que esta práctica demuestra que más que ante *planes normativos* estamos en presencia, en su configuración en España en la actualidad, ante *calendarios normativos*.

Para el caso estatal, Torre de Silva López de Letona (2018, 3815) propone que el Consejo de Estado tenga que emitir un dictamen sobre dicho informe anual (que en el caso del Estado no se ha aprobado hasta la fecha). Me parece una buena idea, dado que así se garantizaría una visión más objetiva sobre la propia evaluación de la planificación del Gobierno. Se volverá sobre todo este asunto en el apartado de la evaluación *ex post* de esta investigación.

Pero este seguimiento de la planificación normativa no solo se concreta en su evaluación *ex post*, sino en otro concepto ya traído a colación en alguna ocasión: la «huella normativa». Algunos ejemplos de los vistos incluyen enlaces, en el propio documento planificador, a la tramitación posterior de cada una de las iniciativas, con información amplia y variada sobre los distintos trámites hasta su aprobación. Esta práctica no solo es interesante, sino recomendable. Para ello, contar con identificadores únicos (como ya he propuesto) de cada iniciativa normativa es de gran ayuda. Se debería, en fin, garantizar la perdurabilidad de los contenidos publicados, así como su accesibilidad, siempre en aras de una mayor transparencia.

d) Sobre la continuidad de la planificación normativa

Resulta más que evidente que los planes normativos —y otros instrumentos conexos también estudiados, como los planes de gobierno o de iniciativas legislativas— están íntimamente relacionados con la dirección política de los distintos ejecutivos, como ya se argumentó. Es por ello por lo que un cambio de gobierno puede suponer, evidentemente, una ruptura en la continuidad de la acción pública y, por consiguiente, de los planes normativos.

Puede darse el caso extremo de que, con cada cambio de gobierno, se haga lo que se conoce como un «borrón y cuenta nueva», lo que, en términos más formales, el maestro NIETO GARCÍA (1996) denomina la «invertebración secuencial» de las Administraciones. Y en parte es razonable que así sea, pues la legitimidad democrática asociada a cada nueva elección de un ejecutivo le otorga el respaldo suficiente para el desarrollo de políticas y objetivos diversos al del anterior.

Ahora bien, si las iniciativas —normativas o no; en general, políticas— de un ejecutivo responden a razones y no solo a pasiones, si están fundamentadas en datos e informes, parecería prudente que no sean desechadas sin más por quien venga después. En este sentido, el ejemplo de Aragón —en el que, como vimos, se debe incluir un informe sobre el grado y estado de ejecución de los Planes de Gobierno y normativos en los traspasos de poderes— resulta sumamente interesante porque permite al entrante conocer el estado de ejecución de la política —normativa, cuando se trata del PAN— del anterior gobierno y, así, tomar decisiones informadas sobre su eventual continuidad o rechazo. Pues, no se olvide, muchas de las normas que son aprobadas a lo largo del tiempo, como se ha visto ya, obedecen en ocasiones a mandatos legales, a obligaciones de trasposición del Derecho europeo o a cuestiones técnicas que deben ser reguladas independientemente de quién se halle en el poder. Así lo admite ARAGUÀS GALCERÀ (2021, 37): «Es evidente que a un Gobierno entrante no se le puede exigir cumplir con la planificación normativa efectuada por un Gobierno anterior, *excepto en aquellos casos en los que la elaboración y aprobación de una norma no es potestativa, como sucede con la transposición de Directivas*» (la cursiva es mía).

Por lo tanto, tener adecuadamente categorizados y clasificados los procesos de producción normativa, con perfecta identificación de motivos, plazos, competencias, informes... resulta de interés no solo para la propia ciudadanía en términos de transparencia, sino también para la propia acción del Gobierno, sea ostentado este por unas personas o por sus sucesoras. En fin, otro motivo más para abogar por este tipo de instrumentos planificadores.

En definitiva, deberían articularse, como en el caso citado, mecanismos en torno a esta planificación normativa que permitan esa sucesión ordenada cuando se producen, especialmente, los cambios de gobierno o de titularidad en el mismo y en los departamentos que lo componen. Además de, en su caso, excepciones a la obligatoriedad de aprobación de estos planes si hay elecciones a la vista (sobre todo si son pronto en el año planificado).

VI.

CONSIDERACIONES FINALES: UN INSTRUMENTO CON POTENCIAL PERO ESCASAMENTE OPERATIVO

A lo largo de las páginas precedentes he ido analizando con todo detenimiento las distintas (y muy variadas) aristas de los instrumentos de planificación normativa existentes en nuestro país. Hace ya algún tiempo, decía con no poca sorna Chaves García (2017) que «ser[ía] preciso un Plan de Evaluación de la implantación del Plan [normativo] y si se lo toman en serio todas las administraciones públicas o si se limitan al maquillaje y a salvar la cara». Esta investigación, y en particular este apartado, puede servir, en parte, como una evaluación de dicho instrumento: como una evaluación *(ex post)* del propio PAN.

En este punto, las preguntas capitales son si vale de algo esta herramienta, si es un mero trámite o una moda. Boix Palop (2017, 789) se temía que todos estos instrumentos de la mejora de la regulación tuviesen «más (de) burocracia o moda que otra cosa». Y puede estar en lo cierto. Aunque me resisto a inclinarme por la posición más negativa, máxime teniendo en cuenta que es una institución ampliamente extendida y aplaudida en no pocos lugares.

Aunque ¿para este viaje eran necesarias semejantes alforjas? Yo creo que no. La LPAC establece, por iniciativa del Gobierno, un trámite prenormativo, el PAN, para que el propio Gobierno determine su planificación normativa. Ya lo dijo Nieto García (2019, 149-150): «De ordinario los llamados Poder Legislativo y Ejecutivo no son más que uno solo: el Poder político por antonomasia»; y, en ocasiones, «se prefiere montar una maniobra política harto complicada: el Gobierno propone la ley; las Cortes la aprueban y mandan al Gobierno que ejecute correctamente sus disposiciones y, al final, se corrige en su caso a la Administración a través de un Poder Judicial, sumiso también al Gobierno aunque no subordinado a él. Un juego patético y a veces grotesco». En esta (u otra) materia, constatar el incumplimiento del Gobierno es, como bien dice el maestro, una caricatura.

En mi opinión, los potenciales beneficios de la planificación normativa reseñados al inicio de este apartado mantienen su absoluta vigencia. El problema que se ha apreciado, creo yo, es que los distintos ejecutivos e, incluso, los tribunales se han centrado más en tratar de desentrañar la naturaleza jurídica, la aplicabilidad y la competencia sobre este plan que en configurarlo como una herramienta verdaderamente útil, completa y actualizada. Algunos cambios han ido siendo propuestos a lo largo del estudio. De todos ellos, quizás el más relevante sea el de optar por una eventual inclusión del ciclo normativo como materia apta para ser regulada, con carácter básico, por el Estado o, simplemente, impulsar las instituciones de cooperación y coordinación con las CC. AA. para hacer realidad esta planificación normativa tan necesaria.

SEGUNDA PARTE

LA EVALUACIÓN *EX POST*

Si la planificación normativa servía de pórtico de todo el ciclo normativo, la evaluación *ex post* es la puerta de salida. El proceso de producción normativa tradicionalmente ha concluido con la aprobación de la norma y el despliegue de sus efectos. Sin embargo, la política de mejora de la calidad del Derecho ha permitido la incorporación de una herramienta poco utilizada hasta la fecha, pero con unas potencialidades enormes. Me refiero a la evaluación *a posteriori* de los productos reguladores. La evaluación *ex post* entronca, en ese ciclo, con el procedimiento de aprobación normativa —y su aplicación, por supuesto— y debe servir también de base para una futura planificación de la acción pública. Dicho de otro modo: la evaluación posterior de una norma puede servir (y de hecho sirve) como evaluación preliminar para su eventual reforma o supresión. Es la última etapa de un ciclo que no tiene (teóricamente) fin.

Con el estudio de este instrumento se tratará de dar respuesta a algunas cuestiones. ¿Qué pretende, expresamente, la evaluación *ex post*? ¿Se pueden (o deben) evaluar todas las normas creadas en un determinado periodo o hay que seleccionar algunas? En ese caso, ¿con qué criterios y métodos de selección? ¿Qué incidencia real puede tener esta evaluación? ¿Tiene interés efectivo... y sirve de algo? ¿Ofrece o puede ofrecer algún tipo de vinculación jurídica? ¿Debería ser una organización pública o una privada la que realice esta evaluación? ¿Será de carácter interno o externo? Y no menos importante: ¿se puede controlar la evaluación normativa *ex post* de alguna manera?

En las siguientes páginas se realiza, en primer término, un análisis teórico que encuadre el instrumento de la mejor forma posible para pasar seguidamente al estudio del régimen jurídico de la evaluación *ex post*, con referencias de Derecho comparado. Así, a continuación, se estudia el (escaso) ámbito jurisprudencial y de aplicación práctica, concluyendo con un repaso por las principales cuestiones relevantes y controvertidas de tal instrumento.

I.

CARACTERIZACIÓN DE LA EVALUACIÓN NORMATIVA *EX POST*

1. Algunas precisiones conceptuales previas sobre el término *evaluación*, en especial, en relación con la *revisión*

Un adecuado estudio de una institución jurídica empieza por su propio nombre. A veces, los términos que el lenguaje (legal) utiliza para referirse a determinados referentes son unívocos, pero muchas otras no. Y ello es lo que sucede, sin duda, con el instituto de la «evaluación normativa *ex post*». El término *evaluación normativa* es incluso compartido con otra herramienta, la evaluación *ex ante*, que se concreta en informes como la MAIN[149].

Según el DLE, evaluar es «señalar el valor de algo», entendiendo por valor el «grado de utilidad o aptitud de las cosas para satisfacer las necesidades o proporcionar bienestar o deleite» (en sus acepciones más próximas a lo que aquí interesa). En el ámbito estrictamente jurídico, el DPEJ define el *procedimiento administrativo de evaluación* como un «procedimiento administrativo *de calificación*, aunque utilizado más en relación con cosas o hechos que respecto a personas, como es el caso de la evaluación técnica de edificios, la de impacto ambiental de determinada medida o actividad proyectada o la de actividades y políticas públicas» (el resalte es mío).

Por lo tanto, cuando se habla de *evaluación* se estaría ante i) una operación más o menos sistemática, ii) sobre un sujeto, objeto o procedimiento, iii) para señalar su relación con un estándar de referencia, iv) que se materializará en una calificación, y v) que puede tener carácter público o administrativo cuando sea desarrollado por los poderes públicos y/o verse sobre cuestiones de interés también público.

---

149 Pero los dos términos que aquí precisan matización (*evaluación* y *revisión*) no parecen intercambiables cuando se trata de la «evaluación *ex ante*» (así, no se habla de una eventual «revisión *ex ante*»); pero, en ocasiones, sí lo pueden ser cuando se habla de la «evaluación *ex post*».

Pero existe otro término que, en ocasiones y como se verá, es utilizado para referirse a la operación de evaluación que aquí interesa, la normativa: me refiero al verbo *revisar*. Son tres las acepciones que el DLE recoge sobre esta palabra: i) ver con atención y cuidado, ii) someter algo a nuevo examen para corregirlo, enmendarlo o repararlo y iii) actualizar (o poner al día). De hecho, mientras que no existe en nuestro texto constitucional ninguna referencia al concepto de *evaluación* sí aparecen dos al de *revisión*, y en sendas ocasiones referidas a la *revisión constitucional*, o sea, del propio texto de la Carta Magna (arts. 95.1 y 168.1 CE). De las tres acepciones que recoge el Diccionario, las más adecuadas para enmarcar estos dos preceptos serían la segunda y la tercera (una *revisión* para hacer compatible un tratado con la CE o una *revisión total* del texto constitucional). Lo mismo puede decirse de las distintas ocasiones en que nuestro ordenamiento se refiere a la revisión, muy en particular en el ámbito procedimental o procesal (recurso de revisión, revisión de sentencias, etc.). En estos casos resulta más que patente que lo que se pretende es la eventual corrección o enmienda del objeto de la revisión.

Sin embargo, la primera de todas las acepciones de la palabra *revisar* sería la más próxima a la del término que aquí se está utilizando de *evaluación*. Y ello es así porque, cuando se evalúa, el propósito de la evaluación es conocer la situación del objeto evaluado. Posteriormente, y con las conclusiones obtenidas, se podrán emprender las acciones oportunas. Pero la finalidad esencial de la evaluación es la obtención de información, la generación de conocimiento, de inteligencia.

Dicen Rodríguez García y Sánchez Pavón (2019, 145) que «ambos conceptos distan mucho de ser sinónimos; más bien, se trata de etapas diferenciadas». Y continúan señalando que:

> La conclusión es que solo procede reexaminar [revisar] algo para su corrección o enmienda cuando previamente se haya sometido a una correcta y completa estimación de su valía. Lo que la Ley establece **[en referencia a los preceptos normativos que exigen la revisión normativa, que se estudiarán después]**, por tanto, es la obligatoriedad tanto de la evaluación normativa (determinación de su aptitud para la satisfacción de los fines que persigue) como de su eventual revisión (someterla a un análisis encaminado a su modificación, derogación o el dictado de otra nueva), si es que, tras el resultado del procedimiento evaluador, se estimase conveniente. Así pues, no toda evaluación ha de ser seguida de una revisión.

Siendo cierto lo que dicen, no lo es menos que, a veces, el empleo del concepto de *evaluación normativa* va ligado —como se verá en el momento oportuno— al estudio de normas concretas y el concepto de *revisión normativa,* a conjuntos de normas. De cualquier forma, me he detenido en este aspecto porque resultará relevante al analizar la normativa actualmente vigente sobre evaluación normativa *ex post.* Pero, en cualquier caso, a lo largo de este bloque es posible que se empleen ambos términos de manera intercambiable, salvo que expresamente se quiera diferenciar algún aspecto concreto.

2. Ejemplos de *evaluaciones públicas* en el ordenamiento español

Son numerosos los ejemplos de *evaluaciones* públicas que encontramos en distintos sectores del ordenamiento. Es más, como habrá ocasión de comprobar más adelante, varios Estatutos de Autonomía prevén la «evaluación de políticas públicas» como uno de los ámbitos de acción de tales entes territoriales. Más recientemente, el propio Estado ha iniciado el proceso de elaboración de una *Ley de evaluación de las políticas públicas*, todavía no concretado en un anteproyecto público[150], y que podría dotar de cierta homogeneidad a los procesos evaluadores. Sobre las relaciones entre la evaluación de políticas y normas habrá ocasión de volver.

Con carácter general, el art. 3.1.g) de la LRJSP —ya mencionado en el estudio de la planificación de las políticas (incluida la normativa)— exige el respeto por las AA. PP. de la «evaluación de los resultados de las políticas públicas», a lo que se añade una «dirección por objetivos y control de la gestión» de tales entes. Por lo tanto, y más allá de las precisiones y exigencias concretas que puedan desarrollarse para cada materia, existe una obligación genérica de evaluación de toda política pública predicable de las AA. PP., y ello sobre la base —camuflada pero siempre presente— de lo preceptuado en el art. 103 CE, que exige de estas el servicio con objetividad a los intereses generales, siempre de manera *eficaz.* Y recuérdese que la cualidad de lo eficaz es la de ser capaz de «lograr el efecto que se desea o se espera» (DLE).

Precisamente en lo que respecta a la evaluación de políticas públicas (siquiera sea como antecedente de su eventual futura regulación) debe volverse a la ya mencionada AEVAL, que tenía, entre otras, funciones como la de «realizar trabajos de evaluación y análisis de políticas y programas públicos» (art. 6.1.c del RD 1418/2006, de 1 de diciembre); y funciones de evaluación actualmente asumidas por el Instituto para la Evaluación de Políticas Públicas (IEPP), adscrito al Ministerio de Hacienda (RD 682/2021, de 3 de agosto)[151].

150 La información sobre la consulta pública previa de esta futura norma se encuentra en: https://www.mptfp.gob.es/portal/prensa/actualidad/noticias/2021/05/20210518.html, consultado: 2022-03-14. Entre los problemas que pretende solucionar la iniciativa destaca la constatación, por parte del órgano proponente, de «la fragmentación de las actividades de evaluación que se realizan en las distintas administraciones públicas», así como la «inexistencia de un organismo independiente». Sobre estas cuestiones se volverá más adelante. A fecha de 24 de mayo de 2022 fue aprobado en Consejo de Ministros el proyecto de Ley para su tramitación parlamentaria.

151 La AEVAL fue creada por el RD 1418/2006, de 1 de diciembre (previa autorización de la LAE), y suprimida por el RD 769/2017, de 28 de julio. El art. 29.1 del mencionado anteproyecto de Ley de evaluación de políticas públicas, en tramitación, resucita la extinta AEVAL, autorizando su creación y sucediendo —cuando se cree, según la DT única— al vigente IEPP. Lo cierto es que la supresión de esta agencia, a consecuencia de las refor-

Pero donde cobra toda su virtualidad esta evaluación destinada a la comprobación de la eficacia de las políticas públicas es, quizás, en el ámbito económico-presupuestario. Y ello por la naturaleza ínsita de todo crédito presupuestario, que es la de ser esencialmente limitado, escaso y afectado a la satisfacción de una concreta necesidad pública. Frente a la aparente facilidad de *disparar con pólvora del Rey*, la LGP establece sin ambages una obligación de seguimiento de los programas plurianuales de los departamentos ministeriales, según «indicadores de ejecución asociados a cada uno de los objetivos» (art. 29.6.e LGP), evaluación de los contratos-programa (art. 68.1.b LGP) y, en concreto, «evaluación continuada de las políticas de gasto con la finalidad de asegurar que las mismas alcancen sus objetivos estratégicos y el impacto socioeconómico que pretenden» (art. 72 LGP), por citar solo las principales menciones a la técnica aquí estudiada[152].

Siguiendo con otra materia de naturaleza esencialmente económica, como son las subvenciones, debe destacarse que corresponde al órgano concedente la comprobación de la «adecuada justificación de la subvención, así como la realización de la actividad y el cumplimiento de la finalidad» (art. 32.1 LGSub). Comprobación esta que no deja de ser una evaluación posterior del cumplimiento de los requisitos previstos para esta medida de fomento, y que debe unirse a la exigencia de «eficacia en el cumplimiento de objetivos» y «eficiencia en la asignación y utilización de los recursos públicos» (art. 8.3.b] y c] LGSub). Se encomienda la *evaluación* de los objetivos de los planes estratégicos de subvenciones a la IGAE (DA 17.ª LGSub).

También se encuentran menciones a evaluaciones *ex post* en distintas normas sectoriales, tales como —sin ninguna pretensión de exhaustividad; los resaltes son míos—: la Ley de Aguas, que exige una «*evaluación* de los progresos realizados en la consecución de objetivos medioambientales» como parte obligatoria de las actualizaciones de los planes hidrológicos de cuenca (art. 42.2.b); la Ley 21/2013, de 9 de diciembre, de Evaluación Ambiental, que potestativamente permite la realización de comprobaciones para «*eva-*

mas emprendidas con ocasión de la anterior crisis económica, fue criticada por algunos sectores. ¿Resultaba coherente la supresión de una agencia que está llamada a dotar de racionalidad, rendición de cuentas, transparencia, eficacia y eficiencia a la acción pública en general? ¿Quizás era la agencia más necesaria de todas? Sin duda, el estudio de esta cuestión, que escapa al propósito de esta investigación, merecería ser estudiado en profundidad. En todo caso, ya por aquel entonces, Ponce Solé (2009, 230) advertía que, en su configuración, la AEVAL quedaba, de algún modo, al margen de los procesos de la mejora de la calidad del Derecho, centrándose, más bien, en las políticas públicas.

152 En este ámbito, la Ley Orgánica 6/2013, de 14 de noviembre, de creación de la Autoridad Independiente de Responsabilidad Fiscal, establece en su art. 2 que uno de los fines de este organismo es la «evaluación continua del ciclo presupuestario [y] del endeudamiento público». De hecho, en opinión de de Montalvo Jääskeläinen (2017, 142), podría decirse que «la [exigencia de] evaluación derivaría también, como rendición de cuentas, del propio tenor del artículo 135 CE». Véase una versión previa, más reducida, del mismo trabajo en de Montalvo Jääskeläinen (2016).

luar el grado de implementación, los resultados, la eficacia y la eficiencia de las evaluaciones de impacto ambiental realizadas, [para] permitir una *mejora continua* del método basada en la *retroalimentación* y elaborar estadísticas» (art. 52.5); la Ley Orgánica 3/2007, de 22 de marzo, para la igualdad efectiva de mujeres y hombres, que exige como criterio general de actuación de las AA. PP. la evaluación periódica de «la efectividad del principio de igualdad en sus respectivos ámbitos de actuación» (art. 51.g); la reciente Ley de Cambio climático, que prevé la «definición de un sistema de *indicadores de impactos* y adaptación al cambio climático, que facilite un *seguimiento y evaluación* de las políticas públicas al respecto» (art. 17.2.d); o el Título V (arts. 31 y 32), sobre *evaluación y acreditación*, de la Ley Orgánica 6/2001, de 21 de diciembre, de Universidades.

Así mismo, la LES incluye distintas previsiones sobre la evaluación de las medidas contenidas en dicha norma, destacando el «seguimiento y evaluación» en materia energética (art. 86) o bien del propio contenido general de la Ley (art. 113). Merece además una referencia la conocida como «evaluación del desempeño», en el ámbito de los recursos humanos de las AA. PP. (art. 20 EBEP), instrumento pendiente todavía de desplegar todos sus efectos, pero que está llamado a permitir el análisis objetivo del instrumento personal de la AP.

Esta evaluación de políticas (y también la de planes) goza, en definitiva, de publicidad activa por aplicación del art. 6.2 LTAIBG (ya citado en otras ocasiones y que, recuérdese, tiene carácter básico). Precepto que exige, por cierto, una evaluación del grado de cumplimiento y de los resultados de los planes y programa de cualquier AP que fijen objetivos concretos. Se está en presencia, como se verá más adelante, de una obligación que va más allá de la mera transparencia y que goza de importancia autónoma.

En último término, lo aquí relevante viene establecido —en esencia— en el art. 130 LPAC, que regula la «evaluación normativa» (*ex post*, aunque no se especifique), y en el art. 28 LGob, que reglamenta el «informe anual de evaluación» (o Informe de Evaluación Normativa; en adelante, IEN) en el ámbito de la AGE y que, del mismo modo que sucedió con la planificación normativa, viene desarrollado por el RD 286/2017. Sobre todo ello, además del régimen jurídico autonómico, se profundizará después.

3. Encuadramiento de la evaluación *ex post* como garantía del buen gobierno y de la buena administración

En definitiva, estamos ante numerosas obligaciones de evaluación *ex post*, en distintos ámbitos de interés para el Derecho, incluido el normativo (el de la *política normativa*), que, como he adelantado, no dejan de ser una concreción del sometimiento por mandato constitucional de la AP a los intereses generales de manera eficaz y eficiente, una suerte de control *a posteriori* de la acción de las AA. PP. (o, en general, de los poderes públicos) no de carácter jurisdiccional, sino esencialmente administrativo[153].

Y esta técnica de evaluación *ex post*, aplicada a la producción normativa, aunque puede resultar (más o menos) novedosa en términos *de lege lata* y de aplicación efectiva en nuestro ordenamiento, lo cierto es que goza de una tradición de décadas, al menos en el plano teórico doctrinal. Así, por ejemplo, Montoro Chiner (2001.2, 118) hablaba de una «evaluación retrospectiva» de las normas y de las políticas públicas, considerando que «los [distintos] bienes jurídicos (...) han de ser efectivamente protegidos mediante normas efectivas y [una] legislación *constantemente evaluada*» (la cursiva es mía). Mientras que Doménech Pascual (2005, 98) se refería al «seguimiento de normas», entendido como el conjunto de «actividades encaminadas a observar, evaluar e informar sobre el acierto de una regulación jurídica a fin de mantenerla, modificarla o derogarla». Sobre todo ello se profundizará.

Así pues, esta técnica se inserta, necesariamente, en el ámbito de las potestades normocreativas[154], en lo que se refiere a la evaluación *ex post* de las normas, como parte esencial del ciclo normativo, o en la función ejecutiva cuando se refiere, con carácter general, a la evaluación de las distintas políticas públicas. Y todo ello como garantía de un *buen gobierno* y de una *buena administración*[155].

Dicen acertadamente Garcés Sanagustín *et al.* (2008, 30) que «la ausencia de evaluación de los resultados de la acción pública no resulta ya (...) una opción adecuada ante las nuevas demandas ciudadanas de eficiencia, transparencia y rendición de cuentas». La evaluación *ex post* de las normas (y, en general, de cualquier política o actuación pública) está llamada a satisfacer los distintos principios que configuran los conceptos arriba mencionados: participación, información, publicidad, transparencia, eficacia, eficiencia, sostenibilidad...

---

153 De hecho, conviene resaltar ese aspecto: no es objeto de estudio de este trabajo el control *ex post* de las normas que realizan los tribunales. En no pocas ocasiones se habla de este tipo de control, que sin duda tiene importancia mayúscula y que incluso aquí se tocará de manera indirecta —al estudiar las resoluciones jurisdiccionales en relación con los preceptos relativos a la evaluación *ex post*—. Pero no será el centro del análisis aquí desarrollado.

154 Para Osés Abando (2008, 65), la evaluación legislativa podría ser una «nueva función del Parlamento», dado que —a su juicio— esta tarea «puede imbricarse en la función de control (...) pero también es parte del procedimiento legislativo».

155 Sobre el concepto de «buena administración», me remito al completo trabajo de Matilla Correa (2020, 316) que considera que, a pesar de los numerosos avances, «*el derecho a la buena administración* es un derecho en construcción, o una noción jurídica *in fieri*, sobre el que ha de trabajarse progresivamente para dotarlo de mayores precisiones en sus contornos». En todo caso, y simplificando, si la buena administración se refiere esencialmente a las relaciones *ad extra*, el buen gobierno vendría a asegurar que el comportamiento de los agentes que la sostienen es también el adecuado para los fines públicos perseguidos.

Como se viene sosteniendo en todo momento en esta investigación, la racionalidad de la acción de los poderes públicos es el objetivo último de estos instrumentos de regulación de la potestad normocreadora. La evaluación retrospectiva de cualquier acción pública en general permite comprobar su adecuación a los objetivos planteados inicialmente, al fin que se perseguía. Es, además, una calificación del acierto del análisis previo de tal acción —en el entendido de que este se haya realizado—.

El objeto de este análisis se encuadra, en exclusiva, en la evaluación *ex post* de las normas; no entra, pues, en el estudio de la evaluación de políticas públicas *lato sensu*. Pero ello no obsta para que gran parte de las conclusiones que aquí puedan alcanzarse sean también aplicables al ciclo general de las políticas públicas. Y ello porque, en definitiva, la acción normativa no deja de ser más que otra de las opciones de intervención pública en manos de los poderes públicos. Aunque es cierto que toda política pública, en mayor o menor medida, está sostenida en algún tipo de norma. Por lo que hablar de evaluación *a posteriori* de la normativa es también, de algún modo, hacerlo de las políticas públicas.

Pero el foco de atención aquí no se pone tanto en los resultados (o *outcomes*, como consecución de objetivos) —aunque también tienen su importancia— como en el instrumento para su consecución, en la norma que puede sostener la acción pública (*outputs*, como resultado de la acción inicial, de la iniciativa normativa). Se trata de calificar, por lo tanto, el paso previo y casi requisito esencial para toda acción pública, que es el soporte normativo en que esta se fundamenta[156].

Y, junto a todo lo anterior, debe concretarse también el ámbito de aplicación de esta evaluación *ex post*. Teniendo en cuenta que la potestad normativa está residenciada tanto en el poder legislativo como en el ejecutivo, a través de la potestad reglamentaria, no sería de extrañar que pudiese analizarse la evaluación de las normas tanto de un origen como de otro. Mas lo relevante aquí, a mi juicio, no es tanto que esta evaluación pueda hacerse de leyes o de reglamentos —por lo tanto, de distinto origen— sino a quién se encomienda dicha evaluación y qué efectos o consecuencias puede tener. Y aquí se estudiará, en todo caso, aquella evaluación sobre cualquier producto normativo que sea encomendada, en última instancia, al Gobierno o a la Administración. Lo que no obsta, desde luego, para que el propio parlamento en uso de su soberanía, de desearlo, pudiese configurar algún tipo de análisis *ex post* de sus propios productos, pero ello sí escaparía (por exceso) del objeto de este análisis.

156 Como es natural, basado en la imprescindible vinculación positiva de los poderes públicos. Sobre esto, véase el clásico capítulo sobre el principio de legalidad de García de Enterría y Martínez-Carande y Fernández Rodríguez (2020) en su *Curso de Derecho Administrativo*.

Nuevamente, estamos en presencia de un instrumento especial, distinto de otros tipos de evaluación, donde —como he señalado— no se analizan tanto los resultados como los medios para alcanzar esos resultados, que no es otra cosa que la propia norma. Pues, no se olvide nunca, las normas (jurídicas o de cualquier otra clase) no son un fin en sí mismas, sino un medio para la consecución de los objetivos públicos que toda sociedad se propone.

4. Digresión: ¿cabe hablar de una *potestad administrativa evaluatoria* en la que encuadrar la evaluación normativa?

Decía antes que la evaluación normativa *ex post* podría encuadrarse —en el supuesto de ser considerada parte del ciclo normativo— en las potestades normocreativas como una materialización de estas. Y lo mismo en el caso de la evaluación de políticas públicas, que permite su consideración como plasmación de la función ejecutiva. Pero lo cierto es que este encuadramiento puede no parecer completamente satisfactorio. Ahora bien, si no se encuadra en estas potestades o facultades propias de la Administración, ¿cuál podría ser el encuadre adecuado desde un punto de vista dogmático?

La reconstrucción no resulta del todo simple, pues la potestad que podría parecer más apta —por su propia denominación— no ofrece manifestaciones similares. Me refiero a la *potestad de evaluación*. Con posterioridad —al analizar el régimen jurídico de la evaluación en la Comunidad Foral de Navarra— me referiré a la «potestad calificatoria o de evaluación técnica» (art. 4 de la Ley de la Administración navarra). Hasta donde tengo conocimiento, es el único precepto de nuestro ordenamiento que se refiere, como tal, a esta potestad[157]. Lo cual no quiere decir que no existan otras previsiones que sean, de hecho, materialización de ella. Piénsese en la *evaluación ambiental,* en la *calificación registral*, en la *evaluación académica*, en la *calificación tributaria*, en la *evaluación del desempeño*... Son múltiples los ejemplos de evaluaciones o calificaciones que los poderes públicos ejercen en distintos sectores de la actividad pública. Y encuadrar todas estas actuaciones en otra potestad no siempre resulta adecuado.

Aunque excede del propósito de este trabajo el desarrollar una teoría o concepto de la *potestad pública de evaluación* —y, por ello, me remito a ulteriores investigaciones—, ofrecer una definición tentativa de esta ayudará a determinar si la evaluación normativa (*ex ante* o *ex post*) puede quedar encuadrada en ella. Lo cierto es que no se podrá encontrar en ningún punto del

157 De hecho, para ello puede servir el buscador del BOE, disponible aquí: https://www.boe.es/buscar/ (Consultado: 2022-03-28).

ordenamiento una definición de esta (al menos pretendida) potestad. Como tampoco es común encontrarla en la doctrina[158].

De acuerdo con la definición de *potestad administrativa* de Gamero Casado (2021, 73), esta sería un «poder jurídico unilateral, atribuido conforme al principio de legalidad para la satisfacción del interés general, sometido a la ley y a control jurisdiccional (judicial y constitucional)». Así, la *potestad de evaluación o de calificación* podría definirse (insisto en el matiz de que se trata de una definición tentativa o provisional) como *aquel poder atribuido a las AA. PP. conforme al cual se pueden realizar juicios valorativos sobre aspectos esencialmente objetivos de cosas, personas o comportamientos que permitan determinar la adecuación de estos a un estándar o parámetro de referencia con el propósito de atribuir alguna consecuencia jurídica a tal evaluación.*

Pues bien, la evaluación normativa —como tendré ocasión de definir enseguida— sería aquella actividad humana destinada a la calificación de los productos normativos de un determinado sistema con un propósito de su control, en el marco del cumplimiento del servicio con objetividad a los intereses generales[159]. Las consecuencias jurídicas vienen, precisamente, de la mano de la transparencia. Transparencia que surge del hecho de disponer del conocimiento derivado de tal proceso evaluador. Y estas consecuencias, sin duda, son distintas para la evaluación *ex ante* y la evaluación *ex post*, como determina la propia normativa reguladora de cada una de estas instituciones. Lo que no implica que deban tener obligatoriamente unas particulares consecuencias (como, por ejemplo, alguna declaración de invalidez sobre la regulación evaluada o resultados indefectibles sobre futuras normas, para el caso de la evaluación *ex post*). Dicho de otro modo: esas consecuencias no tienen, necesariamente, por qué ser fatales.

Dicen Rodríguez García y Sánchez Pavón (2019, 139) que «la evaluación —como procedimiento—, y no necesariamente el evaluador, ha de quedar al margen de [las] funciones clásicas de los poderes públicos, aunque sería del todo recomendable que pusiese en conexión a los poderes normativos (Ejecutivo y Legislativo)». Considerar que la evaluación normativa (*ex post* o *ex ante*) forma parte de esta mencionada *potestad de evaluación* permitiría, en definitiva, su incardinación ora en el legislativo, ora en el ejecutivo, dependiendo de la concreta configuración jurídica de la institución que se desee

---

158 Ni siquiera la reciente monografía dirigida por Gamero Casado (2021) —y que tiene por objeto el estudio, desde distintos y variados flancos, de la potestad administrativa— ofrece una definición o mención a ella.

159 Resulta completamente pertinente la afirmación de Embid Tello (2019, 2), según el cual «la evaluación o condicionamiento técnico del Derecho se construye como un ladrillo más del complejo edificio de la justificación técnica, que progresivamente se alza, con vocación de ubicuidad, en cada sector del ordenamiento jurídico». O sea, para el caso que aquí nos ocupa, y como se verá después en los puntos positivos de esta institución, la propia evaluación normativa tendría un fin legitimador del ordenamiento.

en cada momento o en cada sistema. Se trataría, en fin, de una potestad *pública* transversal que puede materializarse, sin duda, de diversas formas y otorgarse la competencia para su desarrollo a distintos actores, aunque independientes de uno u otro.

Para JIMÉNEZ TELLO (2011, 991), «la evaluación constituye una herramienta esencial para conocer los resultados y los efectos de las intervenciones públicas», en lo que esta autora ha venido a denominar como «Estado evaluativo». En su opinión, «la auditoría y la evaluación no se reduce[n] a una [mera] técnica (...) en la que se dé una calificación»; por ello, «a través de estos procesos de coparticipación con la organización implicada (...), conjuntamente con los evaluadores, se replantean nuevas políticas, nuevos objetivos que, en suma, mejoran los procesos» (*ib.*, 992).

En definitiva, de esta forma, la *potestad de evaluación o de calificación* tendría distintas manifestaciones, previstas expresamente por el ordenamiento jurídico —y, por lo tanto, garantizando el principio de vinculación positiva— como son las ejemplificadas más arriba. Todas ellas con consecuencias y hasta naturaleza diversas[160]. Y, entre estos ejemplos, encuadrar la evaluación normativa (*ex ante* y *ex post*) no resultaría problemático. Por lo tanto, más que una potestad implícita se trataría de una potestad reconstruida a partir de sus manifestaciones, estas sí claramente positivadas en el ordenamiento. En definitiva, la evaluación normativa es, sin duda, una de las manifestaciones de esta potestad administrativa de evaluación o calificación.

5. Algunas influencias sobre las técnicas de evaluación *ex post*

Como vengo destacando a lo largo de toda la investigación, las influencias de carácter economicista y empresarial sobre los instrumentos para la mejora de la calidad del Derecho son más que obvias. He citado en varias ocasiones ya, y debo volver a hacerlo aquí, la conocida norma de gestión de la calidad ISO 9001:2015, cuyos apartados 9 y 10 se refieren, precisamente, a la «evaluación del desempeño» y a la «mejora». Como ya se ha comentado en otros puntos, esta norma convencional se fundamenta sobre el conocido como «Ciclo Planificar-Hacer-Verificar-Actuar»[161]. Precisamente, el tercero de

160 Algo semejante sucedía en el marco de la potestad de planificación: puede decirse que todo plan se deriva de esta potestad administrativa, pero no todos los planes tienen las mismas consecuencias jurídicas ni una naturaleza homogénea. Pero ello no obsta para que todos ellos sean manifestación de esa misma potestad.

161 Recuérdese que el conocido como «ciclo de Deming» incluía, tras los pasos de *planificar* y *hacer*, un tercero consistente en *estudiar* los resultados de la acción previa, que proponía que fuese a pequeña escala, a modo de experimento (DEMING 2006, 95). Después venía el momento de *actuar* y, en su caso, retroalimentar de nuevo el ciclo.

los pasos de ese proceso de mejora continuada está relacionado con la *verificación*, que consistiría en «realizar el seguimiento y (cuando sea aplicable) la medición de los procesos y los productos y servicios resultantes respecto a las políticas, los objetivos, los requisitos y las actividades planificadas, e informar sobre los resultados» (apartado 0.3.2).

El mencionado apartado 9 de tal norma señala, entre otros extremos, que la organización debe determinar —de entre toda su actividad— qué necesita seguimiento y medición, los métodos empleados para ello y el momento o planificación de tal proceso. Como habrá ocasión de comprobar, la regulación de la evaluación normativa *ex post* parece satisfacer estos requisitos en mayor o menor medida. No ocurrirá lo mismo, al menos con carácter general, con lo referido al apartado 9.1.2 sobre «Satisfacción del cliente». Según las prescripciones de este documento, «la organización debe realizar el seguimiento de las percepciones de los clientes del grado en que se cumplen sus necesidades y expectativas».

Son ya clásicas las concepciones del *New Public Management* de la Administración como una organización con *clientes* de distinta índole, por lo que su posible aplicación al ámbito público no puede sorprender. Clientela que en absoluto estaría limitada a la ciudadanía. En especial, los operadores jurídicos, pero también contratistas, organizaciones o la Academia... constituyen subgrupos de interés con los que las AA. PP. y los poderes públicos en general se relacionan de manera constante. Y resulta fundamental la opinión que esta pléyade de actores pueda tener de los productos normativos. Pues bien, adelanto ya en este punto que la regulación de la evaluación normativa *ex post* en España parece obviar, en esencia, esta perspectiva. Sobre ello se volverá en el lugar oportuno.

Finalmente, y no menos importante, el apartado 10.3 de este instrumento, referido a la «Mejora continua», señala que «la organización debe considerar los resultados del análisis y la evaluación (...) para determinar si hay necesidades u oportunidades que deben considerarse como parte de la mejora continua». Dicho de otro modo: el objetivo de la evaluación no es la mera obtención de información sobre la eficacia de los procesos y productos, sino la aplicación práctica de la misma en el futuro, de forma que exista un proceso continuo de adaptación y mejora. Sin duda, la retroalimentación del sistema, en que se integra también la evaluación *ex post* como engarce con la (nuevamente) fase inicial del proceso, es un ejemplo de esta técnica empresarial. O sea, se trata de una evaluación para la acción.

Pero si existe una influencia de *Derecho blando (soft law)* más que evidente a la que responde la política de revisión normativa que aquí se analiza es, sin duda, la procedente de la OCDE. Esta organización, ya en el año 1995, en su *Recomendación del Consejo sobre la Mejora de la Calidad de las regulaciones gubernamentales*, de 9 de marzo, indicaba que «para compensar la tendencia de las regulaciones a desactualizarse y volverse inconsistentes con las actuales necesidades, los gobiernos deberían establecer procesos de revisión sistemática y periódica sobre la necesidad de las normas existentes»[162]. La influencia desreguladora es más que evidente, pero en todo caso ello no impide que goce de interés este precedente de orientación de las políticas nacionales de sus Estados miembros, que se ha ido reiterando en recomendaciones posteriores.

Pero también las políticas de simplificación (administrativa y normativa) y de reducción de cargas constituyen un precedente o, mejor, un marco de referencia para el desarrollo de la evaluación normativa *ex post*. En un resumen sucinto pero preclaro de lo que ha de entenderse por *revisión normativa* se dice que esta «puede operar, pues, intentando aclarar, sistematizar y armonizar normas precedentes, y puede también ubicarnos ante contenidos más creativos y novedosos» (apartado III del dictamen del Consejo Consultivo de Aragón núm. 2/2012). Revisión normativa que iría ligada a técnicas de simplificación, codificación, refundición... pero que en absoluto se limita a ellas.

Por lo tanto, son esencialmente empresariales y de gestión de organizaciones las influencias que existen sobre este instrumento. Pero ello no obsta para que la propia doctrina jurídica se haya centrado en esta evaluación. De hecho, volviendo a lo que ya NIETO GARCÍA (1996) denominó como «invertebración secuencial» de las Administraciones, hay que advertir que la acción pública no puede (ni debe) terminar con la implementación o puesta en marcha de las acciones concretas, ni siquiera con la gestión de sus resultados posteriores o con el cambio del Gobierno de turno[163]. Debe realizarse una

---

162 En el original, el título reza así: *Recommendation of the Council on Improving the Quality of Government Regulation*. Y la cita, así: *«To compensate for the tendency for regulations to become outdated and inconsistent with current needs, governments should establish processes for systematic and periodic review of the need for existing regulations»* (Anexo §17). Desde ese momento, han sido constantes las referencias a la mejora de la regulación y, en concreto, a la revisión normativa que esta organización ha hecho en diferentes documentos de trabajo. Toda la información se encuentra disponible aquí: https://www.oecd.org/en/topics/policy-issues/regulatory-reform.html.(Consultado: 2024-10-17).

163 Recuérdese que el término «invertebración secuencial» hacía referencia al «borrón y cuenta nueva» —si se me permite la expresión— que sucede, en no pocas ocasiones, con respecto a las políticas públicas, cuando llega al poder un partido distinto del anterior (o incluso simplemente una persona distinta del mismo partido). Pues bien, lo cierto es que, aunque NIETO GARCÍA critica este aspecto como una eventual rémora, un análisis más detallado de ello podría llevarnos a conclusiones diversas. En esta línea, DOMÉNECH PASCUAL (2022, 86) apunta a que «los cambios de Gobierno que cada cierto tiempo se producen en un sistema democrático tienden a neutralizar los referidos sesgos cognitivos [que son los que en ocasiones sustentan, a su juicio, normas ineficaces] y favorecen la evaluación *ex post* de las disposiciones normativas vigentes y su sustitución por otras diferentes». Por lo tanto, matizando el término de NIETO GARCÍA habría que señalar que lo criticable respecto de la *invertebración* sería no tanto el cambio de la política pública en cuestión cuando hay un cambio de gobierno o de persona, sino el hecho de que tal modificación se realice, exclusivamente, por tal cambio subjetivo en la titularidad de la institución. Lo imprescindible es, pues, acometer

auténtica evaluación que permita garantizar su adecuación[164]. Todo ello nuevamente influido por las políticas de *buen gobierno* y *rendición de cuentas*.

6. Elementos positivos y algunos inconvenientes de la evaluación normativa *ex post* advertidos por la doctrina jurídica

Sin duda, si se ha llegado a este punto en el análisis de los distintos instrumentos que configuran la política de mejora de la regulación es porque se estima que, puestas en una balanza, las ventajas superan a los eventuales inconvenientes que puedan estar asociados a ellos. Y no sucede menos con la evaluación normativa *ex post*. Dice de Montalvo Jääskeläinen (2017, 141) que:

> Hoy parece existir un consenso casi unánime en subrayar que no solo es importante lo que dicen las leyes, sino lo que consiguen; que es necesario conocer si el comportamiento de sus destinatarios se acomoda o no a sus previsiones, cuáles son sus consecuencias y efectos, y cuál es el coste de consecución de sus objetivos.

Puede afirmarse, incluso, que revisar periódicamente la normativa es una aparente exigencia implícita a todo Estado de Derecho (en la línea de lo que sostiene, p. ej., el dictamen 568/2018 del Consejo Consultivo de Andalucía). Revisión que, en última instancia, tendría por objeto, precisamente, la satisfacción de derechos y libertades públicas. Veamos, a continuación, una sistematización de los principales efectos de este instituto.

a) Efectos *ad intra* de la evaluación normativa *ex post*

De un repaso de las principales opiniones doctrinales en el ámbito jurídico sobre la evaluación *ex post* he podido identificar, al menos, tres efectos positivos que benefician particularmente al ámbito interno de la Administración —aunque, como vengo diciendo, beneficiar y mejorar las AA. PP. contribuye a un mejor servicio a su única razón de ser: la ciudadanía—. Me refiero al pro-

adecuadas evaluaciones *a posteriori* que permitan juzgar desapasionadamente lo hecho con anterioridad. Y para ello, la función de empleados públicos independientes y objetivos se torna esencial, llamando la atención, eso sí, sobre los peligros de caer, en última instancia, en indebidas tendencias tecnocráticas.

164 De hecho, el maestro Nieto García (2019, 159) realiza —ciertamente desde el plano doctrinal y no administrativo, ni sometido a una concreta metodología— una evaluación *ex post* de las normas cuando critica que el *Derecho practicado* tiene poco o nada que ver con el Derecho que contienen los preceptos legales: «La aplicación concreta de las leyes generales no coincide siempre con lo dispuesto en el texto sino que con frecuencia se producen desviaciones e incluso incumplimientos». Y conocer la realidad de la aplicación es el primer paso para juzgar su efectividad.

pio conocimiento de la normativa vigente, al autocontrol desarrollado sobre su propia actividad y a la emergencia de una cultura de evaluación continua de la labor normativa desarrollada por los poderes públicos.

En primer lugar, en un sistema con una *sobreabundancia normativa* constituye una primera ventaja de la revisión y evaluación normativa *ex post* el hecho de que este instrumento permita a los poderes normocreativos **ser conscientes de la propia regulación.** Estos instrumentos sirven para facilitar una depuración del ordenamiento; o sea, satisfarían un fin nomofiláctico, en el sentido de que, en ocasiones —particularmente cuando se abusa de derogaciones implícitas[165] o cuando existe una gran abundancia de normas sobre una materia—, resulta difícil conocer cuál es el Derecho vigente (no ya lo que preceptúa, que eso es otra cuestión). Podría decirse, de hecho, que este aspecto opera como presupuesto de todo lo demás[166].

Hace ya tiempo, Jiménez Aparicio (1989, 302) hablaba de la necesidad de desarrollar de manera sistemática, pero medida, una «actualización de textos» normativos, que consistiría en tener los «textos legales revisados, corregidos y, sobre todo, puestos al día». Y también, sobre la problemática de determinar qué normas están vigentes y cuáles no. Por ejemplo, señalaba Delgado Echevarría (2003, 203) lo complicado que podía resultar concretar si las normas derogadas podían ser aplicables (tener *ultraactividad*) en cuestiones de Derecho transitorio. O sea, no basta con saber qué normas están vigentes, sino también cuáles estuvieron en cada momento.

Así pues, a todo ello está llamada a contribuir esta evaluación *a posteriori* de la normativa vigente: a saber, qué Derecho se tiene (o sea, cuál es la normativa vigente) y si tales normas siguen cumpliendo su función o debieran ser modificadas, reubicadas o simplemente derogadas.

En segundo término, la evaluación normativa *ex post* permitiría a los poderes públicos un **reconocimiento de la contingencia y perfectibilidad de la propia actuación**. En este sentido, dice Chaves García (2020, 178) que uno de los principios de la buena regulación que se desprenden de la LPAC (aunque no aparezca, como tal, enumerado en el art. 129) es el de *evaluación*,

165 En un reciente estudio sobre las derogaciones implícitas, Gimeno Fernández (2021) llega a cuantificar esta práctica: su presencia oscilaría —en el caso español y para el periodo 1999-2019— entre el 32 % del total de leyes orgánicas aprobadas y el 76 % de los decretos legislativos. Dicho de otro modo: entre un 30 y un 70 % de las normas con rango de Ley aprobadas en España cuentan con fórmulas derogatorias indeterminadas, con todos los problemas que ello supone.

166 Con este fin, disponer de un inventario de normas, al estilo de lo que sucede en el caso de los EE. UU. con el USC, podría resultar más que interesante. En el ámbito de la UE, el Identificador Europeo de Legislación (en inglés, *European Legislation Identifier*), conocido por las siglas ELI, supone un intento de sistematización de la normativa de los Estados miembros y de la propia Unión, en un formato estándar, adoptado por el Consejo en sus Conclusiones de 6 de noviembre de 2017, sobre el Identificador Europeo de Legislación (2017/C 441/05).

que incluye «seguimiento, valoración y revisión periódica de la normativa», pues —señala— «el legislador no es perfecto y su aplicación será la prueba de ensayo y error que permitirá mantenerla, mejorarla, e incluso desterrarla». En palabras de DOMÉNECH PASCUAL (2005, 101), lo que él denomina el *seguimiento de* normas serviría para la «detección de eventuales desaciertos». O, como apunta NABASKUES MARTÍNEZ DE EULATE (2017, 409), «se trata[ría] de un instrumento válido para detectar normas ineficaces». En fin, un «sistema de alerta» (GARCÉS SANAGUSTÍN *et al.* 2008, 32).

Por su parte, DE MONTALVO JÄÄSKELÄINEN (2017, 150) se refiere al proceso de aprendizaje continuo que podría derivarse de instrumentos como el aquí estudiado, que contribuiría, en su opinión, a una mejora de la propia acción administrativa (*ib.*, 154). Y para LÓPEZ DONAIRE (2017, 5), este instrumento le «permite conocer al legislador si está avanzando por el camino correcto». Aunque, a mi juicio, los beneficios no se limitan al legislador, sino a todo poder normativo y, por lo tanto, también y particularmente al Gobierno y a la Administración.

En todo caso, lo cierto es que, como señalan VAN GESTEL y VAN DIJCK (2011, 540) en una interesante expresión, «la "prueba del pastel" viene después de haberlo comido» y ello es así porque «las evaluaciones *ex post* habitualmente ofrecen datos más robustos (...) en comparación con las evaluaciones *ex ante*, las consultas, los asesoramientos de expertos, etc.»[167]. En la misma línea, DOMÉNECH PASCUAL (2022, 85) afirma que «la evaluación *ex post* puede suministrar información tan o más valiosa (...) que la obtenida a través del procedimiento *ex ante*». Y ello constituirá una de las justificaciones más claras de por qué la evaluación normativa *ex post* debe analizar también el acierto de la evaluación *ex ante*. O, en palabras muy expresivas de SUNSTEIN (2013, 179), «retrospective analysis, measuring the actual effect of current rules, is a good way of nudging government»[168]. Sobre ello se profundizará.

En tercer lugar, otra de las ventajas que presenta este instrumento de puertas para adentro (y de hacerse un uso adecuado de él) es la consolidación de una **cultura organizativa orientada hacia la evaluación permanente y la continuidad en las políticas públicas**. Así, para RODRÍGUEZ GARCÍA y SÁNCHEZ PAVÓN (2019, 138), habría que centrar la atención en «instaurar una "cultura de la evaluación" en el marco de todos los actuantes en el procedimiento de creación normativa», pues, como sostiene CANALS AMETLLER (2016, 47), «existe en nuestro país una preocupante falta de cultura de la evaluación normativa» debido quizás en parte a que «nuestras Administraciones públicas no gozan aún de la experiencia necesaria ni de las estructuras adecuadas para llevar[las] a cabo» *(ib.)*.

---

167 El original dice así: *«The "proof of the pudding" comes after the eating, (...) [given that] ex post evaluations normally provide harder data (...) compared to ex ante evaluations, consultations, expert advice, and so on»*.

168 «La evaluación retrospectiva, que mide los efectos reales de las normas actualmente vigentes, es un buen acicate *(nudge)* para el Gobierno».

Pero es que, en cualquier caso, con la creación de instituciones no basta. Es precisa esa *cultura* evaluativa ahora escasamente presente (CATALÁ PÉREZ y DE MIGUEL MOLINA 2018, 343). Por ello, LÁZARO VICENTE (2012, 27) apuesta por transitar hacia «otro tipo de organización ahora inexistente, más reflexiva, más inteligentemente consciente de la complejidad de la realidad social y de las propias limitaciones para hacerle frente», pero también «más proclive (...) a la promoción del conocimiento y del debate social». Según esta misma autora, la presencia de una «voluntad política y técnica» ayuda a la institucionalización de sistemas de evaluación (*ib.*, 28). Y ha de tratarse una cultura «plenamente interiorizada por las propias administraciones como instrumento de mejora interna, pero también de rendición de cuentas» (*ib.*, 32). Pues intentar *imponer* (*exigir*) (auto)evaluaciones sin disponer de una seria voluntad de autocrítica puede ser, simplemente, una quimera.

En fin, el intangible de la cultura organizativa —o, en última instancia, el hecho de «creerse las cosas y querer hacerlas bien»— es una tónica que sobrevuela todo el proceso normativo y, por consiguiente, no solo este instrumento. Aunque la *cultura* puede no ser solo un presupuesto, sino también la consecuencia de actuaciones de evaluación... es un proceso, en fin, que se retroalimenta.

b) Efectos *ad extra* de la evaluación normativa *ex post*

La revisión normativa *ex post* podría tener también efectos beneficiosos para la ciudadanía de manera más o menos directa. Entre ellos, se han señalado: una mejora de la seguridad jurídica, ligada a la calidad normativa; una apuesta por la participación, así como por la transparencia y el control democrático; y —a mi juicio, quizás la más relevante— una racionalización del conflicto que resuelven las normas. Veamos.

El fin principal de la evaluación normativa *ex post* es **mejorar la calidad de los productos normativos y simplificarlos**, o, lo que es lo mismo, mejorar la calidad para dar un mejor servicio a la ciudadanía (DE MONTALVO JÄÄSKELÄINEN 2017, 153). Son numerosas las evidencias que demuestran que una inadecuada regulación (*lato sensu*) produce efectos adversos sobre la economía y la sociedad en su conjunto. Por ejemplo, ZÁRATE-MARCO y VALLÉS-GIMÉNEZ (2012, 199) concluyen que «hay suficiente evidencia empírica para afirmar que la actividad regulatoria de las CC. AA. tiene costes en términos de menor crecimiento de la productividad y, por lo tanto, menor crecimiento económico». Conclusión que bien podría ampliarse al conjunto del Estado, aunque no faltarían —no sin razón— las voces que señalasen que estos estudios pueden ser criticados por su claro sesgo neoliberal y desregulador. Pero lo que sí resulta autoevidente es que una normativa de mala calidad producirá efectos inadecuados o, si no los produce, es quizás porque simplemente esta se incumple[169]. Pues, en palabras de MONTORO CHINER (2001.1, 69): «El ciudadano europeo padece una sobrecarga de legislación que, en muchas ocasiones, conduce a la evasión y a su inobservancia».

Y en ese proceso de análisis del rendimiento de la normativa, **permitir la participación** se torna esencial, como ya se puso de manifiesto al señalar los requisitos de la norma ISO (véase más arriba). Como señala la doctrina más autorizada, «se podría garantizar, a través de la evaluación, la sensibilidad del legislador hacia la realidad social y la adecuación social de su acción» (DE MONTALVO JÄÄSKELÄINEN 2017, 155); pues «la evaluación se dirige a comprobar si el cambio social soporta todavía la regulación que la norma preveía» (MONTORO CHINER 2001.1, 123). Y ello porque, como se especificará más adelante, puede darse el caso de que el propio público disponga de información de gran valor para las AA. PP. (o los poderes normativos en general). Información de la que, quizás, no se puede disponer de otro modo. Y ello entronca con el siguiente de los beneficios *ad extra* asociados a este instrumento.

En términos de rendición de cuentas *(accountability)*, la evaluación normativa *ex post* serviría para **favorecer la transparencia y el control democrático** de la actuación de los poderes públicos cuando ejercen funciones normativas. Transparencia que, en palabras de DOMÉNECH PASCUAL (2005, 137), se convertiría en una «expresión del principio democrático» y que favorecería, así, el control público y democrático (sobre este particular, para el caso de la UE, véanse las observaciones de ZWAAN *et al.* 2016, 4-5). En palabras de GARCÉS SANAGUSTÍN *et al.* (2008, 29), «la evaluación (...) ayuda a transmitir una imagen de responsabilidad de los decisores públicos ante la sociedad»; pero también funciona en el sentido de una rendición de cuentas del nivel burocrático ante el político (*ib.*, 32). O, como señala ARAGUÀS GALCERÀ (2016.2, 302), la rendición de cuentas implica «comprobar la adecuación al ordenamiento jurídico de las decisiones administrativas y su ejecución».

Pero es que dicho control no tiene por qué ser siempre destructivo —en el sentido democrático del término— sino que puede también tornarse en sustento o soporte de la actuación pública en lo que se ha dado en llamar una «legitimación a través del seguimiento» (DOMÉNECH PASCUAL 2005, 101). Pero es que, además, la garantía de los derechos fundamentales y del principio de precaución exige también una continua observación de lo existente, también en el plano normativo (véanse DOMÉNECH PASCUAL [2005, 111] y DE MONTALVO JÄÄSKELÄINEN [2017, 141]).

169 Ha señalado SANTAMARÍA PASTOR (2013, 30) que «el cambio normativo acelerado genera niveles crecientes de incumplimiento en los destinatarios de las leyes» y que «el grado de probabilidad de aplicación efectiva de las normas está en función inversa de la inestabilidad de su contenido». Aun siendo afirmaciones *a priori* aparentemente correctas, lo cierto es que estudios posteriores deberían tratar de falsar sendas proposiciones.

Y ello nos conduce al último y capital de los beneficios de esta herramienta: a la promoción de una **racionalización del conflicto resuelto por las normas**. Cuando hablo de «conflicto resuelto por una norma» me estoy refiriendo al hecho de que, mediante la acción normativa, los poderes públicos asignan recursos a distintos actores y, en última instancia (de manera más o menos intensa, por supuesto, dependiendo de cada caso), se otorgan ventajas o preferencias de unos frente a otros[170]. Desde el punto de vista de la regulación (*stricto sensu*, o sea, económica), sostiene LAGUNA DE PAZ (2017, 543) que «las intervenciones públicas no son neutras, ya que tienden a *favorecer a unos, en detrimento de otros*». A ello hay que añadir el hecho de que «la regulación tiende a perpetuarse, no solo por la propia inercia de los reguladores (...), sino también por la presión de los sectores beneficiados» *(ib.)*[171].

Así, para DE MONTALVO JÄÄSKELÄINEN (2017, 143), «la evaluación *ex post* puede ayudar a racionalizar tal conflicto y eliminar elementos puramente demagógicos y electoralistas del debate acerca de los aciertos y desaciertos de la ley promovida por la mayoría». Por todo ello, la revisión retrospectiva de la regulación se torna imperativa, en el sentido de que contribuirá a justificar o destruir la justificación de las normas especialmente conflictivas, en cuanto establecen un reparto de recursos (no solo en términos económicos o crematísticos) que puede no ser satisfactorio o, incluso, ser manifiestamente injustificado.

c) Críticas y escepticismo sobre la evaluación normativa *ex post*

Pero, como todo instrumento, la evaluación *ex post* no está exenta de objeciones, más o menos intensas. Reproches que se realizan si no necesariamente sobre su conceptualización, sí al menos sobre su configuración actual *de facto*. A esta técnica se le atribuye el defecto de poder convertirse, como todas las demás, en otro trámite burocrático adicional, huero; y ello, en parte, porque puede tornarse en ineficaz, dados los costes y la necesidad de recursos asociados a su despliegue. Pero es que, además, suele ejercerse en forma de *autocontrol*, por lo que la *paradoja de la evaluación* —término que se definirá enseguida— emerge en toda su intensidad. A ello hay que sumar objeciones como la ya apuntada de que esta evaluación *ex post* puede simplemente camuflar, de hecho, tendencias desreguladoras. Y que, en opinión de algunos, también la evaluación permanente puede generar inseguridad jurídica.

170 BETANCOR RODRÍGUEZ (2009, 359) lo señala, expresivamente, cuando dice que «a veces se olvida que la regulación sirve a la política y a la ideología». En efecto, cualquier norma es una opción política cristalizada.

171 No es en absoluto objeto de esta investigación, pero la Ciencia Política tiene más que estudiados los procesos de estabilidad y cambio en las políticas públicas. Y una de las conclusiones, fácilmente extrapolables al ámbito normativo —y hasta intuitiva—, es que el mantenimiento del *statu quo* es más simple que el cambio.

Hay quienes advierten de que puede, de hecho, convertirse en **otro trámite burocrático más**. Señala LÁZARO VICENTE (2012, 34) que se corre el riesgo de «confundir el liderazgo del proceso [de evaluación] con la simple imposición de nuevas obligaciones burocráticas». Unas exigencias de evaluación despegadas de toda cultura evaluativa y de rendición de cuentas —cultura a la que se ha hecho ya mención— es más que posible que se conviertan, como se señala incluso desde instancias administrativas, en un trámite «pro-forma» (en expresión de la Recomendación número 2014-5, pág. 4, de la *Administrative Conference of the United States*), en una «rutinización de las actividades de evaluación» (GARCÉS SANAGUSTÍN *et al.* 2008, 31), simplemente «condenada al papel de una mera formalidad más» (EMBID TELLO 2019, 29).

Pero es que, íntimamente ligado a lo anterior, está la cuestión relativa a los **costes y medios disponibles para la revisión**. Esta cuestión, que será analizada con más profundidad en el lugar oportuno, implica la necesidad de determinar, en primer lugar, qué se evalúa, pues es evidente que no se puede analizar todo (o, al menos, no todo junto). Pues ello conduciría, en palabras de PONCE SOLÉ, a una eventual «*parálisis por análisis* o (...) [a] un cumplimiento meramente formal» (en PONCE SOLÉ y CERRILLO I MARTÍNEZ 2017, 140). Lo dice DOMÉNECH PASCUAL (2005, 139) con tajante claridad: «Resulta imposible estar evaluando *permanentemente*». Las AA. PP. no disponen de medios para ello, pero es que además igual no resulta producente. A lo que habría que añadir el «coste excesivo de algunas evaluaciones» (GARCÉS SANAGUSTÍN *et al.* 2008, 56).

No solo eso, sino que, en realidad, la evaluación normativa *ex post* que se desarrolla **suele ser un autocontrol y, por lo tanto, limitado**. Como se verá más adelante, al menos para el caso español, el desarrollo de esta revisión normativa *a posteriori* suele residenciarse en los propios organismos que, previamente, han liderado la aprobación de una norma (en sustancia, el Gobierno y la Administración). La pregunta que hay que hacerse es si quien ha desarrollado una actuación va a estar dispuesto a rectificar. Ello conduce, indefectiblemente, a lo que ha venido en denominarse la *paradoja de la evaluación*. Señalan GARCÉS SANAGUSTÍN *et al.* (2008, 30) que «la decisión de si se evalúa o no un determinado programa es, en último término, una decisión política». Según estos autores, la *paradoja de la evaluación* «no es más que la constatación de que cuando la evaluación resulta posible puede no ser pertinente políticamente y cuando esta resulta requerida puede no ser posible», y ello podría suponer incurrir en una «pseudoevaluación», en la que solo se evalúen aquellos programas de los que se tienen indicios satisfactorios (*ib.*, 33).

El profesor DOMÉNECH PASCUAL (2022, 85) señala que las AA. PP. no tendrían «los incentivos adecuados para llevar a cabo dicha tarea [de evaluación]» y ello, en parte, porque estarían presentes distintos sesgos cognitivos que desincentivarían tal práctica. También lo denuncian CATALÁ PÉREZ y DE MIGUEL MOLINA (2018, 363): «Lo más preocupante [es] que la voluntad política por impulsar la demanda de evaluación (...) es insuficiente». Pero no solo eso, sino que —como recuerda la Comunicación de la Comisión *Legislar mejor para obtener mejores resultados - Un programa de la UE* (COM[2015] 215 final, de 19 de mayo), apartado 4, pág. 9— «la tendencia natural de los políticos es centrarse en las nuevas iniciativas». O, como sostiene EMBID TELLO (2019, 19), existe el riesgo de que «la evaluación se convierta en una mera formalidad, al ser emprendida desde la misma estructura ejecutiva que dicta las normas jurídicas».

En cualquier caso, y para España, CASADO CASADO (2017, 133) se muestra muy escéptica con este instrumento, dado que —en su vigente regulación— no se determinan «las consecuencias del incumplimiento de esta obligación de evaluación». Hasta la fecha, a pesar de no ser nueva la previsión de la LPAC, concluye que «no se ha generalizado y se ha demostrado totalmente ineficaz». Estas críticas son, posiblemente, las más importantes y dan de lleno en el principal problema de la evaluación: quién debe hacerla y qué consecuencias debe acarrear.

Y a todo lo anterior habría que añadir el problema no menos importante de los fallos metodológicos, conceptuales o de ejecución de estas evaluaciones, y la deriva a la autojustificación (que denuncian GARCÉS SANAGUSTÍN *et al.* 2008, 61).

Pero también se ha señalado que este instrumento **puede tener un sesgo desregulador, economicista y tecnocrático**. Prueba de ello serán algunos de los antecedentes de la regulación española, en particular los procedentes de los EE. UU. Pero es que también el marco de *simplificación* que presidió los primeros compases de las políticas de evaluación *ex post* está ligado, de algún modo, a esta corriente desreguladora. Y si desregular no es malo *per se*, tampoco tiene por qué ser bueno *per se*. EMBID TELLO (2019, 16) señala que, «en la práctica, la evaluación *ex post* estatal está, de momento, exclusivamente centrada en razones económicas» y que existe el peligro de que se trate de una mera «huida de lo político hacia lo tecnocrático» (*ib.*, 29).

Finalmente, hay quien ha señalado que este instrumento **puede producir inseguridad jurídica**. DE MONTALVO JÄÄSKELÄINEN (2017, 175-176) recuerda que la evaluación *ex post* «presenta también problemas, sobre todo, en la medida que las revisiones normativas causan, también, *per se*, inseguridad jurídica y, por tanto, pueden afectar a las expectativas de los destinatarios de las normas». En el mismo sentido, EMBID TELLO (2019, 21) confirma que «la seguridad jurídica es, pues, un valor que obviamente se ve afectado por el hecho de que las normas jurídicas vayan a ser revisadas y, posiblemente, modificadas o eliminadas del ordenamiento jurídico en un plazo determinado».

Pero, a mi modo de ver, esta conclusión resulta cuestionable. En primer lugar, porque no existe un derecho o expectativa legítima a que el ordenamiento siga siendo siempre el mismo, sin ser admisible modificación alguna. En segundo, porque si una determinada regulación, tras su evaluación, es modificada porque así se estime necesario, estaría precisamente siendo modificada para mejorar su eficacia, eficiencia, racionalidad... por lo que resultaría plenamente justificado —siendo lo injustificable, en ese caso, el mantenimiento del *statu quo*—. Pero el análisis de esta cuestión excede del propósito de este trabajo[172].

7. Su situación en el ciclo normativo y un esbozo de definición

En una sintética expresión, el Consejo Consultivo de las Illes Balears ha señalado que, «hasta ahora, la Administración *cumplía* su cometido aprobando la norma por el órgano competente y su publicación (...); sin embargo, el art. 130 de la Ley 39/2015 introduce la necesidad de realizar un control *ex post*» (dictamen 19/2017, de 3 de marzo, la cursiva es mía). En palabras de ARAGUÀS GALCERÀ (2016.2, 75), «por lo general, la actuación administrativa finaliza, precisamente, con la publicación». Pero ya no se *cumple* aprobando una norma y desentendiéndose de su porvenir, sino que la preocupación por ella debe continuar más allá, cuando escapa del control del creador. O, como afirma DE MONTALVO JÄÄSKELÄINEN (2017, 148), «se exige [ya] no solo adoptar medidas de mejora en la fase de elaboración de la norma, sino también en la fase de aplicación y desarrollo de la misma».

La evaluación se puede convertir en «un factor analítico que permite explotar al máximo las ventajas del conocimiento de los resultados alcanzados en cada acción de gobierno» (GARCÉS SANAGUSTÍN *et al.* 2008, 56), incluida la acción normativa. DOMÉNECH PASCUAL (2005, 97), por su parte, afirma que las autoridades deben «garantizar el acierto y la legitimidad de las regulaciones jurídicas por ellas establecidas». Por otro lado, sostiene que «con el término *seguimiento* [se designan] las actividades encaminadas a observar, evaluar e informar sobre el acierto de una regulación jurídica a fin de mantenerla, modificarla o derogarla» (*ib.*, 98). Y, aunque igual que en el caso de la inspección, el seguimiento es también una actividad de vigilancia, sus finalidades difieren de manera sustancial (*ib.*, 100).

172 Baste aquí recordar, con BERMEJO VERA (2005, 62), que «el propio Tribunal Constitucional ha eliminado cualquier tentación, como a veces se pretende, de identificar la seguridad jurídica con la estabilidad y permanencia de las normas». La seguridad jurídica no es un obstáculo al cambio, y menos cuando este está justificado (*cfr.* la abundante jurisprudencia citada en dicha obra). ARAGUÀS GALCERÀ (2016.2, 312) indica, por su parte, que la «permanencia o estabilidad (...) no debe confundirse con la perpetuidad o petrificación». O, como dice BAÑO LEÓN (2015.1, 85), «no cabe hablar de que existe (...) una confianza protegida en el mantenimiento del *statu quo* normativo». Véase, también en esta línea, el trabajo de MARTÍN PALLÍN y SÁNCHEZ CORZO (2015) centrado en el *riesgo regulatorio* en el ámbito de la energía desde una perspectiva europea.

Como ya vengo adelantando, la posición sistemática en el ciclo de la política normativa queda más que clara en lo que respecta a la evaluación normativa *ex post*. De hecho, su propio nombre lo indica, es *posterior*, *retrospectiva*. Ello no tendría por qué implicar, necesariamente, que se tratase del último paso; pero, de hecho, lo es. Una vez implementado un producto normativo, gestionadas sus consecuencias, solo resta la comprobación de su acierto (o no). Lo que parece evidente, dada su posición sistemática, es que no estamos en presencia de un trámite o instrumento propio del ciclo de *producción* normativa. Si en el caso de la planificación normativa podíamos hablar de un estadio *prenormativo*, en el caso de la evaluación *ex post* puede considerarse que esta forma parte de un eventual estadio *postnormativo*.

Ya dijo EMBID TELLO (2019, 10-11) que «una memoria de impacto sobre una reforma de la normativa podría considerarse una evaluación *ex post* de la normativa anterior». En efecto, el carácter de cierre del ciclo y, a su vez, de elemento de retroalimentación queda más que patente[173]. Una evaluación retrospectiva de una norma puede servir, de hecho, para la planificación futura de la actividad y, por consiguiente, entroncaría con la evaluación *ex ante* de carácter preliminar (a la que ya me he referido en otro punto) y que sirve de justificación para el inicio de una futura acción pública, incluso mediante su inserción en la planificación normativa (o de gobierno) correspondiente.

Y ello porque, como señalan GARCÉS SANAGUSTÍN *et al.* (2008, 55), «la evaluación (...) forma parte del ciclo de desenvolvimiento de las políticas públicas, como un factor analítico que permite explotar al máximo las ventajas del conocimiento de los resultados alcanzados en cada acción de gobierno». Por su parte, DE BENEDETTO (2013, 246) advierte en una expresión sugerente: «Gracias al estadio de revisión se puede hablar de una auténtica "cadena" regulatoria»[174]. O, como refiere CERRILLO I MARTÍNEZ (en PONCE SOLÉ y CERRI-

173 Dice también CASTILLO BLANCO (2002, 24) que «la posibilidad de revisión del ordenamiento jurídico (...) no se concibe, así, como un punto de llegada, sino como un proceso en continuo desarrollo y perfeccionamiento». DOMÉNECH PASCUAL (2022, 85) también señala que «evaluar *ex ante* la nueva disposición requiere una evaluación *ex post* de la que se pretende derogar». También la *Guía metodológica sobre la evaluación normativa* del Ayuntamiento de Madrid, que habrá ocasión de comentar, señala que «la evaluación *ex post* se integra en el ciclo normativo, como último eslabón y a la vez inicio de futuras revisiones normativas o nuevas disposiciones» (p. 6). En este mismo sentido, véase RODRÍGUEZ GARCÍA y SÁNCHEZ PAVÓN (2019, 146) o PRIETO ROMERO (2019.2, 139).
Ahora bien, en opinión de DÍAZ GONZÁLEZ (2017, 74), «la diferenciación entre la evaluación *ex ante* y *ex post* posee un alcance, si se quiere, meramente conceptual, en la medida en que todo análisis será, a un tiempo, preventivo frente a una norma de posible elaboración futura y posterior con respecto al estado de la cuestión en el contexto ya vigente de referencia, razón última de la íntima conexión de ambos tipos de control». Creo que, al margen del propio concepto, sí puede haber algunas diferencias sustanciales entre un tipo de evaluación y otro, como habrá ocasión de comprobar más adelante.

174 En el original: «*Thanks to the review stage we can talk about a real regulatory "chain"*».

LLO I MARTÍNEZ 2017, 148), «la evaluación *ex post* no constituye una fase aislada o externa del ciclo de vida de la norma, sino que es una fase esencial (...) que persigue conocer si los efectos de la norma se han conseguido, pero a su vez constituye una primera fase de un nuevo ciclo que se inicia sobre la base de los resultados obtenidos». Este instrumento forma parte esencial, pues, de la retroalimentación del ciclo normativo.

En lo que respecta al concepto, para DE MONTALVO JÄÄSKELÄINEN (2017, 150 y 153) serían tres las notas características de este instrumento: i) se trataría de una evaluación de normas y, por lo tanto, no necesariamente de políticas públicas; ii) tiene lugar *a posteriori*, como ya señalé más arriba; y iii) está institucionalizada, o sea, su materialización está reglada y atribuida, en mayor o menor medida, a órganos concretos y con una metodología particular; iv) es sistemática, no episódica; y v) tiene carácter interdisciplinar[175]. Como señalan BARBERÀ ARESTÉ *et al.* (2020, 15), «evaluar es poner en relación valores (criterios, normas) con hechos».

Así las cosas, la evaluación normativa *ex post* podría definirse —siempre con las necesarias cautelas— como *aquella actividad retrospectiva de los poderes públicos sobre las acciones normativas que tiene por objeto el control de la adecuación de tales productos a los objetivos y fines esperados de los mismos, en particular de acuerdo con los principios de eficacia y eficiencia, y que debe servir para una adecuada planificación de las acciones futuras.* Acciones estas que pueden incluir, indudablemente y de entenderse necesario[176], la revisión o incluso la supresión de la acción previamente adoptada y ahora evaluada.

175 A juicio de este autor, quedarían fuera del concepto de evaluación *ex post* «las [evaluaciones] que se realicen al margen de procedimientos previamente institucionalizados y de los propios poderes públicos, tales como puedan ser iniciativas singulares de grupos científicos, académicos o instituciones afectadas por la norma» (*ib.*, 153). Es cierto que este último aspecto hace que no se trate, como tal, de la evaluación *ex post* de la norma. Pero esas informaciones, sin duda, pueden desempeñar un papel fundamental en el análisis *oficial* —si se me permite la expresión— y sistemático de la norma en cuestión. Dicho de otro modo: desaprovechar esos análisis no sería sensato, sino que su integración debe ser lo habitual, en particular cuando se estime por el órgano evaluador que han sido realizados de manera adecuada, pudiendo servir de complemento, punto de referencia o diana para su crítica. A ello se volverá al hablar de la participación.

176 La doctrina y los propios poderes públicos han ofrecido otras eventuales definiciones. Así, DE MONTALVO JÄÄSKELÄINEN (2017, 149-150) define la evaluación legislativa *ex post* (ojo, dice *legislativa*) como aquel «procedimiento por el que se verifica cuáles son los efectos en la aplicación práctica desde una perspectiva técnica o política, entendidos estos conceptos en un sentido amplio, tanto en relación a la oportunidad como a la eficacia y eficiencia de la norma, pero, en todo caso, al margen de una evaluación estrictamente jurídica de respeto a los principios de jerarquía normativa y competencia». Ahora bien, lo cierto es, en mi opinión, que los hipotéticos conflictos que hayan podido surgir respecto de estos últimos extremos —los esencialmente dogmático-jurídicos— también deben ser tenidos en consideración a la hora de revisar o evaluar *a posteriori* una norma. Por su parte, la *Guía metodológica sobre la evaluación normativa* del Ayuntamiento de Madrid

Como siempre, las siguientes páginas están llamadas a dar respuesta a los interrogantes planteados al inicio. Y, en concreto, al descubrimiento de aquellas deficiencias que puedan existir en la configuración de la evaluación normativa *ex post* realmente implantada y existente en nuestro ordenamiento. De todas formas, no es baladí recordar —siguiendo, entre otros, a CATALÁ PÉREZ y DE MIGUEL MOLINA (2018, 337)— que la evaluación *ex post*, como todos los demás instrumentos de mejora de la calidad del Derecho, es eso: un instrumento al servicio de un objetivo y no un fin en sí mismo. No debe perderse nunca el norte. Una adecuada *metaevaluación* de los instrumentos evaluadores se torna también imprescindible para garantizar su acierto y adecuación. Y a ello pretende contribuir también esta investigación.

señala como características comunes de toda evaluación las siguientes: se refieren a una acción pública, suponen una valoración, se basan en información sistemáticamente obtenida, se realizan a través de juicios y están orientadas a la acción (pág. 5). La definición aquí ofrecida va en la línea de lo planteado en esta guía.

II.

RÉGIMEN JURÍDICO DE LA EVALUACIÓN NORMATIVA *EX POST* EN ESPAÑA

1. Antecedentes y ejemplos del Derecho comparado de la evaluación normativa *ex post* para el caso español

Echar la vista atrás, desde un punto de vista crítico y objetivo, sobre la labor realizada (especialmente si esta es de propia factura) quizás nunca haya sido del agrado de cualquier gobernante. Ello podría explicar, de algún modo, cómo —a pesar de contar con ciertos precedentes normativos, tal y como se va a ver enseguida— no han existido auténticos ejemplos sistemáticos de evaluación *ex post* de la normativa vigente en nuestro país[177].

Merece la pena mencionar una excepción de larga factura. Me refiero a las funciones que tiene atribuidas —al menos *de iure*— la Comisión General de Codificación, por virtud del art. 3 del RD 845/2015, de 28 de septiembre, por el que se aprueban sus estatutos. La segunda de tales funciones consiste en:

> **La revisión de los cuerpos legales y leyes vigentes en las diversas ramas del Derecho** y la exposición al Ministro de Justicia del resultado de sus estudios, con especial atención a la conveniencia de promover delegaciones legislativas conducentes a textos legales refundidos o iniciativas para consolidar, armonizar y simplificar disposiciones reglamentarias.

Esta función propia de la CGC —y, en particular, la expresión que he resaltado— aparece ya en los Estatutos de 1997 (art. 3 del RD 160/1997, de 7 de

177 En el fondo, la revisión normativa y evaluación *ex post* siempre ha existido, aunque seguramente de una manera asistemática y no estructurada. Precisamente, con las nuevas figuras aquí estudiadas, lo que se pretende es dotarla de racionalidad. Se verá después que ya en la Ley madrileña 1/1983 atribuía a los SGT la función de «elaborar, refundir, revisar y proponer modificaciones de la normativa legal que afecte a la Consejería». Pero no es el único precedente.

febrero), en los de 1976 (art. 1.2.ª del RD 365/1976, de 26 de febrero) y en los de 1953 (art. 1.1.ª del Decreto de 23 de octubre de 1953, BOE del 9 de noviembre). Pero es que los anteriores, de 1938 (aprobados por Decreto de 25 de marzo de 1938, BOE del 29 de marzo), también incluían en su art. 2.3.º la función de «presentar al [Gobierno] aquellos proyectos que, en orden a la *reforma de la legislación o formación de nuevas leyes*, estime convenientes al interés del Movimiento y del país».

Por lo tanto, se puede apreciar que desde hace casi un siglo existe una previsión en nuestro ordenamiento encaminada a la revisión constante del ordenamiento jurídico y a la tarea prospectiva de propuestas normativas de nuevo cuño en aras de la revisión de la normativa vigente. Cuestión distinta es, obviamente, el uso que se haya dado a tal previsión y, en general, los trabajos (sin duda importantes, por otro lado) de la CGC en materia de evaluación *ex post*. De cualquier forma, se trata(ba) de una previsión bastante inespecífica, aunque puede dar cuenta y servir de base para una reorganización de las funciones de esta comisión, en la línea de lo que se defiende en otras partes de esta investigación.

Pero es que, incluso si nos remontamos a 1889, se puede observar cómo el CC, en su DA 1.ª y 3.ª, establecía —y sigue disponiendo— lo siguiente, respectivamente:

> El Presidente del Tribunal Supremo y los de las Audiencias Territoriales elevarán al Ministerio de Gracia y Justicia, al fin de cada año, una Memoria, en la que, refiriéndose a los negocios de que hayan conocido durante el mismo las Salas de lo civil, señalen las deficiencias y dudas que hayan encontrado al aplicar este Código. En ella harán constar detalladamente las cuestiones y puntos de derecho controvertidos y los artículos u omisiones del Código que han dado ocasión a las dudas del Tribunal.
>
> En vista de estos datos, de los progresos realizados en otros países que sean utilizables en el nuestro y de la jurisprudencia del Tribunal Supremo, la Comisión de Codificación formulará y elevará al Gobierno cada diez años las reformas que convenga introducir.

Pero también en materia penal, el art. 4 del vigente CP, tras enunciar en su apartado primero el principio de tipicidad, incluye sendas menciones a esta evaluación *ex post* (que, de manera similar, aparecen por lo menos ya en el CP de 1870):

> 2. En el caso de que un Juez o Tribunal, en el ejercicio de su jurisdicción, tenga conocimiento de alguna acción u omisión que, sin estar penada por la Ley, estime digna de represión, se abstendrá de todo procedimiento sobre ella y expondrá al Gobierno las razones que le asistan para creer que debiera ser objeto de sanción penal.
>
> 3. Del mismo modo acudirá al Gobierno exponiendo lo conveniente sobre la derogación o modificación del precepto o la concesión de indulto, sin perjuicio

de ejecutar desde luego la sentencia, cuando de la rigurosa aplicación de las disposiciones de la Ley resulte penada una acción u omisión que, a juicio del Juez o Tribunal, no debiera serlo, o cuando la pena sea notablemente excesiva, atendidos el mal causado por la infracción y las circunstancias personales del reo.

Se trata de dos ejemplos señalados de participación del Poder Judicial en la revisión normativa desde un punto de vista de oportunidad y no de legalidad (función que le es propia). Ejemplos, eso sí, limitados a sus áreas de acción y conocimiento, pero no por ello menos importantes.

Pues bien, y al margen de lo anterior, si se excepcionan algunas experiencias de evaluación *a posteriori* en otras áreas distintas a la normativa[178] (como por ejemplo en materia de prestación de servicios, de evaluación de políticas públicas o de control presupuestario), no es hasta fechas recientes cuando se encuentra un primer intento de aplicación de esta técnica sobre la política normativa de manera general y sistemática.

La LES de 2011, en su redacción original, contaba con una previsión que es, sin duda, el antecedente directo, para el caso español, de la actualmente vigente regulación de la evaluación normativa *ex post* en España, que viene contenida en el art. 130 LPAC. Me refiero al art. 5.3 LES[179], derogado precisamente por la LPAC, y cuyo tenor rezaba así:

Artículo 5. Instrumentos de las Administraciones Públicas para la mejora de la regulación.

Para contribuir al objetivo de mejora de la calidad regulatoria y a la aplicación de los principios de sostenibilidad y buena regulación, las Administraciones Públicas:
(...)

3. Promoverán el desarrollo de procedimientos de evaluación a posteriori de su actuación normativa, disponiendo el establecimiento de los correspondientes sistemas de información, seguimiento y evaluación.

---

178 Ya mencioné en el apartado anterior —aunque solo desde el punto de vista de *lege lata*, no así de su aplicación real y efectiva— algunas de las evaluaciones *ex post* sobre la acción pública que el ordenamiento prevé en distintos sectores. Además de lo anterior, debe traerse también a colación el RD 951/2005, de 29 de julio, por el que se establece el marco general para la mejora de la calidad en la Administración General del Estado y que prevé un complejo sistema de evaluación de la satisfacción de los usuarios de los servicios públicos y de la calidad de las organizaciones. Se trata, no obstante, de un sistema centrado en la acción puramente administrativa, de la AP como organización, y no en la potestad normativa de naturaleza reglamentaria, por lo que el interés que aquí puede presentar es limitado.

179 La «técnica de retroalimentación o *feedback*, que dispone de una amplia tradición en los ámbitos político, económico, social, científico y tecnológico (...) ha venido a sumarse hoy [a]l ámbito jurídico, por así preverlo el art. 5.3 LES», como señaló ya el Consejo Consultivo de Aragón en su dictamen 2/2012 (apartado IV.C).

Pero no era el único precepto de los dedicados a la *Mejora de la calidad de la regulación* (rúbrica del Capítulo I del Título I de la LES) que establecía obligaciones al respecto. Así, el art. 6.1 LES disponía que «las Administraciones públicas revisarán periódicamente su normativa vigente para adaptarla a los principios de buena regulación y a los objetivos de sostenibilidad recogidos en esta Ley», mientras que el art. 7 LES exigía, «con la periodicidad que se acuerde», la publicación de un informe sobre las actuaciones desarrolladas en materia de «mejora regulatoria», tanto por parte de la AGE como de las AA. PP. autonómicas.

Sobre el particular, tuvo oportunidad el Consejo de Estado de pronunciarse en su dictamen 215/2010, cuyo apartado E.2) decía así:

> Las anteriores consideraciones desembocan en la conclusión de que el segundo grupo de previsiones del Capítulo I del Título I del Anteproyecto (artículos 5 a 7) no son específicas del ámbito de la economía sostenible, lo que aconseja no incluirlos en la nueva legislación que se proyecta aprobar.
>
> Con independencia de esa conclusión favorable a reconsiderar tales preceptos, no puede dejar de apuntarse que, aunque se ciñese solo al ámbito de la economía sostenible, la periodicidad anual que el artículo 7 del Anteproyecto prevé para que la Administración General del Estado y las de las comunidades autónomas elaboren «un informe sobre las actuaciones de mejora regulatoria que hayan realizado» y un «programa de trabajo en materia de mejora regulatoria para el año siguiente» es poco realista y corre el serio peligro de privar de auténtica utilidad a tales informes.

Como se aprecia, el legislador (más bien el Gobierno, en su última versión del proyecto de Ley) tomó buena cuenta de la observación del Consejo de Estado y cambió la periodicidad anual por «la que se acuerde», sustituyendo también el plan anual por una planificación para el «periodo siguiente» —sobre esto, me remito a lo ya visto en el apartado de planificación normativa—.

Pues bien, la regulación contenida en la LES (en especial, vistas las observaciones del alto órgano consultivo del Estado) no debía considerarse de exclusiva aplicación al ámbito de la *economía sostenible*, sino a toda la actividad pública y, en especial, a la normativa. Prueba de ello es el hecho de que hayan sido las leyes administrativas generales (LPAC y LRJSP) las que hayan derogado estos preceptos, acogiéndolos como propios. De hecho, en este sentido, la MAIN de la LES decía que la revisión propuesta debía aplicarse «al conjunto de la legislación vigente» (p. 10) y, por lo tanto, no solo a las nuevas normas[180].

---

180 Sobre la cuestión de la aplicación temporal habrá ocasión de pronunciarse. Por otro lado, esta MAIN también indicaba, respecto de los nuevos instrumentos de mejora de la regulación que ella introdujo, que «se trata[ba] de reorientar actuaciones habituales (...) por lo que deben poder atenderse con los recursos también habituales» (p. 49). O sea, en lo que aquí nos ocupa, que la evaluación *ex post* debía hacerse —a juicio del órgano

La LES no establecía, como tal, una obligación de revisión periódica en su art. 5.3, sino simplemente una *promoción* de los procedimientos de evaluación *ex post*. Se trataba de una norma esencialmente programática[181], aunque con una clara orientación hacia resultados: debían establecerse sistemas de *información, seguimiento* y *evaluación* que, como se verá después, han desaparecido de la regulación actualmente vigente, en un claro retroceso. No puede decirse lo mismo del art. 6.1 LES, del que —aunque sin una concreción suficiente— sí puede desprenderse una evidente exigencia de evaluación («*revisarán* periódicamente su normativa»: el tiempo verbal resulta imperativo)[182].

Así mismo, el Título IV de dicha norma, que lleva por rúbrica «Instrumentos para la aplicación y evaluación de la Ley de Economía Sostenible», establece (todavía) una serie de mecanismos de rendición de cuentas, con informes sobre el grado de cumplimiento de la propia norma, en un ejemplo de control autopoyético[183] de una regulación sobre la aplicación de sus propios contenidos.

Y, aunque señala con acierto López Donaire (2017, 5) que las regulaciones contenidas en los arts. 6 y 7 LES no se han reproducido en la normativa posterior, lo cierto es que estas omisiones, a mi juicio, no resultan especialmente problemáticas desde el momento en que la nueva regulación contenida actualmente en la LPAC lo que hace es obligar, con carácter general, a una revisión normativa global.

Por otro lado, y con posterioridad, la Ley 20/2013, de 9 de diciembre, de garantía de la unidad de mercado (LGUM) vino a establecer, aunque limitada

---

redactor de la memoria— con los mismos recursos materiales y humanos existentes en la propia Administración. Por lo demás, se incide en los aparentes beneficios de estas herramientas —sostenidos con cita a cuatro artículos científicos de carácter económico— para las empresas y el mercado, pero también para trabajadores y consumidores (p. 50). Me remito a lo explicado en el apartado inicial de esta investigación sobre la política de mejora regulatoria.

181 De hecho, Campos Acuña (2016, 590) achaca precisamente a dicho carácter de fomento o promoción que, «más allá de supuestos aislados, no se trate de una práctica que se haya generalizado en el escenario normativo».

182 La Abogacía del Estado, en su defensa de la LES frente a un recurso de inconstitucionalidad promovido por el Gobierno de Canarias y resuelto por la STC 91/2017, que se analizará después, llega a sostener, sin embargo, respecto de este precepto que —en su opinión— solo «incluye una sugerencia de revisión periódica de la normativa vigente» (Antecedente 6.a). En ese mismo sentido, Boix Palop y Gimeno Fernández (2020, 33) señalan —sin mayor concreción— «el carácter no obligatorio de estos instrumentos». No puedo estar de acuerdo, pues los términos de la norma son claros. Y así lo interpreta también el TC quien, al hacer una breve exégesis introductoria de los artículos impugnados, señala, respecto del art. 6.1 LES, que este «prescribe la revisión periódica por las Administraciones públicas de su normativa vigente» (FJ 3). *Prescribe*, no *propone*.

183 La expresión la tomo prestada de Betancor Rodríguez (2009, 63).

a un ámbito concreto, una evidente evaluación *ex post*, sistemática y recurrente, de toda la normativa vigente, con el objeto de garantizar tal unidad de mercado. El art. 15.1 LGUM reza así: «Todas las autoridades competentes evaluarán periódicamente su normativa al objeto de valorar el impacto de la misma en la unidad de mercado», a lo que hay que añadir evaluaciones sectoriales también periódicas (apartados 2 y 3) o una evaluación sobre el propio cumplimiento de la Ley, también anual y a cargo de la (ya extinta, aunque quizás por poco) AEVAL (en virtud de la DA 6.ª LGUM). Estos preceptos, que tienen carácter básico, siguen en vigor. A pesar de su sustantividad propia, nada impedirá que tal evaluación se encuadre en otra más general desarrollada al amparo del precepto básico de la LPAC que se verá enseguida.

Finalmente, existen sendas previsiones en la LTAIBG (también del año 2013). Me refiero tanto al art. 6.2 *in fine* como a la DA 2.ª. Ambas siguen todavía vigentes y, dada la íntima conexión con la regulación básica del art. 130 LPAC, serán comentadas más abajo, al tratar la normativa vigente.

En fin, a continuación, y como parte del análisis de los antecedentes de la evaluación *ex post* para el caso español, se van a analizar —como se ha hecho en la anterior parte de la investigación— tanto un par de ejemplos de Derecho comparado[184] (el estadounidense y el europeo, aunque este último no sea Derecho *extranjero*) como los antecedentes legislativos de la actual regulación española a nivel estatal —entendiendo por ello los debates parlamentarios, no tanto las disposiciones que, como se ha visto, han servido de precedente normativo—.

a) La evaluación normativa *ex post* en los Estados Unidos de América

Como en anteriores ocasiones, resulta interesante conocer el antecedente de los EE. UU., no solo por su propio interés autónomo, sino porque sirve (sirvió) de ejemplo para regulaciones como la española[185]. Pero es que, ade-

184 Para un estudio de otros ejemplos de Derecho comparado, véase Osés Abando (en Figueroa Laraudogoitia 1995, 137 y ss.) y Pau i Vall y Pardo Falcón (2006). En particular, sobre la UE, véase en este último el trabajo de Caballero Sanz (pp. 149 y ss.).
Dentro del ámbito de la OCDE, esta organización ha señalado en un informe más o menos reciente que «la práctica de la evaluación *ex post* se ha estancado en los países miembros» (OCDE 2016, 211). Es interesante este informe porque ofrece un método de comprobación de la existencia de métodos de mejora de la regulación (en concreto, a lo que aquí interesa, sobre la evaluación *ex post*), aunque no debe perderse de vista el hecho de que están construidos sobre la base de cuestionarios que responden los propios estados.

185 Resulta de interés el estudio de Bull (2015, 277 y ss.) sobre la historia de la evaluación retrospectiva de las normas en los EE. UU. desde el periodo de Carter y con especial énfasis en la Administración Obama. Este autor recuerda las numerosas críticas que ha recibido la regulación actual, concretamente —y como se verá— los escasos incentivos de las agencias para desarrollar una adecuada evaluación *ex post*; por lo que considera idóneas algunas propuestas de establecimiento de entidades independientes, aunque ello

más, como señala SUNSTEIN (2013, 8), gran conocedor —desde dentro— del proceso de producción normativa americana, «"Retrospective analysis" of existing rules, meant to assess what is working and what is *not, has become a standard part of American government*»[186].

También aquí deben repasarse las previsiones tanto de la *Regulatory Flexibility Act* como de las distintas órdenes ejecutivas expedidas por el presidente, todas ellas enmarcadas en el Título VI del CFR. Pues bien, es el § 610 de este código el que regula la *Periodic review of rules* (en castellano, Revisión periódica de las normas). Dice así:

§ 610. Periodic review of rules

(a) Within one hundred and eighty days after the effective date of this chapter, each agency shall publish in the Federal Register a plan for the periodic review of the rules issued by the agency which have or will have a significant economic impact upon a substantial number of small entities. Such plan may be amended by the agency at any time by publishing the revision in the Federal Register. The purpose of the review shall be to determine whether such rules should be continued without change, or should be amended or rescinded, consistent with the stated objectives of applicable statutes, to minimize any significant economic impact of the rules upon a substantial number of such small entities. The plan shall provide for the review of all such agency rules existing on the effective date of this chapter within ten years of that date and for the review of such rules adopted after the effective date of this chapter within ten years of the publication of such rules as the final rule. If the head of the agency determines that completion of the review of existing rules is not feasible by the established date, he shall so certify in a sta-

---

pueda también suponer problemas como la falta de *expertise* en el sector concreto de que se trate (*ib.*, 318-319).

Pero quizás uno de los estudios más completos (y, a la vez, sintéticos) de la evaluación *ex post* en los EE. UU. ha sido ofrecido por ALDY (2014). Este autor realizó un completo informe para la *Administrative Conference of the United States* (una especie de órgano consultivo en materia administrativa, adscrito a la Administración, pero independiente) en el que no solo hizo un repaso por la evolución de este instrumento en distintas Administraciones estadounidenses, sino que agrupó algunas evidencias metarreferenciales sobre la propia evaluación *ex post* —o sea, análisis del funcionamiento de este instrumento—. En todo caso, sus principales recomendaciones fueron (pp. 6-7): i) el desarrollo de guías metodológicas para la realización de la evaluación, ii) la integración de la evaluación *ex post* en el desarrollo de nuevas normas, iii) la independencia de la revisión, iv) el fomento de la coordinación para evitar solapamientos y duplicidades, v) el estudio conjunto de las cargas administrativas, vi) la promoción de la participación pública en la evaluación a posteriori, y vii) la provisión de los recursos necesarios por el Congreso y la Administración para el desarrollo adecuado de estas actividades.

De hecho, la Recomendación 2014-5, de 4 de diciembre, de esta *Administrative Conference of the United States,* recoge, en esencia, las anteriores manifestaciones, que hace suyas.

186 «El "análisis retrospectivo" de las normas existentes, destinado a analizar qué funciona y qué no, se ha convertido en un estándar dentro de la Administración estadounidense» (la traducción es mía).

tement published in the Federal Register and may extend the completion date by one year at a time for a total of not more than five years.

(b) In reviewing rules to minimize any significant economic impact of the rule on a substantial number of small entities in a manner consistent with the stated objectives of applicable statutes, the agency shall consider the following factors—

(1) the continued need for the rule;

(2) the nature of complaints or comments received concerning the rule from the public;

(3) the complexity of the rule;

(4) the extent to which the rule overlaps, duplicates or conflicts with other Federal rules, and, to the extent feasible, with State and local governmental rules; and

(5) the length of time since the rule has been evaluated or the degree to which technology, economic conditions, or other factors have changed in the area affected by the rule.

(c) Each year, each agency shall publish in the Federal Register a list of the rules which have a significant economic impact on a substantial number of small entities, which are to be reviewed pursuant to this section during the succeeding twelve months. The list shall include a brief description of each rule and the need for and legal basis of such rule and shall invite public comment upon the rule[187].

---

187 «610. Revisión periódica de las normas.

(a) Dentro de los ciento ochenta días posteriores a la fecha de efectos de este capítulo, cada agencia publicará en el Registro Federal un plan para la revisión periódica de las normas aprobadas por la agencia que tengan o vayan a tener un impacto económico significativo sobre un número sustancial de pequeñas entidades. Dicho plan podrá ser modificado por la agencia en cualquier momento mediante la publicación de su revisión en el Registro Federal. El propósito de la revisión será determinar si tales normas deben continuar sin cambio alguno o si deben ser modificadas o derogadas, de acuerdo con los objetivos especificados en la normativa aplicable, para minimizar cualquier impacto económico significativo de las normas sobre un número sustancial de pequeñas entidades. El plan debe prever la revisión de todas las normas de cada agencia que afecten a dicha materia existentes tanto en el momento de entrada en vigor de este capítulo, dentro de los diez años siguientes a tal fecha, como después de su entrada en vigor, en el plazo de diez años desde que tales normas hubieran sido adoptadas. Si el director de la agencia determina que la terminación de la revisión de la normativa existente no es factible en el plazo señalado, certificará este extremo mediante resolución publicada en el Registro Federal y podrá extender dicho plazo por un año, prorrogable en idénticos plazos, hasta un máximo de cinco años en total.

(b) La agencia, en aras de la revisión normativa de reducción de los impactos económicos significativos sobre un número sustancial de pequeñas entidades en una manera consistente con los objetivos establecidos en las correspondientes normas, tendrá en consideración los siguientes factores:

(1) la necesidad de continuidad de la norma;

(2) la naturaleza de las quejas y comentarios recibidos en relación con la norma por parte del público;

(3) la complejidad de la norma;

(4) la medida en que tal norma se superpone, duplica o entra en conflicto con otras normas federales, y, en la medida de lo posible, con las normas de los Estados y gobiernos locales; y

(5) el tiempo transcurrido desde la última evaluación de la norma o el nivel de cambio de la tecnología, de las condiciones económicas u otros factores, en el área afectada por la norma.

Como elementos destacables de esta regulación, destacan los siguientes. En primer lugar, llama la atención el hecho de que esta norma con rango de Ley solo prevé la evaluación *ex post* de aquellas normas que puedan tener un impacto económico significativo sobre un número sustancia de «pequeñas entidades» (término que alude a pymes, oenegés y gobiernos locales). No resulta sorprendente, aunque quizás sí criticable, que solo se ponga el foco de atención en el ámbito económico. ¿Acaso no tienen importancia otra serie de impactos?

En segundo término, se prevé una planificación de la revisión, que tendrá carácter anual, para el periodo de los doce meses siguientes, sin perjuicio de que se permite la modificación del plan en cualquier momento. Se publicará una breve descripción de la norma y una invitación a participar en ella. Adicionalmente, queda establecida una obligación de revisión de *todas* las normas que tengan tales impactos sobre estas pequeñas organizaciones en el plazo máximo de 10 años —ya sea desde la entrada en vigor de la *Regulatory Flexibility Act*, ya sea, de ser posterior a esta, desde la aprobación de cada una de ellas—. Este plazo podrá ser prorrogado, en periodos de un año, hasta un máximo de 5, mediante resolución del director de la agencia de que se trate.

Son estas, sin duda, las previsiones más interesantes. Todas ellas contribuyen a una adecuada revisión del ordenamiento. La planificación anual de las normas seleccionadas de algún modo es adoptada también en el ordenamiento español mediante la introducción —como se verá después— de una previsión de revisión en el PAN de cada año. Sin embargo, el caso americano ofrece una alternativa bastante interesante en lo que se refiere a la periodicidad de la evaluación: el plazo de 10 (hasta un máximo de 15) años para la realización de la revisión de cada norma. Sobre esta cuestión del plazo y la periodicidad se volverá más adelante, sin perjuicio de que se puede señalar que esta opción parece sumamente oportuna.

Por otro lado, destaca también la participación «del público». La expresión utilizada parece suficientemente amplia como para permitir la intervención de cuantas personas físicas y jurídicas puedan tener cualquier tipo de interés en la norma. Tener en cuenta la opinión social sobre el producto normativo que debe ser evaluado es fundamental, por ello, esta regulación representa todo un acierto también en este sentido. Además, parece que el propio hecho de dar voz a los interesados —expresión usada aquí en sentido amplio y no en términos jurídico-administrativos— permite una verdadera consideración de la evaluación en términos objetivos: podría darse el caso de que una norma se considerase efectiva y, por lo tanto, innecesaria su modificación.

(c) Con periodicidad anual, cada agencia publicará en el Registro Federal una lista de las normas que tengan un impacto económico significativo sobre un número sustancial de pequeñas entidades, y que deban ser evaluadas de acuerdo con lo establecido en esta sección durante los doce meses siguientes. La lista incluirá una breve descripción de cada norma, su necesidad y fundamento jurídico e invitará al público a realizar comentarios sobre ella».

La introducción de normas en esta planificación de la revisión es independiente de su introducción en los instrumentos de planificación normativa vistos en otro lugar. Dicho de otro modo, y como el propio precepto indica: «El propósito de la revisión será determinar *si* tales normas deben continuar sin cambio alguno o *si* deben ser modificadas o derogadas» (la cursiva es mía). La evaluación puede determinar, *o no*, la necesidad de modificación de la norma evaluada. En ocasiones puede perderse el norte sobre este aspecto, pero no debe ser olvidado.

Finalmente, en tercer lugar, señala el precepto que los factores que serán tenidos en cuenta a la hora de proponer la realización de tales evaluaciones serán: la necesidad, apreciada por cada agencia; las quejas y comentarios recibidos sobre la norma; la complejidad de esta; las relaciones con otras normas; el tiempo transcurrido desde la última evaluación o bien el hecho de que se hayan producido cambios significativos en términos tecnológicos, económicos o de otro tipo. Como se puede ver, estos elementos van en la línea de los aspectos señalados más arriba. En definitiva, un régimen jurídico interesante, solo limitado, posiblemente, por el aspecto económico que es central en los EE. UU.

Por otro lado, y a nivel reglamentario, hay que citar distintas órdenes ejecutivas, una de las cuales, la EO 12044 (presidente Carter), a pesar de estar derogada resulta de interés por su temprana fecha de adopción, nada menos que en el año 1978. Lo cual demuestra, sin duda, el grado de institucionalización con que este país cuenta en materia de mejora de la regulación desde hace casi medio siglo.

Pues bien, en primer lugar, debe recordarse que la EO 12044 tenía por objetivos la producción de reglamentos lo más simples y claros posibles, además de la persecución de su eficacia y eficiencia o evitar la imposición de restricciones económicas injustificadas (sección 1). Esta EO establecía ya por aquel entonces en su sección 4 una completa regulación de la «Review of Existing Regulations» («Regulación de la normativa vigente»). Este precepto, en esencia, ha sido reproducido con posterioridad en el § 610 del CFR analizado más arriba.

Con algunos matices: el propósito esencialmente económico parece difuminado en esta ocasión, aun siendo importante, dado que se pretende analizar el «cumplimiento de los fines de esta Orden», inciso que remite a los objetivos apenas enumerados. Entre los elementos que deben guiar la selección de normas para evaluar, además de los del parágrafo citado, se encuentran también las restricciones impuestas directa o indirectamente por la norma y la necesidad de simplificar o clarificar el lenguaje (sección 4.[c] y [d]). Este último extremo hace alusión a la calidad formal del producto normativo y resulta especialmente interesante como ejemplo de la introducción de los elementos formales o adjetivos en el proceso de evaluación *ex post*. Sobre ello se volverá en su momento.

Y, tras este precedente remoto, debe acudirse a las órdenes ejecutivas actualmente vigentes. La conocida EO 12866, de 30 de septiembre de 1993 (presidente Clinton), reguladora del «Regulatory Planning and Review» («Planificación y revisión de la regulatoria»), contiene algunas previsiones sobre evaluación normativa. Así, su sección 5, que lleva por título «Existing Regulations» («Normativa existente»), establece los objetivos que debe cumplir tal revisión de la normativa federal, a saber: i) reducción de cargas (no solo en la ciudadanía y en las empresas, sino también en los gobiernos estatales y locales), ii) determinar si estas normas se han convertido en injustificadas o innecesarias, iii) garantizar la congruencia entre regulaciones y la no duplicidad, iv) asegurar que todas las normas son consistentes con las prioridades del presidente, y v) mejorar la efectividad de las normas existentes.

Para ello se exige (sección 5.[a]) que cada agencia remita a la OIRA un programa de revisión periódica, coherente con sus recursos y prioridades de evaluación. Además, la agencia debe identificar las normas con rango de Ley para revisar, por innecesarias o desfasadas. Se atribuyen, además, potestades de dirección tanto al presidente de la OIRA como al vicepresidente de los EE. UU. (sección 5.[b] y [c]). Este papel central de la OIRA viene también determinado por la sección 6 de esta EO. En el caso español, existe también cierta organización que coordina toda la acción normativa y de revisión en el marco de cada uno de los niveles competenciales (en particular, estatal y autonómico), sin perjuicio de las propuestas departamentales.

Llama la atención que uno de los objetivos de la mejora de la regulación en general y de la revisión normativa en particular sea, precisamente, el evitar duplicidades y que, en mayor o menor medida, todas las previsiones contenidas en distintas EO vengan a decir lo mismo. Así, la sección 6 de la EO 13563, de 18 de enero de 2011, prácticamente reproduce las obligaciones anteriores de remisión a la OIRA de un plan de revisión por cada agencia[188]. Quizás la única novedad la representa el hecho de que, en la medida de lo posible, «retrospective *analysis, including supporting data, should be released online whenever possible*» («el análisis retrospectivo, incluidos los datos que lo avalen, debería difundirse en línea cuando sea posible», sección 6.[a]). Sin duda, esta previsión contribuye a la transparencia y debe ser aplaudida. Se verá que, en España, suele preverse la difusión en los portales de transparencia de estas evaluaciones, aunque su aplicabilidad práctica resulta más discutida.

En la misma línea —aunque en esta ocasión con previsiones diversas, como se va a ver enseguida— está la EO 13610, de 10 de mayo de 2012 (presidente Obama), titulada «*Identifying and Reducing Regulatory Burdens*» («Identificando y reduciendo cargas regulatorias»). Por un lado, la sección 2 establece una obligación de invitar a participar al público en la evaluación de la normativa, de manera regular, y ello teniendo en cuenta el hecho de que los distintos actores «*have important information about the actual effects of existing regulations*» («tienen información importante acerca de los efectos reales de las normas existentes»). No puede sino aplaudirse esta previsión, a pesar de que no queda, como tal, configurada como un derecho subjetivo del público a participar en ella, dado que la propia EO, sección 5. (d), prevé el no reconocimiento de derecho alguno y los meros efectos internos de la orden.

188 Y esta, a su vez, es idéntica a la sección 2 de la EO 13579, de 11 de julio de 2011.

En segundo lugar, la sección 3 va más encaminada a una simplificación administrativa, por cuanto prevé que, en esa revisión normativa, se dé cierta prioridad a la reducción de cargas para fomentar el ahorro, evitar duplicidades o cargas cumulativas. Pero, a diferencia del precepto de la *Regulatory Flexibility Act,* que parece únicamente destinado a aquellas normas con efectos económicos sobre pequeñas entidades, en este caso no se excluyen otro tipo de impactos y simplemente se dice que *se priorizarán* estos objetivos *(«shall give priority»).* En el fondo, si se realiza un análisis coste-beneficio de cualesquiera normas, y en este se incluyen los aspectos sociales, prácticamente todo se puede reconducir al ámbito económico. Por lo que no supondría mayor problema.

Finalmente, la sección 4, sobre la rendición de cuentas *(accountability),* dispone que cada agencia debe remitir a la OIRA información periódica sobre su proceso de revisión normativa (con su progreso, logros y metas temporales), en concreto cada mes de enero y julio, publicando, además, los resultados. Esta exigencia interna de evaluación (o de programación de evaluación) va en la línea de exigir —para el caso español y en el ámbito de la planificación normativa— que cada departamento envíe su propuesta de revisión en la tramitación del PAN del año siguiente.

Ha de concluirse esta revisión del caso americano con la más reciente EO 13777, de 24 de febrero de 2017 (presidente Trump), que pretende dar un impulso a la reforma regulatoria (de hecho, tiene por nombre «Enforcing the Regulatory Reform Agenda», que podría traducirse así: «Haciendo cumplir la agenda de la reforma regulatoria»). Esta EO, más que obligaciones sustantivas de nuevo cuño, lo que hace es pretender que tales obligaciones de revisión se llevan a la práctica mediante el nombramiento, para cada agencia, de un «Regulatory Reform Officer» («Responsable de la reforma regulatoria», sección 2. [a]), o el establecimiento de «Regulatory Reform Task Forces» («Grupos de trabajo para la reforma regulatoria», sección 3.[a]). Entre las únicas novedades destacables, como objetivo concreto para tener en cuenta a la hora de evaluar las normas, está el hecho de que la conservación y creación de puestos de trabajo emerge como elemento importante que considerar (sección 3.[d].[i]), seguramente ligada a una de las prioridades del presidente de tal momento.

Pero en el marco de esa revisión continua del ordenamiento que todas estas normas prevén, en el año 2009 el entonces presidente Obama emitió un *Memorandum* de fecha de 30 de enero (FR de 3 de febrero, vol. 74, núm. 21) que, bajo el título «Regulatory Review» («Revisión normativa»), ordena al director de la OMB a que, en el plazo de 100 días, elaborase unas recomendaciones para una nueva EO sobre revisión normativa. Como reconoce este memorando, la evaluación *ex post* pretende que la regulación vigente sea coherente con la política presidencial, exista una adecuada coordinación y, además, se evacúe una «desapasionada y analítica "segunda opinión" sobre las actuaciones de las agencias» *(«dispassionate and analytical "second opinion" on agency actions»).* Por ello, y dado que, como indica este documento, llevaban realizándose más de dos décadas este tipo de análisis, parecía oportuno revisitar el procedimiento con el propósito de mejorar las relaciones entre la OIRA y las agencias en materia de revisión *ex post*, la transparencia, la participación pública, evitar retrasos o incorporar ciencias del comportamiento[189].

Adicionalmente, y en aras de esa transparencia, la OIRA y la OMB disponen de una página *web* en la que incluyen toda la información disponible en materia de revisión normativa (también de planificación), con informes detallados por cada norma evaluada, y que incluye también un interesante cuadro resumen con las acciones pendientes de evaluación, que también aparecen publicadas. En la Imagen 3 puede apreciarse la página resumen y, en la parte inferior, un par de ejemplos de tales normas en periodo de evaluación[190].

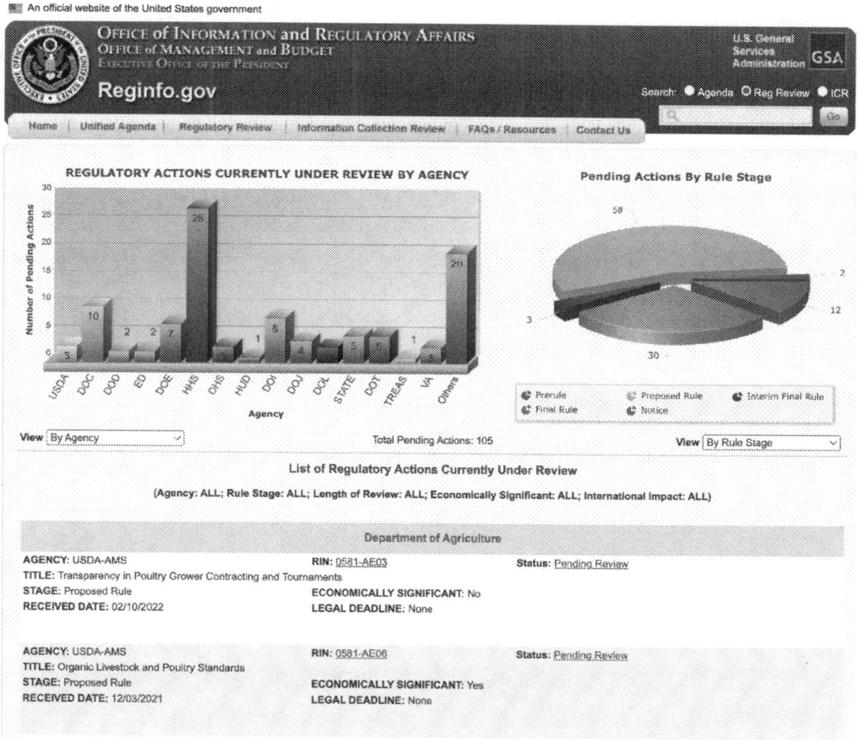

Imagen 3. Cuadro resumen de la evaluación normativa *ex post* en los Estados Unidos de América, Regulatory Review Dashboard. Fuente: *OIRA* (EE. UU.).

189 No tengo conocimiento de que se haya llegado a aprobar (o publicar) tal guía de recomendaciones por parte de la oficina. Sí se realizó un periodo de consultas, cuyas aportaciones están disponibles aquí: https://www.reginfo.gov/public/jsp/EO/fedRegReview/publicComments.myjsp (Consultado: 2022-03-31).

190 Esta página está disponible aquí: https://www.reginfo.gov/public/jsp/EO/eoDashboard.myjsp (Consultado: 2022-03-31).

b) La evaluación normativa *ex post* en la Unión Europea

Tanto el TUE como el TFUE, en tanto que normas fundantes básicas de la Unión, contienen algunas previsiones en materia de evaluación *ex post* y periódica, en particular de ciertas políticas comunitarias. En concreto, el primero de ellos dispone, en su art. 12.c), que los parlamentos nacionales contribuirán activamente a la evaluación de las políticas de la UE en materia de libertad, seguridad y justicia, así como de las actividades de Eurojust (agencia encargada de la cooperación judicial). El segundo de los tratados, en su art. 70, completa tal participación en la evaluación («objetiva e imparcial») sobre esta materia, al extenderla, en general, a los Estados miembros, en colaboración con la Comisión (en la misma línea, el art. 85.1 *in fine*). También se prevé una evaluación regular y global de la política económica (art. 121.3), de experiencias innovadoras y comparadas en materia de empleo (arts. 149, 153.2.a y 156), de las políticas de salud (art. 168.2), de industria (art. 173.2) y de investigación y desarrollo tecnológico (art. 181.2).

Se trata, en todo caso, de evaluaciones sectoriales en materias sobre las que la UE tiene algún tipo de competencia, no existiendo ni más detalles sobre cómo han de desarrollarse ni una política de evaluación general, al menos en este nivel normativo.

Resulta no menos importante la obligación de evaluación *ex post* que el Reglamento (UE, Euratom) 2018/1046 del Parlamento Europeo y del Consejo, de 18 de julio de 2018, *sobre las normas financieras aplicables al presupuesto general de la Unión,* exige en su art. 34 de «programas y actividades que impliquen un gasto significativo» (apartado 1). Merece la pena reproducir el tenor del apartado 3 de este precepto:

> Las evaluaciones retrospectivas evaluarán la ejecución del programa o actividad, incluyendo aspectos como la eficacia, eficiencia, coherencia, pertinencia y valor añadido de la intervención de la Unión. Las evaluaciones retrospectivas se basarán en la información generada por los mecanismos de supervisión y los indicadores que se hayan definido para la actividad de que se trate. Se realizarán al menos una vez durante cada marco financiero plurianual y, de ser posible, con la suficiente antelación para que las conclusiones se tengan en cuenta en las evaluaciones previas o las evaluaciones de impacto que sirvan para la preparación de programas y actividades relacionadas.

Este precepto bien podría extenderse, con alguna ligera modificación, al ámbito de la evaluación normativa *ex post*, con carácter general. Pues en el seno de la UE puede adelantarse ya que no existe como tal una obligación jurídica con eficacia externa de revisar la normativa en vigor. Y, en el fondo, aunque el anterior precepto lo que establece es un control o evaluación del gasto público de la «Administración» de la Unión, lo cierto es que —como he señalado— bien podría ampliarse a cualquier actuación de la UE que, aunque sin implicar necesariamente gasto público, sí vaya a tener, en todo caso, alguna repercusión económica.

De cualquier modo, quizás la primera mención, aunque de manera indirecta, a la evaluación normativa *ex post* que se produce en el marco de la UE viene de la mano del Acuerdo Interinstitucional de 20 de diciembre de 1994, *sobre un método de trabajo acelerado con vistas a la codificación oficial de los textos legislativos*. Este breve acuerdo daba una serie de instrucciones que permitan la codificación del Derecho comunitario y señalaba en su apartado 8 que «si, en el curso del procedimiento legislativo, resultare necesario ir más allá de una codificación pura y simple y efectuar modificaciones sustanciales, corresponderá a la Comisión presentar, en su caso, la propuesta o propuestas necesarias a tal fin». Dicho de otro modo: si en el seno del proceso constante de codificación y refundición del Derecho europeo vigente surgiese la necesidad de introducir modificaciones sustantivas en él, deberá procederse de manera ordinaria sin que sea posible —obviamente— introducir tales cambios sin más. Pero es más que pertinente señalar el hecho de que en tal proceso pueden surgir, precisamente, observaciones sobre el fondo.

En el año 2001, la Comisión aprueba la Comunicación sobre *La Gobernanza Europea – Un Libro Blanco* (2001/C 278/01). Este documento «propone abrir el proceso de elaboración de políticas de la Unión» y, para ello, entre otras numerosas medidas, y en lo que aquí interesa, dispone que «desde la concepción *hasta la aplicación* de las políticas» debe fomentarse la participación, y que la evaluación «de la experiencia acumulada» ayuda a la consecución del principio de eficacia (la cursiva es mía, apartado II). La garantía de la calidad de las políticas, las normativas y los resultados se obtiene garantizando «una mejor aplicación y un mayor control de la [regulación]», para lo cual «se precisa [de] una cultura reforzada de *evaluación* e *información de retorno* que permita extraer conclusiones de los éxitos y errores del pasado» y también es necesaria la aplicación de un «*extenso programa de simplificación* de las normas existentes» (la cursiva en ambos casos es del original, apartado III.2). Se trata, en definitiva, de unas esenciales líneas maestras que ponen la atención —entre otros muchos aspectos— en la necesidad de evaluar la actuación de las instituciones europeas en general y la normativa en particular.

En el año 2001 se redacta el —famoso y ya citado en varias ocasiones— *Informe Mandelkern sobre Mejora de la Regulación* que, como en tantas otras cosas, es el que sienta las bases de la actuación en materia de revisión normativa *ex post* en el seno de la UE. Este informe define la evaluación como «el proceso de examinar la eficacia de la norma y los procesos normativos» y la *ex post*, como aquella en que «la eficacia de la norma en cuestión es examinada, a menudo comparándola con un cuestionario» (p. 114). Además, el documento gira en torno a dos ejes fundamentales respecto del instrumento que aquí interesa: la evaluación *ex post* por sí misma considerada y la revisión y simplificación normativa.

En cuanto al primero, para el desarrollo de esa evaluación *ex post* de eficacia de la norma (o sea, del cumplimiento de los objetivos pretendidos) se remite a un cuestionario desarrollado por la OCDE y que incorpora como Anexo A. Este cuestionario es el mismo para un análisis *ex ante* como para el que se pueda desarrollar *a posteriori*. Se demuestra, así, la íntima conexión de una revisión con otra. Entre los principales objetivos, señala el documento «contribuir de forma significativa a la revisión eficaz de la normativa existente», obtener información sobre «la efectividad e idoneidad de las normas», también «revelar los puntos débiles y otros defectos» y, finalmente, «permitir, tras una revisión, tomar decisiones sobre las acciones para adoptar, *en caso de que fuera necesario*» (p. 22, la cursiva es mía). Resalto este último aspecto, pues me parece capital. La revisión *ex post*, acierta el informe, supone una evaluación *ex ante* preliminar, en el sentido de que solo si en ella se advierte ya una necesidad de intervención se hará preciso iniciar el proceso normativo. Esta cuestión, sobre la que ya he ido haciendo algunos comentarios, será tratada de nuevo más adelante.

Y se interroga también este informe sobre el momento más oportuno para desarrollar la evaluación *ex post*. En su opinión, «deberían realizarse cuando se llevaran a cabo revisiones generales de la legislación existente»; otras veces, podría decidirse el momento de evaluación «durante el proceso de preparación de la norma e incluirse en el texto resultante»; o, por último, «podría decidirse posteriormente, basándose en un criterio acordado» *(ib.)*. Este particular aspecto resulta también muy importante en vista de la *paradoja de la evaluación*, citada de manera recurrente y que trataré más abajo como ya adelanté.

En segundo lugar, el documento reflexiona sobre los pros y contras de las cláusulas de caducidad (también llamada *sunset*) y de revisión (pp. 29-30) y, aunque les reconoce cierta utilidad, desalienta su «uso indiscriminado» por su alto coste y la inseguridad jurídica que podría provocar. Sobre estas figuras se hará una mención en la última parte de este bloque.

Finalmente, el informe reflexiona sobre el concepto de *simplificación*, íntimamente ligado a la evaluación *ex post* (apartado 5, pp. 49-60), recordando —entre otras cuestiones de importancia— que *simplificar* no significa *desregular*, que la «simplificación no puede ser una política de un solo disparo» —o sea, que debe realizarse de manera periódica y planificada—, que esta actividad debe integrarse en los procesos de revisión y mejora de la normativa existente, y que, en fin, habría de crearse un «programa sistemático, dirigido y preferiblemente continuo de simplificación de la normativa existente».

Este informe, que tiene ya más de dos décadas, supuso el hito fundamental en materia de evaluación *ex post* en el seno de la Unión y es, quizás, el único cuya «vigencia» (no en términos jurídicos, pues no es *más que* un informe) puede entenderse todavía válida. Y ello porque a él han seguido una multitud de actos, comunicaciones, informes, documentos de trabajo... que no han hecho más que concretar —y, en buena medida, repetir— las previsiones de esta primera propuesta[191].

---

191 A modo simplemente enunciativo, sin ánimo de completa exhaustividad —tarea, por otra parte, complicada dada la *marea* de actos procedentes de distintas instituciones europeas en esta materia—, se pueden relacionar los siguientes documentos.
La Comunicación de la Comisión *Plan de acción «Simplificar y mejorar el marco regulador»* (COM[2002] 278 final, de 5 de junio) prevé entre las acciones que tiene que adoptar la propia Comisión europea la introducción en los actos legislativos de una «cláusula de reexamen», en particular «en aquellas sujetas a una rápida evolución tecnológica, a fin de garantizar la actualización y adaptación regulares de la legislación»; también se compromete en esta comunicación a «simplificar y reducir la legislación comunitaria» y a «velar por la calidad de la legislación adoptada», mediante una evaluación anual (apartados 1.1, 2.2, 2.3 y 4, respectivamente).
También sobre la *simplificación normativa* —entendida, eso sí, desde un punto de vista más formal que material; o sea, más sobre su sencillez, claridad y coherencia, y no tanto sobre su contenido sustantivo— se pronuncia el Acuerdo Interinstitucional «Legislar Mejor» (2003/C 321/01, de 16 de diciembre), del Parlamento, el Consejo y la Comisión. Este documento señala, en su § 35, que «la simplificación legislativa está destinada a mejorar y adaptar la legislación modificando o sustituyendo los actos y disposiciones demasiado farragosos y demasiado complejos con vistas a su aplicación». Planes de simplificación sobre los que también se han ocupado, por citar un par de ejemplos, la Comunicación de la Comisión «Legislar mejor para potenciar el crecimiento y el empleo en la Unión Europea» (COM[2005] 97 final, de 16 de marzo) o el Informe de la Comisión «Legislar mejor 2004» (COM[2005] 98 final, de 21 de marzo).
Pero también el Parlamento Europeo se ha preocupado por este particular, en concreto en su *Estrategia para la simplificación del marco regulador* (resolución 2006/2006[INI], de 16 de mayo). En ella, señala que «el proceso de simplificación no debe, en ningún caso, implicar un debilitamiento de las normas contenidas en la legislación actual», advirtiendo, así mismo, «contra un análisis demasiado restrictivo y únicamente financiero y administrativo de los beneficios y de los costes de la legislación», debiendo tenerse en cuenta «los aspectos económicos, sociales, medioambientales y sanitarios» (§ 6). Esta advertencia resulta del todo pertinente.
Aunque el ejemplo quizás paradigmático del empeño simplificador lo representa, posiblemente, la conocida Directiva 2006/123/CE, del Parlamento y del Consejo, de 12 de diciembre, relativa a los servicios en el mercado interior, que en su Capítulo II aboga de manera decidida por la simplificación administrativa. Solo es una de las vertientes posibles de esta simplificación, pero no por ello menos importante. De hecho, como señala Vida Fernández (2017, 495), «la transposición de la Directiva de Servicios obligó a los Estados miembros a desarrollar un extraordinario proceso de evaluación *ex post* de toda la normativa relacionada con las actividades de servicios —que representan aproximadamente tres cuartas partes del ordenamiento jurídico—». Sobre esta cuestión, véase también Ponce Solé (2009, 218-221).
También el Tribunal de Cuentas Europeo se ha pronunciado sobre la evaluación *ex post*; en concreto, en su *Special Report* núm. 3, de 2010, titulado *Impact Assessments in the EU institutions: do they support decision-making?* Este informe señalaba que tales evaluaciones no se desarrollaban de manera sistemática y que solo la cuarta parte de las evaluaciones desarrolladas por la Comisión se refieren a la normativa existente (§ 76 y 77). De hecho, la Comunicación *Responding to Strategic Needs: Reinforcing the use of evaluation* (SEC[2007] 213, de 21 de febrero) ya reconocía que la Comisión se había centrado en la evaluación de programas financieros más que en la evaluación de normas. Esta comuni-

Pues bien, concretando los actuales mecanismos que permiten en la UE materializar la evaluación normativa *ex post*, pueden señalarse —al margen de las distintas simplificaciones operadas de manera recurrente— los siguientes instrumentos, que aparecen detallados tanto en las *Better Regulation Guidelines* (SWD[2021] 305 final, de 3 de noviembre) como en la *Better Regulation Toolbox*[192]: las evaluaciones individuales y las revisiones de conjunto.

Evaluaciones individuales. La Comisión define las evaluaciones normativas *ex post* como aquellos análisis basados en evidencias sobre el grado en que una intervención es eficaz, eficiente, relevante, coherente y aporta «valor añadido europeo» (o sea, «produce resultados más allá de lo que los Estados miembros habrían conseguido aisladamente»; Capítulo III, apartado 1, de las *Better Regulation Guidelines*). El objetivo es, como declara este documento, realizar un contraste con las previsiones iniciales, además de continuar en contacto con las partes interesadas y el público en general. De este modo, «evaluations support decision-making and contribute to strategic planning and the design of future interventions» (*ib.*, «las evaluaciones ayudan a la toma de decisiones y contribuyen a la planificación estratégica y al diseño de las futuras intervenciones»).

A la hora de determinar qué normas deben ser evaluadas, se debe atender a las propias previsiones de estas, que pueden incluir una exigencia de revisión de manera expresa. También, como se vio antes, aquellas materias relacionadas con el ámbito financiero deben ser objeto de revisión. Y, finalmente, aquellas iniciativas que, a juicio de la Comisión o de otra institución, puedan ser objeto de evaluación *a posteriori*.

Sobre el primero de los aspectos, es destacable aquí el papel del Servicio de Estudios del Parlamento Europeo. Su *Ex Post Evaluation Unit* (Unidad de evaluación *ex post*) publica de manera recurrente un informe, cuya última edición lleva por título *Review clauses in EU legislation during the eighth*

cación, por cierto, establece todo un marco del sistema evaluador de la UE que podría, sin mayor dificultad, ser aplicado también a la evaluación normativa.
En fecha más reciente, el Acuerdo Interinstitucional de 13 de abril de 2016, *sobre la mejora de la legislación*, del Parlamento, el Consejo y la Comisión (DOUE de 12 de mayo, L 123/1), establece un apartado concreto sobre «evaluación *ex post* de la legislación vigente» que señala, por una parte, la importancia de las consultas públicas en el proceso de evaluación (§ 20) y, por otra, la necesidad de que la Comisión informe de su «planificación plurianual de las evaluaciones» (§ 21). Además, recalca el hecho de que estas evaluaciones a posteriori «deben servir de base para la evaluación de impacto de otras opciones de actuación» (§ 22); y, contrariamente a la propuesta del Informe Mandelkern, propone «plantearse sistemáticamente la utilización de cláusulas de revisión» (§ 23). Debe señalarse respecto a las anteriores previsiones que, aunque este Acuerdo podría —según el art. 295 TFUE— tener carácter vinculante, nada de ello se dice en el mismo, por lo que no puede interpretarse sino como un compromiso firme, pero de difícil control en el supuesto de incumplimiento.

192 Estos documentos de trabajo de la Comisión han experimentado distintas revisiones, siendo para ambos casos el documento más reciente, del año 2021, al que aquí me refiero.

Parliamentary term (2014-2019) A Rolling Check-List (PE 699.471, marzo de 2022) y se encarga de realizar un seguimiento de las cláusulas de revisión presentes en la normativa europea, permitiendo, así mismo, la existencia de un punto de acceso único, lo que favorece el control parlamentario[193] y la transparencia. Según los datos del Parlamento, hasta un 69 % de los actos legislativos cuentan con alguna cláusula de revisión, lo que representa una gran mayoría de estos (apartado 4.2).

Sin embargo, el Tribunal de Cuentas Europeo constató en su reciente Informe especial núm. 16, sobre la *Revisión ex post de la legislación de la UE: un sistema bien asentado, pero incompleto,* que «el Parlamento Europeo (...) rara vez responde directamente a la Comisión sobre sus revisiones *ex post*». Por lo que, de alguna manera, la función de engarce del proceso de revisión *ex post* con el trabajo subsiguiente (la retroalimentación del ciclo que se ha comentado de forma reiterada) no se cumpliría de manera satisfactoria.

Por otro lado, tanto la *Caja de herramientas* como la *Guía* sobre *Better Regulation* exponen de manera bastante detallada una metodología de evaluación *ex post*, con indicación de principios y preguntas para desarrollar, así como los elementos del informe final. Sobre esto último, el apartado 3 del Capítulo III de las *Better Regulation Guidelines* señala que «el informe debe ser una presentación transparente, objetiva y equilibrada del proceso de evaluación, evidencia y análisis» que ha de reunir, además, los caracteres de concisión, no tecnicidad y complitud.

Evaluaciones de conjunto. La Comunicación de la Comisión sobre *Normativa inteligente en la Unión Europea* (COM[2010] 543 final, de 8 de octubre) se refirió ya, en el marco de la «evaluación de los costes y ventajas de la legislación existente», a lo que vino a denominar «chequeos» (apartado 2.1). Señalaba esta comunicación que «una evaluación de las distintas iniciativas individuales no siempre puede dar una imagen global, y a menudo se impone una visión más estratégica», por ello, la Comisión «completará la evaluación de los distintos textos legislativos con unas evaluaciones estratégicas más detalladas». Y continuaba este documento apuntando que «estos "chequeos" evaluarán si el marco normativo de un ámbito de acción se adapta a su objetivo y, en caso negativo, qué debería modificarse» *(ib.)*.

193 En relación con el control por parte del legislativo de las normas con carácter *ex post*, el propio Parlamento Europeo ha realizado —siempre desde la mencionada unidad— el Estudio *Better Regulation practices in national parliaments* (PE 642.835, junio de 2020), que concluye que, de un total de 38 parlamentos analizados (los 27 de la Unión y 11 de países cercanos), al menos 17 de ellos «desarrollarían evaluaciones *ex post* más allá del control parlamentario ordinario, aunque de diferentes maneras y con distinta profundidad» (apartado 3, p. 32). Como he señalado en distintas ocasiones, este trabajo no se centra en las posibilidades de aplicación de los instrumentos de mejora de la calidad del Derecho más allá del Gobierno y la Administración, pero resulta de interés señalar que también los parlamentos pueden ocuparse de este aspecto, aunque las limitaciones —incluso materiales— son más que evidentes.

Por lo tanto, a raíz de esta comunicación (y las que la siguieron)[194], la Comisión configura un programa de evaluación *ex post* de grupos o conjuntos de normas —y acciones en general— agrupadas por ámbitos de actuación. Esta propuesta recibió el nombre de *Programa de adecuación y eficacia de la reglamentación* y es conocido por sus siglas (REFIT). Para ello, propuso y configuró una «Plataforma REFIT», que se componía de dos grupos de actores: el grupo gubernamental y el grupo de interesados (*stakeholders*, en el original en inglés) y tenía como objetivo el impulso de las actividades REFIT[195]. Esta plataforma cesó sus actuaciones en el año 2019 y ha sido sustituida por el grupo de alto nivel «Fit for Future Platform (F4F)»[196].

La Imagen 2 muestra un ejemplo de lo que la Comisión denomina el «REFIT Scoreboard» («Cuadro de indicadores REFIT»)[197]. Esta herramienta agrupa por temáticas (hasta 18) las evaluaciones que la Comisión realiza de manera sistemática sobre tales conjuntos normativos. Cada uno de los grupos incluye después información como la que se puede ver en la imagen; o sea, el estado de evaluación y desarrollo de cada una de las normas que compone el grupo. Esta herramienta sirve de resumen y de enlace de acceso a todo el contenido de la revisión *ex post* y otros trámites participativos, por lo que supone un aporte adicional de transparencia y una buena práctica.

A pesar de ello, el Tribunal de Cuentas Europeo, en el mencionado Informe especial núm. 16, sobre la *Revisión ex post de la legislación de la UE...*, señaló que «la justificación del programa REFIT no está clara, al igual que los criterios con arreglo a los cuales se han etiquetado como REFIT iniciativas individuales», a lo que añade que, «al mismo tiempo, las directrices presentan REFIT como un programa específico, lo que plantea dudas sobre su naturaleza actual y valor añadido» (§ VIII del resumen y § 75-81 del documento)[198].

---

194 A modo ilustrativo, la Comunicación de la Comisión *Legislar mejor para obtener mejores resultados – Un programa de la UE* (COM[2015] 215 final, de 19 de mayo) señaló que este programa, cuyo origen se acaba de mencionar, se puso en marcha en 2012 y «ha permitido ya analizar con mucha más nitidez las dificultades cotidianas que plantea a los ciudadanos y a las empresas el corpus de la legislación vigente».

195 Esta plataforma fue, sin embargo, bastante criticada: se argumentó su falta de legitimidad real, la asimetría de los procesos desarrollados por ella, la ausencia de experiencia real de sus componentes, la redundancia y lentitud de su procedimiento, etc. (Van den Abeele 2019, 36-38).

196 La configuración inicial de la Plataforma REFIT fue desarrollada por la Comunicación de la Comisión *The REFIT Platform. Structure and Functioning* (C[2015] 3260 final, de 19 de mayo). Toda la información sobre el programa REFIT y el actual grupo de trabajo F4F está disponible en: https://ec.europa.eu/info/law/law-making-process/evaluating-and-improving-existing-laws_es (Consultado: 2022-04-05).

197 La información completa sobre el cuadro de indicadores se encuentra en: https://op.europa.eu/webpub/com/refit-scoreboard/en/index.html (Consultado: 2022-04-05).

198 No son las únicas desavenencias que ha suscitado el modelo REFIT. Laulom (2018, 10) manifiesta, por ejemplo, que este programa «ha recibido fuertes críticas por sus costes y

De cualquier modo, las *Better Regulation Guidelines* se refieren a estos *fitness checks* (en alusión al término inglés *fitness*, sobre estado físico) y los definen del siguiente modo (apartado 3.3):

> A fitness check is a comprehensive evaluation of a policy area that usually addresses how a set of related legislative acts have contributed to the attainment of policy objectives. Fitness checks can also be conducted for horizontal issues, focusing on specific matters across many different legislative acts (e.g. reporting obligations). Fitness checks are particularly well suited to identifying regulatory overlaps, inconsistencies, synergies, digitalisation potential and cumulative impacts[199].

En definitiva, se trata de evaluaciones de conjunto que gozan de interés autónomo por cuanto aportan información adicional a las posibles evaluaciones individuales de cada una de las normas que compone tal ámbito de actuación.

Con carácter global, y siguiendo las opiniones del Tribunal de Cuentas Europeo, puede concluirse que «el actual sistema de revisión *ex post* de la Comisión es satisfactorio comparado con la mayoría de los Estados miembros» y contribuye «eficazmente al ciclo de mejora de la legislación» (Informe especial núm. 16, § IV del resumen), pero existe una variedad quizás excesiva de instrumentos para la realización de esta evaluación. Además, la dispersión —y hasta me atrevo a decir maraña— de documentos existentes sobre la materia hacen que sea de difícil comprensión y acercamiento para cualquier persona interesada. Quizás este informe constituya la síntesis más comprensible y mejor ordenada sobre evaluación *ex post* en el sistema europeo.

---

presunciones, así como por sus consecuencias previstas, en el sentido de que puede conducir a cierta desregulación de sectores sociales» (en el original: *«The REFIT Programme has faced heavy criticism for its costs and underlying assumptions, as well as its likely consequences, as it could lead to a deregulation of social fields»*). Incluso concluye, tras un análisis del programa aplicado al ámbito social, que este «no se ha probado como un método eficiente de evaluación» *(«the REFIT has not proved to be an efficient method of evaluation»)* y ello porque, a su juicio, la elección de las directivas evaluadas no es ni neutral ni transparente, o porque los métodos de evaluación se basan más en opiniones que en evidencias (*ib.*, 22).

199 «Un chequeo [normativo] es una evaluación comprehensiva de un área de actuación que analiza cómo un conjunto de actos legislativos conexos ha contribuido al cumplimiento de los objetivos de las políticas públicas. Estos chequeos pueden también desarrollarse en términos horizontales, centrándose en cuestiones específicas transversales (por ejemplo, respecto de obligaciones impuestas). Los chequeos son especialmente apropiados para identificar solapamientos normativos, inconsistencias, sinergias, potencial digitalización o impactos acumulativos».

En todo caso, sí que es cierto que de unos años a esta parte se cuenta con un comité independiente dentro de la propia Comisión, el Comité de Control Reglamentario[200] (en inglés, *Regulatory Scrutiny Board*), regulado en la actualidad por la Decisión de la Presidenta de la Comisión P(2020) 2, de 23 de enero de 2020, y que tiene como objetivo evaluar la calidad de los informes sobre los *fitness checks* y las evaluaciones. Está compuesto por siete miembros y goza de independencia en su función, aspecto también destacado por el mencionado informe del Tribunal de Cuentas Europeo, que hace hincapié en la importancia de órganos de supervisión como este (§ 60).

En definitiva, a pesar de no contar la UE con una regulación general que precise sobre qué normas[201] o con qué frecuencia debe realizarse la evaluación *ex post*, lo cierto es que el sistema europeo presenta, *de facto*, un complejo sistema de evaluación bien integrado en el ciclo de desarrollo de la normativa europea. De hecho, señala la doctrina más autorizada que «el compromiso político e institucional para ser "juzgado en razón de las nuevas iniciativas políticas, pero no sobre la base de los beneficios y las cargas de la legislación existente de la UE" es significativamente mayor que en el pasado» (ALEMANNO 2015, 346)[202].

---

200 La información sobre este comité se encuentra disponible en: https://ec.europa.eu/info/law/law-making-process/regulatory-scrutiny-board_en (Consultado: 2022-04-05). Sin embargo, señala VAN DEN ABEELE (2019, 23) que el conocimiento por parte del público de las funciones y del trabajo de este órgano son muy limitadas, hasta el punto de que —en un estudio— hasta un 74 % de los encuestados no tenía conocimiento sobre ellas.

201 Ello no obsta para que, como señala VAN DEN ABEELE (2019, 20), «las directivas y los reglamentos contengan a menudo un artículo estándar (...) de evaluación» (es traducción del original: *«Directives and regulations often contain a standard article (...) to carry out te relevant impact assessment»*). O sea, puede no existir una obligación general y abstracta de evaluación normativa, pero ello no impide que, caso a caso, se determine por la propia norma la obligatoriedad de su evaluación.
Aunque, por cierto, sobre este último aspecto, algunos autores como DE MONTALVO JÄÄSKELÄINEN (2016, 155) consideran que comunicaciones como la citada de 2010 sobre una *normativa inteligente* sí crean un sistema de revisión general, o lo que él denomina el principio de «evaluación de la legislación existente». A mi modo de ver, los resultados de estas comunicaciones fueron más modestos.

202 Es traducción propia del original, en inglés: *«The political and institutional commitment to be 'judged not only on new political initiatives but on the benefits and burden of existing EU legislation' is significantly greater than in the past»*.

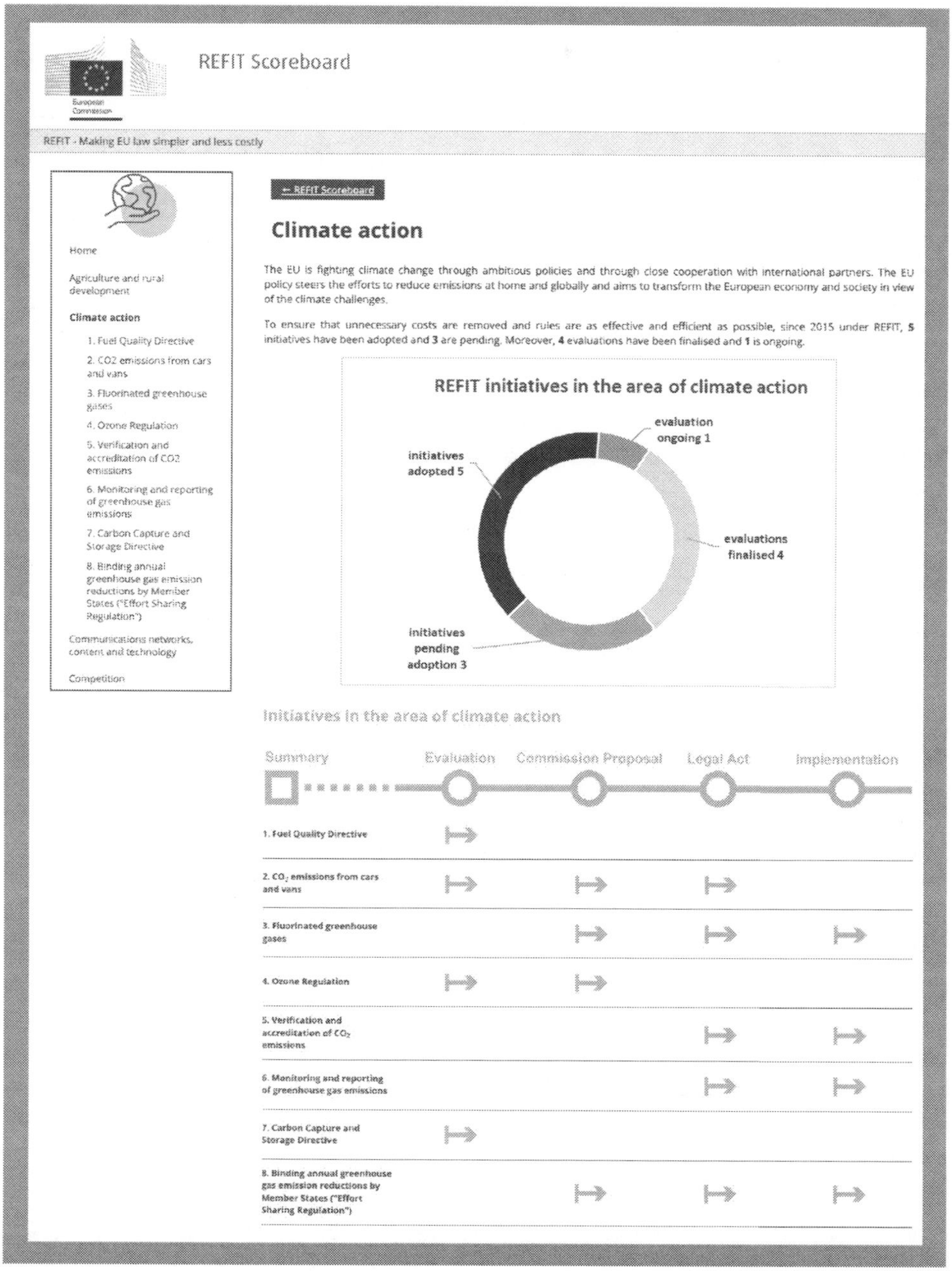

Imagen 4. Cuadro de indicadores de la Plataforma REFIT de la Unión Europea. Fuente: Comisión Europea.

c) Tramitación parlamentaria en las Cortes Generales de la normativa de 2015 referente a la evaluación normativa *ex post*

Si bien otros de los instrumentos analizados en esta investigación contaron con algunas referencias más concretas en el debate parlamentario desarrollado durante el año 2015 con ocasión de la aprobación de los proyectos de las leyes LPAC y LRJSP, lo cierto es que las menciones a la evaluación *ex post* en el *iter* parlamentario fueron mínimas y esencialmente irrelevantes.

El diario de sesiones del Congreso de los Diputados confirma que la evaluación *ex post* no fue en absoluto mencionada por ningún parlamentario en el Pleno de 25 de junio de 2015 (*Diario de Sesiones del Congreso de los Diputados* núm. 293), ni en el pleno final aprobatorio de 1 de octubre del mismo año (*Diario de Sesiones del Congreso de los Diputados* núm. 309). Pero sí ocupó algunas (pocas) reflexiones en la Comisión de Hacienda y Administraciones Públicas de 21 de julio de 2015.

Como en otras ocasiones, el partido entonces en el gobierno, el PP, defendió la oportunidad de la iniciativa por boca, esta vez, de la diputada ROMERO SÁNCHEZ. En opinión de esta parlamentaria, gracias a este proyecto de ley «se gana(ría) en transparencia y participación ciudadana en el procedimiento de elaboración de normas» (*Diario de Sesiones del Congreso de los Diputados* núm. 870, pp. 12-13), y lo liga —en una expresión un tanto naíf— a los «tiempos modernos» *(sic)*. Para, a continuación, sostener que «también habrá una evaluación de las iniciativas normativas aprobadas el año anterior como mecanismo de control *a posteriori*, con el objetivo de ver el grado de cumplimiento y de posibles propuestas de modificación» *(ib.)*. Concluye rechazando las alegaciones de la oposición sobre la eventual invasión competencial, señalando que «ni el Consejo de Estado ni el Consejo General del Poder Judicial han observado en sus informes ningún vicio de inconstitucionalidad en la ley» *(ib.)*, en una afirmación más bien discutible, como ya se ha tenido ocasión de comprobar en otras partes de esta investigación.

En todo caso, como se tendrá ocasión de ver después, esta mención a la evaluación *a posteriori* de la diputada popular, más que a la evaluación *ex post* general contenida en el LPAC, parece referirse a la establecida para el Estado en la LGob, pues habla ya de una concreta configuración *(grado de cumplimiento del año anterior)*.

Como en otras ocasiones, fue también la diputada SAYÓS I MOTILLA, de CiU, la que manifestó el parecer de su grupo, contrario a la iniciativa propuesta, hasta el punto de abogar por la entera supresión del Título VI de la LPAC (*ib.*, p. 18). Y ello, a pesar de que acepta el acuerdo respecto del fondo:

> Podemos estar de acuerdo en que la producción normativa debe basarse en los principios de Better regulation and Smart regulation, en el sentido de que una

> regulación inteligente es la que establece un marco jurídico idóneo para dinamizar la economía que, a su vez, simplifica las cargas administrativas. Podemos estar de acuerdo en la planificación normativa ex ante, mediante la opinión de ciudadanos y empresas acerca de los problemas que se pretenden solucionar, la necesidad de la norma y su aprobación, su evaluación ex post para verificar si se han cumplido los objetivos y si el coste y las cargas están justificadas. Este es un elemento que nuestro grupo parlamentario ya planteó desde el inicio de la legislatura para que se impusiera en el procedimiento de producción normativa, y vemos que finalmente se ha implantado, pero con la consiguiente imposición de multitud de condicionantes de recentralización normativa y procedimental.

Todo ello para, acto seguido, expresar su malestar por que todas estas iniciativas se hicieran, a su juicio, con invasión competencial hacia las comunidades autónomas —como después confirmó el TC—. Lo que le lleva, indefectiblemente, a abogar por la entera supresión del título mencionado.

En lo que respecta al Senado, solo la senadora Romero Bañón (PP) hace alguna sucinta mención a la evaluación normativa *ex post* en su defensa de la iniciativa del Gobierno. Al defender el mantenimiento del Título VI LPAC, frente a las enmiendas para su supresión, esta parlamentaria señaló que el mencionado título «garantiza el derecho de audiencia de los ciudadanos, permite que se incorporen las recomendaciones internacionales sobre una regulación mejor y más profunda del conjunto de las administraciones, y además permite hacer una evaluación *ex ante* y *ex post* de la calidad normativa» (*Diario de Sesiones del Senado* núm. 515, Comisión de Hacienda y Administraciones Públicas de 26 de agosto de 2015, p. 27)[203].

En definitiva, de las mínimas referencias parlamentarias a la evaluación normativa *ex post* se puede concluir que ningún diputado ni senador mostró un mínimo interés hacia esta herramienta, más allá de su incorporación por recomendación de organismos internacionales (sin citar cuáles) o por una razón tan prosaica como la de ser *cosa de los tiempos*. Sí se hizo referencia a la eventual configuración para el Estado de este instrumento, pero no a la regulación general y básica del art. 130 LPAC.

Podría pensarse que, al tratarse de un instrumento procedente de una norma previa, la LES, se habría sustanciado ya un debate al respecto en la tramitación de esta otra ley. Pero no fue tampoco el caso, como se desprende de los diarios de sesiones de las Cámaras[204]. Se demuestra, en fin, que no

203 En idénticos términos se pronunció esta misma senadora en el pleno del Senado de 9 de septiembre de 2015 (*Diario de Sesiones del Senado* núm. 171, p. 16925), por lo que no reproduzco tal intervención.

204 La información sobre la tramitación parlamentaria de la LES se encuentra disponible aquí: https://www.congreso.es/web/guest/busqueda-de-iniciativas?p_p_id=iniciativas&p_p_lifecycle=0&p_p_state=normal&p_p_mode=view&_iniciativas_mode=mostrarDetalle&_iniciativas_legislatura=IX&_iniciativas_id=121/000060 (Consultado: 2021-10-05).

se trata de algo que despertase el interés de la representación popular. Más bien podría decirse, en realidad, que no parece que tuviesen demasiada idea de lo que podría significar. Estos son, en definitiva, los antecedentes legislativos de la evaluación *ex post* en España.

2. La evaluación normativa *ex post* para el caso español a nivel estatal

En este caso, y aunque en la práctica los ejemplos de evaluación *ex post* fueran (y siguen siendo) escasos, jurídicamente no se partía del vacío[205]. Como se ha comprobado, ya se contaba al momento de la elaboración de la vigente normativa de la LPAC y LGob con algunos precedentes sobre evaluación normativa *a posteriori*. Pues bien, del mismo modo que para el resto de las herramientas de mejora de la calidad del Derecho aquí analizadas, debe acudirse al Título VI de la LPAC *(De la iniciativa legislativa y de la potestad para dictar reglamentos y otras disposiciones)*, en concreto a su art. 130.1, cuyo tenor dice así:

> Las Administraciones públicas revisarán periódicamente su normativa vigente para adaptarla a los principios de buena regulación y para comprobar la medida en que las normas en vigor han conseguido los objetivos previstos y si estaba justificado y correctamente cuantificado el coste y las cargas impuestas en ellas.
>
> El resultado de la evaluación se plasmará en un informe que se hará público con el detalle, periodicidad y por el órgano que determine la normativa reguladora de la Administración correspondiente.

Se aprecia de manera más que evidente la continuidad[206] con los preceptos de la LES vistos más arriba (y derogados por la DD única, apartado 2.c

205 En opinión de de Montalvo Jääskeläinen (2017, 160), estaríamos ante una «tardía y deficiente incorporación de la evaluación *ex post* a nuestro sistema jurídico». Ese es, al menos, el título de uno de los epígrafes de su estudio. Sin embargo, lo cierto es que no ofrece más detalles sobre esta crítica, que bien merecería una explicación ulterior sobre los puntos de referencia para tal afirmación. ¿De verdad se llega tan tarde en perspectiva comparada? ¿Es cierto que la institucionalización de la evaluación *ex post* difiera tanto de otras? No lo creo. Él mismo señala en otro lugar (de Montalvo Jääskeläinen 2016, 161-162) que «con la excepción de Estados Unidos de América, la evaluación legislativa *ex post* no ha sido una figura tradicionalmente implementada en los sistemas jurídicos», aunque en fechas más recientes esa situación hubiera cambiado, como también ha sucedido/está sucediendo en España.

206 Aunque en opinión de Boix Palop (2017, 796) estaríamos ante unas previsiones «extraordinariamente novedosas en el Derecho español», para autores como Capelleras González (2016, 47) la conexión con el art. 6 LES es más que evidente; en la misma línea, Casado Casado (2017, 130), para quien «no constituye propiamente una novedad».
En otro orden de cosas, el apartado 2 de este precepto dispone una promoción de «la aplicación de los principios de buena regulación» y una cooperación «para promocionar

LPAC) y, aunque tarde, se atiende la recomendación del Consejo de Estado de trasladar a la regulación general administrativa este precepto que no es exclusivamente aplicable a una materia en concreto sino a toda la acción normativa en general. De acuerdo con la DF 1.ª.2 LPAC, este precepto (como todos los del Título VI) gozaba de un carácter básico, al menos pretendidamente. Del mismo modo que sucedió en anteriores ocasiones, y sin perjuicio del análisis posterior que se hará del alcance de la STC 55/2018 en lo que atañe a la evaluación *ex post*, debe decirse aquí ya que también se ha visto afectado este precepto por tal pronunciamiento, aunque en manera distinta a lo acaecido para la planificación normativa. Se verá enseguida.

La MAIN de la LPAC argumentaba, en defensa de la propuesta, que con este *nuevo* instrumento «se incrementa el control *ex post* de las normas al establecer, con carácter básico, la obligación de todas las Administraciones públicas de elaborar un informe anual donde se evaluará la ejecución de las iniciativas normativas contenidas en el Plan Anual Normativo del año anterior» (p. 11). También consideraba esta herramienta como potencialmente positiva para la transparencia, la simplicidad y la seguridad jurídica (p. 49):

> Asimismo, al fortalecer los instrumentos de evaluación del impacto de las normas, tanto ex ante como ex post, y prever su derogación o modificación si no han logrado los objetivos fijados, se potencia un marco normativo más transparente y simplificado, que actúa como mínimo denominador común fácilmente accesible a todos agentes económicos. Esto mejorará el conocimiento rápido y sencillo de la normativa vigente que resulta de aplicación y aumentará la certidumbre sobre cuál es el procedimiento, trámites a seguir y plazos esperables, lo que mitiga los problemas de información asimétrica.

Justificación que queda plasmada en el preámbulo de la LPAC al decir que «se fortalece la evaluación *ex post*, puesto que, junto con el deber de revisar de forma continua la adaptación de la normativa a los principios de buena regulación, se impone la obligación de evaluar periódicamente la aplicación de las normas en vigor». Pues bien, entrando en el análisis detallado de la norma actualmente vigente (y cuyo alcance territorial se verá después) deben distinguirse dos obligaciones distintas, establecidas en el primer y segundo párrafos de este art. 130.1 LPAC.

Por un lado, se configura una clara exigencia[207] de revisión periódica de la *normativa vigente* de cada Administración pública (la norma utiliza el adjetivo posesivo *su*). Pero ¿cuál es la normativa de cada Administración? No parece

---

el análisis económico en la elaboración de las normas». Sendos extremos bien pueden formar parte del contenido, del marco de revisión de la normativa en vigor; de ahí su posición sistemática.

207 Aunque lo cierto es que, en opinión de Doménech Pascual (2022, 84), «no parece que este precepto haya querido imponer a las Administraciones públicas una genuina obligación de evaluar *a posteriori* todas las normas jurídicas».

admisible sostener que las normas de rango legal sean normas *de una Administración*. El precepto, al menos en su literalidad, parecería restringido a la regulación de rango reglamentario. Ello sin perjuicio de que quiera entenderse por ese «su» el ámbito territorial de la Administración en cuestión, lo que ya sí podría incluir las normas de rango legal —máxime teniendo en cuenta la privilegiada posición del ejecutivo correspondiente, que es también cabeza de la Administración y goza de la iniciativa legislativa constitucional y estatutariamente reconocida; o la actual configuración del PAN que, como se vio, permite determinar qué normas de rango legal, de entre las planificadas, serán objeto de evaluación[208]—.

La redacción es, sin duda, mejorable. En todo caso, y sea cual sea la opción interpretativa por la que se opte, la finalidad de esta revisión periódica (para la que no se establecen plazos ni condiciones) tendría por objeto comprobar la constante adecuación de tales reglas a los principios de la buena regulación, el cumplimiento de los fines a que están (estaban) llamadas y la corrección de los costes y cargas que esta pueda imponer (en consonancia con lo que dispone el art. 130.2 LPAC).

Cabe preguntarse en este punto qué normas son las que deben ser evaluadas. ¿Todas? En su literalidad nada se dice, por lo que queda abierto a la configuración que se haga de la evaluación *ex post* en cada ámbito decisorio. Lo relevante, en todo caso, es que parece desprenderse del precepto básico una obligación de que *todas* las normas *en algún momento* sean evaluadas. Lo que nos lleva al tema de la periodicidad, que será tratado más abajo. Pero también al momento de entrada en vigor de esta obligación: ¿afecta solo a las normas que se aprueben a partir de la entrada en vigor de la LPAC? No parece que esa fuera la respuesta esperada por el legislador[209]. Volveré sobre ello.

La segunda de las obligaciones impuestas por el precepto atañe a la publicidad de las conclusiones a las que haya podido llegarse en el curso de tal revisión periódica de la normativa vigente. Aquí, a diferencia de lo que suce-

---

208 Sobre este asunto, Rodríguez García y Sánchez Pavón (2019, 145) señalan que «la revisión ha de ser de "su normativa" y tales términos (...) semejan referirse a las normas propias y más caudalosas del Derecho público, esto es, a los reglamentos», aunque precisan que también «podría estar refiriéndose al Derecho administrativo como comprensivo tanto de leyes como de reglamentos». También de Montalvo Jääskeläinen (2017, 169) opina que la LPAC y la LRJSP «se limita[n] a establecer un mandato de mejora de la legislación inferior, es decir (...) de las normas aprobadas por las Administraciones públicas, que no se puede interpretar que abarque a las normas de superior rango como serían las leyes». Y coincido con su opinión de que «la interpretación del precepto sugiere, por tanto, que la Ley 39/2015 apuesta por que la normativa a evaluar en primera instancia sean los reglamentos».

209 Así lo opina, por ejemplo, Campos Acuña (2016, 592), que sostiene que, a pesar de la DF 5.ª LPAC, no tendría por qué entenderse que tal regulación solo afectaría a las normas aprobadas a partir de entonces. Sin embargo, existen opiniones en sentido contrario, como podrá verse más adelante.

día con el caso del art. 132 LPAC sobre planificación normativa, el legislador estatal no ha profundizado ni establecido siquiera la periodicidad del IEN, quizás influido por las recomendaciones ya resaltadas del Consejo de Estado[210]. Deberá ser cada Administración la que determine su detalle, periodicidad y competencia[211]. Todo ello porque estamos en presencia de una regulación «de mínimos (...) que se limita a establecer unos principios inspiradores de una futura regulación más detallada» (DE MONTALVO JÄÄSKELÄINEN 2017, 169). Regulación que se detallará a continuación —en lo escasamente previsto— tanto para el Estado como para las CC. AA. y los EE. LL.

Ello conduce, indefectiblemente, a la segunda previsión introducida por estas reformas de 2015, y que afecta en exclusiva al ámbito estatal. Me refiero a la DF 3.ª *Doce* de la LRJSP, que dio una nueva redacción al Título V de la LGob y que, en concreto, dispuso que el art. 28 LGob tuviese el siguiente tenor (que, aunque extenso, conviene reproducir):

Artículo 28. Informe anual de evaluación.

1. El Consejo de Ministros, a propuesta del Ministerio de la Presidencia, aprobará, antes del 30 de abril de cada año, un informe anual en el que se refleje el grado de cumplimiento del Plan Anual Normativo del año anterior, las iniciativas adoptadas que no estaban inicialmente incluidas en el citado Plan, así como las incluidas en anteriores informes de evaluación con objetivos plurianuales que hayan producido al menos parte de sus efectos en el año que se evalúa.

2. En el informe se incluirán las conclusiones del análisis de la aplicación de las normas a que se refiere el artículo 25.2, que, de acuerdo con lo previsto en su respectiva Memoria, hayan tenido que ser evaluadas en el ejercicio anterior. La evaluación se realizará en los términos y plazos previstos en la Memoria del Análisis de Impacto Normativo y deberá comprender, en todo caso:

a) La eficacia de la norma, entendiendo por tal la medida en que ha conseguido los fines pretendidos con su aprobación.

b) La eficiencia de la norma, identificando las cargas administrativas que podrían no haber sido necesarias.

c) La sostenibilidad de la disposición.

El informe podrá contener recomendaciones específicas de modificación y, en su caso, derogación de las normas evaluadas, cuando así lo aconsejase el resultado del análisis.

---

210 Y precisamente en esa línea iba mi propuesta de redacción alternativa que habría salvado (o salvaría) de forma eventual la constitucionalidad de una previsión sobre el particular, como tuve ocasión de discutir en el lugar oportuno.

211 En palabras de CASADO CASADO (2017, 133), «el legislador estatal ha optado por conferir una amplia autonomía a las diferentes administraciones». Yo creo que, más que optar por tal autonomía, se ha ceñido al estricto ámbito de lo básico, evitando así una declaración de inconstitucionalidad (que, sin embargo, sí se ha producido con carácter parcial). Pero creo que, de haber profundizado, tal declaración habría sido incluso más amplia, como ocurrió con el art. 132 LPAC sobre la planificación normativa.

Además de ello, el nuevo art. 26.9.d) LGob, sobre el procedimiento de elaboración de normas con rango de Ley y reglamentos, dispone que el Ministerio de la Presidencia analizará, respecto de la MAIN de cada proyecto normativo, «la inclusión [en ella] de una sistemática de evaluación posterior de la aplicación de la norma *cuando fuere preceptivo*» (la cursiva es mía). Esta previsión debe ponerse en conexión con el art. 2.1.j) del Real Decreto 931/2017, de 27 de octubre, por el que se regula la Memoria del Análisis de Impacto Normativo, que dice así (el resalte es mío):

> 1. La memoria del análisis de impacto normativo deberá contener los siguientes apartados:
>
> j) Evaluación ex post que incluirá la forma en la que se analizarán los resultados de la aplicación de las normas, al que se refiere el artículo 25.2 de la Ley 50/1997, de 27 de noviembre. Para ello, la memoria indicará si dicha norma se encuentra prevista entre las susceptibles de evaluación en el correspondiente Plan Anual Normativo y, en su caso, describirá con claridad los objetivos y fines de la norma y los términos y plazos que se usarán para analizar los resultados de su aplicación, conforme a los criterios previstos en el artículo 28.2 de la Ley 50/1997, de 27 de noviembre, y el artículo 3.2 del Real Decreto 286/2017, de 24 de marzo, por el que se regulan el Plan Anual Normativo y el Informe Anual de Evaluación Normativa de la Administración General del Estado y se crea la Junta de Planificación y Evaluación Normativa. A estos efectos, se **deberá indicar la sistemática que se va a utilizar en la evaluación y la entidad u órgano que se considera idóneo para llevarla a cabo**.

La conexión entre la evaluación *ex ante* (materializada en la MAIN) y la evaluación *ex post* resulta aquí más que evidente. El dictamen del Consejo de Estado 742/2016, de 27 de octubre, que analizó el proyecto de dicho RD, señaló en su apartado VII.D) que la redacción «debe corregirse para señalar que la metodología o sistemática de evaluación posterior *deberá* —y no *podrá*— indicarse en la memoria cuando resulte preceptivo por así disponerlo el Plan Anual Normativo de conformidad con los artículos 25 y 28 de la Ley 50/1997». Pero lo cierto es que lo que aquí se dispone es el carácter obligatorio de la inclusión de los elementos de análisis *a posteriori* en la evaluación *ex ante*. No, *per se*, la obligación de que tal evaluación se desarrolle ni las consecuencias aparejadas a su incumplimiento. Parecería confirmado el carácter obligatorio de la inclusión de estos elementos de evaluación *ex post* una vez incluida la norma en el PAN entre las que serán objeto de evaluación. Lo que no obsta, tampoco, para que la justificación de la no evaluación por motivos suficientemente fundados pueda ser suficiente.

Por otro lado, el art. 25.2 LGob dispone que el PAN deberá determinar qué normas han de ser objeto de evaluación en el siguiente informe, atendiendo a su coste y cargas[212]. Es obligado plantearse en este punto si esta

212 Este precepto, a su vez, garantiza algunos de los requisitos que la norma ISO 9001:2015, comentada más arriba, requería respecto a la evaluación del desempeño. En concreto,

inclusión tiene consecuencias jurídicas relevantes. Dicho de otro modo: si el PAN establece que una norma debe ser objeto de evaluación, ¿qué implicaciones tendrá su no cumplimiento? Al margen de lo que se acaba de decir, hay que señalar que sobre ello me extenderé en el momento oportuno; pero se puede adelantar ya que las consecuencias serían muy reducidas al no preverse sanción alguna por tal incumplimiento. Se entra así en el movedizo terreno de las eventuales condenas a la Administración por la inacción, de difícil apreciación.

Retornando al art. 28 LGob, lo que hace esta Ley no es otra cosa que exigir la aprobación anual de lo que denomina un *informe de evaluación*. Pero este informe tiene dos partes claramente diferenciadas: por un lado, se examina el cumplimiento del PAN del ejercicio anterior[213]; y, por otro, se exige la evaluación de la eficacia, eficiencia y sostenibilidad de las normas que expresamente hayan de ser objeto de evaluación (según su MAIN o de acuerdo con el propio PAN), ya sea de las aprobadas el año anterior o de otras que deban desplegar sus efectos de manera plurianual[214] (constituyendo de algún modo también una planificación, aunque asistemática, de la evaluación *ex post*). Se torna así a una periodicidad anual criticada por el Consejo de Estado y que no solo puede plantear problemas por ser «poco realista»[215], sino tam-

sobre la determinación de qué necesita seguimiento y medición, y los métodos que habrán de seguirse para ello. Además, ha sido desarrollado, como se indicó ya al hablar de la planificación normativa, por la Orden PRA/286/2017, de 28 de marzo, por la que se aprueba el modelo de documento de información de las iniciativas normativas para su inclusión en el Plan Anual Normativo de la Administración General del Estado. Esta incluye, en su anexo, dicho modelo que, a su vez, contiene una casilla denominada «Necesidad de evaluación», disponiendo de dos opciones, «Sí» o «No», a lo que hay que añadir una «Justificación».

213 En palabras de DE MONTALVO JÄÄSKELÄINEN (2017, 161), «se trata, pues, no tanto de un mecanismo de evaluación *ex post* de las normas, sino del propio cumplimiento del Plan anual normativo». Pero hay que destacar que no es el único contenido del precepto.

214 Al respecto, VELASCO CABALLERO (2019.2, 344) considera que la regulación estatal «opta por una evaluación *cualitativa o muestral* del cumplimiento normativo: solo respecto de concretas normas seleccionadas por la propia Administración estatal». Creo que, sin duda, esta evaluación tiene carácter *muestral*, por cuanto se realiza una selección de normas objeto de revisión; pero no estoy de acuerdo con que deba calificarse de *cualitativa*, pues ambos términos no son sinónimos y la evaluación posiblemente no solo se base en técnicas cualitativas, sino también *cuantitativas* o *mixtas*.
Pero, sin duda, la crítica más acertada sobre este precepto viene de la mano de CANALS I AMETLLER (2019.2, 96). Para esta autora, «en lo que a los anteproyectos de ley se refiere, tal previsión legal en favor del Gobierno incide en el ejercicio de la potestad legislativa de las Cortes, quienes están legitimadas para incorporar en los textos legales cláusulas de revisión». Pero no solo eso, sino que su ejercicio puede quedar condicionado a una eventual no aprobación o a una aprobación en términos distintos a los planeados inicialmente por el Gobierno.

215 Expresión que ya se utilizó en el caso del dictamen 215/2010, respecto de la LES, y que se repite en el dictamen 275/2015, apartado IV.46, sobre la LPAC. Para BOIX PALOP (2017, 796) se trata de «una disposición ambiciosa» que, en todo caso, va ligada al «muy limitado

bién porque al encontrarse indefectiblemente ligada al PAN anterior, cualquier desviación en la aprobación de este —como ya se vio que tantas veces sucede— llevará aparejadas consecuencias sobre el informe de evaluación. Sobre todo lo anterior se volverá más adelante al tratar el elemento temporal como aspecto destacable de la evaluación normativa *ex post*.

En lo que respecta a esta configuración del informe de evaluación, ya en el año 2008, la (entonces) Comisión Nacional de la Competencia (actual CNMC), en sus *Recomendaciones a las administraciones públicas para una regulación de los mercados más eficiente y favorecedora de la competencia* (p. 19), citaba entre los principales elementos del Análisis de Impacto Regulatorio la «planificación previa para la evaluación *ex post* de los resultados de la regulación, con la determinación de procedimientos para la recogida de datos relevantes». Esta *planificación de la evaluación* tendrá su relevancia, como podré comentar más adelante. Y también, por otro lado, la propia MAIN de la LPAC justificaba esta nueva previsión (p. 39): «Se establece un seguimiento y una cuantificación del impacto regulatorio a lo largo de todo el ciclo normativo».

Finalmente, la remisión a la colaboración reglamentaria contenida en el párrafo segundo del art. 130.1 LPAC se materializa en el ya estudiado (para el caso de la planificación normativa) RD 286/2017, de 24 de marzo, *por el que se regulan el Plan Anual Normativo y el Informe Anual de Evaluación Normativa de la Administración General del Estado y se crea la Junta de Planificación y Evaluación Normativa*.

El art. 3.1 de este reglamento viene a desarrollar, de algún modo, el art. 25.2 LGob, pues señala los criterios (en un listado amplio, de hasta 8 factores)[216] que deberán tenerse en cuenta a la hora de determinar, en cada PAN, cuáles deberán ser las normas objeto de evaluación. En cuanto al art. 3.2 es, en parte, reproducción literal del art. 28.2 LGob. A los elementos de análisis *ex post* contenidos en este último precepto (eficacia, eficiencia y sostenibilidad) se le adiciona uno nuevo: el estudio de «los resultados de la aplicación de la norma, en función del criterio por el que fue sometida a evaluación» (letra d). No se trata más que de una reiteración de la importancia del análisis del criterio determinante de su inclusión en el plan de evaluación, perfectamente reconducible al criterio inicial de *eficacia*.

---

alcance del contenido previsto para la evaluación». Y critica, con gran tino, que a pesar de ser coetánea la LPAC y la reforma de la LGob aquí mencionada, parece que el legislador hace «caso omiso a la exigencia de evaluación *ex post* de todas las normas vigentes» *(ib.)*.

216 Estos se corresponden con: a) coste o ahorro presupuestario significativo para la AGE; b) incremento o reducción de cargas administrativas; c) incidencia sobre derechos y libertades; d) conflictividad previsible con CC. AA.; e) impacto sobre economía o sectores destacados; f) efectos significativos sobre unidad de mercado, competencia, competitividad o pymes; g) impacto relevante por razón de género; y h) impacto relevante sobre la infancia, la adolescencia o la familia.

En cuanto al órgano competente y el plazo para su aprobación, el proceso de elaboración es complejo y aparece regulado en los arts. 3 y 4 del citado RD. Así, los ministerios deben remitir antes del 1 de marzo de cada año su informe correspondiente a la anualidad anterior a la secretaría de la ya mencionada Junta de Planificación y Evaluación Normativa, siendo competencia de este organismo la elaboración del Informe Anual de Evaluación Normativa (IAEN). Finalmente, debe ser el ministro de la Presidencia quien, para su aprobación, eleve dicho informe al Consejo de Ministros antes del 30 de abril de cada año.

Además de estos órganos, intervienen preceptivamente otros con carácter informativo: en todo caso, el informe final debe ser sometido (antes de su aprobación por el Consejo de Ministros) a la Comisión Delegada del Gobierno para Asuntos Económicos (art. 4.3). Pero es que, cuando «las normas que se evalúen lo sean por razón de su impacto económico, sobre la unidad de mercado o sobre la competencia» —en el tenor del art. 3.3— y con carácter previo a su elevación a la Junta de Planificación por parte de los ministerios, estos deberán obtener un informe previo sobre el borrador de la Oficina Económica del Presidente y de la Secretaría de Estado de Economía; añadiendo otro de la CNMC si el impacto lo era sobre ese aspecto (la competencia).

Finalmente, respecto de la publicidad de este IAEN, el art. 4.4 del RD aquí analizado, en consonancia con lo dispuesto por el art. 6.2 LTAIBG, establece la obligación de publicidad de este en el Portal de Transparencia de la AGE. Como tuve ocasión de señalar en el apartado correspondiente a la planificación, el precepto básico[217] exigía la publicidad de todo plan, no solo normativo. Conviene recordar su tenor otra vez en este punto por haber cobrado relevancia más allá del punto de vista de la publicidad:

> 2. Las Administraciones públicas publicarán los planes y programas anuales y plurianuales en los que se fijen objetivos concretos, así como las actividades, medios y tiempo previsto para su consecución. Su grado de cumplimiento y resultados deberán ser objeto de evaluación y publicación periódica junto con los indicadores de medida y valoración, en la forma en que se determine por cada Administración competente.
>
> En el ámbito de la Administración General del Estado corresponde a las inspecciones generales de servicios la evaluación del cumplimiento de estos planes y programas.

Si respecto de la planificación este precepto solo establecía un requisito de publicidad, no puede decirse lo mismo de la evaluación. La LTAIBG exige no solo la publicidad del resultado evaluativo, sino que configura un auténtico deber de evaluar los planes aprobados. Por consiguiente, si bien las AA. PP.

217 Básico en virtud de la DF 8.ª LTAIBG, con la excepción del párrafo segundo del apartado 2, que aquí también se reproduce y que resulta, obvio por su contenido, solo aplicable a la AGE.

son libres de aprobar planes —aunque no siempre, dado que algunos son exigidos *ex lege*, como el caso de la planificación normativa, al menos para el Estado y algunas CC. AA.—, su elaboración lleva aparejada la obligación incondicional de evaluar su «grado de cumplimiento y resultados» de manera periódica. Obligación que cobra todo el sentido desde el punto de vista de la garantía de la eficacia constitucionalmente exigida para la acción administrativa (art. 103.1 CE), pero solo se predicaría —insisto— de los planes y programas, y no de cualquier otra acción pública, en particular las de naturaleza normativa. Aunque lo cierto es que, al remitir al desarrollo reglamentario, el inciso final del precepto aquí analizado deja la puerta abierta a eventuales incumplimientos de este indudable deber, lo cual no resta ni un ápice de su obligatoriedad.

Pero la LTAIBG contiene, además (y ya desde 2013, por lo tanto 2 años antes incluso de la aprobación de la legislación administrativa de 2015)[218] una previsión que, de algún modo, ha pasado desapercibida por contenerse en una DA, en concreto la 2.ª, que ya exigía en aquel momento —y sigue haciéndolo— una «revisión y simplificación normativa» de manera continua para la Administración del Estado. Este precepto, que paso a reproducir por su interés, no tiene carácter básico por virtud de la DF 8.ª LTAIBG y, por consiguiente, solo es aplicable al ámbito estatal[219].

---

218 Dicen, con acierto, Catalá Pérez y de Miguel Molina (2018, 364) que la LTAIBG fue, de algún modo, pionera y ejemplo para la legislación autonómica, como se tendrá ocasión de comprobar después. Esta introdujo, de manera novedosa, referencias a la evaluación de políticas públicas (en general) que después serían reproducidas por la normativa autonómica.

219 Aunque no lo he tratado en los antecedentes legislativos y en el estudio de la tramitación parlamentaria de la normativa de 2015 (precisamente por no formar parte de ella), una referencia para este caso al *iter* legislativo resulta esencial para comprender su actual y vigente redacción.
El proyecto de la LTAIBG elevado a las Cortes por el Gobierno, según consta en el Boletín Oficial de las Cortes Generales, sección Congreso de los Diputados, de 7 de septiembre de 2012 (serie A, núm. 19-1, p. 19), señalaba —en lugar de su redacción actual— lo siguiente: «*Todas las Administraciones públicas* habrán de acometer...». Ya en la sesión de debate a la totalidad de dicho proyecto de Ley celebrada el jueves 30 de mayo de 2013 en el Congreso de los Diputados (sesión plenaria núm. 111, DS del Congreso de los Diputados núm. 117, p. 24), el diputado Jané i Guasch de CiU defendió la necesidad de limitar la aplicación de esta previsión a la AGE, en garantía del respeto a las «facultades de autogobierno», señalando incluso que «en Cataluña, la Generalitat, a través del Parlament de Catalunya, en la pasada legislatura hizo un esfuerzo enorme de simplificación normativa con las llamadas leyes ómnibus».
Así las cosas, como consta en el Boletín Oficial de las Cortes Generales, sección del Congreso de los Diputados, de 2 de julio de 2013 (Serie A Núm. 19-3), se presentaron hasta cinco enmiendas a esta DA 2.ª, todas en la línea de su modificación —para excluir precisamente a todas las AA. PP. de su ámbito de aplicación, limitándolo al Estado— o de su directa supresión. En concreto, procedieron de los grupos mixto (diputados canarios), popular, vasco (PNV), catalán (CiU) y socialista. El propio partido del gobierno (el PP en ese momento) presentó una enmienda en el sentido finalmente aprobado. Las enmiendas

Disposición adicional segunda. Revisión y simplificación normativa.

1. La Administración General del Estado acometerá una revisión, simplificación y, en su caso, una consolidación normativa de su ordenamiento jurídico. Para ello, habrá de efectuar los correspondientes estudios, derogar las normas que hayan quedado obsoletas y determinar, en su caso, la necesidad de introducir modificaciones, novedades o proponer la elaboración de un texto refundido, de conformidad con las previsiones constitucionales y legales sobre competencia y procedimiento a seguir, según el rango de las normas que queden afectadas.

2. A tal fin, la Secretaría de Estado de Relaciones con las Cortes elaborará un Plan de Calidad y Simplificación Normativa y se encargará de coordinar el proceso de revisión y simplificación normativa respecto del resto de Departamentos ministeriales.

3. Las Secretarías Generales Técnicas de los diferentes Departamentos ministeriales llevarán a cabo el proceso de revisión y simplificación en sus ámbitos competenciales de actuación, pudiendo coordinar su actividad con los órganos competentes de las comunidades autónomas que, en ejercicio de las competencias que le son propias y en aplicación del principio de cooperación administrativa, lleven a cabo un proceso de revisión de sus respectivos ordenamientos jurídicos.

La norma exige la *revisión* del ordenamiento con un propósito de simplificación[220]. Y dicha revisión debe desarrollarse con los oportunos *estudios* que den cuenta de la obsolescencia o la necesidad de introducción de modifica-

---

de los grupos canario (mixto) y vasco señalaban, de hecho, que un «mandato legal [como este] no se puede amparar en el ejercicio de ninguno de los títulos competenciales [de la LTAIBG]» y que un precepto como este «resulta contrario al orden de distribución de competencias», respectivamente. Y estas fueron aceptadas, dando lugar a la redacción actualmente vigente, que es la que se incluye aquí.
Recuérdese no obstante que la DF 8.ª LTAIBG, al establecer el título competencial de dicha norma, dispone que esta «se dicta al amparo de lo dispuesto en los artículos 149.1.1.ª, 149.1.13.ª y 149.1.18.ª de la Constitución». Descartados, por su inespecificidad, los dos primeros, me pregunto si de verdad no cabría esta previsión en la letra 18.ª del art. 149.1 como base del régimen jurídico de las AA. PP. De hecho, esa ha sido la apoyatura competencial para el art. 130.1 LPAC que, en sustancia, viene a decir algo semejante a lo que aquí se expresa. Quizás la única diferencia —que no menor— es que la DA 2.ª LTAIBG es más concreta y prolija en detalles que la mera obligación genérica de revisión establecida en el art. 130.1 LPAC. De hecho, en esa línea iba la justificación de la enmienda del grupo canario: «No habría nada que objetar si la Ley estatal estableciera un conjunto de principios programáticos o básicos». De cualquier modo, lo más sensato y respetuoso con la autonomía política de las CC. AA. fue, sin duda, su mera aplicación al Estado.

220 Sobre este precepto, la MAIN de la LTAIBG (pp. 26-27) decía que «puede considerarse que tendrá un impacto económico positivo en el ámbito económico (...). [Ello] es fundamental para mejorar la calidad de nuestro ordenamiento jurídico y para dotar de mayor seguridad a empresas y ciudadanos. Un ordenamiento jurídico complejo y anticuado tiene un impacto negativo sobre el crecimiento económico, los flujos de inversión, la creación de empleo y la competencia en el medio y largo plazo. Una regulación de mala calidad genera además costes sociales, ambientales y patrimoniales, ya que dificulta la aplicación efectiva de las normas y genera ineficiencias». El carácter generalista de esta previsión queda más que patente.

ciones. Todo ello se debe concretar en un *Plan de Calidad y Simplificación Normativa* sobre el que no se dan más detalles acerca de contenido, periodicidad o vinculatoriedad, más allá del órgano responsable del mismo o los responsables de acometer tales revisiones en cada departamento[221]. Se trata de un precepto de interés por cuanto habla ya de una planificación[222] de la *revisión normativa*, imprescindible para que esta pueda llegar a buen puerto, pero peca por defecto al no imponer una cierta periodicidad (que en absoluto tiene por qué ser anual)[223].

Nótese, además, un elemento que puede pasar desapercibido pero que tiene su importancia. El precepto indica que la AGE deberá *derogar* las normas que hayan quedado obsoletas en *su* ordenamiento. Pero también tiene que *señalar* la necesidad de modificarlas (todo ello dependiendo, lógicamente, del rango). Veremos más adelante el caso de Murcia, en el que un precepto prácticamente idéntico habla, sin embargo, de *proponer* la modificación. La Administración puede, sin duda, evaluar un ordenamiento. Y puede sugerir modificaciones de este a la vista de tal evaluación. Pero ¿puede derogar normas una AP? La potestad reglamentaria corresponde a los gobiernos (estatal, autonómico y local), no a la Administración. Aunque se trata de un matiz, creo que el ejemplo murciano da muestra de la importancia de esta precisión y señala el camino de una mejor redacción de la norma. De hecho, se señala así la diferencia entre la labor técnica de evaluación y la política de decisión normativa.

Por consiguiente, y poniendo en relación esta regulación de la LTAIBG con la ya mencionada del art. 28 LGob (donde he concluido que la normativa exige una evaluación del grado de cumplimiento del PAN y de las normas expresamente señaladas), debe colegirse que la obligación de evaluación del PAN del año anterior vendría exigida por el propio art. 6.2 LTBAIG de manera independiente a su inclusión en el art. 28 LGob, aunque por una evidente cuestión de técnica normativa su reiteración no resulta desacertada. Lo mismo sucede con la exigencia de una planificación de la revisión. El art. 130.1 LPAC debe inter-

221 Un precedente de estos Planes todavía vigente, aunque de escasa aplicación, se encuentra en los *Planes generales de simplificación* de carácter administrativo (por lo tanto, esencialmente ligado a procedimientos) y que prevén los arts. 8 y 9 del Real Decreto 670/1999, de 23 de abril, por los que se crea la Comisión Interministerial de Simplificación Administrativa. Me remito a las referencias hechas sobre la política de simplificación administrativa como antecedente de las políticas de mejora de la calidad del Derecho.
Con fecha de 23 de noviembre de 2021 se consultó, a través del procedimiento de transparencia, información sobre tales planes, sin que se haya recibido, a fecha de cierre de esta investigación, contestación al respecto.

222 Esta planificación vendría a satisfacer el requisito de determinación de la evaluación del desempeño de la norma ISO 9001:2015, apartado 9.1.1, que se adelantó al principio de este bloque.

223 De hecho, parecería apropiada, quizás, una exigencia de aprobación de uno de tales planes por legislatura, en el entendido de que es un plazo razonable y se establece como exigencia para cada periodo gubernativo.

pretarse en consonancia con la DA 2.ª LTAIBG, en el bien entendido de que los *Planes de Calidad y Simplificación Normativa* deben contribuir también a reglamentar la revisión general del ordenamiento jurídico[224].

Así, aunque posterior en el tiempo, el art. 130.1 LPAC puede considerarse la norma general que queda concretada, para el ámbito de la AGE, en las previsiones ya mencionadas tanto del art. 28 LGob como de la DA 2.ª LTAIBG[225]. Y aquí es donde parecen apreciarse con mayor claridad las diferencias semánticas de dos palabras que el legislador parece emplear como sinónimas, aunque no siempre lo sean: *revisar* y *evaluar*. Mientras que la evaluación (de eficacia) queda claramente concretada tanto sobre el PAN como sobre las normas específicas que deben ser objeto de tal, la revisión general (y su planificación) del ordenamiento tiene unos términos más amplios, aunque es cierto que después se concretará en evaluaciones particulares. Me remito a los comentarios sobre sendos conceptos hechos al inicio de este bloque. Esto, sin embargo, también plantea ciertos problemas en lo que respecta a la revisión completa y permanente del ordenamiento jurídico. ¿Es acaso eso posible o siquiera deseable? Sobre ello se volverá en el momento oportuno.

Para concluir, y a diferencia de lo que sucedió en el caso de la planificación normativa, no se ha aprobado un desarrollo ulterior en el Estado mediante Orden de modelo alguno de remisión de información sobre tal evaluación, como tampoco ninguna guía metodológica o reglas para su desarrollo, al margen de algunos materiales destinados a la evaluación de políticas públicas por parte de la AEVAL y del IEPP[226]. Resulta evidentemente innecesario en lo que respecta al grado de cumplimiento del PAN anterior —pues no supone más que una constatación estadística de la aprobación o no de las normas contenidas en él—, pero tendría todo el sentido disponer de este tipo de herramientas[227] para el análisis del grado de consecución de los objetivos de las normas que deban ser evaluadas, como se podrá ver para el caso del Ayuntamiento de Madrid.

224 Aunque la doctrina ha sido ciertamente crítica con esta previsión. Así, Alonso Timón (2020) era de la opinión de que «estos loables a la par que ilusorios objetivos [en referencia a la simplificación y revisión normativas] no se han cumplido, pero debe reconocerse al legislador la valentía que tuvo en el reconocimiento de sus pecados».

225 Y, aunque como previsión muy centrada en un ámbito concreto, el de la unidad de mercado, el ya citado más arriba art. 15.1 LGUM.

226 Materiales que pueden ser consultados tanto en la página *web* de la extinta AEVAL, http://www.aeval.es/es/difusion_y_comunicacion/index.html, como en la del IEPP https://www.mptfp.gob.es/portal/funcionpublica/evaluacion-politicas-publicas.html (Consultadas: 2022-03-15).

227 Ello contribuiría, por cierto, a cumplir las exigencias de la mencionada norma ISO 9001:2015. El mencionado apartado 9 de tal norma señala, entre otros extremos, que la organización debe determinar —de entre toda su actividad— qué necesita seguimiento y medición, los métodos empleados para ello y el momento o planificación de tal proceso. Una concreción de estos aspectos sería, por lo tanto, deseable.

3. La evaluación normativa *ex post* en las comunidades autónomas

a) Situación tras la declaración de inconstitucionalidad por la STC 55/2018 del art. 130 LPAC y su inaplicación parcial a las CC. AA.

En este punto de la investigación no es necesario repetir las numerosas explicaciones que sobre la STC 55/2018 se han dado ya en el primer apartado sobre la planificación normativa y a las que me remito para evitar reiteraciones. Pero sí hay que revisar las implicaciones que este pronunciamiento constitucional ha tenido para el instrumento de la evaluación normativa *ex post* en relación con las CC. AA.

La declaración de inconstitucionalidad efectuada por la meritada STC del art. 130 LPAC, a diferencia de otros artículos, es solo parcial incluso para los entes autonómicos. O sea, mientras que, por ejemplo, para el caso de la planificación normativa (del art. 132 LPAC) se concluyó que no era aplicable, *en ningún caso*, a las CC. AA., el TC llega a la determinación de que la evaluación normativa *ex post* del art. 130 LPAC sí es aplicable a las autonomías, aunque solo en lo que respecta a su producción normativa de rango reglamentario, no a la de rango legal. En otros términos, puede decirse que la obligación de la LPAC de revisión periódica de la normativa vigente de rango reglamentario sigue teniendo carácter básico, aunque limitado, y es aplicable a todas las AA. PP. Cuestión distinta será su escaso desarrollo en la práctica (incluso por la propia AGE).

Recuerdo que la STC trae causa de un recurso de inconstitucionalidad planteado por la Generalidad de Cataluña contra algunos preceptos de la LPAC y, en concreto para lo que aquí interesa, también contra el art. 130, por invadir competencias autonómicas «en orden a regular su propia organización y procedimientos (...) por más que en algunos casos (...) regulen trámites sin excesivo detalle ([como la] revisión periódica de la normativa vigente: artículo 130)» (FJ 7.a). En esta ocasión, a diferencia de lo sucedido para la previsión de la planificación normativa *ex* art. 132 LPAC, la propia letrada autonómica reconoce que el precepto sobre evaluación normativa *ex post* no está más que esbozado[228]

---

228 En palabras de RODRÍGUEZ GARCÍA y SÁNCHEZ PAVÓN (2019, 144), el precepto básico sería «rayano en lo que la doctrina viene denominando como "legislación simbólica" (...), corriendo el riesgo de que [acabe] procurándose del mismo un cumplimiento más formal que de fondo». No creo que el contenido de lo básico deba extenderse más allá de lo fundamental. Y lo fundamental aquí es que la exigencia de revisión normativa de rango reglamentario y el desarrollo del proceso y del informe de evaluación por cada Administración son obligatorios. Por consiguiente, no resulta inapropiada la síntesis del precepto y, como estos mismos autores señalan, «no se trata de un precepto absolutamente en blanco» *(ib.)*.
Dice por su parte ALONSO TIMÓN (2020) que, tras la STC 55/2018, «el loable intento por potenciar una mejor regulación en el conjunto de las Administraciones públicas españolas

en la norma administrativa estatal, por lo que el margen de maniobra del resto de AA. PP. es más que considerable[229].

Nuevamente, el TC distingue entre la aplicabilidad de este artículo para el supuesto de normas con rango de Ley y para las de rango reglamentario. Me remito a lo dicho en el apartado II.3.a del bloque de planificación normativa de esta investigación respecto de la primera, que fue declarada inconstitucional por «invad(ir) por ello las competencias que estas tienen estatutariamente atribuidas en orden a organizarse y regular la elaboración de sus leyes» (FJ 7.b *in fine*). Ahora bien, no comparto plenamente la conclusión a la que llega el TC, no tanto por el fondo como por la forma: si, como señalé más arriba, en el tenor del precepto no debieran entenderse comprendidas las normas con rango legal, difícilmente podría el alto tribunal evaluar su constitucionalidad.

En mi opinión, la actual configuración del art. 130.1 LPAC no incluiría la revisión de la normativa *legal*, al menos según su literalidad[230]. Y no lo haría por la evidente razón de que no puede, al menos en principio, compartirse que las *leyes* sean *normas de las Administraciones*, que es la expresión esencialmente utilizada por la ley.

Por ello, desde este punto de vista, la declaración de inconstitucionalidad del art. 130.1 LPAC respecto de las normas con rango de Ley de las CC. AA. habría sido improcedente por cuanto este precepto no habría sido ya inicialmente objeto de aplicación a tales normas. Así, no estoy de acuerdo con el TC cuando sostiene que este artículo «se refiere al ejercicio, por parte de los gobiernos nacional y autonómico, tanto de la potestad reglamentaria *como de la iniciativa legislativa*; *se aplica, por tanto, a las iniciativas de rango legal de las comunidades autónomas*» (FJ 7.b, la cursiva es mía)[231].

(...) ha quedado en una agria ensoñación», pues, en su opinión, el art. 130 LPAC «se queda a medio camino; tanto en lo cuantitativo como en lo cualitativo». No estoy de acuerdo. Se trata de un precepto básico, cuya operatividad no se pone en duda. Corresponde a cada ámbito territorial (y a su poder ejecutivo y legislativo) el desarrollo de los mecanismos de evaluación oportunos. Ello dotará de sustantividad propia a la evaluación *ex post*.

229 De hecho, en el dictamen 23/2015 del Consejo de Garantías Estatutarias de Cataluña, se limita el análisis de la adecuación a la Constitución y al EA de Cataluña a los arts. 129 y 132 LPAC, pues el reproche de la Administración autonómica se limita a calificar como superfluos y repetitivos el resto de los preceptos de tal Título VI LPAC, entre otros, el art. 130 que aquí interesa. Dicho de otro modo: el énfasis del reproche de constitucionalidad era menor incluso en ese estadio previo a la interposición del recurso ante el TC. Lo mismo sucedió en el caso de Canarias, cuyo Consejo Consultivo se pronunció en el dictamen 266/2016 contra el Título VI LPAC en su totalidad, pero centrando su análisis en los arts. 129 y 132, no así en el 130, sobre el que ni siquiera se pronuncia.

230 Cuestión distinta es lo que se haya hecho en la práctica o el contenido del art. 28 LGob, donde sí se incluye referencia indirecta a la evaluación de normas con rango de ley. Pero aquí importa la norma básica estatal, que era la que se enjuiciaba. Aunque también hice antes alguna matización sobre distintas interpretaciones de este precepto (véase más arriba).

231 Y, de hecho, parece haber cambiado su criterio respecto de lo sostenido en la STC 91/2017, en la que llegó a la conclusión de que «los preceptos impugnados, cuando aluden al "ejer-

Es cierto que una interpretación extensiva del precepto podría llevarnos a la conclusión de incluir las disposiciones de rango legal en el ámbito de la *normativa de las AA. PP.*, pero me parece que, ciñéndose a la literalidad del precepto, podría haberse salvado la constitucionalidad del artículo (aunque con una consecuencia idéntica a la del pronunciamiento de la STC 55/2018) por esta vía interpretativa.

En fin, por otro lado, y sobre la producción normativa autonómica de rango reglamentario, como he avanzado, la conclusión del TC es distinta. Respecto del art. 130.2 LPAC, y según la propia doctrina del alto tribunal sentada en su STC 91/2017 (FJ 6), este concluye que «tiene(n) carácter de base del régimen jurídico de las administraciones públicas (art. 149.1.18 CE)» (FJ 7.c) las previsiones sobre adaptación de la normativa vigente a los principios de buena regulación[232]. Y a semejante conclusión llega respecto del primer apartado (art. 130.1 LPAC) sobre la evaluación normativa y también sobre el informe de evaluación *(ib.)*, afirmando que «esta previsión (...) tiene un contenido muy general que, en cuanto tal, tampoco puede desbordar el ámbito de lo básico», con cita otra vez a la STC anterior[233].

Por consiguiente, resulta de obligada referencia dicha sentencia constitucional previa que analizó la adecuación de la LES a la Carta Magna. Y lo es dado que, como recuerda el propio TC, «su contenido [el del art. 130.1 LPAC] reproduce casi al pie de la letra [el del art. 6.1 LES]» *(ib.)*.

Pues bien, la STC 91/2017 resolvió[234] el recurso de inconstitucionalidad que planteó el Gobierno de Canarias contra distintos preceptos de la LES, en particular contra los arts. 5 y 6, que son los que aquí interesan y que se analizaron más arriba. La demanda de inconstitucionalidad del ejecutivo autonómico alegó una «extralimitación de la competencia estatal sobre lo

---

cicio de la iniciativa normativa", están haciendo referencia a la potestad reglamentaria ejercida en el doble ámbito estatal y autonómico» (FJ 4 *in fine*). Ahora bien, no hay que olvidar que el Título VI en que se integra este precepto tiene por rúbrica: «De la iniciativa legislativa y de la potestad para dictar reglamentos y otras disposiciones». Pero lo cierto es que las menciones a una y otra están desperdigadas por los distintos preceptos de manera bastante asistemática.

232 Dice Velasco Caballero (2019.2, 305) que «la perspectiva procedimental es secundaria» en el caso de la evaluación *ex post*, aunque la distinción «carece de consecuencias competenciales relevantes», pues se reconduce, en todo caso, a las bases del régimen de las AA. PP.

233 Aunque la sentencia publicada en el BOE de 22 de junio de 2018 erróneamente se refiere a la STC 91/2016, que nada tiene que ver.

234 La STC fue dictada el 6 de julio de 2017. Repárese en la fecha: posterior al 2 de octubre de 2016, momento de la entrada en vigor de la LPAC y la LRJSP. El pronunciamiento en el FJ 2.b) se ocupaba de la eventual pérdida sobrevenida del objeto del recurso, concluyendo que, al conservar su vigencia el contenido de los preceptos impugnados —no todos, pero sí, entre otros, los referentes a la mejora regulatoria— por haber sido incluidos e incluso ampliados por la LPAC, no existía tal pérdida sobrevenida y sí procedió a su enjuiciamiento.

básico y consiguiente vulneración de la competencia exclusiva autonómica» (antecedente 2.b). A juicio de la demandante, estos preceptos no encontraban acomodo en ninguno de los títulos competenciales del Estado del art. 149.1 CE. Para la defensa del Estado, las letras 1.ª, 13.ª y, singularmente, 18.ª de tal artículo serían las que los ampararían[235]. El TC no analiza en este recurso la procedencia de la aplicación de las dos primeras, ciñéndose a la última. Pero no cree, en absoluto, que los arts. 4 a 7 LES (y, por tanto, los de revisión normativa *ex post*) puedan incardinarse en la competencia exclusiva sobre procedimiento administrativo, pues «no establecen trámites ni definen, ni siquiera de forma genérica, la estructura a la que ha de acomodarse la realización de esta actividad jurídica, ni la forma de elaboración o requisitos de validez y eficacia de las normas» (FJ 6). Pero, a su entender, sí forman parte de las bases del régimen jurídico de las AA. PP., puesto que *(ib.)*:

> No impide, dada su generalidad, el ejercicio de las competencias autonómicas; no obstaculiza el desarrollo autonómico de estos principios ni la posibilidad de establecer otros diferentes, ni impide el diseño por parte de las comunidades autónomas, en la forma que estimen conveniente, de los procedimientos administrativos especiales conexos con el ejercicio de sus competencias materiales sustantivas.

235 Aunque la DF 1.ª LES se refiere solo a los ordinales 13 y 18 del art. 149.1 CE como justificativos de la competencia para la regulación de los preceptos aquí estudiados.
Por otro lado, merece la pena detenerse en la siguiente cuestión. En una sorprendente afirmación, el Consejo Consultivo de Canarias en su dictamen 40/2012 —previo a la interposición del recurso contra la LES resuelto por la STC 91/2017 aquí comentada—, llegó a la siguiente conclusión: *«Desde otra perspectiva, cabe sostener que en este caso no se está en presencia de principios de carácter procedimental, de ahí que, en rigor, no pueda hablarse de una materia que concierna al régimen jurídico de las Administraciones públicas ni al procedimiento administrativo común. Antes al contrario, consideramos que los principios recogidos en el art. 4 LES (junto con los arts. 5, 6 y 7 LES, como seguidamente se verá) están directamente relacionados con el objetivo de alcanzar una mejor y más depurada técnica legislativa»* (p. 9). Y justifica que el Estado regule esta materia, sobre la que no tiene expresa reserva competencial, por la vía de la aplicación del art. 149.3 CE.
No puede compartirse semejante conclusión. Sin duda, el Estado no creo que pueda disfrutar de una competencia sobre *técnica legislativa* autonómica. Quizás sí sobre *técnica normativa reglamentaria*, pero entendida dentro de las bases del régimen jurídico de las AA. PP. Nunca de la técnica normativa parlamentaria. Al menos no en la configuración actual de nuestro sistema constitucional. El dictamen concluyó que, si se interpretaban conforme a los elementos expuestos en el mismo, los arts. 4 a 7 LES eran constitucionales. Sin embargo, tal conclusión no fue compartida por distintos consejeros, que formularon votos particulares al respecto, sosteniendo que «tales preceptos de la LES inciden en el procedimiento de elaboración de las disposiciones de carácter general, de competencia exclusiva de las comunidades autónomas cuando se trata del procedimiento de elaboración de sus propias normas» (voto concurrente de los consejeros Lezcano Acedo y Díaz Martínez, p. 30) o que «no hay lugar a la aplicación de la supletoriedad en este caso» sobre la técnica legislativa (voto particular de Suay Rincón, p. 39), entre otros argumentos. Comparto la posición de este último.

Y dado que las reglas contenidas en los preceptos impugnados, a juicio incluso de la propia comunidad autónoma recurrente, no tienen (tenían) más que un carácter programático, sin haberse entrado en la demanda a su contenido, la mera constatación de que sí forman parte del campo de las bases del régimen de las AA. PP. lleva a la desestimación del recurso. Ahora bien, ciñendo la interpretación de los preceptos a la iniciativa (y evaluación) normativa de rango reglamentario, no a la de rango legal (FJ 4 *in fine*, comentado en una nota anterior).

En definitiva, y recapitulando, el art. 130 LPAC, en lo que atañe a la evaluación normativa *ex post*, es contrario al orden constitucional de competencias, pero en los términos establecidos en el FJ 7.b de la STC 55/2018. O sea, no será exigible dicha evaluación de la normativa autonómica de rango legal, pero sí de la reglamentaria de las CC. AA., en la línea de lo que se declaró también en el FJ 6 de la STC 91/2017. Y, por otra parte, aunque en este pronunciamiento no hay mención alguna a los EE. LL., dado que estos carecen de autonomía política, resulta más que evidente que seguirá siéndoles de aplicación, como se verá más tarde.

Pero ¿qué sucederá si, siendo completamente obligatorias —por básicas— para las CC. AA. las previsiones del art. 130 LPAC —ceñidas al ámbito reglamentario—, estas no desarrollan ninguno de los elementos exigidos por tal precepto? Ante la ausencia global de procedimiento autonómico para la evaluación *ex post* de la normativa reglamentaria exigida por la LPAC entraría sin duda en juego el art. 149.3 CE y la aplicación supletoria de la normativa estatal sobre esta cuestión (que no sería otra, a mi entender, que el art. 28 LGob y conexos, así como la DA 2.ª LTAIBG). Y ello porque no creo que las CC. AA. puedan, por la fuerza de los hechos (o sea, de no regular el procedimiento de evaluación *ex post*), obviar esa obligación que sigue siendo básica para ellas[236].

b) La actual configuración de la evaluación normativa *ex post* en las CC. AA.

i. La evaluación normativa *ex post* en Andalucía

El EA de la Comunidad Autónoma de Andalucía, al margen de otras previsiones sobre el concepto de *evaluación* no centradas en lo que aquí nos ocupa, contiene un par de previsiones que son de especial interés para com-

236 Sobre este particular, debe tenerse en cuenta la STSJ de Galicia de 5 de febrero de 2021 (ECLI: ES:TSJGAL:2021:1061), sobre evaluación normativa *ex ante*. En ese caso, la supletoriedad no pudo entrar en juego dado que el procedimiento autonómico «es completo» en relación con los trámites previos de la producción normativa, aunque no incluya los mismos trámites o informes que la normativa estatal. Por lo que no había una ausencia total de procedimiento autonómico. Respuesta distinta podría haberse obtenido si lo enjuiciado hubiera sido el análisis *ex post*.

prender su regulación sobre la materia. Me refiero a los arts. 10.3.19.° y 138 EAAnd. El primero de ellos, entre los objetivos básicos de la comunidad, incluye «la participación ciudadana en la elaboración, prestación y evaluación de las políticas públicas (...) en aras de una democracia social avanzada y participativa», en una previsión que, como se verá, es reproducida por otros EE. AA. (como el de Aragón, por ejemplo). Por su parte, el segundo establece una reserva de ley sobre «la organización y funcionamiento de un sistema de evaluación de las políticas públicas»; ley que, sin embargo, no ha sido hasta la fecha objeto de aprobación[237].

La primera de las previsiones resulta especialmente interesante por cuanto establece la necesidad de implicar a la propia ciudadanía en el ámbito evaluador *ex post* de los resultados de las políticas, pudiendo entenderse implícitamente incluida la *política regulatoria o normativa* dentro de ellas[238]. De hecho, el dictamen 11/2017 del Consejo Consultivo de Andalucía, al analizar un proyecto de orden referente a la prestación de servicios sanitarios, constata que determinada actividad pública —a la sazón, la unificación de varios centros sanitarios en uno solo— «no ha dado los resultados pretendidos» (FJ III) y por ello considera que (*ib.*, el resalte es mío):

> De este modo, (...) la Consejería Consultante impulsa un cambio en una estructura administrativa de atención sanitaria, **ante la evidencia de que no se han cumplido los objetivos o expectativas de la estructura que se aprobó en 2014. El grado de satisfacción o insatisfacción de los ciudadanos es un indicador fundamental para evaluar el objetivo de prestación de una atención integral de la salud** procurando altos niveles de calidad debidamente evaluados y controlados (...); evaluación de la calidad de la asistencia que ha de ser un proceso continuado (...).

Se aprecia la importancia que este órgano consultivo otorga, por un lado, al control continuo de la calidad y cumplimiento de los objetivos y, por otro, a la participación ciudadana y de los propios usuarios del servicio a la hora de realizar dicha evaluación *ex post*.

---

237 Aunque a la fecha de redacción de esta parte de la investigación se han emprendido ya los primeros pasos para ello, mediante una consulta pública previa. Disponible en: https://www.juntadeandalucia.es/organismos/igualdadpoliticassocialesyconciliacion/servicios/participacion/normativa/consulta-previa/detalle/189898.html (Consultado: 2021-11-23).

238 Esta es una cuestión recurrente y sobre la que ya se ha tenido ocasión de comentar algún extremo. ¿La política normativa de los poderes públicos —ya sea legislativa o reglamentaria— puede encuadrarse en el más amplio concepto de *política(s) pública(s)*? Yo creo que sí, de hecho, como se vio, la *Teoría de las 3S* de García Inda (2020), que es de especial utilidad para responder a esta cuestión, da muestra de cómo la producción normativa no es más que otra herramienta más al servicio de los poderes públicos para la consecución de sus fines. De ahí también la necesidad, precisamente desde el temprano trámite de la consulta pública previa, de analizar las opciones *no regulatorias*. En definitiva, creo que en esa evaluación *ex post* de las políticas públicas debe entenderse incluida la *política* regulatoria o normativa. Habrá ocasión de profundizar en este aspecto.

Respuesta del órgano consultivo andaluz que, por otra parte, va en la línea de las previsiones sobre calidad de los servicios y participación ciudadana (arts. 6 y 32, respectivamente) de la Ley 9/2007, de 22 de octubre, de la Administración de la Junta de Andalucía. Ley que, no obstante, se centra en el ámbito de los servicios más que en las *políticas* en general, por lo que no podría —en principio, sin perjuicio de una interpretación extensiva completamente deseable— predicarse también de la producción normativa. No sucedería lo mismo con las previsiones de la Ley 7/2017, de 27 de diciembre, de Participación Ciudadana de Andalucía, que sí establecen como principio básico (art. 4.k) la «rendición de cuentas, en cuya virtud podrá realizarse evaluación por la ciudadanía de la gestión de las políticas públicas» (y concordantes: arts. 12.e y 13.a) y, por consiguiente, también sería extensible a la *política normativa*.

Pero, más allá de estas previsiones más generales sobre evaluación *ex post* de políticas públicas, el ordenamiento andaluz dispone de dos preceptos específicamente destinados a reglamentar la revisión y evaluación normativa. En concreto, me refiero a la DA 1.ª de la Ley 1/2014, de 24 de junio, de Transparencia Pública de Andalucía, y al art. 9 del Decreto 622/2019, de 27 de diciembre, de administración electrónica, simplificación de procedimientos y racionalización organizativa de la Junta de Andalucía.

La mencionada DA 1.ª de la Ley andaluza 1/2014 viene a reproducir, en sus mismos términos[239], las previsiones de la DA 2.ª LTAIBG estudiada más arriba, simplemente sustituyendo la mención, en su apartado segundo, a la Secretaría de Estado de relaciones con las Cortes por la Consejería de Administración Pública —como competente para la aprobación del plan de calidad y simplificación normativa—. Pero hay una particularidad: aquí, en lugar de hablarse de «la Administración Pública andaluza» se habla de «todas las administraciones públicas andaluzas» (apartado 1). Por lo que, según establece el art. 3.3 de esta misma ley, tales previsiones de revisión normativa serán aplicables: a la Administración autonómica propiamente dicha, a sus órganos consultivos, a sus agencias, a las entidades locales andaluzas, a los entes instrumentales de derecho público, a las universidades públicas andaluzas y a cualesquiera otras entidades de derecho público vinculadas o dependientes de las anteriores. Llama la atención, en cualquier caso, que esta regulación autonómica deba ser aplicable a los EE. LL. andaluces, aunque la comunidad no está sino ejerciendo sus competencias legislativas

239 No se reproduce el precepto estatal (todavía) básico del art. 130 LPAC, sino la normativa del Estado que solo entraría en juego en el ámbito autonómico por la vía de la supletoriedad en caso de laguna normativa completa. Por consiguiente, las críticas que pueden realizarse a la normativa autonómica en el supuesto de reproducción mimética de la normativa básica no son aplicables a este caso. Simplemente se desplaza la normativa estatal y su eventual aplicación supletoria mediante la reproducción de aquella, en una libre opción legislativa —aunque poco imaginativa, eso es cierto—.

—compartidas con el Estado dado su carácter bifronte— sobre tales corporaciones, algo completamente admisible.

Por su parte, el otro precepto reseñado viene de alguna manera a concretar tales previsiones, exigiendo la aprobación de los denominados *Planes de calidad y simplificación normativa* «al menos cada cuatro años» (art. 9.1), siendo competencia del Consejo de Gobierno su aprobación[240]. Estos planes, según detalla la norma, «abordarán una revisión general de las normas vigentes para valorar la adopción de, al menos, las siguientes medidas»: la reducción del número de normas, su adaptación a los principios de buena regulación y la verificación de la justificación inicial, la consolidación y simplificación, y el «rediseño funcional» de procedimientos. Los resultados del plan deberán incluirse en un informe de evaluación «que, previo conocimiento de la Comisión Interdepartamental de Coordinación y Racionalización Administrativa, se hará público en el Portal de la Junta de Andalucía, así como por los medios que se estimen pertinentes» (apartado 3). No se menciona la periodicidad de dicho informe de evaluación, aunque se entiende que este debería aprobarse una vez concluida la vigencia del correspondiente plan objeto de evaluación. Tampoco se detallan los efectos de tal evaluación.

En conclusión, la Comunidad Autónoma de Andalucía cuenta con un específico régimen jurídico de evaluación normativa, coincidente en lo sustancial con el del Estado, que amplía las posibilidades del art. 130 LPAC al poder ser aplicable, plenamente, a la normativa con rango de Ley[241] de la propia comunidad autónoma. Además de ello, una lectura integradora de los distintos preceptos mencionados debería llevar a la conclusión de que, en los procesos de evaluación y revisión que se sustancien, la participación ciudadana es no solo algo deseable sino un requisito imperativo. Y aquí se concreta la periodicidad de la planificación de dicha evaluación, por lo que se dan garantías para su consecución real y efectiva.

Pero esta evaluación normativa, que debe planificarse de manera conveniente por cada AP andaluza, no está necesariamente prevista para normas concretas. Dicho de otro modo: existe cierta libertad de configuración sobre cuáles habrán de ser objeto de tal revisión. Así, resulta interesante el dictamen 568/2018 del mismo Consejo Consultivo de Andalucía, que analiza la

---

240 Precisamente, el dictamen 850/2019 del Consejo Consultivo de Andalucía informó del proyecto de Decreto que aquí se estudia, y ya señaló (FJ III, apartado 11), como crítica, que «se echa[ba] en falta que se fij[as]e su periodicidad», cuestión que fue atendida, como se puede ver, por la Administración andaluza, al determinar un periodo mínimo cuatrienal, que también propuse más arriba para el Estado. Decía, además, respecto del art. 9 que «los "Planes de Calidad y Simplificación Normativa" regulados en este artículo deben relacionarse con el artículo 130.1 de la Ley 39/2015». Sin duda son una concreción de este, pero también del propio precepto autonómico que lo reproduce.

241 Lo que remite a la propia problemática de la evaluación *ex post* de normas con rango de Ley y los efectos que de ella puedan derivarse.

adecuación de una normativa sobre espectáculos públicos que tiene cierta incidencia sobre el derecho al descanso y a la prevención de la contaminación acústica. Este pronunciamiento hace una serie de consideraciones interesantes sobre lo que el propio Consejo califica de «falta de previsión [en la propia norma objeto de análisis] de un instrumento específico de evaluación normativa para constatar, en un plazo de tiempo razonable, si se cumplen los objetivos previstos en la norma y están suficientemente garantizados los derechos constitucionales y estatutarios antes examinados» (apartado 1.3 del FJ III); en concreto, afirma lo siguiente (*ib.*, el resalte aquí también es mío):

> (...) **El Consejo Consultivo echa en falta un instrumento de evaluación normativa para constatar, en un plazo de tiempo razonable, si se cumplen los objetivos previstos en la norma** y están suficientemente garantizados los derechos constitucionales y estatutarios antes examinados.
>
> Aunque el artículo 130.1 de la Ley 39/2015 ha sido declarado contrario al orden constitucional de competencias [STC 55/2018, de 24 de mayo, en los términos expuestos en su FJ 7.b)] la obligación de revisar periódicamente la normativa vigente para adaptarla a los principios de buena regulación está en la lógica de cualquier ordenamiento jurídico y representa una obligación indeclinable en un Estado de Derecho; máxime cuando la Norma Suprema proclama que la dignidad de la persona, los derechos inviolables que le son inherentes, el libre desarrollo de la personalidad, el respeto a la ley y a los derechos de los demás son fundamento del orden político y de la paz social (artículo 10.1 de la CE).
>
> Por las razones expuestas, **el Consejo Consultivo considera que el Proyecto de Decreto debe contemplar un instrumento de revisión del impacto de las novedades que se introducen**, para, en su caso, introducir las modificaciones oportunas en un plazo razonable.

De ello se desprende, por un lado, la aparente inaplicabilidad en opinión de este Consejo Consultivo —aunque no termina de argumentarlo de manera convincente— del art. 130.1 LPAC al ámbito autonómico, conclusión que no podría compartirse —de ser tal, en efecto, la opinión del órgano consultivo—; por otro, una aparente exigencia implícita a todo Estado de Derecho de revisar periódicamente su normativa (al margen de la normativa específica de aplicación ya estudiada); y, finalmente, que tal revisión tiene por objeto, precisamente, la satisfacción de derechos y libertades públicas. Sobre la cuestión de la revisión de normas concretas y, en particular, de aquellas no previstas en los planes de evaluación habrá ocasión de volver más adelante. En fin, un régimen jurídico bastante claro y preciso.

ii. La evaluación normativa *ex post* en Aragón

El art. 15.3 EEA, como ya adelanté, ofrece una redacción semejante a la prevista en el EAAnd. Según este precepto, «los poderes públicos aragoneses promoverán la participación social en la elaboración, ejecución y evaluación de las políticas públicas». Sin embargo, a diferencia del caso andaluz, aquí no se reserva a ninguna Ley la regulación de tal proceso de evaluación de las políticas públicas. Tampoco hay más menciones en este EA a la materia que aquí interesa.

Resultan más interesantes algunas de las previsiones que, de manera asistemática, trufan la legislación administrativa aragonesa. Así, por ejemplo, en la Ley 2/2009, de 11 de mayo, del Presidente y del Gobierno de Aragón, se prevé que, en el seno de la institución del «traspaso de poderes» (art. 21 *bis*), se deba incluir información sobre el «grado de cumplimiento y resultados de los planes y programas (...) incluyendo los indicadores establecidos para el seguimiento y evaluación del plan de gobierno». Instituto este que resulta, de por sí, más que conveniente para evitar esa *invertebración secuencial* a la que me he referido en varias ocasiones. Pero es que, además, el art. 45 de la citada Ley ofrece una completa regulación de la evaluación normativa, que por su interés reproduzco:

> **Artículo 45. Evaluación normativa y adaptación a los principios de buena regulación.**
>
> 1. Los departamentos proponentes de las iniciativas, en coordinación con el departamento competente en materia de calidad normativa, decidirán cuáles de las normas incluidas en el Plan Anual Normativo que se eleve para su aprobación serán objeto de evaluación posterior. Dicha evaluación tendrá por objeto comprobar el grado de cumplimiento de los objetivos perseguidos y su adecuación a los principios de buena regulación, todo ello de acuerdo con lo previsto en la legislación básica del Estado.
>
> 2. El resultado de la evaluación de las normas seleccionadas se plasmará en un informe que también incorporará, en su caso, el impacto económico derivado de su aplicación. Dicho informe se publicará anualmente en el Portal de Transparencia del Gobierno de Aragón.
>
> 3. La normativa vigente, atendiendo a los resultados de la evaluación, podrá ser objeto de revisión y adaptación para garantizar el cumplimiento de los principios de buena regulación.

Se trata, pues, de una evaluación normativa determinada ya desde el momento mismo de su planificación y que se asemeja, en este aspecto, a la regulación estatal[242]. Pero no es la única previsión, pues el art. 1.2.c) de la

242 El dictamen 90/2019, del Consejo Consultivo de Aragón, examinó el proyecto de Decreto por el que se desarrolla la capacidad normativa del Gobierno de Aragón. Dicho reglamento no fue aprobado finalmente, sino que su contenido pasó a formar parte de la mencionada Ley 2/2009, mediante modificación operada por Ley 4/2021, de 29 de junio, que modifica su Título VIII. Pues bien, en lo que se refiere a la propuesta de inclusión de la «evaluación normativa», decía el órgano proponente que «podría requerir personal adicional que pudiera implicar un incremento de gasto público, aunque (...) "esta cuestión excede del presente proyecto normativo"» (apartado III, § 10). Esta conclusión no es compartida por el órgano consultivo, considerándolo «no muy creíble», a lo que añade que «el proyecto

Ley 8/2015, de 25 de marzo, de Transparencia de la Actividad Pública y Participación Ciudadana de Aragón, también garantiza la participación ciudadana en la «planificación, elaboración y evaluación de las políticas públicas del Gobierno de Aragón». Y es que esta norma contiene, además, una definición expresa de lo que ha de entenderse por evaluación (art. 3.d): «Proceso integral de observación, análisis y consideración de la intervención pública, encaminado a valorar su diseño, desarrollo y ejecución, el cumplimiento de los objetivos, su impacto y las correcciones necesarias para la mejora de las estrategias públicas». Definición esta que va en la línea de la aquí propuesta. Así mismo, y del mismo modo que la LTAIBG estatal prevé la evaluación de planes y programas, el art. 14 de la Ley aragonesa de transparencia también lo prevé.

Pero es que también la Ley 5/2021, de 29 de junio, de Organización y Régimen Jurídico del Sector Público Autonómico de Aragón exige, en su art. 3.2.g), la «planificación y dirección por objetivos y control de la gestión y evaluación de los resultados de las políticas públicas». Y, por su parte, la reciente Ley 1/2021, de 11 de febrero, de simplificación administrativa de Aragón, establece la elaboración —junto al Plan de Gobierno— de un *Plan de Simplificación Normativa* (art. 5), que debe ser objeto de evaluación y seguimiento (art. 8).

En definitiva, se trata de una completa —aunque algo dispersa y hasta repetitiva, en cierto punto— regulación de distintos instrumentos de evaluación y revisión normativa. Pero no se puede concluir este repaso por el régimen jurídico de la evaluación normativa *ex post* en el ordenamiento aragonés sin hacer una mención a sendos dictámenes del Consejo Consultivo de esta Comunidad que destacan por su calidad, claridad y por ser prácticamente únicos en su género. Me refiero a los dictámenes 132/2011, de 8 de noviembre, 2/2012, de 6 de marzo.

El primero de ellos tiene por objeto una «propuesta metodológica para la elaboración de un programa de mejora de la calidad de las normas y simplificación del ordenamiento aragonés». En lo que aquí importa, el apartado IV.D de las Consideraciones Jurídicas versa, precisamente, sobre la «revisión de la normativa preexistente», que es situada por el Consejo «a caballo entre la calidad normativa, la simplificación y la codificación». Con este fin, sugiere «acometer una codificación que no sea meramente compiladora del derecho vigente (...) sino reformadora del mismo»[243]. Y, para ello, la existencia de un «novedoso órgano» que sugiere el Consejo «en orden a la determinación de prioridades» parece importante. Este órgano se encargaría, a juicio

podría haber aprovechado el cambio normativo para realizar una previsión económica realista del gasto que supondrán los nuevos trámites» *(ib.)*. Sobre esto se volverá.

243 Me remito a las consideraciones hechas al inicio de este bloque de la investigación, sobre el posible contenido de la revisión y evaluación, así como a las consideraciones sobre codificación y compilación que hice en otro lugar (véase Badules Iglesias 2020, 23-26).

del órgano consultivo, de promover «el cambio de mentalidad y ostent[ar] la responsabilidad de formar e informar a funcionarios y órganos de decisión, y coordinar, dirigir y controlar los procedimientos de elaboración de las normas y de revisión, adaptación y codificación de las preexistentes» (apartado V). Órgano que, sin embargo, no parece que se haya concretado en ninguna propuesta en particular[244].

Este sugerente dictamen —que alcanza muchos más aspectos que el aquí reseñado— debió despertar el interés del ejecutivo aragonés, pues solicitó al mismo órgano consultivo la emisión de uno nuevo en el que «se profundi[zase] la argumentación trazada» en el anterior, en particular a este respecto. Así, el dictamen 2/2012 es, quizás, uno de los pocos —si no el único, hasta donde tengo conocimiento— en toda España que versa casi en exclusiva sobre el instituto de la evaluación normativa *ex post* —por lo que su lectura está más que recomendada—. La tarea de revisión normativa consiste, a juicio de este órgano, en la «obligación de someter el ordenamiento jurídico a una evaluación permanente, que permita detectar sus disfunciones y proceder a acometer únicamente aquellas reformas que sean realmente necesarias» (apartado II).

Y plantea una cuestión de interés, de cara a la planificación de la revisión: «Con independencia del programa legislativo del Gobierno (...) la Administración viene obligada a una continua evaluación de las normas que aplica» *(ib.)*. Esto es más que relevante y sobre ello se volverá al final de este bloque de la investigación. Además, aclara que, dada la división departamental, lo lógico es que corresponda a cada área funcional de la Administración (a cada consejería) el seguimiento constante de la normativa que aplica, en una atribución que parece, sin duda, acertada.

Añade que «ningún criterio de "prioridad" puede facultar a permanecer en la pasividad a sector alguno de la Administración» (apartado III) y ello porque la obligación de revisión es indudable —aunque entonces estaba vigente el art. 6.1 LES—. Pasividad que, en términos más amplios y como ya he dicho, no diluye tal requisito normativo previsto por la legislación estatal. Y concluye con una reflexión que merece ser reproducida en su integridad, por su gran interés:

> Revisar el ordenamiento aragonés no es tarea breve ni sencilla. Pero acometerla, además de presentarse conveniente para Administración y ciudadanos, y además de integrar o formar parte de un deber legal explícito, se integra con naturalidad en la configuración constitucional de las Administraciones públicas satisfaciendo de forma objetiva los intereses generales con pleno sometimiento a la Ley y al Derecho. Ello implica que deba actuarse, y hacerlo quizá no tanto priorizando y esca-

244 Sobre la conveniencia de dotar a cierto órgano —no necesariamente de nueva planta— de competencias para asegurar la revisión y evaluación continua de los distintos sectores del ordenamiento, véase lo apuntado en otro lugar (Badules Iglesias 2022).

lonando la revisión de determinadas materias, abandonando otras en el tiempo, como dando pasos que vayan despejando poco a poco el panorama de las tareas a realizar en cada uno de los diferentes ámbitos, sin perjuicio de las naturales preferencias que se vayan estableciendo en la revisión y de las obvias consecuencias derivadas de lo trabajado o aportado por cada grupo, siempre bajo el norte de los principios de necesidad, proporcionalidad, seguridad jurídica, transparencia, accesibilidad, simplicidad y eficacia.

Dictámenes, en definitiva, que ayudan a clarificar una función de revisión esencialmente administrativa, en buena medida por desarrollar y consolidar, pero cuyo fundamento teórico queda bien apuntalado gracias a ellos. Y, además, trascienden el mero interés autonómico y sus conclusiones son perfectamente extrapolables al resto de sistemas de nuestro *ordenamiento plural*.

iii. La evaluación normativa *ex post* en el Principado de Asturias

En el Principado de Asturias, se encuentran algunas referencias[245] a la revisión normativa en la Ley 8/2018, de 14 de septiembre, de Transparencia, Buen Gobierno y Grupos de Interés, y en el —ya citado— *Protocolo para la elaboración y mejora de la calidad de las disposiciones de carácter general en el Principado de Asturias* (aprobado por Acuerdo de 28 de diciembre de 2017, del Consejo de Gobierno) instrumento este que no goza, sin embargo, de fuerza normativa.

La DA 4.ª de la Ley 8/2018 regula la «simplificación normativa», tarea que, como señala el propio preámbulo de la norma, «en absoluto es secundaria», justificación que parece necesaria —a juicio del propio legislador— por la posición sistemática de esta previsión en el articulado de la Ley. Pues bien, en consonancia con otras legislaciones, este precepto dispone que «la Administración del Principado de Asturias acometerá una *revisión* y simplificación de su ordenamiento jurídico» (la cursiva es mía), para lo que «habrá de efectuar los correspondientes estudios». Después, se exige la aprobación de un *Plan de Calidad y Simplificación Normativa,* por parte del ejecutivo autonómico, en el plazo de 9 meses. Esta obligación parece agotarse con su mero cumplimiento, no siendo reiterativa en el tiempo, extremo que difiere de lo previsto en otras legislaciones y que, a mi juicio, resta interés a esta planificación. Y ello es debido al hecho de que la revisión debe ser periódica y constante, no limitarse a un momento temporal único, como si a partir de ese momento no hubiera más cuestiones que mejorar.

---

245 No consta, sin embargo, ninguna mención a la evaluación normativa *ex post* en las *Recomendaciones para la mejor tramitación de los procedimientos para la elaboración de disposiciones de carácter general en la Administración del Principado de Asturias*, del año 2016, más allá de una mención —sin ningún análisis— al art. 15 LGUM (p. 65).

En esta línea, se aprobó el Acuerdo de 11 de enero de 2017, del Consejo de Gobierno, por el que se crea la Comisión de Simplificación Administrativa, se establece su composición, funciones y metodología de trabajo, y se aprueba el Plan de Trabajo Inicial para la Simplificación Administrativa y la Reducción de Cargas Burocráticas. Este Acuerdo habla, por un lado, de la importancia del «proceso de revisión normativa y procedimental». Entre los objetivos prioritarios del plan de trabajo inicial mencionado se sitúa la «simplificación normativa», entendida como «revisión del ordenamiento jurídico autonómico e identificación de normas vigentes que requieran la adopción de medidas tendentes a su derogación, simplificación, modificación o nueva formación» (Anexo II). Sin embargo, esta Comisión se extinguirá por la aprobación del Plan Estratégico (art. 10) y, aunque las funciones de recopilación de sugerencias quedan atribuidas a otro ente, parece que la temporalidad de este órgano puede restarle interés, en la dirección de lo señalado respecto del Plan anterior.

En lo que respecta al mencionado Protocolo, se exige que la memoria de evaluación *ex ante* de cada propuesta normativa indique «cuáles son los resultados esperados con la regulación propuesta, de acuerdo con lo previsto en el artículo 130 de la Ley 39/2015» (apartado 4.3.3), que permitan la evaluación *ex post* de cada regulación. Materia esta a la que se refiere el apartado 7 de tal documento, donde se señala, con referencia a la normativa estatal[246], que «en el Principado de Asturias aún no se ha desarrollado este artículo relativo a la evaluación *ex post* de la normativa» para, acto seguido, señalar la regulación estatal sobre el particular. ¿Está veladamente haciendo referencia a la legislación supletoria? No se indica expresamente, pero sin duda así podría interpretarse.

Por lo tanto, en el caso de Asturias, no existe más que una previsión genérica de revisión normativa y algunas indicaciones en el proceso de elaboración de la norma, pero en absoluto se concretan en obligaciones concretas y, por lo tanto, materializables y fiscalizables. Por ello, el desarrollo normativo en esta comunidad en materia de evaluación *ex post* se puede calificar como escaso.

iv. La evaluación normativa *ex post* en Canarias

El EA de Canarias (Ley Orgánica 1/2018, de 5 de noviembre) hace algunas menciones al término «evaluación» en ciertas materias como el género, la educación o el medio ambiente, propias más de un análisis de las políticas públicas que de una verdadera preocupación sistemática. Pero esta comunidad dispone de algunas previsiones al respecto en la Ley 12/2014, de 26 de diciembre, de transparencia y de acceso a la información pública, y en el Decreto 15/2016, de 11 de marzo, del Presidente, por el que se establecen las normas internas para la elaboración y tramitación de las iniciativas normativas del Gobierno y se aprueban las directrices sobre su forma y estructura.

---

246 Aunque incorrectamente cita el art. 132 LPAC, en lugar del 130, que es el que correspondería.

La primera de dichas normas, además de otras menciones en su articulado a una evaluación de la aplicación de sus propios preceptos, establece en el art. 26.2.c) y d) sendas obligaciones de publicidad activa, por parte de la Administración autonómica, de información sobre la planificación y programación, con indicación del «grado de cumplimiento» y «la evaluación de los resultados de los planes y programas». Se encuentra, por tanto, en la línea de lo establecido por la legislación estatal de transparencia.

Mayor interés presenta la segunda de las regulaciones. Este Decreto incluye en su directriz séptima, sobre la «aplicación de las normas», la indicación de que será el SGT de cada departamento el competente para «la aplicación de las normas de elaboración normativa» y, lo que es más relevante, la posibilidad de que puedan «instar al Gobierno a fin de constituir grupos de trabajo para coordinar procesos de análisis y revisión de la legislación sectorial» con una representación preceptiva —dice esta directriz, *in fine*— de la presidencia del Gobierno. Ciertamente, esta posibilidad —que, por otro lado, está en manos de cualquier gobierno aun sin que lo prevea expresamente su normativa reguladora— va en la línea de lo que se defenderá más adelante y resulta, por ello, muy interesante.

Adicionalmente, y como ya se vio al estudiar la planificación normativa y de gobierno, la directriz decimosexta, sobre «evaluación y planificación normativa», dispone en su apartado 2.b que se creará un «grupo técnico de trabajo» que asumirá la función de:

> Colaborar con la Dirección General de Modernización y Calidad de los Servicios en las siguientes funciones: - Participar en las actuaciones en relación con la simplificación burocrática y administrativa. - Revisar de manera periódica la normativa autonómica con el fin de verificar su grado de eficacia y evaluar el resultado de su aplicación y el cumplimiento de los objetivos perseguidos. - Comprobar que la normativa autonómica vigente, o en fase de proyecto, no genera restricciones injustificadas o desproporcionadas en el desarrollo de la actividad económica.

Y se dota, además, de una exigencia de publicidad (apartado 3) de los informes elaborados por tal grupo de trabajo (sobre el que, por cierto, no se tiene mayor constancia). Como ya apunté en su momento, y dado que estas directrices revisten la forma de decreto autonómico y se exige el cumplimiento de las mismas en la tramitación de las normas, parecería que la constitución de tal grupo técnico puede tener carácter obligatorio, al menos *ad intra* (aunque las eventuales consecuencias de su incumplimiento fueran más que dudosas).

Por lo tanto, *de iure*, resulta más que evidente que esta comunidad autónoma dispone de un régimen jurídico de la evaluación normativa *ex post*. Todo ello sin perjuicio de que la concreción de otros elementos importantes como la periodicidad, el contenido, la competencia o las consecuencias no hayan sido desarrolladas[247].

247 Me remito en este punto, sin necesidad de reiterarlo, al análisis realizado de los dictámenes 40/2012 y 266/2016, del Consejo Consultivo de Canarias, sobre la LES (en particular,

v. La evaluación normativa *ex post* en Cantabria

La situación en la CA de Cantabria es semejante: por un lado, existen algunas previsiones más o menos generales en la Ley 1/2018, de 21 de marzo, de Transparencia de la Actividad Pública; por otro, una previsión más concreta en la Ley 5/2018, de 22 de noviembre, de Régimen Jurídico del Gobierno, de la Administración y del Sector Público Institucional.

La Ley de transparencia cántabra, al margen de ciertas menciones a la evaluación de la propia aplicación de dicha ley, incluye entre sus principios generales una promoción de la «cultura de la evaluación», derivada del principio de responsabilidad (art. 2.4), y de la evaluación de los servicios públicos, derivada del «principio de calidad y mejora continua» (art. 2.13). Incluye, así mismo, una definición del concepto de evaluación (art. 3.6), en los mismos términos que la definición ofrecida por la norma aragonesa, a la que me remito.

En materia de publicidad, precisamente el art. 25.3.j) dispone que serán objeto de publicación por parte de las AA. PP. cántabras —como sucede en la mayor parte de las legislaciones españolas sobre esta materia— «los informes sobre mejora de la regulación y los de evaluación de las políticas públicas y de calidad de los servicios públicos». Publicidad, de algún modo, referida a eventuales informes de evaluación *ex post* de carácter general (no centrados en normas concretas). Pero es que, además, la letra ñ) de ese mismo precepto exige que se evalúe (y publique) el grado de cumplimiento y los resultados de los planes y programas «al menos una vez al año, junto con los indicadores de medida y valoración, en la forma que se determine para cada entidad». La novedad aquí reside más en la periodicidad anual de este informe de evaluación, que no queda determinado en esos mismos términos en el resto de las leyes de transparencia que efectivamente determinan lo mismo.

Finalmente, el art. 49 de la Ley 5/2018 se refiere a la «revisión y mejora regulatoria»[248] y ofrece una de las mejores concreciones —aun siendo bastante sintético— que en materia de evaluación *ex post* pueden observarse en el panorama español. Su tenor es el siguiente:

Artículo 49. Revisión y mejora regulatoria.

La Administración de la comunidad autónoma revisará periódicamente su normativa propia para verificar su adaptación a los principios de buena regulación y comprobar el grado de cumplimiento de objetivos previstos, la corrección del coste inicialmente contemplado y la justificación de las cargas eventualmente impuestas.

---

sus arts. 4-7) y sobre la LPAC (arts. 127-133), estudiados en el apartado en que se trató la situación tras la declaración de inconstitucionalidad por la STC 55/2018 en el ámbito autonómico.

248 Este precepto ya se comentó al hablar de la planificación normativa pues, recuérdese, exigía con anterioridad la elaboración de un PAN. El legislador cántabro suprimió tal obligación, pero mantuvo su apartado primero, que configura su actual tenor.

> La revisión y evaluación, que corresponderá a cada una de las Consejerías por razón de la materia, se efectuará de forma coordinada y su resultado se plasmará en un informe elaborado por la Consejería de Presidencia que se hará público en el Portal de Transparencia cada 2 años.

Revisión, por lo tanto, sometida al criterio de eficacia, pero también de eficiencia y menor onerosidad; y concretada orgánica y temporalmente en un horizonte bastante sensato: cada 2 años. El hecho de que se encomiende a cada consejería esta revisión periódica permite entender, así mismo, restringido el ámbito de la calificación que se les asigna a las normas que aplicarán cada una de ellas. Solo se echa en falta alguna concreción que permita, en su caso, elegir las normas que serán objeto de especial interés para la evaluación y, además, los eventuales criterios para la participación ciudadana. No obstante, y sobre todo el primero de dichos extremos, puede ser gestionado de manera informal a pesar de no constar regulado en modo alguno. En definitiva, se trata de un precepto que imitar por el resto de las regulaciones.

vi. La evaluación normativa *ex post* en Castilla y León

En el caso de la Comunidad de Castilla y León, ni el EA, ni la Ley 3/2001, de 3 de julio, del Gobierno y de la Administración de la Comunidad de Castilla y León, ni la Ley 3/2015, de 4 de marzo, de Transparencia y Participación Ciudadana, contienen mención alguna a evaluación alguna (ni en general, de políticas públicas, ni tampoco específicamente normativa). Sin embargo, sí lo hace la Ley 2/2010, de 11 de marzo, de Derechos de los Ciudadanos en sus relaciones con la Administración de la Comunidad de Castilla y León y de Gestión Pública (en particular, tras su modificación por la Ley 2/2017, de 4 de julio).

En concreto, esta norma tiene por objeto tanto las «medidas de modernización y mejora de la Administración» autonómica, como la «evaluación de las políticas públicas y de la calidad de los servicios públicos» (art. 1.2.b y c). Previsiones que se concretan, por un lado, en el derecho de participación reconocido en el proceso de evaluación de políticas públicas (art. 28.1); por otro, en un completo Título III dedicado a la «Evaluación de las políticas públicas y de la calidad de los servicios de la Administración de la Comunidad de Castilla y León»; y, finalmente, lo que aquí más interesa, en el art. 42 sobre «Calidad normativa y evaluación del impacto normativo». El apartado 3 de este precepto dispone lo siguiente:

> La consejería competente en materia de calidad normativa coordinará la revisión periódica de la normativa vigente para determinar su adecuación a los principios de buena regulación, expresados en el apartado 1 de este artículo, y realizará el informe de resultados de dicha evaluación.

Los principios a que se refiere este tenor son los de accesibilidad, coherencia y responsabilidad, además de los básicos estatales. Se trata, en todo caso, de una regulación de mínimos en la que solo se atribuye una competencia a las consejerías, sin más indicación de plazo, periodicidad o contenido[249].

El Decreto 43/2010, de 7 de octubre, por el que se aprueban determinadas medidas de mejora en la calidad normativa de la Administración de la Comunidad de Castilla y León, parece ir en la línea de concretar, en alguna medida, las previsiones del precepto legal apenas citado. Así, el art. 7 de este reglamento establece la obligación de aprobación por la consejería competente de «las guías metodológicas necesarias (...) para la elaboración y *revisión* de sus disposiciones normativas y para la simplificación y racionalización de los procedimientos administrativos» (la cursiva es mía). Sin embargo, la Orden ADM/1835/2010, de 15 de diciembre, por la que se aprueba la Guía metodológica de mejora de la calidad normativa, no hace prácticamente ninguna mención a la revisión o evaluación normativa *ex post*, centrándose en la *ex ante*, a pesar de que el art. 1.2 de tal Orden establece que el propósito de la guía es la determinación de los criterios para la «elaboración y *revisión* de las disposiciones normativas» (la cursiva, de nuevo, es mía). De hecho, las escasas menciones a esta evaluación *ex post* vienen de la mano de la MAIN, que debe desarrollarse con anterioridad a la aprobación de cualquier norma. La directriz núm. 2.1.a) dice lo siguiente (el resaltado es mío):

> Los objetivos deben ser específicos, medibles, realistas, acotados en el tiempo, priorizados y coherentes, de tal forma que puedan ir acompañados **de indicadores que permitan evaluar periódicamente su nivel de consecución o su inobservancia**. Por ello, y para cumplir con el respeto al principio de proporcionalidad, se deben de plantear las respuestas a las preguntas siguientes: (...) ¿Qué indicadores concretos se facilitan para el seguimiento y evaluación del alcance de los objetivos perseguidos con la normativa propuesta?

Dicho de otro modo, esta regulación exige la planificación de instrumentos de seguimiento desde el momento mismo del alumbramiento de la norma, lo cual resulta del todo pertinente y constituye un avance en aras de una adecuada evaluación *ex post*, aunque no haya más concreciones sobre cómo desarrollarla.

---

249 Precisamente el dictamen 170/2017, de 19 de abril, del Consejo Consultivo de Castilla y León, sostiene, en su Consideración Jurídica 5.ª, la necesidad de unificar el procedimiento de elaboración normativa en otra norma que no fuera, precisamente, la de derechos de la ciudadanía. Y, en lo que aquí importa, este dictamen señala que «se echa en falta en [el art. 42 de] la norma proyectada un mayor desarrollo del proceso de evaluación de impacto normativo», aunque a lo que parece referirse es, más bien, a la evaluación *ex post*. Y continúa diciendo que «debería concretarse la periodicidad con la que se procederá a la revisión de la normativa vigente para adaptarla a los principios de buena regulación y para comprobar en qué medida las normas en vigor han conseguido los objetivos previstos y si estaba justificado y correctamente cuantificado el coste y las cargas impuestas en ellas, de acuerdo con lo dispuesto en el artículo 130.1 de la LPAC» *(ib.)*. Estoy completamente de acuerdo con estas apreciaciones que, sin embargo, no fueron convenientemente atendidas por el legislador castellanoleonés.

Estas sí pueden encontrarse, aunque en el Acuerdo 190/2019, de 12 de diciembre, de la Junta de Castilla y León, por el que se aprueban medidas de mejora de la regulación en el ordenamiento jurídico autonómico de Castilla y León para el período 2019 a 2023. Estas medidas tienen por objetivo, entre otros, la simplificación y mejora del ordenamiento, lo que incluye medidas como la fijación de prioridades (1.A) y la «consolidación, refundición, codificación y derogación de disposiciones» (1.B). Estas son, sin duda, ejemplos de materialización de la dinámica revisora *a posteriori*, aunque no se establece una sistemática general y, además, tienen un horizonte temporal determinado (que finalizaría en 2023, y que parece ligado a la legislatura correspondiente).

En definitiva, el caso castellanoleonés cuenta con algunas trazas de regulación en materia de evaluación *ex post* y parece que se están sentando las bases para una regulación general, en la línea adecuada.

vii. La evaluación normativa *ex post* en Castilla-La Mancha

La normativa castellanomanchega es más bien parca en lo que se refiere a la regulación de la producción normativa en general y de la evaluación *ex post* en particular, como ya se vio en ocasión anterior. Ni el EA, ni la Ley 3/1984, de 25 de abril, sobre régimen jurídico del Gobierno y de la Administración de la Junta de Comunidades, ni la Ley 11/2003, de 25 de septiembre, del Gobierno y del Consejo Consultivo de Castilla-La Mancha, incluyen mención alguna al respecto.

Es, de nuevo, de la Ley 4/2016, de 15 de diciembre, de Transparencia y Buen Gobierno, de la que pueden extraerse algunas conclusiones. Al margen de algunas menciones a la propia evaluación del cumplimiento de la propia norma —como ya se ha visto que es habitual en distintas normas de transparencia—, esta Ley reconoce como principios básicos del gobierno abierto la participación y colaboración ciudadana en la evaluación de políticas públicas (arts. 2.3.c y 41.1.b). También define el concepto de evaluación (art. 3.h) en idénticos términos a lo ya visto para el caso de Aragón. En lo que respecta a la publicidad de los planes y programas, se indica también que deberán ser objeto de publicidad «los criterios, los indicadores y la metodología para evaluar su cumplimiento» (art. 11.1).

Lo que no hace, a diferencia de otras leyes de transparencia, es exigir, como tal, que todo plan o programa deba ser evaluado. Aunque dicha exigencia de evaluación puede desprenderse, sin mayor complicación, del art. 37.2.d), que regula los principios generales de la Buena Administración y que prescribe una «evaluación permanente, a través de indicadores objetivos, de la gestión administrativa y de los procesos de participación». Pero la previsión más concreta respecto de la evaluación *ex post* se encuentra en el art. 39, que dispone lo siguiente:

> La Administración de la Junta de Comunidades de Castilla-La Mancha debe ejercer su potestad e iniciativa normativas con sujeción a los principios [de la LPAC] y, asimismo, a los siguientes: (…)

c) Desarrollo de mecanismos para evaluar la aplicación de las normas, verificar su grado de cumplimiento, su necesidad y su actualidad y, en su caso, la conveniencia de modificarlas por razón de nuevas necesidades económicas o sociales sobrevenidas.

Se trata de una evidente obligación («debe ejercer») pero con tan mínima concreción que se impedirá, de hecho, cualquier control sobre su aplicación. Se echa en falta, por lo tanto, un mayor desarrollo, siquiera sea por la vía reglamentaria.

viii. La evaluación normativa *ex post* en Cataluña

Al margen de algunas menciones a obligaciones de evaluación de políticas concretas, el EACat establece en su art. 43.1 un «fomento de la participación» de la mano de su promoción, entre otros aspectos, de la evaluación de las políticas públicas. Además, el art. 71.4 determina que, «la Administración de la Generalitat, de acuerdo con el principio de transparencia, debe hacer pública la información necesaria para que los ciudadanos puedan evaluar su gestión». Se trata de dos referencias de interés al ámbito evaluador *ex post* que ponen de manifiesto la importancia de tener en cuenta —en el más alto rango normativo autonómico— el papel de la ciudadanía en el seguimiento de las políticas públicas.

A pesar de incluir previsiones sobre el procedimiento normativo de rango legal y reglamentario, ni la Ley 13/2008, de 5 de noviembre, de la presidencia de la Generalidad y del Gobierno, ni la Ley 26/2010, de 3 de agosto, de régimen jurídico y de procedimiento de las Administraciones públicas de Cataluña, prevén mención alguna a la evaluación *ex post*. Sí que incluye algunas previsiones la Ley 19/2014, de 29 de diciembre, de transparencia, acceso a la información pública y buen gobierno de Cataluña (al margen de las clásicas menciones a la evaluación del grado de cumplimiento de la propia norma, que en este caso son bastante prolijas).

El art. 10.1.a) de esta norma incluye entre la información que se debe publicar activamente por parte de la Administración de la Generalidad las normas aprobadas «y los datos relativos a la evaluación de la aplicación de las normas». Pero no aparece configurada aquí, como tal, la exigencia de una concreta evaluación, o al menos no con un contenido determinado. Lo mismo puede predicarse de los planes y programas, pues deben hacerse públicos «los criterios y las metodologías para evaluar [su] cumplimiento (...) y el resultado de su evaluación, una vez ejecutados» (art. 12.3). También el art. 63 se refiere a una cuestión relacionada y de cierta trascendencia: la «simplificación y consolidación normativa». Según este artículo, la iniciativa legislativa debe ejercerse «de forma que la aprobación de una nueva norma conlleve, como regla general, una simplificación del ordenamiento jurídico vigente», lo que implica ya una —inespecífica— obligación de revisión.

Pero el precepto más destacable de esta Ley es el contenido en el art. 64.2, cuyo tenor es el siguiente:

> La Administración pública debe desarrollar mecanismos para evaluar la aplicación de las normas, para verificar su grado de cumplimiento, su necesidad y su actualidad y, en su caso, la conveniencia de modificarlas por razón de nuevas necesidades económicas o sociales sobrevenidas.

A lo que se añade, en el apartado siguiente, una garantía de participación en el proceso de evaluación, como viene siendo habitual en las leyes sobre esta materia. Pero nuevamente nos hallamos ante una obligación de difícil control, en el supuesto de su no desarrollo[250].

Lo cierto es que —hasta donde tengo conocimiento y s.e.u.o.— no existe mayor concreción para el caso de Cataluña y con carácter general. Al menos hasta el momento. Pero la Memoria preliminar del Anteproyecto de Ley del procedimiento normativo de Cataluña —que, como señalé, se encuentra en tramitación— se expresa en los siguientes términos (documento de finales de 2019):

> Pel que fa a l'avaluació de l'aplicació de les normes, si bé s'han efectuat al llarg dels anys diverses anàlisis ex post, principalment, als efectes de suprimir les càrregues administratives innecessàries i per derogar normativa que ja no és d'aplicació, no s'ha implantat amb caràcter sistemàtic i la regulació vigent tampoc no recull l'obligació d'avaluar ex post. Això dificulta l'examen de l'eficàcia material de les normes aprovades, dels costos que genera el seu compliment o dels problemes en la seva execució[251].

En efecto, el Decreto 106/2008, de 6 de mayo, de medidas para la eliminación de trámites y la simplificación de procedimientos para facilitar la actividad económica, ya preveía en su art. 4 el mandato al Gobierno de la Generalidad de aprobar una *Guía de buenas prácticas para la elaboración y revisión de la normativa* que, de hecho, fue aprobada por Acuerdo GOV/63/2010, de

---

250 El Título VIII de esta Ley, sobre «Evaluación de la aplicación de la ley» (arts. 91 a 93), sí establece unas obligaciones de evaluación—por cierto, de manera bastante novedosa en el ámbito comparado autonómico, como pone de manifiesto Cerrillo i Martínez en Ponce Solé y Cerrillo i Martínez (2017, 150)— que atribuye la potestad de evaluación al *Síndic de Greuges*. Pero estas obligaciones se limitan al ámbito de aplicación de la propia norma. O sea, se trata de una evaluación específica sobre transparencia y buen gobierno, no general.

251 «En lo que se refiere a la evaluación de la aplicación de las normas, si bien se han efectuado a lo largo de los años diversos análisis *ex post*, principalmente a los efectos de suprimir cargas administrativas innecesarias y para derogar normativa que ya no es de aplicación, no se ha implantado con un carácter sistemático y la regulación vigente tampoco recoge la obligación de evaluar *a posteriori*. Ello dificulta el examen de la eficacia material de las normas aprobadas, de los costes que genera su cumplimiento o de los problemas derivados de su ejecución».

13 de abril. Esta guía, entre los criterios para la revisión de normas, trata en particular la evaluación *ex post* (apartado IV.1.2). Sobre ella, señala la importancia de que esta se produzca de manera regular, para verificar su proporcionalidad, nuevas opciones de regulación y en concreto con menor coste; también considera adecuado realizarla cuando haya transcurrido cierto tiempo de su aprobación, que permita haber desplegado sus efectos; y, lo que es más importante, señala como punto de referencia la MAIN de la norma en cuestión, de existir esta, pues ella puede constituir el elemento esencial de referencia a la hora de evaluar los resultados de la norma en estudio. Este último aspecto resulta, a mi juicio, capital. También el apartado IV.2.2 se refiere a otro aspecto de los señalados: la simplificación normativa, en la línea de lo mencionado para otros casos.

Todo ello entronca con el Acuerdo GOV/114/2016, de 2 de agosto, por el que se aprueba el *Plan de simplificación normativa 2016-2017*, que tiene por objeto fundamental la simplificación cuantitativa y cualitativa del ordenamiento catalán, en el sentido de inventariar, refundir, consolidar... la normativa vigente, derogando expresamente aquella que no estuviera ya en vigor por haber sido derogada tácitamente[252]. Esta circunstancia se ha materializado tanto en el Decreto 6/2021, de 9 de febrero, de simplificación de disposiciones reglamentarias adoptadas entre 1977 y 1985, que deroga expresamente las normas ya tácitamente derogadas, como en la Instrucción sobre los decretos y órdenes publicados en el Portal Jurídico de Cataluña que tienen naturaleza de acto administrativo, de forma que ya no estén disponibles en ese portal al no ser normas[253].

---

252 La memoria justificativa de la aprobación de este plan cifra en nada menos que 23.290 normas las vigentes en ese momento en Cataluña, siendo 4615 las derogadas de forma expresa (de todas las aprobadas entre 1977 y 2015). Precisamente, para la realización de estas iniciativas derogatorias y de simplificación normativa, se consultó a la Comisión Jurídica Asesora, la cual aborda este asunto en su dictamen 298/2918, de 3 de octubre. Las conclusiones a las que llega son, en esencia, las asumidas por el Gobierno de la Generalidad a la hora de abordar esta simplificación en la manera que se ha descrito.
Según Ortí Ferrer (2016.1, 77), «el número excesivo de normas condiciona el objetivo de alcanzar un marco normativo de calidad» y continúa diciendo que «difícilmente se podrá impulsar la evaluación *ex post* o la medición sistemática de las cargas administrativas y de los costes de la regulación en general si antes no se dispone de un ordenamiento jurídico depurado de normas materialmente derogadas» (es traducción propia del original en lengua catalana, aunque una versión similar aparece, en castellano, en Ortí Ferrer 2020, 237-238). En fin, «derogar de forma expresa evitaría la estratificación normativa y mejoraría el conocimiento, la comprensión y predictibilidad del ordenamiento y, en consecuencia, incrementaría la transparencia y la seguridad jurídica» (Ortí Ferrer 2016.1, 78). No debe olvidarse, en todo caso, que el art. 111.10.2 de la Ley 29/2002, de 30 de diciembre, primera Ley del Código Civil de Cataluña, sobre la vigencia de las normas, dice que esta «cesa cuando son derogadas por otras posteriores de rango igual o superior que lo declaren *expresamente*» (la cursiva es mía). Esta cuestión entronca con el reciente estudio, ya comentado, de las derogaciones implícitas de Gimeno Fernández (2021).

253 Aunque, en realidad, se trata más bien de la materialización de la evaluación *ex post* en un instrumento normativo. O sea, de un ejemplo práctico de esta evaluación normativa para el caso catalán.

Por lo tanto, y al margen de estas interesantes iniciativas que sirven al objetivo último de revisión —aunque más coyuntural que permanente— del ordenamiento jurídico, habrá que estar a lo que la nueva regulación prevea en aras de una adecuada evaluación *ex post* con carácter sistemático y definitivo.

ix. La evaluación normativa *ex post* en la Comunitat Valenciana

Ni el EA de esta Comunidad, ni la Ley 5/1983, de 30 de diciembre, del Consell, ni el Decreto 24/2009, de 13 de febrero, sobre la forma, la estructura y el procedimiento de elaboración de los proyectos normativos de la Generalitat Valenciana, incluyen mención alguna a la evaluación *ex post* de las normas.

Sí lo hace, sin embargo, la Ley 2/2015, de 2 de abril, de la Generalitat, de Transparencia, Buen Gobierno y Participación Ciudadana de la Comunitat Valenciana, con algunas referencias a la *evaluación* de la actuación de los poderes públicos con carácter general (por lo tanto, no centrada en el ámbito normativo, pero igualmente aplicable a este).

En primer término, lo hace exigiendo la «evaluación de políticas y la rendición de cuentas» como parte del principio de responsabilidad (art. 4.2.g); también, al preceptuar la evaluación periódica de los planes y programas[254] (y la publicidad de tales evaluaciones), incluyendo «indicadores de medida y valoración», así como la publicación de los informes de evaluación de políticas públicas (art. 9.3.2.j y k[255]). Una evaluación objetiva de las políticas públicas que sí se predica de los entes públicos valencianos, de acuerdo con el art. 26.2.o) de esta norma, aunque desde un punto de vista programático. También se prevé el impulso de la participación ciudadana en la evaluación de políticas públicas (art. 43); así como el reconocimiento del derecho «a participar de manera real y efectiva en la elaboración, modificación y revisión de anteproyectos de ley, así como en las normas, planes, programas, procedimientos y otros instrumentos de planificación»[256] (art. 44.1.b).

254 En este sentido, también el Decreto 41/2016, de 15 de abril, del Consell, por el que se establece el sistema para la mejora de la calidad de los servicios públicos y la evaluación de los planes y programas en la Administración de la Generalitat y su sector público instrumental, ofrece algunas regulaciones en la materia, sin mayor trascendencia en lo que aquí interesa.

255 Nótese que este precepto exige, expresamente, la evaluación de los planes y programas, pero no así de las políticas públicas. Todo, al margen de la publicidad, también exigida, como ya se ha dicho.

256 A mi juicio, este precepto —nuevamente, pues en el caso valenciano ya critiqué otro tenor al estudiar la planificación normativa— tiene una redacción bastante deficiente. Se dice, en primer lugar, que se tendrá derecho a *participar en la elaboración, modificación y revisión de anteproyectos de ley*. Hasta aquí no hay objeción. El problema viene después,

En último término, la DA 7.ª (en su redacción dada por la Ley 10/2015, de 29 de diciembre) se refiere a la «evaluación de políticas públicas» y dispone que: «Una entidad experta e independiente evaluará de forma objetiva y periódica las políticas públicas (...). Con este fin se publicará la información estadística necesaria que permita el análisis del cumplimiento de las políticas y la calidad de los servicios públicos». Nada impediría que, de estimarse conveniente, fuese este mismo organismo el encargado de realizar la evaluación normativa *ex post*.

El desarrollo reglamentario de esta norma, operado por el Decreto 105/2017, de 28 de julio, sí se refiere expresamente a la evaluación *ex post* al preceptuar, en su art. 23.3, que será objeto de publicidad el IEN establecido en el art. 130.1 LPAC —aunque no se encuentre regulado todavía, específicamente, para el caso valenciano—. Lo mismo sucede en el art. 33, que se refiere a la «información sobre planificación estratégica y evaluación de planes y programas». Este precepto desarrolla exiguamente lo indicado ya por la Ley, pero sí dispone de una novedad reseñable: define la «evaluación de políticas públicas» como aquel «proceso sistemático de generación de conocimiento encaminado a la comprensión integral de una intervención pública para alcanzar un juicio valorativo basado en evidencias respecto de su diseño, puesta en práctica, resultados e impactos» (apartado 2). Esta definición, nuevamente, va en la línea de las ya vistas hasta el momento.

Y hasta aquí las menciones de *lege lata* para esta comunidad. Pero hay dos proyectos normativos que merecen atención (aunque su tramitación, s.e.u.o., no parece estar avanzando). Me refiero tanto al borrador de anteproyecto de Ley, de la Generalitat, de Gobierno Abierto de la Comunitat Valenciana, como al Proyecto de Decreto, del Consell, por el que se regula el Plan Normativo y el Informe de Evaluación Normativa de la Administración de la Generalitat[257].

pues se dice que *se tendrá derecho a participar* «en las normas, planes, programas, procedimientos y otros instrumentos de planificación». Obviamente, se entiende que el sentido de la oración es el de que se tendrá derecho a participar en la *elaboración, modificación y revisión* de todos esos instrumentos, pero el inciso «así como en las» del precepto mencionado es gramaticalmente incorrecto para el sentido que, en sus propios términos, puede tener el artículo. Un ejemplo más de lo importante que resulta una adecuada técnica normativa, aunque en este caso pueda ser salvada tal deficiencia sin mayores problemas.

257 La información del anteproyecto de Ley se encuentra aquí: https://participacio.gva.es/va/consulta-publica/procesos-abiertos/-/asset_publisher/mgc21JVWZ9vU/content/anteproyecto-de-ley-de-la-generalitat-de-gobierno-abierto-de-la-comunitat-valencia-1, y la del proyecto de decreto aquí: https://presidencia.gva.es/es/procesos-abiertos/-/asset_publisher/9wVbfDcbS82r/content/projecte-de-decret-del-consell-pel-que-es-regula-el-pla-normatiu-i-l-informe-d-avaluacio-normativa-de-l-administracio-de-la-generalitat- (Consultados: 2022-03-18).
El dictamen 815/2018, del Consejo Consultivo de la Comunitat Valenciana, de 19 de diciembre, se refiere a tal proyecto de decreto. En su apartado II.3.ª señala la conveniencia de haber incluido estas modificaciones en las normas ya existentes en lugar de regularlas de manera independiente, aunque se trata más bien de una cuestión de técnica normativa que no afecta al fondo.

Del borrador de anteproyecto de Ley merece la pena destacar tanto la previsión del art. 58 sobre simplificación normativa como, especialmente, la del art. 59 que prevé la «evaluación del impacto normativo y de resultados de las normas». En concreto, el apartado 2 dice así:

> La Administración de la Generalitat establecerá y desarrollará las herramientas suficientes para evaluar la aplicación de las normas, comprobar el grado de su cumplimiento y, en su caso, la conveniencia de modificarlas para satisfacer nuevas necesidades sociales o económicas sobrevenidas.
>
> La Administración de la Generalitat evaluará periódicamente los resultados de una norma jurídica concreta o de un conjunto de varias normas que afectan a un determinado sector, ámbito competencial o política pública. Estas evaluaciones tendrán como objeto la racionalización y reducción de normas mediante la simplificación, codificación, refundición y consolidación de texto legales, de tal manera que se garantice la calidad, claridad y comprensión de las normas.

Por lo tanto, se establecería una obligación de evaluación *ex post* de manera más que evidente, aunque sin excesiva concreción. Esta sí viene de la mano del art. 60.2, sobre la planificación normativa, que dispone que el PAN contendría, además, «las evaluaciones de resultados de las normas que se hayan efectuado durante el año vencido», a lo que añade que estas deberán indicar «si (...) han conseguido los objetivos propuestos y si estaba justificado el coste y las cargas impuestas por la correspondiente norma». A pesar de que aquí ya se incluye una obligación más concreta, sigue quedando en el aire —de aprobarse este proyecto en estos términos— la selección de las normas para evaluar, cuestión controvertida y sobre la que se hablará.

Precisamente, sobre la selección de normas para analizar *a posteriori* se pronuncia el art. 1.1 del mencionado proyecto de Decreto, que dispone que el PAN deberá contener una indicación de las normas que deban ser objeto de evaluación[258]. De nuevo, la discrecionalidad aquí es máxima. Y, después, un largo art. 2 establece una detallada regulación del «Informe de Evaluación Normativa». Este precepto —de ser aprobado— vendría a ser una adaptación al ámbito valenciano del art. 3.1 del RD 286/2017, de 24 de marzo, visto arriba, que regulaba el IEN para el caso estatal. Aquí se reducen de 8 a 6 los criterios que justificarían la evaluación[259]; se establece como competencia

258 Aunque, como señala el dictamen 815/2018 (apartado II.5.ª), «nada obstaría al hecho de que la evaluación normativa proyectara sus efectos en forma de revisión periódica de la totalidad de la normativa vigente, y no solo de la inmediata». Lo cierto es que parece que, del tenor literal del precepto, solo podrían ser objeto de evaluación las nuevas normas propuestas. Pero, en mi opinión, nada obstaría para que en la planificación de esa evaluación se incluyesen otras ya existentes. Aun así, comparto el criterio del órgano consultivo. Este dictamen aboga, además, por una «evaluación posterior [que] resulta equivalente, en términos de comparación con la previsión inicial» *(ib.)*. O sea, que la evaluación *ex post* tomase como referencia la evaluación *ex ante*. Solo puedo estar de acuerdo.

259 Que son: a) incidencia sobre derechos y libertades, b) coste o ahorro significativo para

discrecional del Consell la elección de las normas para evaluar (que deberán concretarse en el PAN), con indicación discrecional también de los plazos; la competencia para la elaboración de los informes concretos corresponde a las consejerías[260]; mientras que la integración en un único documento, el IEN, de aprobación anual, es propia del departamento de presidencia, que lo someterá al Consell durante el primer trimestre del año siguiente. Destaca, en último lugar, la previsión de la DA Única de no incremento del gasto para la aplicación de esta (eventual nueva) norma.

Pues bien, no puede sino aplaudirse esta propuesta que, de materializarse —y, después, ejecutarse—, servirá para concretar una institución que, por el momento, no tiene mayor recorrido normativo en esta comunidad. Debe señalarse, en todo caso, que una mayor concreción (o menor discrecionalidad y más independencia) en la selección de normas para evaluar sería deseable[261]. Además, y aunque no tiene por qué suponer, de hecho, incremento de costes, lo cierto es que un seguimiento y evaluación real de políticas y normas puede implicar, sin duda, un incremento de trabajo, por lo que puede ponerse en duda, quizás como poco realista, esa DA mencionada. En todo caso, se trata de sendas iniciativas que, de materializarse, constituirán —junto con el del Estado— uno de los sistemas más completos de evaluación normativa *ex post*.

x. La evaluación normativa *ex post* en Extremadura

La Ley 4/2013, de 21 de mayo, de Gobierno Abierto de Extremadura, es la única norma para esta comunidad que contiene algunas previsiones sobre evaluación retrospectiva. Esta ley se refiere al principio general de «calidad y mejora continua» del art. 4.h); al de «programación» del art. 6 (que establece la necesidad de que estos determinen «objetivos concretos» y que se evalúe su grado de cumplimiento); y al derecho ciudadano a participar en la evaluación de políticas públicas (arts. 36.3.b y 37.1).

---

destinatarios o Administración, c) incremento o reducción de cargas, d) impacto sobre economía, e) conflictividad previsible, y f) impacto por razón de género, infancia o adolescencia, o familia. Este último criterio, a juicio del Consejo Consultivo de la Comunitat Valenciana, debería ser separado en dos: uno sobre género y otro con el resto de los factores (dictamen 815/2018, apartado II.5.ª *in fine*).

260 Que deberán tener en cuenta, a la hora de realizar la evaluación: a) los objetivos e idoneidad de la norma, b) los costes y cargas, c) el principio de intervención mínima, d) la coherencia con el resto del ordenamiento, y d) otros resultados en función de los criterios por los que fue evaluada.

261 Aquí aparece, de nuevo, la *paradoja de la evaluación*, a la que me referí antes. En todo caso, quizás se podría aprovechar la «entidad experta e independiente» a la que alude la DA 7.ª de la Ley 2/2015, ya citada, para la elección de las normas que evaluar, al menos con la posibilidad de elevar una propuesta al Consell para su consideración.

Pero aquí merece destacarse, sobre todo, el art. 42 sobre el «proceso de racionalización administrativa y modelos de gestión». El apartado primero prevé un «proceso de racionalización y simplificación administrativa, tanto de sus procedimientos y de sus estructuras como de la normativa que los rige». Por lo tanto, se prevé la necesaria revisión normativa pero exclusivamente *de procedimientos*. Se trata de una evaluación *ex post* restringida, que queda concretada, de algún modo, a través de la DA 1.ª que regula el «Plan de Simplificación Administrativa». Por otro lado, resulta llamativo su apartado 4: este es una reproducción exacta del contenido de la DA 2.ª.1 de la LTAIBG estatal[262] («la Administración habrá de acometer una revisión, simplificación y, en su caso, una consolidación normativa de sus ordenamientos jurídicos...»). Por lo que, para el caso extremeño, existe una indudable obligación de revisión del ordenamiento, aunque en términos demasiado amplios, al ser esta (s.e.u.o.) la única previsión de su ordenamiento, sin ulterior desarrollo ni normativo ni efectivo.

xi. La evaluación normativa *ex post* en Galicia

El caso de Galicia representa un ejemplo de práctica ausencia de regulación en la materia de evaluación *ex post*. Como ya señalé en otras partes de esta investigación, la DA 7.ª de la Ley 1/2016, de 18 de enero, de transparencia y buen gobierno, sobre «normativa comunitaria», prescribe una obligación de regulación en el plazo de ocho meses desde la entrada en vigor de tal norma de los mecanismos de la *better regulation* por parte de la Xunta. Incluida la evaluación normativa. Sin embargo, tal regulación —hasta donde tengo conocimiento— no se ha producido.

Recientemente, la Ley 9/2021, de 25 de febrero, de simplificación administrativa y de apoyo a la reactivación económica de Galicia, incluye una exigencia de evaluación y reforma administrativa pero solo en aquello que afecte a la economía. Así, el art. 7 dispone lo siguiente (el resalte es mío):

> Corresponde a la consejería con competencias en materia de evaluación y reforma administrativa la asistencia y colaboración con la consejería con competencias en materia de economía y empresa en **las tareas de planificación de los procesos de revisión periódica del marco regulatorio aplicable a la implantación de las iniciativas empresariales y, en general, a la actividad económica**, con el fin de hacer efectivo el principio de buena regulación.

Esta ausencia total y absoluta de regulación general en materia de evaluación *ex post* dará lugar a la aplicación supletoria de la normativa estatal; al menos, en teoría...

262 Con una particularidad: la ley estatal es posterior a la autonómica. Me ha resultado imposible conocer si, efectivamente y como todo parece, la redacción estatal fue anterior en términos de propuesta, aunque su adopción fuera posterior a la autonómica. En el boletín del Parlamento de Extremadura aparece cierta información, pero no completa, disponible aquí: https://www.asambleaex.es/verdocumentoboletin-1266 (Consultado: 2022-03-18).

xii. La evaluación normativa *ex post* en las Illes Balears

La Ley 1/2019, de 31 de enero, del Gobierno de las Illes Balears, dispone en su art. 50 la regulación de la «evaluación y adaptación de la normativa reglamentaria vigente a los principios de buena regulación» de manera bastante precisa:

> 1. Las consejerías competentes han de evaluar los reglamentos vigentes de la comunidad autónoma respecto al cumplimiento de los principios de buena regulación, la adecuación de las normas a los objetivos previstos y la justificación de los costos, así como las cargas administrativas que comportan aquellas normas.
> 2. La consejería competente en materia de coordinación de la iniciativa legislativa fijará los criterios generales y las prioridades de los procesos de evaluación, así como el órgano encargado de hacer público el resultado de la evaluación. En todo caso, además de las normas que prevean expresamente la propia evaluación, tendrán carácter preferente para la evaluación las normas reglamentarias de carácter estratégico para los sectores económicos y sociales, las normas necesarias para la efectividad de los derechos sociales y las que tengan impacto en la gestión de los grandes recursos económicos de la administración pública.

En lo que respecta al primer apartado, debe señalarse un dato fundamental: la norma autonómica solo dispone la evaluación de las normas de rango reglamentario, exigencia superflua por cuanto se deriva ya de la norma estatal. Aunque es positivo que se establezcan aquí los elementos de contraste: principios, objetivos, costes y cargas. El segundo de ellos contiene una remisión a la concreción posterior de las prioridades de evaluación, lo cual resulta del todo oportuno, pues entra dentro del ámbito de la acción administrativa y del ejercicio de la función ejecutiva el apreciar cuáles son las normas de mayor interés para su evaluación[263]. Ello sin perjuicio de que el propio legislador señale ya algunas materias sobre las que la Administración deberá prestar especial detalle. Este precepto resulta, pues, muy acertado.

Pero también la Ley 3/2003, de 26 de marzo, de Régimen Jurídico de la Administración de la Comunidad Autónoma de las Illes Balears, contiene algunas menciones al proceso evaluador que pueden interesar aquí. Entre los principios generales referentes a los derechos de los ciudadanos se incluye la mejora continua «y

263 El dictamen 40/2018 del Consejo Consultivo de las Illes Balears, que analizó precisamente el proyecto de Ley del Gobierno que luego se convirtió en la norma aquí estudiada, hizo algunas consideraciones sobre este precepto. En concreto, señaló que, «al menos aparentemente en principio, [cabe] la posibilidad de que puedan existir normas que se escapen a dicho control *ex post* por el solo hecho de que el Consejo de Gobierno así lo haya decidido». Y añade que «no existe ningún obstáculo jurídico para establecer este criterio de preferencia a la hora de evaluar las normas; sin embargo, debería quedar claro que ninguna norma puede quedar excluida de dicho control» (Consideración Jurídica Novena, apartado 6). Se está aquí refiriendo a la paradoja de la evaluación, que vengo citando reiteradamente y que analizaré más tarde con detalle.

la evaluación de los resultados por parte de los usuarios» (art. 34.2.d). Y, además, la Ley 4/2011, de 31 de marzo, de la buena administración y del buen gobierno de las Illes Balears, también ofrece algunas referencias, tales como la obligación de «evaluar las intervenciones públicas», en aplicación de los principios de eficacia y eficiencia, o la de «promocionar e impulsar la cultura de la evaluación y el ejercicio de rendición de cuentas en todas sus actuaciones y en el cumplimiento de los objetivos establecidos» (art. 3.e y m). Se fomentará también la participación en la evaluación de las políticas públicas (art. 6.1.a). Adicionalmente, el art. 13 tiene el siguiente tenor, bajo la rúbrica de «mejora de la regulación»[264]:

> Se impulsará la evaluación del impacto normativo que tiene en la sociedad la regulación ya existente, especialmente en cuanto a las consecuencias económicas en la ciudadanía y el tejido empresarial derivadas de su aplicación. Se impulsará la simplificación normativa, lo cual implica la revisión sistemática de la legislación con el fin de garantizar la calidad formal de las normas y el hecho de que estén escritas en términos claros, precisos y accesibles para la ciudadanía. En este sentido, se adoptarán medidas que tiendan a reducir el número de normas reguladoras y su dispersión y se fomentarán los textos refundidos.

Se establece, por lo tanto, una evidente obligación de revisión y evaluación normativa *ex post* en el ámbito balear, pero sin concreción mayor sobre la competencia (de hecho, se utiliza la forma verbal impersonal). Ello dificultará, sin duda, su aplicación práctica.

Es cierto, no obstante, que los criterios establecidos en los arts. 44-49 reguladores de la evaluación de políticas públicas pueden ser aplicables también para la evaluación normativa. De hecho, tanto los criterios (art. 45) como el alcance (art. 46) y los contenidos de la evaluación (art. 48) ofrecen una guía más que suficiente para el desarrollo de esa evaluación. Aunque por su posición sistemática en una sección distinta no parece que ese hubiera sido el objetivo del legislador. Pero, ante el vacío absoluto, es mejor asirse a lo ya existente. Entre esos criterios están presentes: la relevancia de los objetivos, la eficacia, la eficiencia, el impacto y la sostenibilidad, entre otros. El contenido ofrece una lista mínima indicativa de cuestiones que tratar: necesidades detectadas, objetivos, resultados, efectos, impactos, medios empleados, costes, procedimientos, colaboración interinstitucional, participación ciudadana, opinión y valoración ciudadana y cumplimiento normativo.

En definitiva, estamos en presencia de una regulación más o menos limitada, lo que complica también su eventual practicidad. Pero lo que es indudable es que existe una obligación de evaluación *ex post* que bien convendría unificar en una única norma, evitando la dispersión actual.

---

264 Nuevamente, otro fallo (menor) de técnica normativa: en este caso, el artículo dispone de un único apartado y se señala como tal («1.»), cuando resulta evidente que no debería indicarse. Una cuestión menor, hasta irrelevante, pero que deja en evidencia la escasa atención que se presta a determinadas cuestiones en algunas ocasiones.

xiii. La evaluación normativa *ex post* en La Rioja

En el caso riojano, las menciones a la evaluación *ex post* (en general) comienzan[265] con las previsiones de la Ley 3/2014, de 11 de septiembre, de Transparencia y Buen Gobierno de La Rioja. Esta norma, como viene siendo habitual, prevé una garantía de participación ciudadana en la modificación y revisión de planes y programas (art. 18.1.a). Así mismo, se determina la necesaria evaluación periódica de planes y programas, «junto con los indicadores de medida y valoración», siendo ello responsabilidad de «cada uno de los órganos competentes por razón de la materia» (art. 8, apartados 2 y 3).

Por su parte, la Ley 4/2005, de 1 de junio, de funcionamiento y régimen jurídico de la Administración de la Comunidad Autónoma de La Rioja, presenta dos menciones diferenciadas.

Por un lado, el art. 6, referido a la «programación de la gestión administrativa», exige la evaluación periódica del grado de cumplimiento de los objetivos de los planes o programas elaborados por la Administración (que, a su vez, «se basarán en los objetivos políticos y en los plazos fijados por el Gobierno de La Rioja»). No hay más detalles sobre dicha evaluación. No obstante, está referida, como bien indica la propia rúbrica del precepto, a la «gestión administrativa», lo que no incluiría, como tal, la actividad normativa. Queda complementada la evaluación de la gestión con un control de eficacia y eficiencia de la actuación administrativa (art. 9).

Por otro lado, y en lo que aquí más importa, el art. 42 de esta Ley (en su redacción dada por la Ley 2/2018, de 30 de enero) se refiere a la «evaluación» (ese es el encabezamiento del artículo). Este precepto se encuadra en el Título III, «Del régimen jurídico de la actuación de la Administración de la Comunidad Autónoma», Capítulo I «De la iniciativa legislativa y la potestad reglamentaria», Sección 2.ª «Elaboración de leyes y reglamentos». Su ubicación sistemática es relevante, porque si la planificación normativa abre la Sección 1.ª, esta evaluación normativa cierra la Sección 2.ª y pone fin, así, a todo el ciclo normativo. Me parece un acierto esta ubicación y organización de los distintos instrumentos de producción normativa[266].

265 En realidad, la Ley 3/2003, de 3 de marzo, de Organización del Sector Público de la Comunidad Autónoma de La Rioja contiene previsiones sobre control de resultados de los OO. AA. de su Administración. Se trata de un ejemplo habitual en otras leyes —que, por escapar del objeto de esta investigación, no he comentado en detalle—, que comparten en ocasiones con las Agencias, como otra forma de organización. Se trata, a decir verdad, de una cuestión importante que debiera ser considerada y que llevaría a plantear la cuestión de si solo requiere una evaluación periódica y control de actividad por objetivos de la actuación de este tipo de órganos, y no de cualesquiera otros, en general.

266 Ello al margen de que, en puridad, la evaluación normativa no forme parte, como tal, del proceso de «elaboración de leyes y reglamentos», que es el que da título a esta sección. Pero el haberlo situado al final de esta da cuenta de su posición sistemática en todo el proceso.

No obstante, no merece la pena reproducir el precepto dado que es una copia exacta del art. 130.1 LPAC, en una muestra de la poca imaginación de que, en ocasiones, parece disponer el legislador autonómico. El desarrollo que el art. 130.1 LPAC prevé que debe realizar «la Administración correspondiente» —en este caso, la de La Rioja— queda nuevamente deferido, en esta ocasión, por apelación a la colaboración reglamentaria. Este desarrollo, salvo error por mi parte, no ha tenido aún lugar en esta comunidad. La única novedad de este precepto la representa el inciso final que dice que, además de publicarse el informe, este «también se remitirá al Parlamento de La Rioja».

De llegar a desarrollarse por vía reglamentaria —como mandata la Ley riojana—, ¿será ese reglamento también una copia de la norma estatal? El tiempo lo dirá. En todo caso, es positivo que la norma autonómica prevea la evaluación normativa pues, en caso contrario, esta no sería aplicable para las normas con rango de Ley de la propia comunidad. Con este precepto sí lo es.

xiv. La evaluación normativa *ex post* en la Comunidad de Madrid

Nuevamente, la Ley 1/1983, de 13 de diciembre, del Gobierno y Administración de la Comunidad de Madrid, ofrece en fecha temprana un ejemplo incipiente de evaluación normativa *ex post*. El art. 46.3, sobre los SGT, dispone que estos «deberán elaborar, refundir, revisar y proponer modificaciones de la normativa legal que afecte a la Consejería». Se pone de manifiesto una realidad que no es otra que el hecho de que, por mucho que la evaluación normativa *a posteriori* no haya adquirido independencia y carta de naturaleza en nuestro ordenamiento hasta fechas más recientes, no quiere decir que esta fuese inexistente con anterioridad.

Por su parte, la Ley 10/2019, de 10 de abril, de Transparencia y de Participación de la Comunidad de Madrid, también tiene entre sus principios la participación y colaboración ciudadana en la evaluación de políticas y actuaciones públicas (arts. 5.h y 6.g) y señala la obligación de mantener actualizada la información sobre el grado de cumplimiento y la evaluación de planes y programas (art. 20.c y d). A lo que se añade el derecho de participación y colaboración en la evaluación de las políticas públicas reconocido por el art. 59.

Más allá de estas referencias legales genéricas, interesa de nuevo en esta ocasión el Decreto 52/2021, de 24 de marzo, del Consejo de Gobierno, por el que se regula y simplifica el procedimiento de elaboración de las disposiciones normativas de carácter general en la Comunidad de Madrid, que ya en su preámbulo habla de la importancia de la Comisión Interdepartamental para la reducción de Cargas Administrativas y Simplificación Normativa, en especial, en las labores de evaluación normativa[267].

267 Parece ser que la creación de esta Comisión fue previa a la aprobación del Decreto mencionado. Así, habría sido establecida por Acuerdo de 26 de agosto de 2020, del Consejo

De hecho, el art. 13.1, que se encarga de regularla, señala que la Comisión «es el grupo de trabajo interdepartamental que tiene asignadas las funciones de *debate, impulso y desarrollo* de la evaluación normativa, a los efectos de su *simplificación*, su *adaptación a los principios de buena regulación* y *reducción de cargas administrativas innecesarias*, formulando las propuestas normativas correspondientes» (las cursivas son mías). A ello debe añadirse la previsión del apartado 2 de ese mismo artículo, que dispone que «la Comisión fijará, a propuesta de la consejería competente en materia de Coordinación Normativa, los criterios para la evaluación normativa posterior y conocerá de las propuestas de evaluación normativa que formulen las distintas Consejerías».

Por su parte, el art. 3.3 de esta norma establece que «la MAIN [de cada propuesta normativa] indicará si la norma debe someterse a evaluación *ex post* por parte de la consejería promotora de la iniciativa normativa, así como los términos y plazos previstos para llevarla a cabo»[268]. A continuación, se atribuye la competencia de tal evaluación a la consejería correspondiente por razón de la materia, pero siempre «en coordinación con la Consejería competente en materia de Coordinación Normativa» (art. 3.4). Estas cuestiones son, además, reiteradas por el Acuerdo de 5 de marzo de 2019, del Consejo de Gobierno, por el que se aprueban las instrucciones generales para la aplicación del procedimiento para el ejercicio de la iniciativa legislativa y de la potestad reglamentaria (en particular, instrucción 7.h y j).

Pues bien, si esta segunda parte no aportaba nada nuevo con respecto a la normativa estatal —que es, por cierto, la aplicable[269] como indica la instruc-

de Gobierno, y tendría como finalidad «la revisión del ordenamiento jurídico autonómico», entre otros (apartado tercero). Para ello, serían funciones de esta comisión, entre otras, el establecimiento de criterios para la evaluación, la formulación de propuestas, la revisión de las propuestas de evaluación normativa de las consejerías, el seguimiento de los procedimientos de simplificación, etc. (apartado cuarto).

268 En idénticos términos, el art. 6.1.i), que relaciona los apartados de la MAIN, o el art. 7.4.e), sobre la MAIN extendida, mencionan esta evaluación *ex post*, sus términos y plazos. Además, la Resolución de 28 de febrero de 2018, del SGT de la Consejería de Presidencia, Justicia y Portavocía del Gobierno, por la que se aprueba el modelo de documento de información de las iniciativas normativas para su inclusión en el PAN de la Comunidad de Madrid, establece en el modelo un apartado correspondiente a la «necesidad de evaluación», que es copia de la normativa estatal, a la que me remito.

269 Precisamente el hecho de que sea aplicable la normativa estatal ha sido objeto de distintas consideraciones —que se repiten en sucesivos dictámenes— por parte de la Comisión Jurídica Asesora de la Comunidad de Madrid. En concreto, y por todos, el Dictamen 284/2018, de 21 de junio, señala que —para ese caso concreto— no era exigible la evaluación *ex post* en tanto que no era de aplicación el RD 931/2017, regulador de la MAIN del Estado —y que sí exige que se indique si procede tal evaluación o no—, sino el previo RD 1083/2009, que era el vigente al inicio de la tramitación. Creo que este órgano consultivo confunde el hecho de que la MAIN deba llevar indicación sobre la evaluación normativa o no con el hecho efectivo de que otra norma prevea tal evaluación. Son cosas distintas.

ción 4.2 del mencionado Acuerdo de 5 de marzo de 2019, como ya comenté en el caso de la planificación normativa—, la primera sí interesa por cuanto que i) atribuye a un órgano colegiado las funciones de revisión normativa, ii) detalla el contenido de esta, comprendido por las acciones de debate, impulso y desarrollo, esta última incluyendo la facultad de propuesta, y iii) señala los objetivos de tal revisión normativa, que no son otros que la simplificación, la adaptación a los principios de la buena regulación y la reducción de cargas. Me parece una regulación en algún punto innovadora, en particular en lo que respecta al hecho de que sea una comisión interdepartamental la encargada de estas funciones.

Ello puede resultar positivo desde el momento en que puede atribuir una cierta visión de conjunto a las propuestas de evaluación y revisión normativa, imprescindible para llevarlas a buen puerto. Aunque, por lo demás y en suma, se echa en falta cierta concreción adicional que sí parece existir de modo informal[270]. De hecho, el Decreto 63/2021, de 28 de abril, de simplificación normativa y al que me referiré en el análisis práctico, hace mención en su preámbulo a una «metodología común»[271] empleada por todas las consejerías a la hora de desarrollar la evaluación normativa.

xv. La evaluación normativa *ex post* en la Región de Murcia

En la Región de Murcia, son dos las leyes que, principalmente, se ocupan de la regulación de la evaluación *ex post*. Me refiero a la Ley 2/2014, de 21 de marzo, de Proyectos Estratégicos, Simplificación Administrativa y Evaluación de los Servicios Públicos de la Comunidad Autónoma de la Región de Murcia, y a la Ley 12/2014, de 16 de diciembre, de Transparencia y Participación Ciudadana de la Comunidad Autónoma de la Región de Murcia.

La primera de ellas sienta las bases de la «simplificación administrativa» y la «evaluación pública» (art. 1), impulsando una «cultura de la evaluación» (art. 3.e) sobre la base de un principio general de «mejora continua y evaluación, poniendo en práctica técnicas que permitan detectar sus deficiencias, corregirlas y prestar los servicios a los ciudadanos de forma cada vez más

---

Lo cierto es, en todo caso, que no exigió mención a la evaluación *ex post* (en el sentido de que deba realizarse o no) para las propuestas normativas iniciadas con anterioridad al mencionado RD 931/2017.

270 Se comentarán en el lugar oportuno algunos de los dictámenes de la Comisión Jurídica Asesora que han ido perfilando, a lo largo del (breve) tiempo de aplicación de estas previsiones, los contornos de este instrumento evaluativo.

271 Aunque lo cierto es que no se tiene más conocimiento de ella que su eventual existencia. En marzo de 2022 se solicitó, en ejercicio del derecho de acceso a la información pública y entre otros datos, una explicación o concreción sobre tal extremo. La resolución que resuelve la concesión del acceso a la información obvia cualquier mención a la pregunta planteada.

eficiente, eficaz y con mayor calidad» (art. 4.h) y permitiendo la participación pública en la evaluación de las políticas públicas (art. 5.h). De hecho, a esta evaluación de políticas públicas dedica parte del Título V.

En concreto, su art. 31 define el concepto y las modalidades de *evaluación de políticas públicas*, que aquí pueden resultar de interés. Define, en primer término, la evaluación de políticas públicas como «el proceso integral de análisis de su *conceptualización y diseño*, de su proceso de *ejecución, aplicación y seguimiento*, así como de la valoración de los *resultados e impactos* conseguidos mediante dichas políticas» (la cursiva es mía). Se aprecian claramente tres elementos, que entroncan, por otro lado, con las dos clasificaciones que ofrece este artículo. La primera, según el momento de realización de la evaluación: «En la fase de *planificación o programación*, durante su *ejecución* o con *posterioridad* a la misma» (apartado 2); la segunda, «atendiendo al contenido y a los elementos a evaluar», que distingue entre *evaluación conceptual o de diseño*, *evaluación del proceso de ejecución y seguimiento*, y *evaluación de los resultados e impactos obtenidos* (apartado 3).

Creo que estas notas son de especial interés a la hora de analizar la adecuada posición sistemática de la evaluación normativa *ex post*, cuestión sobre la que volveré. No obstante, debe decirse que este precepto sirve para enmarcar correctamente la regulación de la segunda de las normas comentadas, la Ley de Transparencia, que sí dispone de un precepto concreto sobre la evaluación normativa.

Esta Ley incide, de nuevo, sobre aspectos participativos en la evaluación de las políticas (arts. 1.1.d, 2.d, 3.i, y 29-31) y señala la relación de esta evaluación con la calidad y mejora continua y con la responsabilidad y rendición de cuentas (art. 3.m y o). En lo que respecta a la participación pública, en concreto, en la evaluación normativa, el art. 30.2.b) reconoce el «derecho a participar de manera efectiva en la elaboración, *modificación y revisión* de anteproyectos de ley [y] disposiciones de carácter general» (la cursiva es mía). Pero el precepto que regula de manera específica esta evaluación *ex post* es la DA 2.ª, en los siguientes términos:

> 1. La Administración pública de la Comunidad Autónoma de la Región de Murcia impulsará un proceso de revisión, simplificación y, en su caso, una consolidación normativa del ordenamiento jurídico regional. Para ello, habrá de efectuar los correspondientes estudios, proponer la derogación de las normas que hayan quedado obsoletas y determinar, en su caso, la necesidad de introducir modificaciones, novedades o proponer la elaboración de textos refundidos.
>
> 2. A tal fin, la consejería competente en materia de calidad e inspección de los servicios elaborará un plan de calidad y simplificación normativa y asumirá la coordinación del proceso de revisión y simplificación normativa, que será llevado a cabo por las secretarías generales de las distintas consejerías en sus respectivos ámbitos de competencia.

Nótese que esta DA 2.ª es prácticamente igual que la DA 2.ª de la LTAIBG del Estado. Con una pequeña particularidad: mientras que el texto estatal habla de «*derogar* las normas que hayan quedado obsoletas», el murciano dice «proponer la derogación...». Cuando analicé el precepto estatal ya reparé en esta cuestión, por lo que me remito a las consideraciones allí hechas. En todo caso, creo que esta redacción murciana es más apropiada.

En fin, en lo que se refiere al ámbito subjetivo —y conectando con el segundo apartado de esta DA 2.ª—, la Ley 7/2004, de 28 de diciembre, de organización y régimen jurídico de la Administración Pública de la Comunidad Autónoma de la Región de Murcia, regula la posición de los consejeros autonómicos desde el punto de vista administrativo —dejando para la Ley del Gobierno la descripción de las atribuciones de naturaleza política— y, aunque señala en su preámbulo (apartado II *in fine*) que son «responsables, en cuanto tales, de la definición, ejecución, control y *evaluación de las políticas sectoriales* que se integran en su respectivo ámbito competencial» (la cursiva es mía), lo cierto es que en su articulado no incluye mención alguna a la competencia del consejero en tal materia evaluativa.

Sí recoge como competencia de las secretarías generales de cada departamento —como recuerda la DA 2.ª.2— la siguiente atribución (art. 17.h): «Preparar las compilaciones de las disposiciones vigentes, proponer modificaciones y revisiones de textos legales que consideren oportunas y tener a su cargo los servicios de documentación jurídica y las publicaciones técnicas de la Consejería». Queda perfectamente delimitada, pues, a quién corresponde el ejercicio de estas funciones evaluativas dentro de la consejería. Adicionalmente, se atribuye la evaluación y control de resultados de los organismos públicos (OO. AA. y EPEs) a la consejería de adscripción (art. 39).

En definitiva, en el caso murciano se cuenta con una evidente exigencia de revisión y análisis *ex post* de toda la normativa autonómica sin perjuicio de que no existan más elementos concretos en su régimen jurídico, que serían más que deseables.

xvi. La evaluación normativa *ex post* en la Comunidad Foral de Navarra

En el caso navarro, tanto la Ley Foral 11/2019, de 11 de marzo, de la Administración de la Comunidad Foral de Navarra y del Sector Público Institucional Foral, como la Ley Foral 5/2018, de 17 de mayo, de Transparencia, acceso a la información pública y buen gobierno, regulan, de algún modo, la evaluación normativa.

La primera de ellas comienza con una mención a la «potestad calificatoria o de evaluación técnica» (art. 4.l) propia de la Administración Pública Foral. Sobre la posibilidad de encuadramiento de la evaluación normativa en una potestad con esta denominación, me remito a lo dicho al principio de esta parte de la investigación. También existen algunas referencias al principio de «control de la gestión y evaluación de los resultados de las políticas públicas» (art. 6.2.g), al control de eficacia de las entidades del sector público navarro (art. 41), a la evaluación de la calidad de los servicios públicos (art. 106) o, lo que aquí más interesa, a los «instrumentos para la mejora de la calidad del marco normativo» (art. 131). Este último precepto —en lo relevante a efectos de evaluación *ex post*— señala lo siguiente:

> El Gobierno de Navarra, para contribuir al objetivo de cumplir el principio de calidad normativa, realizará las siguientes actuaciones:
>
> c) Promoverá procedimientos de evaluación a posteriori de su actuación normativa para garantizar la evolución y la adaptación de su ordenamiento a la realidad política, económica y social en la que ha de ser aplicado.
>
> d) Promoverá la elaboración directrices (sic) de técnica normativa, que, careciendo del valor de las normas jurídicas, proporcionen criterios técnicos o pautas de actuación a los redactores de las normas al objeto de contribuir al proceso de perfeccionamiento continuo de la calidad normativa.

No existe, como tal, una obligación establecida por esta norma autonómica de realización de evaluaciones *ex post*, sino solo un deber de promoción[272]. En todo caso y como reconoce la norma, estas evaluaciones deben servir para cumplir con el objetivo de tener una normativa de calidad que se puede perseguir, también, con las directrices de técnica normativa en lo que se denomina un «proceso de perfeccionamiento continuo»[273].

Esta promoción de la evaluación normativa *ex post* se concreta, caso a caso, y a voluntad del legislador (o del poder reglamentario), en cada una de las normas. De hecho, y a modo de ejemplo, el dictamen 25/2021, de 28 de julio, del Consejo de Navarra, sobre el Anteproyecto de Ley Foral de cambio climático y transición energética, en sus observaciones a las disposiciones adicionales, señala lo siguiente:

> La previsión recogida sobre la valoración ex post del desarrollo de la ley foral resulta importante y merece un juicio positivo porque permitirá conocer la eficacia de la norma, esto es, en qué medida se han conseguido los fines pretendidos con su aprobación, y valorar, en su caso, los efectos no previstos, así como preparar informes de progreso en lo relativo a metas, objetivos y contribuciones establecidos en sus propios planes. Faltaría precisar los criterios conforme a los cuales se llevará a cabo dicha evaluación y, sobre todo, establecer una exigencia de revisión periódica.

---

272 Como ya indiqué en su momento, el dictamen 37/2018, de 26 de noviembre, del Consejo de Navarra, sobre el entonces anteproyecto de Ley, no señaló nada sobre esta cuestión.

273 Pero, si he citado ese apartado d) —que, en puridad, y por mucho que el artículo lo acerque al ciclo continuo de mejora del Derecho, se aleja ligeramente de lo aquí estudiado—, es por su tenor literal, que ha sido transcrito *sic*. Resulta hasta burlesco que el precepto dedicado a la regulación de las directrices de técnica normativa tenga una errata: «Promoverá la elaboración *[de]* directrices de técnica normativa».

Lo que se echa en falta es, pues, una mayor sistemática que no deje al albur de las circunstancias y de la buena voluntad del poder normativo que la evaluación se realice o no (la ya explicada *paradoja de la evaluación*). Y ello puesto que controlar el ejercicio del deber de *promoción* de la evaluación es bastante complicado, aunque una ausencia total de cualquier tipo de evaluación sí podría ser significativa del no ejercicio de ese deber. Pero el mero hecho de que algunas normas sí recojan —como se acaba de ver— formas de evaluación *ex post* determinaría ya un cumplimiento, al ser aquí posiblemente máxima la discrecionalidad del poder normocreativo.

Tampoco en la Ley de transparencia aparece recogida, como tal, una obligación de evaluación. Sí es cierto que la rendición de cuentas y evaluación de resultados aparece como uno de los fines de la Ley (art. 1.2.b); que en la consecución de la transparencia y la apertura de datos tiene un papel importante la evaluación (art. 4.b y f), así como en los principios de participación y colaboración ciudadana, y responsabilidad y rendición de cuentas (art. 5.g y h); o que se reconoce un derecho a la participación real y efectiva en la evaluación de planes, programas y otras propuestas sometidas a participación, mediante la puesta a disposición de la información con suficiente antelación (art. 13.1.j).

Pero, como sucede en otras ocasiones, aunque no se establezca como tal esa obligación, esta norma de transparencia sí exige, de existir, la publicidad de estos instrumentos de evaluación. Así, el art. 19.2 obliga a la publicación de:

> l) Los informes sobre el grado de cumplimiento y resultados de las evaluaciones de calidad de los servicios públicos y de la incidencia social de las políticas públicas.
>
> n) Los planes, programas anuales y plurianuales aprobados con indicación de los objetivos, actividades, medios y tiempos necesarios para su ejecución, órganos responsables de su ejecución, así como indicadores que permitan su seguimiento y evaluación.
>
> p) El resultado de la participación ciudadana en los procesos de elaboración, aprobación y evaluación de planes y programas.

A ello se debe añadir, en lo que atañe a la información de relevancia jurídica, lo contenido en el art. 21.1.a) que garantiza la publicidad de «los datos relativos a la evaluación de la aplicación de las normas». No pueden sino considerarse de manera positiva todas estas exigencias de publicidad activa. Pero si no van acompañadas de las correlativas obligaciones de evaluación de políticas, normas y servicios difícilmente tendrán alguna eficacia.

En último término, el caso de esta comunidad autónoma destaca por la existencia de una ley específica en materia de evaluación de políticas públicas. Me refiero a la Ley Foral 21/2005, de 29 de diciembre, de evaluación de las políticas públicas y de la calidad de los servicios públicos, en cuyo preámbulo destaca una expresión que, aun evidente, no deja de ser interesante recordar: «La evaluación (...) tiene la consideración de instrumento *adjetivo* de las políticas *sustantivas*». Resulta obvio —y el título de esta investigación lo deja claro al hablar de *instrumentos* para la mejora de la *calidad* del Derecho— que herramientas como la evaluación tienen, precisamente, el objetivo de satisfacer los principios (constitucionales o legales) que las políticas deben garantizar. Pero su recordatorio es relevante para no perder el norte. De esta completa norma deben destacarse, en particular, los siguientes extremos.

En primer lugar, la previsión del art. 3.2, según la cual «la evaluación será integral y objetiva, se basará en evidencias, y sus resultados, conclusiones y áreas de mejora serán públicos», sienta las bases de lo que toda evaluación debe cumplir; en concreto: objetividad y transparencia. Y, para el desarrollo de estas evaluaciones es necesaria una «previa fijación de compromisos y de sus correspondientes indicadores». Como señalé al principio de este bloque, sin un elemento de comparación o de contraste es imposible realizar esa evaluación.

En segundo término, se establece un largo listado de principios generales que la evaluación debe medir y, a su vez, fomentar (art. 4): legitimidad democrática, legalidad, eficacia, eficiencia, economía, transparencia, *prevención*, *celeridad*, universalidad, responsabilidad, participación ciudadana, colaboración y coordinación, *coherencia*, simplicidad, *comprensión*, modernización y mejora continua. El precepto define cada uno de ellos, pero yo he señalado en la enumeración anterior aquellos que son menos habituales en otros ejemplos normativos que se han ido analizando[274].

En tercer lugar, destaca un aspecto que el propio preámbulo ya puso de manifiesto[275] y que tiene sus implicaciones: la voluntariedad de la evaluación. Bajo la denominación de «autonomía para la evaluación», el art. 5 de la Ley señala que «cada Administración Pública podrá acordar autónomamente la evaluación...». Me remito —de nuevo— a lo señalado sobre la *paradoja de la evaluación*.

274 El principio de *prevención* pretende «anticipar[se] a los problemas y demandas que puedan suscitarse». En este sentido, la evaluación (tanto *ex ante* como *ex post*) puede, precisamente, guiarse en esa dirección preventiva. La *celeridad*, entendida como la realización de los objetivos en el menor tiempo posible, también es otro de los elementos para tener en cuenta, aunque la planificación temporal puede tener su importancia de manera independiente (las prisas no son siempre buenas consejeras). En cuanto a la *coherencia*, esta trata de evitar «rupturas o sobresaltos innecesarios respecto a situaciones que la ciudadanía conoce y acepta» y, por ello, va unida a la estabilidad institucional y, en última instancia, a la seguridad jurídica. Finalmente, con la *comprensión* se pretende la existencia de un lenguaje claro también en las políticas y en su evaluación. Este objetivo, sin duda, tiene especial relevancia.

275 La parte expositiva de la Ley decía así: «Un elemento es común a todas las evaluaciones: su voluntariedad. La evaluación no se impone; es el reflejo de una cultura que se adquiere por cada Administración o unidad competente y que se desarrolla conforme a sus propias previsiones temporales. Cada actor público debe entender cuándo es el mejor momento para llevarla a cabo, sobre qué concreta área material y conforme al método o técnica, comúnmente aceptados, que considere más adecuado a su realidad organizativa, sin que en este punto existan métodos imperativos o cerrados».

En cuarto lugar, destaca —nuevamente por su profusión— el art. 10 que se refiere a los «contenidos de la evaluación». Contenidos, en todo caso, facultativos («podrán versar...»), no relacionados como un elenco cerrado ni obligatorio, sino meramente orientativo[276]. Solamente uno de ellos se refiere a los «medios jurídicos» empleados (letra g), pero ello no quiere decir que el resto no puedan ser —y de hecho son— de interés para el análisis *ex post* de la normativa.

Finalmente, en quinto y último término —y al margen de la determinación del momento de la evaluación (*ex ante*, intermedia o *ex post*, según el art. 9) y de la publicidad de estas evaluaciones, incluso con su publicación en un registro (art. 11)—, debe señalarse la existencia de una «Comisión Foral para la evaluación de las políticas públicas y de la calidad de los servicios públicos» (art. 23) que puede servir como organismo independiente de evaluación. Sobre este tipo de organismos y la entidad subjetiva del encargado de la evaluación se volverá después.

En definitiva, ante una ausencia general de obligación reconocida por su propio ordenamiento de revisar o evaluar *a posteriori* la normativa autonómica navarra, estas previsiones de la Ley de evaluación de políticas públicas bien podrían servir para el desarrollo de la evaluación *ex post* de reglamentos. Evaluación que, no se olvide, sí es preceptiva en lo que atañe al ámbito reglamentario por mandato de la LPAC, que mantiene su carácter básico en este ámbito (no así para las normas con rango de Ley, pues se ha visto que tal obligación no existe en esta comunidad).

xvii. La evaluación normativa *ex post* en el País Vasco

La institución de la evaluación normativa en el caso vasco tiene más interés, quizás, *de lege ferenda* que *de lege lata*. Ninguna de las leyes actualmente vigentes prevé, como tal, una evaluación normativa *ex post*, ni siquiera la Ley 8/2003, de 22 de diciembre, del Procedimiento de Elaboración de las Disposiciones de Carácter General. La Ley 2/2016, de 7 de abril, de Instituciones Locales de Euskadi, sí contiene algunas previsiones sobre la evaluación que pueden resultar de interés.

---

276 Estos contenidos son los siguientes: a) problemas detectados y problemas que se pretenden resolver; b) objetivos que se pretende conseguir; c) resultados alcanzados; d) relación entre los tres elementos anteriores; e) distribución de los efectos; f) impactos que se han constatado y sectores sobre los que se han producido; g) medios jurídicos, técnicos y administrativos y recursos económicos y humanos empleados; h) costes que se han soportado y relación con los resultados obtenidos; i) procedimientos elegidos para actuar y razones de su elección; j) grado de colaboración interadministrativa en la elaboración y desarrollo de la política; k) grado de participación ciudadana en la elaboración y desarrollo de la política; l) opinión que han merecido para los ciudadanos las actuaciones desarrolladas; m) cumplimiento de la legalidad y del derecho que asiste a la ciudadanía.

Es objeto de la Ley configurar la posición de los municipios vascos, entre otros aspectos, en la evaluación de las políticas (art. 1.3); se reconocen los principios a la participación en esa evaluación y a la eficacia y eficiencia (art. 4.2.g y k); se atribuye a los directivos públicos profesionales el seguimiento y evaluación de las políticas que tengan asignadas (art. 38.2.g); también se garantiza el derecho a participar en la evaluación (arts. 43.1.b, 47.4.d y 69, entre otros); y reconoce la obligación de evaluar y publicar —no solo de esto segundo— los resultados de planes y programas (art. 52.1.k). Además, define el concepto de «deliberación participativa» (art. 75) y crea el Consejo Vasco de Políticas Públicas Locales (art. 83). En definitiva, se trata de una Ley local con variados instrumentos participativos en el seno de la evaluación de las políticas. Pero nada referido, como tal, a la evaluación normativa *ex post*.

Para encontrar dos referencias ya sí concretas a la institución que aquí se está estudiando, debe acudirse tanto al *Proyecto de Ley del procedimiento de elaboración de las disposiciones de carácter general* como al *Proyecto de Ley de transparencia, participación ciudadana y buen gobierno del sector público vasco*[277].

El primero de ellos, que está llamado a modificar la mencionada Ley 8/2003, pretende «promover una mayor calidad de nuestros productos normativos» y, para ello, se precisa de la «introducción de la evaluación como método generalizado de reflexión antes *y después*, a fin de llegar a obtener los indicadores más precisos sobre cómo afrontar con éxito la revisión periódica de la normativa vigente» (la cursiva es mía). Define, pues, en una sugerente expresión, la evaluación como «reflexión», en línea —nuevamente— con la definición dada al principio de este bloque de la investigación.

El art. 7 de este proyecto incide en esa línea y regula las que denomina «labores de reflexión y preparación»; labores que tienen carácter facultativo y previo al inicio del procedimiento normativo. Entre ellas «se incluirán, en particular, las evaluaciones de resultados e impactos acumulados del conjunto de las políticas y normas existentes, y las evaluaciones previas de impacto de las alternativas normativas que pueden barajarse»[278]. Este precepto —de

277 Hasta donde tengo conocimiento, y salvo error por mi parte, estos dos proyectos, ya remitidos al Parlamento Vasco, habrían decaído al finalizar la correspondiente legislatura, aunque parecería que podrían recuperarse para continuar con su tramitación.

278 Aunque el dictamen 186/2018, de 12 de diciembre de la Comisión Jurídica Asesora del País Vasco, es crítico con este tenor. Dice el órgano consultivo que «el artículo resulta de difícil inteligencia puesto que los conceptos empleados (*evaluaciones de resultados* e *impactos acumulados*) se definen y encuentran su sentido en la normativa sobre evaluación» (§ 291). Por ello, «la Comisión somete a la consideración del órgano promotor que explore la posibilidad de acudir a la clásica formulación abierta para dar entrada a las labores previas que el órgano promotor puede —o debe— llevar a cabo antes de tomar la decisión de iniciar formalmente el procedimiento de elaboración; labores que lógicamente no pueden ser las mismas en todos los casos al encontrarse muy condicionadas por el tipo de norma y el sector en el que esta vaya a desplegar sus efectos» (§ 292). Creo que el precepto es ya lo suficientemente abierto, por lo que no comprendo del todo bien la crítica en este segundo aspecto.

ser aprobado en estos términos— materializaría, seguramente de manera única —pues, s.e.u.o., no conozco otro semejante—, el cierre y continuidad del ciclo normativo, la retroalimentación de la que se viene hablando a lo largo de toda la investigación. Eso y el hecho de que la evaluación normativa *ex post* es, a su vez, una evaluación *ex ante* preliminar, provisional, previa a la evaluación *ex ante* desarrollada una vez decidida la necesidad de elaborar una norma.

Es más, reconoce que en «seno de las [reflexiones preliminares] se sustanciarán las consultas públicas que sean exigidas por la ley de forma previa a la elaboración del proyecto de disposición». O lo que es lo mismo: la consulta pública previa que exige la normativa básica. No puedo sino abogar por la aprobación de este precepto.

Adicionalmente, el art. 6.3, sobre planificación normativa, y en la línea de lo dispuesto tanto para el Estado como para otras CC. AA., se establece la obligación de que el PAN identifique las normas que deban «someterse a un análisis sobre los resultados de su aplicación, atendiendo fundamentalmente al coste que suponen para la Administración o los destinatarios, y a las cargas administrativas impuestas a estos últimos». El plan será el que determine, pues, las obligaciones concretas de evaluación. Lo cual nos remite necesariamente a la consideración de si esta inclusión es jurídicamente vinculante (aspecto ya tratado al analizar la regulación estatal y sobre el que aún se harán algunas consideraciones más adelante).

Pero es el art. 8 el que regula la materia aquí estudiada, y este lleva por rúbrica la «evaluación normativa y adaptación de la normativa vigente a los principios de buena regulación». Este proyecto de articulado está dividido en 3 apartados. Los dos primeros son coincidentes con lo previsto en los dos párrafos del art. 130.1 LPAC[279]. Con un único matiz. Al hablar de la revisión periódica de la normativa vigente no solo se propone su adaptación a los principios de la buena regulación, sino que también añade que esta revisión se realizará «para el seguimiento de su aplicación de acuerdo con el principio de igualdad de mujeres y hombres». Se añade un enfoque transversal de género inédito en cualquier otra regulación sobre evaluación normativa *ex post*.

Este, aunque puede ser útil para poner de relieve la importancia de esta dimensión, no deja de ser incongruente por cuanto la dimensión de género debe ser —simple, aunque particularmente— una más de las que se deben evaluar. Además de que incluso el hecho de que no se incluyese en este concreto precepto no impediría que tal obligación fuese exigible por virtud del mencionado principio de transversalidad *(mainstreaming)* de género propugnado por la LOIMH.

279 Mientras que el tercer apartado es coincidente en toda su extensión con el art. 130.2 LPAC, que se refiere al AED y que se mencionó en su momento.

En lo que respecta al informe de evaluación, si la norma estatal se remitía a la autonómica, sorprende que el proyecto de Ley no aproveche para fijar algunas de las condiciones de tal documento, sino que —nuevamente— se remita a los extremos «que determine la normativa reguladora de la evaluación pública en la Comunidad Autónoma de Euskadi». Esa remisión parece hacerse al actual anteproyecto de Ley de transparencia, a la que me referiré a continuación[280]. Debe señalarse ya, no obstante, que este tampoco concreta mucho más las previsiones aquí referidas.

Este segundo proyecto tiene por objeto, entre otros aspectos, la «evaluación de políticas públicas» (arts. 1 y 2.d) al considerar, como dice su exposición de motivos, que «la evaluación es necesaria para dar sentido a la transparencia, a la que dota de contenidos, y que de otra manera no sería sino un escaparate hueco». Y, en aplicación de los principios de evaluación y mejora continua (art. 4.2.f y p), diseña en su Título II un completo sistema de «planificación y evaluación de políticas públicas».

Al margen de previsiones parciales que atañen a la evaluación, como la referida a la necesidad de que el Plan de Gobierno sea evaluado conforme a los indicadores que se establezcan (art. 5.1.e), el «seguimiento pormenorizado y una evaluación de sus resultados e impacto» de los planes estratégicos (art. 5.3.a), la definición por el informe de impacto (evaluación *ex ante*) del plazo «que eventualmente habría de servir de base para el seguimiento y la evaluación de resultados e impactos reales» (art. 7.5), la simplificación administrativa y reducción de cargas (art. 10), el fomento de una cultura de la evaluación (art. 12.1) o la publicidad y participación ciudadana en la evaluación («escucha a la ciudadanía», en los términos del proyecto, art. 14), este proyecto de Ley regula en particular la «evaluación de impactos de conjuntos de normas» en su art. 11, que reza así:

> 1. Periódicamente se procederá a la evaluación de resultados de los impactos normativos acumulados de conjuntos de normas que afecten a sectores determinados.
>
> 2. Estas evaluaciones tendrán como finalidad racionalizar y reducir conjuntos de normas excesivos, mediante la simplificación, codificación, refundición y consolidación de textos legales, o la reducción del volumen legislativo mediante la eliminación de preceptos y leyes obsoletas, a fin de garantizar la calidad de las normas, su claridad, concreción y comprensibilidad.
>
> 3. Anualmente se establecerán las evaluaciones que se deben hacer y a tal fin el propio Parlamento también realizará propuestas.

280 El dictamen 186/2018 apenas mencionado señalaba, sin embargo, que «con similar criterio abierto podría contemplarse la obligación de las evaluaciones posteriores, cuyo contenido, forma, etc., parece materia de la normativa de evaluación» (§ 291). Creo que la remisión precisamente cumple con esta sugerencia, por lo que tampoco entiendo bien la crítica aquí. Aunque esta misma comisión sugiere que no sería necesario ese informe (§ 299), pues podría —cree— aplicarse la normativa general sobre evaluación.

Ya se vio un ejemplo semejante de (propuesta de) regulación en el art. 59.2 del borrador de anteproyecto de Ley, de la Generalidad, de Gobierno Abierto de la Comunitat Valenciana. Con la salvedad de que esta permitía la evaluación de los resultados tanto de «una norma jurídica concreta» como de un conjunto de normas. La propuesta vasca, sin embargo, parece exigir solo el análisis de conjuntos normativos. La obligación de evaluar una norma concreta venía determinada (en potencia) por la exigencia de evaluación *ex post* contenida en el PAN, como se señaló antes. Pero esa revisión concreta viene ampliada con la exigencia de revisión periódica de conjuntos de normas.

A mi juicio, exigirlo de manera conjunta o separada en uno o varios preceptos no tiene mayor relevancia. Lo relevante es, en todo caso, determinar cómo, cuándo y por quién se realizará la evaluación. Y la concreción de esos aspectos queda, nuevamente, diferida a otro momento y lugar en la norma vasca, que exige una planificación anual de la evaluación, teniendo en cuenta, eso sí, al parlamento, lo que constituye un avance. Si a ello se suman las previsiones, vistas más arriba, de escucha activa de la ciudadanía o del proceso de reflexión preliminar, en conjunto se ofrece un marco normativo —insisto, de llegar a buen puerto y aprobarse en estos términos— bastante avanzado y diferenciado de otras regulaciones autonómicas.

Pero es que, además, este proyecto de Ley incluye una previsión que, hasta donde tengo conocimiento, no tiene parangón en nuestro ordenamiento. Me refiero al art. 13 que lleva por título la «integración del conocimiento científico y experto en la evaluación de políticas públicas». Si la incorporación de la percepción pública en el proceso de evaluación *ex post* es esencial, no lo es menos la de la Ciencia[281]. El objetivo de esta inclusión no es otra que la de permitir «procesos de deliberación y decisión más consistentes, materializando el principio de objetividad y transparencia», pero siempre «sin sustituir la acción de gobierno ni los procesos de decisión política». Aunque el artículo parece ir más encaminado a la incorporación de este elemento en la evaluación *ex ante*, nada impediría, por supuesto, su aplicación en la *ex post* (sobre todo, en tanto que evolución *ex ante* preliminar, como se vio antes). En definitiva, otro acierto de la propuesta vasca.

Por lo tanto, para el caso vasco, y aunque se han visto múltiples e interesantes propuestas de evaluación normativa incluidas en varias de sus normas en tramitación, no existe —al menos en la actualidad— una previsión específica de evaluación normativa *ex post*. Por ello, será de aplicación el art. 130.1 LPAC en lo referido a las normas de rango reglamentario y, en general, la normativa estatal con carácter supletorio, como se explicó más arriba[282].

281 Sobre esta cuestión, en general, véase la monografía de Arruego Rodríguez y Pascual Medrano (2022). En el trabajo de mi autoría incluido en ella se analizan las posibilidades de incorporación del dato científico y del conocimiento técnico en todo el ciclo normativo y por ello también en la evaluación normativa *ex post*. Me remito a las consideraciones allí hechas.

282 Acaba de aprobarse la Ley 3/2022, de 12 de mayo, del Sector Público Vasco, norma que

4. La evaluación *ex post* en los entes locales

a) Situación general para los entes locales: la irrelevancia de la STC 55/2018

Del análisis del pronunciamiento constitucional reiteradamente estudiado (STC 55/2018) y del evidente mantenimiento del carácter básico del art. 130 LPAC en lo que respecta a la evaluación *ex post* de la normativa reglamentaria de cada ámbito territorial, se colige la inevitable exigencia de que los EE. LL., en tanto que AA. PP., evalúen sus normas de manera periódica. No cabe duda, pues, de la aplicabilidad directa y sin necesidad de ulterior desarrollo de dicha exigencia normativa. Cuestión distinta es que el informe de evaluación, como señala el tenor de dicho artículo, deba ser regulado por cada Administración. Pero es que, además de las exigencias de carácter básico establecidas por la LPAC, algunas CC. AA. (como se vio para el caso de Andalucía) incluyen en su normativa local una obligación de revisión para *sus* AA. PP., lo que incluye también a los EE. LL., dado el carácter bifronte del régimen local.

Pues bien, sobre esta exigibilidad de la evaluación *ex post* en el ámbito local, la doctrina ha venido señalando, de manera clara y en consonancia con lo apenas dicho, que «resulta plenamente aplicable en el ámbito local» (Casado Casado 2017, 133). En opinión de Jiménez Asensio (2018), «tal pronunciamiento de inaplicación [de la STC 55/2018] no se extiende, en principio, a los procedimientos de elaboración de disposiciones generales en el ámbito local» (aunque este mismo autor ofrece también argumentos en sentido contrario). Creo que esta cuestión no ofrece mayores dudas.

En lo que respecta al régimen jurídico aplicable, señala Orduña Prada (2016, 154) que «la LBRL no contiene mención alguna sobre la materia, de manera que habrá que estar a lo que establezca el correspondiente acuerdo plenario o, en su caso, el respectivo reglamento orgánico». Ello deja abierta la puerta a la aplicación supletoria de la normativa autonómica o estatal. Pero es que, además de ello, señala Velasco Caballero (2019.2, 343) que «no se puede identificar [en el art. 130 LPAC] una hipotética *reserva de ordenanza local*, para la autoevaluación de las normas locales». O sea, la normativa estatal o autonómica podría determinar aspectos de tal evaluación *a posteriori*, de acuerdo con las competencias correspondientes. Por ello, y en su opinión, el art. 130 LPAC «solo permite hablar de un principio funcional que admite muy diversos niveles y formas de cumplimiento por cada Administración local» *(ib.)*. Principio (y deber) que no es otro que el de evaluar la propia actividad normativa.

incluye algunas referencias aisladas a la planificación y a la evaluación, pero centrándose, respecto de esto último, en la eficacia y eficiencia de los organismos públicos más que en la normativa en cuestión.

Como en el caso de la planificación normativa, la doctrina también se ha planteado su eventual aplicación a los planeamientos urbanísticos. Aguirre i Font (2020, 589) expresa la «inexistencia de una tradición de evaluación *ex post* del planeamiento vigente», aunque existen algunas obligaciones parciales en la legislación estatal del suelo. Pero lo cierto es que, como los planes siguen en vigor de manera indefinida, estos pueden convertirse —en caso de que no se *sigan*, o sea, se *evalúen*— en «auténticas bombas de relojería que explotan en el momento de su ejecución», dado que «se basan en una realidad estática (...) congelada en el momento de su aprobación» (*ib.*, 591).

Si un ámbito parece especialmente apto para exigir la evaluación periódica de los resultados de una norma —como se acaba de decir, no solo por la vía del art. 130 LPAC, sino también de la propia normativa urbanística y de ordenación territorial— parece ser la propia de los Planes Generales de Ordenación Urbana, sobre los que no es preciso recordar su naturaleza jurídica. Por ello, este autor (*ib.*, 592) aboga por que «los mecanismos de evaluación y adaptación del planeamiento *ex post* no [tengan] carácter voluntario»[283]. Creo que no existe justificación para no incluirlo en el ámbito de aplicación de la evaluación normativa *ex post*.

Queda también abierta y por determinar (principalmente en la norma autonómica o en la propia regulación organizativa local) la distribución orgánica de las tareas de evaluación. Ante el actual silencio regulatorio, Velasco Caballero (2019.2, 344) apuesta por una «distribución funcional en la que los órganos ejecutivos y administrativos desplieg[ue]n una labor fundamentalmente técnica, orientativa y propositiva, correspondiendo al *pleno* local la decisión sobre la concreta forma de evaluación de cada ordenanza y la valoración política de tal evaluación». Este reparto resulta sumamente interesante, y una traslación a otros ámbitos —como se estudiará más adelante— bien podría convertirse en una solución orgánica óptima.

Sobre quién debe seleccionar las normas que se han de evaluar, este mismo autor (*ib.*, 345) considera que deberían ser los órganos municipales ejecutivos los que ya, en el proceso de creación y redacción de la MAIN, propongan la evaluación. Ello entrará en relación con la conexión entre la evaluación *ex ante* y la evaluación *ex post*, a lo que también me referiré. Y para dotar de cierta racionalidad a la propia selección de normas para evaluar —y evitar así lo que aquí se ha denominado la *paradoja de la evaluación*— propone que los reglamentos orgánicos municipales introduzcan «criterios generales positivos» y «criterios abstractos negativos» para determinar su evaluación (*ib.*, 346). Estos criterios permitirían (por ejemplo, por su importancia, afección a derechos o determinados bienes jurídicos...; o, al contrario, escasa cuantía, aplicación temporal limitada...) seleccionar las normas adecuadas de entre

283 También propone algunas soluciones que van en la línea de lo que después se comentará sobre las cláusulas *sunset*, de pérdida de fuerza de determinados preceptos en el supuesto de no evaluación o puesta al día.

todas las vigentes. Pero no debe perderse de vista también que, «para la evaluación *ex post* (a diferencia de la MAIN) cuentan también las *prioridades políticas* expresadas por el pleno con la aprobación de la ordenanza». O sea, no todo puede ni debe limitarse a una apreciación meramente (o pretendidamente) técnica. En la misma dirección, Burgar Arquimbau (2016, 16-17) considera que esta evaluación comporta «la necesidad de haber establecido previamente tanto objetivos concretos como indicadores de medida respecto de cada uno de tales objetivos, así como la identificación de los recursos destinados a su consecución». Sobre esta cuestión metodológica y de contenido de la evaluación habrá ocasión de retornar.

Otras propuestas van dirigidas hacia la configuración de órganos *ad hoc*. Para Bejarano Lucas (2016, 7-8) será precisa la «existencia de un órgano o comisión técnica de carácter colegiado encargada de llevar a cabo dicha labor "evaluadora" y de la que, en todo caso, habrían de formar parte, por los aspectos a examinar, tanto el Secretario General como el Interventor de la respectiva Corporación». Nada obsta para que —especialmente en municipios grandes— pueda atribuirse la función evaluativa a comités específicos.

Pero lo cierto es, en cualquier caso, que el tamaño y las posibilidades del ente en cuestión tendrán mucho que ver en su configuración, como recuerda Fernández Ferrarons (2020, 188). También Revuelta Pérez (2020, 196) —hablando de la limitación que supone la unidad de mercado al poder reglamentario local establecido en la LGUM, en concreto en el art. 15 ya estudiado— señala que «pese a la falta de concreción de este precepto (periodicidad de los análisis, etc.), el problema que se plantea es la falta de medios de la Administración local» para desarrollar estos tipos de evaluación. Esta afirmación sería, en realidad, extensible a las obligaciones de evaluación *ex post* generales, no solo a estas evaluaciones sectoriales sobre unidad de mercado.

Corresponda a quien corresponda, esta tarea se ha considerado por distintos autores como mayúscula. Casado Casado (2017, 133) califica la labor de «inmensa» y señala su «complejidad (...) especialmente en aquellos municipios pequeños y con escasos medios y recursos». De ahí que —añade— los organismos supramunicipales pueden desempeñar un papel importante en su ayuda. Es cierto que la FEMP, las diputaciones o las comarcas, entre otras, pueden desempeñar un papel clave (como ya apunté al hablar de la planificación normativa). Pero lo cierto es que no termino de compartir, necesariamente, su opinión. Y ello porque habrán de ser los ayuntamientos más pequeños los que no contarán, presumiblemente, con un entramado normativo complejo. Por ello, su inventario y posterior evaluación no siempre tienen por qué ser excesivamente difíciles (aunque puede haber excepciones, por supuesto; estudios posteriores deberían dar respuesta a esa hipótesis). En todo caso, debe ser cada ente local —como recalca esta autora— el que determine los extremos de realización de tal evaluación.

Una opinión más positiva parece merecerle este instrumento a BEJARANO LUCAS (2016, 7-8), para quien la evaluación normativa *ex post* en el ámbito local sirve como «labor "depurativa" del marco regulatorio municipal». Aunque se muestra también crítico con la «labor "ingente"» que deberán acometer los EE. LL. en aplicación del art. 130 LPAC y «echa en falta una adaptación a la propia idiosincrasia de la Administración local». Eso sí, ve positivo el margen de maniobra que permite la configuración actual del mencionado precepto (en todo caso, señala, la colaboración del Reglamento Orgánico Municipal se tornará imprescindible).

En similares términos, REINOSO CARRIEDO (2016) considera positivo este instrumento, puesto que «la factibilidad de las normas no solo debe ponderarse en la fase de su elaboración»; pero lo cierto es que «la ingente cantidad de normas de origen reglamentario hace utópico plantear un seguimiento evaluatorio continuo y global de esta producción normativa al margen de las dificultades de orden técnico que ello plantea». Critica también este autor el incumplimiento de «quien lo ordena»: el propio Estado («a pesar de que cuenta con medios materiales y humanos para hacerlo»), que se ha demostrado el primer culpable de no aplicar los preceptos que exigen la evaluación.

Finalmente, sobre el ámbito temporal, la doctrina parece dividida entre aquellos que apuestan por una evaluación anual, en correspondencia con la planificación normativa, y los que creen que un periodo más amplio podría ser positivo.

Así, para BURGAR ARQUIMBAU (2016, 16-17), «parece[ría] razonable acompasarla [la evaluación *ex post*] con la fase de planificación *ex ante* articulada en torno al [PAN]». Y REINOSO CARRIEDO (2016) opina que la periodicidad, dado que no se menciona, podría ser anual en el ámbito local como sucede en el caso estatal (lo mismo que la transparencia, que podría ofrecerse en el portal de transparencia correspondiente).

Yo me inclino por la tesis de la flexibilidad. CASADO CASADO (2017, 133) cree que la periodicidad «no tendría por qué ser anual y podría fijarse un lapso temporal más amplio de un informe de evaluación a otro». También VELASCO CABALLERO (2019.2, 348) sostiene que, «frente al modelo estatal de evaluación anual a través de un informe único, tiene sentido que cada concreta ordenanza defina (...) el plazo y momento» de su propia evaluación. En realidad, otra vez, creo que esta afirmación sería más bien predicable de toda la configuración de la evaluación *ex post* en general en España, no solo de la local. Y ello porque —como continúa este autor— «esto es independiente de que la entidad local pueda, en su caso, emitir un informe único y anual donde se dé cuenta de las evaluaciones *ex post* efectivamente realizadas en cada año» *(ib.)*. Esta es, seguramente, la configuración idónea para cualquier nivel de gobierno.

En definitiva, estamos en presencia más de hipótesis y cuestiones abiertas que de auténticas certezas. Deberá ser, principalmente, la norma municipal la que determine los extremos aquí tratados, aunque ya parecen bastante bien perfiladas las principales líneas que debieran guiar tal evaluación en el ámbito local. Y, de hecho, el ejemplo que sigue da muestra de una regulación muy bien articulada en el ayuntamiento más grande del país.

b) Un ejemplo de evaluación *ex post* en el ámbito local: la guía metodológica del Ayuntamiento de Madrid

En esta ocasión puede acudirse, de nuevo, al ejemplo del Ayuntamiento de Madrid como muestra de las posibilidades de actuación normativa en materia de aseguramiento de la calidad del Derecho. Las previsiones sobre evaluación normativa *ex post* constituyen, sin embargo, una novedad reciente en este consistorio.

El Acuerdo de 9 de diciembre de 2021, de la Junta de Gobierno de la Villa, viene a aprobar la *Guía Metodológica sobre la Evaluación Normativa* y a modificar tanto el Acuerdo de 15 de junio de 2017, por el que se aprueban las Directrices sobre el PAN, y el Acuerdo de 3 de mayo de 2018, por el que se aprueban las Directrices sobre la MAIN y la Evaluación Normativa. Se trata, pues, del cierre del ciclo, también desde el punto de vista normativo. Esta modificación de las directrices mencionadas y aprobación de la guía metodológica trae causa de las previsiones del *Plan de Gobernanza y Simplificación Normativa del Ayuntamiento de Madrid*, de 6 de febrero de 2020, que recuerda la obligación de los EE. LL. de revisar periódicamente su ordenamiento, en virtud del art. 130.1 LPAC, y cuyo apartado 5 apuesta por «implementar la evaluación periódica de las normas municipales», señalando los aspectos básicos que debe contener la guía que se ha de aprobar.

El citado Acuerdo añade a las Directrices del PAN la obligación de incluir, en tal instrumento, «la relación de los informes de evaluación que se prevea emitir en el año correspondiente» (nueva directriz 2.4). Para ello, se añadirá una información somera sobre la normativa que evaluar: su denominación, el órgano u órganos directivos competentes de la evaluación *ex post*, y la fecha prevista de emisión del informe (nuevas directrices 4.5 y 5.3). Además, la nueva redacción de la directriz 7 prevé la posibilidad de realizar un análisis *ex post* de normas no incluidas en la planificación inicial, así como la inexistencia de consecuencias frente a la no evaluación de las previstas, con la salvedad de ser precisa su justificación (directriz 8.4).

Entre los aciertos de esta nueva regulación madrileña destacan los siguientes. En primer lugar, el hecho de que el propio PAN establezca una previsión de evaluación, no necesariamente ligada a las normas para aprobar, es más que conveniente. Y lo es porque —al margen de que el PAN señale, de entre las normas que está previsto aprobar, cuáles serán objeto de evaluación en algún momento indeterminado— identificar los productos normativos que se van a evaluar en la siguiente anualidad fomenta, como se verá, la previsibilidad y planificación de este ejercicio de evaluación. En segundo término, la justificación de no evaluación, en el supuesto de que esta estuviera prevista, ligada al carácter vinculante de las directrices del Ayuntamiento de Madrid (como se vio en otro lugar), ofrece vías a un eventual control de inactividad por parte de esta Administración local.

En lo que respecta a la modificación de las directrices de la MAIN y la evaluación normativa, se incorpora desde la propia evaluación *ex ante* la previsión de revisión *ex post* de las iniciativas normativas. Ya preveían las directrices originales la inclusión de un apartado de evaluación en la MAIN, pero ahora se concreta, por un lado, con el desarrollo de las previsiones de la directriz 5.13 y, por otro, con la incorporación, *ex novo*, de la directriz 7.

La primera de ellas determina el contenido de la MAIN en lo que respecta a la evaluación *ex post* de cada norma, señalando la exigencia de que cada MAIN incorpore «el objeto, la metodología y los plazos» de evaluación. Se señalan como obligatorias las evaluaciones si: i) se está regulando por primera vez una materia o sector, ii) se está modificando sustancialmente, o iii) tiene relevancia por su extensión, complejidad, la materia o los impactos. Exige la motivación en caso de no realizarse tal evaluación. Pero exime de su realización en el supuesto de que se haya presentado una MAIN abreviada. Se determina también un plazo de entre 2 y 5 años desde la entrada en vigor de la norma para la realización de la evaluación, así como la posibilidad de que se repitan de manera periódica, extremos todos ellos que deberán quedar ya reflejados en la MAIN (directriz 5.13.3).

La segunda, la nueva directriz 7, ofrece una completa regulación de esta «evaluación y revisión normativa» en un nuevo apartado que cierra las directrices mencionadas. Así, se determina que el objeto de la evaluación *ex post* consiste en el análisis de: la eficacia, los impactos (previstos o no), las obligaciones y cargas impuestas, y la sostenibilidad de la norma. Y señala, siguiendo la dicotomía explicada más arriba y que da nombre a esta directriz, la diferencia entre *evaluación* y *revisión*. La primera vendría a ser, según la definición de este documento, la que se pueda realizar de normas concretas (directriz 7.2), mientras que la segunda «tiene por objeto evaluar el estado del ordenamiento jurídico municipal en su conjunto, para evitar su obsolescencia y orientar los futuros procesos de producción normativa» (directriz 7.4).

En cuanto a la «evaluación de normas» (individuales) se puede señalar que esta será responsabilidad del órgano promotor de cada norma, la planificación vendrá determinada por el PAN —como se vio antes—, el informe de evaluación se deberá realizar en los 3 meses siguientes al final del plazo para la realización de la evaluación, será sometido al Comité de Política Regulatoria y, tras su remisión al Pleno y a la Junta de Gobierno, se publicarán en el Portal de Transparencia y Sede Electrónica del Ayuntamiento. La directriz 7.8 establece con detalle la estructura del informe de evaluación, que contendrá: un resumen ejecutivo, los antecedentes, la metodología de evaluación, la evaluación de los objetivos, la de los impactos, la de obligaciones y cargas, la de sostenibilidad (como se ve, pues, los elementos constitutivos de la evaluación) y, a partir de lo anterior, establecerá unas conclusiones y recomendaciones, incluida «la necesidad de su modificación, derogación o sustitución por una nueva».

Y es aquí donde se engarza y cobra todo el sentido la *Guía metodológica sobre la Evaluación Normativa* que aprueba el acuerdo municipal mencionado al principio. Este documento (de 37 páginas), pretende «facilitar a los servicios municipales el cumplimiento de la obligación de evaluar las normas aprobadas» (p. 3). Se divide en dos secciones: la primera, que trata de delimitar los contornos conceptuales de la evaluación normativa *ex post*; y la segunda, que pretende orientar en la tarea evaluadora, con respuestas sobre el contenido esperable de la evaluación y cada uno de los apartados exigidos por las directrices. Me referiré a esta guía con más detalle al enumerar los distintos aspectos de interés de la evaluación *ex post* pues, al tratarse de un instrumento operativo, más que determinar exigencias de carácter jurídico ofrece soluciones y respuestas prácticas a problemas concretos.

Sobre la «revisión normativa general», señalan las directrices que la competencia para el acuerdo de la realización del informe reside en la Junta de Gobierno, a propuesta del alcalde (directriz 7.4.1), y será emitido por el órgano competente en materia de calidad normativa. Corresponde a la Junta de Gobierno determinar el plazo, los criterios y la estructura de este informe. En cuanto a la periodicidad, no será menor de 8 años «desde la remisión a la Junta de Gobierno del último informe de este tipo» (directriz 7.6.3). Son aplicables los mismos requisitos de información y publicidad que al anterior tipo de informes.

También en este caso hay que aplaudir las nuevas previsiones. Primero, porque la evaluación *ex post* viene configurada ya desde la concepción misma de la norma: se cierra el ciclo —como se viene diciendo— haciendo énfasis en la necesidad de evaluar los resultados de una previsión inicial. Segundo, porque la incorporación de la directriz 7 unifica en un mismo cuerpo normativo (estas directrices) los procesos de evaluación *ex ante* y *ex post*. Esta conexión entre la evaluación *ex ante* y la evaluación *ex post* se torna esencial. Tercero, porque señala con claridad —a diferencia del resto del ordenamiento español, con alguna excepción— la diferencia entre evaluación normativa individual o de conjunto *(revisión)*.

Aunque sobre este último aspecto puede criticarse el amplio plazo (de 8 años) entre revisiones generales. No creo que tal plazo fuese inapropiado, *per se*, si se tratase de una revisión global *de toda* la normativa municipal. El problema reside en que el contenido y alcance de la revisión normativa general depende de la Junta de Gobierno. Y, por ello, podría darse el caso de que esta revisión se restringiese a un único sector del ordenamiento municipal —lo cual tendría todo el sentido—. Así, en una interpretación estricta, aunque inapropiada a mi juicio, de la directriz 7.6.3, se podría concluir que no cabe otra «revisión normativa general» en los siguientes 8 años, aunque tal revisión estuviese restringida a un sector del ordenamiento diverso. Todo ello sin perjuicio de que por «revisión normativa general» se esté pensando en algún instrumento como el de la ordenanza de derogación, que se comentará después. En todo caso, creo que es más que suficiente con interpretar de manera flexible la directriz en cuestión, aunque una redacción más precisa, en ese particular, habría sido positiva.

En definitiva, la normativa local madrileña en materia de evaluación normativa *ex post* constituye un claro ejemplo de buenas prácticas y de cómo una Administración puede adaptar a sus peculiaridades la exigencia de revisión periódica del ordenamiento prevista por la normativa básica. Es, sin duda, un ejemplo para imitar[284].

5. La aplicabilidad de la evaluación *ex post* a otra serie de entes

Nuevamente debe realizarse un breve análisis de la eventual aplicabilidad de las normas sobre mejora de la regulación y, en concreto, de la evaluación normativa *ex post* a organismos que pueden englobarse en el concepto de Administraciones independientes. Sobre las consideraciones generales de aplicabilidad de la normativa de la LPAC a este tipo de organismos, me remito a lo dicho en ocasiones anteriores, en particular en el bloque de planificación normativa.

No cabe duda, en todo caso, de la aplicabilidad con carácter básico de estas previsiones a todas las AA. PP. en materia reglamentaria. Por lo tanto, una vez reconocida por el ordenamiento —siquiera sea por medio de *circulares* o *instrucciones*— la potestad reglamentaria de esta serie de organismos despliega también todos sus efectos la obligación de revisión periódica de *su* normativa. Pero es que, además, algunos de ellos tienen en su propia reglamentación alguna previsión al respecto.

284 Esta completa y bien trabada regulación constituiría una excepción en el erial denunciado por Ponce Solé (2019, 83), según el cual «el campo de la calidad de las ordenanzas locales es, virtualmente, un área virgen en España por el momento, a diferencia de otros países que han incorporado la idea de legislar mejor también en el ámbito local». Sería interesante realizar un estudio empírico completo —algo que excede, sin duda, de las posibilidades de este estudio— de las políticas de evaluación —y, en general, de mejora de la calidad del Derecho— en el ámbito local español, al menos, en los municipios de gran población.

Es el caso del Banco de España, cuyo Reglamento Interno, aprobado por Resolución de 28 de marzo de 2000, del Consejo de Gobierno, dispone en su art. 7.5, sobre las «disposiciones dictadas por el Banco de España», lo siguiente:

> El Banco de España revisará periódicamente su normativa vigente para adaptarla a los principios de buena regulación. El resultado de la evaluación se plasmará en un informe que se hará público en el Portal de Transparencia del Banco de España, con el detalle, periodicidad y por el órgano que se determine mediante circular interna.

Hasta donde tengo conocimiento, esta institución no ha procedido a la aprobación de dicha circular interna (tampoco el dictamen 197/2018 del Consejo de Estado hace mención específica alguna sobre el particular), pero sí se han aprobado —hasta la fecha— sendos informes de evaluación, pero limitados al cumplimiento del PAN del año anterior[285]. Más allá de eso, la aplicabilidad práctica es limitada, si bien la exigencia jurídica es más que taxativa (en términos prácticamente idénticos a los de la LPAC y, por lo tanto, de alguna manera superfluos).

En lo que respecta a la CNMV, el art. 38.1 de su Reglamento de Régimen Interior (aprobado por Resolución de 19 de diciembre de 2019, del Consejo) también incluye una previsión semejante, con la diferencia de que el inciso final sobre el informe es diverso: «El resultado de la evaluación se plasmará en un informe que se hará público en el Portal de Transparencia de la CNMV» (el dictamen del Consejo de Estado 745/2019 no alude a esta cuestión tampoco). La supletoriedad de la regulación estatal básica al régimen de la CNMV reconduciría a la legislación aplicable a la AGE en materia de revisión normativa.

En fin, ambas instituciones han perdido la oportunidad de regular directamente en sus reglamentos internos *el detalle y la periodicidad* de los informes de evaluación. A mi juicio, ni la remisión del BdE a una circular ni el silencio de la CNMV están justificados plenamente, y menos al limitarse a reproducir el precepto estatal.

Por su parte, Jover Gómez-Ferrer (2020, 101) señala, respecto de otro de los reguladores, que la normativa de la CNMC «no contempla de forma expresa y explícita el sometimiento a una evaluación normativa *ex post* de cada una de las circulares aprobadas». Si bien es cierto que no aparece mención alguna en la Ley 3/2013, de 4 de junio, de creación de la Comisión Nacional de los Mercados y la Competencia (ni en su estatuto o reglamento interno), no lo es menos que existe un precepto en el que, de algún modo, se puede encuadrar esta obligación:

285 Esta información está disponible en: https://www.bde.es/bde/es/secciones/sobreelbanco/Transparencia/Informacion_inst/Planes_y_program/Planes_y_programas.html (Consultado: 2022-06-02).

Artículo 37. Publicidad de las actuaciones.

3. Cada tres años, la Comisión Nacional de los Mercados y la Competencia presentará una evaluación de sus planes de actuación y los resultados obtenidos para poder valorar su impacto en el sector y el grado de cumplimiento de las resoluciones dictadas. Estas evaluaciones se enviarán también a la Comisión correspondiente del Congreso de los Diputados y al titular del Ministerio de Economía y Competitividad.

Se trata de una evaluación más amplia, pero en la que sin duda entraría también la previsión de circulares que, hipotéticamente, se hayan previsto y que, por otro lado, hayan sido introducidas en el «Calendario de Circulares» al que hice mención en el apartado de la planificación normativa. A ello hay que sumar algunos de los argumentos que este autor manifiesta, como el de que «no cabe ignorar que la CNMC tiene una potestad de supervisión sobre los sectores a los cuales se extiende su potestad de dictar circulares y los efectos que se derivan de ello» *(ib.)*; o que también «existen razones para que, al menos en los casos que las circulares tienen efectos relevantes (...) sean sometidas a evaluación», entre las que destaca la rendición de cuentas de la CNMC en tanto que organismo técnico y razones de garantía de la calidad normativa (*ib.*, 103). No es menor tampoco el control parlamentario de la evaluación de la actuación cada 3 años que debe producirse de acuerdo con lo dispuesto en el art. 39.4 de la mencionada Ley de la CNMC.

Pero también el art. 5.1.h), cuando habla de «promover y realizar estudios y trabajos de investigación en materia de competencia, así como informes generales sobre sectores económicos», estaría ejerciendo este organismo una función «consultiva» (como la ha denominado López Vallés 2020, 308) que permitiría, *de facto*, atribuir a la CNMC no solo una competencia sobre revisión de actuaciones sino también de reglamentaciones de todos los poderes públicos que puedan afectar a un aspecto concreto (a la competencia).

En cualquier caso, estoy con Jover Gómez-Ferrer (2020, 104) en que «sería adecuado que se recogiera en la propia ley la exigencia de someter a evaluación *ex post* las normas de la CNMC que puedan tener efectos significativos». Y ello porque permitiría también, de algún modo, limitar los problemas que surgen a la hora de controlar la calidad de las regulaciones de las agencias independientes, como señala Betancor Rodríguez (2009, 201).

Finalmente, sobre la aplicabilidad a las Universidades, Aguirre i Font (2018, 742), en tanto que aboga por una aplicación supletoria de los preceptos de la LPAC a las universidades públicas —como ya se vio en el apartado de planificación normativa, con Cueto Pérez (2018, 542), entre otros—, señala también que sería deseable la implantación de «mecanismos de evaluación normativa y adaptación de la normativa vigente a los principios de buena regulación». Quienes conozcan mínimamente algunos de los «ordenamientos» universitarios no podrán sino estar de acuerdo.

6. Algunas conclusiones sobre la configuración jurídica actual en España de la evaluación *ex post*

Del análisis desarrollado en los apartados precedentes se puede concluir que la evaluación *ex post* en España resulta plenamente aplicable para todas las AA. PP. (de ámbito estatal, autonómico y local) en lo que respecta a los reglamentos de su correspondiente ámbito, en tanto que normas propias. Según la doctrina constitucional, la regulación de la LPAC no sería aplicable a las leyes de las CC. AA., aunque sí a las del Estado; pero expresé mis dudas sobre su aplicación a las normas de rango legal, aunque tal preocupación podría salvarse por vía interpretativa.

Y, dado que es aplicable la regulación básica estatal (art. 130 LPAC) a la evaluación de reglamentos autonómicos, en el supuesto de que las propias CC. AA. no prevean un específico cauce de revisión normativa *ex post*, entraría en juego el ámbito de la aplicación supletoria de la normativa estatal.

Es precisamente en el ámbito autonómico en el que más pluralidad de opciones se han visto. Con carácter general puede decirse que la mayor parte de las CC. AA. prevén —lo más usual, con una regulación semejante a la del Estado— la evaluación *ex post* de sus normas. Solo una minoría (Galicia, Navarra y País Vasco) no dispondría, en la actualidad, de ninguna obligación específica de revisión. Pero, incluso en esta última, se vio que las diversas propuestas en distinta fase de tramitación van ya en la dirección de contar con tal exigencia. De hecho, no es la única autonomía que cuenta con normas en curso de elaboración y que persiguen esos mismos objetivos de evaluación.

No son pocas las CC. AA. que incluyen, en sus respectivas leyes de transparencia, menciones a la evaluación normativa o a la evaluación de planes y programas. Otras han regulado (singularmente, Navarra) la evaluación de políticas públicas, a la cual se podría subsumir esta genérica obligación de revisión normativa. De hecho, es precisamente en el marco de estas leyes de transparencia en el que se aprecian iniciativas como la participación pública en los procesos de evaluación.

En lo que atañe a la evaluación normativa *ex post* a nivel local, se vio que, a pesar de su aplicabilidad, lo cierto es que la doctrina no puede sino moverse en el vacío más absoluto, por cuanto todo queda a merced de la eventual regulación por el propio ente local (o por la comunidad autónoma, como se vio en el caso andaluz). Aunque el ejemplo del Ayuntamiento de Madrid resulta sumamente sugerente y detallado, siendo un ejemplo para imitar.

En fin, ha apuntado con tino Doménech Pascual (2022, 84) que «entre el régimen jurídico de la evaluación *ex ante* de las normas y el de su evaluación *ex post* (o seguimiento) existe una intrigante asimetría», pues esta «carece de carácter vinculante y de una mínima regulación legal general», mientras que la evaluación *ex ante*, singularmente la MAIN, está ampliamente regulada. La conclusión a la que llega —que suscribo plenamente— es que «lo que garantiza la solución actualmente prevista con carácter general por el legislador español (...) es la futilidad de las evaluaciones *ex post*», aunque también creo que los mimbres empiezan a ser los adecuados. El tiempo lo dirá.

III.

JURISPRUDENCIA SOBRE LA EVALUACIÓN NORMATIVA *EX POST*

1. Análisis de las resoluciones recaídas sobre la evaluación normativa *ex post*

Como sucedió con la planificación normativa, institución de escasa raigambre en nuestro ordenamiento, el análisis jurisprudencial de las resoluciones recaídas sobre la materia debería aportar información de interés sobre los contornos de este instituto todavía en proceso de asimilación. Sin embargo, adelanto ya que son muy escasos los pronunciamientos sobre la materia de los tribunales ordinarios. Deben quedar al margen las consideraciones ya hechas sobre la constitucionalidad de los preceptos de la LES que se referían a la evaluación normativa *ex post* (arts. 4 a 7) enjuiciados por la STC 91/2017 y la inconstitucionalidad parcial del art. 130 LPAC, por mor de la STC 55/2018. Me remito a lo dicho al respecto en el apartado anterior.

En todo caso, y a diferencia de lo que sucedió con la planificación normativa del art. 132 LPAC, que fue declarada no aplicable en ningún caso a las CC. AA., el art. 130 LPAC sigue siéndolo para la evaluación normativa *ex post* de rango reglamentario. Por ello, es posible que en el futuro los tribunales puedan pronunciarse sobre este precepto, aunque una previsión razonable hace esperar que las eventuales futuras referencias a este artículo sean escasas y dispersas por los motivos que enseguida expresaré.

Así, más allá de estas dos SSTC, tan solo existen un par de pronunciamientos jurisdiccionales de algún interés sobre esta materia[286]. Me refiero, por un

286 De nuevo, la metodología empleada para este análisis jurisprudencial se centra en el uso de la principal base de datos de jurisprudencia española (CENDOJ), del buscador de jurisprudencia del TC, así como de los motores de búsqueda y los repertorios de Aranzadi Instituciones. Dada la escasa relevancia de las resoluciones encontradas en una primera búsqueda bajo los términos «evaluación normativa», se procedió a sucesivos intentos con otros conceptos («evaluación *ex post*», «revisión normativa», etc.) e incluso se trató de

lado, a la STS de 17 de febrero de 2021 (ECLI: ES:TS:2021:669) y, por otro, a la poco posterior STSJ de Andalucía, con sede en Sevilla, de 3 de marzo de 2021 (ECLI: ES:TSJAND:2021:7256), que plantean cuestiones similares.

La primera (ECLI: ES:TS:2021:669) resuelve un recurso de un colegio profesional contra una resolución de una dirección general de un ministerio «por la que se desestima el requerimiento previo, efectuado por el recurrente al amparo de lo dispuesto en el artículo 44.1 de la LJCA, sobre la necesidad de iniciar actuaciones para proponer la revisión y modificación del Real Decreto 1594/1994, de 15 de julio, por el que se desarrolla la Ley 10/1986 a fin de acomodarlo a los cambios normativos posteriores». O sea, la corporación de Derecho Público solicitó a la AGE la revisión y adaptación de una norma concreta de rango reglamentario por entenderla desfasada, obteniendo primero un silencio y después una resolución negativa a su petición.

La demandante, «en apoyo de su pretensión, invoca los arts. 129, buena regulación, 130, revisión periódica normativa, de la Ley 39/2015», por lo que «esgrime que la revisión es necesaria para adaptarlo, entre otros, a la nueva regulación» internacional, europea y nacional que cita y desarrolla profusamente, pero también a la doctrina del TC (FJ 1.º). Así las cosas, el TS trae a colación, como no podía ser de otro modo, su doctrina sobre omisiones reglamentarias (FJ 3.º y 4.º), no considerándola aplicable a este supuesto dado que la demandante «no ha demostrado que esas modificaciones legales sobrevenidas (...) originen un desajuste en la regulación reglamentaria que requiera la revisión del Real Decreto 1594/1994». Pero, además, añade lo siguiente:

> De la pretensión ejercitada queda claro que no nos hallamos ante una ausencia de desarrollo de una previsión reglamentaria establecida en una Ley, sino ante una pretendida falta de correspondencia entre la reglamentación vigente y una norma de superior rango, Ley o Reglamentos de la Unión Europea.
>
> Es decir que pretende que entren en juego los esgrimidos arts. 129 y 130 de la Ley del Procedimiento Administrativo Común de las Administraciones publicas, sobre buena regulación y evaluación normativa y adaptación de la normativa vigente a los principios de la buena regulación. Los precitados arts. 129 y 130 sobre la buena regulación suponen la adaptación al ámbito español del propósito de las instituciones europeas (Consejo Europeo, Comisión Europea, Parlamento Europeo) de garantizar la calidad de la legislación y asegurarse que responde a las

---

afinar los resultados buscando por precepto exacto de aplicación. También se amplió la búsqueda a resoluciones que hubieran aplicado los artículos que sirvieron de precedente al régimen actual de la LES y la LGUM, siendo todos los resultados los aquí expuestos. El periodo de búsqueda, sin fecha inicial concreta, cubre el rango comprendido hasta septiembre de 2021, inclusive. Por lo demás, existe una *Comisión de Coordinación y Evaluación Normativa* asociada al Concierto económico del País Vasco que, sin embargo, tiene más bien una atribución *ex ante* y que es la que acapara gran parte de las menciones a la evaluación normativa en la jurisprudencia del TS. Ello es, no obstante, irrelevante a los efectos que aquí interesan.

> necesidades de la sociedad y de las empresas cuya importancia ha crecido en los últimos años. (...) Principio de buena regulación que subyace en el art. 26 de la Ley 50/1997, de 27 de noviembre, del Gobierno, al explicitar el procedimiento de elaboración de normas con rango de Ley y reglamentos.
>
> Debemos recordar el sistema de fuentes de nuestro ordenamiento jurídico en que la Constitución, art. 9.3, garantiza la jerarquía normativa. Concepto no ajeno a nuestro ordenamiento jurídico desde el lejano Código Civil, prevalencia de la Ley art. 1. C. Civil, hasta la más reciente legislación sobre la potestad reglamentaria de las Administraciones Públicas (art. 128 Ley 39/2015, de 1 de octubre y art. 51 de la derogada Ley 30/1992).

Esto es, según el TS no puede exigirse una adaptación de la normativa vigente a otra de rango superior, puesto que la mera operatividad del principio de jerarquía normativa hace innecesaria dicha adaptación —lo que no obsta para que, en efecto, sea más que recomendable desde un punto de vista de técnica jurídica—. El art. 130 LPAC no puede operar, como es natural, en el sentido de que se deba exigir de la Administración una *revisión* de cualquier normativa en vigor, incluso cuando esta haya quedado desfasada con relación a otras regulaciones. Nada que objetar a esta interpretación[287].

Por su parte, la segunda de las sentencias (ECLI: ES:TSJAND:2021:7256) resuelve también una pretensión del mismo colegio profesional (más de ámbito autonómico) sobre la eventual necesidad de adaptación de un decreto autonómico a la regulación más reciente, instando lo que sigue:

> La condena de la demandada a la revisión del Decreto 416/1994, (...), a tenor de los artículos 129.4 y 130.1 [LPAC], considerando que la revisión de la norma es imperativa cuando concurren los presupuestos que contemplan los preceptos legales invocados. Y sostiene que estos presupuestos se ponen de manifiesto, en la medida que esta norma mantiene la misma redacción de su publicación, hace ya más de 25 años, en el transcurso de los cuales se han producido enormes avances tecnológicos y trascendentales cambios legislativos —tanto a nivel nacional como comunitario—, que han provocado que quede obsoleta.

A lo que la Administración demandada opone que se trata, en realidad, del ejercicio del derecho fundamental de petición (art. 29 CE) que se habría satisfecho con la respuesta al mismo y que —como es sobradamente conocido— no requiere de una respuesta positiva. A pesar de ello, la Administración autonómica no solo dio respuesta, sino que el contenido de esta fue en el sentido siguiente (FJ 2.º):

> Se accede a lo peticionado tomando en cuenta la misma, y comunicando al peticionario que se incluirá en la siguiente consulta pública, que es lo único que

287 Deben recordarse en este punto, por su importancia, las reflexiones que sobre los términos *evaluación* y *revisión* se realizaron más arriba y sobre las que retornaré inmediatamente.

puede realizar la Administración. Y que los preceptos que se invocan de contrario no implican la obligación que pretende obtenerse de condena en este procedimiento a la modificación del Decreto.

O sea, la demandada acepta la solicitud de revisión de la normativa en cuestión, incluso dando los pasos oportunos para el inicio de la tramitación de su eventual reforma, con el primero de los trámites que, como ya se sabe, lo constituye la consulta pública previa (más allá de la planificación normativa). Ahora bien, la actora no considera suficiente dicha contestación, en el sentido de que «insiste en la imperatividad del art. 130.1 [LPAC]» (FJ 3.º), no aceptando que su petición entre dentro del ámbito del derecho fundamental de petición por no tratarse de una cuestión graciable o discrecional. A lo que, a su vez, la AP autonómica responde *(ib.)*:

> El art. 130 [LPAC] no es aplicable a la iniciativa legislativa de las comunidades autónomas. Y además este precepto establece la obligación de plasmar el resultado en un informe que se hará público, con el detalle, periodicidad y por órgano, que determine la normativa reguladora de la Administración correspondiente, y no de llevar a cabo la modificación legislativa.

La conclusión a la que llega el tribunal es que, a pesar de que existen razones materiales más que evidentes que amparan la pretensión de la actora, sobre la necesidad de revisar la norma en cuestión, el no haberlo hecho no representa, desde un punto de vista formal, una inactividad administrativa de las atacables por el art. 29 LJCA, ni tampoco —en la misma línea de lo sostenido por el TS— una inactividad reglamentaria. Y concluye que:

> Los artículos 129.4 y 130 de la Ley 39/2015 (...) en ningún caso contienen un mandato imperativo con el fin de que las Administraciones competentes lleven a cabo la reforma normativa pretendida (...): el artículo 130 (...), como apunta la demandada, únicamente contiene una previsión relativa a la evaluación normativa y adaptación de la normativa vigente a los principios de buena regulación, y previene como exigencia que se llevarán a cabo periódicamente y que «el resultado de la evaluación se plasmará en un informe (...)».

Por lo que desestima la demanda, no aceptando la obligación de la AP demandada de verse compelida a reformar el reglamento indicado. Pues bien, compartiendo la conclusión, creo que deben hacerse algunas matizaciones en cuanto a distintos aspectos de los referidos en esta sentencia que es, quizás, la que más información puede aportar (s.e.u.o.) sobre esta institución.

En primer lugar, estoy de acuerdo con la tesis de que el art. 130 LPAC no contiene la exigencia de que se *revise* —en el sentido de *reformar*— una norma concreta por muy desfasada que esté. Aquí entra en juego, de alguna manera, la polisemia advertida ya más arriba sobre el término *revisar*. Si el art. 130 LPAC se interpreta en el sentido de someter algo a nuevo examen para corregirlo, enmendarlo o repararlo, o de actualizar o poner al día, es lógico que pueda pretenderse por parte de la demandante un pronunciamiento en tal dirección. Por lo que acierta el tribunal al desestimar semejante pretensión, dado que, como ya se expresó, una interpretación teleológica del precepto va en la línea de que la expresión *revisar* se refiere a *evaluar*, y no necesariamente una norma en concreto.

Lo que no comparto en absoluto es que el art. 130 LPAC no contenga un mandato imperativo. Sí lo contiene: «revisarán». No existe ápice de condicionalidad en dicha forma verbal. Lo que pasa, como expliqué más arriba, es que el contenido de la obligación es otro: la *mera* evaluación del ordenamiento, no su necesaria revisión (en el sentido de reescritura). Como tampoco estoy de acuerdo con la afirmación de la AP demandada de que el art. 130 LPAC no sea aplicable a las CC. AA. Dice exactamente que no lo será a la iniciativa legislativa, lo cual es cierto. Pero aquí se habla del ejercicio de la potestad reglamentaria, sobre el que sí se aplica íntegramente dicho precepto.

En último término, y en vista de que el art. 130 LPAC establece una obligación más que evidente de evaluación, lo cierto es que no termino de compartir que esta pretensión pueda encuadrarse dentro del ejercicio del derecho de petición. Dicho en otros términos: exigir la revisión concreta de una norma, en el sentido de su adaptación a la realidad actual, sí entraría dentro del ámbito de tal derecho fundamental, pues no existe un derecho general a que la Administración ejerza la potestad reglamentaria, siempre que no se cumplan los requisitos jurisprudencialmente delimitados para apreciar la omisión reglamentaria. Pero exigir el cumplimiento del art. 130 LPAC en el sentido de que la AP en cuestión desarrolle un análisis evaluativo de *su* ordenamiento no puede ser considerado ejercicio del derecho de petición, sino una clara exigencia normativa contra la que se puede actuar por inactividad. Aunque, sin duda, al no estar desarrollado reglamentariamente dicho proceso de evaluación —como exige el art. 130 LPAC—, su control se torna más complicado si cabe[288].

En definitiva, en este ejemplo se puede apreciar de manera interesante cómo las dos partes y hasta el propio tribunal mezclan —quizás por desconocimiento o por una inadecuada interpretación— los distintos conceptos que aquí entran en juego, en una sentencia sumamente didáctica en ese sentido. La actuación a mi juicio correcta fue la de la Administración, que atendió la necesidad de evaluar la eventual reforma de la norma y programó, en relación con ello, su futura consulta pública previa. Ahí debió quedarse el asunto.

288 Pero nada impediría, por ejemplo, una condena a la Administración a delimitar el modo en el que se desarrollará tal evaluación-revisión y que esta, efectivamente, tenga lugar. Aunque, en la práctica, con un análisis bastante simple se estaría ya satisfaciendo, en abstracto, tal obligación. A ello podría contribuir, por ejemplo, que tal evaluación hubiera sido previamente planificada pero no se hubiera llevado a cabo.

En fin, y aunque decía que solo estas dos sentencias ofrecen algún dato adicional de interés, sí es cierto que en otras pocas ocasiones se ha acudido también al art. 130 LPAC con el propósito de obtener un pronunciamiento jurisdiccional invalidante de algún reglamento. De este modo, la STSJ de las Illes Balears de 30 de noviembre de 2020 (ECLI: ES:TSJBAL:2020:1069) ejemplifica cómo, en ocasiones, los recurrentes intentan obtener la nulidad de un reglamento por una pretendida tramitación ilegal del mismo, tratando de argüir la «vulneración del art. 130 [LPAC] al no haber hecho [la Administración recurrida] evaluación normativa [del reglamento impugnado]» (FD 1.º). Lo que llama la atención es que ni la recurrida ni el tribunal hiciesen comentario alguno al respecto, cuando la improcedencia de la apelación a este precepto es palmaria.

Algo semejante sucede con la STSJ de la Comunitat Valenciana de 18 de noviembre de 2020 (ECLI: ES:TSJCV:2020:8287), en la que la parte recurrente alega la vulneración de los arts. 129 y ss. LPAC (por consiguiente, también el 130), con expresa mención a una hipotética inexistencia del «informe de evaluación normativa» (FJ 2.º *in fine*). En esta sentencia, además, el tribunal hace una interpretación de lo que debe entenderse por ciclo normativo, con expresa mención, de nuevo, al precepto que aquí interesa. Dice que, «en quinto lugar, la norma aprobada será publicada y entrará en vigor conforme a lo establecido en el artículo 130 LPAC y en el artículo 70.2 LRBRL» (*sic*, FJ 4.º). Si bien la referencia al art. 70.2 LBRL resulta pertinente, sorprende la que se realiza sobre el 130 LPAC, cuando se habla de publicación y entrada en vigor, como si este precepto regulase requisito alguno sobre la integración de la eficacia de las normas. Debe entenderse que lo que quería decir el tribunal es que tal precepto puede entrar en juego una vez aprobada la norma, no antes (pues en otro caso no tendrían sentido sus palabras).

2. Conclusiones del análisis jurisprudencial: revisar significa evaluar, no modificar

Hay no pocas sentencias que erróneamente incluyen el término «*evaluación* normativa» cuando lo que se quería decir era «*evolución* normativa» (errata sin mayor consecuencia). Otras menciones a la «evaluación normativa» aparecen en procedimientos penales como forma de estudio abstracto de determinadas acciones delictivas, pero también sin interés para esta investigación.

Por lo demás, creo que el hecho de que sean escasas las sentencias sobre esta materia se debe a un motivo más que evidente: mientras que existen otros preceptos también de poca aplicación hasta la fecha, como el caso de la planificación normativa cuya no abundante jurisprudencia sí sirve para perfilar sus contornos, en la evaluación normativa *ex post* lo que sucede es que, como su propio nombre indica, debe tener lugar con posterioridad a la aprobación (y aplicación) de la norma. Y ello conduce a la inevitable circunstancia de que, al menos en el sistema actual, la validez de la norma en cuestión no puede depender de dicho análisis *a posteriori*.

Expresado en otros términos: si bien con instituciones como la planificación, la evaluación *ex ante* o los trámites participativos se configura todo un *iter* procedimental que sirve para otorgar validez jurídica a las normas, la evaluación *ex post* no interviene en dicha fase constitutiva, pero tampoco en la de integración de la eficacia de la norma. Por ello, los operadores jurídicos que deseen, esencialmente, atacar la validez de una norma, no se verán compelidos a hacer mención alguna a esta evaluación (más allá de algún caso aislado y hasta desorientado, como se apreció más arriba). De ahí que las escasas referencias a esta institución —con excepción de los pronunciamientos constitucionales y los de la jurisdicción ordinaria estudiados antes— no presente más que cuestiones *obiter dicta* sobre el art. 130 LPAC.

En definitiva, la sede judicial no es el lugar adecuado para el análisis —al menos en su configuración actual— de la adecuación *ex post* de las normas a los objetivos pretendidos por ellas. Se tratará de un análisis político, de pertinencia, técnico... pero no jurídico. De cualquier modo, del anterior análisis se desprende la inevitable conclusión de que, aun siendo plenamente aplicable la evaluación normativa *ex post* a la normativa reglamentaria autonómica, lo cierto es que exigir su cumplimiento cuando no existe un desarrollo adecuado y concreto de tales obligaciones se hace difícil (aunque no necesariamente imposible). Resulta obvio, en fin, que no puede exigirse la concreta evaluación de una norma particular por la vía del art. 130 LPAC y, todavía menos, su revisión.

IV.

EXPERIENCIAS PRÁCTICAS DE EVALUACIÓN NORMATIVA *EX POST*

A diferencia de lo que sucedió con la planificación normativa, en la que fue posible un análisis pormenorizado del PAN de cada ámbito territorial (en particular, del Estado y de las CC. AA.), no puede realizarse con la misma profundidad este análisis para el caso de las evaluaciones *ex post* por distintos motivos.

En primer lugar, porque la práctica —y su transparencia— es mucho más reducida que para el caso de la planificación. Se verá a continuación que si no todas las AA. PP. realizaban una planificación normativa son todavía menos las que desarrollan una evaluación *a posteriori*.

En segundo término, porque lo más que se puede aspirar en un trabajo como este es a realizar un estudio de los informes de evaluación que, eventualmente, se vayan aprobando periódicamente. Pero, como se ha visto, los informes de evaluación que preceptúan algunas normas —la estatal y algunas autonómicas— en realidad tienen un contenido limitado. Dicho de otro modo: no sería viable —al menos en esta ocasión— realizar un estudio sistemático de todas las posibles evaluaciones de normas que se hayan desarrollado en cada uno de los ámbitos. Pero es que, además, al no disponerse de medios de publicidad adecuados, deberían ser solicitadas caso a caso a la AP correspondiente, con lo que ello significaría.

Y, en tercer lugar, porque —como se ha visto— existe también la posibilidad de que haya normas que prevean evaluaciones *ad hoc*, lo que dificultaría su seguimiento[289]. Pero también porque pueden existir instituciones novedosas (como experimentos, bancos de pruebas, etc.) que estarían también ligadas a la evaluación *ex post*.

---

289 De hecho, se echa en falta, para el caso español, una herramienta como la existente en el Parlamento Europeo que posibilita el control de las obligaciones de evaluación contenidas en las normas. Su mera sistematización podría ser objeto de ulteriores investigaciones.

Queda abierto a futuras investigaciones de carácter empírico un estudio que cubra los extremos anteriores. A lo que puede aspirarse con este repaso por la práctica sobre evaluación normativa *ex post* en España es a determinar si se han realizado informes generales de evaluación, ligados o no al PAN, y cuál ha sido su alcance. Al margen de ello, sin ánimo de exhaustividad, se podrá comprobar si existen otros medios de publicidad que permitan conocer las evaluaciones individuales que puedan haberse realizado; así como dar cuenta de otros posibles medios que hayan podido servir o sirvan para esta evaluación retrospectiva del correspondiente ordenamiento.

1. Análisis de los instrumentos de evaluación *ex post* y revisión normativa de ámbito estatal

Como se vio, para el caso estatal existen al menos dos obligaciones distintas de evaluación: por una parte, la propia evaluación del grado de ejecución del PAN del año anterior; por otra, el eventual estudio de los efectos (en relación con su eficacia, eficiencia y sostenibilidad) de distintas normas de las señaladas, precisamente, en dicho PAN.

Puede decirse que, hasta la fecha, el único ejemplo del que se dispone de evaluación *ex post* en el ámbito estatal es el «Informe Anual de Evaluación Normativa» (IAEN) correspondiente al PAN 2020[290]. Este documento (de nada menos que 88 páginas) se limita, en esencia, a reflejar el grado de cumplimiento del PAN del año anterior, con indicación de los porcentajes de desarrollo y con inclusión de una relación de las normas aprobadas por departamentos (señalando si estas estaban incluidas en el plan anterior o han sido aprobadas fuera de él). Se trata de casi un centenar de páginas de pura irrelevancia. Ni siquiera se mencionan las normas que el propio PAN indicaba que debían ser objeto de evaluación *ex post*. Habrá que ver cuál es el desarrollo futuro. Y, también, si se configura algún tipo de portal de acceso a tales evaluaciones concretas —si es que se realizan, claro—.

Por otro lado, y como señalan Boix Palop y Gimeno Fernández (2020, 19), «los [análisis *ex post*] más habituales (...) tienen que ver con el análisis de las cargas administrativas y de la reducción de los costes administrativos (...), con la simplificación de los procedimientos y la reducción de trámites administrativos, así como la supresión de regímenes más gravosos para la ciudadanía».

290 Según consta en una nota de prensa, este informe fue aprobado el 31 de agosto de 2021, aunque, en una mala práctica, dicha fecha no aparece en ningún lugar del propio informe, como tampoco el órgano responsable del mismo (más allá del logo del Ministerio de la Presidencia). Recuérdese que la fecha máxima de aprobación (por el Consejo de Ministros) según la normativa era el 30 de abril de cada año. La crisis provocada por la pandemia del coronavirus pudo, sin duda, ser una excusa adecuada para su aprobación tardía. Nota de prensa disponible en: https://www.lamoncloa.gob.es/consejodeministros/Paginas/enlaces/310821-enlace-plan-normativo-2021.aspx (Consultado: 2021-11-24).

En nuestro país y en distintos ámbitos se han realizado no pocos planes y programas de reducción y simplificación procedimental, organizativa y también normativa. ÁLVAREZ SUÁREZ (2017, *in totum*) hace un repaso por las distintas políticas públicas de mejora de la regulación que incluyen (señalando su año de adopción inicial) los planes de reducción de cargas (1999), la evaluación externa por la AEVAL (2006), el *screening* (o seguimiento) de la regulación existente (en 2007 con la Directiva de Servicios y en 2012 con la LGUM) y la evaluación y seguimiento interno (2016). Se trata de iniciativas parciales que han servido, sin duda, de antecedentes a la actual regulación y de ejemplos concretos de evaluación *ex post*.

Además, como recuerdan VIDAL PRADO y DELGADO RAMOS (2017, 51), «desde el año 2012 hasta el año 2015, se aprobaron cuatro Acuerdos de Consejo de Ministros (...) con 145 medidas para reducir las cargas en procedimientos tramitados por los diferentes departamentos, con un ahorro estimado en más de mil quinientos millones de euros». No son tampoco extraños los procesos de simplificación que, con ocasión de la pandemia del coronavirus se han implementado. Me remito, en todo caso, al *Manual de Simplificación Administrativa y Reducción de Cargas para la Administración General del Estado*, de septiembre de 2014, que incluye una completa relación de los antecedentes de tales políticas.

En definitiva, son muchos los ejemplos de estas prácticas que, sin embargo, escapan del objeto concreto de esta investigación y, por ello, no puede profundizarse más en ellos[291].

---

291 Existe abundante literatura sobre la simplificación normativa, procedimental, administrativa y de reducción de cargas. Por todos, véanse los trabajos de BAIGES I PLA *et al.* (2009, 55 y ss.), CANALS I AMETLLER (2009, 2010 y 2014), GAMERO CASADO (2013.1, 2013.2 y 2014), IVÁÑEZ GIMENO (en MINISTERIO DE JUSTICIA 2009, 310 y ss.), MONTOYA MARTÍN (2012), MORA RUIZ (2014), ORTÍ FERRER (2020, 229 y ss.), RODRÍGUEZ-CAMPOS GONZÁLEZ (2014) y TORNOS MAS (2000).

Singularmente, debo remitirme al trabajo de MARTÍN-RETORTILLO BAQUER (1998, 36), quien recordaba que la simplificación debe ser «una tarea mantenida y permanente» y, por ello, desconfiaba de operaciones concretas de simplificación, aisladas en el tiempo.

Para un estudio general sobre la noción de *cargas administrativas*, me remito a REGO BLANCO (2014). Y para una evaluación de las políticas de mejora de la regulación en general y de las de simplificación en particular, para el caso español, véase el informe de la OCDE (2015, 141 y ss.). En lo que respecta a la Comisión para la Reforma de las Administraciones Públicas (CORA) creada en 2012, véase SEBASTIÁN GASCÓN (2017) para un estudio —bastante— crítico de la misma.

SUNSTEIN (2020) ha introducido un interesante concepto en el ámbito de la simplificación y reducción de cargas, el de *«sludge audits»*, cuya traducción literal podría ser *«auditorías del lodo»* o del «*barro*». En su opinión, toda entidad pública (pero también privada) debería realizar de manera más o menos regular una *sludge audit* de sus procesos para suprimir, precisamente, esos componentes excesivos y defectuosos que, sumados, constituyen una considerable carga de tiempo y esfuerzo para el ciudadano-cliente.

Por otro lado, debe recordarse también que el art. 37 de la Ley 14/2013, de 27 de septiembre, de apoyo a los emprendedores y su internacionalización, dispone que «las Administraciones públicas que en el ejercicio de sus respectivas competencias creen nuevas car-

2. Análisis de la evaluación normativa *ex post* desarrollada por las comunidades autónomas

Habitualmente se liga el IEN al PAN. Téngase presente que, al declararse el segundo no aplicable a las CC. AA., la práctica ha podido verse afectada por ello. Por lo demás, como se va a ver, igual de frustrante que para el caso estatal resulta también la práctica autonómica en materia de evaluación normativa *ex post*.

En todo caso, y para evitar reiteraciones, me remitiré de manera recurrente a las consideraciones hechas sobre la planificación en el apartado correspondiente de aquel bloque de la investigación.

a) La evaluación normativa *ex post* en Andalucía

La experiencia de evaluación normativa *ex post* para el caso andaluz es, como la del resto de entidades que se analizan aquí, bastante escasa. Como se vio en la sección normativa, la legislación autonómica exige la aprobación de planes de simplificación, planes que, sin embargo, no han podido ser localizados de manera autónoma[292].

Por otra parte, y como tuve ya ocasión de comentar al analizar la planificación normativa, esta comunidad autónoma elaboró en un par de ocasiones (para los años 2017 y 2018) un PAN que solo fue analizado expresamente y de manera más o menos sistemática en una ocasión: me refiero al «Informe del Grado de ejecución del Plan Normativo de 2017».

Ciertamente se trata de un documento particular, casi de carácter propagandístico, encabezado por una fotografía a media portada de una sonriente presidenta autonómica y que destila afirmaciones como «el *importante* cumplimiento del Plan Anual Normativo 2017» (p. 7, la cursiva es mía), cuando, según los datos del propio informe, el grado de cumplimiento total de dicho plan habría sido solo del 61 % (aunque considera que, si se incluyen las normas «en tramitación muy avanzada», se rondaría el 81 %) de un total de 228 previstas inicialmente.

Por lo demás, el informe —también de nada menos que 87 páginas— no contiene más que el cálculo de los niveles de consecución anteriormente

gas administrativas para las empresas eliminarán al menos una carga existente de coste equivalente». Se trata, pues, de una concreción en nuestro sistema del principio *«one in, one out»* o de compensación de cargas. Sobre esta reducción de cargas véase, por todos, el Acuerdo del Consejo de Ministros de 30 de enero de 2015 y los precedentes que cita. Y, para un estudio de la técnica *«one in, one out»* me remito a Trnka y Thuerer (2019) y a Vidal Prado y Delgado Ramos (2017, 51).

292 Y, a pesar de que fueron solicitados por transparencia en noviembre de 2021, más de medio año después no se ha recibido contestación alguna al respecto.

indicados y la relación nominal de normas aprobadas (por rango: Ley y reglamento), así como de aquellas en curso de aprobación, y los pasos y trámites desarrollados hasta la fecha. Se perdió una buena ocasión, sin duda, para realizar un análisis más profundo *ex post* de la propia utilidad del PAN. Y si a ello se suma la circunstancia de que, desde entonces, no se han aprobado más planes normativos, no se dispone de más opciones de análisis de este instrumento para la comunidad andaluza.

b) La evaluación normativa *ex post* en Aragón

Hasta la fecha solo se ha aprobado en Aragón un informe sobre el grado de cumplimiento de un PAN, me refiero al del año 2021. Este documento (también de 81 páginas) recoge, en esencia, un estudio sobre las normas aprobadas en el ejercicio anterior, estuvieran previstas en el PAN o no. En un evidente ejemplo del reconocimiento del Derecho estatal como supletorio, señala que «se ha elaborado tomando como referencia lo establecido en el artículo 4 del Real Decreto 286/2017».

Incluye una matización sobre el contenido que puede resultar de interés: «No se recoge —indica— una evaluación normativa *de tipo cualitativo* puesto que procederá respecto a las iniciativas del PAN 2022 y, en particular, sobre las que han sido seleccionadas, de conformidad con las previsiones del artículo 45 de la Ley del Presidente y del Gobierno de Aragón y la legislación básica estatal contenida en el artículo 130 de la Ley 39/2015» (la cursiva es mía). Habrá que comprobar si en el siguiente informe se incluye, en efecto, tal análisis cualitativo.

La reciente Ley 1/2021, de 11 de febrero, de simplificación administrativa de esta comunidad exige, en su art. 5, la elaboración de un Plan de Simplificación Administrativa, que deberá ser también objeto de seguimiento con el correspondiente PAN. Sin embargo, tampoco se tiene constancia de que ello haya sucedido. En fin, tampoco este informe resulta en absoluto de interés.

Lo que sí puede ofrecer alguna novedad es la conocida como herramienta «VisualGob»[293]. Aprobada por Acuerdo de 5 de mayo de 2021, del Gobierno de Aragón, sobre el seguimiento del Plan de Gobierno, se trata de una interesante iniciativa en la que, sectorialmente y al estilo de lo que se vio para el caso europeo, se puede hacer un seguimiento del Plan de Legislatura y de su aplicación. Como se recordará, se trata de un plan no solo normativo, sino que incluye políticas públicas en general. Sin embargo, incluye enlaces a los documentos de tramitación de cada proyecto normativo. Es, en definitiva, un claro ejemplo de cómo se pueden hacer las cosas simples para garantizar el acceso centralizado a toda la información. Una iniciativa que aplaudir.

---

293 El acceso a este instrumento está disponible en: https://transparencia.aragon.es/visualgob/index.html (Consultado: 2024-10-17).

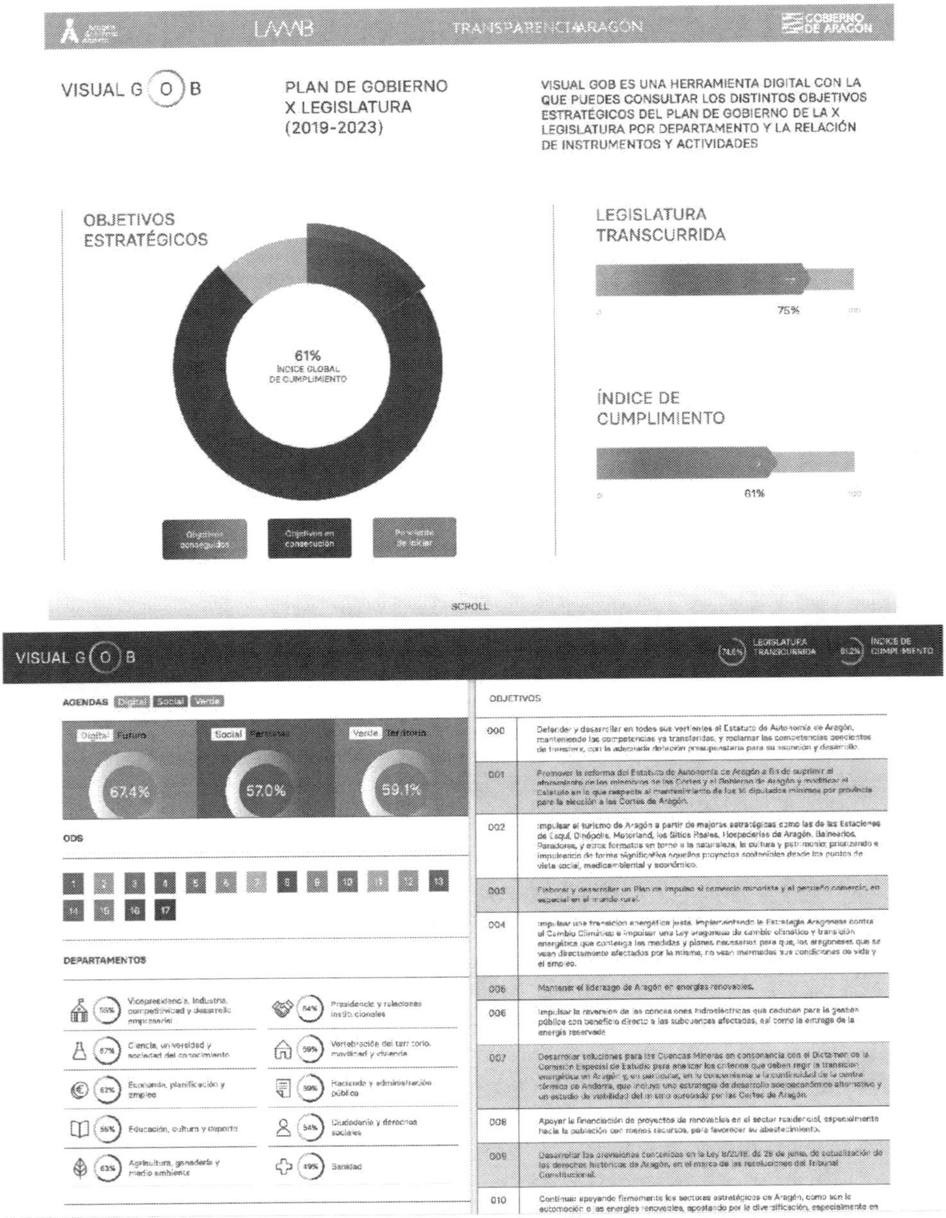

Imagen 5. Herramienta VisualGob del Gobierno de Aragón. Fuente: LAAAB – Laboratorio de Aragón Gobierno Abierto.

c) La evaluación normativa *ex post* en el Principado de Asturias

El caso de Asturias parece ser la excepción. Se han aprobado, al menos, los informes de evaluación del PAN de los años 2017, 2018, 2020 y 2021. En todos ellos se incluyen aspectos semejantes al resto de IAEN; o sea, el grado de cumplimiento del PAN anterior con indicación de las normas aprobadas o no, por departamentos, etc. La novedad reside en el hecho de que, para aquellas normas aprobadas, se incluye un sucinto comentario que abarca los siguientes extremos: i) norma y fecha de publicación, ii) tabla de vigencias y normativa afectada, iii) análisis de impactos, iv) análisis de eficacia (fines), v) análisis de eficiencia (cargas), vi) sostenibilidad, vii) recomendaciones, y viii) valoración general. Es cierto que se trata de un comentario esquemático (a veces demasiado breve y general) de los efectos de la norma. Pero constituye una excepción y una novedad en el ámbito comparado (autonómico y estatal) y puede constituir una senda adecuada por la que transitar.

Por lo demás, existen en Asturias algunas iniciativas de simplificación administrativa —medidas de simplificación, un manual y un protocolo, este último ya citado— que pueden también contribuir a esta revisión del ordenamiento jurídico autonómico[294].

d) La evaluación normativa *ex post* en Canarias

Como se indicó en el apartado correspondiente, Canarias no aprobó nunca el PAN y, por consiguiente, tampoco un informe de evaluación del mismo. En lo que respecta a sus programas legislativos, hasta donde tengo conocimiento, no se han aprobado informes de evaluación. Tampoco en lo que respecta al calendario legislativo. Se trataría de un incumplimiento claro del art. 130 LPAC y de la propia normativa canaria, vista más arriba.

e) La evaluación normativa *ex post* en Cantabria

Cantabria solo aprobó los PAN de 2017 y 2018, sin realizar una evaluación de ellos. Desde entonces, este instrumento no existe, como tampoco ninguna clase de evaluación *ex post*, en un patente incumplimiento de la normativa tanto propia como estatal.

294 La información sobre simplificación está disponible aquí: https://sede.asturias.es/-/simplificacion-administrativa-y-reduccion-de-cargas-burocraticas-1?redirect=%2F (Consultado: 2022-06-08).

f) La evaluación normativa *ex post* en Castilla y León

Es obligado, para evitar repeticiones innecesarias, remitirse en este punto a las consideraciones que en el apartado de la planificación normativa de esta comunidad se hicieron sobre el informe del Calendario Normativo de 2020. En resumen, como se puso de manifiesto en aquel lugar, dicho informe se asemeja a los vistos hasta este momento, con la particularidad —resaltable— de que se incluían una serie de consideraciones críticas del todo punto oportunas, y a las que me remito.

Se ha aprobado un nuevo informe de evaluación del siguiente Calendario (el de 2021). Dicho documento, igual que el anterior, incluye el análisis estadístico del grado de ejecución de la planificación. Aquí, sin embargo, ya no se innova ni se continúa por la senda iniciada con el primer informe, sino que se limita a reproducir casi exactamente las consideraciones vertidas en el primero (que, en buena medida, se debieron al anterior director general de Transparencia de esta comunidad, el señor Meseguer Yebra, especialista en la materia). Creo que no debe perderse la oportunidad de continuar el camino iniciado.

Para finalizar, en materia de simplificación, recientemente se ha aprobado el Decreto Ley 4/2020, de 18 de junio, que incluye medidas de simplificación administrativa[295].

g) La evaluación normativa *ex post* en Castilla-La Mancha

Hasta donde tengo conocimiento (s.e.u.o.), esta comunidad autónoma, a pesar de haber aprobado los PAN de los años 2017 a 2022, no ha elaborado ningún informe de evaluación, ni de su contenido ni de ninguna otra clase, en un palmario incumplimiento de su obligación.

h) La evaluación normativa *ex post* en Cataluña

Para el caso de esta comunidad, procede hacer la misma remisión al apartado de la planificación. Allí se explicó el contenido del (único hasta la fecha) informe sobre la ejecución del PAN anterior —esencialmente de seguimiento de las normas incluidas en el PAN, aunque también algunas interesantes hipótesis sobre los motivos por los que no se han aprobado algunas normas de las previstas—. En todo caso, no hay mayores concreciones con respecto a la evaluación normativa.

295 Sobre las últimas novedades en materia de simplificación, véase Cerrillo i Martínez (2021, 293). Con carácter previo, para un estudio de la simplificación de procedimientos en Castilla y León, me remito al trabajo de Méndez Fernández (2014).

Como indica Ortí Ferrer (2020, 236), la Generalidad de Cataluña se encuentra todavía «en fase embrionaria» pues, «hasta la fecha, la evaluación *ex post* ha tenido carácter episódico y se acota a perspectivas sectoriales sin que, en consecuencia, se lleve a cabo un análisis más completo de la aplicación de la norma en términos de eficacia y eficiencia». Aunque es cierto que «a lo largo de la última década se ha empezado a extender el número de leyes que incorpora[n] cláusulas de evaluación *ex post* específicas»; pero advierte que «sigue pendiente la programación temporal de la evaluación *ex post*» (*ib.*, 237).

Lo que sí es cierto es que tanto el Acuerdo GOV/114/2016, de 2 de agosto, por el que se aprueba el *Plan de simplificación normativa 2016-2017,* como el Decreto 6/2021, de 9 de febrero, de simplificación de disposiciones reglamentarias adoptadas entre 1977 y 1985, han supuesto un primer acicate en la dirección de revisión normativa general en esta comunidad. Estas dos normas, ya comentadas en el apartado del régimen jurídico, deberían ser imitadas convenientemente por el resto de AA. PP., en aras de disponer de un ordenamiento depurado[296].

i) La evaluación normativa *ex post* en la Comunitat Valenciana

Reitero las consideraciones hechas en el apartado de la planificación: esta comunidad ha aprobado hasta la fecha dos informes de evaluación del PAN (el de 2017 y el de 2020) que se limitan a indicar las normas aprobadas y, en su caso, las no aprobadas de entre las relacionadas en el plan anterior. De nuevo, un documento irrelevante.

Lo cierto es que, como indican Barberà Aresté *et al.* (2020, 115), para el caso valenciano «sí hay evaluación en diversas políticas sectoriales». A lo que hay que añadir, *de lege ferenda*, algunas propuestas como la creación de una agencia dependiente de la Generalitat que se encargue de desarrollar las evaluaciones. También abogan por su inclusión en las Corts Valencianes (*ib.*, 128).

Al parecer, sí se están acometiendo iniciativas de revisión normativa. Como señala Gavara Estañol (2014, 454), se estaría «abordando la revisión —en aquel entonces— de las 135 leyes autonómicas vigentes». No se tiene constancia, eso sí, de que se haya dado publicidad adecuada a los resultados de tal revisión. Por lo demás, no tiene mayor interés esta práctica autonómica.

296 Al respecto, véase el dictamen 298/2019 de la Comisión Jurídica Asesora. Este plan aparece, además, citado en Prieto Romero y Ponce Solé (2020, 407-409).
Toda la información sobre simplificación y revisión normativa para el caso catalán se encuentra disponible en la siguiente página: https://presidencia.gencat.cat/es/ambits_d_actuacio/millora_regulacio_normativa/simplificacio-i-reduccio-de-carregues-administratives/simplificacio-normativa/ (Consultado: 2022-03-17).

j) La evaluación normativa *ex post* en Extremadura

Como también se señaló, Extremadura no aprobó nunca el PAN, por lo que difícilmente podría haber sido evaluado. Pero —y, de nuevo, hasta donde alcanza mi conocimiento— no hay otros ejemplos de evaluación *ex post* en esta comunidad, ni de prácticas reseñables de simplificación.

k) La evaluación normativa *ex post* en Galicia

De nuevo, no hay mucho más que reseñar para esta comunidad salvo el hecho —ya advertido en la planificación— de que se ha aprobado un informe de evaluación del PAN, con meros datos estadísticos y sin ninguna ulterior consideración, de manera, eso sí, bastante asistemática.

l) La evaluación normativa *ex post* en las Illes Balears

En este caso, a pesar de haberse aprobado algún PAN (hasta el año 2018), no se cuenta con ningún ejemplo de informe de evaluación. Solo puede destacarse que, como señala la Escola Balear d'Administració Pública (2020, 27), en el año 2016 ya se implantó una evaluación *ex post* en materia de alquileres turísticos, en cumplimiento de la LES. Por lo que, de existir, en esta comunidad autónoma la revisión normativa se limitaría a ejemplos aislados y asistemáticos.

m) La evaluación normativa *ex post* en La Rioja

A pesar de haberse aprobado el PAN, desde el año 2017 y hasta la actualidad no consta la existencia de ningún informe de evaluación sobre tales planes, pero tampoco sobre otros aspectos generales o particulares del ordenamiento jurídico, en otro palmario ejemplo de incumplimiento de la norma estatal, pero también de la propia.

n) La evaluación normativa *ex post* en la Comunidad de Madrid

La Comunidad de Madrid, como tuvo ocasión de señalarse, ha cambiado la planificación normativa anual por cuatrienal. Sí se aprobó el informe de evaluación del PAN de 2018. Me remito a las consideraciones hechas en sede de la planificación sobre tal informe que, en resumen, resultaba interesante por no incluir exclusivamente un análisis cuantitativo, sino también cualitativo. Ahora bien, no se ha aprobado un informe ulterior, por lo que no se ha seguido esta interesante senda.

Por otro lado, lo cierto es que sí se están desarrollando medidas de revisión normativa en términos más amplios, al estilo del ejemplo de Cataluña. De hecho, el mencionado Decreto 63/2021, al margen de introducir modificaciones en diversas normas, establece también una relación de estas a derogar, lo que resulta positivo desde el punto de vista de la simplificación y la seguridad jurídica. Al margen de lo anterior, no se tiene más constancia de otras iniciativas.

o) La evaluación normativa *ex post* en la Región de Murcia

En Murcia se han aprobado, hasta la fecha, los PAN de 2017, 2018 y, recientemente, el de 2022. Sin embargo, ni consta informe de evaluación alguno ni ninguna otra iniciativa de revisión normativa sobre la que se tenga constancia. Por ello, se está incumpliendo flagrantemente la propia regulación, amén de la estatal.

p) La evaluación normativa *ex post* en la Comunidad Foral de Navarra

En este caso, se han elaborado los informes de evaluación de los PAN de 2020 y de 2021. Como ya tuvo ocasión de comentarse en otro apartado, tales informes no son más que análisis estadísticos de cumplimiento, con la inclusión, eso sí, de los motivos por los que no se han aprobado las normas previstas y finalmente no concluidas. Por lo demás, carecen de mayor interés.

Por otro lado, se vio en el régimen jurídico que se había creado normativamente un Registro de Evaluación de las Políticas en el que deberían estar accesibles los informes de evaluación elaborados. Sin embargo, y aunque existe una página con tal denominación, lo cierto es que en ella solo aparecen los datos de los responsables de tal registro, pero ninguna posibilidad de consulta de información. Debería darse contenido a este registro o, en el supuesto de que ya lo tenga, la oportuna publicidad[297].

q) La evaluación normativa *ex post* en el País Vasco

Finalmente, también en el caso del País Vasco, como tuve ocasión de comentar en otro lugar, los informes de evaluación de los PAN disponibles hasta la fecha se limitan a ofrecer un análisis cuantitativo del grado de ejecución de estos, por lo que resultan de escaso interés.

297 El sitio web al que me refiero es este: http://www.navarra.es/home_es/ServiciosEmpleado/ficha/15836/Consulta-del-Registro-de-Evaluacion-de-las-Politicas-y-Servicios-Publicos-. Consultado: 2022-06-08.

Al margen de ello, y como ejemplo aislado, se aprobó en el año 2011 una Guía de buenas prácticas para la reducción de Cargas Administrativas en el Gobierno Vasco.

3. Experiencia práctica de evaluación normativa *ex post* en el Ayuntamiento de Madrid

Recordemos que la Guía metodológica sobre evaluación *ex post* del Ayuntamiento de Madrid es de muy reciente factura, por lo que no es posible llegar a conclusiones todavía sobre el desenvolvimiento de un instrumento que todavía no ha tenido lugar.

Sin embargo, conviene recordar, como se adelantó más arriba, que ya el *Plan de Gobernanza y Simplificación Normativa del Ayuntamiento de Madrid*, de 6 de febrero de 2020, preveía una serie de objetivos operativos —concretados después en acciones específicas—, algunos de los cuales (en realidad, 6 de los 8) interesan a los efectos aquí estudiados. Son los siguientes (p. 9):

> 1. Revisar las ordenanzas y reglamentos municipales, eliminando las disposiciones obsoletas, las tácitamente derogadas y las que no se aplican por pérdida de su objeto.
>
> 2. Simplificar y reducir el contenido de los textos normativos, verificando su necesidad y proporcionalidad y eliminando cargas administrativas, procedimientos y trámites innecesarios.
>
> 3. Proponer la simplificación de la legislación estatal y autonómica que condiciona el ordenamiento jurídico municipal.
>
> 4. Reforzar los instrumentos de análisis previo y de elaboración de la normativa municipal.
>
> 5. Implementar la evaluación periódica de las normas municipales.
>
> 8. Facilitar el conocimiento del ordenamiento jurídico municipal, así como su accesibilidad y transparencia.

Pues bien, en desarrollo de estas previsiones, se ha aprobado recientemente la Ordenanza 11/2021, de 28 de septiembre, de derogación normativa. Dicha ordenanza fue aprobada tras la preceptiva consulta pública previa y afectó a varias decenas de normas obsoletas o derogadas tácitamente. Se trata de un ejemplo en la línea de los vistos en Cataluña y la Comunidad de Madrid, y todo un acierto.

4. Algunas conclusiones de las experiencias prácticas sobre evaluación normativa *ex post* en España

Decían Boix Palop y Gimeno Fernández (2020, 56) que «los procedimientos de evaluación *ex post* de la calidad normativa están totalmente desatendidos» en nuestro país. Y no pueden tener más razón. También apuntaba

VAQUER CABALLERÍA (2011, 108)[298] que «en España, la evaluación retrospectiva se ha hecho hasta ahora de forma informal y asistemática, salvo en algún ejemplo sectorial (...) como la reciente revisión de la regulación de los servicios económicos provocada por la Directiva Bolkestein». O, como resumía JIMÉNEZ SÁNCHEZ (2020, 81), en España es «escasísima [la] práctica de las evaluaciones *ex post* de las normativas (...); seguimos diseñando las nuevas regulaciones sin tomarnos demasiado en serio la necesidad de que su utilidad deberá ser evaluada después de algún tiempo de aplicación».

Los resultados preliminares de este repaso empírico por la realidad autonómica —pero también estatal— lo corroboran. No solo eso, sino que la práctica nos dice que, en última instancia, la imaginación es escasa, como se acaba de ver (a pesar de que, como ponen de manifiesto para el ámbito de las políticas públicas CATALÁ PÉREZ y DE MIGUEL MOLINA [2018, 341], cabrían distintas opciones de institucionalización en perspectiva comparada).

En fin, como se ha visto, la mayor parte de los ejemplos prácticos de evaluación normativa —si es que se pueden llamar así— se reducen al análisis estadístico del PAN del año anterior. En unas pocas ocasiones se incluyen en tales informes algunos comentarios adicionales sobre el desarrollo del mismo.

Solo merecen destacarse algunos ejemplos, como los de Cataluña o Madrid (ayuntamiento y comunidad), en lo que se refiere al desarrollo de procesos de revisión normativa general que permitan la derogación de normas obsoletas o que hayan perdido su vigencia (en puridad, sería una re-derogación, dado que la derogación previa implícita habría operado sin duda). Además, el ejemplo de la herramienta de Aragón, para concentrar y visualizar toda la información en un único portal, resulta plenamente recomendable y satisfactoria.

No se tiene conocimiento de que exista ningún caso de agrupación en un único punto de las eventuales evaluaciones normativas *ex post* que se hayan podido realizar, al margen de dicho ejemplo aragonés que, por otra parte, no parece incorporar tales evaluaciones (si es que existen). Se trata, en definitiva, de una realidad descorazonadora.

298 Y reitera en PONCE SOLÉ y CERRILLO I MARTÍNEZ (2017, 180). Aunque sería interesante comprobar si algo ha cambiado en todos estos años. Yo creo que poco.

V.

ASPECTOS DESTACABLES DE SU ACTUAL CONFIGURACIÓN

Como se hizo también en la primera parte, procede en este punto realizar un repaso por las distintas cuestiones de carácter objetivo, subjetivo y formal que determinan la actual configuración de la evaluación *ex post* en España, a la vista de su régimen jurídico, de las opiniones doctrinales y jurisprudenciales y de la escasa aplicación práctica hasta la fecha.

Con el siguiente análisis se pretende tratar aquellos extremos más problemáticos y que debieran ser abordados de cara a una eventual reforma o metaevaluación de este instrumento. Las aportaciones doctrinales en el caso de la evaluación *ex post*, aunque parciales y diseminadas, son más abundantes que para el caso de la planificación normativa, de ahí que se haga preciso, en este punto, analizar cada uno de los debates que se han suscitado en la Academia sobre los aspectos que se van a tratar a continuación y que se pueden resumir en el *qué*, el *quién*, el *cómo* y el *cuándo*.

1. Elementos objetivos de la evaluación normativa *ex post*

a) Sobre la relación de la evaluación normativa *ex post* y la evaluación de políticas públicas

Con carácter previo a la delimitación de la evaluación normativa *ex post* en sentido positivo, conviene realizar algunas matizaciones de índole negativa. O sea, determinar qué no es una evaluación normativa *ex post*, particularmente en relación con una figura con la que existen no pocas semejanzas. Me refiero a la evaluación de políticas públicas que ha ido apareciendo de manera sucesiva, en concreto en el repaso del régimen jurídico de la evaluación normativa en el ámbito autonómico, aunque no solo.

Pues bien, como sostienen Boix Palop y Gimeno Fernández (2020, 173), «legislar es una de las muchas maneras de materializar políticas públicas». Por su parte, Xanthaki (2019, 35) recuerda que «legislation *is simply a tool for regulation, namely a tool in the process of putting government policies into effect to the degree and extent intended by government. In other words, legislation is one of the many weapons in the arsenal of governments for the achievement of their desired regulatory results (...), which in turn is the prevalent measure of policy success*»[299] (entendiendo, eso sí, el término *regulación* en sentido estricto, como *regulación económica*, no como sinónimo de normativa).

Así las cosas, ¿cuál es, pues, la relación entre el Derecho y lo que se viene a denominar *políticas públicas*? En primer lugar, quizás, conviene delimitar —siquiera sea a grandes rasgos, pues no es ese el objeto de esta investigación— el segundo de los términos[300]. Si se realiza una búsqueda en el DPEJ no se encontrará ninguna entrada en este diccionario bajo la voz «política(s) pública(s)». Sin embargo, sí aparecen resultados de *políticas* sectoriales. Por ello, acudir a la literatura clásica en materia de Ciencia Política y de la Administración se torna esencial.

Existe una definición que es lo suficientemente general y abstracta (como para haber despertado críticas, precisamente, por su indeterminación), pero que a los efectos de este estudio resulta más que suficiente para delimitar la diferencia entre un tipo de evaluación y otra. Me refiero al clásico concepto de Dye (1972, 2) de *public policy* (política pública), según el cual «public policy is whatever governments choose to do or not to do» («las políticas públicas son lo que los gobiernos deciden hacer o no hacer»). Desde este punto de vista, las políticas públicas serían aquellas acciones desarrolladas por el ejecutivo con el propósito de conseguir un fin público. Ni más ni menos.

¿Y cuál es, entonces, la eventual relación entre esas *políticas públicas* y el *Derecho*? Creo que resulta bastante obvio que el Derecho —al margen de las posibles finalidades simbólicas que pueda tener o que se le pretendan atribuir— es, en sí, un instrumento al servicio de un fin: regular una determinada

299 «La legislación es simplemente una herramienta para la regulación, una herramienta en el proceso de adopción de las políticas del gobierno. En otras palabras, la legislación es una de las muchas armas en el arsenal de los gobiernos para la consecución de sus objetivos regulatorios deseados (...), lo que, a su vez, la convierte en la medida prevalente de su éxito».

300 Para una historia de la evaluación de las políticas públicas en España, véase Ponce Alberca y Solís Ruiz (2019). Una explicación de los distintos sistemas de evaluación se hallará en García Sánchez (2015). Sobre la institucionalización de sistemas de evaluación de políticas públicas en España, resultan de interés los trabajos de Garde Roca (2004 y 2006). Pinilla Pallejà y Fontcuerba Estrada (2010) estudian la relación de las políticas públicas con las *evidencias* en lugar de con las *creencias*. Y, en general, sobre la evaluación de políticas públicas, véanse los trabajos de Fontaine (2015) y Arenas Caruti (2021). Todos ellos desde un punto de vista de análisis social, no jurídico.

materia para hacer obligatoria una atribución de habilitaciones, recursos o sanciones que satisfagan un interés público. Por consiguiente, resulta bastante claro que, si se entienden las políticas públicas en ese sentido laxo del término, el Derecho sería una herramienta para la consecución de estas[301]. Pero quizás no la única. O sí. Veamos.

Aquí entra en juego la —ya citada al principio— vinculación positiva de la Administración, al menos en nuestro sistema jurídico (y, me atrevería a decir, en todo Estado de Derecho). La actuación de los poderes públicos está sometida al principio de legalidad, entendido como que estos solo pueden actuar cuando una habilitación normativa así se lo permita. Por consiguiente, cualquier actuación pública (cualquier *política pública*) estaría basada, al final, en una norma (en el *Derecho*), por lo que habría una práctica identidad entre una y otra: el Derecho se confundiría con las políticas públicas.

Por eso conviene precisar el foco de atención. Es cierto que cualquier actuación requiere de una previa habilitación normativa (sea esta muy concreta o general e indeterminada). Pero, en algunas ocasiones, lo cierto es que las normas, más que como una herramienta esencial para el desarrollo de determinadas funciones públicas, funcionan como un presupuesto ineludible, pero no finalista. Un ejemplo ayudará a su entendimiento.

Imaginemos una actividad pública cualquiera, por ejemplo, la política penitenciaria. Los objetivos públicos deseados de esta política son, en esencia, la reeducación y reinserción de las personas privadas de libertad, pero también el tratamiento correcto de tales internos (muy resumidamente). Para la consecución de estos fines, se hacen precisos, fundamentalmente, recursos humanos (funcionarios de prisiones, personal sanitario, etc.), materiales (los centros penitenciarios y todos sus suministros) y normativos (el Código Penal y, singularmente, el Reglamento Penitenciario). Ciertamente los recursos humanos y materiales ligados a esta política penitenciaria estarán, en última instancia, sometidos a una regulación, a una normativa pública (leyes de la función pública y laboral, legislación de contratos públicos, etc.). Pero dicha regulación, aunque siendo importante, resultará accesoria con respecto a la normativa penitenciaria concreta y particular de dicho ámbito (ello sin perjuicio de la posible existencia de peculiaridades aplicables a esta política en la normativa reguladora de los recursos necesarios para su desarrollo).

301 Algunos de los ejemplos de políticas sectoriales que sí aparecen en el DPEJ son los siguientes: política ambiental, arancelaria, cambiaria, criminal, económica, exterior, fiscal, hidráulica, interior, monetaria, comercial, de competencia, de defensa, de empleo, de paisaje, pesquera, de cooperación, de seguridad en el trabajo, etc.
Si se piensa en estos sectores de la actividad pública, no será difícil comprobar que, en todos ellos, los poderes públicos se han fijado unos determinados objetivos y, para su consecución, se han dotado de normas y de otros instrumentos, singularmente recursos materiales y personales.

Pues bien, este ejemplo ayuda a entender el hecho de que, aunque en términos amplios cualquier política pública podría —si se quisiera— reducirse al Derecho o confundirse con este, lo cierto es que también —si se enfoca adecuadamente— puede distinguirse entre los elementos *normativos* de la política pública en cuestión y el resto de los elementos *no normativos* de dicha política (en el ejemplo citado, los recursos y medios puestos a disposición de esta política, y las normas que regulan sustantivamente la materia). Así queda efectivamente delimitado el ámbito de un concepto y del otro. O, como ha señalado PONCE SOLÉ (2019, 79):

> El ejercicio de la potestad reglamentaria por los gobiernos en los distintos niveles del poder enlaza con la formulación y ejecución de **políticas públicas**, con un indudable sustrato metajurídico sustentado en la realización de opciones de carácter extrajurídico, aunque puedan existir, indudablemente, elementos técnicos también.

Así las cosas, en un sentido estricto, no será lo mismo analizar (evaluar) una política pública que las normas de dicha política pública. Aunque en no pocas ocasiones pueda haber confusiones. Como señala EMBID TELLO (2019, 10), existe una «intensa relación (...) entre la evaluación *ex post* de normas jurídicas y la evaluación de políticas públicas, dada la inseparable relación entre ambas actividades», que se acaba de ver. Y, además, «a través de la segunda se satisfaría, al menos indirectamente, la primera». Así es. También señala DE MONTALVO JÄÄSKELÄINEN (2017, 150) que «no se trata, por tanto, de la evaluación *stricto sensu* de las políticas públicas, salvo que la evaluación de estas vaya directamente vinculada o inserta en la de la norma jurídica que las [*sic*] da fundamento o las promueve».

Sobre la evaluación de políticas públicas, dice BARBIER (2014, 28) que «se *présente plutôt comme une palette d'activités visant à donner aux décideurs, et au-delà, aux citoyens, des informations construites pour apprécier les conséquences de leurs décisions*», a lo que añade que «la *pluralité des méthodes et des outils est la règle. En tant que science* éclectique*, le management, et avec lui sa province l'EPP se présentent plutôt comme des champs d'accumulation de théories partielles et d'instruments en constant renouvellement*»[302]. Ciertamente, esta definición podría aplicarse sin mayores dificultades a la evaluación normativa. Por lo que es necesario precisar aún más para conocer las eventuales diferencias entre la evaluación normativa *ex post* y la de políticas públicas.

En este sentido, por ejemplo, para DE MONTALVO JÄÄSKELÄINEN (2017, 151): «La evaluación de políticas recae sobre todo en la labor del ejecutivo,

302 «[La evaluación de políticas públicas] se presenta sobre todo como una pluralidad de actividades encaminadas a dotar a los decisores, y de ahí, a los ciudadanos, de informaciones construidas para apreciar las consecuencias de sus decisiones». «La pluralidad de métodos y de herramientas es la regla. En tanto que ciencia ecléctica, la gestión y la evaluación de políticas públicas se presentan, sobre todo, como campos de acumulación de teorías parciales y de instrumentos en continua renovación».

mientras que la normativa también sobre el parlamento». En efecto, evaluar la tarea del legislativo no entraría, en principio, en el ámbito de la evaluación de políticas públicas (aunque también podría, por supuesto). Pero es que, señala este autor, «a través de la evaluación de políticas públicas puede satisfacerse, al menos indirectamente, la de las normas» (*ib.*, 152) y ello porque «el análisis de las políticas públicas y el de las políticas legislativas son inseparables, ya que se condicionan mutuamente». Ya se ha visto que las diferencias son sutiles, aunque no inexistentes. Pero, como él sentencia, «resulta artificial tratarlos por separado» *(ib.)*.

Consideran Rodríguez García y Sánchez Pavón (2019, 133) que «las pretensiones de la "evaluación normativa" son más moderadas que las de la "evaluación de políticas públicas"». Y añaden que:

> La evaluación de las políticas públicas comprende el análisis del conjunto de actuaciones de las autoridades en un determinado sector, alcanzando su objeto no solo a las normas que lo disciplinan, sino también a los planes, los programas, los proyectos y los meros actos (políticos y administrativos).

Esta es, posiblemente, la principal diferencia entre un tipo y otro de evaluación. Pero si hay un autor que sistematiza de una manera interesante y completa la diferencia entre estos dos tipos de instrumentos es Ficet (2018, 198). Para este autor, i) la evaluación normativa quedaría restringida a un texto más que a acciones concretas; ii) las normas pueden tener objetivos diversos y a veces contradictorios, mientras que las políticas públicas estarían encaminadas a un fin particular; iii) las normas pueden limitarse a encuadrar relaciones sociales más que a plantear objetivos determinados (en materia penal, sobre todo); iv) las regulaciones se aplican sobre un territorio más que sobre un grupo particular; v) las normas tienen vocación de permanencia, a diferencia de los programas de políticas públicas; vi) la regulación no solo tiene un fin instrumental, sino también simbólico y, por lo tanto, fines en sí mismos que no pueden reconducirse al principio de eficacia; y vii) se incluye también el criterio de la calidad formal de la Ley frente a los principales de eficacia y eficiencia[303].

Queda así en buena medida delimitada la diferencia entre sendos conceptos que, no obstante, no dejan de ser bastante próximos y, en ocasiones, las interrelaciones serán más que necesarias. De hecho, para Bassols Coma (2008, 57), ligar la evaluación normativa (en concreto, la de rango reglamentario) a las políticas públicas es la única solución para que aquella no se convierta en utópica. Así, señala que:

> La ingente cantidad de normas de origen reglamentario hace utópico plantear un seguimiento evaluatorio continuo y global de esta producción normativa, al margen de

303 Algunas de estas afirmaciones merecerían más de una puntualización, pero lo cierto es que pueden, con carácter general, dar una buena idea de las diferencias entre un tipo de evaluación y otra.

las dificultades de orden técnico que ello plantea. Sin embargo, si esta evaluación por resultados se inserta en el marco de las políticas públicas desarrolladas por sectores y a cargo de organizaciones especializadas, como es el caso de la recién creada Agencia Estatal para la Mejora de los Servicios Públicos (Ley 28/2006, de 18 de julio), puede iniciarse una nueva vía de control de la calidad y los efectos de las normas reglamentarias.

Y, en sentido contrario, «la sostenibilidad de las políticas públicas puede llegar a ser motivo de evaluación de las normas y de su modificación para eliminar del ordenamiento jurídico todas aquellas que no cumplan con la sensibilidad cultural del momento» (Montoro Chiner 2001.1, 119).

En definitiva, podría considerarse, con la Guía metodológica del Ayuntamiento de Madrid (p. 4), que la evaluación normativa *ex post* es un «subtipo de la evaluación de políticas públicas». Pues, como sostiene Ponce Solé (2015, 70), «el primer paso para poder hablar de calidad de las políticas públicas y de los servicios públicos es referirse a la calidad de ese entramado jurídico que fundamenta y limita la actividad pública y que en muchas ocasiones la formaliza». Podría decirse, de algún modo, que la evaluación normativa constituye —si no siempre, sí las más de las veces— un presupuesto de la evaluación de políticas públicas. O, al menos, un elemento esencial de estas. Ello sin perjuicio de que, en mi opinión, la evaluación de políticas públicas pueda ser independiente operativamente de la evaluación *ex post* (también *ex ante*) del ciclo normativo. Pero debe estar necesariamente interrelacionada con estas[304].

Y no solo eso, sino que la metodología de la evaluación de políticas públicas, como adelanté al estudiar su régimen jurídico, singularmente para las CC. AA., puede y debe servir, en ausencia de otra específica, para el desarrollo de la evaluación normativa.

b) Sobre la relación de la evaluación normativa *ex post*, la simplificación y algunas figuras afines novedosas

Existe una pluralidad de opciones de materialización del instrumento que aquí se denomina «evaluación normativa *ex post*». Como Ponce Solé (en Ponce Solé y Cerrillo i Martínez 2017, 98) señala, entre las «técnicas de evaluación *ex post*» destacarían, al menos, las siguientes: i) informes específicos de seguimiento, ii) análisis realizados por diversos organismos públicos, y iii) utilización de cláusulas *sunset* (en idénticos términos, véase Vida Fernández 2017, 476).

304 O, en palabras de Osés Abando (en Figueroa Laraudogoitia 1995, 137), una «visión integrada» de la evaluación de las políticas públicas y de la evaluación normativa. También Sáinz Moreno (en Pau i Vall y Pardo Falcón 2006, 19 y ss.) ha estudiado la relación entre ambas cuestiones.

De este modo, el siguiente paso para la delimitación conceptual de la evaluación normativa *ex post* viene asociado a su relación con la simplificación normativa (y administrativa en general), con las cláusulas de extinción (en inglés, *sunset clauses*), con la experimentación jurídica y con los bancos de prueba regulatorios *(regulatory sandboxes)*. Todas estas técnicas pueden, sin duda, contribuir a una revisión *a posteriori* del Derecho y por ello merecen ser comentadas.

En primer lugar, hay que hacer una referencia a la **simplificación normativa y administrativa**. Sobre ella cabe preguntarse cuál es su relación con la evaluación *a posteriori* de las normas y cómo puede esta contribuir a la mejora de la calidad del Derecho. Lo cierto es que ya se vieron algunos ejemplos de aplicación de esta técnica en el estudio de algunas experiencias prácticas, por lo que me remito también a lo dicho en ese lugar.

En cualquier caso, resulta relevante, como dije al principio, conocer cuál es el Derecho realmente vigente, sistematizarlo y ordenarlo (pues, a veces, esta sencilla operación resulta ardua hasta para los más avezados juristas). La simplificación normativa busca, por lo tanto, reducir el número de normas, eliminando las superfluas, ineficaces, ineficientes, en desuso... en fin, aquellas que ya *no sirven* a su propósito inicial. La reducción administrativa no dejaría de ser un subtipo de simplificación centrado en las estructuras organizativas de los poderes públicos.

Define con acierto Balsa Pascual (2006, 23) el concepto de «simplificación normativa» como la «revisión sistemática de la normativa existente para proceder a su simplificación y/o codificación». Y esta actividad, como tal, en tanto que permite mejorar la seguridad jurídica, sin duda puede contribuir a la mejora del Derecho[305]. Pero señala Montoro Chiner (2001.1, 100) que, «teniendo en cuenta que la Administración actúa en determinados sectores en el plano de la regulación, es imprescindible que se plantee [la] "limpieza" (...) de su sobrecarga normativa, porque así lo exigen algunos principios de Derecho comunitario, entre ellos el de libre competencia». Por lo que no sirve, exclusivamente, a la seguridad jurídica, sino también a otros fines —más o menos velados—[306].

305 De hecho, Pau Pedrón (en Menéndez Menéndez y Pau Pedrón 2004, 457) apunta a la «recodificación como remedio» (de algunos de los problemas de la calidad del Derecho actual).

306 Respecto de la seguridad jurídica debe hacerse una consideración adicional. Se decía al principio que la evaluación *ex post* para algunos autores podía implicar un incremento de la inseguridad jurídica en tanto que se establecía la obligación de revisión de los preceptos vigentes, con el consiguiente «riesgo regulatorio» de poder verse alterados en el futuro más o menos próximo. Pues bien, el Consejo de Estado, en su dictamen 84/2020, creo que se expresa en términos meridianamente claros al respecto. Y, por ello, merece la pena reproducir sus palabras:

«El papel de esta evaluación es evidente cuando está en juego la seguridad jurídica y cuando, como se ha visto, el propio legislador prevé la posibilidad de modificar, cada

Se trata, como también resulta evidente, de un tipo de evaluación *a posteriori*. O, para ser más precisos, puede decirse que la simplificación es una consecuencia de tal evaluación *ex post*[307]. O, al menos, debería serlo, porque, en ocasiones, «a number of very crude general regulatory reforms have been proposed with little theoretical or empirical justification (...), such as 'one in, one out' and the *target of reducing regulation by 25 per cent*» (Helm 2006, 183)[308]. Esta crítica —plenamente acertada— pone de manifiesto que la *simplificación* en ocasiones tiene un claro componente ideológico desregulador. No importa tanto que el Derecho existente sea bueno o malo, útil o perjudicial, sino que su mera existencia sea dañina —al parecer de algunos— para la libertad y, por ello, cuanto menos haya mejor[309].

---

seis años, los parámetros de retribución establecidos para el periodo regulatorio anterior. [Así,] (...) es razonable concluir que, si bien durante los períodos regulatorios de seis años el régimen retributivo y los parámetros han de permanecer estables, cuando se lleva a cabo una revisión de dichos parámetros (...) para un nuevo período, dicha revisión debe partir de la evaluación del régimen previsto para el período regulatorio anterior, realizada conforme a los criterios recogidos en el artículo 130 [LPAC]. De esta manera, se puede coordinar la exigencia de estabilidad regulatoria a que alude el artículo 129.4 [LPAC] con la necesidad de adecuar el régimen retributivo a los principios de sostenibilidad económica y financiera y de retribución adecuada de la actividad, corrigiendo posibles efectos no pretendidos. Expresado en otros términos, la evaluación del régimen aplicado a un período regulatorio es la que justifica los cambios regulatorios que se han de introducir para el período siguiente».

Esta última frase es lapidaria: la evaluación *a posteriori* de una regulación no solo no implica inseguridad jurídica, sino que es la justificación última de su posible modificación.

307 Me remito, por todos, al estudio de Ballesteros Moffa (2017, 45 y ss.) y al repaso que en él hace de las políticas de simplificación administrativa en España. También Canals i Ametller (2009, 51) ha estudiado la cuestión de la simplificación. Esta autora identifica la «reducción de cargas administrativas como [parte de la] mejora normativa». Véase también Canals i Ametller (2010 y 2014). Sobre cómo este lenguaje ha podido ser utilizado intencionalmente con determinados intereses, véase Embid Irujo (2014).

308 «Un número significativo de reformas regulatorias de calado han sido propuestas con escasa justificación teórica o empírica (...), como por ejemplo la propuesta "*one in, one out*" o el objetivo de reducir en un 25 % la regulación».

309 De hecho, aquellos estudios que suelen medir la cantidad de normas de un ordenamiento, lo que se ha venido a denominar *inflación normativa* (a la que me referí en otro lugar), no suelen tener en cuenta aspectos tales como el incremento del gasto público, la población, la esperanza de vida, el incremento de servicios públicos prestados por las AA. PP., etc. para controlar los posibles efectos de estas variables sobre tal incremento normativo.

No es lo mismo la Administración española —ni europea, ni la de ningún país desarrollado— decimonónica que la del siglo XXI. Cuestión distinta es que un mero análisis del crecimiento de las regulaciones pueda ser usado como argumento, precisamente, contra la existencia misma de tal ordenamiento y de la realidad que está llamada a normar. En expresivas palabras, Rebollo Puig (2014, 17) dice que, «más que gorda, ha de decirse de la Administración, como se dice de algunas personas, que es grande de Constitución, aunque aquí hablemos de Constitución con mayúscula».

Traigo a colación unas palabras de Betancor Rodríguez (2009, 32) completamente acertadas: «la comprensión simplista *(cuantitativa)* de la regulación ha dado paso a otra nueva que podemos denominar genéricamente como *cualitativa*. La solución de los problemas

Además de lo anterior, y como pone de manifiesto Pascua Mateo (en García Mexía y Rodríguez-Arana Muñoz 2010, 52), «también forma parte de la simplificación y la reducción normativa el recurso a fórmulas de autorregulación de los sectores afectados». Materia que también presenta su propia problemática.

En fin, Velasco Caballero (2019.2, 348) cree que la evaluación *ex post* «no prejuzga la vigencia indefinida» de las normas. Sin embargo, existen formas de ligar una cosa a la otra. Ello nos conduce a algunas propuestas novedosas[310], al menos en nuestro sistema, que pueden también contribuir a la evaluación de los efectos de una norma y, en su caso, a su eventual modificación.

Son tres los ejemplos de estas técnicas novedosas. La primera de ellas, las **cláusulas de extinción (sunset clauses)**, vendría a consistir en una previsión contenida en la propia norma (una ley o un reglamento), según la cual tal disposición dejará de surtir efectos o perderá su vigencia, en todo o en parte, condicionando tal cese de fuerza obligatoria ya sea a una cláusula temporal, ya sea a una condición suspensiva o resolutoria. Puede ligarse al alcance de unos objetivos o, simplemente, a la realización (y superación) de una evaluación *ex post*[311]. Y aquí es donde entronca esta técnica con la institución aquí evaluada: las cláusulas de extinción están ligadas a la evaluación normativa *ex post* cuando la pervivencia de la norma de que se trate depende de un

no demanda más regulación, demanda la mejor regulación posible, lo que genéricamente podemos denominar como la racionalización de la regulación». Ni, por ende, tampoco demanda necesariamente *menos* regulación. La regulación, la normativa, debe ser la justa y, sobre todo, la necesaria. En palabras de los instrumentos europeos: *better and smarter regulation* (una normativa mejor y más inteligente).

310 Novedosas, quizás, porque han recobrado interés en fechas recientes. Pero si se acude a un excelente trabajo de Montoro Chiner (1985, 516-522) de hace casi cuatro décadas ya se podrá ver ahí un estudio sobre estas técnicas y variados ejemplos de Derecho comparado, singularmente, del alemán.

311 Para de Montalvo Jääskeläinen (2017, 157) «la caducidad de la ley no es el verdadero propósito de la cláusula de extinción, sino que este reside verdaderamente en la exigencia de evaluación de la ley. La eliminación completa de la ley es la excepción, no la regla; no es su fin». Creo que depende del caso. Pueden existir normas de vigencia temporal cuya evaluación no se prevea para su mantenimiento, sino que estén condicionadas, simplemente, al acaecimiento de un hecho particular. Piénsese, por ejemplo, en una norma que prevé un beneficio social en una época de alto desempleo. Puede condicionarse la existencia de tal subvención a una concreta tasa de paro. En el momento que esa tasa se situase por debajo del umbral establecido, perdería su vigencia (en este ejemplo no tan irreal). Pero la norma podría haber previsto, sin embargo, la evaluación y posterior decisión sobre lo mismo. Es, al final, una decisión del legislador o del ejecutivo el optar por una posibilidad o la contraria. Ahora bien, incluso en este supuesto, «su posible renovación queda fuertemente condicionada a que, como consecuencia de un informe favorable sobre su eficacia real, el órgano competente decida su prórroga o renovación» (Velasco Caballero 2019.2, 349).

análisis retrospectivo sobre la eficacia (la eficiencia, la sostenibilidad... el principio que se quiera) de la propia norma. BALDWIN (2005, 500-501) lo sintetiza de manera muy clara:

> A legislative sunset clause states that a given regulatory provision will expire after a stipulated time. A variant is a statement that there will be an automatic review of the regulation after a given period. Sunset and review procedures constitute regulatory improvement tools in that they force regulators and parliaments to look afresh at the need for a given control, they ensure a rolling review of regulation, and they encourage the weeding-out of regulations that are no longer justified. Such processes are, however, expensive in terms of governmental and parliamentary time, and they can create uncertainty in regulatory systems which can both increase investment costs and prejudice consumer confidence in the durability of protections[312].

Por lo tanto, aunque puede parecer, de entrada, que se trata de una herramienta óptima —de hecho, el Manual de elaboración de las normas de la Generalidad de Cataluña (p. 66) la define como «el millor sistema de control a l'hora d'apreciar les deficiències o els encerts de la norma en relació amb la seva aplicación»[313]—, lo cierto es que no está exenta de problemas como los que se acaban de señalar. A lo que habría que añadir que, «desde un punto de vista jurídico tradicional, la idea de las leyes temporales puede ser una contradicción en sí misma, ya que la legislación está destinada a durar» (DE MONTALVO JÄÄSKELÄINEN 2017, 158)[314]. Se trata, de cualquier modo, de un ejemplo de técnica íntimamente ligada a la evaluación normativa *ex post* y de cierto predicamento en la actualidad[315].

---

312 «Una cláusula legislativa de extinción determina que un determinado precepto expirará después de un tiempo concreto. Una variante de ello comportaría una revisión automática de la regulación después de un periodo de tiempo también determinado. Tanto las cláusulas de extinción como las de revisión constituyen herramientas de mejora de la regulación en tanto que obligan a los reguladores y a los parlamentos a comprobar de nuevo la necesidad de un determinado control, a asegurar una revisión continua de la regulación, y fomentan el desbroce de las regulaciones que no dejan de estar justificadas. Estos procesos son, sin embargo, caros en términos temporales para el gobierno y para el parlamento, y pueden crear inseguridad jurídica en los sistemas regulatorios, pues pueden incrementar los costes de inversión y perjudicar la confianza del consumidor en la durabilidad de las protecciones».

313 «El mejor sistema de control a la hora de apreciar las deficiencias o los aciertos de una norma en relación con su aplicación».

314 Para ulteriores consideraciones sobre los problemas de esta técnica, me remito a lo que el mismo autor comenta en su interesante trabajo. Sobre estas cláusulas de caducidad y de revisión, aplicadas al ámbito europeo, véase el informe *Mandelkern* (pp. 29 y 30 de la versión en castellano).

315 El art. 2.b) del RD 931/2017, de 27 de octubre, por el que se regula la Memoria de Análisis de Impacto Normativo, señala que, ya en esa fase preliminar, habrá que justificar los motivos que justifican que una norma vaya a tener una vigencia temporal. No se exige lo

La segunda de las figuras con la que guarda cierta relación la evaluación *ex post* es la de los **experimentos jurídicos**. Uno de los problemas que presentan las evaluaciones *a posteriori* de las normas, según EMBID TELLO (2019, 24), es que no se pueden generar grupos de control para comprobar qué habría sucedido en el caso de que no se hubiera adoptado una normativa en concreto (porque no se hubiera hecho nada, alternativa cero, o porque se hubiera optado por otra regulación distinta).

Pero ¿qué es un experimento jurídico? La principal diferencia entre la *observación* y la *experimentación* que señala, en distintos trabajos, DOMÉNECH PASCUAL[316] (2014, 113 y 2019.1, 3) es que solo la segunda pretende introducir *ex novo* un cambio determinado —utilizando términos experimentales: un *tratamiento*; en este caso, una regulación— para analizar sus consecuencias sobre la realidad. Por lo tanto, para hablar de un *experimento jurídico* deben cumplirse algunos de los requisitos de los experimentos, en general, como son la aleatoriedad y la no aplicación generalizada, con grupos de control, etc.

DOMÉNECH PASCUAL también ha dicho que «la finalidad de los experimentos jurídicos no es (...) puramente cognoscitiva, sino práctica» (2004, 160). O sea, está orientada al cambio, a la adopción de una regulación mejor que la existente. Y ello es así porque «las actividades de seguimiento —investigación, evaluación y comunicación de los resultados— que necesariamente deben acompañar a todo experimento jurídico proporcionan valiosos elementos para la discusión y el contraste de opiniones» (*ib.*, 154). O, como

mismo si la vigencia normativa es indefinida. En mi opinión, tan importante es una cosa como la otra: ¿por qué no justificar, sin más, la vigencia pretendida de la nueva norma y no exclusivamente cuando esta vaya a ser temporal? Creo que ello ayudaría a una mejor justificación del ejercicio de la potestad normativa.
Por otro lado, criticaba PONCE SOLÉ (2017, 275) que, en las leyes de 2015, no se habían «incorporado técnicas de mejora regulatoria como la posibilidad de introducir cláusulas *sunset* en futura normativa a aprobar». Pero, en realidad, dicha omisión no impide, en absoluto, la utilización de esta técnica. Antes, bien al contrario, existen ejemplos de ella en nuestro ordenamiento sin que hayan sido ninguna previsión específica.

316 Este autor es quien más ha estudiado esta cuestión entre nosotros. Él mismo (DOMÉNECH PASCUAL 2019.1, 26-32) hace una completa lista (aunque no exhaustiva) de ejemplos de experimentación jurídica por sectores.
DOMÉNECH PASCUAL (2006, 54 y ss.) también ha evaluado la posibilidad de aprovechar las ventajas de la experimentación para descentralizar; y viceversa, que la descentralización pueda ser utilizada como método de experimentación.
Lo cierto es que el hecho de que sobre realidades más o menos parecidas (como pueden ser, por ejemplo, las distintas entidades territoriales de un Estado compuesto donde las diferencias sociales, culturales y políticas no son muy acentuadas) se apliquen normas distintas puede suponer, sin duda, un *cuasi experimento* o un *experimento natural*. Ello puede dar lugar a interesantes formas de seguimiento que permitan también la comparación y, en consecuencia, la evaluación de alternativas normativas. Sobre la competición entre regulaciones véase BETANCOR RODRÍGUEZ (2009, 212).

afirma Bravo-Biosca (2020, 208), «the main motivation to experiment is not *to evaluate policy, but rather to test ways to optimize the processes used to deliver it*»[317].

Los experimentos aleatorios, como recuerdan Abramowicz *et al.* (2011, 1005), pueden usarse para evaluar las normas y las políticas, aunque rara vez se realizan con carácter previo, de ahí el interés en que puedan ser usados *a posteriori*. De hecho, Bravo-Biosca (2020, 224) aprecia el potencial de estos instrumentos, pues los «*policymakers are more receptive to the idea of using randomized trials to test ways to improve the effectiveness of their programs, than to the prospect of an outsider independently evaluating their program to find out whether it works (unfortunately a much more threatening proposition)*»[318]. Lo cierto es que la validez interna y la objetividad de este método son algunas de las ventajas que presenta.

Entre las desventajas se encuentra la dificultad, en no pocas ocasiones, de realizar experimentos jurídicos, dada la rigidez del ordenamiento y el necesario respecto a los derechos fundamentales[319]. Pero lo cierto es que se puede acudir a otros métodos cuasiexperimentales. Por ejemplo, como señala la *Administrative Conference of the United States* en su Recomendación 2014-5, de 4 de diciembre (pp. 7-8), la evaluación normativa *ex post* podría considerarse parte de un experimento natural (sobre todo cuando hay distintas regulaciones sobre una misma cuestión).

Pero lo cierto es, en cualquier caso y como dice Xu (2014, 83), que «*experimentalism is an alternative to the command-and-control model of public intervention*»; y, además, «can be a *powerful way to mitigate all manners of risks and harms and to regulate through the acquisition of information*» (*ib.*, 84)[320]. Dado que se trata, en definitiva, de un instrumento más o menos novedoso en nuestro sistema y existe una (relativa) libertad de configuración para cada

317 «La principal motivación para experimentar no es evaluar las políticas, sino testar modos de optimizar los procesos utilizados para hacerlas efectivas».

318 «Los responsables públicos son más receptivos a la idea de usar juicios aleatorios para testar los modos de mejorar la efectividad de sus programas que a la perspectiva de que un tercero independiente evalúe sus programas para descubrir si estos funcionan (desafortunadamente, una proposición mucho más amenazante)».

319 Sobre la experimentación jurídica, Van Gestel y Van Dijck (2011, 541) llaman la atención sobre la necesidad de reconciliar el principio de igualdad con la experimentación jurídica. Aunque cada vez son más los ordenamientos que empiezan a incorporar previsiones sobre la posibilidad de realizar experimentos jurídicos. Así, a modo de ejemplo, véanse el art. 72.4 de la Constitución Francesa —por consiguiente, al más alto nivel normativo— o algunas de las propuestas normativas en trámite en Cataluña y la Comunitat Valenciana. Esta es, sin duda, una cuestión sobre la que habrá que prestar atención en el futuro.

320 «La experimentación es una alternativa al ordeno y mando»; «la aproximación experimental puede ser un potente modo de mitigar todas las formas de riesgos y daños, y de regular a través de la obtención de información».

ámbito territorial/administrativo, creo adecuadas las precisiones de RODRÍGUEZ GARCÍA y SÁNCHEZ PAVÓN (2019, 148), según los cuales:

> Lejos de buscar paralelismos y meras trasposiciones, sería interesante que cada entidad explorase e implementase su propio sistema, el que mejor se adapte a sus concretas necesidades y estructura institucional, de forma tal que las distintas experiencias permitan establecer un marco de aprendizaje y mejora para el conjunto.

Dicho de otro modo, y como ya se ha señalado en otras partes, las distintas regulaciones sobre un mismo instrumento, su diversa configuración, pueden servir de *experimento natural* para evaluar, con posterioridad, cuál de todas las configuraciones es la más idónea. También, curiosamente, cuando se habla de experimentos jurídicos.

Y, por último, aunque próxima a la anterior figura de los experimentos jurídicos, pero no exactamente coincidente, emerge la del **sandbox regulatorio o espacio controlado de pruebas**. Sobre el concepto de *regulatory sandbox*, HUERGO LORA (2018, 51) señala que:

> La expresión se usa típicamente en informática y programación, en sentido figurado, para referirse al aislamiento de procesos para poder ensayarlos de forma separada. Aquí se trataría de una **sandbox** jurídica o regulatoria, en la que se pueden ensayar actividades de forma controlada y sin cumplir todos los requisitos administrativos que normalmente se exigirían para su realización.

¿Qué diferencia hay, pues, con los experimentos jurídicos? A mi juicio, más bien poca. Creo que los espacios controlados de pruebas son, sin más, una clase de aquellos a los que se les permiten determinados excesos e incumplimientos normativos, si bien exclusivamente limitados a tal espacio concreto.

El Consejo de la UE, en su reunión de 16 de noviembre de 2020, aprobó unas *Conclusiones sobre los espacios controlados de pruebas y las cláusulas de experimentación como herramientas de un marco normativo favorable a la innovación, resistente al paso del tiempo y que dé respuesta a los retos disruptivos en la era digital*. Estas conclusiones recuerdan, entre otras cosas, la importancia de inclusión de la innovación en los procesos regulatorios y de revisión de la normativa vigente, la flexibilidad de este tipo de instrumentos en aras de una mejora de la regulación y las «oportunidades considerables de innovación y crecimiento» que ofrecen estos instrumentos.

En el ámbito español, la Ley 7/2020, de 13 de noviembre, para la transformación digital del sistema financiero, viene a configurar —por primera vez— un espacio controlado de pruebas en el marco del sistema financiero para llevar a la práctica «proyectos tecnológicos de innovación» (art. 1). En esa misma línea, el anteproyecto de Ley de Movilidad Sostenible, todavía en su tramitación inicial, también configura un «espacio controlado de pruebas para la movilidad» (Capítulo I del Título V, arts. 61 y ss. del anteproyecto). Más allá de la propia regulación de este instrumento novedoso en esta propuesta normativa, destaca el art. 77.4, que dice lo siguiente:

> El desarrollo y resultado de las pruebas reguladas conforme a lo previsto en este Capítulo se tendrán en cuenta a efectos de lo previsto en el Artículo 26.1 de la Ley 50/1997, de 27 de noviembre, del Gobierno, en el procedimiento de elaboración de normas con rango de ley y reglamentos. Se valorará, en todo caso, el carácter innovador del proyecto y su incidencia en el sistema de movilidad y los objetivos de sostenibilidad en el ejercicio de la iniciativa legislativa y reglamentaria y en la evaluación normativa conforme a lo previsto en el Artículo 129 y 130 de la Ley 39/2015, de 1 de octubre, del Procedimiento Administrativo Común de las Administraciones públicas.

Lo interesante de esta propuesta es que liga de manera directa la experimentación en los espacios controlados de pruebas con el ciclo de producción normativa, aunque lo hace de forma *suave* («se tendrán en cuenta», «se valorará»). Pero ello no obsta para que, *de facto*, se esté creando una obligación —por otra parte, natural— de considerar necesariamente los resultados de estos instrumentos —para que los esfuerzos de la acción pública no sean en balde— con carácter previo al inicio de la tramitación normativa.

En fin, todas las figuras anteriores resultan interesantes en tanto que posibilitan, de un modo u otro, una adecuada realización de la evaluación normativa *ex post*. Su uso dependerá de las concretas características de la evaluación, de los objetivos perseguidos, de la metodología y, sobre todo, de los recursos disponibles.

c) Sobre la naturaleza, carácter y efectos jurídicos de la evaluación normativa *ex post*

Llegados a este punto en el que se ha delimitado de manera negativa lo que *no es* la evaluación normativa, procede analizar su **naturaleza y alcance**. Es importante en este punto traer a colación las consideraciones hechas al principio sobre el eventual encuadre de la revisión normativa en la (pretendida y general) potestad de evaluación. No estamos en presencia de una operación de naturaleza jurídica como podría ser, por ejemplo, la evaluación judicial de las normas[321]. Mientras que esta ofrece un control de legalidad, la evaluación aquí estudiada tendría un contenido ligado a la oportunidad, a la eficacia y a la eficiencia. Ello no implica *per se* que este control *a posteriori* no pueda tener consecuencias jurídicas —eso se verá enseguida—.

321 Sobre ello, entre otros muchos, véase ALEMANNO (2009, *in totum*) y su trabajo sobre las relaciones entre la evaluación *ex ante* y el control judicial *ex post* a nivel europeo en AUBY y PERROUD (2013).

Simplemente es que no estamos en presencia de una operación jurídica de interpretación y aplicación de normas, sino de una *evaluación* de las mismas.

Señala RODRÍGUEZ-ARANA MUÑOZ (en GARCÍA MEXÍA y RODRÍGUEZ-ARANA MUÑOZ 2010, 20) que hay quienes piensan que «la evaluación de las normas es parte integrante de la técnica normativa». La técnica normativa, a mi juicio, no es más que una parte de las referencias que sirven para ese análisis de las leyes y reglamentos que pretende la evaluación *ex post*. La técnica normativa busca garantizar, sustancialmente, la calidad *formal* de la regulación. La calidad material —junto con la anterior— vendría a ser el objeto de análisis del instrumento aquí estudiado.

Pero es que también es preciso diferenciar, como muy adecuadamente hace la Guía metodológica del Ayuntamiento de Madrid (p. 10) con cita a la normativa propia, una cuestión muy importante: no es lo mismo *evaluar* que *realizar y aprobar el informe de evaluación*. Mientras que las operaciones evaluativas pueden tener un componente o sustrato más bien técnico, lo cierto es que la realización y —singularmente— la aprobación del informe de evaluación normativa puede estar impregnado de consideraciones de índole político. O no. Ello dependerá, por supuesto, de la concreta configuración que se haga de este instrumento en cada AP. Lo cierto es que solo después de su estudio particular podrá llegarse a una conclusión u otra. Ahí influirá de manera decisiva la atribución de la competencia de elaboración y aprobación a un órgano u otro.

Lo anterior conduce, necesariamente, a la determinación del **carácter, obligatorio o no,** de esta herramienta. Aquí las apreciaciones hechas más arriba cobran pleno sentido. A mi juicio, y reitero lo ya dicho, sí creo que existe una obligación clara y evidente de revisar periódicamente todo el ordenamiento jurídico[322] (sobre el problema de la aplicación transitoria del art. 130 LPAC, véase más abajo el estudio del elemento temporal), aunque limitada, para el caso de las CC. AA., a las normas con rango reglamentario (salvo que la propia normativa autonómica exija, efectivamente, la evaluación de las leyes). La práctica, sin embargo, ha conducido si no a un incumplimiento palmario sí, al menos, a un desconocimiento sustancial de lo que *evaluar periódicamente la normativa vigente* significa. Pero creo que yerran las AA. PP. en esta aplicación descuidada de una norma que, a mi humilde entender, permitiría una mejora sustancial de los productos normativos.

Cuestión distinta es que en algunas ocasiones quede justificada la no realización de una evaluación *ex post* determinada. Sobre la justificación de la no evaluación me remito a las consideraciones que se harán en el siguiente apartado.

Finalmente, en lo que atañe a los eventuales **efectos jurídicos de la evaluación *ex post*,** deben realizarse las siguientes consideraciones. Algunas

322 El dictamen 742/2016 del Consejo de Estado, citado más arriba, daba perfecta cuenta del carácter obligatorio de este instrumento.

de las preguntas que emergen serían las siguientes: ¿qué sucede con los resultados de la evaluación *a posteriori*?, ¿son jurídicamente vinculantes?, ¿su cumplimiento es obligatorio?, o ¿habría consecuencias por no seguir las recomendaciones de dicho informe?

De un repaso a la doctrina que se ha manifestado sobre esta cuestión, puede concluirse que, con carácter general, la mayoría se postula a favor de la necesidad de otorgar cierta relevancia jurídica obligatoria —variable, según cada opinión—, aunque parece concordar también en que, *de facto* y en su configuración actual, no parecería que tales efectos hubieran sido otorgados. Resume ANTELO MARTÍNEZ (2016, 119) las dudas que se presentan sobre la cuestión al señalar que «se suscita, nuevamente, el interrogante en torno a las consecuencias jurídicas de un informe de evaluación desfavorable».

Sin duda quién más se ha expresado sobre esta materia ha sido DOMÉNECH PASCUAL (2005, 143-145), cuyas apreciaciones conviene reproducir (los resaltes son míos):

> La regulación que no está siendo objeto del **preceptivo** seguimiento incurre en una ilegalidad —o inconstitucionalidad, en su caso—, por lo que, en principio, no debería seguir produciendo efectos jurídicos. Es muy razonable **equiparar en este punto los defectos del procedimiento previo y los del seguimiento posterior**, porque tanto el uno como el otro constituyen garantías necesarias para asegurar el acierto y la legitimidad de la correspondiente norma, de manera que su falta ha de conllevar la presunción de que tales objetivos no han sido alcanzados. (...)
>
> El legislador impone la obligación de llevarlo a cabo porque cree que sus beneficios —consistentes en reducir los daños derivados del eventual desacierto de la correspondiente norma— superan a sus costes. La omisión del seguimiento, en consecuencia, incrementa intolerablemente el peligro de que esta acabe causando daños. Las normas que no están siendo seguidas como es debido entrañan por ello riesgos excesivos y, en principio, no merecen seguir obligando, al menos hasta que el vicio se subsane. (...)
>
> Nos parece razonable la posibilidad de **una invalidez por vicios «formales»**, cuando menos en el caso de que se omita el seguimiento debido.

Parecería, pues, que siendo consciente de que en su estadio actual no puede predicarse de la evaluación *ex post* un efecto jurídico vinculante, sí aboga claramente por que lo tenga. En fechas más recientes parece que habría suavizado su postura, pues ahora manifiesta que «no está claro que la omisión de esa evaluación determine la invalidez del reglamento afectado. Desde luego, el legislador nada ha dispuesto al respecto» (DOMÉNECH PASCUAL 2022, 84). A lo que agrega que cree que debería ser el legislador el que determinase, con cierta precisión, las obligaciones de evaluación, al menos para algunas normas concretas (DOMÉNECH PASCUAL 2022, 86). Creo que este extremo ya se da, aunque no solo de manera más que mejorable, sino también con la necesidad de dotar de consecuencias a su ejercicio.

Pero este autor no es el único que se manifiesta en esa dirección. Así, ARAGUÀS GALCERÀ (2016.2, 318) ha dicho que la evaluación *a posteriori* de las normas «debe tener carácter vinculante para la Administración y derivar, de manera efectiva, en una depuración y reforma del ordenamiento jurídico vigente». A lo que une el recordatorio de que el art. 28.2 LGob *in fine* dispone que el IAEN *podrá* incluir propuestas de modificación, precepto en el que —no del todo acertadamente, a mi juicio— colegiría una eventual obligación de modificación del ordenamiento según lo dispuesto en la evaluación. Y digo que no es del todo acertada esta conclusión porque a la inclusión de eventuales propuestas de reforma en el informe de evaluación no sigue una consiguiente obligación de modificación o derogación de la norma evaluada. De hecho, ello plantearía problemas de índole democrático graves, sobre todo si la evaluación tiene un carácter *técnico* (me remito a las consideraciones sobre el papel de la Ciencia que se harán después).

En esta misma línea, ORTÍ FERRER (2016.2, 134) señala que «es indiscutible que el cumplimiento del mandato de adecuación de las iniciativas normativas a los principios de la buena regulación, que vincula a todas las Administraciones públicas, requiere necesariamente de la aplicación de esta técnica de análisis —tanto *ex ante* como *ex post*—, por lo que un mero cumplimiento formal de esta obligación podría constituir un vicio de legalidad». De momento, y sin perjuicio de que las cosas puedan cambiar, no creo que ni del contenido de la Ley ni de la interpretación que se ha hecho por los tribunales pueda llegarse a conclusión semejante[323].

Finalmente, en la senda de otorgar cierta relevancia constitucional a la evaluación legislativa, debe mencionarse la posición de GARCÍA-ESCUDERO MÁRQUEZ (2010, 196) para quien la interdicción de la arbitrariedad podría marcar «el camino para poder enjuiciar la inconstitucionalidad de normas o reformas arbitrarias que fueran *a todas luces en contra de la dirección marcada por la evaluación de iniciativas anteriores*» (la cursiva es mía). El problema, al margen de que el TC no ha optado (¿todavía?) por esta vía, es determinar cómo se establece ese control. No parece tarea sencilla, al margen del problema que supone —también en sede de la jurisdicción ordinaria— esta interferencia entre poderes del Estado.

Lo cierto es que parece más plausible atribuir a la evaluación *ex post*, al menos por el momento, algunas **consecuencias no jurídicas**. Así, señala FERNÁNDEZ FERRARONS (2020, 186) que «*la finalitat d'exigir una avaluació sobre el compliment i eficàcia de la norma comporta el* deure implícit *d'afrontar els resultats d'aquesta anàlisi a partir d'una posició activa de l'Administra-*

323 Cuestión distinta podría ser la eventual evaluación de las normas incluidas en el plan de transformación de los fondos europeos y los efectos jurídicos que puedan desprenderse de ellas (para un análisis de la cuestión, véase MESEGUER YEBRA 2021). Pero aquí nos habríamos topado con la *pólvora del Rey*, por lo que entran en juego otras consideraciones y otro tipo de controles que exceden de los que aquí se analizan.

ció, dirigida a esmenar i corregir aquells punts on la factibilitat de la norma s'hagi mostrat més dèbil»[324] (el resalte es mío). Deber que, sin embargo, es difícil de materializar en una consecuencia jurídica relevante pues, como esta misma autora reflexiona, no queda claro si esto pudiera dar lugar a que la ciudadanía exigiese el cumplimiento de las sugerencias de una evaluación. Yo tengo menos dudas al respecto: no creo que ningún tribunal admitiese una demanda por el estilo —en particular a la vista de la consolidada jurisprudencia sobre omisiones reglamentarias, aunque no solo—.

En todo caso, como señala López Donaire (2017, 5), la AP incumplidora «quedaría un poco *[sic]* deslegitimada y desconectada de la realidad social y, lo que considero más importante, no podría ser calificada de Administración responsable socialmente». Los efectos de la evaluación *a posteriori* pueden venir, precisamente, por esta vía. Un análisis que ofreciese conclusiones fundadas, bien elaboradas, indiscutidas y sostenidas científica y racionalmente difícilmente sería objetable por la organización en cuestión, o al menos no sin un coste político. El control democrático y social cobra relevancia en este aspecto y es, posiblemente y a mi juicio, el único posible y deseable.

Es más, Betancor Rodríguez (2009, 219) cree que «el control —aunque él se refiere más al control del proceso de aseguramiento de la calidad que al control de normas concretas— no tiene por qué traducirse necesariamente en un juicio con relevancia jurídica capaz de impedir o anular la norma aprobada. Estamos en un ámbito, el de la calidad regulatoria, que aconseja más la influencia que la restricción o imposición jurídica en cuanto al resultado del mismo»[325].

Y a la conclusión anterior puede llegarse a la vista de algunos **problemas** que presenta la pretendida atribución de efectos jurídicos a este análisis retrospectivo. ¿A quién corresponde la iniciativa normativa? ¿Puede esta venir determinada por instancias externas? Creo que sostener una cosa así puede ofrecer dudas sobre el Estado de Derecho mismo por mucha independencia y objetividad que se pretenda dar al órgano evaluador.

No solo eso, sino que, como llaman la atención Vázquez Lépinette y Bahnini (2009, 56), «las implicaciones constitucionales [que puede tener el control de la evaluación de las leyes] son distintas [a las de la evaluación reglamentaria], pues no es lo mismo un control de calidad sobre normas en

324 «La finalidad de exigir una evaluación sobre el cumplimiento y eficacia de la norma comporta el deber implícito de afrontar los resultados de este análisis a partir de una posición activa de la Administración, dirigida a enmendar y corregir aquellos puntos donde la factibilidad de la norma se haya mostrado más débil».

325 De hecho, y ligado a esta *influencia*, Alemanno (2009, 388) planteaba la posibilidad de que los defensores del pueblo intervengan en el control de la aplicación de los instrumentos de mejora de la regulación (aunque para el caso de la UE afirma que no tenía conocimiento de que el Defensor del Pueblo Europeo haya intervenido en ningún asunto semejante). Se abren interesantes posibilidades de análisis.

fase de producción que sobre normas (...) ya vigentes». Esta apreciación es singularmente relevante en lo que respecta a una evaluación realizada por el ejecutivo sobre normas aprobadas, en última instancia, por el parlamento.

Para dotar a las evaluaciones de fuerza vinculante, algunos autores como López Donaire (2017, 5) proponen algún mecanismo para el cumplimiento de tal obligación de evaluación como el «no poder acceder a determinada financiación». Sin embargo, ello podría afectar fatalmente al principio de autonomía de CC. AA. y EE. LL. No lo creo en absoluto deseable. Al margen de que, para cuestiones muy concretas (como por ejemplo aquellas en las que entren en juego recursos económicos) sí podría admitirse alguna excepción a esta objeción.

En fin, estamos en presencia, quizás, de una de las cuestiones capitales sobre este instrumento. Aquí interviene, por un lado, el principio de servicio con objetividad a los intereses generales; y, por otro, el de interdicción de la arbitrariedad de los poderes públicos. Sin duda, los resultados de las evaluaciones pueden poner de manifiesto el acierto o desacierto de una norma adoptada incluso con la mejor de las evidencias. El mantenimiento de una norma que se reputa inadecuada es, sin duda, improcedente. Pero de ahí a exigir jurídicamente que dicha norma deba ser necesariamente modificada o derogada hay un trecho. Pues, al final, encontrar opiniones favorables o construir informes a la carta es muy fácil. Aunque se dé la predicada independencia y objetividad de los órganos de evaluación.

Yo creo que más que vinculante puede convertirse en un mecanismo muy oportuno para la rendición de cuentas, para una garantía de la no arbitrariedad. Sí podría, quizás, exigirse la realización de las evaluaciones cuando estas resulten obligatorias. No veo óbice, pues, a una condena a la AP en cuestión a que realice una evaluación que la Ley preceptúa (o la justificación de la ausencia de tal evaluación en esos casos). Mucho más problemático es derivar efectos de las evaluaciones efectivamente realizadas.

d) Sobre el objetivo, tipología, alcance y contenido de la evaluación normativa *ex post*

Puede continuar perfilándose el concepto de evaluación normativa *ex post* mediante el estudio de aspectos tales como los objetivos perseguidos por este instrumento, las eventuales tipologías que puedan existir, su alcance, así como los contenidos que deban incluir.

En relación con la primera cuestión, los **objetivos de la evaluación**, debe tenerse presente, por un lado, que «las evidencias que produce la evaluación deben, sin duda, estar presentes en las mesas donde se toman las decisiones sobre la continuidad, modificación o supresión de los programas» (Lázaro Vicente 2012, 27). Y, por otro, que «el seguimiento de una norma tiene sentido en la medida en que se advierte que esta pueda revelarse con el tiempo inicial o sobrevenidamente desatinada» (Doménech Pascual 2005, 106).

En este punto es conveniente recordar que el precepto que regula la institución, el art. 130 LPAC, ya señala una serie de objetivos. En concreto, habla de: i) la adaptación a los principios de la buena regulación, ii) la consecución de los objetivos previstos, iii) la correcta justificación y cuantificación del coste y las cargas, iv) la promoción del AED, y v) la evitación de restricciones injustificadas o desproporcionadas a la actividad económica. No se trata de una elección de parámetros de referencia aleatorios, ni tampoco neutros. De hecho, se aprecian claramente las reminiscencias de las técnicas simplificadoras a las que se ha hecho mención ya.

Lo cierto es que puede existir —como apuntan Barberà Aresté *et al.* (2020, 16)— una falta de acuerdo sobre tales criterios o valores de referencia. Pero, en este caso, son los que son, aunque podrían haber sido otros[326]. Cerrillo i Martínez (en Ponce Solé y Cerrillo i Martínez 2017, 152) también argumenta en esta línea:

> En primer lugar, las técnicas a utilizar son muy variadas y su concreción vendrá determinada por los objetivos de la evaluación. En segundo lugar, los criterios también son diversos y vendrán nuevamente determinados por los objetivos de la evaluación. En particular, la evaluación puede guiarse por criterios como la relevancia (...), la eficacia (...) o la eficiencia (...). Además, de manera complementaria, la evaluación ex post también puede tener en cuenta la transparencia (...), la legitimidad (...) o la permanencia.

En definitiva, y como sintetiza Montoro Chiner (2001.1, 31), «la evaluación conduce a ponderar su efectividad, su eficiencia y sus costes económicos». En buena medida —y aun adelantándose década y media a la LPAC— esta autora ha dado en la clave de los objetivos últimos de la evaluación *ex post* en España en su actual configuración.

Íntimamente ligado a lo anterior se encuentra la **tipología de evaluaciones** que puede existir. En realidad, se trata más bien de una cuestión metodológica que afecta al qué se está evaluando y cómo se quiere evaluar. Son distintos los tipos de revisión normativa que se pueden realizar, así como variadas las clasificaciones ofrecidas por la literatura.

Para Barberà Aresté *et al.* (2020, 18) existen dos tipos fundamentales de evaluaciones: las de diseño (que incluyen tanto las de necesidades como las de proceso y las de impacto) y las evaluaciones de eficacia. Aunque parecería que, *a priori*, la evaluación normativa *ex post* se encuadraría solo en

326 Del mismo modo que los impactos en la evaluación *ex ante* suponen una elección determinada de materias o ámbitos sobre los que prestar atención, desde el punto de vista *ex post* también se priorizan determinados objetivos en el análisis. En esta línea, dice Vida Fernández (2017, 476) que «una vez en el ordenamiento jurídico se hace necesario conocer (...) sus efectos sobre la economía, las relaciones de trabajo, el medio ambiente, etc. (impacto real generado)». Pero ese, como se verá enseguida, será solo uno de los posibles aspectos para evaluar.

las de *eficacia*, lo cierto es que también mediante ella se puede analizar si el *diseño* inicial fue correcto. O sea, si las necesidades percibidas, si el proceso mediante el que se adoptó la norma y si los impactos estaban correctamente analizados en ese estadio prenormativo.

Por su parte, MORAL ARCE (2019, 38) señala que «la evaluación *ex post* puede ser de producto o [de] resultado e impacto». Aquí la diferencia fundamental reside en los conceptos de *output* y *outcome*. Mientras que el *output* del proceso normativo vendría a ser el producto, o sea, la norma, el *outcome* lo constituirían los resultados generados por dicha norma y los impactos producidos por su aplicación. Traducido a términos jurídicos, podría distinguirse, pues, entre una evaluación esencialmente *formal* (encaminada al análisis del texto de la norma) y *material* (que estudie los resultados de aquella).

Finalmente, otro ejemplo de clasificación se encuentra en la Guía metodológica del Ayuntamiento de Madrid (p. 7), que establece tres categorías: una evaluación de proceso, de desempeño y de resultados. Aspectos que medirían, respectivamente, la eficacia (ejecución) de la norma en cuestión, la eficiencia de tal regulación y los impactos que haya podido generar[327].

En fin, parece, en todo caso, que una revisión normativa completa debería incluir todos esos aspectos (salvo excepciones); o, al menos, combinarlos según las circunstancias para optar a una perspectiva variada y, por lo tanto, más certera en el análisis[328]. Y es que, como afirma VELASCO CABALLERO (2019.2, 344), una configuración abstracta general, idéntica para todo tipo de norma, no sería seguramente lo más eficiente. Aquí importa adaptar el rigor del análisis a la importancia de la norma evaluada y a sus características particulares (como señala la Recomendación 2014-5 de la *Administrative Conference of the United States*, p. 7).

En tercer lugar, procede determinar cuál es el **alcance de la obligación de evaluar el ordenamiento vigente**. Sobre este respecto, y sin perjuicio de alguna excepción o matiz, parece haber práctica unanimidad en la doctrina en señalar que no puede acometerse una revisión de *todas las normas* o, al menos, no de todas las normas al mismo tiempo[329]. Por lo tanto, es necesario seleccionar adecuadamente las normas que se desea o, mejor, que *procede* evaluar.

---

327 El art. 9 del proyecto de Ley de evaluación de políticas públicas del Estado, en tramitación, habla de las modalidades de evaluación y las clasifica en: evaluación de diseño, evaluación de implementación y evaluación de resultados o impacto. Lo cierto es que estas categorías parecen estar más bien conectadas con el momento temporal (*ex ante*, *in itinere* y *ex post*), que se estudia en otro punto. Cuesta diferenciarlas con respecto a las categorías del art. 10 (precisamente, las indicadas).

328 No podría compartir, por lo tanto, la categórica afirmación de FORTES GONZÁLEZ (2016, 361), según el cual la evaluación *ex post* se trataría de una «valoración de resultados». Sí, pero no solo.

329 Así, por ejemplo, CASADO CASADO (2017, 132) opina que «no pueden ocultarse las dificultades, evidentes, para una aplicación efectiva de esta evaluación *a posteriori* de las

Seleccionar las normas para evaluar es una cuestión controvertida. Y la clave es responder a la pregunta sobre de quién depende. Entra en juego aquí «la natural resistencia de la mayoría política a ser objeto de un control crítico sobre la eficacia de las medidas legislativas promovidas por ella» (DE MONTALVO JÄÄSKELÄINEN 2016, 183). O sea, la *paradoja de la evaluación*. Creo que con la actual configuración de la evaluación *ex post* no se conjura adecuadamente este riesgo, ni siquiera a pesar de la intervención de los consejos consultivos que se va a ver a continuación.

Centrando la atención en el ámbito estatal, recuérdese que el art. 3.1 del RD 286/2017 establecía una serie de criterios que podrían determinar la inclusión de las normas entre las seleccionadas para ser evaluadas en el PAN correspondiente. Según el Consejo de Estado, «no parece que [el art. 3.1 citado] haya de ser entendido en el sentido de que determinadas normas hayan de ser objeto de evaluación *ex post* de forma necesaria, [sino] que da unos criterios claros, que implican que, en determinados supuestos, esta evaluación resulta particularmente relevante» (FJ 6.b del dictamen 52/2019). Y continúa diciendo que lo anterior «deja un amplio margen de decisión del Gobierno para adoptar la decisión de si una norma ha de ser objeto o no de evaluación» (dictamen 53/2021); pero ojo, en este sentido, el margen de maniobra del Gobierno no es de una libertad absoluta (de hecho, el dictamen 196/2021 habla de *discrecionalidad*; también en esta línea véase el dictamen 296/2020).

Por lo tanto, podría decirse que se han establecido una serie de categorías concretas de normas sobre las que puede existir un interés especial de evaluación. Ello no obsta ni para que todas las que afecten a dichas materias tengan que ser necesariamente evaluadas, ni, a la inversa, para que otras que no entren en tales categorías no puedan serlo. Hay que citar en este punto la (cada vez más) abundante doctrina consultiva sobre la cuestión[330].

normas, habida cuenta de la dimensión cuantitativa que presenta actualmente nuestro ordenamiento». Por su parte, RODRÍGUEZ GARCÍA y SÁNCHEZ PAVÓN (2019, 147) se manifiestan en contra de la «generalización indiscriminada de este tipo de evaluación, especialmente en los momentos iniciales de su puesta en práctica, [que] resultaría improcedente y poco operativa». Una «evaluación normativa global no siempre está justificada»; es más eficiente una «evaluación normativa *selectiva*» al parecer de VELASCO CABALLERO (2019.2, 345). Y DE MONTALVO JÄÄSKELÄINEN (2016, 178) también cree que, al menos al principio, habría que seleccionar normas, pues no se puede pretender evaluar todas. Concuerdo plenamente con estas opiniones.

330 En un instrumento como el de la evaluación normativa *ex post*, de reciente introducción efectiva en nuestro ordenamiento, resulta natural que los pronunciamientos jurisprudenciales, como se vio, no sean abundantes. Máxime si se tiene en cuenta que su ámbito no corresponde tanto al de aplicación de las normas, pero tampoco al de su elaboración, sino que se trata de una herramienta *post normativa*. Pero no sucede lo mismo con la doctrina de los consejos consultivos, algunos de cuyos dictámenes han sido citados ya. Al menos desde el año 1994 existen numerosos pronunciamientos del Consejo de Estado que se refieren a la «evaluación normativa» pero con carácter *ex ante*. Pero, desde 2016, este Alto Órgano Consultivo sí se pronuncia, en el marco de la información contenida en el expe-

Los consejos consultivos suelen tener la posibilidad de pronunciarse sobre la evaluación normativa *ex post* en una fase preliminar de la vida de la norma, cuando le llega el expediente normativo de aprobación de esta. En no pocas ocasiones no existe mención alguna al contenido eventual de esa revisión normativa. Pero otras veces sí se pronuncia sobre la previsión que realiza el ejecutivo en sede de evaluación *ex ante* sobre la futura evaluación *ex post*.

Singularmente interesa la justificación que en ocasiones se da por parte del proponente de la *no necesidad* de que una (futura) regulación sea evaluada. Pero tal justificación debe estar suficientemente argumentada o, en caso contrario, el Consejo de Estado se pronuncia en el sentido de que debe realizarse, necesariamente, la evaluación *ex post*. Por ejemplo, en su dictamen 52/2019, sobre un proyecto de RD de condiciones de contratación en el sector lácteo, considera que, en ese caso, pueden darse efectos importantes sobre la economía, la competencia y las pymes y, por lo tanto, no estima justificada la no evaluación pretendida por el proponente. Algo parecido sucede en el dictamen 315/2019, teniendo en cuenta la eficacia y los resultados de la norma. En el dictamen 362/2019 se opone a la no evaluación dado el coste elevado y el impacto presupuestario de la norma, particularmente teniendo en cuenta el «carácter "provisional" del impacto presupuestario previsto» en la MAIN. Mientras que, en el dictamen 55/2020, el Consejo de Estado habla de los impactos relevantes que tendría su aplicación. Cuando se trata de sectores relevantes y de la influencia que tendría sobre ellos, tampoco admite que no se analicen a posteriori sus efectos (dictámenes 468/2020 y 540/2021). También cree el alto órgano consultivo que, cuando se trata de justificar futuras subastas en relación con las apreciaciones hechas sobre las actuales, conviene que exista tal evaluación (dictamen 576/2020).

Me parecen particularmente interesantes dos pronunciamientos que rechazan, de nuevo, la ausencia de evaluación sobre dos argumentos que, creo, son de bastante calado.

El primero, el dictamen 389/2021, considera que la norma debe ser objeto de evaluación —frente a la justificación dada por el proponente— entre otros motivos por el hecho de que se trata de una norma del Estado cuya aplicación corresponde a las CC. AA. El Consejo de Estado es plenamente consciente de que garantizar una adecuada aplicación de las normas en un Estado compuesto como el nuestro requiere de evaluación continua para comprobar las eventuales disfuncionalidades propias de tal sistema.

La segunda de las cuestiones viene de la mano de la necesidad de evaluar los efectos indeseados y no previstos de una norma, como recoge el dictamen 640/2021. Sin duda, la justificación de la no evaluación no puede limi-

diente de producción normativa, sobre la necesidad de evaluación *ex post*, o no, apreciada por el órgano proponente. Aquí van a comentarse, como parte esencial del entendimiento de esta cuestión, aquellos dictámenes más relevantes hasta la fecha.

tarse en exclusiva a lo que se cree que puede pasar. Hay que adelantarse de algún modo a los acontecimientos y prever disfuncionalidades en el devenir de la norma. En este caso, decía el dictamen, existía «la posibilidad de que la regulación proyectada gener[as]e efectos indeseados, derivados de comportamientos estratégicos de los agentes y, en concreto, de los participantes en el mercado mayorista [de derechos de emisión]». Prever comportamientos oportunistas e incumplidores de la norma parece, pues, otra obligación y ámbito de interés para la evaluación *ex post*.

Pero también cabe la posibilidad de plantear como necesaria esta evaluación incluso en el ámbito de las normas organizativas. Por ejemplo, el dictamen 798/2020 señala que, «en la medida en la que el [organismo en cuestión] realizará una actividad promocional y empleará recursos públicos», se torna obligada una previsión evaluatoria. O también, sobre el grado de cumplimiento de los objetivos perseguidos con la reorganización de los organismos públicos de investigación, el dictamen 139/2021.

Parece más obvia la postura del Consejo cuando tal obligación viene determinada por normas del Derecho de la UE. Singularmente, el dictamen 678/2020, sobre un proyecto de Orden por la que se establecen medidas en relación con las actividades pesqueras para la protección y conservación de cetáceos (recuérdese, competencia de la UE), señala lo siguiente:

> El hecho de que la propuesta no recoja ningún mecanismo de evaluación de los resultados de su aplicación y que la Memoria declare expresamente que no procede en este caso la evaluación ex post contraviene el Derecho de la Unión Europea. (...) Esta observación tiene carácter esencial, a efectos de lo previsto en el artículo 130.3 del Reglamento Orgánico del Consejo de Estado, aprobado por el Real Decreto 1674/1980, de 18 de julio.

La normativa europea de referencia exigía expresamente una supervisión y evaluación de la eficacia de las medidas implementadas por la norma interna. De ahí que incluso otorgue el carácter de esencial a su observación. En el mismo sentido, aunque sin una consecuencia tan severa, véanse los dictámenes 52/2019 y 457/2019. Lo anterior lleva a plantear la pregunta de si solo cuando viene la obligación del ámbito europeo nos tomamos en serio esto de la evaluación...

Finalmente, resulta sumamente interesante un dictamen de la Comisión Jurídica Asesora de la Comunidad de Madrid, en concreto el 488/2021. Este analiza la inexistencia de previsión de una evaluación a posteriori de una norma que afectaría, de manera palmaria, a derechos fundamentales, como es la de los registros para el ejercicio del derecho a una muerte digna (eutanasia). Así, el dictamen señala lo siguiente:

> La importancia de la evaluación ex post de las normas es una cuestión que debe enfatizarse, especialmente cuando la norma afectada desarrolla normativa que trata de garantizar el adecuado equilibrio entre derechos fundamentales, como

ocurre en este caso. Así pues, dado que la Constitución española consagra en su artículo 9.2 el deber de los Poderes Públicos de promover las condiciones para que la libertad y la igualdad del individuo y de los grupos en que se integra sean reales y efectivas y remover los obstáculos que impidan o dificulten su plenitud, así como facilitar la participación de todos los ciudadanos en la vida política, económica, cultural y social; las administraciones públicas competentes para regular una materia ya no cumplen con limitarse a declarar y reconocer formalmente las libertades individuales, sino que están obligadas a promover en el terreno de los hechos su efectividad. El seguimiento de sus decisiones normativas constituye un mecanismo imprescindible para controlar y asegurar que estas alcanzan real y eficientemente los objetivos marcados, es decir, que efectivamente quedan garantizados los derechos fundamentales afectados en este caso.

Por todo lo expuesto, a la vista de la trascendencia jurídica de la materia a que se refiere la propuesta que ahora se analiza y a falta de un mejor criterio, que la MAIN no ha recogido en ningún modo; parece de suma importancia efectuar la indicada evaluación ex post, para conocer si el comportamiento de los destinatarios de esta norma se acomoda o no a sus previsiones, cuáles son sus consecuencias y efectos, y cuál es el coste de consecución de sus objetivos, todo lo cual se consigue con la referida evaluación ex post. En otro caso, parecería oportuno justificar las razones por las cuales se considera que no resulta pertinente la indicada valoración del cumplimiento de los objetivos de la norma.

O sea, y esto resulta relevante, cuando se trata de derechos fundamentales, la evaluación normativa —a juicio de este órgano consultivo— estaría sustentada y vendría exigida por la aplicación del art. 9.2 CE. Creo que esta justificación teórica es muy oportuna, y la comparto plenamente[331].

Volviendo, en fin, al Consejo de Estado, este órgano consultivo analiza no solo las justificaciones dadas para no evaluar una determinada norma, sino también aquellas «sumarias explicaciones» de la memoria (dictámenes 468/2020, 554/2020, 601/2020 o 665/2020), «cláusulas de estilo» vacías de un análisis real (dictamen 580/2020), con un «exiguo tratamiento» de la justificación de la no evaluación (dictamen 389/2021) o «con un sentido [que] no es claro» en lo que respecta al descarte de la evaluación *ex post* (dictamen 766/2020). Y todo ello porque la decisión de no evaluar una noma, a su parecer, «deberá quedar adecuadamente razonada en la memoria» (por todos, el dictamen 526/2021).

En definitiva, hay que recordar —con el dictamen 580/2020 del Consejo de Estado— «la relevancia de la evaluación *ex post* desde la perspectiva de la buena regulación y la correlativa necesidad de que la autoridad administrativa especifique de forma motivada las razones por las que, en cada caso

331 Sobre la importancia de la evaluación legislativa para la garantía de los derechos fundamentales, centrado en el ámbito de la UE, véase KARPEN (2003). También en esta línea, CARCELLER STELLA (2019, 7).

concreto, considera que procede o que no procede llevarla a cabo»[332]. El Consejo de Estado parece estar convirtiéndose en la punta de lanza para la adecuada aplicación de la evaluación *ex post*[333]. Aunque, siendo realistas, sus posibilidades reales de influir en la materialización final son más bien escasas. Pero, de cualquier modo, hay que aplaudir su postura.

Termino con unas breves consideraciones sobre los **contenidos de la evaluación**. El Consejo de Estado se ha manifestado en varias ocasiones sugiriendo «la posibilidad de concretar la forma en que se llevará a cabo dicha evaluación en el propio articulado» (dictamen 204/2020) o bien admitiendo la posibilidad de que determinados controles no denominados *stricto sensu* «evaluación *ex post*» puedan entenderse como tales (dictamen 593/2021). Lo relevante, más que el nombre, es el contenido.

Y, sobre ello, el aspecto quizás más importante es que han de ser efectivas. Dice Canals Ametller (2016, 45) que «hoy en día, la mayoría de las veces, las evaluaciones *ex ante* o *ex post* de las normas no son más que puros relatos documentados que se incorporan al expediente de elaboración de disposiciones generales, sin un mínimo de análisis sustancial que los preceda». Aunque creo que una afirmación así merecería un estudio empírico detallado, lo cierto es que —como se desprende, por ejemplo, de las fórmulas rutinarias advertidas por el Consejo de Estado— la sensación generalizada es esta.

De cualquier forma, el contenido de los informes de evaluación *ex post* debe ser holístico[334], no centrado exclusivamente en un aspecto determinado —salvo que ello venga expresamente justificado por el caso particular—. En opinión de Fernández Ferrarons (2020, 183): «La *presentació com a ins-*

332 Motivos a los que habría que añadir las consideraciones de Rodríguez García y Sánchez Pavón (2019, 147), que hablan de una eventual fuerza mayor y urgencia como justificación de la ausencia de la evaluación *ex post*.

333 Se pueden mencionar también otros dos pronunciamientos. Por un lado, el dictamen del Consejo de Estado 196/2021, sobre la Ley de residuos y suelos contaminados, dice que, al tratarse de una norma demasiado extensa, «una evaluación en su conjunto de todos estos aspectos, y sus posibles impactos, sería prácticamente una tarea inviable e inabarcable» y que «se considera que la ejecución de una evaluación *ex post* no sería el instrumento más eficaz para conocer la repercusión de su contenido». Así, concluye que «resulta lógico y adecuado que sea con ocasión de esos desarrollos parciales [reglamentarios] cuando se lleve a cabo la evaluación».
En segundo lugar, sobre la importancia de evaluar no tanto normas concretas sino sectores de una misma actividad, véase el dictamen 25/2021 del Consejo de Navarra: «[La] evaluación debería hacerse de forma conjunta con los demás elementos que conforman los planes nacionales integrados de energía y clima» más que de manera singular.

334 E incorporar aspectos transversales como, por ejemplo, el impacto de género. Sobre este aspecto véase la obra de Bustelo Ruesta (2004), quien realiza un estudio completo sobre la evaluación de las políticas de género en España. Aunque no debe ser el único impacto que considerar, desde luego.

trument de dimensió integral per a la revisió de tot tipus d'impacte hagués reportat una visió molt més completa que la verificació d'un àmbit *concret com sembla que així s'ha definit*»[335].

Dada su exhaustividad, me permito aquí traer a colación las palabras de Rodríguez García y Sánchez Pavón (2019, 134-135) sobre su contenido:

> La evaluación normativa (...) concentra su labor, exclusivamente, en las normas. Dicha circunstancia, si bien resulta ser una condición necesaria para su caracterización, se antoja insuficiente, debiendo tenerse presente, en primer lugar, que la evaluación normativa debe proceder conforme al método y técnica jurídicos y, por otra parte, que su contenido y alcance son de índole plenamente jurídica.
>
> Sin ánimo de exhaustividad, cabe señalar los siguientes extremos que debería abordar: búsqueda y propuesta de alternativas a la regulación, sugiriendo alternativas tales como la autorregulación (...) y la corregulación (...); examen de las dificultades aplicativas que ha supuesto la norma para los operadores jurídicos más implicados en la puesta en práctica (Administración y Tribunales), procurando detectar las lagunas, antinomias, incoherencias y redundancias, tanto dentro de la propia norma como en su contraste con el resto del ordenamiento jurídico; análisis de los problemas planteados en el proceso de integración de los conceptos jurídicos indeterminados contenidos en las normas (...); detección de la conveniencia o no de llevar a cabo una refundición de textos; valoración de la oportunidad de revisión de la norma para ser mejorada o actualizada, así como calibrar la necesidad de su derogación y sustitución por otra; seguimiento y advertencia acerca del vencimiento de las cláusulas de caducidad (...) y cumplimiento de las de revisión (...); proposición de simplificación de las normas, partiendo de la experiencia acumulada durante su ejecución y buscando la máxima claridad de los textos y la eliminación de preceptos o fragmentos innecesarios o que impongan cargas excesivas.

No obstante, estos contenidos parecen limitarse al aspecto puramente jurídico, el cual, siendo completamente necesario, no agota en modo alguno las posibilidades de la revisión normativa. Introducir aspectos relacionados con la evaluación de políticas públicas, de eficacia y eficiencia, es más que necesario.

e) Sobre la relación de la evaluación *ex post* y la evaluación *ex ante* (en particular, la MAIN)

Como se acaba de ver, y tuvo también ocasión de estudiarse con el análisis del art. 26.9.d) LGob, la evaluación *ex post* en España está de algún modo ligada a la evaluación *ex ante*, en concreto a la MAIN. Precisamente por este motivo conviene detenerse un instante sobre algunas de las particularidades derivadas de esta relación.

335 «La presentación como instrumento de dimensión integral para la revisión de todo tipo de impactos habría reportado una visión mucho más completa que la verificación de un ámbito concreto como parece que se ha definido».

Con carácter previo, no está de más traer a colación la advertencia de Doménech Pascual (2022, 86), según el cual resultaría plenamente necesaria una obligación de evaluación *ex post* no limitada al momento de evaluación *ex ante* de una nueva regulación porque «puede llegar demasiado tarde, después de que esta haya producido efectos perjudiciales». No hay que constreñir la evaluación a los supuestos en que *se desee* modificar una norma o realizar una *ex novo*, sino que hay que proceder —yo creo que, además, ese es el tenor de la obligación legal— de manera sistemática a evaluar los resultados de las normas, *aunque no se desee o se cuente con la necesidad* de renovar una norma. O sea, la evaluación *ex post*, por muy conectada que se halle con la previa, debe gozar de independencia funcional. De hecho, la Recomendación 2014-5 de la *Administrative Conference of the United States*, citada en varias ocasiones, manifiesta que (p. 5):

> The recommendation encourages agencies to integrate retrospective analysis into their policymaking framework more generally, (...) not only to reevaluate existing regulations but also to design new regulations with an eye towards later reexamination and to consider the cumulative regulatory burden[336].

En cualquier caso, y al margen de dicha puntualización, lo cierto es que, como señala Casado Casado (2017, 132), la evaluación *ex post* «supone un complemento importante de la evaluación *ex ante*». Y ello es así porque la evaluación prospectiva y la retrospectiva son, en muchos aspectos, complementarias; el esfuerzo de analizar los posibles efectos de una norma *ex ante* facilita considerablemente la evaluación retrospectiva (Montoro Chiner 2001.1, 124): «Tan importante resulta prever los efectos de una norma en el futuro (...) como ponderar los efectos retrospectivos para concluir sobre la necesidad o no de modificar sus reglas» (*ib.*, 24).

Es más, según la Guía metodológica del Ayuntamiento de Madrid, «el éxito del proceso evaluador depende, en gran medida, de la calidad de la MAIN, pues la definición de objetivos, impactos y las pautas para realizar la evaluación posterior se contienen en dicho documento». Y uno de los motivos para que esto sea así es que, como sostiene con acierto Doménech Pascual (2022, 85), «la información obtenida *ex post* es más fiable que la adquirida *ex ante*», esencialmente porque esta no tiene por qué basarse en presuposiciones.

Una de las cuestiones que más ha interesado a la doctrina en general sobre las interrelaciones entre la evaluación *ex ante*, singularmente representada en la MAIN, y la evaluación *ex post* es la posibilidad que esta última ofrece para la fiscalización del acierto de la primera.

336 «La recomendación invita a las agencias a integrar el análisis retrospectivo en sus marcos para las políticas públicas de manera general, (...) no solo para reevaluar las regulaciones existentes, sino también para diseñar nuevas regulaciones con un ojo sobre su futuro reexamen y para considerar el peso acumulado de las cargas regulatorias».

En palabras de VÁZQUEZ LÉPINETTE y BAHNINI (2009, 34), «una pieza esencial del establecimiento de un mecanismo de análisis de impacto regulatorio es (...) la creación de mecanismos de control de la calidad del mismo». Evaluar los instrumentos de evaluación *(metaevaluar)* es otra de las características propias de todo sistema que pretenda asegurar la calidad de un producto (en este caso, del Derecho). Por lo tanto, realizar una evaluación *ex post* de una norma no solo permite conocer los efectos de esta, sino también fiscalizar el grado de acierto de las estimaciones que, con carácter previo, vino a poner de manifiesto la MAIN.

Así, por ejemplo, WIENER (2006, 477) señala que las evaluaciones *ex post* podrían demostrar si se han sobreestimado los beneficios y costes de las MAIN. Dice JACOBS (2006, 48) que «accountability for RIA performance should be boosted»[337]. O, entre nosotros, DE MONTALVO JÄÄSKELÄINEN (2017, 152) pone de manifiesto también que «la evaluación *ex post* permite valorar si las previsiones resultantes de la evaluación *ex ante* se han cumplido o no». Para ello quizás no sea preciso analizar todas las evaluaciones *ex ante*. Pero, eso sí, como previene WIENER (2006, 513), «in the future, *ex post* evaluation exercises should address a representative sample of past IAs rather than a convenience sample». De nuevo, entra aquí en juego la cuestión de la independencia de la evaluación, sobre la que se harán algunas consideraciones pronto.

No solo importa la independencia de la evaluación, sino también la adecuación de los medios y de los datos utilizados para ella. Así, DE FRANCESCO (2018, *in totum*) recuerda la importancia de evaluar *a posteriori* las previsiones de la evaluación *ex ante* acudiendo al conocimiento científico (él realiza un estudio sobre el caso de los ferrocarriles). Las evidencias científicas se tornan esenciales para las evaluaciones de las previsiones, muchas veces hechas sobre presunciones y especulaciones.

Para el análisis *ex post*, en fin, pueden tomarse como referencia los parámetros de la evaluación *ex ante* (así lo sugiere, por ejemplo, el dictamen del Consejo Consultivo de la Comunitat Valenciana 815/2018)[338]. Hasta el punto de que, como proponen para el caso italiano BASSANINI *et al.* (2005, 27), podría aplicarse el análisis de impacto regulatorio a la propia normativa en vigor: «Con riferimento a normative già in vigore, l'applicazione dell'AIR permette altresì di delineare opzioni di deregolazione o semplificazione»[339].

---

337 «Se debería impulsar la rendición de cuentas del rendimiento de las evaluaciones de impacto regulatorio».

338 O, como dicen a este respecto DUDLEY y PEACOCK (2018, 87), las agencias (Administraciones) deberían incluir en las normas ya un marco para el análisis empírico de las asunciones y de los resultados esperados *(«agencies should be required to include in proposed regulations a framework for empirical testing of assumptions and hypothesized outcomes»)*.

339 «Con referencia a la normativa ya en vigor, la aplicación del análisis de impacto regulatorio permite además delinear opciones de desregulación o simplificación».

Creo, no obstante, como VELASCO CABALLERO (2019.2, 347), que «las cuestiones evaluables en cada caso han de estar estrechamente vinculadas a la correspondiente MAIN, pero esto no implica una evaluación simétrica de todos los impactos analizados en la MAIN». Si bien semejantes, no se trata de evaluaciones coincidentes, pues esencialmente no se refieren a previsiones sino a hechos.

En fin, y en cualquier caso, como concluye VIDA FERNÁNDEZ (2017, 476), «ambos tipos de evaluación no solo no son incompatibles, sino que se complementan». Y lo cierto es que, en tanto que ciclo *infinito*, los resultados de un instrumento *a posteriori* servirán, sin duda, para el análisis preliminar que haya de realizarse. Por lo que un eventual informe de evaluación *ex post* si no completamente sí al menos sustancialmente debería servir para fundamentar y anclar una futura MAIN.

2. Elementos subjetivos de la evaluación normativa *ex post*

a) Sobre el órgano que debe acometer la evaluación

El estudio del elemento subjetivo, el *quién*, resulta tan o incluso más relevante que el *qué*. De hecho, como señalan con tino RODRÍGUEZ GARCÍA y SÁNCHEZ PAVÓN (2019, 138), «la institucionalización de la evaluación se viene abordando [por la doctrina] desde un punto de vista acentuadamente subjetivo, centrando la atención en el órgano responsable». Y, como recuerda RUIZ MARTÍNEZ (2012, 15), institucionalizar no se refiere «solo [a] su regulación sino también [a] la asignación de esta función a organizaciones públicas concretas».

Es este uno de los puntos sobre los que puede existir, quizás, más diversidad de opiniones, sobre todo en lo que respecta al órgano al que debiera atribuirse la competencia de evaluación normativa *ex post* y no tanto a las características que deberían predicarse de tales órganos evaluadores.

Pueden identificarse, al menos, hasta cinco grupos de opiniones: aquellas que atribuirían la función evaluadora al parlamento, las que dotarían de un papel más relevante a los órganos consultivos, quienes apuestan por la configuración de grupos *ad hoc*, aquellas que confiarían la labor a la propia Administración y, finalmente, aunque minoritaria, las que externalizarían y privatizarían, de algún modo, esta función.

En primer lugar —y aunque aquí no se trata en profundidad esta posibilidad, porque ello escaparía del objeto de análisis de este estudio— existen no pocas opiniones que atribuirían al **parlamento la función de evaluación normativa *ex post***. En la mayor parte de las propuestas, esta función quedaría delimitada al ámbito de las normas con rango de Ley (y solo en menor medida de sus desarrollos reglamentarios). Los motivos para residenciar esta ¿nueva? función en el parlamento son variados.

Para Arias Díaz (2002, 149), la evaluación legislativa debería residenciarse en el parlamento «como una actividad más del procedimiento legislativo». Y ello porque ese control *a posteriori* del «grado de ejecución de la ley» podría constituir un control político adecuado desde el punto de vista democrático. Lo que sucede es que —y esto él no lo menciona— en la evaluación *ex post*, como se ha visto, no solo interesa la ejecución (o no) de una norma —singularmente de las leyes— sino también la eficacia y eficiencia de estos productos, y esta tarea es más difícil si no se cuenta con los instrumentos adecuados, de los que quizás el parlamento no dispone todavía.

Figueroa Laraudogoitia (1995, 27) apuesta, por su parte, por la «creación de un órgano de evaluación, por Ley, con características similares [a las del] Tribunal de Cuentas». A lo que añade un matiz que, como se verá en el lugar oportuno, no puede compartirse. Es del parecer de que, «en razón de las funciones que debe desempeñar, no requiere sino de una estructura funcionarial reducida a la mínima expresión». ¿Cómo se puede evaluar sin medios? No alcanzo a entenderlo.

En la misma línea que los anteriores, Ficet (2018, 198) —para el caso de la evaluación legislativa *ex post* en el ámbito belga— señala que, «en tanto que fuente de información para el legislador, [la evaluación legislativa] constituye un instrumento de refuerzo del control democrático [del parlamento] sobre el ejecutivo»[340]. Las normas con rango de Ley emanadas de la voluntad soberana del parlamento deben ser cumplidas por todos —*particulares y autoridades*, en expresión de la fórmula promulgatoria habitual en España—. Por consiguiente, el análisis del grado de su aplicación puede, sin duda, contribuir al control político ejercido por parte del parlamento sobre la principal autoridad que está llamada a aplicarlas, el ejecutivo y la Administración.

Este eventual control ejercido por el legislativo en realidad se estaría extendiendo al resto del ordenamiento, singularmente a los reglamentos porque, como afirma de Montalvo Jääskeläinen (2016, 182), en nuestro sistema el papel de los reglamentos independientes es limitado y, por tanto, el margen de maniobra del ejecutivo más allá de lo dispuesto por la Ley, escaso. Por ello, aboga por «convertir al Parlamento en la sede central de la evaluación» y propone que sean las comisiones parlamentarias —y no órganos especializados— los que realicen esta función.

Pero no se trataría, a su juicio, de una tarea aislada, sino de «una labor bajo la dirección del Parlamento, pero contando con la efectiva colaboración del Gobierno» *(ib.)*. Este control, sin embargo y en su opinión, transitaría en

340 El original en francés dice así: *«En tant que source d'information pour le législateur, elle constitue un instrument de renforcement du contrôle démocratique sur l'exécutif»*.

dos direcciones: de una parte, la ya expresada función del legislativo sobre la actividad ejecutiva; de otra, permitiría al Gobierno controlar al parlamento en lo que se refiere a la alteración de sus intenciones iniciales cuando se hubiera propuesto la norma en cuestión.

Merece la pena detenerse un instante sobre esta propuesta que, a mi juicio, es no poco controvertida. Propone —nada menos— un control del ejecutivo sobre el legislativo. Pero es que en nuestro sistema —y aunque sin duda existen excepciones e interferencias— no está previsto semejante mecanismo de control de la acción parlamentaria ¡por el Gobierno! Desde un punto de vista democrático, es el ejecutivo el que debe responder ante el legislativo. El ejecutivo, como es sabido, está en el origen de una gran mayoría de las normas aprobadas en sede parlamentaria. Proyectos que llegan al legislativo y que pueden sufrir —de hecho, sufren— no pocas alteraciones antes de su aprobación. Es cierto que tales propuestas pueden venir sustentadas en una completa evaluación *ex ante* que garantice —o, al menos, defienda— su idoneidad. Y también es cierto que, después y a pesar de ello, el parlamento puede aprobar preceptos en sentido distinto al inicialmente previsto o sin suficiente apoyatura empírica. De ahí que se pueda abogar por la mejora y la extensión de la evaluación *ex ante* en sede parlamentaria. Pero no creo que el control democrático pueda ir en la dirección pretendida por el autor (del ejecutivo sobre el legislativo) porque ello implicaría alterar el sistema de distribución del poder. Cuestión distinta es que, especialmente en sede administrativa —que, recuérdese, está llamada a servir con objetividad a los intereses generales—, puedan hacerse ver los motivos por los que, eventualmente, una regulación habría fracasado o no funcionado según lo esperado. Pero esta práctica tendría también riesgos —por ejemplo, un inadecuado uso de las prerrogativas administrativas para alterar una mayoría parlamentaria—. Aunque lo cierto es que, en su actual configuración, resulta bastante complicado —si no imposible— que una mayoría no sustente la acción del gobierno en el parlamento.

No es el único autor que manifiesta una desconfianza palmaria hacia la labor administrativa. Así, señala FERNÁNDEZ CARNICERO (en GARCÍA MEXÍA y RODRÍGUEZ-ARANA MUÑOZ 2010, 269) que:

> La evaluación **ex ante y** ***ex post*** del impacto normativo debe estar (...) bajo el impulso del Parlamento, porque es un tema demasiado importante para dejarlo en manos de la burocracia, es decir, reducirlo a una tarea administrativa más, en la que, por ejemplo, el cálculo del coste económico de una norma acaba convirtiéndose en un argumento más al servicio de la decisión o el arbitrio político.

Para conjurar estos riesgos —de disolución de las fronteras entre el entramado político y el administrativo— se verán enseguida algunas de las características que deberían predicarse, precisamente, de los órganos llamados a realizar esta tarea.

Por su parte, desde una posición moderada, MONTORO CHINER (2001.1, 76) sostiene que, en los últimos tiempos, se ha dado un «reconocimiento del Parlamento como órgano para evaluar [algunos] elementos [como] la eficacia, la consistencia y los métodos técnicos de producción de las normas (...) [incluso con la] creación de órganos *ad hoc* en el procedimiento parlamentario que pudieran aportar sus puntos de vista a los efectos de mejorar la calidad de la legislación». Ella habla, eso sí, del Parlamento Europeo, pero nada obsta para que estas apreciaciones sean válidas en el caso del resto de parlamentos.

Lo cierto es que resultaría sumamente interesante, sobre todo si las evaluaciones no son realizadas en sede parlamentaria, que estas entren de algún modo en el juego del control —del parlamento sobre el ejecutivo—, de forma que incluso pueda controlarse la adecuación de las mismas y la validez de sus conclusiones.

Hay pocos estudios que analicen el uso que se hace por parte de los parlamentos de tales evaluaciones, tal y como señalan ZWAAN *et al.* (2016, 15) para el caso del Parlamento Europeo (aunque tal afirmación bien puede extenderse al resto). Con el propósito de llenar ese vacío, estos autores desarrollan un interesante modelo estadístico que los lleva a concluir que solo se realiza seguimiento por parte de los europarlamentarios de una pequeña cantidad de las evaluaciones (en torno al 16 % del total) y que tal interés, en realidad, no está centrado en objetivos de evaluación *ex post* sino, al contrario, de *agenda setting* (de establecimiento de la agenda, o sea, de carácter prospectivo). Según sus hallazgos, la variable que más influiría sería la del nivel de conflicto entre el Parlamento y la Comisión. Dicho de otro modo: cuanto más conflictivo sea un asunto entre estas dos instituciones, más probable será que las evaluaciones *a posteriori* existentes sean utilizadas por los parlamentarios. Conflictos que no tienen necesariamente por qué estar ligados con la auténtica *severidad* del problema.

Creo, en fin, que no es lo más idóneo atribuir la competencia de evaluación *ex post*, *per se*, al parlamento. Cuestión distinta es que el legislativo pueda tener algún tipo de intervención en esta función, singularmente en lo que se refiere al control que de tales evaluaciones pueda hacerse. Y para ello, creo, las comisiones parlamentarias son la sede natural de esta actividad. Comisiones que serían también el lugar idóneo para una reflexión sobre la propia actividad legislativa del parlamento.

En segundo término, como adelanté, hay no pocas voces que apuestan por atribuir las competencias evaluativas —o, al menos, hacerles partícipes de ellas en alguna medida— **a los órganos consultivos estatales y autonómicos**.

En opinión de TORRE DE SILVA LÓPEZ DE LETONA (2018, 3815), «el Consejo de Estado debería participar en el análisis de aplicación de las normas; por ejemplo, recabando un dictamen sobre el mencionado informe anual [de evaluación]». También cree que podría aportar su experiencia en el proceso de evaluación de conjuntos de normas, lo que aquí se ha denominado *revisión normativa* (frente a la evaluación normativa particular). A su parecer, ello representaría un beneficio dado que «la propia evaluación podría mejorar los dictámenes del Consejo sobre futuras normas, a la vista de los resultados de la evaluación de otras». O sea, apuesta por mejorar (ampliándola) esta evaluación *ex post* con el propósito de beneficiar también a la *ex ante*.

En esta misma línea, Montoro Chiner (2001.1, 41) manifiesta así mismo que «los órganos consultivos podrían colaborar más activamente aún en la tarea de mejorar la producción normativa». E indirectamente lo sugiere Araguàs Galcerà (2016.2, 311) al proponer que pudieran ser, quizás, los órganos consultivos los que asumieran esta función de evaluación como «complemento» de sus funciones.

No veo ningún inconveniente en que los consejos consultivos tuvieran algún tipo de atribución respecto de las evaluaciones *a posteriori*. Pero hay que recordar que, en su actual configuración, se trata esencialmente de órganos consultivos de carácter jurídico. Para un adecuado control de evaluaciones que incluyan no solo aspectos de dogmática jurídica y aplicación por los operadores, sino también de eficacia y eficiencia, desde el punto de vista económico o técnico, sería más que necesaria la incorporación de especialistas sobre tales materias. Esto puede chocar, al menos, con los recursos de que puedan estar dotados, de entrada, estos organismos. Pero conceptualmente, insisto, no aprecio ningún problema en ello.

En tercer lugar, cabe la posibilidad de que la evaluación *ex post* se atribuya **a comisiones ad hoc**, que pueden ser independientes tanto del parlamento como del gobierno.

Nos recuerda Araguàs Galcerà (2016.2, 296) que se trata, en realidad, de una propuesta que ya se ha materializado pues, en algunas ocasiones, «se crean grupos de trabajo o comisiones *ad hoc* para la elaboración o la reforma de una o más disposiciones normativas». De hecho, esta misma autora señala en otro lugar (Araguàs Galcerà 2019.2) las conferencias sectoriales que creó la LGUM (hasta 20) como ejemplo de este tipo de organismos *ad hoc* para el seguimiento de normas sectoriales. También se vio —y me remito a ello— que la directriz séptima del Decreto 15/2016 de Canarias ofrecía esta posibilidad.

A ello habría que unir una eventual reforma de la CGC que revitalizase esta institución, atribuyéndole funciones realmente evaluativas, que materializasen las generales ya vistas más arriba. Pues, como dice Balsa Pascual (2006, 16), el papel que desempeña esta secular institución en la mejora de la calidad del Derecho «parece más limitado», aunque no son pocas las voces que apuestan por que pueda disponer de nuevas atribuciones como la aquí señalada[341].

341 Por todos, véanse Alonso Timón (2016, 94), Badules Iglesias (2022), Dorrego de Carlos (2018, 129-130), Boix Palop y Gimeno Fernández (2020, 45).

Estos órganos sectoriales tendrán su importancia cuando se vean —enseguida— las opciones de participación y apertura a la sociedad de estas funciones evaluativas. Pero las posibilidades que ofrecen, en materia de seguimiento de normas, son muy sugerentes (precisamente por ese ámbito participativo y de apertura hacia los afectados y destinatarios de las normas).

La cuarta de las alternativas, aquí preferida y estudiada a lo largo de los apartados precedentes, es la de **atribuir a la propia AP o a algún órgano de ella dependiente** (aunque sea con independencia orgánica o funcional) las tareas de evaluación normativa *ex post*, ya sea de las normas de rango reglamentario o de las de rango legal.

No es preciso recordar aquí todos los ejemplos vistos más arriba, de comisiones (como la de la Comunidad de Madrid), agencias (como la estatal, de futura recuperación) o simplemente las propias estructuras administrativas de las AA. PP., encargadas de estas funciones. Tampoco los controles existentes en materia económica-financiera. O la posibilidad, planteada para el caso de los EE. UU. por el *Memorandum* de 2009 citado arriba, de una «evaluación centralizada»[342].

Lo relevante es plantearse si estas organizaciones, las AA. PP., están capacitadas para realizar tal evaluación. Una evaluación que deberá desarrollarse necesariamente de acuerdo con los principios de toda actuación administrativa, así como con las orientaciones que se verán enseguida que deben guiar toda evaluación *ex post*. Adelanto ya que la respuesta, a mi juicio, es afirmativa, pero será inmediatamente después cuando emerja su justificación.

Finalmente, en quinto término, algunas (pocas) voces hacen alusión al eventual desarrollo de la **evaluación *ex post* por parte de entidades privadas**. Así parecen sugerirlo GARCÉS SANAGUSTÍN *et al.* (2008, 86)[343]. Aunque creo que, sin duda, podría articularse una privatización completa de la función evaluadora, lo cierto es que no pienso que sea conveniente dado que se trata del análisis de los productos normativos, que tienen naturaleza

342 Señalaba este documento que, «si se desarrolla adecuadamente, una revisión centralizada es legítima y apropiada como medio de promoción de los objetivos regulatorios» (en el original: *«If properly conducted, centralized review is both legitimate and appropriate as a means of promoting regulatory goals»*).
COGLIANESE (2013, *in totum*) para el caso americano de la OIRA, aunque aplicable a todos los sistemas, propone que esta agencia, de manera independiente, realice hasta tres acciones para promover la evaluación *ex post*. Por un lado, la aprobación de una guía de evaluación; por otro, planes de evaluación; y, finalmente, lo que denomina *«evaluation prompts»*, que podría traducirse como sugerencias de oportunidad de evaluación de determinadas normas o conjuntos normativos, al margen de los planes ordinarios de evaluación de cada agencia. Dicho de otro modo, este organismo independiente podría aconsejar (¿o incluso obligar?) a la realización de una determinada evaluación para superar así la paradoja de la evaluación.

343 Así parecen también sugerirlo cuando sostienen que «institucionalizar no es publificar» (GARCÉS SANAGUSTÍN *et al.* 2008, 55).

pública por definición. Además, ello implicaría una necesaria reforma de la regulación, pues —como se ha visto repetidamente— el ordenamiento exige que sean las AA. PP. las que desarrollen tal función. Cuestión distinta, por supuesto, es el hecho de que pueda haber algún tipo de externalización o apoyo externo por parte de entidades privadas en las labores técnicas de evaluación (a través de las distintas figuras previstas, en esencia, en la legislación de contratos públicos). De hecho, no resulta ajeno a la práctica cotidiana que los poderes públicos encarguen a otras entidades (usualmente privadas, aunque no solo) el estudio y análisis de cuestiones concretas. Por ello, no veo óbice alguno a la participación de entes privados, pero siempre teniendo en cuenta que la función evaluatoria debe seguir siendo pública.

La diversidad de opiniones advertida en cuanto a la atribución de la función de evaluación normativa *ex post* a un sujeto u otro da paso a una práctica unanimidad en lo que atañe a las **características deseables del órgano evaluador** y, por consiguiente, de los resultados de este.

Así, Barberà Aresté *et al.* (2020, 52) recuerdan que la independencia es la «primera característica esencial de la evaluación». Según Catalá Pérez y de Miguel Molina (2018, 340), «la independencia de los organismos evaluadores, y con ella la de las evaluaciones realizadas, es un aspecto fundamental». En opinión de Lázaro Vicente (2012, 30), «es necesario adoptar mecanismos que permitan la neutralidad y calidad de las evaluaciones». También Garcés Sanagustín *et al.* (2008, 33) señalan que «debe garantizarse la independencia y calidad de las evaluaciones, no solo de manera formal, sino mediante la generación de los adecuados incentivos en todos los actores presentes en el proceso de evaluación». O como apunta Lázaro Vicente (2012, 26)—con respecto a la evaluación de políticas públicas en general, pero también aplicable a la normativa— los tres principales rasgos de que debe disponer todo sistema evaluativo son la independencia, la credibilidad y la profesionalidad (aunque, en mi opinión, todos ellos están estrechamente ligados).

Por su parte, López Donaire (2017, 5-6), quien llega a hacer una propuesta bastante detallada de cómo podría configurarse este órgano que ella denomina «Oficina de Evaluación normativa» o «Comité técnico de evaluación», recalca en su propuesta la importancia de que los miembros del órgano en cuestión sean «inamovibles e independientes».

Pero, sobre esta independencia, dice Feinstein (2012, 48) que «un aspecto importante en la institucionalización de las evaluaciones, que ha sido fuente de confusiones, es la "independencia" de las evaluaciones. Frecuentemente se tiende a establecer una equivalencia entre evaluaciones independientes y evaluaciones externas (y, análogamente, entre evaluaciones internas y evaluaciones no independientes)». De este modo, como sugiere Betancor Rodríguez (2009, 219), «parece[ría] más aconsejable que sean dos [órganos] distintos e, incluso, insertados institucionalmente en poderes diferentes del Estado» los que adopten una norma y la evalúen. Idéntica opinión le merece a Araguàs Galcerà (2016.2, 315): la objetividad de la evaluación se garantiza mejor si hay una división funcional entre la elaboración de una norma y su evaluación. Todo ello, por supuesto, para evitar la denominada *paradoja de la evaluación*.

Aunque también hay alguna opinión divergente. Según Doménech Pascual (2005, 123), «la responsabilidad última del seguimiento ha de recaer sobre el sujeto competente para retirar o mantener la regulación objeto del mismo». O, como dice Ortí Ferrer (2020, 238), «deberían estudiarse las fórmulas organizativas más adecuadas para impulsar la evaluación *ex post*, que entendemos ha de efectuar el órgano promotor con el concurso de otras unidades de asistencia y supervisión de la Administración o del Parlamento, en el caso de las leyes, en ejercicio de su función de control».

Aunque creo que aciertan en cuanto al hecho de que quien ha aprobado una norma debe participar en su evaluación, tengo mis dudas de que su atribución a quien la haya elaborado sea lo más adecuado de cara a una garantía de los principios de independencia y objetividad. El resultado de la evaluación y la decisión última de acometer una revisión, modificación o derogación de la norma en cuestión corresponde, sin duda, al órgano competente para su aprobación (o, cuando menos, propuesta). Pero que el desarrollo de la evaluación sea atribuido a ese mismo órgano es otra historia.

En mi opinión, resulta indiferente que el órgano responsable de la evaluación se sitúe orgánicamente en la AP, en el ejecutivo o, incluso, en el legislativo. Lo relevante es que su independencia y objetividad queden garantizadas tanto en la posible elección de las normas para evaluar —de acuerdo con criterios racionales, para evitar la paradoja mencionada en repetidas ocasiones— como en el desempeño de sus funciones.

A todo lo anterior es preciso añadir la importancia del *pluralismo* en la evaluación. Ya lo señalaron Dudley y Peacock (2018, 85) cuando dijeron que «los comités de asesoramiento científico [a los poderes públicos] deberían exigir una representación de una diversidad de perspectivas, disciplinas y experiencia»[344]. La importancia del pluralismo, no solo de opciones políticas, sino especialmente científicas, se analizará después[345].

En definitiva, como sostiene Meseguer Yebra (2016, 146), «no existe en España ninguna instancia que tenga como función principal u orientativa [la] de estudiar la eficiencia en el destino de las medidas legislativas y, ni mucho

344 El original, en inglés, dice así: *«Scientific advisory panels should be required to represent a diversity of perspectives, disciplines, expertise, and experience»*. Sobre esto, véase Liberatore y Funtowicz (2003, *in totum*).

345 Baste señalar en este punto, con De Jong y Mentzel (2001,409), que *«expert judgements are also regularly wrong or grossly incomplete (…), [and also] experts disagree»* («los juicios expertos a veces se equivocan o son incompletos (…) [y también] los expertos no se ponen de acuerdo»).

menos, un estudio para conseguir una posible mejoría de las medidas adoptadas por la Ley». Es cierto que algunas iniciativas —como se vio al analizar el régimen jurídico— van en la línea apuntada, pero no han desplegado todo su potencial todavía.

En general, y del repaso de las opciones disponibles, lo importante es señalar que no existe una solución óptima *per se*. Como Montoro Chiner (2001.1, 123) señala:

> Se debe implicar en la evaluación de las normas a los servicios destacados en los Parlamentos, puesto que el Parlamento, en su tarea de dirección de la sociedad, puede comprobar hasta qué punto se cumplieron los objetivos que se proponían. La evaluación puede también encomendarse a órganos de las Administraciones públicas que, por su relación con el estudio de la Ciencia de la Administración, tengan capacidad para constituir grupos interdisciplinares que procedan al estudio y al análisis de los efectos de las normas. También grupos imparciales de investigadores universitarios o científicos pueden redactar informes de evaluación de las normas.

Por lo tanto, una evaluación «colegiada[346] y cooperativa» (Rodríguez García y Sánchez Pavón 2019, 147), en la que puedan intervenir distintos actores y, singularmente, el parlamento y la AP, parece una solución de consenso. Estos mismos autores (ib., 136 y ss.) concluyen que, para determinar el órgano evaluador, habría que prestar atención a la estabilidad y consenso necesarios para el desarrollo de esta práctica; y también habría que considerar la evaluación como una función diversa a la del ejecutivo y legislativo, aunque conectada con ambas y vinculadas a órganos ya existentes para evitar duplicidades y gastos innecesarios. Requisitos que se añadirían a los propugnados por la OCDE: enfoque integral e inclusión del legislativo, proximidad al centro del gobierno y ausencia de influencias políticas.

Precisamente respecto a la independencia política de la evaluación, la distinción entre *evaluación material* y *supervisión de la evaluación* que realiza Velasco Caballero (2019.2, 349) resulta muy oportuna. Este autor aboga por situar necesariamente en órganos distintos una función y otra. De hecho, se vio ampliamente en el ejemplo del Ayuntamiento de Madrid cómo puede, efectivamente, articularse tal diferenciación.

En definitiva, «la evaluación —como procedimiento—, y no necesariamente el evaluador, ha de quedar al margen de [las] funciones clásicas de

346 También aboga por un órgano de composición «colegiada» el Consejo Consultivo de Aragón en su dictamen 2/2012. Para este órgano consultivo, la evaluación *ex post* no debería ser abordada «por un solo jurista, sino en el marco de la colaboración con otro u otros, o por un órgano de composición colegiada, que disponga del apoyo técnico necesario que precisen aquellos preceptos de índole técnica, y quizás con la intervención de personal docente, dada la experiencia de este personal en el proceso de análisis, reflexión y exposición de las ideas» (Consideración Jurídica III).

los poderes públicos, aunque sería del todo recomendable que pusiese en conexión a los poderes normativos (Ejecutivo y Legislativo)» (RODRÍGUEZ GARCÍA y SÁNCHEZ PAVÓN 2019, 139). Conclusión que va en la línea de lo aquí propugnado: considerar la función evaluativa *ex post* de la normativa como una materialización de la potestad de evaluación.

Sea como fuere, lo cierto es que «la identificación de los órganos competentes para la evaluación debe ser relativamente estable, a fin de evitar asimetrías e incoherencias en la labor evaluadora» (VELASCO CABALLERO 2019.2, 349). Crear una configuración orgánica para la evaluación y desarrollar al cabo de un tiempo una metaevaluación es la clave para el éxito en el ejercicio de esta función.

b) Sobre la participación en la evaluación normativa *ex post*

Como se acaba de ver, existen distintas alternativas de atribución de la evaluación *ex post* a variados órganos. Entes que deberían, en todo caso, satisfacer en su composición y funciones una serie de principios. Pero a ello habría que añadir dos principios adicionales que sobrevuelan todos los instrumentos de mejora de la calidad del Derecho y que en ocasiones no están suficientemente garantizados en los aquí estudiados: la participación y la transparencia. Sobre el segundo habrá ocasión de pronunciarse más abajo.

En lo que atañe a la apertura de la evaluación *ex post* a la participación plural, hay que señalar que no son pocas las voces que apuestan decididamente por ello. Recuérdese en este punto que el apartado 9.1.2 de la norma ISO 9001:2015, vista al principio, ya exigía —para la garantía de la calidad de los sistemas— la apertura de lo que ella denomina la «satisfacción del cliente». Los *clientes* de las normas son variados: desde la ciudadanía hasta los operadores jurídicos, pasando por empresas y otras AA. PP. (o poderes públicos en general).

Como señala con todo acierto el —insisto, sobresaliente— dictamen 2/2012 del Consejo Consultivo de Aragón, la participación pública «configurará parte indispensable del mecanismo de retroalimentación» propio del ciclo normativo. Y es así por, al menos, dos motivos: por un lado, porque los destinatarios de las normas pueden ofrecer información de sumo interés sobre su aplicación; y por otro, porque su participación en la evaluación promueve la legitimidad de las normas.

En lo que respecta a la **información que puede ofrecer la participación**, DOMÉNECH PASCUAL (2005, 129) aboga por la participación de los afectados por una norma durante su *seguimiento*, pues «es muy probable que aporten valiosos elementos de juicio al órgano encargado de decidir si se mantiene o modifica la regulación, y porque dicho trámite contribuye a legitimar esta peligrosa decisión». De hecho, en fechas más recientes este mismo autor ha sostenido esa misma idea, señalando que «no se entiende muy bien por qué la posibilidad que los ciudadanos tienen de criticar la norma en cuestión y proporcionar a las autoridades información valiosa a fin de mejorarla se cierra cuando se aprueba la norma y esta comienza a desplegar sus efectos» (Doménech Pascual 2022, 84). Y también piensa lo mismo Araguàs Galcerà (2016.2, 302 y 317), pues se pueden «obtener importantes conocimientos sobre la materia» de parte de grupos de interés en los diferentes procesos participativos.

En fin, no estamos más que en presencia de un ejemplo de la materialización de la *wisdom of crowds* (la «sabiduría de las multitudes»), expresión afortunada de Surowiecki y que no es otra cosa que la constatación de que cuanto más plural sea una consulta más opciones habrá de dar con una solución correcta.

Pero es que la participación en la evaluación *ex post* de las normas **puede también fomentar su legitimidad y mejorar su cumplimiento**. Según de Montalvo Jääskeläinen (2017, 142), «la promoción de la evaluación *ex post* de las normas puede ayudar a contrarrestar el alto grado de desafección social que muestran nuestras democracias contemporáneas». Por su parte, sostienen Cierco Seira y Ropero Vilaró (2018, 108) que con la participación se «potencia la eficacia *a posteriori* de la norma, [pues se] buscará desde su inicio la complicidad de los sujetos pasivos». O, en fin, como sostiene la Guía metodológica sobre evaluación *ex post* del Ayuntamiento de Madrid (p. 12), «la participación de estos colectivos [sectores económicos y empresas afectadas, así como la ciudadanía] en el proceso evaluador otorga además a la evaluación una mayor legitimidad». De hecho, entre las distintas limitaciones que Cerrillo i Martínez (en Ponce Solé y Cerrillo i Martínez 2017, 161) ha identificado respecto de la evaluación *ex post* en su configuración actual está la ausencia de participación.

La justificación de estas ideas también es bastante evidente: cuando te sientes parte de algo y sabes que puedes intervenir en su mejora o que al menos tu voz podrá ser escuchada, el interés por esa cuestión crece. En cualquier caso, afirmaciones como las anteriores bien merecerían algún tipo de análisis empírico que constatase que tales presunciones —que parecen lógicas— son efectivamente ciertas. Además, todo ello no está exento de problemas: singularmente, el riesgo de captura del regulador. Betancor Rodríguez (2009, 68) hablaba ya de una eventual «contaminación» sobre la racionalidad producida por la participación pública en la racionalidad[347].

347 Aunque creo que su crítica iba en otra dirección, en concreto en la de que la participación podría, en ocasiones, aportar opiniones contrarias a ciertos dogmas económicos. Visto así, no podría estar plenamente de acuerdo con su afirmación.

Ya he adelantado más arriba los eventuales participantes en estas revisiones normativas *a posteriori*. Son variadas también las distintas **formas de articular esta participación** que la doctrina ha venido proponiendo.

Siguiendo las posibilidades de configuración de la evaluación en grupos o comités *ad hoc*, cabe la posibilidad de que esta participación, como propone López Donaire (2017, 5), se base en la creación de «secciones [sobre la base de] las agendas o políticas públicas [en las que] podrían tener entrada expertos en la materia dependiendo de la norma a evaluar, así como representantes de la ciudadanía». O sea, que existan grupos de seguimiento de materias concretas en los que se pueda intervenir de diversas formas. Así, Brown y Scott (2011, 479) recuerdan que, en el caso de Irlanda, ya se ha presenciado cierta institucionalización de la participación de los interesados *(stakeholder engagement)* a través del establecimiento de paneles sectoriales. Aunque lo cierto es que existe cierto escepticismo sobre esta participación. Se preguntaba Alemanno (2015, 351) si «las organizaciones de la sociedad civil serían capaces de forzar la revisión de una norma de la UE ineficiente (...) a través de la plataforma REFIT»[348], ejemplo de seguimiento sectorial de la normativa a nivel de la Unión.

Otro de los mecanismos vendría de la mano del envío de la información por parte del público, como sugiere la Recomendación 2014-5, de 4 de diciembre, de la *Administrative Conference of the United States* (p. 12), vista más arriba. En esta senda, Boix Palop (2017, 797) sugiere un buzón electrónico para el seguimiento de la evaluación, idea muy interesante y de fácil articulación con los medios de que se dispone en la actualidad. Dice así:

> En la actualidad las dificultades materiales para el desarrollo de programas ambiciosos en esta línea son menores de las que se suele considerar. Por ejemplo, las nuevas tecnologías permiten que la evaluación ex post de cualquier norma esté permanentemente abierta [con] un coste ínfimo. Cualquier reglamento, e incluso cualquier ley, podría y debería tener asociado un buzón electrónico de quejas, propuestas de mejora, detección de errores, que la Administración debiera tener controlado con obligación de realizar un informe periódico sobre las propuestas recibidas, a efectos de proponer futuras reformas y evaluar la necesidad de las mismas. Esta información debería ser posteriormente volcada en las consultas previas a futuras reformas normativas (art. 133.1 LPAC), e incluso se podrían establecer sistemas tecnológicos dinámicas para llevarlas a cabo de forma más interactiva.

Ciertamente, una propuesta como esta podría —y quizás hasta debería— ser desarrollada inmediatamente. Es cierto, en todo caso, que se pueden dirigir solicitudes, comunicaciones y peticiones a los organismos correspon-

---

348 En el original: «*Would civil society organisations be able to push for a revision of an ineffective piece of EU legislation aimed at environmental or consumer protection through the Platform?*».

dientes sin necesidad de que exista tal buzón, pero una herramienta como esa favorecería y facilitaría la participación, al centralizar los mecanismos de participación[349].

Por otro lado, cabe también el incentivo de la participación de entes privados. Así, BULL (2015, 286 y ss.) sugiere —aunque para el caso americano— una especie de evaluación *ex post* dirigida por el sector privado, singularmente las empresas, como alternativa a las ineficientes (por falta de incentivos) revisiones actuales desarrolladas por las propias agencias reguladoras. Para ello sugiere una especie de resignificación de las propuestas normativas previstas en la Ley del Procedimiento Administrativo de los EE. UU. En España, y a modo de ejemplo, el informe de la CEOE *La producción normativa en 2016* incluye un elenco de «propuestas concretas de mejora legislativa» (p. 14 y ss.) que podrían significar mejoras según la opinión de este grupo de interés. Es, sin duda, una forma de participar en ese seguimiento de las normas. Aunque no debe perderse de vista tampoco que la informalidad es muy relevante en este aspecto, dado que los contactos al margen de los cauces formales son frecuentes —y cuyo estudio queda abierto para futuras investigaciones—.

En lo que respecta a la participación de los propios poderes públicos, hay que recordar los mecanismos de seguimiento de normas previstos en el CC y el CP, que posibilitan a los jueces y tribunales, singularmente a través del Consejo General del Poder Judicial, hacer llegar al Gobierno (y, eventualmente, a las Cortes) la necesidad de acometer alguna reforma del ordenamiento. Pero también las posibilidades de que las informaciones obtenidas de la evaluación *ex post* sean utilizadas por los parlamentarios como una forma de control democrático, como se ha argumentado en otro lugar[350].

---

349 En este sentido, recuérdese que el RD 951/2005, de 29 de julio, por el que se establece el marco general para la mejora de la calidad en la Administración General del Estado —y también los correspondientes instrumentos autonómicos— permiten la formulación de quejas y sugerencias por parte de la ciudadanía, *cliente* de las AA. PP., pero también existe un «programa de análisis de la demanda y de evaluación de la satisfacción de los usuarios». Aunque se trata de un ámbito centrado en la mejora de la calidad de la *organización* —y, por lo tanto, no de su marco regulatorio—, lo cierto es que nada impide que, por esa vía, se pueda tener también conocimiento de las eventuales disfunciones del ordenamiento, en particular, del aplicable por la AP de que se trate. No hay que desdeñar la potencialidad de instrumentos clásicos como este.

350 Cabría hacerse en este punto la pregunta, desde un punto de vista empírico, de qué se hace —efectivamente— con las evaluaciones. A este respecto, en el ámbito de la UE, la evidencia científica (VAN VOORST y ZWAAN 2019, 382-383) ha llegado a dos conclusiones: i) que la ausencia de relevancia política de una cuestión en un determinado campo es una condición suficiente para no hacer uso de una evaluación *ex post* desarrollada sobre tal materia, aunque tal evaluación recomiende cambios normativos; y ii) que la ausencia de oposición por parte de actores políticos relevantes sobre las recomendaciones de la evaluación no es condición necesaria para que se haga uso de tales evaluaciones. Estos autores recuerdan, en todo caso, que las evaluaciones *ex post* son un *input* adicional a otros, no el único (*ib.*, 368). Por lo tanto, no es de extrañar que no se les haga siempre

Pero es que recientemente se ha pronunciado el Consejo de Estado, en su dictamen 114/2021, de 25 de febrero, sobre la cuestión de la toma en consideración de las opiniones de los operadores jurídicos en la evaluación *ex post*. En este caso, se trataba del dictamen sobre el nuevo reglamento de asistencia jurídica gratuita (materia en la que los operadores jurídicos, singularmente letrados y procuradores, tienen bastante que decir). Pues bien, pone de manifiesto el alto órgano consultivo que «algunos de los informantes (...) se han hecho eco de la posible insuficiencia de las aportaciones que reciben los Consejos Generales de los profesionales jurídicos, especialmente a la vista de las nuevas exigencias organizativas y burocráticas». Por ello, además de recomendar que esta cuestión forme parte de la evaluación *ex post* de la norma, señala también que este instrumento de análisis «brinda una buena ocasión de valorar los eventuales cambios y ajustes que podrían plantearse» en esta materia. Sin duda, se trata de una forma de hacer llegar el parecer de los observadores y aplicadores privilegiados del producto aquí evaluado (el Derecho, las normas)[351].

Por otra parte, DE MONTALVO JÄÄSKELÄINEN (2016, 179) ofrece una propuesta muy interesante, aunque (creo) de difícil articulación. Este autor habla de la posibilidad de implantar en nuestro sistema una «iniciativa evaluadora popular», aunque, en su opinión, tal cosa ya existiría, de algún modo, con las iniciativas legislativas populares. Se trataría de un derecho distinto del de petición y, en determinados casos, tornaría en obligatoria la realización de la evaluación. De cualquier forma, un adecuado desarrollo de las obligaciones —ya existentes— de realización periódica de evaluaciones haría innecesaria semejante propuesta.

Finalmente, también puede considerarse que el proceso de participación pública previa, regulado en el art. 133 LPAC y 26.2 LGob, sería un instrumento hábil para incorporar parte de este conocimiento. De hecho, y como se señaló ya en el lugar oportuno, aunque creo que en la actualidad se trata de un instrumento cuya configuración puede resultar incoherente en el ciclo normativo, lo cierto es que la Orden PRE/1590/2016, de 3 de octubre, que lo regula para el caso del Estado, sí incluye, en relación con cada proyecto normativo, información sobre los «antecedentes de la norma» (apartado Tercero.2). La opinión que la ciudadanía y los grupos de interés puedan expresar por este cauce puede servir también, por lo tanto, para desarrollar un análisis *ex post de* la regulación.

---

caso. Lo que no obsta para que, en mi opinión, constituyan una herramienta que dote de objetividad a la acción pública. Esta línea de investigación queda abierta para el caso español.

351 Se encontrará también una mención a la participación ciudadana en la evaluación *ex post* en el ya comentado dictamen 11/2017 del Consejo Consultivo de Andalucía, así como en el dictamen del Consejo de Estado 196/2021, según el cual (para ese caso al menos) «resulta particularmente relevante (...) la evaluación de los impactos que puede tener la aplicación de la norma para los distintos agentes públicos y privados».

c) Sobre el mantenimiento del carácter básico del art. 130 LPAC y la aplicación supletoria del Derecho estatal

Desde un punto de vista subjetivo, interesa en este momento detenerse brevemente en el ámbito de aplicación de los preceptos básicos de la evaluación normativa *ex post*. Dicho de otro modo, a qué ordenamientos territoriales es de aplicación, en particular, el art. 130 LPAC. Recuérdese que la STC 55/2018 determinó la inconstitucionalidad de dicho artículo y su inaplicación a las CC. AA., pero solo en lo referente a la iniciativa legislativa, por «invad(ir) (...) las competencias que estas tienen estatutariamente atribuidas *en orden a organizarse y regular la elaboración de sus leyes*» (FJ 7.b *in fine*, la cursiva es mía). Así, el art. 130 LPAC, que exige la revisión periódica de *su* ordenamiento, sigue siendo plenamente aplicable sobre los reglamentos autonómicos y locales, y en general sobre toda la normativa estatal (con las matizaciones ya realizadas en el lugar oportuno).

Propongo, a continuación, una modificación del primer párrafo del art. 130.1 LPAC, cuyo nuevo tenor fuese el siguiente:

> Las Administraciones públicas revisarán periódicamente **la** normativa vigente **en su respectivo ámbito para comprobar su adaptación** a los principios de buena regulación, la medida en que las normas en vigor han conseguido los objetivos previstos y si estaban justificados y correctamente cuantificados el coste y las cargas impuestas en ellas.

Son dos los objetivos que se perseguirían con esta nueva redacción —al margen de otros de técnica normativa—. En primer lugar, la introducción de la primera modificación (la supresión del *su*) restaría cualquier duda sobre la eventual aplicabilidad al ámbito de las normas con rango de Ley, pues ya no se estaría hablando de la normativa de una AP, sino de la normativa vigente en el ámbito territorial de una AP, que son términos distintos.

Pero lo más interesante de esta nueva redacción, a mi juicio, vendría de la mano de la posibilidad de salvar con ella la constitucionalidad de la norma, en el sentido de que así podría ser aplicable también a las normas con rango de Ley de las CC. AA. Me explico. La actual redacción determina una exigencia de revisión periódica *para adaptar* las normas evaluadas a los principios de buena regulación. Al margen de que dicho objetivo resulta plenamente legítimo, sí puede compartirse —al menos en parte— que tal tenor puede incidir en las competencias autonómicas en orden a la reglamentación de su autoorganización y de su procedimiento legislativo. Y ello es así porque se les está exigiendo una adaptación que traiga causa de tal revisión.

Sin embargo, con la redacción alternativa que propongo, la revisión periódica del ordenamiento autonómico que exigiría la norma básica no iría más allá, no conllevaría, en ningún caso, la exigencia de aprobación —o de propuesta— de ninguna norma como consecuencia de dicho análisis. Dicho de otro modo, de tal evaluación no podría derivarse en ningún caso expectativa alguna de modificación normativa. Ni tampoco exigencia alguna de ejercicio de la iniciativa normativa. O al menos no exigible jurídicamente.

Pero sí creo que podría entrar dentro del ámbito de lo básico la exigencia de que las AA. PP. territoriales realicen un seguimiento y una evaluación continua y periódica de algo tan importante como es la normativa de aplicación en su correspondiente ámbito (territorial o competencial). En el fondo, no es demasiado problemático porque ya lo hacen —de una forma mejor o peor estructurada, como se ha visto—. Pero el mantenimiento de una exigencia básica como la propuesta resultaría, a mi entender, positiva.

Pero es que la STC 55/2018, en mi humilde entender, podría ya haber realizado una interpretación conforme a la Constitución que salvase este precepto. Sobre todo, si se tiene en cuenta que la revisión normativa *ex post* no forma parte del *iter* procesal aplicable a la iniciativa legislativa. O sea, para aprobar una norma no es necesario que se haya realizado previamente una evaluación *ex post*, aunque ello sea deseable. Pero su ausencia no vicia de nulidad la norma adoptada sin ella. Se trata, como se ha argumentado en otras partes de esta investigación, de un instrumento *postnormativo*. De cualquier modo, con esta nueva redacción propuesta creo que se solventarían tales problemas.

d) Sobre la «cultura» de la evaluación y mejora continua

Debe concluirse el repaso por los elementos subjetivos de la evaluación *ex post* revisitando la cuestión «cultural» a la que hice ya mención al inicio de esta parte de la investigación.

La institucionalización es condición favorable pero no suficiente para el éxito de las políticas de mejora de la calidad del Derecho y, singularmente, de aquellas que gozan de menos predicamento y tradición, como es esta revisión normativa. Ruiz Martínez (2012, 22) señala que se requiere «una fuerte voluntad política que la impulse». Y ello es así porque, como lamentan Boix Palop y Gimeno Fernández (2020, 12), «no hay cultura de la evaluación de los productos normativos y se sigue considerando que, una vez aprobada la norma, ahí acaba la implicación de sus impulsores y redactores».

Por ello, y como sostiene Bassols Coma (en García Mexía y Rodríguez-Arana Muñoz 2010, 202) —aunque referido a la evaluación de impacto de género, pero predicable de todo tipo de evaluación—, «se hace necesaria la sensibilización de las unidades administrativas y de que existan responsables competentes para llevar a cabo esta evaluación». La institucionalización de distintas unidades, comisiones y órganos destinados a la aplicación y desarrollo de las políticas de mejora de la calidad del Derecho debería redundar, también, en el fortalecimiento de este instrumento. Aunque los resultados están todavía por comprobarse.

En fin, como con todo acierto recuerda FERNÁNDEZ CARNICERO (en GARCÍA MEXÍA y RODRÍGUEZ-ARANA MUÑOZ 2010, 277), existe un «efecto político indirecto de toda evaluación legislativa *ex post*: su contribución al fortalecimiento de la cultura democrática (...), la auténtica cultura democrática se asienta en la continuidad de la memoria, al acostumbrar al legislador a motivar y a hacer balance periódico de sus actos, evitando toda deriva hacia la improvisación y el arbitrarismo». La cultura de la evaluación contribuirá, pues, a una mayor responsabilidad de los poderes públicos, a mejorar su rendición de cuentas. Este factor no debe desdeñarse en absoluto y, para ello, una adecuada formación y sensibilización se torna esencial.

3. Elementos formales de la evaluación normativa *ex post*

a) Sobre el elemento temporal de la evaluación normativa *ex post*: periodicidad y plazo de las evaluaciones e informes

Este repaso por los distintos elementos configuradores de la revisión normativa nos conduce, indefectiblemente, al elemento temporal, al *cuándo*. Y sobre este aspecto deben ser concretados distintos extremos.

En primer lugar, se han ofrecido algunas dudas sobre la **aplicabilidad temporal (Derecho transitorio)** de la obligación de evaluación normativa. Algún sector de la doctrina opina que, «en términos estrictos, la norma impone la evaluación a las publicadas con posterioridad a la entrada en vigor de la Ley 39/2015» (LÓPEZ DONAIRE 2017, 5). Otros, como por ejemplo EMBID TELLO (2019, 17), son de la opinión contraria, en el sentido de que el art. 130 LPAC exige una evaluación de todas las normas, no solo de las aprobadas con posterioridad a la entrada en vigor de la LPAC.

Sobre esta cuestión ya me pronuncié someramente en la explicación del régimen jurídico de la evaluación normativa *ex post* a nivel estatal, pero es conveniente hacer alguna consideración adicional. Los términos del art. 130.1 LPAC —recuérdese— son los siguientes: «Las Administraciones públicas revisarán periódicamente su normativa vigente...». La expresión *normativa vigente* se refiere, como es evidente, a las normas que tienen fuerza para obligar en un momento particular. De acuerdo con la DF 7.ª LPAC, tal Ley entró en vigor al año de su publicación en el BOE, por lo tanto, el 2 de octubre de 2016. Debe tenerse en cuenta también que la DT 3.ª establece un régimen transitorio de los procedimientos iniciados con anterioridad, a los que «no les será de aplicación la misma, rigiéndose por la normativa anterior» (apartado a).

Pues bien, cabe plantearse la siguiente pregunta: ¿quiere lo anterior decir que solo deben revisarse las normas aprobadas a partir de la fecha de entrada en vigor de la LPAC? En mi opinión, nada más lejos de la realidad. En primer lugar, la normativa vigente en un momento concreto viene determinada por las normas aplicables en tal instante, independientemente del momento de su aprobación. Argumentar lo contrario, el hecho de que las normas aprobadas con anterioridad a esta Ley no deben ser revisadas, es tanto como afirmar que el ordenamiento anterior puede quedar petrificado sin una obligación de evaluación periódica. Pero es que, además, la aplicación del régimen transitorio de los procedimientos visto más arriba no encaja en la configuración de la evaluación normativa *ex post* como una actividad que, aunque insertada en el ciclo normativo, no forma parte del procedimiento legislativo ni reglamentario. Por consiguiente, la posición de que la revisión exigida por la LPAC solo será aplicable a las normas profuturo queda desmontada, tratándose de una retroactividad de grado medio o impropia en este caso.

El segundo punto de interés sobre la cuestión temporal viene de la mano del **momento en que se realiza** la evaluación *ex post*, cuestión que parecería de Perogrullo al tratarse de una evaluación *a posteriori*, como indica su nombre. Pero conviene realizar algunas matizaciones.

Con carácter general, las evaluaciones de políticas —y, por lo tanto, también la normativa— pueden tener lugar *ex ante*, *in itinere*, *ex post* (BARBERÀ ARESTÉ *et al.* 2020, 17). En el caso español, la evaluación *ex ante* tiene como mayor exponente la MAIN y esta forma parte esencial del proceso normativo (legislativo o reglamentario). Las dos restantes, *in itinere* y *ex post,* sí podrían enmarcarse en lo aquí estudiado.

Dice al respecto VELASCO CABALLERO (2019.2, 343) que «se puede diferenciar entre una evaluación *pronta*, para analizar los efectos de una norma nueva, y una evaluación *diferida y periódica*, para medir el grado de obsolescencia de una regulación inicialmente eficaz». En su opinión, solo la primera formaría parte del «ciclo normativo». No termino de compartir esta apreciación. Lo que él denomina *evaluación pronta* tendría lugar inmediatamente después de la aprobación de una nueva reglamentación. La *diferida*, más alejada en el tiempo. Pero las dos se realizan una vez aprobada la norma, por lo tanto, fuera del proceso normativo (que concluye con la aprobación de tal norma), aunque siempre dentro del *ciclo normativo*, que tiene carácter constante, indefinido, eterno...

Lo que puede suceder, eso sí (como se vio, por ejemplo, con la explicación del art. 31 de la Ley murciana 2/2014), es que exista una evaluación de la *implementación* y otra posterior a esta. Pero esta distinción tiene más sentido en las políticas públicas en general que en la política normativa en particular, dado que las primeras tienen un componente temporal limitado, mientras que las segundas —con carácter general y sin perjuicio de las excepciones, alguna ya mencionada— pretenden desplegar sus efectos de manera indefinida en el tiempo —la *permanencia* es una de las clásicas atribuciones de las normas, aunque cada vez esté más discutida y, de hecho, toda esta investigación se basa en la posible limitación de tal atributo—.

Por consiguiente, en realidad, cualquier evaluación de una norma que se realice una vez aprobada, tendrá el carácter de *ex post*, independientemente de que se materialice al momento de su implementación o, de forma eventual, cuando haya transcurrido más tiempo. Se trata, en resumen, del «colofón final de la intervención administrativa» (Nabaskues Martínez de Eulate 2017, 409). Eso sí, un *colofón* no necesariamente finito.

La tercera de las cuestiones temporales de interés viene determinada por la posible (y necesaria) **planificación de la evaluación *ex post***. Como ya se dijo en un punto anterior, no es factible desarrollar un análisis completo y constante de *todo el Derecho*. Por ello, una adecuada planificación de la actividad evaluativa desarrollada por las AA. PP. se torna esencial. Ortí Ferrer (2016.1, 80) ha señalado con acierto lo siguiente:

> En una fase inicial no sembla raonable ni factible que es pugui avaluar l'aplicació de tota la legislació vigent. Introduir clàusules d'avaluació expresses en les normes de més rellevància ajudaria a programar aquesta revisió (...). Al marge de les avaluacions de normes jurídiques concretes, també caldria planificar l'avaluació conjunta de diverses normes que afecten un determinat sector o que fonamenten una determinada política pública[352].

Aunque yo matizaría sus palabras: la evaluación de todas las normas no es razonable ni factible ni en «una fase inicial» ni en una fase posterior. Y ello es así porque, como apunta Doménech Pascual (2005, 139), «se corre el peligro de que esta nunca se lleve a cabo» si no se concretan los momentos de evaluación, dado que no se puede evaluar todo y en todo momento (en el mismo sentido, véanse Ruiz Martínez [2012, 21] o Araguàs Galcerà [2016.2, 314]). Planificación, en definitiva, que ayudará a que esta evaluación no sea coyuntural (como advierte Ruiz Martínez 2012, 20).

Lo anterior conduce, indefectiblemente, al modo de articulación de esta planificación de la evaluación. Doménech Pascual (2022, 86) indica que lo idóneo es que la propia norma sea la que determine el momento y el modo de realización de la evaluación *ex post* porque, en caso de acudirse a una genérica obligación de evaluación, puede darse la circunstancia de que se llegue tarde y que no se pueda obtener la información necesaria (en particular, señala, lo que se refiere a la satisfacción u opinión pública al respecto, asunto

352 «En una fase inicial, no parece razonable ni factible que se pueda evaluar la aplicación de toda la legislación vigente. Introducir cláusulas de evaluación expresas en las normas de más relevancia ayudaría a programar esta revisión (...). Al margen de las evaluaciones de las normas jurídicas concretas, también haría falta planificar la evaluación conjunta de diversas normas que afecten a un determinado sector o que fundamenten una determinada política pública».

este ligado, por otra parte, a la cuestión de la evaluación y a la selección de normas que se estudió más arriba). Para Barberà Aresté *et al.* (2020, 127) la evaluación tiene que ser también obligatoria desde el diseño. Pero ¿y si dicha norma no ha establecido una obligación de evaluación? ¿No cabe de otro modo? ¿Se puede (o debe) configurar una planificación? Y, a la inversa, aunque algunas normas prevean la evaluación de su eficacia, ¿puede incluirse su evaluación en una programación de las funciones evaluativas de las AA. PP.?

Ya se vio que, para el caso estatal —y el de no pocas CC. AA. y EE. LL.—, la evaluación *ex post* viene anudada —si no determinada— por la planificación normativa. Será el PAN el que señale las normas que deben ser objeto de evaluación. Ya se ha criticado que, en su actual configuración, puede resultar problemático porque podría dejar de lado aquellas normas aprobadas con anterioridad o aquellas no incluidas en el propio PAN y, sin embargo, aprobadas.

¿Es positiva, pues, una interrelación entre el PAN y la evaluación *a posteriori*? Lázaro Vicente (2012, 35) cree que «es necesario asociar agendas de evaluación a las agendas políticas sectoriales o transversales». Aunque, en el sentido contrario, señaló el dictamen 2/2012 del Consejo Consultivo de Aragón que, «con independencia del programa legislativo del Gobierno (...), la Administración viene obligada a una continua evaluación de las normas que aplica» (Consideración Jurídica II). Afirmación que entronca, a su vez, con las reflexiones en torno al carácter básico del art. 130 LPAC hechas poco más arriba.

Lo cierto es que —respondiendo a las cuestiones apenas planteadas—, en primer lugar, nada impide que una norma que deba ser evaluada por mandato de sus propios preceptos pueda incluirse, aunque sea a título informativo, en la planificación de la evaluación; en segundo, la planificación de la evaluación sin duda puede establecer que determinadas normas (que no contengan tales preceptos en su propio articulado) puedan ser objeto de evaluación; en tercero, aunque no es necesario (y, quizás, ni conveniente), nada impide que el PAN prevea, precisamente, las normas que deben ser objeto de evaluación; pero, en cuarto lugar, incluso aunque tales normas no hayan sido objeto de planificación normativa en el PAN para dicho ejercicio —por haber sido aprobadas con anterioridad o por no haberse podido prever[353]— su eva-

353 Son distintos los dictámenes de órganos consultivos que se han pronunciado sobre la relación del PAN y la evaluación *ex post*. Así, el Consejo de Estado ha considerado en varias ocasiones (dictámenes 7/2021, 466/2021, 45/2021 y 389/2021) que, a pesar de no estar incluida en el PAN una determinada propuesta normativa, ello no constituye, *per se*, una justificación suficiente para no desarrollar la evaluación *ex post*, ni tampoco óbice alguno para su evaluación. Por su parte, el dictamen 166/2021, de la Comisión Jurídica Asesora de la Comunidad de Madrid, ha dicho —aunque es más que obvio— que «una vez aprobada y publicada una norma, no es posible "planificar" su aprobación, incorporándola al Plan Anual Normativo que se esté elaborando, sino que solo cabrá su valoración *ex post*». En resumen, nada impide que una norma no planificada pueda ser evaluada *a posteriori*.

luación también podría ser planificada sin mayores problemas. Y, en quinto y último lugar, la planificación de la evaluación —ligada o no a la planificación de la producción de normas— parece más que adecuada para garantizar la eficacia de este instrumento.

El último de los aspectos temporales que ofrecería interés sería **el plazo y la periodicidad** tanto de la evaluación como de la aprobación de los informes de evaluación. FERNÁNDEZ FERRARONS (2020, 187) distingue, oportunamente, entre *evaluación anual* y *evaluación periódica*. Con esta distinción se puede dar cabida a la previsión de objetivos plurianuales de evaluación. Pero no todas las normas tienen que ser evaluadas anualmente, sí periódicamente. Todo ello plantea algunas preguntas: ¿cuándo debe desarrollarse una primera evaluación tras la aprobación de una norma?, ¿cuál es la periodicidad adecuada con posterioridad a ese primer control?

La evaluación *a posteriori* de las normas debe ser, en palabras de GARCÉS SANAGUSTÍN *et al.* (2008, 54), sostenida y consistente a lo largo del tiempo. O, como ha afirmado CALVO GARCÍA (2019, 616), «dado que estamos hablando de un proceso, la evaluación deberá acompañar a la implementación a lo largo de todo el transcurso de la misma». Por su parte, CERRILLO I MARTÍNEZ (en PONCE SOLÉ y CERRILLO I MARTÍNEZ 2017, 160-161) ha advertido hasta dos limitaciones asociadas, precisamente, al aspecto temporal periódico de este instrumento:

> La primera limitación de la evaluación ex post puede venir determinada por el corto lapso de tiempo transcurrido entre la entrada en vigor de la norma evaluada y el proceso de evaluación.
>
> La evaluación ex post de una norma no debería llevarse a cabo hasta que haya transcurrido el tiempo mínimo necesario como para que la ley se haya podido aplicar adecuadamente. (...) A nivel comparado se observa cómo en ocasiones se establece un plazo de dos o tres años desde la entrada en vigor de la norma hasta la primera evaluación.

Sobre el plazo de la evaluación *ex post*, BOIX PALOP y GIMENO FERNÁNDEZ (2020, 169) proponen que «la evaluación *ex post* de todos los instrumentos normativos debe realizarse, asimismo, de modo necesario y pautado, a los 3 y 5 años de la aprobación del mismo (salvo que en la misma normativa se indicasen otros periodos)». Para LÓPEZ DONAIRE (2017, 5), esta podría ser anual o bianual, aunque «probablemente el primero sea un plazo corto para poder medir los indicadores que se determinen y hacerlo con total garantías» *(sic)*. Lo cierto es que, en mi opinión, aquí no valen apriorismos[354]. Cada

354 A modo de ejemplo, el dictamen 282/2021, de 15 de junio, de la Comisión Jurídica Asesora de la Comunidad de Madrid, analiza el plazo previsto de evaluación de una norma autonómica. Tal disposición, según la memoria, habría de ser evaluada «a los cuatro años de su entrada en vigor, con el fin de determinar el grado de cumplimiento de los objetivos establecidos», etc. Sin embargo, en la tramitación de esta norma, indica el dictamen que

norma concreta, según su propio contenido y configuración, requerirá de una evaluación *a posteriori* determinada, iniciada en un plazo u otro. Plazo que será, sin duda, variable y flexible, y cuya determinación forma parte del aspecto objetivo de la elección del objeto, contenido, medios y forma de la evaluación de que se trate. Por lo tanto, cualquier fijación concreta de un plazo, con carácter general, creo que no responde adecuadamente a las necesidades reales de *todas* las normas. Solo una concreción caso a caso resultará pertinente.

Lo anterior no obsta, sin embargo, para que resulte imprescindible —en orden a garantizar el ejercicio de esta evaluación— que se determine un periodo de tiempo cuyo transcurso determine, naturalmente, el ejercicio de esta función evaluativa[355]. Como señalé para el caso americano, además de la planificación anual se prevé una suerte de revisión completa de distintos sectores en un plazo de 10 a 15 años, aspecto que fomentaría también un trabajo administrativo independiente de los vaivenes políticos, una continuidad burocrática. En este sentido, Boix Palop y Gimeno Fernández (2020, 166) proponen una «labor general de control y evaluación, así como de expurgo», de modo que «se garantiza que cada 10-15 años todas las áreas materiales objeto de regulación administrativa sean sometidas a una revisión (...) de forma integral y completa». Pero, a mi modo de ver, para evitar el riesgo de colapso advertido de forma repetida, tampoco sería conveniente que coincidiesen temporalmente todas ellas.

En fin, dice Campos Acuña (2016, 593) que la decisión de cuál ha de ser la periodicidad de evaluación «corresponde, en ejercicio de sus potestades y autonomía, a cada Administración pública». En este mismo sentido, añade lo siguiente:

> Quizás sería recomendable el establecimiento de un plazo general que operase con carácter supletorio para todas las AA. PP., para evitar que, ante la falta de

«el informe del Servicio Jurídico en la Consejería de Políticas Sociales, Familias, Igualdad y Natalidad señaló que el plazo de 4 años concilia mal con el principio de buena administración». Responde la proponente que, «en un tiempo inferior, resultaría difícilmente evaluable el impacto real que la norma haya podido tener». Y, aunque parece que la justificación convence al órgano consultivo, lo cierto es que recuerda que dicha evaluación solo parece centrarse en los beneficios de la norma, pero no en las cargas (cuya medición había sido objeto de inclusión en el PAN). Por lo que concluye que debería reformularse dicho plazo. Este dictamen simplemente sirve de muestra de que cada uno de los plazos debe ser evaluado caso a caso para su adecuada apreciación. Sobre esta cuestión, véase también el dictamen 850/2019, del Consejo Consultivo de Andalucía, o el 25/2021, del Consejo de Navarra, ya comentados en otro lugar.

355 El sustrato teórico en que entronca esta idea es bastante sólido y hunde sus raíces en la concepción *jeffersoniana* de que la Ley (y la Constitución) no pueden ser perpetuas ni obligar a generaciones distintas de las que las aprobaron porque la sensibilidad hacia ellas, las preocupaciones y, en última instancia, también la eficacia de las prescripciones normativas sufre, necesariamente, los efectos fatales de la obsolescencia.

definición del plazo, se obvie el cumplimiento de esta obligación legal. En ningún caso, esta evaluación podrá exceder de los plazos de legislatura, a efectos de poder extraer conclusiones sobre el adecuado ejercicio de la potestad normativa, también como elemento de mejora de la calidad democrática de las instituciones.

Más allá del plazo de un máximo de 4 años —que plantearía los problemas ya mencionados— lo cierto es que debe advertirse que *lo supletorio* no es un título atributivo de competencias y, por ello, no puede pensarse en que el Estado pueda —ni deba— regular un plazo genérico de evaluación. Creo, además, que un aspecto tan concreto como ese podría chocar frontalmente con la doctrina constitucional sobre los límites de la legislación básica y, por lo tanto, ser contrario al orden constitucional de competencias. Sí me parece adecuado, sin embargo, que en cada ámbito territorial se determine un plazo genérico por el órgano legislativo competente.

Finalmente, en lo que se refiere a los plazos de aprobación de los informes de evaluación, una previsión genérica de que anualmente se dará cuenta, mediante un IAEN, de los procesos de evaluación *a posteriori* desarrollados durante la anualidad anterior resulta sumamente interesante y oportuna. Ello sin perjuicio, por un lado, de que las evaluaciones concretas de cada norma se desarrollen según su respectivo curso; y, por otro, de que sería conveniente desunir la obligación de aprobación del IAEN del PAN para evitar que un retraso de este —o, incluso, su no aprobación— tuviese una influencia negativa sobre la aprobación del informe evaluativo.

b) Sobre una (eventual) metodología de la evaluación normativa *ex post*

No puede esperarse de estas líneas la elaboración de una metodología que permita realizar adecuadamente cualquier evaluación normativa *ex post*. Ello excede, con creces, de las posibilidades y conocimientos de quien esto escribe. Porque lo cierto es que, como afirman Boix Palop y Gimeno Fernández (2020, 26), debe superarse la «concepción "estrictamente jurídica" de la evaluación normativa». Por consiguiente, pretender que un jurista elabore una metodología global y holística para el desarrollo de esta actividad resultaría no solo inconveniente, sino un error. Lo que sí se puede ofrecer aquí son las líneas maestras, los principios que pueden, de algún modo, guiar esa eventual metodología para la revisión normativa. De cualquier forma, debe recordarse que existe un ejemplo privilegiado y de calidad, que no es otro que el del Ayuntamiento de Madrid, convenientemente estudiado y cuya consulta se torna obligada.

En primer lugar, es interesante detenerse sobre la pregunta de **qué información se necesita**. Debe hacerse una precisión inicial: no es lo mismo evaluar que monitorizar (Lázaro Vicente 2012, 30). Puede decirse que el monitoreo, entendido como la obtención sistemática de información, de inteligencia, sobre la aplicación (en este caso) de las normas, es un presupuesto de la evaluación. Porque, precisamente, la evaluación consiste en el análisis de dicha información de forma que, contrastada con el parámetro de referencia, pueda emitirse un juicio de calificación de esta. Y para ello es imprescindible monitorizar el cumplimiento de las normas y desde el principio. Siendo lo importante saber qué información se quiere, cómo se va a obtener, cuál se tiene finalmente y cómo se va a gestionar.

Ha señalado Cerrillo i Martínez (en Ponce Solé y Cerrillo i Martínez 2017, 161) que las dificultades para obtener información y los criterios de evaluación pueden suponer limitaciones a este instrumento. De hecho, como apuntan Garcés Sanagustín *et al.* (2008, 51), «la falta de una planificación adecuada que tenga en cuenta desde el comienzo la existencia de una fase posterior de evaluación que va a retroalimentar la ejecución del programa, puede provocar la elección *ex post* de metodologías de evaluación que no resulten óptimas *ex ante*».

Pues bien, como se ha indicado ya, y al margen de establecimiento de metodologías globales, las evaluaciones *ex post* van a sustentarse en datos que deben ser planificados desde el momento mismo de la gestación de la norma. De ahí la importancia, ya vista, de ligar la planificación *ex post* con la *ex ante*. Porque, como señala Velasco Caballero (2019.2, 347), «la evaluación normativa precisa de un catálogo o panel de *indicadores* a través de los cuales analizar y medir la eficacia de las [normas]»; indicadores que «han de ser extraídos teniendo en cuenta el estándar de los servicios, la orientación cultural y económica de un país, y la propia organización constitucional de sus órganos» (Montoro Chiner 2001.1, 121).

A continuación, hay que precisar **cómo se va a obtener la información** y, en general, cuáles serán las técnicas utilizadas. Y aquí es, precisamente, donde el jurista (español), por su formación, ve más limitadas sus posibilidades de actuación —que se limitarán, sin ser esto poco, al análisis hermenéutico propio de la dogmática jurídica—.

Canals Ametller (2016, 47) argumenta que «los juristas estamos poco habituados a los estudios experimentales» y que «el análisis del cumplimiento normativo debería ofrecernos los datos empíricos respecto de la eficacia y operatividad de una determinada opción de regulación o de un contenido normativo determinado». En efecto, los métodos cuantitativos tienen gran importancia en lo que se refiere al análisis del cumplimiento, eficacia y eficiencia de las normas. Esta misma autora (Canals Ametller 2019.1, 17-18) señala, incluso, las posibilidades de la inteligencia artificial —todavía incipientes— en el análisis retrospectivo de la normativa. En todo caso —continúa— «una correcta y eficaz evaluación retrospectiva (...) exige explorar y recolectar datos empíricos y no meramente estadísticos»[356].

356 Lo cierto es que, aunque se entiende la apreciación, la terminología que utiliza no sé si es la más apropiada, porque la estadística (sobre todo la descriptiva) lo que hace es, simplemente, agrupar y sintetizar información sobre lo que ella denomina *datos empíricos*.

Pero no solo importa lo numérico. Dice DE MONTALVO JÄÄSKELÄINEN (2017, 156) que hay que incluir en esta evaluación retrospectiva métodos tanto cuantitativos como cualitativos. Y aunque «la evaluación *ex post* de las normas se inserta como evaluación de las razones económicas para justificar racionalmente la decisión legislativa» (*ib.*, 165), no es lo único que importa, y así lo aprecia este mismo autor: también hay que analizar el «contexto humano al que afecta la decisión» (*ib.*, 166-167)[357]. Por ello, la utilización de técnicas cualitativas podrá aportar matices que, de otro modo, podrían pasar inadvertidos. De hecho, como apunta EMBID TELLO (2019, 11), «la evaluación *ex post* puede apoyarse tanto en la ciencia y la técnica como en la información que generan los afectados por la norma». Esta última información se generará, las más de las veces, con métodos cualitativos.

Y dado que «las técnicas a utilizar son muy variadas, (...) su concreción vendrá determinada por los objetivos de la evaluación» (CERRILLO I MARTÍNEZ en PONCE SOLÉ y CERRILLO I MARTÍNEZ 2017, 152). Sea como fuere, en este punto recobra toda su importancia la interdisciplinariedad de la que hablan no pocos autores (véanse, por todos, CERRILLO I MARTÍNEZ 2015, *in totum*, u ORTÍ FERRER [en PONCE SOLÉ y CERRILLO I MARTÍNEZ 2017, 226])[358].

Pero, al margen de los métodos cuantitativos y cualitativos, que permitan obtener datos e información sobre las normas, lo cierto es que, si hay un elemento que diferencia este tipo de evaluación —la normativa— de la de políticas públicas o de cualquier otra, es la necesaria presencia de juristas que analicen la propia coherencia interna y externa del producto, la calidad formal y material de la norma. Para ello las informaciones técnicas ofrecidas por otros especialistas habrán sido claves. Pero, en última instancia, debe ser un jurista quien dirija esta evaluación porque, no se olvide, lo que se están evaluando no son otra cosa que *normas jurídicas*.

---

357 Véanse, en ese mismo trabajo (p. 167), sus críticas hacia ciertas metodologías que cuantifican aspectos de la vida humana; críticas que tienen un componente *kantiano* más que evidente. En ese mismo sentido, llama la atención EMBID TELLO (2019, 22) sobre que el Análisis Económico del Derecho (AED) es la principal herramienta para este tipo de evaluaciones y destaca, también, su sesgo economicista.
Pero lo cierto es que las técnicas económicas no son, *per se*, positivas ni negativas. Son un simple método al servicio de un fin. Por ejemplo, cuantificar económicamente la vida de las personas no implica aceptar que esta tenga un valor que puede ser variable (y no absoluto), sino que a los efectos de un determinado fin explicativo, teórico, conceptual o de investigación, otorgar tal valor económico puede ser de utilidad para una mejor comprensión.
En todo caso, una adecuada crítica a esta cuestión excede el objetivo de este trabajo. POSNER (1992) es, quizás, quien mejor haya explicado las distintas aristas del AED. Para un estudio de su aplicación al caso español, véanse los pioneros trabajos de DOMÉNECH PASCUAL (2014 y 2019.2). Y sobre los riesgos de la introducción de los derechos fundamentales en los cálculos económicos, véase POPELIER (2018, 110).

358 Sobre los análisis empíricos en Derecho (aunque centrados en su carácter *ex ante*), véase COGLIANESE (2002, *in totum*).

La siguiente cuestión que considerar es la **competencia para la elaboración de las pautas metodológicas** de esta evaluación *ex post*. De nuevo, hay que citar la Recomendación 2014-5, de 4 de diciembre, de la *Administrative Conference of the United States*, según la cual sería conveniente la elaboración de una guía común elaborada por la OIRA.

En el ámbito español existe una completa libertad de configuración de este aspecto hasta el punto de que la elaboración de estas metodologías[359] no es obligada —salvo algunas excepciones ya vistas en el apartado del régimen jurídico—. Lo cierto es que, en cualquier caso, deberían economizarse los recursos disponibles, ahorrando esfuerzos innecesarios y, por lo tanto, aprovechar experiencias ajenas. Dicho de otro modo: no es preciso que cada Administración disponga de una metodología propia. La cooperación entre las AA. PP. debe alcanzar a la elaboración de estas guías, incluso a través de instrumentos de colaboración como la FEMP, en el ámbito local, o la Conferencia Sectorial de Administración Pública, en el estatal.

Pero es que también la futura Agencia de Evaluación de Políticas Públicas (de ser devuelta a la vida administrativa, como todo parece indicar) jugará un papel esencial en la elaboración de estos modelos metodológicos comunes que, por supuesto, podrán ser adaptados a las especificidades de cada organización. Pero tales diferencias entre organismos —que en realidad no son tantas ni tan grandes— de ningún modo justificarían la adopción *ex novo* de una guía propia y radicalmente diferente a las demás.

La práctica evaluativa y las guías que orienten su actuación deberán dar cuenta, también, de **la metaevaluación y los problemas metodológicos** que se afrontarán en su desarrollo. Dicha metaevaluación no es más que una *evaluación de los instrumentos de evaluación*. De hecho, esta investigación, como he señalado ya en algún lugar, podría encuadrarse en esta categoría.

Y en cuanto a los problemas metodológicos presentes en este instrumento, hay que reconocer que medir el cumplimiento normativo es difícil, pues en él convergen numerosos factores. Dice Blanc (2018, 471) que:

> While measuring outcomes is the most relevant way to evaluate enforcement effectiveness, the complexity of the causal chains means that this can never be a

---

359 Como es sabido, existe una *Guía metodológica para la elaboración de la memoria del análisis de impacto normativo* que, sin embargo, no ofrece pauta alguna sobre el análisis retrospectivo. En palabras de Cerrillo i Martínez (en Ponce Solé y Cerrillo i Martínez 2017, 148) indica que «en España no se ha desarrollado (...) una metodología para llevar a cabo la evaluación *ex post* de las normas».
El *Manual de Simplificación Administrativa y Reducción de Cargas para la Administración General del Estado* citado más arriba puede ofrecer algunas interesantes pautas metodológicas a la hora de analizar los costes de la regulación vigente. Desde luego, una eventual y futura metodología debería incluir aspectos como este.

simple exercise, and requires the consideration of trends (and changes in trends), and comparisons across different jurisdictions[360].

O sea, las conclusiones sobre la aplicación de una norma y su eventual éxito o fracaso no siempre serán fáciles de alcanzar. Como MORAL ARCE (2019, 39) señala, «al tratar de medir el rendimiento de un programa, nos enfrentamos a dos problemas (...): si estos resultados están ocurriendo o no; —aspecto que él mismo señala como el más fácil de los dos— (...) [y] determinar qué contribución hizo el programa específico en cuestión al resultado». Como todo científico social sabe, establecer mecanismos causales en las Ciencias Sociales resulta, no pocas veces, complicado[361]. Por ello, continúa este autor, las preguntas que debe hacerse la evaluación son: i) ¿en qué medida se puede atribuir un impacto específico a la intervención, en este caso normativa?, ii) ¿la intervención pública ha tenido efecto (ha supuesto una diferencia)?, iii) ¿cómo ha logrado la intervención tener efecto?, y iv) ¿esta intervención pública podría funcionar en otro entorno? (*ib.*, 40-41)[362].

En síntesis, y siguiendo a BARBERÀ ARESTÉ *et al.* (2020, 18), hay tres grandes herramientas al servicio de la evaluación de la calidad de los productos normativos: la monitorización, los sistemas de garantía de la calidad y los sistemas de mejora continua[363]. A todos ellos debe dar respuesta esa eventual metodología que se propugna como necesaria.

360 «Si medir los resultados es la forma más relevante de evaluar la efectividad del cumplimiento normativo, la complejidad de los mecanismos causales implica que ello no será siempre un ejercicio simple, sino que requerirá de la consideración de tendencias (y cambios en tales tendencias), así como de la comparación entre distintos sistemas jurídicos».

361 Como se desprende, por ejemplo, del estudio de VILA *et al.* (2020, *in totum*), debe tenerse en cuenta que, en ocasiones, distintas metodologías de evaluación y distintos instrumentos de medición pueden dar resultados distintos. Ese sesgo, esos errores, puede ocurrir también en la evaluación *ex post*, por lo que es conveniente utilizar tanto distintas metodologías como distintas mediciones que confirmen una misma hipótesis. O, dicho de otro modo, no debería valer con una única medición.

362 Estas preocupaciones ocupan también las reflexiones de Coglianese (2012, *passim*). Pero si alguien entre nosotros ha estudiado con profundidad la cuestión de la relación entre Derecho y Ciencia y, en concreto, las consecuencias de la incertidumbre, ha sido ESTEVE PARDO (1999, 2009 y 2020, entre otros). Este autor liga un incremento del uso de la técnica de la autorregulación a una mayor *complejidad*, en abstracto (2002, 30).

363 Estos mismos autores recuerdan las principales recomendaciones de la literatura para la implantación de los sistemas de evaluación (*ib.*, 31): i) hacer estimaciones, ii) elegir impactos para analizar, iii) seleccionar indicadores, iv) recoger información previa a la intervención, v) planificar, vi) hacer seguimiento, vii) determinar el papel de las evaluaciones, viii) presentar informes de hallazgos, ix) utilizar los hallazgos, x) sustentar el seguimiento y la evaluación en la organización.

c) Sobre la relación de la evaluación *ex post* con el conocimiento científico

Las reflexiones precedentes conducen necesariamente a detenernos por un instante en una cuestión que ya fue perfilada en otro punto, pero sobre la que ahora procede ahondar algo más. Y esta no es otra que el papel que debe desempeñar el *conocimiento científico* en la evaluación *ex post* de las normas[364].

Como señala VAN DEN ABEELE (2019, 21), «es de vital importancia evaluar los desarrollos del conocimiento científico»[365] a la hora de realizar las evaluaciones normativas *ex post*. Según MONTORO CHINER (2001.1, 45) existe la «posibilidad de evaluar los resultados de la aplicación, así como la posibilidad de proponer sucesivas modificaciones, adaptándolas al progreso o al desarrollo científico»[366]. Creo que todo ello no ofrece dudas.

Por otro lado, ESTEVE PARDO (2016, 2197) afirma que «la incertidumbre plantea muy serios problemas a quien ha de adoptar una decisión y tenemos un Derecho, un sistema jurídico todo él orientado a la decisión». Según DE LA TORRE MARTÍNEZ (2020, 32), «frente al paradigma tradicional, donde el centro es la ley y donde impera la certeza, nuestra realidad actual es otra bien distinta: la ley ha perdido su papel central y la regla general es la incertidumbre». Y es que «pertenece al Derecho (...) el cometido irrenunciable de decidir y resolver, de generar y mantener certidumbres» (ESTEVE PARDO 2009, 11), a pesar de las inevitables incertidumbres del conocimiento (científico). Aunque, en opinión de otros autores, analizar aquellas materias sobre las que hay incertidumbre o no hay una certeza científica podría ser, quizás, lo más oportuno (WIENER 2006, 516).

Así, cobra toda su relevancia «*the importance of ensuring that policies have strong empirical foundations, both through careful analysis in advance and*

---

364 Nos recuerda BRAVO-BIOSCA (2020, 219) que «*policymakers often believe their views (or hunches) are correct and do not feel they need better evidence on their programs' impact*» («los responsables públicos a menudo creen que sus visiones (o corazonadas) son correctas y no creen necesaria otra evidencia mejor»). Resulta bastante evidente que las evaluaciones normativas —las *ex post*, pero singularmente las *ex ante*— deben estar basadas en *razones* y no en *pasiones*. Aunque, como pone de manifiesto este mismo autor (*ib.*, 218), «*some of the most common barriers to evidence use are political, relating to the policy cycles or competing political priorities—for instance, the pressure to make policy decisions before rigorous evidence emerges*» («algunas de las barreras más comunes para el uso de las evidencias son políticas y están relacionadas con los ciclos o las prioridades políticas en conflicto —por ejemplo, la presión de tomar decisiones políticas antes de que emerjan determinadas evidencias—»).

365 En el original en inglés: «*It is vitally important to evaluate developments in scientific knowledge*».

366 Me remito al trabajo de esta autora, quien ha estudiado con profundidad y de manera sobresaliente las relaciones entre Ciencia y producción normativa. En el mismo sentido, véanse otros de sus trabajos (en particular, MONTORO CHINER 2003).

through retrospective review of what works and what does not»[367] (Sunstein 2013, 41). La revisión *ex post* debe contribuir a reducir las incertidumbres propias de la *sociedad del riesgo* en que vivimos. De hecho, para dotar de legitimidad a las decisiones públicas en entornos de alta incertidumbre, lo relevante, más que el acierto, es la garantía del procedimiento decisorio (Esteve Pardo 2020, 47).

Pero, y aquí está el principal peligro, hay que evitar caer en la tecnocracia y el cientifismo que pretenda sustituir la voluntad pública de decisión democrática[368]. El conocimiento científico aportado en el seno de la revisión normativa debe ser un elemento más a la hora de guiar la decisión de quien tiene la competencia para ello. No puede asumirse ninguna suerte de giro tecnocrático (la denominada «scientific charade», en expresión de Dudley y Peacock 2018, 50). Y es que, sentencia de Montalvo Jääskeläinen (2017, 155): «La evaluación nunca será capaz de reemplazar las decisiones políticas», pero «puede, sin embargo, contribuir de manera significativa a la mayor veracidad de las declaraciones relativas a las causas y efectos de la acción legislativa».

Pero, en fin, el papel de la Ciencia en la evaluación normativa *ex post* no puede desdeñarse pues, como concluye Montoro Chiner (2001.1, 124), «la evaluación es una finalidad tecnocrática (...) [que] puede ayudar a reforzar el acercamiento crítico a la legislación; lo que, en los momentos actuales, no resultaría desdeñable». Fundar las decisiones en razones (científicas o apoyadas por el método científico) puede contribuir, sin lugar a duda, a una mayor racionalidad de los productos normativos[369].

d) Sobre la limitación de los recursos disponibles para desarrollar la evaluación

Para finalizar, estrechamente ligado con la metodología, hay que reflexionar de forma breve sobre una cuestión que ha apuntado la doctrina en diversas ocasiones. No solo pueden existir limitaciones de índole metodológica asociadas a esta técnica, sino que también tienen especial relevancia los problemas prácticos, materiales, de ejecución de la evaluación normativa.

367 «La importancia de asegurar que las políticas tienen sólidos fundamentos empíricos tanto a través de un cuidado análisis previo como mediante la evaluación retrospectiva sobre lo que funciona y lo que no».

368 Ya lo decía Embid Tello (2019, 11): la «opción puramente técnica resulta antidemocrática». Aunque, siendo realistas, estas opciones no pueden descartar completamente el riesgo de *interferencia tecnocrática* (de Montalvo Jääskeläinen 2017, 156). Sobre la *amenaza de la expertocracia*, véase Mir Puigpelat (2004, 232-240).

369 Me remito en este punto al clásico estudio coordinado por Quintanilla Fisac (1989) sobre las posibilidades de evaluación de las opciones científicas y tecnológicas por parte de los parlamentos. Al respecto, véanse también los trabajos de Baamonde Gómez (2020 y 2022).

Conviene aquí traer a colación la regla 7.1.5.1 de la norma ISO 9001:2015, reiteradamente citada. Esta regulación se refiere a los «recursos de seguimiento y medición» y dice así:

> La organización debe determinar y proporcionar los recursos necesarios para asegurarse de la validez y fiabilidad de los resultados cuando se realice el seguimiento o la medición para verificar la conformidad de los productos y servicios con los requisitos.
>
> La organización debe asegurarse de que los recursos proporcionados: a) son apropiados para el tipo específico de actividades de seguimiento y medición realizadas; b) se mantienen para asegurarse de la idoneidad continua para su propósito.
>
> La organización debe conservar la información documentada apropiada como evidencia de que los recursos de seguimiento y medición son idóneos para su propósito.

¿Tiene la organización —en este caso, las AA. PP.— los medios necesarios y suficientes para desempeñar, con éxito, su función de evaluación?

En opinión de Wiener (2006, 513), las Administraciones a menudo descuidan la pregunta de si las políticas funcionan de manera efectiva por la escasez de recursos y porque prefieren dedicar estos a la generación de nuevas iniciativas. Parece haber cierto consenso en la literatura sobre la limitación —intrínseca— de los recursos públicos destinados a esta tarea. Y sobre lo pingües que deben ser para su efectividad: «La actividad evaluadora requiere de abundantes recursos especializados» (Garcés Sanagustín *et al.* 2008, 34).

El sentimiento respecto de la factibilidad de esta función, sin embargo, es diverso y variable. Mientras que Casado Casado (2017, 132) señala «las dificultades de orden técnico que se plantean y los escasos medios disponibles (...), circunstancias que hacen poco factible una evaluación sistemática, continua y global de todas las disposiciones vigentes», para Doménech Pascual (2005, 109), las posibilidades actuales son enormes pues, «por el mismo precio de antes, obtenemos cada vez más seguimiento y de mejor calidad». Lo que resulta patente es que «para exigir a la Administración la efectiva consecución de los fines del Estado y la optimización de sus decisiones, debe ser dotada de los medios necesarios, jurídicos y económicos, para su provisión» (Montoro Chiner 2001.1, 85); lo que en algunos ámbitos se denomina «suficiencia de medios».

Pero si en este ámbito hay un elemento de capital importancia relacionado con los recursos es, posiblemente, el factor humano[370]. No solo desde el

370 A modo de ejemplo, el dictamen 90/2019, del Consejo Consultivo de Aragón, reprocha al Gobierno de Aragón, al analizar el proyecto de Decreto por el que se desarrolla la capacidad normativa de tal gobierno, que haya perdido la ocasión de cuantificar, en la justificación de ese reglamento, los recursos humanos necesarios para la implementación de las políticas de mejora de la calidad del Derecho y, en particular, la evaluación normativa.

punto de vista cuantitativo (si hay suficiente personal que desarrolle estas funciones evaluativas) sino, sobre todo, cualitativo: si el personal disponible dispone de las capacidades suficientes.

Debe tenerse presente que «la capacidad evaluadora no es fácil de improvisar» (LÁZARO VICENTE 2012, 35). Si bien «no se trata tanto de formar evaluadores expertos de alto nivel (...) sino gestores de la evaluación» (ib., 27). Pero lo cierto es que, como apunta CERRILLO I MARTÍNEZ (en PONCE SOLÉ y CERRILLO I MARTÍNEZ 2017, 161), una de las posibles limitaciones de la evaluación «puede derivar de la inexperiencia de los diferentes sujetos implicados».

Esta cuestión entronca también con la *cultura de la evaluación*, ya estudiada, y la necesaria formación del personal encargado de desarrollar estas tareas. Debe tenerse en cuenta que este sea posiblemente el instrumento —de todos los relacionados con la mejora de la regulación— que precise de mayores recursos humanos y materiales, ya sea en su vertiente *ex ante* como en la *ex post*. Hacer uso de las potencialidades internas de las propias AA. PP. y de las mejores técnicas disponibles puede, eso sí, ayudar a solventar algunas de las carencias que indudablemente existen.

e) Sobre los medios de publicidad de las evaluaciones normativas *ex post*

Una vez acometidas las tareas de evaluación —que es *lo difícil*— se revela necesario dar a conocer los resultados de tales análisis al público en general y a los distintos grupos de interés —cuestión que, por ser *fácil*, no deja de ser importante[371]—. Precisamente, CERRILLO I MARTÍNEZ (en PONCE SOLÉ y CERRILLO I MARTÍNEZ 2017, 161) identifica la falta de mecanismos de transparencia como otra de las posibles limitaciones de la actual configuración de la evaluación *ex post*. Y es que no hay que «hurtar [los] resultados [de la evaluación] a un debate público y social que la enriquezca y que fortalezca la legitimidad de las instituciones de gobierno» (LÁZARO VICENTE 2012, 36), pues, como se argumentó al principio, ello fomenta, sin duda alguna, la rendición de cuentas y, por lo tanto, la calidad de la democracia (no solo del Derecho).

Son distintas las soluciones adoptadas en la práctica para materializar esta publicidad, cuyo objetivo último es permitir la «utilización y difusión de la [información obtenida en la] evaluación» (LÁZARO VICENTE 2012, 30).

Se vieron, en primer lugar, los ejemplos de los EE. UU. y de la UE, ámbitos en los que las distintas herramientas informáticas puestas a disposición de

371 De hecho, recuerda el dictamen 468/2020 del Consejo de Estado que «la evaluación tiene dos finalidades, una ligada al principio de eficacia recogido en el artículo 103 de la Constitución y otra ligada a la necesidad de transparencia». La importancia de esta cuestión es, pues, capital.

la publicidad permiten la consulta de las evaluaciones normativas realizadas —aunque su accesibilidad y usabilidad debería, a mi juicio, ser mejorada de cara a un mayor acercamiento al público en general—. Desde un punto de vista normativo, se vio para el caso de Navarra la existencia de un registro de evaluaciones (de políticas públicas) que, sin embargo y como se apreció en la práctica, parece no ser directamente accesible. En todo caso, una iniciativa como esta resultaría totalmente acertada. Por lo general, en España, y al margen —en el mejor de los casos— de la publicidad de los IEN junto con sus respectivos PAN, la transparencia de esta documentación y su mera difusión en línea o en portales de transparencia es asistemática y directamente inexistente.

Comenta Pensado Seijas (2017.1) que el informe de evaluación «deberá ser publicado (...) en el Portal de Transparencia del ente y en el Boletín Oficial que corresponda, sin perjuicio de otros medios de difusión». Lo cierto es que, *de lege lata*, no parece existir obligación alguna de publicidad en los diarios oficiales, sí en los portales de transparencia. Ahora bien, comparto su opinión de que tales periódicos oficiales serían, sin duda, un lugar privilegiado para garantizar no solo su publicidad, sino también su permanencia. Porque, como se vio claramente para el caso de los planes normativos, estamos lejos de garantizar la permanencia de las páginas *web* oficiales. Y, sin embargo, añadir unas cuantas hojas a los diarios oficiales que se publican en línea no tendría prácticamente ningún coste.

De cualquier forma, sería más que deseable establecer algún tipo de lugar en internet si no centralizado sí al menos coordinado de difusión de las experiencias, las prácticas y los informes de evaluación. En esta línea, la guía metodológica del Ayuntamiento de Madrid citada reiteradamente incorpora la obligación de crear un «documento de seguimiento» que tendrá por objetivo servir «de fuente de información a la hora de realizar el informe de evaluación y que debe presentarse al Comité de Política Regulatoria».

Pero la transparencia y la información no deben fluir exclusivamente hacia la «sociedad civil». Otros poderes públicos, como el parlamento, podrían recibir información al respecto de manera periódica. Así, por ejemplo, López Donaire (2017, 5) propone que la persona titular del ministerio o consejería correspondiente tenga que dar cuenta periódica ante el legislativo de las evaluaciones desarrolladas. Creo que, al margen de la dación de cuentas sobre evaluaciones singulares, sería sumamente interesante que el IAEN —que contenga las líneas generales de las evaluaciones desarrolladas— sea defendido en sede parlamentaria. La legislación estatal bien podría incorporar esta previsión, aunque puede también desarrollarse de manera informal (como opción *no normativa*).

En fin, sin difusión de los resultados de la evaluación, este instrumento se queda completamente cojo y no puede desplegar todos sus efectos positivos sobre el sistema. Lo *fácil* no debe ser descuidado.

VI.

CONSIDERACIONES FINALES: UNA INCIPIENTE (AUNQUE MÍNIMA) REVISIÓN NORMATIVA

La evaluación normativa *ex post* estaba llamada a cerrar el ciclo de producción normativa y a servir de enlace con el inicio de una nueva etapa. Pero, a la vista de su actual configuración y de la práctica efectiva, lo cierto es que no creo que se pueda ser muy optimistas (aunque todo parecería apuntar a que solo se puede ir a mejor). Se preguntaba EMBID TELLO (2019, 26) si «la evaluación es susceptible de mejorar [la falta de calidad de las normas]». En mi humilde opinión, bien desarrollada, sin duda, puede contribuir a ello. Pero en el estado actual de las cosas, tengo mis serias dudas.

Aunque para algunos la incorporación de las previsiones de revisión normativa ha sido muy positiva (CASADO CASADO 2017, 132), la contención —cuando no el puro escepticismo— sería la actitud más responsable. Hay que ser conscientes, eso sí, de los límites de la evaluación (LÁZARO VICENTE 2012, 27). Pero, si ya decía en la década de los 90 del siglo pasado FIGUEROA LARAUDOGOITIA (1995, 18) que «en la actualidad, como regla general, los poderes públicos suelen contentarse con evaluaciones esporádicas e impresionistas», lo cierto es que hoy se podría decir lo mismo.

La evaluación normativa *ex post* —y, en realidad, todos los instrumentos de mejora de la calidad del Derecho— no hará más que contribuir a un proceso normativo más racional, pero lo hará en una función que tendría —sirviéndome de un símil matemático— una asíntota a la que tendería cuanto más aumentase su magnitud, sin alcanzarla nunca (en realidad sí la alcanzaría, pero solo en el infinito).

Dicho de otro modo: no es conveniente esperar efectos taumatúrgicos de la evaluación *ex post*, aunque, sin duda, su uso podrá contribuir a un mejor Derecho: «Nada más alejado de esa realidad que el dictamen inapelable (...) que a veces se espera —o se teme— de la evaluación» *(ib.)*.

Así mismo, «más evaluación no es sinónimo de mejor evaluación», pues «solamente las evaluaciones realizadas con un estándar mínimo de calidad son útiles» (Garcés Sanagustín *et al.* 2008, 83). Por eso, a veces, y siendo realistas, es mejor ponerse un objetivo más austero, comedido, limitado... y cumplirlo que pretender evaluar todo y acabar haciendo nada.

Eso sí, las evaluaciones deberían pensarse desde el principio. Habría que considerar una *evaluación por defecto* o desde la concepción misma de la norma. Y ello es así porque, además de anticiparnos a los problemas, evitaríamos el problema de seguir «diseñando las nuevas regulaciones sin tomarnos demasiado en serio la necesidad de que su utilidad deberá ser evaluada después de algún tiempo de aplicación» (Jiménez Sánchez 2020, 81).

En todo caso, y a la vista del régimen jurídico estudiado, no estaría de más realizar algunas reformas en el sentido de —quizás— suprimir algunas obligaciones sectoriales de evaluación (por ejemplo, en la LGUM o la LTAIBG) y reconducirlas a un precepto general, también reformado, en los términos en los que expliqué en el lugar oportuno.

Podría suceder —supongamos a los meros efectos dialécticos— que se ha desarrollado una evaluación *ex post* óptima y que ello conduce al mantenimiento del *statu quo*, a la opción regulatoria «cero» (o sea, a no cambiar nada). Sin embargo, tengo la *ligera impresión* de que solo se evalúa *ex post* cuando se quiere cambiar algo, y eso no debería ser así. Es cierto que evaluar algo que a simple vista funciona bien puede parecer ilógico, pero lo cierto es que algunas disfunciones o ineficiencias pueden pasar desapercibidas a simple vista (Doménech Pascual 2013, 391). La *paradoja de la evaluación* suele emerger de las profundidades aun cuando menos se la espera.

De cualquier modo, estoy con Lázaro Vicente (2012, 29) en que hay que asumir, de entrada, «que el progreso de la evaluación es irregular y asimétrico». Los mimbres para un adecuado desarrollo de este instrumento se han puesto ya. Y algunos ejemplos sectoriales de revisión de conjunto irían por la buena dirección.

En fin, decía al inicio que la evaluación normativa *ex post* era la puerta de salida del ciclo normativo. Sin embargo, esta puerta conduce nuevamente al comienzo del mismo, a la planificación normativa, a un bucle sin fin... al menos mientras el Derecho siga siendo el instrumento básico para la convivencia. Lo malo sería —y no es descartable— encontrarnos en una salida de emergencia con el vano tapiado.

CONCLUSIONES

SOBRE LA PLANIFICACIÓN NORMATIVA

Primera. La planificación normativa ofrece importantes beneficios a la producción normativa.

En tanto que instrumento llamado a reglamentar y ordenar todo el ciclo de producción de normas, el plan normativo —en cualquiera de sus modalidades— es la punta de lanza para conseguir un desarrollo más racional, ordenado, fiable, coordinado y responsable. Su mera existencia debería permitir conocer mejor con antelación cuál va a ser el recorrido por el que transiten los esfuerzos de quienes están legitimados para crear, modificar o derogar normas. Ello tendrá beneficios tanto para la ciudadanía *(ad extra)* como para la propia organización administrativa *(ad intra)* sin perjuicio de los eventuales problemas advertidos en su configuración práctica, pero también en su fundamentación teórica.

Segunda. La planificación normativa es un instrumento de escasa tradición en España, a diferencia de otros sistemas.

Se ha podido comprobar que en España (al margen de algún ejemplo muy aislado y sin mayor aplicación como es el art. 7.1 de la LES de 2011) no ha existido una auténtica regulación de la planificación normativa hasta el año 2015 con la aprobación de la LPAC. Sin embargo, en otros sistemas como el estadounidense, herramientas como la aquí señalada gozan de una tradición de más de cuatro décadas; y de al menos dos para el caso de la UE. Esta relativa *juventud* del instrumento puede constituir un elemento en contra de su completa operatividad.

Tercera. La planificación normativa del art. 132 LPAC no tiene carácter básico.

La Sentencia del TC número 55/2018 fue meridianamente clara respecto de la ausencia del carácter básico de la planificación normativa contenida en el art. 132 LPAC. El TC concluyó que se habían invadido las competencias de las CC. AA. para regir su propia organización y la elaboración de sus leyes, máxime teniendo en cuenta que el precepto estatal era marcadamente formal y procedimental. Por ello, propuse una redacción alternativa para tratar de salvar la constitucionalidad del precepto. Este pronunciamiento, sin embargo, solo se refiere a las CC. AA., por lo que deja abierto el interrogante de su aplicabilidad a los EE. LL.

Cuarta. Algunas comunidades autónomas cuentan con alguna regulación de la planificación normativa o han desarrollado dicha práctica de manera informal.

A la vista de la no aplicabilidad del precepto estatal a las CC. AA., fue preceptivo interrogarse por la regulación vigente en el ámbito autonómico. Se constató la existencia de unas pocas comunidades con preceptos equivalentes al estatal (singularmente, Aragón, La Rioja y Navarra) o en trámite de adopción. También se dan algunos ejemplos de la existencia de otros instrumentos como el plan o programa de gobierno más general que el PAN (Aragón y País Vasco); o los calendarios normativos (Castilla y León).

Quinta. Existen dudas sobre la aplicabilidad de la planificación normativa en el ámbito local pero una opción prudente invitaría a su aplicación.

La declaración constitucional según la cual el art. 132 LPAC no tiene carácter básico ha llevado a plantear la cuestión de si tal precepto es aplicable a los EE. LL. Aunque existen diversas opiniones al respecto, las más autorizadas apuestan por su aplicabilidad preventiva, dado que puede considerarse que, más que declarar *no básico* el precepto, lo que vino a hacer el TC fue declarar su no aplicabilidad a las CC. AA. Además, no parece que se trate de un instrumento de difícil adopción para los EE. LL. o que pueda suponer una carga.

Sexta. La escasa jurisprudencia sobre la planificación normativa rechaza el reconocimiento de verdaderos efectos jurídicos a este instrumento.

Han sido muy pocas las sentencias que se han pronunciado sobre los planes normativos, pero todas ellas concuerdan en otorgar escasa o nula relevancia jurídica a su existencia, a su contenido o al momento temporal de su aprobación. En ningún caso su ausencia ha sido causa de una declaración de nulidad de ninguna norma.

Séptima. La aplicación práctica de la planificación normativa en España es bastante desigual.

El Estado ha aprobado, desde la entrada en vigor de la LPAC en 2016, tan solo tres planes normativos. Las CC. AA. aprobaron (en su mayoría) dicho instrumento hasta el año 2018, momento de la declaración de inconstitucionalidad del art. 132 LPAC, y algunas no lo han retomado desde entonces. Otras sí lo han hecho, ya sea sobre la base de una obligación jurídica propia o desde una práctica informal. Para el lustro comprendido entre 2016 y 2021 se habrían planificado más de 7.000 normas en España, contando el ámbito estatal y autonómico. Los contenidos de los planes normativos se suelen limitar a ofrecer una lista de normas para aprobar, con muy escasa (o inexistente) información adicional.

Octava. La planificación normativa ofrece una inadecuada configuración con respecto a la «opción cero» o no regulatoria.

La consulta pública previa del art. 133 LPAC debe versar sobre un problema público al cual se le quiere dar una solución, que puede tener forma regulatoria (normativa) o no. Sin embargo, la actual configuración de la planificación normativa en España parece dar por hecho que cuando se inicia un proceso de consulta habrá siempre una alternativa regulatoria para dar respuesta al problema en cuestión. La evidencia parece demostrar que, una vez introducida una propuesta en el PAN, no cabe alternativa no regulatoria, por lo que aquella consulta pública perdería parte de su sentido.

Novena. Los planes normativos no surten efectos jurídicos relevantes, de tener alguno.

Como se ha dicho, la jurisprudencia ha constatado y la doctrina confirmado que los planes normativos no surten efecto jurídico alguno. De su no aprobación, de su incumplimiento o de su (eventual) inadecuado contenido no se pueden derivar consecuencias jurídicamente obligatorias o relevantes para las administraciones que los aprueban, a diferencia, por ejemplo, de una figura afín como es el plan de subvenciones. Solo existe la duda de si podría condenarse a la Administración a aprobar el plan normativo —por supuesto, sin determinar su contenido— en el supuesto de que este venga expresamente previsto por la normativa. Pero esta condena frente a la inacción resulta problemática y de difícil articulación, dado que podría entenderse que afecta al ejercicio de la iniciativa normativa.

Décima. Sería conveniente un replanteamiento del contenido de los planes normativos, incluida la participación en su elaboración.

No tiene mucho sentido que la planificación normativa se limite a ofrecer una relación asistemática e inexplicada de normas que se pretenden aprobar en la anualidad correspondiente. Sería más útil, y respetuoso con la institución de la consulta pública previa, que se elabore un calendario de asuntos —derivados de la programación de gobierno— sobre los que se pretende actuar, pero antes —de verdad— de haberse decidido por una acción normativa. Así mismo, incorporar métodos de participación en esta programación y planificación, además de transparencia, resultaría conveniente. Ello redundaría en una mayor rendición de cuentas y permitiría fomentar el uso de técnicas como la *huella normativa*. El empleo de métodos electrónicos también fomentará la constante actualización de las iniciativas incluidas en la planificación.

SOBRE LA EVALUACIÓN NORMATIVA *EX POST*

Undécima. La planificación normativa es una herramienta esencial para fomentar el buen gobierno y la buena administración.

No se concibe en la actualidad que los poderes públicos se despreocupen una vez aprobada una norma. La evaluación normativa *ex post* está al servicio de la eficacia y de la eficiencia de la acción pública, con un cuestionamiento permanente de la adecuación de los preceptos normativos a la realidad a la que pretenden dar forma. La evaluación retrospectiva permite a los poderes públicos y a la propia ciudadanía ser conscientes de la normativa realmente existente, de la perfectibilidad de las propias acciones, fomentar la simplificación y la rendición de cuentas. Se ha demostrado, sin embargo, que existe una *paradoja de la evaluación* que en ocasiones limita las posibilidades de este instrumento.

Duodécima. La evaluación normativa *ex post* en España dispone de algunos antecedentes bastante remotos, aunque ello no significará unos mejores resultados en su aplicación práctica.

Se pudo comprobar que el ordenamiento español contaba con precedentes bastante remotos de exigencias de revisión continua del ordenamiento en vigor, singularmente destacando el papel de los jueces y de la CGC. Sin embargo, y a diferencia de lo que ha podido suceder en los sistemas comparados citados (EE. UU. y la UE), ni siquiera esta larga raigambre ha permitido, en la práctica, disponer de adecuados ejemplos de su aplicación. Al margen del art. 130 de la LPAC, siguen vigentes algunos preceptos sectoriales y aislados que he propuesto reconducir y unificar en aquel primero.

Decimotercera. La evaluación normativa *ex post* del art. 130 LPAC mantiene su carácter básico para las normas de rango reglamentario.

A diferencia de lo que sucedió con la planificación, la STC 55/2018 sí ha mantenido el carácter básico de la exigencia de evaluación *a posteriori*, ahora bien, limitado al ámbito reglamentario. Por lo tanto, no será de aplicación esta exigencia para las normas de rango legal de las CC. AA. Sigue siendo plenamente aplicable, pues, al Estado y a los EE. LL. Respecto del Estado, dada su deficiente redacción, he planteado las dudas interpretativas sobre su eventual aplicación a las normas con rango de Ley. Pero para salvar no solo su mala técnica normativa, sino también el pretendido inicial carácter básico, se ha propuesto también en esta ocasión una redacción alternativa.

Decimocuarta. La mayor parte de las CC. AA. disponen de obligaciones específicas de evaluación, ya sea normativa o en términos generales sobre las políticas públicas.

Bastantes CC. AA. disponen de previsiones específicas sobre la evaluación normativa, no pocas veces en su legislación de transparencia. En otras ocasiones, se limita a la evaluación de planes y programas. Algunas han aprobado una ley específica de evaluación de políticas públicas (singularmente, Navarra, y otras la tienen en tramitación). Lo cierto es que esta evaluación, que *de lege lata* parece extendida, no tiene su adecuado contrapunto en la práctica. En cualquier caso, dado que las previsiones del art. 130 LPAC mantienen su carácter básico para las normas de rango reglamentario, en el supuesto de una completa ausencia de regulación en el ámbito autonómico se tornará operativo el principio de supletoriedad del Derecho estatal.

Decimoquinta. La evaluación normativa *ex post* es plenamente aplicable al ámbito local.

No caben dudas sobre ello, a la vista del pronunciamiento constitucional. Aunque algunos autores han planteado las dificultades que podría entrañar este artefacto a nivel local, soy de la opinión contraria: creo que, dado el limitado espectro de normas locales, una revisión completa y sistemática, continua y periódica, de *toda* la regulación local (no en el mismo momento, obviamente) es quizás más factible que en otros ámbitos. El ejemplo de la configuración de este instrumento en el Ayuntamiento de Madrid constituye una guía para otras administraciones, dada su complitud y sobresaliente articulación.

Decimosexta. La jurisprudencia sobre la evaluación normativa *ex post* es prácticamente inexistente y se prevé que siga siéndolo, pero presenta mucho más interés la doctrina de los órganos consultivos.

Apenas si existen un par de pronunciamientos jurisprudenciales de escasa entidad y menor interés. Confunden, en buena medida, el sentido de la institución aquí estudiada. Preveo un reducido interés futuro sobre esta cuestión en el ámbito contencioso, dada su naturaleza de instrumento situado en una fase posterior a la de elaboración de normas. Por el contrario, sí se ha podido comprobar cómo los distintos consejos consultivos del Estado se han pronunciado sobre su conveniencia, en particular en lo que respecta a la necesidad de que una propuesta normativa, en el caso de venir efectivamente aprobada, prevea en el futuro la evaluación de sus consecuencias.

Decimoséptima. La aplicación práctica de la evaluación normativa *ex post* en España es prácticamente nula y la que existe, de difícil acceso.

En el mejor de los casos, suele limitarse al estudio estadístico —meramente descriptivo— de la aplicación del PAN del ejercicio anterior, práctica esta que no goza de ningún interés y que aporta escasa o nula información. Resulta interesante, por el contrario, el ejemplo de la herramienta VisualGob del Gobierno de Aragón, que permite un seguimiento de las actuaciones desarrolladas en aplicación del plan de gobierno, no solo de aquellas de ámbito normativo, sino también de lo que se puede denominar *políticas públicas*. Instrumentos que *de iure* existen, como el registro de evaluaciones de Navarra, deberían ser puestos en marcha y, sobre todo, accesibles por medios informáticos, de forma que todas las evaluaciones de planes, programas y normas que se elaboren sean publicadas y difundidas por estos medios como parte de la obligación de publicidad activa que ya existe.

Decimoctava. La evaluación normativa *ex post* presenta características diferenciadoras con respecto a la evaluación de políticas públicas y otras figuras afines.

Se ha comprobado que son bastantes las similitudes existentes entre la evaluación normativa y la evaluación de políticas públicas, hasta el punto de que la metodología empleada en la segunda puede servir de base para la primera. Ahora bien, mientras que las políticas públicas suelen ser analizadas desde el punto de vista de su implementación, en el caso de los productos normativos debe añadirse un análisis de adecuación jurídica y lingüística que no es propio de las políticas públicas. Por otro lado, pueden citarse como ejemplos de articulación de la evaluación *ex post*, más que como figuras independientes, las técnicas de simplificación y de experimentación, así como las cláusulas de derogación o revisión automáticas.

Decimonovena. No se pueden predicar efectos jurídicos relevantes de las evaluaciones a posteriori, pero la doctrina apuesta decididamente por ello.

La evaluación *ex post* de un producto normativo permite extraer conclusiones sobre su adecuación. Dichas conclusiones deberían ser utilizadas en aras de una mejora de la calidad del Derecho vigente. Sin embargo, de su actual configuración no puede concluirse que los resultados de tales evaluaciones sean vinculantes de ningún modo. Frente a esta realidad, la doctrina parece apuntar con cierta unanimidad hacia la necesidad de que los resultados de estos análisis deban ser tenidos en cuenta por los decisores públicos. Ello no está exento de problemas, singularmente de naturaleza tecnocrática y desde el punto de vista democrático.

Vigésima. Es necesaria una apuesta por la cultura de la evaluación, que permita la inserción de las opiniones de los destinatarios de las normas y del conocimiento científico.

A la vista de la importancia de este instrumento de cara a la configuración de un mejor Derecho, y teniendo en cuenta la íntima conexión que existe (o debería existir) entre la evaluación *a posteriori* y la evaluación *ex ante* de las normas, sería conveniente apostar decididamente por una cultura de la evaluación. En esta cultura, el papel de la burocracia, de los agentes públicos que la desarrollan, se torna esencial. Pero en esta etapa posterior a la aprobación de las normas, contar con la colaboración ciudadana y experta (también científica) es un imperativo.

DISCUSIÓN: LA RETROALIMENTACIÓN DEL SISTEMA DE PRODUCCIÓN NORMATIVA

Este trabajo tenía como propósito analizar los dos elementos básicos que componen la retroalimentación del ciclo normativo: la planificación normativa y la evaluación normativa *ex post*. A lo largo de las páginas precedentes creo haber cumplido el objetivo básico, que no era otro que el análisis jurídico, desde la práctica totalidad de los puntos de vista posibles, de sendas instituciones. Hay, no obstante, numerosas cuestiones que han quedado abiertas y que deberían ser objeto de futuras investigaciones.

Habrá reparado el lector atento que el título de esta investigación situaba la evaluación *ex post* antes que la planificación, mientras que el tratamiento de una y otra ha sido en el orden contrario en el trabajo. Determinar —en este caso, como en tantos otros— qué viene antes, si el *huevo o la gallina,* no es tarea sencilla. Pero lo cierto es que, a pesar de los muchos errores del legislador, la posición sistemática de la evaluación y la planificación en la Ley del Procedimiento Administrativo del año 2015 es la correcta. En el pórtico de los instrumentos para fomentar un mejor Derecho aparece la evaluación *ex post* en el art. 130 LPAC, a pesar de poder pensarse que es el último. Mientras que, después, aparece la planificación normativa ya en el art. 132. No se puede planificar si previamente no existe una adecuada evaluación preliminar. Evaluación que tiene el carácter de *ex post* sobre lo ya existente. No son más que nombres distintos para una misma realidad.

En el desarrollo del trabajo se han ido advirtiendo distintos problemas de configuración de estas herramientas, en particular en lo que se refiere a sus relaciones con los otros dos instrumentos básicos (o esenciales) de la mejora de la calidad del Derecho: la participación pública y la evaluación *ex ante*.

Respecto de la participación, he señalado repetidamente que esta no puede ni debe limitarse a momentos particulares. Es cierto que en esos instantes puede dotársele de mayor envergadura, pero en modo alguno debe quedar constreñida a los momentos en que se decide iniciar una propuesta normativa. Antes, bien al contrario, la participación se erige como un elemento esencial del momento de retroalimentación del ciclo. La ciudadanía en general y los afectados en particular deben poder disponer de herramientas necesarias para que su voz sea escuchada durante la aplicación de una norma y con carácter previo a la decisión de iniciar un proceso de producción de otra regulación.

Por otro lado, la evaluación desarrollada con carácter previo a la adopción de una disposición debe tener relevancia más allá de en ese momento determinado. Sus conclusiones, como indiqué oportunamente, deben ser objeto de examen, pues ello fomentará el control democrático y la rendición de cuentas de los poderes públicos. Pero también el correcto análisis sobre sus previsiones. Y en el momento de la retroalimentación del ciclo normativo es donde más puede interesar este estudio de tales informes.

Finalmente, creo que existe un inadecuado entendimiento de la posición de estos instrumentos, de su naturaleza y de su caracterización dentro del ciclo normativo. Hay que comprender que la planificación y la evaluación *ex post* se sitúan en una fase *pre* y *postnormativa*, respectivamente. Mejor, y para evitar las confusiones sistemáticas, se hallan en un estadio *ajeno* al de la iniciativa normativa. Iniciativa que comenzaría con los pasos previos a la aprobación de una norma, desde la orden de inicio del procedimiento, pasando por los distintos trámites preliminares (informes y dictámenes), y que concluiría con su aprobación. La planificación y la evaluación *ex post* no forman parte —es indudable— de ese trámite.

Comprender esto habría podido significar un distinto sentido de los fallos jurisprudenciales (constitucionales y ordinarios) sobre estas herramientas. Exigir la aprobación de un instrumento de planificación o la evaluación periódica de las normas vigentes no supone, a mi juicio, una intromisión en la libre configuración de la iniciativa normativa de los poderes públicos, pues no son acciones que afecten a la aprobación de una norma o a su tramitación.

En todo caso, el futuro determinará hacia dónde se dirigen estos instrumentos. Esperemos que hacia su consolidación y mejora.

REFERENCIAS

REFERENCIAS BIBLIOGRÁFICAS

Abramowicz, M., Ayres, I. y Listokin, Y. (2011). «Randomizing Law». *University of Pennsylvania Law Review, 159* (4), 929-1005.

Aguirre i Font, J. M. (2018). «Los límites de las Universidades en la aprobación de reglamentos». En F. López Ramón, R. Rivero Ortega y F. P. Fernando Pablo (coords.), *Organización de la Universidad y la Ciencia. Actas del XIII Congreso de la Asociación Española de Profesores de Derecho Administrativo* (págs. 735-745). Madrid: Instituto Nacional de Administración Pública.

Aguirre i Font, J. M. (2020). «La evaluación *ex post* del planeamiento urbanístico: adaptarse al cambio climático». En C. Barrero Rodríguez y J. M. Socías Camacho, *La ciudad del siglo XXI: transformaciones y retos. Actas del XV Congreso de la Asociación Española de Profesores de Derecho Administrativo* (págs. 587-596). Madrid: Instituto Nacional de Administración Pública.

Aldy, J. E. (2014). *Learning from Experience: An Assessment of the Retrospective Reviews of Agency Rules and the Evidence for Improving the Design and Implementation of Regulatory Policy.* Report prepared for the Administrative Conference of the United States.

Alegre Ávila, J. M. (2017). «Once proposiciones sobre la idea de plan o de cuando el mito se hace realidad». *Revista Española de Derecho Administrativo* (182), 15-23.

Alemanno, A. (2009). «The Better Regulation Initiative at the Judicial Gate: A Trojan Horse within the Commission's Walls or the Way Forward?» *European Law Journal, 15* (3), 382-401.

Alemanno, A. (2015). «How Much Better is Better Regulation? Assessing the Impact of the Better Regulation Package on the European Union - A Research Agenda». *European Journal of Risk Regulation, 6* (3), 344-356.

Alonso Timón, A. J. (2016). «La participación ciudadana, transparencia y técnica normativa en las Leyes 39 y 40 de 2015. Los principios de buena regulación». *Asamblea: revista parlamentaria de la Asamblea de Madrid* (34), 77-102.

Alonso Timón, A. J. (2020). «Hacia una mejora de la calidad normativa». *Revista Española de Derecho Administrativo* (207), 237-264.

Álvarez Suárez, M. (2017). «La mejora de la regulación en España como política pública: análisis y evolución». *Gestión y Análisis de Políticas Públicas* (17), 26-39.

Álvarez Suárez, M. (2019). «El impacto económico de la *better regulation*. Un análisis para España». *Gestión y Análisis de Políticas Públicas* (22), 72-85.

Álvarez Vélez, M. I. (2017). «La potestad legislativa gubernalmental: calidad de las normas y evaluación *ex ante*». *Asamblea: revista parlamentaria de la Asamblea de Madrid* (36), 39-62.

Amérigo Alonso, J. (2020). «Capítulo 11. La seguridad jurídica. ¿Es compatible con el derecho de excepción?» En M. Á. Recuerda Girela, *Antes de la próxima pandemia* (págs. 145-158). Cizur Menor: Thomson Reuters Aranzadi.

Anderica Caffarena, V. (2020). «La toma de decisiones públicas: la zona gris de la transparencia institucional». *Revista Española de la Transparencia* (11), 75-111.

Antelo Martínez, A. R. (2016). «Elaboración de disposiciones de carácter general en la Administración Local, tras la entrada en vigor de la Ley 39/2015». *Revista de Estudios de la Administración Local y Autonómica* (6), 105-121.

Aragón Reyes, M. (2016). «Uso y abuso del Decreto-Ley: una propuesta de reinterpretación constitucional». *El Cronista del Estado social y democrático de Derecho* (60), 12-17.

Araguàs Galcerà, I. (2016.1). «La participación ciudadana en la elaboración de disposiciones generales: estado de la cuestión y perspectivas de futuro tras la aprobación de la Ley 39/2015, de 1 de octubre, del procedimiento administrativo común de las administraciones públicas». *Revista Andaluza de Administración Pública* (96), 85-126.

Araguàs Galcerà, I. (2016.2). *La transparencia en el ejercicio de la potestad reglamentaria.* Barcelona: Atelier.

Araguàs Galcerà, I. (2017). «La nulidad de los reglamentos por defectos en la realización de los trámites participativos». En F. López Ramón y F. Villar Rojas (eds.), *El alcance de la invalidez de la actuación administrativa. Actas del XII Congreso de la Asociación Española de Profesores de Derecho Administrativo* (págs. 487-498). Madrid: Instituto Nacional de Administración Pública.

Araguàs Galcerà, I. (2019.1). «La consulta previa en el procedimiento de elaboración de reglamentos autonómicos». *Revista Catalana de Dret Públic* (58), 97-111.

Araguàs Galcerà, I. (2019.2). «La intervención de los grupos de interés en la elaboración de disposiciones generales». *Revista Española de Derecho Administrativo* (202), 197-236.

Araguàs Galcerà, I. (2021). «La planificación normativa». *Revista General de Derecho Administrativo* (56), 1-42.

Arana García, E. (2015). «Capítulo II. La nueva Ley del sector eléctrico: entre el riesgo regulatorio y la seguridad jurídica en el apoyo a las energías renovables». En I. González Ríos (dir.), *Estudios jurídicos hispano-lusos de los servicios en red* (págs. 51-68). Madrid: Dykinson.

Arenas Caruti, D. (2021). *Evaluación de programas públicos.* Santiago de Chile: CEPAL Naciones Unidas.

Arenilla Sáez, M. (2018). «Avances y resistencias en la modernización administrativa española desde 1978». En E. González Hernández y R. Rubio Núñez (coords.), *España constitucional (1978-2018). Trayectorias y perspectivas* (Vol. V, págs. 3715-3730). Madrid: Centro de Estudios Políticos y Constitucionales.

Arias Díaz, I. (2002). «Nomografía, directrices para legislar y otras cuestiones de técnica legislativa». *Revista jurídica de Asturias* (26), 109-158.

Arnáez Arce, V. M. (2013). «Planificación participativa y actuación de las Administraciones Públicas». En M. P. Lasala Calleja (coord.), *Derecho y tecnologías avanzadas* (págs. 119-145). Zaragoza: Prensas Universitarias de Zaragoza.

Arroyo Jiménez, L. (2017). «Participación electrónica y elaboración de normas administrativas en España y en los Estados Unidos de América». En I. Martín Delgado (dir.), *La reforma de la administración electrónica. Una oportunidad para la innovación desde el derecho* (págs. 231-258). Madrid: Instituto Nacional de Administración Pública.

Arruego Rodríguez, G. y Pascual Medrano M. A. (coords.) (2022). *El conocimento científico y tecnológico como recurso jurídico.* Granada: Comares (en prensa).

Auby, J.-B. y Perroud, T. (eds.) (2013). *La evaluación de impacto regulatorio.* Madrid: INAP - Global Law Press.

Baamonde Gómez, L. (2020). «Las Cortes Generales en la era de la regulación económica». *Revista de las Cortes Generales* (109), 327-261.

Baamonde Gómez, L. (2022). «El dato científico en el procedimiento legislativo». En G. Arruego Rodríguez y M. A. Pascual Medrano (coords.), *El conocimento científico y tecnológico como recurso jurídico*. Granada: Comares (en prensa).

Bacigalupo Saggese, M. (2003). «La potestad reglamentaria del Consejo General del Poder Judicial». *Derecho Privado y Constitución* (17), 17-44.

Backes, C., Eliantonio, M. y Jansen, S. (2016). *Quality and Speed in Administrative Decision-Making: Tension or Balance?* Cambridge: Intersentia.

Badules Iglesias, D. (2020). «Reflexiones acerca de la mejora de la calidad del derecho: instrumentos y alternativas». *Revista General de Derecho Administrativo* (54).

Badules Iglesias, D. (2022). «"Lo que digan los técnicos". La incorporación del dato científico en el proceso de producción normativa en sede gubernamental y administrativa». En G. Arruego Rodríguez y M. A. Pascual Medrano (coords.), *El conocimento científico y tecnológico como recurso jurídico*. Granada: Comares (en prensa).

Baiges i Pla, E., Gibert i Bosch, A., Pellisé de Urquiza, C. y Tornabell i González, I. (2009). *Better Regulation: una estrategia ineludible. Programa Partners* ESADE (2).

Balan, E. (2013). «Better regulation: good governance dimension». *Academic Journal of Law and Governance* (1), 22-29.

Baldwin, R. (2005). «Is better regulation smarter regulation?» *Public Law* (3), 485-511.

Ballesteros Moffa, L. Á. (2017). *La Administración simplificada.* Valencia: Tirant lo Blanch.

Balsa Pascual, C. (2006). «La "Better Regulation"». *Papeles de Evaluación* (1), 1-36.

Baño León, J. M. (2015.1). ««Cave legislatorem". Confianza en el legislador e interés general». En J. Castro-Gil Amigo (coord.), *Riesgo regulatorio en las energías renovables* (Vol. II). Madrid: Thomson Reuters Aranzadi.

Baño León, J. M. (2015.2). «La reforma del procedimiento. Viejos problemas no resueltos y nuevos problemas no tratados». *Documentación Administrativa* (2).

Barberà Aresté, O., Doria Borrell, E. J., Ntutumu, F. y Sanchis Matoses, P. (2020). *La institucionalización de la evaluación de políticas públicas. La Comunitat Valenciana en perspectiva comparada.* Valencia: Publicacions de la Universitat de València.

Barbier, J.-C. (2014). «Les sources intellectuelles de l'évaluation des politiques publiques». *Revue Politiques et Management Public, 31* (1), 13-30.

Bassanini, F., Paparo, S. y Tiberi, G. (2005). «Qualità della regolazione: una risorsa per competere». *Astrid Rassegna, 1* (11), 1-85.

Bassols Coma, M. (2008). «El control de la elaboración de los reglamentos: nuevas perspectivas desde la técnica normativa y de la evaluación de la simplificación y calidad de las normas». *Revista Aragonesa de Administración Pública* (33), 43-60.

Bejarano Lucas, J. M. (2016). «La implementación de la planificación normativa y de la denominada "better regulation" en el ámbito municipal». *El Consultor de los Ayuntamientos* (21), 2402.

Bermejo Latre, J. L. (2004). «Procedimiento administrativo común y elaboración de disposiciones administrativas». *Revista Española de Derecho Administrativo*, 611-629.

Bermejo Vera, J. (2005). *El declive de la seguridad jurídica en el ordenamiento plural.* Cizur Menor (Navarra): Thomson Civitas.

Betancor Rodríguez, A. (2009). *Mejorar la regulación. Una guía de razones y de medios.* Madrid: Fundación Rafael del Pino. Marcial Pons.

Betancor Rodríguez, A. (2010). *Regulación: mito y Derecho. desmontando el mito para controlar la intervención de los reguladores económicos.* Madrid: Civitas.

Betancor Rodríguez, A. (2016). «Calidad de la Ley: razonabilidad, arbitrariedad y control». En J. M. Baño León (coord.), *Memorial para la reforma del Estado. Estudios en homenaje al Profesor Santiago Muñoz Machado* (págs. 535-569). Madrid: Centro de Estudios Políticos y Constitucionales.

Bethencourt Rodríguez, V. (2019). 6. «Cómo medir el ordenamiento jurídico». En B. Puentes Cociña y A. Quintiá Pastrana (dirs.), *El derecho ante la transformación digital. Oportunidades, riesgos y garantías* (págs. 127-138). Barcelona: Atelier.

Blanc, F. (2018). «Tools for Effective Regulation: Is "More" Always "Better"?» *European Journal of Risk Regulation, 9* (3), 465-482.

Bobbio, N. (2011). *Democrazia e segreto*. Torino (Italia): Einaudi.

Boix Palop, A. (2007). «De McDonald's a Google: la Ley ante la tercera revolución productiva». *Teoría y Derecho. Revista de pensamiento jurídico* (1), 124-146.

Boix Palop, A. (2017). «Título VI. De la iniciativa legislativa y de la potestad para dictar reglamentos y otras disposiciones». En C. Campos Acuña (dir.), *Comentarios a la Ley 39/2015 de Procedimiento Administrativo Común de las Administraciones Públicas* (págs. 776-815). Madrid: Wolters Kluwer.

Boix Palop, A. y Gimeno Fernández, C. (2020). *La mejora de la calidad normativa.* Valencia: Publicacions de la Universitat de València.

Bouazza Ariño, O. (2018). «VII. La inclusión y colaboración de los ciudadanos en la elaboración y aplicación de las políticas urbanas». En M. R. Alonso Ibáñez (dir.), *La sostenibilidad socioeconómica de las ciudades. Estudios jurídicos* (págs. 243-263). Valencia: Tirant lo Blanch.

Bravo-Biosca, A. (2020). «Experimental Innovation Policy». *Innovation Policy and the Economy, 20*, 191-232.

Brown, C. y Scott, C. (2011). «Regulation, Public Law and Better Regulation». *European Public Law, 17* (3), 467-484.

Brugué Torruella, Q. (2018). «Gobiernos desbordados: de la solvencia técnica a la calidad democrática». En B. Pendás García (dir.), *España constitucional (1978-2018). Trayectorias y perspectivas* (Vol. V, págs. 3701-3714). Madrid: Centro de Estudios Políticos y Constitucionales.

Bull, R. T. (2015). «Building a framework for governance: retrospective review and rulemaking». *Administrative Law Review, 67* (2), 265-319.

Burgar Arquimbau, J. M. (2016). «Adaptación de la normativa municipal al nuevo procedimiento administrativo: modificación de ordenanzas y reglamentos locales». *El Consultor de los Ayuntamientos* (8), 913.

Bustelo Ruesta, M. (2004). *La evaluación de las políticas de género en España.* Madrid: Catarata.

Calvo García, M. (2019). «Capítulo 13. Retorno al Derecho regulativo. Implementación y evaluaciones de impacto». En A. D. Oliver-Lalana (dir.), *La legislación en serio. Estudios sobre derecho y legisprudencia* (págs. 584-621). Valencia: Tirant lo Blanch.

Campos Acuña, C. (2016). «Capítulo VIII. La iniciativa legislativa y la potestad reglamentaria». En M. J. Gallardo Castillo (dir.), *Aproximación al nuevo procedimiento administrativo común de la Ley 39/2015. Reflexiones y claves para su aplicación* (págs. 565-606). Granada: Centro de Estudios Municipales y de Cooperación Interprovincial (CEMCI).

Canals i Ametller, D. (dir.) (2020). *La evaluación de impacto normativo por razón de género. Su aplicación efectiva en las instituciones europeas y en España.* Madrid: Centro de Estudios Políticos y Constitucionales.

Canals i Ametller, D. (2009). «Mejora normativa y reducción de cargas administrativas». *Informe Comunidades Autónomas 2009*, 43-67.

Canals i Ametller, D. (2010). «Simplificación administrativa y Directiva de Servicios: objetivos, medios e incidencias». *Revista Aragonesa de Administración Pública* (12), 297-335.

Canals i Ametller, D. (2014). «Capítulo décimo. La simplificación administrativa en Cataluña en el marco de la política pública de mejora regulatoria». En E. Gamero Casado (ed.), *Simplificación del procedimiento administrativo y mejora de la regulación* (págs. 343-385). Valencia: Tirant lo Blanch.

Canals i Ametller, D. (2016). «El acceso público a datos en un contexto de transparencia y de buena regulación». En D. Canals i Ametller (ed.), *Datos. Protección, Transparencia y Buena Regulación* (págs. 11-52). Gerona: Documenta Universitaria.

Canals i Ametller, D. (2019.1). «El proceso normativo ante el avance tecnológico y la transformación digital (inteligencia artificial, redes sociales y datos masivos)». *Revista General de Derecho Administrativo* (50), 1-26.

Canals i Ametller, D. (2019.2). «Transparencia y nuevos cauces de participación de la sociedad civil en el proceso normativo». *Revista de Economía ICE. Información Comercial Española* (907), 93-104.

Capelleras González, A. (2016). «El marc legal de l'elaboració dels avantprojectes de llei a Catalunya. Una mirada a la legislació catalana i a la legislació estatal de recent aprovació». *Activitat parlamentària* (29), 23-63.

Carceller Stella, J. (2019). «Análisis de Impacto Normativo sobre derechos y libertades fundamentales». *Papeles El tiempo de los derechos* (5).

Carnelutti, F. (1994). *Cómo nace el Derecho.* Santa Fe de Bogotá (Colombia): Temis.

Carretero González, C. (2018). «La importancia e influencia del uso del lenguaje claro en el ámbito jurídico». *Revista Pensamiento Penal* (46190).

Carretero González, C. (2019). *Comunicación para juristas.* Valencia: Tirant lo Blanch.

Casado Casado, L. (2017). «La incidencia de la Ley del Procedimiento Administrativo Común de las Administraciones Públicas sobre la potestad normativa local». *Revista Vasca de Administración Pública* (107), 87-141.

Casado Casado, L. (2018). «La aplicación del trámite de consulta pública previa en el procedimiento de elaboración de normas locales dos años después de su entrada en vigor». *Revista Aragonesa de Administración Pública* (52), 159-210.

Casado Casado, L. (2020). «Los efectos jurídicos de la omisión del trámite de consulta pública previa en el procedimiento de elaboración de las disposiciones administrativas de carácter general: ¿nulidad de pleno derecho de la norma aprobada?» *Revista de Estudios de la Administración Local y Autonómica* (14), 29-48.

Castellanos Claramunt, J. (2020). *Participación ciudadana y buen gobierno democrático. Posibilidades y límites en la era digital.* Madrid: Marcial Pons.

Castillo Blanco, F. A. (2002). «El principio de seguridad jurídica: especial referencia a la certeza en la creación del Derecho». *Documentación Administrativa* (263-264), 21-72.

Castillo Blanco, F. A. (2017). «¿Es precisa una codificación de los nuevos paradigmas de interpretación del ordenamiento jurídico-público?: a propósito de la seguridad jurídica». En L. Míguez Macho y M. Almeida Cerreda (coords.), *Los retos actuales del Derecho Administrativo en el Estado Autonómico* (págs. 187-202). Santiago de Compostela: Andavira y Fundación Democracia y Gobierno Local.

Catalá Pérez, D. y De Miguel Molina, M. (2018). «La institucionalización de la evaluación de las políticas públicas en la Comunitat Valenciana: una necesidad inaplazable». *Anales de la Real Academia de Cultura Valenciana* (94), 329-455.

Cazorla Prieto, L. M. (1999). *Codificación contemporánea y técnica legislativa.* Cizur Menor (Navarra): Aranzadi.

Cazorla Prieto, L. M. (2007). *El Lenguaje Jurídico Actual.* Cizur Menor (Navarra): Thomson Aranzadi.

CEOE (2015). *Legislar menos, legislar mejor.* Madrid.

CEOE (2016.1). *La producción normativa en 2015.* Madrid.

CEOE (2016.2). *Propuestas para mejorar la legislación y la Administración de Justicia.* Madrid.

CEOE (2017). *La producción normativa en 2016.* Madrid.

CEOE (2018). *La producción normativa en 2017.* Madrid.

CEOE (2019). *La producción normativa en 2018.* Madrid.

CEOE (2020). *La producción normativa en 2019.* Madrid.

CEOE (2021). *La producción normativa en 2020.* Madrid.

CEOE (2022). *La producción normativa en 2021.* Madrid.

Cerrillo i Martínez, A. (2015). «Sobre la interdisciplinariedad en el Derecho Administrativo». *Revista Española de Derecho Administrativo* (168), 39-65.

Cerrillo i Martínez, A. (2021). «Calidad de la regulación y buen gobierno para hacer frente a la pandemia de la COVID-19». *Anuario del Buen Gobierno y de la Calidad de la Regulación 2020*, 277-308.

Chaves García, J. R. (30 de marzo de 2017). «Arranque del Plan Anual Normativo: ¿dinamita o pólvora mojada?» Recuperado el 28 de mayo de 2021, de *delajusticia.com*: https://delajusticia.com/2017/03/30/arranque-del-plan-anual-normativo-dinamita-o-polvora-mojada/

Chaves García, J. R. (2020). *Derecho Administrativo Mínimo.* Madrid: Amarante.

Chinchilla Peinado, J. A. y de Marcos Fernández, A. (2021). «III. Fuentes». *Revista Española de Derecho Administrativo* (211), 95-116.

Cierco Seira, C. y Ropero Vilaró, A. (2018). «La consulta pública previa en la elaboración de normas reglamentarias». *Anuario del Gobierno Local 2017*, 93-129.

Coglianese, C. (2002). «Empirical Analysis and Administrative Law». *Penn Law: Legal Scholarship Repository*, 2002 (4), 1111-1137.

Coglianese, C. (2012). «Measuring Regulatory Performance. Evaluating the impact of regulation and regulatory policy». *OECD Expert Paper* No. 1, August 2012, 1-59.

Coglianese, C. (2013). «Moving Forward with Regulatory Lookback». *Yale Journal on Regulation, 30* (57), 57-66.

Collado Beneyto, P. J. (2009). *Comentario a la Ley General de Subvenciones y a su reglamento. Incidencia en la Generalitat Valenciana.* Valencia: Tirant lo Blanch.

CONDE ANTEQUERA, J. (2009). *Lenguaje administrativo y Derecho: El lenguaje como aspecto de la actividad administrativa. (Propuestas para un uso eficaz del lenguaje administrativo por el personal de las Administraciones Públicas).* Cizur Menor (Navarra): Aranzadi Thomson Reuters.

COPELAND, C. W. (2009). *The Unified Agenda: Implications for Rulemaking Transparency and Participation.* Washington DC: Congressional Research Service Report for Congress.

CRUZ VILLALÓN, P. (2003). «Control de la calidad de la Ley y calidad del control de la Ley». *Derecho Privado y Constitución* (17), 147-168.

CUETO PÉREZ, M. (2018). «Potestad normativa de las Universidades Públicas». En F. LÓPEZ RAMÓN, R. RIVERO ORTEGA Y F. P. FERNANDO PABLO (coords.), *Organización de la Universidad y la Ciencia. Actas del XIII Congreso de la Asociación Española de Profesores de Derecho Administrativo* (págs. 529-560). Madrid: Instituto Nacional de Administración Pública.

DAHLSTRÖM, C. Y LAPUENTE GINÉ, V. (2018). *Organizando el Leviatán. Por qué el equilibrio entre políticos y burócratas mejora los gobiernos.* Barcelona: Deusto.

DE BENEDETTO, M. (2013). «"Good regulation": organizational and procedural tools». *Italian Journal of Public Law, 5* (2), 235-260.

DE BENEDETTO, M., MARTELLI, M. Y RANGONE, N. (2011). *La qualità delle regole.* Bolonia (Italia): Il Mulino.

DE FALCO, V. (2019). *Acción administrativa y procedimientos en el Derecho comparado.* Madrid: Instituto Nacional de Administración Pública.

DE FRANCESCO, F. (2018). «Évaluer équitablement les régulateurs: aligner les analyses d›impact sur le savoir scientifique». *Revue Politiques et Manegement Public, 35* (3-4), 131-151.

DE JONG, M. Y MENTZEL, M. (2001). «Policy and science: options for democratisation in European countries». *Science and Public Policy, 28* (6), 403-412.

DE LA TORRE MARTÍNEZ, L. (2020). *Derecho e incertidumbre: disputas metodológicas de ayer y hoy.* Madrid: Iustel.

DE LUCIO FERNÁNDEZ, J. J. Y MORA-SANGUINETTI, J. S. (2021). «New dimensions of regulatory complexity and their economic cost. An analysis using text mining». *Banco de España. Documentos de Trabajo* (2107), 1-34.

De Montalvo Jääskeläinen, F. (2016). «Potestad legislativa y evaluación *ex post* de las normas: hacia un mejor parlamento a través de la regulación inteligente». *Revista de las Cortes Generales* (97-99), 79-184.

De Montalvo Jääskeläinen, F. (2017). «La evaluación *ex post* de las normas: un análisis del nuevo modelo español». *Asamblea. Revista parlamentaria de la Asamblea de Madrid* (36), 139-177.

De Prado Fernández-Canteli, A. (2019). «El Plan Normativo Anual Municipal». *El Consultor de los Ayuntamientos* (10), 140.

Del Guayo Castiella, Í. (2018). «La regulación y sus tareas». En M. Vaquer Caballería, Á. M. Moreno Molina y A. Descalzo González (coords.), *Estudios de Derecho Público en homenaje a Luciano Parejo Alfonso* (págs. 1505-1526). Valencia: Tirant lo Blanch.

Delgado Echevarría, J. (2003). Las normas derogadas. Validez, vigencia, aplicabilidad. *Derecho Privado y Constitución* (17), 197-252.

Deming, W. E. (2006). *La Nueva Economía. Para la industria, el gobierno y la educación.* Madrid: Diaz de Santos.

Díaz González, G. M. (2017). «La reforma de las potestades normativas». *El Cronista del Estado Social y Democrático de Derecho* (63), 70-78.

Díaz González, G. M. (2018). «Las competencias exclusivas del Estado *ex* artículo 149.1.18.ª de la Constitución y la disciplina de la producción normativa. Sobre la inconstitucionalidad parcial de la Ley 39/2015, de 1 de octubre...» (STC 55/2018, de 24 de mayo). *Revista de Estudios de la Administración Local y Autonómica* (10), 80-95.

Doménech Pascual, G. (2004). «Los experimentos jurídicos». *Revista de Administración Pública* (164), 145-187.

Doménech Pascual, G. (2005). «El seguimiento de normas y actos jurídicos». *Revista de Administración Pública* (167), 97-145.

Doménech Pascual, G. (2006). «Descentralización administrativa y experimentalismo democrático». *Cuadernos Constitucionales de la Cátedra Fadrique Furió Ceriol* (52-53), 43-67.

Doménech Pascual, G. (2013). «El impacto de la crisis económica sobre el método jurídico (administrativo)». En J. L. Piñar Mañas (dir.), *Crisis económica y crisis del Estado del bienestar. El papel del Derecho Administrativo. Actas del XIX Congreso Ítalo-Español de Profesores de Derecho Administrativo* (págs. 389-396). Madrid: Reus.

Doménech Pascual, G. (2014). «Por qué y cómo hacer Análisis Económico del Derecho». *Revista de Administración Pública* (195), 99-133.

Doménech Pascual, G. (2016). «Que innoven ellos. Por qué la ciencia jurídica española es tan poco original, creativa e innovadora». *InDret. Revista para el análisis del Derecho* (2), 1-41.

Doménech Pascual, G. (31 de mayo de 2019.1). «Experimentos en la Teoría y Práctica del Derecho». *XIII Seminario de Teoría y Método (STEM).*

Doménech Pascual, G. (2019.2). «Sobre el poder explicativo del análisis económico del Derecho». *InDret. Revista para el análisis del Derecho,* 2019 (2), 1-39.

Doménech Pascual, G. (2022). «Sobre el procedimiento de elaboración de los reglamentos, sus vicios y su control judicial». *Revista de Derecho Público: Teoría y Método 5*, 73-114.

Dorrego De Carlos, A. (2018). «La iniciativa legislativa del Gobierno: significado político y constitucional». *Revista de las Cortes Generales* (104), 115-133.

Dudley, S. E. y Peacock, M. (2016). «Improving Regulatory Science: A Case Study of the National Ambient Air Quality Standards». *Supreme Court Economic Review, 24*, 49-99.

Dye, T. R. (1972). *Understanding Public Policy.* Upper Saddle, New Jersey (EE. UU.): Prentice Hall.

Easton, D. (1967). *A Systems Analysis of Political Life.* Nueva York: John Wiley y Sons.

Eliantonio, M. y Spendzharova, A. (2017). «The European Union's New "Better Regulation" Agenda: Between Procedures and Politics». *European Journal of Law Reform, 19* (1-2), 3-15.

Embid Irujo, A. (1991). *La Planificación hidrológica: régimen jurídico.* Madrid: Tecnos.

Embid Irujo, A. (2014). «Norma, Economía y Lenguaje en el derecho de la crisis económica. El control judicial de la actividad administrativa en la economía. Algunas reflexiones». *Documentación Administrativa* (1).

Embid Irujo, A. (2021). «Legislar sobre el cambio climático». *Revista Aranzadi de Derecho Ambiental* (48), 13-36.

Embid Tello, A. E. (2019). Calidad normativa y evaluación *ex post* de las normas jurídicas. *Revista General de Derecho Administrativo* (50).

Escola Balear d'Administració Pública (2020). *La técnica legislativa en la elaboración de las Leyes.* Obtenido de https://ebapenobert.caib.es/course/view.php?id=50

Esteve Pardo, J. (1999). *Técnica, riesgo y Derecho.* Barcelona: Ariel.

Esteve Pardo, J. (2002). *Autorregulación. Génesis y efectos.* Cizur Menor (Navarra): Aranzadi.

Esteve Pardo, J. (2007). «La regulación de la economía desde el Estado garante». En VV. AA., *La Autonomía municipal, administración y regulación económica, títulos académicos y profesionales* (págs. 79-126). Cizur Menor (Navarra): Aranzadi.

Esteve Pardo, J. (2009). *El desconcierto del Leviatán. Política y derecho ante las incertidumbres de la ciencia.* Madrid: Marcial Pons.

Esteve Pardo, J. (2012). «La extensión del Derecho Público. Una reacción necesaria». *Revista de Administración Pública* (189), 11-40.

Esteve Pardo, J. (2015.1). *Estado Garante. Idea y Realidad.* Madrid: Instituto Nacional de Administración Pública.

Esteve Pardo, J. (2015.2). «La Administración garante. Una aproximación». *Revista de Administración Pública* (197), 11-39.

Esteve Pardo, J. (2016). «De la Ciencia a la Literatura. El camino del Derecho ante la incertidumbre». En J. M. Baño León (coord.), *Memorial para la reforma del Estado* (Vol. III, págs. 2193-2205). Madrid: Centro de Estudios Políticos y Constitucionales.

Esteve Pardo, J. (2020). «La apelación a la Ciencia en el gobierno y gestión de la crisis de la Covid-19». *Revista de Derecho Público: Teoría y Método, 2*, 35-50.

Feinstein, O. N. (2012). «La institucionalización de la evaluación de políticas públicas en América Latina». *Presupuesto y Gasto Público* (68), 41-52.

Fernández Díez-Picazo, M. y Mateo Feito, M. (2012). «Evaluación de impacto normativo en España». *Presupuesto y Gasto Público* (68), 111-124.

Fernández Ferrarons, M. (2020). *El procediment d'elaboraciò de les ordenances locals a llum de la millora de la regulació.* Barcelona: Atelier.

Fernández Farreres, G. (2016). «Las nuevas leyes de Régimen Jurídico del Sector Público y del Procedimiento Administrativo Común: entre la cosmética y el enredo». *Asamblea: revista parlamentaria de la Asamblea de Madrid* (34), 57-74.

Fernández Rodríguez, T. R. (2008). «De la banalidad a la incoherencia y la arbitrariedad». *El Cronista del Estado Social y Democrático de Derecho* (0), 38-45.

Fernández Salmerón, M. (2017). «Capítulo XLIII. La potestad reglamentaria. El procedimiento de elaboración de los reglamentos». En E. Gamero Casado (dir.), S. Fernández Ramos y J. Valero Torrijos (coords.), *Tratado de Procedimiento Administrativo Común y Régimen Jurídico Básico del Sector Público* (págs. 2483-2549). Valencia: Tirant lo Blanch.

Fernández Torres, J. R. (2005). «El establecimiento de subvenciones». En G. Fernández Farreres (dir.), *Comentario a la Ley General de Subvenciones* (págs. 263-327). Madrid: Civitas.

Ficet, J. (2018). Un rendez-vous manqué? La difficile institutionnalisation de l'évaluation des lois fédérales en Belgique. *Revue Politiques et Management Public, 35* (3-4), 197-214.

Figueroa Laraudogoitia, A. (coord.) (1995). *Los procesos de implementación de las normas jurídicas.* Vitoria-Gasteiz: Instituto Vasco de Administración Pública.

Flückiger, A. (2010). «Concluding Remarks. Can Better Regulation Be Achieved By Guiding Parliaments and Governments? How the Definition of the Quality of Legislation Affects Law Improvement Methods». *Legisprudence, 4* (2), 213-2018.

Fontaine, G. (2015). *El análisis de políticas públicas.* Barcelona: Anthropos.

Fortes González, A. I. (2016). «Capítulo XII. De la iniciativa legislativa y de la potestad reglamentaria. En especial la mejora regulatoria». En R. Rivero Ortega, M. D. Calvo Sánchez y M. Fernando Pablo (dirs.), *Estudios sobre las Leyes 39/2015 del Procedimiento Administrativo Común de las Administraciones Públicas y 40/2015 del Régimen Jurídico del Sector Público* (págs. 333-367). Lisboa: Juruá.

Gallego Alcalá, J. D. (2018). «Sobre el régimen legal del Plan Anual Normativo». *El Consultor de los Ayuntamientos* (8), 80.

Gamero Casado, E. (2013.1). «La simplificación del procedimiento administrativo: "Better Regulation", "Better Administration"». *Revista Española de Derecho Administrativo* (160), 79-125.

Gamero Casado, E. (2013.2). «La simplificación del procedimiento administrativo: una respuesta idónea desde el Derecho Administrativo ante la crisis». En J. L. Piñar Mañas (dir.), *Crisis económica y crisis del Estado del bienestar. El papel del Derecho Administrativo* (págs. 407-446). Madrid: Reus.

Gamero Casado, E. (2014). «Capítulo Primero. La simplificación del procedimiento administrativo como categoría jurídica». En E. Gamero Casado (coord.), *Simplificación del procedimiento administrativo y mejora de la regulación* (págs. 25-76). Valencia: Tirant lo Blanch.

Gamero Casado, E. (2015). *Desafíos del Derecho Administrativo ante un mundo en disrupción.* Granada: Comares.

Gamero Casado, E. (2021). *La potestad administrativa. Concepto y alcance práctico de un criterio clave para la aplicación del Derecho administrativo.* Valencia: Tirant Lo Blanch.

Garcés Sanagustín, Á. (2015). «Algunas consideraciones sobre la decadencia del principio de legalidad en el Derecho español». *Revista Vasca de Administración Pública* (103), 209-253.

Garcés Sanagustín, M., Marín Cózar, M., García Mirantes, A., Navarrete Rojas, F. y Bote Álvarez-Carrasco, V. (2008). *De la auditoría pública a la evaluación de políticas públicas. Reflexiones prácticas en torno al nuevo marco de la auditoría y de la evaluación en el sector público español.* Barcelona: Asociación-Instituto de Auditores Públicos de España.

García de Enterría y Martínez-Carande, E. (1962). «La lucha contra las inmunidades del poder en el Derecho Administrativo (poderes discrecionales, poderes de gobierno, poderes normativos)». *Revista de Administración Pública* (38), 159-205.

García de Enterría y Martínez-Carande, E. (1984). *Reflexiones sobre la Ley y los principios generales del Derecho.* Madrid: Civitas.

García de Enterría y Martínez-Carande, E. (1989). «Principios y modalidades de la participación ciudadana en la vida administrativa». En R. Gómez-Ferrer Morant, *Libro homenaje al profesor José Luis Villar Palasí* (págs. 437-452). Madrid: Civitas.

García de Enterría y Martínez-Carande, E. (1999). *Justicia y seguridad jurídica en un mundo de leyes desbocadas.* Madrid: Civitas.

García de Enterría y Martínez-Carande, E. y Fernández Rodríguez, T. R. (2020). *Curso de Derecho Administrativo* (19.ª ed.). Cizur Menor (Navarra): Civitas. Thomson Reuters.

García García, M. J. (2019.1). *Democracia participativa y elaboración de normas europeas en el contexto de una legislación inteligente.* Granada: Comares.

García García, M. J. (2019.2). «Smart regulation law-making and participatory democracy: consultation in the European Union». *Revista Catalana de Dret Públic* (59), 85-96.

García Inda, A. (2020). *El Estado David. Suprimir, sustituir, simplificar. Salida de emergencia del Estado del bienestar.* Madrid: Unión Editorial.

García Llovet, E. (2017). «Proporcionalidad y regulación: el juez ante la MAIN». En L. Míguez Macho y M. Almeida Cerreda (coords.), *Los retos actuales del Derecho Administrativo en el Estado autonómico* (págs. 165-182). Santiago de Compostela: Andavira.

García Matíes, R. (2020). «Algunas notas sobre el aprendizaje de políticas públicas. Policy learning». *Revista de Estudios Locales* (235), 88-95.

García Mexía, P., Rodríguez-Arana Muñoz, J. (dirs.) y **Hernando Masdeu, J.** (coord.), (2010). *La técnica normativa: una necesidad para la realización de la justicia.* Madrid: CEU Ediciones.

García Rubio, F. (2017). «La potestad reglamentaria local tras la nueva Ley de Procedimiento Común». *Cuadernos de Derecho Local* (44), 83-131.

García Sánchez, E. (2015). «Sistemas de evaluación en España: análisis y propuestas». *Studia Politicae* (34), 117-133.

García-Escudero Márquez, P. (2000). *La iniciativa legislativa del Gobierno.* Madrid: Centro de Estudios Políticos y Constitucionales.

García-Escudero Márquez, P. (2010). *Técnica legislativa y seguridad jurídica: ¿hacia el control constitucional de la calidad de las leyes?* Cizur Menor (Navarra): Civitas. Thomson Reuters.

García-Escudero Márquez, P. (2016). «Iniciativa legislativa del Gobierno y técnica normativa en las nuevas leyes administrativas (leyes 39 y 40/2015)». *UNED. Teoría y Realidad Constitucional* (38), 433-452.

García-Escudero Márquez, P. (2018). «40 años de técnica legislativa». *Revista de las Cortes Generales* (104), 179-213.

García-Pelayo Alonso, M. (1982). *Burocracia y tecnocracia.* Madrid: Alianza.

Garde Roca, J. A. (2004). «La evaluación de políticas y su institucionalización en España». *Gestión y Análisis de Políticas Públicas* (30-31), 11-28.

Garde Roca, J. A. (2006). «La institucionalización de la evaluación de las políticas públicas en España». *Auditoría Pública* (39), 17-26.

Gascón Marcén, A. (2019). «Capítulo 2. Gobernanza electrónica en la Unión Europea: posibilidades a disposición de los ciudadanos para influir en la legislación y políticas europeas». En F. Galindo Ayuda (coord.), ¿Cómo poner en práctica el gobierno abierto? (págs. 33-49). Madrid: Reus.

Gavara Estañol, A. (2014). «Capítulo Decimosegundo. La simplificación de procedimientos y la reducción de cargas administrativas en la Generalitat de la Comunitat Valenciana». En E. Gamero Casado (coord.), *Simplificación del procedimiento administrativo y mejora de la regulación* (págs. 429-461). Valencia: Tirant lo Blanch.

Gimeno Fernández, C. (2018). «La qualitat normativa al País Valencià. Propostes per a un nou model de producció i avaluació de les nostres normes». Àgora Nexe. Fulls de debat i de reflexió (3), 1-40.

Gimeno Fernández, C. (2021). «Las disposiciones derogatorias indeterminadas en el ordenamiento jurídico español». *InDret, 1*, 324-354.

Gómez Asensio, C. (2013). *La mejora regulatoria (better regulation): aplicaciones en materia de contratación pública.* Valencia: Tirant lo Blanch.

González Bustos, M. Á. (2017). «Capítulo XLIV. Principios de buena regulación y evaluación de su cumplimiento». En E. Gamero Casado (dir.), S. Fernández Ramos y J. Valero Torrijos (coords.), *Tratado de Procedimiento Administrativo Común y Régimen Jurídico Básico del Sector Público* (págs. 2551-2580). Valencia: Tirant lo Blanch.

González Pérez, J. (1963). «El procedimiento para elaborar disposiciones de carácter general». *Revista de Administración Pública* (40), 9-31.

Graeber, D. (2015). *La utopía de las normas. De la tecnología, la estupidez y los secretos placeres de la burocracia.* Barcelona: Ariel.

GRETEL - Grupo de Estudios de Técnica Legislativa. (1989). *Curso de Técnica Legislativa* (Vol. Serie de Técnica Legislativa I). Madrid: Centro de Estudios Políticos y Constitucionales.

Gutiérrez del Castillo, C. (2018). «Treinta años del análisis económico en el Parlamento español. Retos a futuro». *Revista de las Cortes Generales* (104), 485-518.

Helm, D. (2006). «Regulatory Reform, Capture and the Regulatory Burden». *Oxford Review of Economic Policy, 22* (2), 169-185.

Huergo Lora, A. (2016). «Las leyes 39 y 40/2015. Su ámbito de aplicación y la regulación de los actos administrativos». *El Cronista del Estado social y democrático de Derecho* (63), 4-13.

Huergo Lora, A. (2018). «Un "espacio controlado de pruebas" (regulatory sandbox) para las empresas financieras tecnológicamente innovadoras». *El Cronista del Estado social y democrático de Derecho* (76), 48-59.

Jacobs, S. (2006). «Current Trends in Regulatory Impact Analysis: The Challenges of Mainstreaming RIA into Policy-making». *Policy Research Initiative Working Paper Series,* 1-52.

Jiménez Aparicio, E. (1989). «Actualización de textos». En F. Sáinz Moreno y J. C. Da Silva Ochoa (eds.), *La calidad de las Leyes* (págs. 297-319). Vitoria-Gasteiz: Parlamento Vasco.

Jiménez Asensio, R. (17 de junio de 2018). «El procedimiento de elaboración de disposiciones normativas en la ley 39/2015 tras la Sentencia del Tribunal Constitucional». Obtenido de La mirada institucional: https://rafaeljimenezasensio.com/2018/06/17/el-procedimiento-elaboracion-disposiciones-normativas-en-la-ley-39-2015-tras-la-sentencia-del-tribunal-constitucional/

Jiménez Sánchez, F. (2020). «El déficit de calidad institucional y la mala regulación: la importancia de mejorar la normativa». *Anuario del Buen Gobierno y de la Calidad de la Regulación 2019*, 61-85.

Jiménez Tello, P. (2011). «Derecho Administrativo y Estado Evaluativo». En Á. Sánchez Blanco, M. Domínguez Berrueta de Juan y J. L. Rivero Ysern (coords.), *El Nuevo Derecho Administrativo. Liber Amicorum Enrique Rivero Ysern* (págs. 985-999). Salamanca: Ratio Legis.

Jover Gómez-Ferrer, J. M. (2020). «La potestad normativa de la CNMC». *Revista de Administración Pública* (211), 71-110.

Karpen, U. (2003). «The evaluation of legislation». *Testimonis Parlamentaris* (15), 23-48.

Laguna de Paz, J. C. (2017). «La regulación, sus fallos y alternativas». En L. Míguez Macho y M. Almeida Cerreda, *Los retos actuales del Derecho Administrativo en el Estado autonómico. Estudios en homenaje al profesor José Luis Carro Fernández-Valmayor* (págs. 535-552). A Coruña: Andavira.

Laulom, S. (2018). «Better regulation and the social acquis: Is the REFIT fit for purpose?», *European Labour Law Journal, 9* (1), 7-23.

Lavilla Rubira, J. J. (2009). «El procedimiento de elaboración de los reglamentos en la Ley del Gobierno doce años después». *Revista Española de la Función Consultiva* (11), 17-29.

Lázaro Vicente, B. (2012). «Estrategias para el avance de la evaluación: la experiencia catalana a través de Ivàlua». *Presupuesto y Gasto Público* (68), 25-39.

Liberatore, A. y Funtowicz, S. (2003). «'Democratising' expertise, 'expertising' democracy: what does this mean, and why bother?» *Science and Public Policy, 30* (3), 146-150.

Lladó Martínez, A. (2017). «Las leyes 39 y 40 de 2015 y las universidades públicas: su exclusión de la esfera de la Administración pública y consecuencias derivadas». *Revista Galega de Administración Pública (REGAP)* (53), 359-391.

López Donaire, B. (2017). «Análisis sobre las novedades introducidas en las leyes 39/2015 y 40/2015 para mejorar la calidad de las normas. ¿Quién lleva a cabo la evaluación? Reflexiones sobre las formas posibles de evaluación». *Actualidad Administrativa* (5), 1-13.

López Vallés, J. (2020). «La mejora de la regulación en el ámbito local. El papel de la Ley de garantía de la unidad de mercado y la promoción de la competencia». *Anuario del Buen Gobierno y de la Calidad de la Regulación* 2019, 301-315.

Marcos Fernández, F. (2009). «Calidad de las normas jurídicas y estudios de impacto normativo». *Revista de Administración Pública* (179), 333-365.

Martín Casals, M. y Viver Pi Sunyer, C. (1990). «¿Quién redacta las leyes? Los modelos de redacción «concentrada» y de redacción «difusa» de los proyectos de Ley». *Revista de las Cortes Generales* (21), 7-34.

Martín Oviedo, J. M. (2010). «La experiencia del Consejo de Estado español en la revisión de proyectos de decreto». *Revista española de Derecho Administrativo* (145), 113-132.

Martín Pallín, J. A. y Sánchez Corzo, J. (2015). «Capítulo 5. La cascada legislativa que ahoga las energías renovables». En J. Castro-Gil Amigo (coord.), *Riesgo regulatorio en las energías renovables* (Vol. 1, págs. 219-241). Cizur Menor (Navarra): Anpier. Thomson Reuters Aranzadi.

Martín Rebollo, L. (2016). «Uso y abuso del Decreto-Ley (Un análisis empírico)». En J. M. Baño León (coord.), *Memorial para la reforma del Estado. Estudios en homenaje al profesor Santiago Muñoz Machado* (págs. 665-731). Madrid: Centro de Estudios Políticos y Constitucionales.

Martín Rebollo, L. (2017). *40 años de Derecho Administrativo postconstitucional y otros ensayos rescatados.* Cizur Menor (Navarra): Thomson Reuters Aranzadi.

Martínez Calvo, J. y Ester Casas, V. (2020). «Capítulo 25. Las circulares económicas de la CNMC». En M. Á. Recuerda Girela (coord.), *Anuario de Derecho Administrativo* 2020 (págs. 555-574). Madrid: Civitas. Thomson Reuters.

Martínez Pujalte, A. L. (2010). Algunas notas sobre la participación ciudadana en el procedimiento de elaboración de las leyes. *Corts: Anuario de derecho parlamentario* (23), 257-274.

Martín-Retortillo Baquer, L. (2004). *La interconexión de los ordenamientos jurídicos y el sistema de fuentes del derecho.* Madrid: Thomson Civitas.

Martín-Retortillo Baquer, S. (1966). «Antecedentes del concepto de Plan y referencia a la legislación de fomento del siglo XIX». *Revista de Administración Pública* (49), 39-48.

Martín-Retortillo Baquer, S. (1998). «De la simplificación de la Administración Pública». *Revista de Administración Pública* (147), 7-37.

Melero Alonso, E. (2005). *Reglamentos y disposiciones administrativas: análisis teórico y práctico. Una propuesta de diferenciación desde un paradigma social de derecho.* Valladolid: Lex Nova.

Méndez Fernández, J. (2014). «Capítulo Decimoprimero. La simplificación de los procedimientos en la Administración de la Comunidad de Castilla y León». En E. Gamero Casado (coord.), *Simplificación del procedimiento administrativo y mejora de la regulación* (págs. 417-429). Valencia: Tirant lo Blanch.

Menéndez Alonso, J. M. (2016). «La elaboración de ordenanzas y reglamentos con la Ley 39/2015 del procedimiento administrativo común: problemática local». *El Consultor de los Ayuntamientos*(22), 2506.

Menéndez Menéndez, A. (dir.) y **Pau Pedrón, A.** (dir. adj.), (2004). *La proliferación legislativa: un desafío para el Estado de Derecho.* Madrid: Thomson Civitas.

Mercado Pacheco, P. (2013). «Calidad de la Ley, evaluación de impacto normativo y argumentos económicos». *Anales de la Cátedra Francisco Suárez* (47), 85-108.

Meseguer Yebra, J. (2016). «Capítulo 4. Procedimiento de elaboración de normas y better regulation en el ejercicio de la potestad reglamentaria local». En C. Campos Acuña (coord.), *El nuevo procedimiento administrativo local tras la Ley 39/2015* (págs. 127-148). Madrid: Wolters Kluwer.

Meseguer Yebra, J. (2021). «Capítulo 6. La tramitación urgente de proyectos normativos: la ejecución de los fondos europeos para el plan de recuperación, transformación y resiliencia». En C. Campos Acuña, *La gestión de los Fondos Next Generation* (págs. 185-214). Madrid: Wolters Kluwer.

Míguez Macho, L. (2021). *La modernización del procedimiento administrativo.* Cizur Menor (Navarra): Aranzadi Thomson Reuters.

Ministerio de Justicia (2009). *Legislar Mejor 2009.* Madrid: Ministerio de Justicia.

Mir Puigpelat, O. (2004). *Globalización, Estado y Derecho. Las transformaciones recientes del Derecho Administrativo.* Cizur Menor (Navarra): Thomson. Civitas.

Mir Puigpelat, O. (2012). «Procedimiento de elaboración de reglamentos y Better Regulation». En J. Tornos Mas (coord.), *Comentarios a la Ley 26/2010, de 3 de agosto, de régimen jurídico y de procedimiento de las Administraciones públicas de Cataluña* (págs. 501-543). Madrid: Iustel.

Montoro Chiner, M. J. (1985). «La calidad de las normas. ¿Desafío al Estado de Derecho? El test de los proyectos de ley como sistema para mejorar la calidad de las leyes». *Civitas. Revista española de Derecho Administrativo* (48), 507-524.

Montoro Chiner, M. J. (1989). *Adecuación al ordenamiento y factibilidad: Presupuestos de calidad de las normas.* Madrid: Centro de Estudios Constitucionales.

Montoro Chiner, M. J. (1990). «De nuevo sobre procedimiento y seguridad jurídica: los órganos consultivos autonómicos». *Revista de Administración Pública* (122), 381-407.

Montoro Chiner, M. J. (2001.1). *La evaluación de las normas. Racionalidad y eficiencia.* Barcelona: Atelier.

Montoro Chiner, M. J. (2001.2). «Técnica legislativa y evaluación de las normas». *Anuario Jurídico de La Rioja* (6-7), 155-171.

Montoro Chiner, M. J. (2003). «Seguridad jurídica, principio de cautela y comités científicos». *Documentación Administrativa* (265-266), 319-363.

Montoro Chiner, M. J. (2017). «La sociedad requiere normas útiles. El esfuerzo por mejorar la legislación tras la Ley 39/2015... ¿Principios, reglas y directrices de técnica legislativa o núcleo esencial del procedimiento de elaboración de normas?» *Revista española de Derecho Administrativo* (182), 27-57.

Montoya Martín, E. (2012). «Reflexiones sobre el sector público instrumental en un contexto de crisis económica: la inaplazable hora de la racionalización». En J. R. Fuentes i Gasó, J. Gifreu i Font y L. Casado Casado (coords.), *Estructuras administrativas y racionalización del gasto público. Problemas actuales de la expropiación forzosa. La reforma de los entes locales en Italia en el contexto de la crisis económica* (págs. 15-115). Madrid: Instituto Nacional de Administración Pública.

Mora Ruiz, M. (2014). «Capítulo Segundo. Metodologías y organización administrativa de la simplificación de procedimientos». En E. Gamero Casado, *Simplificación del procedimiento administrativo y mejora de la regulación* (págs. 77-117). Valencia: Tirant lo Blanch.

Mora Ruiz, M. (2016). «Capítulo IX. Iniciativa legislativa y potestad reglamentaria. Disposición derogatoria». En H. Gosálbez Pequeño, *La nueva Ley del Procedimiento Administrativo Común* (págs. 513-565). Madrid: Wolters Kluwer.

Moral Arce, I. (2019). «Evaluación *ex post* de una intervención pública». *Revista de Economía ICE. Información Comercial Española* (907), 37-50.

Morales Plaza, A. (2020). «Capítulo 21. Las circulares de la CNMC tras las competencias atribuidas por el RDL 1/2019». En M. Á. Recuerda Girela (coord.), *Anuario de Derecho Administrativo 2020* (págs. 471-487). Cizur Menor (Navarra): Civitas. Thomson Reuters.

Mora-Sanguinetti, J. S. (2019). La «complejidad» de la regulación española. ¿Cómo medirla? ¿Qué impacto económico tiene? *Revista de Economía ICE. Información Comercial Española* (907), 147-162.

Mora-Sanguinetti, J. S. y Pérez Valls, R. (2021). «How does regulatory complexity affect business demography? Evidence from Spain». *European Journal of Law and Economics* (51), 203-242.

Mora-Sanguinetti, J. S. y Pérez-Valls, R. (2020). «¿Cómo afecta la complejidad de la regulación a la demografía empresarial? Evidencia para España». *Documentos de Trabajo. Banco de España* (2002), 1-30.

Mora-Sanguinetti, J. S. y Salvador Mora, S. (2015). «El impacto económico de la actividad normativa. Los riesgos de la «gran convergencia». *Economía Industrial* (398), 117-128.

Moreira Neto, D. (2012). «Logros democráticos de la regulación». *Revista española de Derecho Administrativo* (155), 67-73.

Moreno Molina, M. Á. (2020). «Los procedimientos "normativos"». En L. Parejo Alfonso y M. Vaquer Caballería (dirs.), *Estudios sobre el procedimiento administrativo. II. Tipos de procedimientos* (págs. 65-137). Valencia: Tirant lo Blanch.

Moreu Carbonell, E. (2020). «Nuestro lenguaje: el giro lingüístico del Derecho». *Revista de Derecho Público: Teoría y Método, 1*, 313-362.

Muñoz Machado, S. (2015). *Tratado de Derecho Administrativo y Derecho Público General. IV. El ordenamiento jurídico* (4.ª ed.). Madrid: Agencia Estatal del Boletín Oficial del Estado.

Nabaskues Martínez de Eulate, I. (2017). «Panorama actual de la calidad normativa en el ordenamiento tras la aprobación de la Ley 39/2015». *Revista Vasca de Administración Pública* (109-I), 389-419.

Nieto García, A. (1996). *La «nueva» organización del desgobierno.* Barcelona: Ariel.

Nieto García, A. (2019). *Una introducción al derecho.* Valencia: Tirant lo Blanch.

Núñez Lozano, M. (2017). «Informe. El Plan Anual Normativo para el año 2017». *Revista Andaluza de Administración Pública* (97), 427-435.

OCDE (2015). *España: de la Reforma de la Administración a la Mejora Continua. Informe de la OCDE sobre gobernanza pública en España.* Madrid: Instituto Nacional de Administración Pública.

OCDE (2016). *Panorama de las Administraciones Públicas 2015.* Madrid: Instituto Nacional de Administración Pública.

Orduña Prada, E. (2016). «Sobre la potestad normativa local y la Ley del Procedimiento Administrativo Común de las Administraciones Públicas». *Actualidad Administrativa* (2), 149-159.

Ortí Ferrer, P. (2016.1). «L'avaluació d'impacte normatiu a l'Administració de la Generalitat i la política de millora de la regulació: balanç i reptes en el context de la Llei de transparència». *Activitat parlamentària* (29), 64-88.

Ortí Ferrer, P. (2016.2). «Transparencia y buena regulación: el derecho de acceso a los expedientes normativos y la evaluación de impacto». En D. Canals i Ametller (ed.), *Datos. Protección, Transparencia y Buena Regulación* (págs. 123-162). Girona: Documenta Universitaria.

Ortí Ferrer, P. (2020). «Una década de política pública de mejora de la regulación en Cataluña: el reto del nivel local». *Anuario del Buen Gobierno y de la Calidad de la Regulación 2019*, 203-249.

Osés Abando, J. (2008). «Evaluación legislaiva y parlamento». *Revista Debate* (15), 58-69.

Paja Fano, M. (2017). «Un nuevo marco legal para la evaluación». *Gestión y Análisis de Políticas Públicas* (17), 6-25.

Palma Fernández, J. L. (1997). *La seguridad jurídica ante la abundancia de normas.* Madrid: Centro de Estudios Políticos y Constitucionales.

Parejo Alfonso, L. (2015). «Estado y procesos de cambio. Del Estado prestacional al garante de la prestación». *Asamblea: revista parlamentaria de la Asamblea de Madrid* (33), 73-98.

Parejo Alfonso, L. (2016). «A las puertas de su entrada en vigor: algunas cuestiones que suscitan las Leyes 39 y 40 de 2015, examinadas a la luz, en particular, de la autonomía local». *Asamblea: revista parlamentaria de la Asamblea de Madrid* (34), 37-56.

Parejo Alfonso, L. (2020.1). «El procedimiento administrativo de la planificación». En L. Parejo Alfonso y M. Vaquer Caballería (dirs.), *Estudios sobre el procedimiento administrativo. II. Tipos de procedimientos* (págs. 139-219). Valencia: Tirant lo Blanch.

Parejo Alfonso, L. (2020.2). «La actuación administrativa a caballo de la división entre normación y simple ejecución y el caso de la planificación y el plan». *Revista de Derecho Público: Teoría y Método, 1*, 7-40.

Parker, D. y Kirkpatrick, C. (2012). «Measuring Regulatory Performance. The economic impact of regulatory policy: a literature review of quantitative evidence». *Expert Paper OECD* (3), 1-48.

Pascua Mateo, F. (2006.1). *Derecho comunitario y calidad del ordenamiento español (estatal, autonómico y local).* Cizur Menor (Navarra): Thomson Civitas.

Pascua Mateo, F. (2006.2). «La técnica normativa en el sistema jurídico comunitario». *Cuadernos de Derecho Público* (28), 125-169.

Pau i Vall, F. y Pardo Falcón, J. (coords.) (2006). *La evaluación de las leyes.* Madrid: Tecnos.

Pendás García, B. (1990). «Procedimiento legislativo y calidad de las leyes». *Revista Española de Derecho Constitucional* (28), 75-110.

Pendás García, B. (2014). «La Ley contra el Derecho. Reflexiones sobre la calidad de las normas». *Anales de la Academia Matritense del Notariado* (54), 58-75.

Pensado Seijas, A. (2017.1). «La democratización de la iniciativa legislativa en las Entidades Locales». *El Consultor de los Ayuntamientos* (12), 1580.

Pensado Seijas, A. (2017.2). «La participación pública en la iniciativa normativa. Especial referencia a las entidades locales». *Revista digital CEMCI* (35), 1-21.

Pérez de las Heras, B. (2019). «La agenda de legislar mejor como eje de gobernanza democrática en la Unión Europea: impacto y potencialidades para las entidades subestatales». *Revista General de Derecho Administrativo* (50), 1-39.

Pérez García, M. L. (2020). «Nuevos retos de la potestad normativa local: buena regulación, planificación y evaluación normativa». En E. Ortega Burgos (dir.), *Actualidad. Derecho Administrativo* (págs. 446-462). Valencia: Tirant lo Blanch.

Pinilla Pallejà, R. (2008). «Qué es y para qué sirve la evaluación de impacto normativo». *Papeles de Evaluación AEVAL* (8), 1-42.

Pinilla Pallejà, R. y Fontcuberta Estrada, X. (2010). «Evaluación de políticas públicas e innovación social: un marco para la política basada en la evidencia». *Encuentros Multidisciplinarios* (35), 1-10.

Pintos Santiago, J. (dir.) (2017). *Calidad, transparencia y ética pública.* Madrid: Instituto Nacional de Administración Pública.

Ponce Alberca, J. y Solís Ruiz, J (coords.). (2019). *Historia y políticas públicas.* Granada: Comares.

Ponce Solé, J. (2009). «¿Mejores normas?: Directiva 2006/123/CE, relativa a los servicios en el mercado interior, calidad reglamentaria y control judicial». *Revista de Administración Pública* (180), 201-243.

Ponce Solé, J. (2015). *Negociación de Normas y Lobbies. Por una mejor regulación que favorezca la transparencia, evite la corrupción y reduzca la litigiosidad.* Cizur Menor (Navarra): Thomson Reuters Aranzadi.

Ponce Solé, J. (2016). «La discrecionalidad no puede ser arbitrariedad y debe ser buena administración». *Revista española de Derecho Administrativo* (175), 57-84.

Ponce Solé, J. (2017). «Capítulo XII. Calidad normativa, buen gobierno regulatorio y derecho a una buena administración: la mejora regulatoria en las leyes estatales 39 y 40 de 2015». En J. Tornos Mas (coord.), *Estudios sobre las leyes 39/2015 del procedimiento administrativo común de las Administraciones Públicas y 40/2015 del régimen jurídico del sector público* (págs. 245-277). Barcelona: Atelier.

Ponce Solé, J. (2019). *Mejora de la regulación, lobbies y huella normativa. Un análisis empírico de la informalidad.* Valenia: Tirant lo Blanch.

Ponce Solé, J. y Cerrillo i Martínez, A. (coords.) (2017). *Innovación en el ámbito del buen gobierno regulatorio: ciencias del comportamiento, transparencia y prevención de la corrupción.* Madrid: Instituto Nacional de Administración Pública.

Popelier, P. (2018). «L'analyse d'impact de la réglementation: une perspective juridique». *Revue Politiques et Management Public, 35* (3-4), 107-129.

Posner, R. A. (1992). *Economic Analysis of Law* (4.ª ed.). Boston (Estados Unidos), Toronto (Canada), Londres (Reino Unido): Little, Brown and Company.

Prieto Romero, C. (2016). «El nuevo procedimiento para la iniciativa legislativa y el ejercicio de la potestad reglamentaria». *Revista de Administración Pública* (201), 335-372.

Prieto Romero, C. (2018). «La planificación y la evaluación normativa en la Ley del procedimiento administrativo común de las Administraciones Públicas». *Revista jurídica de la Comunidad de Madrid* (2018), 1-44.

Prieto Romero, C. (2019.1). «El procedimiento de elaboración de ordenanzas por las Entidades Locales». *Revista digital CEMCI* (43), 1-39.

Prieto Romero, C. (2019.2). «La mejora regulatoria en el ámbito de las Entidades Locales». *Revista de Economía ICE. Información Comercial Española* (907), 131-144.

Prieto Romero, C. y Ponce Solé, J. (2020). «Buenas prácticas seleccionadas y comentadas». *Anuario del Buen Gobierno y de la Calidad de la Regulación 2019,* 383-417.

Quintanilla Fisac, M. Á. (coord.) (1989). *Evaluación parlamentaria de las opciones científicas y tecnológicas.* Madrid: Centro de Estudios Constitucionales.

Radaelli, C. (2007). «Whither better regulation for the Lisbon agenda?», *Journal of European Public Policy, 14* (2), 190-207.

Radaelli, C. M. y De Francesco, F. (2007). *Regulatory quality in Europe. Concepts, measures and policy processes.* Manchester (Reino Unido): Manchester University Press.

Razquin Lizarraga, J. A. (2007). «Hacia la calidad de las normas: la elaboración de los reglamentos». En J. F. Alenza García y J. A. Razquin Lizarraga, *Organización y procedimientos administrativos. Libro homenaje al profesor Francisco González Navarro* (págs. 217-244). Cizur Menor (Navarra): Thomson Aranzadi.

Rebollo Puig, M. (1988). «La participación de las entidades representativas de intereses en el procedimiento de elaboración de disposiciones administrativas generales». *Revista de Administración Pública* (115), 99-166.

Rebollo Puig, M. (2014). «Sobre el adelgazamiento de la Administración, sus dietas y sus límites». *El Cronista del Estado social y democrático de Derecho* (48), 4-17.

Rego Blanco, M. D. (2014). «Capítulo Séptimo. Las cargas administrativas: concepto y régimen jurídico para su reducción». En E. Gamero Casado (coord.), *Simplificación del procedimiento administrativo y mejora de la regulación* (págs. 239-282). Valencia: Tirant lo Blanch.

Reinoso Carriedo, A. (2016). «Novedades en el ejercicio de la potestad reglamentaria tras las Leyes 39/2015 y 40/2015». *El Consultor de los Ayuntamientos* (18), 2035.

Revuelta Pérez, I. (2014). «Análisis de impacto normativo y control judicial de la discrecionalidad reglamentaria». *Revista de Administración Pública* (193), 83-126.

Revuelta Pérez, I. (2020). «La unidad de mercado como límite al poder normativo local». *Anuario del Buen Gobierno y de la Calidad de la Regulación 2019*, 173-200.

Rivero Ortega, R. (2016). «La aplicación de las Leyes 39 y 40/2015 a las Universidades públicas: eliminando interrogantes». *Revista de Administración Pública* (201), 279-302.

Rivero Ortega, R. (2020). «¿Sirve de algo planificar? Los déficits de la gobernanza anticipatoria y la proactividad administrativa». *Revista española de Derecho Administrativo* (209), 25-44.

Rodríguez García, A. y Sánchez Pavón, B. (2019). «La evaluación normativa *ex post*, el procedimiento de elaboración de reglamentos y los órganos consultivos». *Revista Española de la Función Consultiva* (32), 127-150.

Rodríguez Pontón, F. J. (1996). «Participación ciudadana en la elaboración de los reglamentos y reserva de Ley: algunas consideraciones». *Autonomies* (21), 267-295.

Rodríguez-Campos González, S. (2014). «La simplificación de las instituciones políticas y administrativas». En F. Pau i Vall (coord.), *El Parlamento ante la crisis: XX Jornadas de la Asociación Española de Letrados de Parlamentos* (págs. 109-126). Madrid: Tecnos.

Ruiz Martínez, A. (2012). «Panorámica actual de la evaluación de las políticas públicas». *Presupuesto y Gasto Público* (68), 13-23.

Sáinz Moreno, F. (1989). «Antecedentes necesarios para pronunciarse sobre un proyecto de Ley» (art. 88 C.E.). En F. Sáinz Moreno y J. C. Da Silva Ochoa (eds.), *La calidad de las Leyes* (págs. 15-50). Vitoria-Gasteiz: Parlamento Vasco.

Sáinz Moreno, F. (2018). «Problemas de la técnica normativa, ayer y hoy». En E. González Herández y R. Rubio Núñez (coords.), *España constitucional (1978-2018). Trayectorias y perspectivas. Tomo IV* (págs. 3481-3492). Madrid: Centro de Estudios Políticos y Constitucionales.

Salvador Coderch, P. (2004). «Técnica legislativa y teorías de la regulación». *InDret* (2), 1-28.

Sánchez Morón, M. (1980). *La participación del ciudadano en la Administración Pública.* Madrid: Centro de Estudios Constitucionales.

SÁNCHEZ MORÓN, M. (2015). «Una reforma precipitada o la desarticulación gratuita del régimen jurídico de las Administraciones Públicas». *El Cronista del Estado social y democrático de Derecho* (56), 18-27.

SANTAMARÍA PASTOR, J. A. (1999). «El sistema de fuentes del Derecho en los primeros cincuenta años de vida de la "Revista de Administración Pública"» (1950-1999). *Revista de Administración Pública* (150), 533-576.

SANTAMARÍA PASTOR, J. A. (2004.1). «La Administración como poder regulador». En F. SÁINZ MORENO (dir.), *Estudios para la reforma de la Administración Pública* (págs. 375-446). Madrid: Instituto Nacional de Administración Pública.

SANTAMARÍA PASTOR, J. A. (2004.2). «Sobre el procedimiento administrativo de elaboración de las normas». *Revista Española de la Función Consultiva* (2), 74-95.

SANTAMARÍA PASTOR, J. A. (2013). «La constante e interminable reforma de la normativa sobre contratación pública». *Revista Española de Derecho Administrativo* (159), 25-36.

SANTAMARÍA PASTOR, J. A. (2015). «Los proyectos de Ley del procedimiento administrativo común de las Administraciones Públicas y de régimen jurídico del sector público: una primera evaluación». *Documentación Administrativa* (2).

SANTAMARÍA PASTOR, J. A. (2016.1). «Reformas incompletas, proyectos de futuro: El régimen jurídico de las Administraciones Públicas y del Procedimiento Administrativo Común». *Asamblea. Revista parlamentaria de la Asamblea de Madrid* (34), 13-35.

SANTAMARÍA PASTOR, J. A. (2016.2). «Un nuevo modelo de ejercicio de las potestades normativas». *Revista española de Derecho Administrativo* (175), 31-55.

SANTAOLALLA LÓPEZ, F. (2018). «Función legislativa: debate sobre el procedimiento». En B. PENDÁS GARCÍA (dir.), *España constitucional (1978-2018). Trayectorias y perspectivas. Tomo IV* (págs. 3421-3434). Madrid: Centro de Estudios Políticos y Constitucionales.

SANZ GÓMEZ, R. Y SANZ GÓMEZ, S. (2020). «Análisis cuantitativo del uso del Decreto Ley en España» (1979-2018). *Revista de Estudios Políticos* (188), 127-158.

SEBASTIÁN GASCÓN, C. (2017). «Reformar la Administración. A propósito de CORA». *El Cronista del Estado social y democrático de Derecho* (70), 28-33.

Segovia Marco, A. (2015). «La técnica legislativa en la elaboración de anteproyectos de leyes». *Gabilex* (1), 5-44.

Setuáin Mendía, B. (2021). «La planificación del saneamiento: instrumentos, contenido, relaciones, realidad». En B. Setuáin Mendía (dir.), *Retos actuales del saneamiento de aguas residuales: derivadas jurídicas, económicas y territoriales* (págs. 73-122). Cizur Menor (Navarra): Aranzadi Thomson-Reuters.

Sieira Mucientes, S. (2019). «La necesaria objetividad en la evaluación *ex ante* de la calidad de las normas. Estudio de la Memoria de Análisis de Impacto Normativo en la familia». *Revista de las Cortes Generales* (107), 137-194.

Siems, M. (2018). *Comparative Law.* Cambridge: Cambridge University Press.

Sierra Rodríguez, J. (2019). *La participación en la elaboración de normas de la Administración General del Estado.* Madrid: Ministerio de la Presidencia, Relaciones con las Cortes e Igualdad - Centro de Estudios Políticos y Constitucionales.

Silva López, M. (2020). «La buena administración en las Universidades. ¿Aplicabilidad de la Ley de Procedimiento Administrativo Común de 2015? Las particularidades del procedimiento administrativo electrónico de las Universidades Públicas». En M. Zambonino Pulito (dir.), *Buen Gobierno y Buena Administración en las Universidades Públicas* (págs. 189-205). Madrid: Iustel.

Sunstein, C. R. (2013). *Simpler. The future of government.* Nueva York (Estados Unidos): Simon y Schuster Paperbacks.

Sunstein, C. R. (2020). «Sludge Audits». *Behavioural Public Policy*, 1-20.

Tornos Mas, J. (2000). «La simplificación procedimental en el ordenamiento español». *Revista de Administración Pública* (151), 39-76.

Tornos Mas, J. (2003). «La potestad normativa de las autoridades administrativas independientes. El caso del Consell Audiovisual de Catalunya». *Derecho Privado y Constitución* (17), 479-498.

Torre de Silva López de Letona, V. (2018). «El Consejo de Estado en la España constitucional». En B. Pendás García (dir.), *España constitucional (1978-2018). Trayectorias y perspectivas* (Vol. V, págs. 3805-3819). Madrid: Centro de Estudios Políticos y Constitucionales.

Torriti, J. (2007). «Impact Assessment in the EU: A Tool for Better Regulation, Less Regulation or Less Bad Regulation?» *Journal of Risk Research, 10* (2), 239-276.

Triana Reyes, B. (2018). «La sentencia del Tribunal Constitucional sobre la Ley 39/2015, de Procedimiento Administrativo Común. STC 55/2018, de 24 de mayo de 2018». *Actualidad Administrativa, 9222* (9).

Trnka, D. y Thuerer, Y. (2019). «One-In, X-Out: Regulatory offsetting in selected OECD countries». *OECD Regulatory Policy Working Papers* (11), 1-31.

Van den Abeele, E. (2019). «The European Union versus the Better Regulation Agenda. Why the outcome depends on a paradigm shift». *Background analysis. European Trade Union Institute* (2), 1-56.

Van Gestel, R. y Van Dijck, G. (2011). «Better Regulation through Experimental Legislation». *European Public Law, 17* (3), 539-553.

Van Voorst, S. y Zwaan, P. (2019). «The (non-)use of *ex post* legislative evaluations by the European Commission». *Journal of European Public Policy, 26* (3), 366-385.

Vaquer Caballería, M. (2011). «El criterio de la eficiencia en el Derecho Administrativo». *Revista de Administración Pública* (186), 91-135.

Vázquez Lépinette, T. y Bahnini, M. (2009). *La calidad de la Ley: una propuesta para su mejora. La qualité de la loi: une proposition pour son amélioration.* Madrid: FIIAPP Fortalecimiento y Modernización de la Administración de Justicia en Marruecos.

Velasco Caballero, F. (2018). «Capítulo 32. Metodología de la recepción jurídica o «comparación unidireccional» en derecho administrativo». En F. J. Jiménez de Cisneros Cid (dir.), *Homenaje al profesor Ángel Menéndez Rexach* (págs. 805-814). Cizur Menor: Thomson Reuters Aranzadi.

Velasco Caballero, F. (2019.1). «El "Plan Anual Normativo" de los Ayuntamientos». *Blog del Instituto de Derecho Local - Universidad Autónoma de Madrid*.

Velasco Caballero, F. (2019.2). «Elaboración de Ordenanzas y Ley de Procedimiento Administrativo» Común. *Revista Vasca de Administración Pública* (113), 299-349.

Velasco Rico, C. I. (2022). La actividad informal de la Administración. Premisas para una tentativa de reconstrucción de una categoría (casi) olvidada. *Revista de Derecho Público: Teoría y Método, 5*, 37-71.

Vida Fernández, J. (2017). «Capítulo Décimo Séptimo. La evaluación de impacto normativo como instrumento para la mejora de la regulación». En L. Parejo Alfonso y J. Vida Fernández (coords.), *Los retos del Estado y la Administración en el siglo XXI. Libro homenaje al profesor Tomás de la Quadra-Salcedo Fernández del Castillo* (Vol. 1, págs. 467-512). Valencia: Tirant lo Blanch.

Vidal Prado, C. y Delgado Ramos, D. (2017). «La reforma de las Administraciones Públicas y el Estado Social en la crisis económica (2012-2015)». *Gestión y Análisis de Políticas Públicas* (17), 40-62.

Vila, J., Gómez, Y., Cervera-Ferri, J. L. y Martínez, J. (2020). «Evaluación de políticas públicas con métodos cuasi-experimentales: una aplicación a las políticas activas de empleo en la Comunidad Valenciana». *Cuadernos Económicos de ICE, I* (99), 11-24.

Villar Palasí, J. L. y Villar Ezcurra, J. L. (1993). «El derecho a la certidumbre jurídica y la incertidumbre de nuestro Derecho». En L. Martín-Retortillo Baquer (coord.), *La protección jurídica del ciudadano (Procedimiento administrativo y garantía jurisdiccional). Estudios en homenaje al profesor Jesús González Pérez* (Vol. I, págs. 79-104). Madrid: Civitas.

Wegrich, K. (2015). «Which Results? Better Regulation and Institutional Politics». *European Journal of Risk Regulation, 6* (3), 369-371.

Wiener, J. B. (2006). «Better Regulation in Europe». *Current Legal Problems,* 59, 447-518.

Wolters Kluwer (2017). «La planificación normativa en las entidades locales: instrumentos de planeamiento y ordenanzas fiscales». *Actualidad Administrativa, 9658* (1).

Xanthaki, H. (2019). «Chapter 2. Misconceptions in Legislative Quality: An Enlightened Approach to the Drafting of Legislation». En D. Oliver-Lalana, *Conceptions and Misconceptions of Legislation* (págs. 23-49). Cham (Suiza): Springer.

Xu, A. (2014). «Better Information for Better Regulation: How Experimentalism Can Improve the Gainful Employment Rule». *Columbia Journal of Law and Social Problems, 48* (1), 57-94.

Yackee, S. W. (2011). «The Politics of *Ex Parte* Lobbying: Pre-Proposal Agenda Building and Blocking during Agency Rulemaking». *Journal of Public Administration Research and Theory* (22), 373-393.

Zapatero Gómez, V. (1998). «El Club de los Nomófilos». *Cuadernos de Derecho Público* (3), 61-94.

Zárate-Marco, A. y Vallés-Giménez, J. (2012). «The cost of regulation in a decentralized context: the case of the Spanish regions». *European Journal of Law and Economics, 33* (1), 185-203.

Zwaan, P., Van Voorst, S. y Mastenbroek, E. (2016). «*Ex post* legislative evaluation in the European Union: questioning the usage of evaluations as instruments for accountability». *International Review of Administrative Sciences,* 0 (0), 1-20.

RELACIÓN DE JURISPRUDENCIA CITADA

ECLI	Tribunal	Sala/Sección	Fecha	N.º resolución	N.º recurso	Ponente
ES:TC:2017:91	Tribunal Constitucional	Pleno	06-07-17	91/2017	RI 6642-2011	Juan José González Rivas
ES:TC:2018:110	Tribunal Constitucional	Pleno	17-10-18	110/2018	RI 3865-2016	Juan Antonio Xiol Ríos
---	Tribunal Constitucional	Pleno	04-06-13	130/2013	RI 931-2004	Manuel Aragón Reyes
ES:TC:2018:55	Tribunal Constitucional	Pleno	24-25-17	55/2018	RI 3628-2016	Juan José González Rivas
ES:TS:2008:2710	Tribunal Supremo	Contencioso-3	03-06-08	-	67/2006	Oscar González González
ES:TS:2020:3563	Tribunal Supremo	Contencioso-3	05-11-20	1462/2020	282/2019	Eduardo Espín Templado
---	Tribunal Supremo	Contencioso-4	04-12-12	8077/2012	4369/2011	Segundo Menéndez Pérez
ES:TS:2021:669	Tribunal Supremo	Contencioso-4	17-02-21	212/2021	275/2019	Celsa Pico Lorenzo
ES:TSJAND:2020:15311	TSJ Andalucía	Contencioso-1	09-12-20	2116/2020	113/2019	Manuel López Agullo
ES:TSJAND:2021:7256	TSJ Andalucía	Contencioso-1	03-03-21	349/2021	611/2018	Pedro Luis Roas Martín
ES:TSJAR:2018:951	TSJ Aragón	Contencioso-2	09-07-18	245/2018	193/2017	Emilio Molins García-Atance
ES:TSJAS:2020:1361	TSJ Asturias	Contencioso-1	17-06-20	304/2020	529/2018	José Ramón Chaves García

ECLI	Tribunal	Sala/Sección	Fecha	N.º resolución	N.º recurso	Ponente
ES:TSJBAL:2020:1069	TSJ Baleares	Contencioso-1	30-11-20	610/2020	342/2017	María Carmen Frígola Castillón
ES:TSJCL:2019:2002	TSJ Castilla-León	Contencioso-3	12-04-19	72/2019	23/2018	María Concepción García Vicario
ES:TSJCL:2019:1977	TSJ Castilla-León	Contencioso-2	15-04-19	78/2019	217/2017	Paloma Santiago Antuña
ES:TSJCL:2019:3653	TSJ Castilla-León	Contencioso-2	13-09-19	163/2019	24/2018	María Begoña González García
ES:TSJCL:2020:504	TSJ Castilla-León	Contencioso-3	25-02-20	259/2020	443/2019	María Antonia Lallana Dupla
ES:TSJCL:2020:2659	TSJ Castilla-León	Contencioso-1	13-07-20	813/2020	1174/2018	María Antonia Lallana Dupla
ES:TSJCAT:2019:4110	TSJ Cataluña	Contencioso-2	28-06-19	588/2019	515/2017	Jordi Palomer Bou
ES:TSJCAT:2019:9162	TSJ Cataluña	Contencioso-1	16-09-19	1028/2019	190/2018	Ramón Gomis Masque
ES:TSJCAT:2020:6356	TSJ Cataluña	Contencioso-3	16-07-20	3142/2020	157/2018	Manuel Táboas Bentanachs
ES:TSJEXT:2019:73	TSJ Extremadura	Contencioso-1	24-01-19	27/2019	592/2017	Raimundo Prado Bernabéu
ES:TSJEXT:2020:282	TSJ Extremadura	Contencioso-2	13-02-20	49/2020	58/2019	Raimundo Prado Bernabéu
ES:TSJEXT:2020:285	TSJ Extremadura	Contencioso-1	14-02-20	55/2020	155/2019	Raimundo Prado Bernabéu
ES:TSJEXT:2020:542	TSJ Extremadura	Contencioso-2	14-07-20	180/2020	407/2018	Daniel Ruiz Ballesteros
ES:TSJEXT:2020:544	TSJ Extremadura	Contencioso-1	14-07-20	179/2020	377/2018	Daniel Ruiz Ballesteros
ES:TSJEXT:2020:553	TSJ Extremadura	Contencioso-1	28-07-20	198/2020	459/2018	Mercenario Villalba Lava
ES:TSJGAL:2021:1061	TSJ Galicia	Contencioso-2	05-02-21	60/2021	4112/2019	Antonio Martínez Quintanar

ECLI	Tribunal	Sala/Sección	Fecha	N.° resolución	N.° recurso	Ponente
ES:TSJGAL:2019:3177	TSJ Galicia	Contencioso-4	30-04-19	245/2019	15116/2018	María del Carmen Núñez Fiaño
ES:TSJCV:2020:8287	TSJ Valencia	Contencioso-3	18-11-20	1973/2020	297/2020	José Ignacio Chirivella Garrido
ES:TSJCV:2020:4732	TSJ Valencia	Contencioso-3	10-09-20	1452/2020	264/2018	María Jesús Oliveros Rossello

RELACIÓN DE DICTÁMENES CITADOS

Ámbito	Órgano consultivo	Fecha	Número	Objeto
Administración del Estado	Consejo de Estado	18-mar.-10	215/2010	Anteproyecto de la Ley de Economía Sostenible
Administración del Estado	Consejo de Estado	29-abr.-15	274/2015	Anteproyecto de Ley de Régimen Jurídico del Sector Público
Administración del Estado	Consejo de Estado	29-abr.-15	275/2015	Anteproyecto de Ley del Procedimiento Administrativo Común de las Administraciones Públicas
Administración del Estado	Consejo de Estado	27-oct.-16	742/2016	Proyecto de Real Decreto por el que se regula la Memoria del Análisis de Impacto Normativo
Administración del Estado	Consejo de Estado	9-mar.-17	046/2017	Proyecto de real decreto por el que se regula el Plan Anual Normativo y el Informe de Evaluación Normativa de la Administración General del Estado
Administración del Estado	Consejo de Estado	9-mar.-17	047/2017	Proyecto de Orden por la que se aprueba el modelo de documento de información de las iniciativas normativas para su inclusión en el Plan Anual Normativo de la Administración General del Estado
Administración del Estado	Consejo de Estado	30-nov.-17	897/2017	Proyecto de Real Decreto por el que se establece el régimen de funcionamiento de la Oficina de Coordinación y Calidad Normativa
Administración del Estado	Consejo de Estado	15-mar.-18	197/2018	Proyecto de Modificación del Reglamento Interno del Banco de España
Administración del Estado	Consejo de Estado	14-feb.-19	052/2019	Proyecto de Real Decreto por el que se establecen las condiciones de contratación en el sector lácteo y se regula el reconocimiento de las organizaciones de productores y de las organizaciones interprofesionales en el sector
Administración del Estado	Consejo de Estado	11-abr.-19	315/2019	Proyecto de Real Decreto por el que se crea la especialidad de «Timple» en las enseñanzas profesionales de Música

Ámbito	Órgano consultivo	Fecha	Número	Objeto
Administración del Estado	Consejo de Estado	25-abr.-19	362/2019	Proyecto de Real Decreto por el que se regula la compatibilidad de la pensión contributiva de jubilación y la actividad de creación artística, en desarrollo de la disposición final segunda del Real Decreto-ley 26/2018, de 28 de diciembre, por el que se aprueban medidas de urgencia sobre la creación artística y la cinematografía
Administración del Estado	Consejo de Estado	30-may.-19	457/2019	Proyecto de Real Decreto por el que se aprueba el Plan Técnico Nacional de la Televisión Digital Terrestre y se regulan determinados aspectos para la liberación del segundo Dividendo Digital
Administración del Estado	Consejo de Estado	31-oct.-19	797/2019	Proyecto de Real Decreto sobre un sistema de inspecciones, para garantizar la seguridad en la explotación de buques de pasaje de transbordo rodado y naves de pasaje de gran velocidad, en servicio regular y por el que se modifica el Reglamento por el que se regulan las inspecciones de buques extranjeros en puertos españoles, aprobado por el Real Decreto 1737/2010
Administración del Estado	Consejo de Estado	21-nov.-19	740/2019	Proyecto de Real Decreto por el que se determinan las condiciones de seguridad de las actividades de buceo
Administración del Estado	Consejo de Estado	27-feb.-20	084/2020	Proyecto de Circular de la Comisión Nacional de los Mercados y la Competencia, por la que se establece la metodología para determinar la retribución de la distribución de gas natural
Administración del Estado	Consejo de Estado	12-mar.-20	204/2020	Anteproyecto de Ley de Cambio Climático y Transición Energética
Administración del Estado	Consejo de Estado	23-abr.-20	055/2020	Proyecto de Real Decreto sobre compensación al transporte marítimo y aéreo de mercancía incluidas en el Anexo I, del Tratado de Funcionamiento de la Unión Europea, con origen o destino en las Islas Canarias
Administración del Estado	Consejo de Estado	4-jun.-20	296/2020	Proyecto de Real Decreto por el que se adoptan medidas extraordinarias en el sector del vino, para hacer frente a la crisis causada por la pandemia de COVID-19, y por el que se fija una norma de comercialización en el sector del vino y se modifica la regulación sobre declaraciones obligatorias en el sector vitivinícola y el programa de apoyo al sector del vino
Administración del Estado	Consejo de Estado	17-sep.-20	448/2020	Proyecto de Real Decreto por el que se desarrollan aspectos relativos al ajuste de la asignación gratuita de derechos de emisión de gases de efecto invernadero, en el período 2021-2030

Ámbito	Órgano consultivo	Fecha	Número	Objeto
Administración del Estado	Consejo de Estado	8-oct.-20	554/2020	Anteproyecto de Ley por la que se modifica la Ley 12/2013 de 2 agosto, de medidas para mejorar el funcionamiento de la cadena alimentaria
Administración del Estado	Consejo de Estado	22-oct.-20	576/2020	Proyecto de Real Decreto por el que se regula el régimen económico de energías renovables, para instalaciones de producción de energía eléctrica
Administración del Estado	Consejo de Estado	29-oct.-20	468/2020	Proyecto de Real Decreto por el que se regulan y flexibilizan determinadas condiciones de aplicación de las disposiciones de la Unión Europea, en materia de higiene de la producción y comercialización de los productos alimenticios y se regulan actividades excluidas de su ámbito de aplicación
Administración del Estado	Consejo de Estado	3-dic.-20	678/2020	Proyecto de Orden por la que se establecen medidas en relación con las actividades pesqueras para la protección y conservación de cetáceos
Administración del Estado	Consejo de Estado	3-dic.-20	580/2020	Proyecto de Real Decreto por el que se establecen disposiciones específicas para la aplicación en España del Reglamento (UE) 2019/4 del Parlamento Europeo y del Consejo, de 11 de diciembre de 2018, relativo a la fabricación, la comercialización y el uso de piensos medicamentosos, por el que se modifica el Reglamento (CE) n.° 183/2005 del Parlamento Europeo y del Consejo y se deroga la Directiva 90/167/CEE del Consejo, y otras normas de la Unión Europea en materia de piensos y medicamentos y se modifican diversos reales decretos en materia de ganadería.
Administración del Estado	Consejo de Estado	17-dic.-20	665/2020	Proyecto de Real Decreto por el que se aprueban los Estatutos de la Fundación Pluralismo y Convivencia, F.S.P.
Administración del Estado	Consejo de Estado	4-feb.-21	766/2020	Proyecto de Orden por la que se modifican los anejos del Real Decreto 237/2000, de 18 de febrero, por el que se establecen las especificaciones técnicas que deben cumplir los vehículos especiales, para el transporte terrestre de productos alimentarios a temperatura regulada y los procedimientos para el control de conformidad con las especificaciones
Administración del Estado	Consejo de Estado	11-feb.-21	798/2020	Proyecto de Real Decreto por el que se aprueba el Estatuto del Instituto para la Transición Justa
Administración del Estado	Consejo de Estado	11-feb.-21	053/2021	Proyecto de Real Decreto por el que se establece la metodología de cálculo de los cargos del sistema eléctrico

Ámbito	Órgano consultivo	Fecha	Número	Objeto
Administración del Estado	Consejo de Estado	18-feb.-21	007/2021	Proyecto de Real Decreto por el que se modifica el Real Decreto 1224/2009, de 17 de julio, de reconocimiento de las competencias profesionales adquiridas por experiencia laboral
Administración del Estado	Consejo de Estado	25-feb.-21	114/2021	Proyecto de Real Decreto por el que se aprueba el Reglamento de Asistencia Jurídica Gratuita
Administración del Estado	Consejo de Estado	4-mar.-21	601/2020	Proyecto de Real Decreto por el que se regula el equipo de seguridad y de prevención de la contaminación de las embarcaciones de recreo
Administración del Estado	Consejo de Estado	11-mar.-21	139/2021	Proyecto de Real Decreto de reorganización de los Organismos Públicos de Investigación de la Administración General del Estado
Administración del Estado	Consejo de Estado	18-mar.-21	045/2021	Proyecto de Real Decreto por el que se desarrollan la Ley 39/2015, de 1 de octubre, del Procedimiento Administrativo Común de las Administraciones Públicas y la Ley 40/2015, de 1 de octubre, de Régimen Jurídico del Sector Público, en materia de actuación y funcionamiento del sector público por medios electrónicos
Administración del Estado	Consejo de Estado	15-abr.-21	196/2021	Anteproyecto de Ley de residuos y suelos contaminados
Administración del Estado	Consejo de Estado	1-jul.-21	526/2021	Proyecto de Real Decreto por el que se modifica el Real Decreto 773/2014, de 12 de septiembre por el que se aprueban diversas normas reguladoras del trasvase por el acueducto Tajo-Segura
Administración del Estado	Consejo de Estado	8-jul.-21	389/2021	Proyecto de Real Decreto por el que se aprueba el Reglamento de equipos a presión y sus instrucciones técnicas complementarias
Administración del Estado	Consejo de Estado	15-jul.-21	466/2021	Proyecto de Real Decreto por el que se modifica el Reglamento general sobre procedimientos para la imposición de sanciones por infracciones de orden social y para los expedientes liquidatarios de cuotas de la Seguridad Social
Administración del Estado	Consejo de Estado	15-jul.-21	593/2021	Proyecto de Real Decreto por el que se aprueba la norma de calidad de los aceites de oliva y de orujo de oliva
Administración del Estado	Consejo de Estado	20-jul.-21	540/2021	Proyecto de Real Decreto por el que se establece la creación, reconocimiento y autorización de universidades y centros universitarios, y acreditación institucional de centros universitarios
Administración del Estado	Consejo de Estado	20-jul.-21	640/2021	Anteproyecto de Ley por la que se actúa sobre la retribución del CO2 no emitido del mercado eléctrico

Ámbito	Órgano consultivo	Fecha	Número	Objeto
Andalucía	Consejo Consultivo	23-feb.-17	117/2017	Proyecto de Orden por la que se actualiza la estructura de gestión y funcionamiento para la prestación de los servicios de atención especializada en el Área de Salud de Granada
Andalucía	Consejo Consultivo	20-jul.-18	568/2018	Proyecto de Decreto por el que se regulan las modalidades y condiciones de celebración de espectáculos públicos y actividades recreativas
Andalucía	Consejo Consultivo	19-dic.-19	850/2019	Proyecto de Decreto de Administración electrónica, simplificación de procedimientos y racionalización organizativa de la Junta de Andalucía
Aragón	Consejo Consultivo	3-nov.-11	132/2011	Propuesta metodológica para la elaboración de un programa de la calidad de las normas y simplificación del ordenamiento aragonés
Aragón	Consejo Consultivo	6-mar.-12	002/2012	Profundización en argumentación del dictamen 132/2011
Aragón	Consejo Consultivo	19-mar.-19	090/2019	Proyecto de Decreto por el que se desarrolla la capacidad normativa del Gobierno de Aragón
Canarias	Consejo Consultivo	20-ene.-12	040/2012	Dictamen solicitado por el Excmo. Sr. Presidente del Gobierno de Canarias en relación con el Acuerdo de interposición de recurso de inconstitucionalidad frente a la Ley 2/2011, de 4 de marzo, de Economía Sostenible (EXP. 709/2011 RI)
Canarias	Consejo Consultivo	9-sep.-16	266/2016	Dictamen solicitado por el Excmo. Sr Presidente del Gobierno de Canarias en relación con el recurso de inconstitucionalidad contra el inciso final de apartado 1 del artículo 1, en conexión con los preceptos que constituyen el Título VI, y el apartado 2 del mismo artículo de la Ley 39/2015, de 1 de octubre, del Procedimiento Administrativo Común de las Administraciones Públicas (EXP. 228/2016 RI)
Castilla y León	Consejo Consultivo	26-abr.-17	170/2017	Anteproyecto de ley de medidas tributarias y administrativas
Cataluña	Comisión Jurídica Asesora	3-oct.-19	298/2019	Consultes. Consulta formulada pel Departament de la Presidència en matèria de simplificació normativa i sobre l'aplicació de la tècnica de la derogació
Cataluña	Comisión Jurídica Asesora	4-may.-17	115/2017	Disposicions generals. Projecte d'ordre per la qual s'aprova amb caràcter definitiu el Consell Regulador provisional i el Reglament de la Indicació Geogràfica Protegida «Vedella dels Pirineus Catalans» / «Ternera de los Pirineos Catalanes» / «Vedel des Pyrénées Catalanes»

Ámbito	Órgano consultivo	Fecha	Número	Objeto
Cataluña	Comisión Jurídica Asesora	1-jun.-17	151/2017	Disposicions generals. Projecte de decret pel qual s'aprova el Reglament de l'impost sobre begudes ensucrades envasades
Cataluña	Comisión Jurídica Asesora	18-ene.-18	006/2018	Disposicions generals. Projecte d'ordre sobre el nomenament de persones idònies de les secretaries de jutjat de pau de Catalunya
Cataluña	Comisión Jurídica Asesora	12-jul.-18	149/2018	Disposicions generals. Projecte d'ordre per la qual s'estableix el nivell de subjecció de les fundacions i les associacions declarades d'utilitat pública als instruments de transparència establerts per la Llei 21/2014, de 29 de desembre, del protectorat de les fundacions i de verificació de l'activitat de les associacions declarades d'utilitat pública
Cataluña	Comisión Jurídica Asesora	6-sep.-18	178/2018	Disposicions generals. Projecte de decret de modificació del Reglament de la loteria Loto Ràpid, aprovat pel Decret 89/2017, d'11 de juliol
Cataluña	Comisión Jurídica Asesora	13-sep.-18	197/2018	Disposicions generals. Projecte de decret de la Comissió del Fons per a la Protecció de l'Ambient Atmosfèric
Cataluña	Comisión Jurídica Asesora	21-nov.-19	365/2019	Disposicions generals. Projecte de decret pel qual s'aprova el Reglament del Registre de subvencions i ajusts de Catalunya
Cataluña	Consejo de Garantías Estatutarias	17-dic.-15	023/2015	Sobre la Ley 39/2015, de 1 de octubre, del procedimiento administrativo común de las administraciones públicas
Comunidad Valenciana	Consejo Jurídico Consultivo	15-nov.-17	721/2017	Modificación de la Orden de las Bases reguladoras de ayudas del Instituto Valenciano de Competitividad Empresarial (IVACE)
Comunidad Valenciana	Consejo Jurídico Consultivo	21-nov.-17	752/2017	Consulta planteada por el Alcalde-Presidente del Ayuntamiento de Xirivella sobre la tramitación de Ordenanzas y de Reglamentos de ámbito local
Comunidad Valenciana	Consejo Jurídico Consultivo	22-mar.-18	180/2018	Modificación de la Orden de las Bases reguladoras de ayuda para mejorar las condiciones de producción y comercialización de la miel en la Comunidad Valenciana
Comunidad Valenciana	Consejo Jurídico Consultivo	19-dic.-18	815/2018	Proyecto de Decreto del Consell por el que se regula el Plan Normativo y el Informe de Evaluación Normativa de la Administración de la Generalitat
Islas Baleares	Consejo Consultivo	20-jun.-18	054/2018	Relativo al Proyecto de decreto por el que se regula la Comisión de Formación Continuada de las Profesiones Sanitarias de las Illes Balears

Ámbito	Órgano consultivo	Fecha	Número	Objeto
Islas Baleares	Consejo Consultivo	3-mar.-17	019/2017	Relativo al Proyecto de orden del consejero de Territorio, Energía y Movilidad por la que se determinan los requisitos para la expedición de licencia de auto-taxi para vehículos hasta siete plazas, contando la persona que conduce, en la isla de Mallorca
Islas Baleares	Consejo Consultivo	9-may.-18	040/2018	Relativo al Anteproyecto de Ley del Gobierno de las Illes Balears
Islas Baleares	Consejo Consultivo	25-jul.-18	070/2018	Relativo al proyecto de Decreto por el que se regulan la notificación y la comunicación electrónicas en el ámbito de la Agencia Tributaria de las Islas Baleares
La Rioja	Consejo Consultivo	17-ago.-18	082/2018	Sobre el Anteproyecto de la Ley de Participación Ciudadana y Colaboración Social
Madrid	Comisión Jurídica Asesora	21-jul.-20	312/2020	Anteproyecto de Ley de modificación del Estatuto de Autonomía
Madrid	Comisión Jurídica Asesora	21-jun.-18	284/2018	Proyecto de Decreto del Consejo de Gobierno, por el que se modifica el Decreto 99/1996, de 27 de junio, por el que se regula el ejercicio de las actividades de las agencias de viajes en la Comunidad de Madrid
Madrid	Comisión Jurídica Asesora	13-abr.-21	166/2021	Proyecto de «decreto del Consejo de Gobierno por el que se establece para la Comunidad de Madrid el plan de estudios del ciclo formativo de grado superior correspondiente al título de Técnico Superior en Energías Renovables».
Madrid	Comisión Jurídica Asesora	15-jun.-21	282/2021	Proyecto de «decreto del Consejo de Gobierno por el que se regula el procedimiento para el reconocimiento y acreditación de la condición de familia monoparental en la Comunidad de Madrid».
Madrid	Comisión Jurídica Asesora	5-oct.-21	488/2021	Proyecto de «decreto del Consejo de Gobierno por el que se crean y regulan el Registro de profesionales sanitarios objetores de conciencia a realizar la ayuda para morir y la Comisión de Garantía y Evaluación».
Navarra	Consejo de Navarra	26-nov.-18	037/2018	Anteproyecto de Ley Foral de la Administración de la Comunidad Foral de Navarra y del Sector Público Institucional Foral
Navarra	Consejo de Navarra	28-jul.-21	025/2021	Anteproyecto de Ley Foral de cambio climático y transición energética
País Vasco	Comisión Jurídica Asesora	12-dic.-18	186/2018	Anteproyecto de Ley del procedimiento de elaboración de las disposiciones de carácter general

Ámbito	Órgano consultivo	Fecha	Número	Objeto
País Vasco	Comisión Jurídica Asesora	6-feb.-19	027/2019	Proyecto de Decreto por el que se establece el régimen jurídico aplicable a las actividades de valorización de escorias negras procedentes de la fabricación de acero en hornos de arco eléctrico y su posterior utilización como árido siderúrgico

ANEXOS

ANEXO I.

ENLACES A LOS BUSCADORES DE DICTÁMENES DE LOS CONSEJOS CONSULTIVOS ESPAÑOLES

A continuación, se incluyen los enlaces correspondientes a las páginas de los consejos consultivos de España. Son los disponibles —y en funcionamiento— a junio de 2022.

- **Consejo de Estado**: https://www.boe.es/buscar/consejo_estado.php
- **Consejo Consultivo de Andalucía**: https://server.knosys.es/ccandalucia/knpag?x=index
- **Consejo Consultivo de Aragón**: ttps://aplicacionesportalaragon.aragon.es/formularios/bbdd-dictamenes.html
- **Consejo Consultivo del Principado de Asturias**: http://www.ccasturias.es/ConsejoConsultivo.html
- **Consejo Consultivo de Canarias**: http://www.consultivodecanarias.org/dictamenes/buscador.jsp
- **Cantabria**: No cuenta con consejo consultivo; ejerce las competencias el Consejo de Estado.
- **Consejo Consultivo de Castilla y León**: https://www.cccyl.es/es/dictamenes
- **Consejo Consultivo de Castilla-La Mancha**: https://www.knosys.es/ccclm/knpag?x=index
- **Consejo de Garantías Estatutarias, Comisión Jurídica Asesora y Consejo Consultivo de Cataluña**: https://portaljuridic.gencat.cat/ca/cerca-dictamen-pjur/
- **Consejo Jurídico Consultivo de la Comunitat Valenciana**: https://www.cjccv.es/Buscador?locale=es

- **Comisión Jurídica de Extremadura**: https://ciudadano.gobex.es/web/cje/dictamenes
- **Consejo Consultivo de Galicia**: https://www.knosys.es/ccgalicia/knpag?x=index&lang=GAL
- **Consejo Consultivo de las Illes Balears**: http://www.consellconsultiu.es/doctrina.aspx
- **Consejo Consultivo de La Rioja**: https://www.ccrioja.es/dictamenes
- **Comisión Jurídica Asesora de la Comunidad de Madrid**: https://www.comunidad.madrid/gobierno/informacion-juridica-legislacion/comision-juridica-asesora/dictamenes
- **Consejo Jurídico de la Región de Murcia**: http://dictamenes.consejojuridicomurcia.com/
- **Consejo de Navarra**: https://consejonavarra.navarra.es/es/dictamenes
- **Comisión Jurídica Asesora del País Vasco**: https://www.comisionjuridica.euskadi.eus/x84-appdicts/es/u78aMantenimientoWar/dictamenes/maint/es?locale=es

ANEXO II

ENLACES A LOS PLANES NORMATIVOS EN LOS PORTALES DE TRANSPARENCIA

A continuación, se incluyen los enlaces correspondientes a las páginas que contienen los planes normativos (y, en su caso, de gobierno) de las comunidades autónomas y del Estado, para el caso de España, así como los de los EE. UU. y la UE. Son los disponibles —y en funcionamiento— a junio de 2022.

- **Estado**: https://transparencia.gob.es/transparencia/transparencia_Home/index/PublicidadActiva/Normativa/PlanAnualNormativo.html
- **Andalucía**: https://www.juntadeandalucia.es/servicios/normativa/plan-anual.html
- **Aragón**: https://transparencia.aragon.es/pan2022
- **Asturias**: https://transparencia.asturias.es/ast/detalle?p_p_id=com_liferay_asset_categories_navigation_web_portlet_AssetCategoriesNavigationPortlet&p_p_lifecycle=0&_com_liferay_asset_categories_navigation_web_portlet_AssetCategoriesNavigationPortlet_articleId=2377904&articleId=2377904&title=Planes%20normativos
- **Canarias**: https://www.gobiernodecanarias.org/transparencia/temas/accion-gobierno-normativa/normativa/programa-legislativo/ (Referido a la agenda legislativa, no al PAN).
- **Cantabria:** https://transparencia.cantabria.es/detalle/-/journal_content/56_INSTANCE_DETALLE/3551375/4238387
- **Castilla y León**:
  - **Planes anuales/calendarios normativos**: https://gobiernoabierto.jcyl.es/web/es/transparencia/plan-normativo-anual.html

- **Discursos de investidura/programas de gobierno**:
  - » http://gobiernoabierto.jcyl.es/web/es/transparencia/programa-gobierno-autonomico.html
  - » http://gobiernoabierto.jcyl.es/web/es/discursos-anteriores-presidentes.html
- **Castilla-La Mancha**: https://www.castillalamancha.es/gobierno/vicepresidencia/estructura/dgvcyp/actuaciones/planes-anuales-normativos
- **Cataluña**:
  - **Años 2019-2020**: https://presidencia.gencat.cat/ca/ambits_d_actuacio/millora_regulacio_normativa/mejora-normativa/planificacion-normativa/plan-normativo-2019-2020/
  - **Año 2017**: https://presidencia.gencat.cat/ca/ambits_d_actuacio/millora_regulacio_normativa/planificacio-normativa/pla-normatiu-2017/
- **Comunitat Valenciana**: http://gvaoberta.gva.es/es/plan-normativo-de-la-administracion-de-la-generalitat
- **Extremadura**: No consta.
- **Galicia**: https://transparencia.xunta.gal/tema/informacion-de-relevancia-xuridica/plan-anual-normativo
- **Illes Balears**: https://www.caib.es/sites/plaanualnormatiu/es/
- **La Rioja**: https://web.larioja.org/plan/busqueda-plan
- **Madrid**:
  - **Comunidad de Madrid**: https://www.comunidad.madrid/transparencia/plan-normativo
  - **Ayuntamiento de Madrid**: https://transparencia.madrid.es/portales/transparencia/es/Informacion-juridica/Plan-normativo/?vgnextfmt=default&vgnextchannel=d9cf43082e350610VgnVCM2000001f4a900aRCRD
- **Murcia**: En formato dinámico: https://transparencia.carm.es/web/transparencia/plan-anual-normativo
  - PAN 2017: https://transparencia.carm.es/web/transparencia/-/sesion-del-consejo-de-gobierno-02-de-noviembre-de-2016
  - PAN 2018: https://transparencia.carm.es/web/transparencia/-/sesion-del-consejo-de-gobierno-de-17-de-enero-de-2018
- **Navarra**: https://gobiernoabierto.navarra.es/es/transparencia/plan-anual-normativo

- **País Vasco**:
  - PAN: https://www.euskadi.eus/gobierno-vasco/-/planes-anuales-normativos/
  - Programas de gobierno o legislatura: https://www.euskadi.eus/planificacion-de-legislaturas-anteriores/web01-s1leheko/es/
  - Planes o calendarios legislativos: https://www.euskadi.eus/planificacion-de-la-xii-legislatura/web01-s1leheko/es/
- **Estados Unidos de América**: https://www.reginfo.gov/public/do/eAgendaMain
- **Unión Europea**: https://ec.europa.eu/info/publications/commission-work-programme_es

ANEXO III

CUESTIONARIO TIPO DE SOLICITUD DE INFORMACIÓN SOBRE PLANIFICACIÓN NORMATIVA

Como en algunas ocasiones la información disponible en línea o en los diarios oficiales resultó incompleta, inconexa o de difícil acceso, se procedió (cuando fue oportuno) a solicitar, mediante el ejercicio del derecho de acceso a la información pública, aclaraciones sobre dicho instrumento. Con algunas variaciones para su adaptación a cada concreta Administración pública, el cuestionario se envió en los siguientes términos:

Solicitud de acceso a información pública sobre planificación normativa

Desde el 2 de octubre de 2016 y hasta su declaración de inconstitucionalidad por la STC 55/2018, el art. 132 LPAC, referente a la planificación normativa, fue aplicable a las comunidades autónomas. Este interesado, a los efectos del desarrollo de una investigación, precisa conocer la siguiente información:

1. ¿Se ha aprobado en algún momento el Plan Anual Normativo u otro tipo de planificación en materia de producción normativa en el ámbito de esta comunidad autónoma?
2. En caso de haberse realizado, se solicita copia electrónica de los acuerdos de aprobación de dichos planes, así como el documento que contuviera el plan en sí.
3. En caso de haberse realizado, se solicita copia electrónica de las evaluaciones posteriores de dichos planes.
4. En caso de existir, planes de gobierno o de legislatura.

Toda la anterior información se solicita con referencia, en su caso, a cuantas anualidades puedan haberse desarrollado.

ANEXO IV

ESTADÍSTICAS DE LOS PLANES NORMATIVOS

Relación de instrumentos de planificación normativa aprobados por el Estado y las CC. AA. (1999-2021)						
Ámbito	Año	Fecha	Título	Total	Leyes	Reglamentos
AGE	2018	07-dic.-17	Plan Anual Normativo 2018	287	47	240
AGE	2020	08-sep.-20	Plan Anual Normativo 2020	172	57	114
Andalucía	2017	14-feb.-17	Plan Anual Normativo 2017	164	30	134
Andalucía	2018	27-mar.-18	Plan Anual Normativo 2018	87	12	75
Aragón	2017	28-mar.-17	Plan Anual Normativo del Gobierno de Aragón correspondiente al año 2017	143	34	109
Aragón	2018	23-ene.-18	Plan Anual Normativo del Gobierno de Aragón correspondiente al año 2018	217	27	190
Aragón	2020	19-dic.-19	Plan Anual Normativo del Gobierno de Aragón correspondiente al año 2020	193	38	155
Aragón	2021	25-ene.-21	Plan Anual Normativo del Gobierno de Aragón correspondiente al año 2021	230	51	179
Asturias	2017	06-mar.-17	Plan Normativo de la Administración del Principado de Asturias para 2017	109	11	98
Asturias	2018	05-abr.-18	Plan Normativo de la Administración del Principado de Asturias para 2018	83	15	68

Relación de instrumentos de planificación normativa aprobados por el Estado y las CC. AA. (1999-2021)						
Ámbito	Año	Fecha	Título	Total	Leyes	Reglamentos
Asturias	2019	25-feb.-19	Plan Normativo de la Administración del Principado de Asturias para el primer trimestre de 2019	21	1	20
Asturias	2020	31-ene.-20	Plan Normativo de la Administración del Principado de Asturias para 2020	103	15	88
Asturias	2021	24-feb.-21	Plan Normativo de la Administración del Principado de Asturias para 2021	99	23	76
Canarias	2016-2019	01-ago.-16	Agenda legislativa del Gobierno (IX legislatura)	40	40	---
Canarias	2020-2023	24-sep.-20	Programa legislativo del Gobierno de Canarias (X legislatura)	51	51	---
Cantabria	2017	3-feb.-17	Plan Normativo Anual 2017	123	27	96
Cantabria	2018	15-feb.-18	Plan Normativo Anual 2018	110	24	86
Castilla y León	2016-2017	N/A	Plan Anual Normativo junio 2016-2017	95	11	84
Castilla y León	2017-2018	N/A	Plan Anual Normativo junio 2017-2018	106	13	93
Castilla y León	2020	19-dic.-19	Calendario Anual Normativo de 2020	120	18	102
Castilla y León	2021	10-dic.-20	Calendario Anual Normativo de 2021	150	22	128
Castilla-La Mancha	2017	27-dic.-16	Plan Anual Normativo JCCM año 2017	162	34	128
Castilla-La Mancha	2018	26-dic.-17	Plan Anual Normativo JCCM año 2018	104	24	80
Castilla-La Mancha	2019	26-mar.-19	Plan Anual Normativo JCCM año 2019	39	5	34
Castilla-La Mancha	2020	03-ago.-20	Plan Anual Normativo JCCM año 2020	66	14	52
Castilla-La Mancha	2021	23-mar.-21	Plan Anual Normativo JCCM año 2021	82	14	68
Cataluña	2017	N/A	Plan anual normativo 2017	106	35	71
Cataluña	2019-2020	24-abr.-19	Plan normativo de la Administración de la Generalidad para los años 2019-2020	198	57	141

Relación de instrumentos de planificación normativa aprobados por el Estado y las CC. AA. (1999-2021)						
Ámbito	Año	Fecha	Título	Total	Leyes	Reglamentos
Comunitat Valenciana	2017	17-feb.-17	Plan Normativo de la Administración de la Generalitat 2017	326	41	285
Comunitat Valenciana	2018	12-ene.-18	Plan Normativo de la Administración de la Generalitat 2018	203	38	165
Comunitat Valenciana	2019	21-dic.-18	Plan Normativo de la Administración de la Generalitat 2019	216	26	190
Comunitat Valenciana	2020	06-mar.-20	Plan Normativo de la Administración de la Generalitat 2020 y Proyectos Normativos sujetos a evaluación	218	29	189
Comunitat Valenciana	2021	29-dic.-20	Plan Normativo de la Administración de la Generalitat 2021 y Proyectos Normativos sujetos a evaluación	272	32	240
Extremadura	---	---	---	---	---	---
Galicia	2017	24-may.-17	Plan Anual Normativo 2017	106	11	95
Galicia	2018	22-mar.-18	Plan Anual Normativo 2018	138	12	126
Illes Balears	2016	N/A	Plan Anual Normativo octubre-noviembre-diciembre 2016	45	8	37
Illes Balears	2017	23-dic.-16	Plan Anual Normativo 2017	211	36	175
Illes Balears	2018	22-dic.-17	Plan Anual Normativo 2018	244	30	214
La Rioja	2017	04-nov.-16	Plan Normativo Anual 2017	105	18	87
La Rioja	2018	28-dic.-17	Plan Anual Normativo 2018	232	11	221
La Rioja	2019	27-dic.-18	Plan Anual Normativo 2019	76	10	66
La Rioja	2020	27-dic.-19	Plan Anual Normativo 2020	79	20	59
La Rioja	2021	29-dic.-20	Plan Anual Normativo 2021	90	30	60
Madrid	2018	25-abr.-17	Plan Anual Normativo para 2018	77	11	66
Madrid	2019	24-abr.-18	Plan Anual Normativo para 2019	41	3	38
Madrid	2020	27-dic.-19	Plan Anual Normativo para 2020	61	14	47

Relación de instrumentos de planificación normativa aprobados por el Estado y las CC. AA. (1999-2021)						
Ámbito	Año	Fecha	Título	Total	Leyes	Reglamentos
Murcia	2017	02-nov.-16	Plan Anual Normativo 2017	81	21	60
Murcia	2018	17-ene.-18	Plan Anual Normativo 2018	25	3	22
Navarra	2017	10-may.-17	Plan Anual Normativo para 2017	108	24	84
Navarra	2018	07-mar.-18	Plan Anual Normativo para 2018	131	32	99
Navarra	2020	27-dic.-19	Plan Anual Normativo para 2020	95	22	73
Navarra	2021	30-dic.-20	Plan Anual Normativo para 2021	100	24	76
País Vasco	1999-2002	18-jun.-99	Calendario Legislativo del Gobierno para la legislatura 1999-2002	24	24	N/A
País Vasco	2001-2005	05-mar.-02	Programa Legislativo del Gobierno para la legislatura 2001-2005	36	36	N/A
País Vasco	2005-2009	27-jun.-06	Documento de planificación de la acción del Gobierno en cumplimiento del programa de la VIII Legislatura 2005-2009	43	43	N/A
País Vasco	2009-2013	17-nov.-09	Calendario Legislativo de la IX Legislatura 2009-2013	48	48	N/A
País Vasco	2012-2016	09-abr.-13	Calendario Legislativo de la X Legislatura 2012-2016	29	29	N/A
País Vasco	2016-2020	28-feb.-17	Calendario Legislativo de la XI Legislatura 2017-2020	28	28	N/A
País Vasco	2020-2024	10-nov.-20	Calendario Legislativo de la XII Legislatura 2020-2024	36	36	N/A
País Vasco	2016	N/A	Plan Anual Normativo para el año 2016	44	3	41
País Vasco	2017	09-may.-17	Plan Anual Normativo para el año 2017	122	28	94
País Vasco	2018	13-feb.-18	Plan Anual Normativo para el año 2018	120	15	105
País Vasco	2019	12-mar.-19	Plan Anual Normativo para el año 2019	145	19	126
País Vasco	2020	25-feb.-20	Plan Anual Normativo para el año 2020	116	18	98
Fuente: elaboración propia a partir de los PAN de las distintas AA. PP.						

Made in the USA
Monee, IL
08 November 2026

68033805R00271